PASSAUER KONTAKTSTUDIUM ERDKUNDE 9

Eberhard Rothfuß (Hrsg.)
Entwicklungskontraste in den *Americas*

PASSAUER KONTAKTSTUDIUM ERDKUNDE 9

Entwicklungskontraste in den *Americas*

Mit 87 Abbildungen (davon 12 Farbkarten), 27 Tabellen, 57 Bildern und Unterrichtsmaterialien auf CD-ROM

Herausgegeben von Eberhard Rothfuß

2008
Selbstverlag Fach GEOGRAPHIE der Universität Passau

Titelbilder

Bild oben: Der Koenig-Lake in der Sierra Nevada (USA) – Ein kleiner Teilbereich der mannigfaltigen Kalifornischen Florenprovinz.
Aufnahme: Friederike Grüninger, August 2000.

Bild mitte: Havanna (Kuba): Kubanischer Sozialismus und die Revolutions-Ikone „Che" Guevara.
Aufnahme: Stephanie Nau, März 2002.

Bild unten: Kindliche Ausgelassenheit in der Favela, Salvador da Bahia (Brasilien).
Aufnahme: Veronika Deffner, März 2005.

Die vorliegende Publikation ist in allen ihren Teilen urheberrechtlich geschützt. Jede Verwertung des Werkes, die nicht ausdrücklich vom Urheberrechtsgesetz zugelassen ist, bedarf der vorherigen schriftlichen Genehmigung des Verlages. Dies gilt insbesondere für Vervielfältigungen, Bearbeitungen, Übersetzungen, Mikroverfilmungen und die Einspeicherung in und die Verarbeitung durch elektronische Systeme.

© 2008 Selbstverlag Fach GEOGRAPHIE der Universität Passau • Innstraße 40 • D-94032 Passau • Tel.: +49 85 15 09 27 35
  Fax: +49 85 15 09 27 32 • E-Mail: erwin.vogl@uni-passau.de • Internet: www.phil.uni-passau.de/geo/SPublikationen.html
Layout, Satz & Prepress: Erwin Vogl (Fach Geographie der Universität Passau)
Druck & Produktion: Ostler Druck • Spitalhofstraße 73 • D-94032 Passau • Tel.: +49 85 19 55 04-0 • Internet: www.ostler.de
Printed in Germany
Gedruckt auf säurefreiem und alterungsbeständigem Bilderdruckpapier

ISBN 978-3-9811623-0-1

Inhaltsverzeichnis

■ Vorwort 7

Eberhard Rothfuß
Einleitung 9

Eberhard Rothfuß
Soziale Ungleichheit in Brasilien 11

Veronika Deffner
Stimmen aus der Favela 27

Dieter Anhuf
Der Amazonas-Regenwald im zukünftigen Treibhausklima – Perspektiven eines bedrohlichen Szenarios 51

Horst Purschke
Geoaktiv – Lernprogramm Südamerika 63

Ernst Struck
Historische, koloniale Stadtstrukturen und moderner Wandel in Lateinamerika –
am Beispiel der Altstädte von Salvador da Bahia (Brasilien) und Havanna (Kuba) 65

Thomas Ammerl
Stadtökologische Probleme Havannas – Das Gruppenpuzzle als didaktische Methode 79

Stephanie Nau
Kuba: Ein Land in Transformation?
Die Rolle des internationalen Tourismus als Faktor der Öffnung 91

Thomas Fickert, Kim André Vanselow und Melanie Kolb
Zerstörungsgrad und Regeneration terrestrischer, litoraler und mariner Ökosysteme auf
der Karibikinsel Guanaja (Honduras) sieben Jahre nach Hurrikan Mitch 107

Peter Scharl
Implikationen hispanischer Migranten in die USA 123

Andreas Schöps
Umschlossene Wohnkomplexe *(Gated Communities)* und der Amerikanische Traum 137

Werner Gamerith
American Wests – American Constructions 151

Ulrike Gerhard
Symbol, Cluster, Knoten, Milieu – Dimensionen einer politischen Global City Washington, D.C. 175

Friederike Grüninger
Ursachen, Muster und Wert der Biodiversität – Beispiele aus den Americas 193

Auf der CD-ROM

■ **Horst Purschke**
Geoaktiv – Lernprogramm **Südamerika** ....
Arbeitsblätter zur Ergebnissicherung (pdf) und Tests zur Lernzielkontrolle (doc) ....

■ **PowerPoint®-Präsentationen (ppt)**
    Rothfuß • Soziale Ungleichheit in Brasilien
    Deffner • Stimmen aus der Favela
    Struck • Historische, koloniale Stadtstrukturen und moderner Wandel in Lateinamerika am
          Beispiel der Altstädte von Salvador da Bahia (Brasilien) und Havanna (Kuba)
    Ammerl • Stadtökologische Probleme Havannas
    Nau • Kuba – Ein Land in Transformation?
          Die Rolle des internationalen Tourismus als Faktor der Öffnung
    Fickert et al. • Zerstörungsgrad und Regeneration terrestrischer, litoraler und mariner Ökosysteme auf
          der Karibikinsel Guanaja (Honduras) sieben Jahre nach Hurrikan Mitch
    Scharl • Migration aus Mittelamerika in die USA
    Schöps • *Gated Communities* and the American Dream
    Grüninger • Die biologische Vielfalt Amerikas

■ **PDF-Dokumente**
    Ammerl • Geographische Unterrichtsmaterialien zu Kuba und
          stadtökologischen Problemen Havannas
    Schöps • *Gated Communities* und der Amerikanische Traum

■ **Kostenlose Software**
    Adobe® Reader® 8.1.2 von *Adobe Systems Incorporated*
    Microsoft® Office PowerPoint® Viewer 2007 von *Microsoft® Corporation*

Vorwort

Die *Americas* bezeichnen die westliche Hemisphäre in ihrer Gesamtheit, bestehend aus den Ländern Süd-, Mittel- und Nordamerika. Wenngleich diese Einheit geographisch unbestritten eine Entität darstellt, so ist die „Neue Welt" dies politisch und mehr noch kulturell betrachtet keineswegs. Alles überragend ist bei der Bestimmung dessen, was „die Americas" sind, ein tiefer Graben zwischen den USA und dem „anderen Amerika". Was beide Teile der „Neuen Welt" verbindet, ist ihre Beziehung zu Europa als Ort der Referenzkulturen sowie ihre Bedeutung als dauerhafte oder zeitweilige Heimat für europäische MigrantInnen. Die Auswirkungen der spanischen, portugiesischen, englischen, französischen und auch niederländischen Kolonialexpansion ab dem Ende des 15. Jahrhunderts bilden dabei aber durchaus einen kritischen Bezugspunkt zwischen den Americas und Europa. Die historischen transatlantischen Beziehungen finden ihre Fortsetzung heute in einem intensiven Handel von MERCOSUR und NAFTA mit der EU. So ist es hilfreich, zum Verständnis der aktuellen Dynamik zwischen Alter und Neuer Welt, den Blick nach Westen über den Atlantik in die amerikanische Hemisphäre zu richten.

Die von knapp 850 Mio. Menschen bewohnten *Americas* stellen in vielerlei Hinsicht einen komplexen Großraum dar, sei es durch seine naturgeographische Vielfalt, seine historische Dimension, seine ethnische Mannigfaltigkeit, seine ländlichen und städtischen Räume und ebenso durch seine Wirtschaftskraft. Ein fachwissenschaftliches Engagement von Seiten der Geographie sowie die unterrichtspraktische Vermittlung der Americas in den Klassenzimmern kommt eine herausgehobene Bedeutung zu.

Im Rahmen der 9. Tagung Passauer Kontaktstudium Erdkunde vom 9. bis 10. Oktober 2006 an der Universität Passau wurde versucht, dieser Herausforderung für die Geographie in Schule und Wissenschaft Rechnung zu tragen und die „Entwicklungskontraste in den Americas" durch verschiedenste Vorträge aus dem Bereich der Anthropo- und Physiogeographie einem breiten Publikum von Gymnasial- und RealschullehrerInnen vorzustellen. Diese Tagung war unter anderem Teil des dreisemestrigen Schwerpunktes „The Americas" im Fach Geographie der Universität Passau vom Wintersemester 2005/06 bis zum Wintersemester 2006/07.

Der aus den einzelnen Vorträgen hervorgegangene und nun vorliegende 9. Band aus der Schriftenreihe *Passauer Kontaktstudium Erdkunde* vereint unterschiedliche Blickwinkel, methodische Vorgehensweisen und thematisch/regionale Schwerpunkte in Bezug auf die Americas. Ein Großteil der vorgestellten Forschungserträge konnte erfreulicherweise von MitarbeiterInnen aus dem „eigenen Hause" bereitgestellt werden. Ihnen, und ebenso den „externen" AutorInnen, namentlich Frau PD Dr. U. Gerhard (Geographisches Institut der Universität Würzburg), Frau Dr. Stephanie Nau (zeppelin university gGmbH Friedrichshafen), Herrn Dr. Thomas Ammerl (Bayerische Forschungsallianz gGmbH München), Frau Dipl.-Geogr. Melanie Kolb (CONABIO • Mexiko), Herrn Dipl.-Geogr. Kim André Vanselow (Geographisches Institut der Universität Erlangen-Nürnberg), Herrn StR z.A. Andreas Schöps, M.A. (Werdenfels-Gymnasium in Garmisch-Partenkirchen) und Herrn Horst Purschke (Realschule Pfarrkirchen), die diesen Band mit Ihren vielseitigen Einzelbeiträgen erst möglich gemacht haben, sei für Ihr Engagement und ihre Geduld bei der Herausgabe des Werkes gedankt.

Dank gilt an dieser Stelle auch den Dienststellen der Ministerialbeauftragten für die Gymnasien in Niederbayern, Herrn StD Hermann Königer und den Realschulen, Herrn OStR Marco Schönauer sowie dem Fachreferenten für Geographie an den Gymnasien in Niederbayern Herrn OStR Martin Parche für ihre Zusammenarbeit.

Schließlich sei dem Kartographen Herrn Dipl.-Ing. Erwin Vogl, der beharrlich und in gewohnt präziser Arbeit die Druckvorbereitung des vorliegenden Bandes vorgenommen hat, ein besonderer Dank ausgesprochen.

Passau, im Frühjahr 2008   *Eberhard Rothfuß*

Eberhard Rothfuß

Einleitung

Der vorliegende Sammelband umspannt mit der Thematik *Entwicklungskontraste in den Americas* ein weites Feld amerikanischer Lebenswirklichkeit. Der Herausgeber ist sich der Grenzen dieses Unterfangens durchaus bewusst. Die Auswahl der Artikel folgte im Wesentlichen zwei Aspekten: Zum einen orientierte sie sich daran, dass *„die Americas"* als regionaler Fokus in den Lehrplänen der bayerischen Realschulen und Gymnasien, mit einer klaren Thematisierung der einschlägigen geographischen Felder wie Geofaktoren, Ökosysteme, Naturrisiken/-katastrophen, ökologische Probleme der Tropenwaldnutzung, Migration, Prozesse der Verstädterung, Globalisierung etc. vorkommen. Diese Teilbereiche finden eine breite Erörterung mit aktuellen, innovativen und wissenschaftlich fundierten Analysen der Einzelbeiträge. Zum anderen erfolgte die Auswahl der Artikel an Themenbereichen, die einen Perspektivenwechsel ermöglichen: Die Makroperspektive wird zugunsten einer Mikroperspektive zurückgestellt, womit sich der Blick auf die betroffenen Menschen in den jeweiligen Räumen und auf deren individuelle Wahrnehmungen richten kann.

Die Bezeichnung *Entwicklungskontraste* im Titel führt dabei zu einer Eingrenzungsmöglichkeit, die verschiedensten Artikel in ein Kontinuum von *Entwicklungsdiversität* einzuordnen. Der naturgeographische Bereich findet Eingang über die Themen *Ökodiversität* des tropischen Regenwaldes, der Vegetationsentwicklung nach Naturkatastrophen, sowie der Biodiversität. Der humangeographische Bereich wird abgedeckt in Form einer *Kultur- und Soziodiversität*, welche von sozialer Ungleichheit über „Favelas" und „Gated Communities" bis zum internationalen Tourismus und der globalen Stadt reicht. Die zentrale inhaltliche Eingrenzung stellt jedoch der konsequente Bezug auf die bayerischen Lehrpläne von Gymnasium und Realschule dar. Eine adressatengerechte Aufarbeitung der Artikel, z.B. die Integration von didaktischen „Infoboxen" wurde ebenso berücksichtigt, wie die einführende didaktische Zielsetzung jeden Beitrages. Zusätzlich findet sich auf der beigefügten CD-ROM eine medial und unterrichtspraktisch aufbereitete Zusammenfassung eines Großteils der Einzelbeiträge als Microsoft® PowerPoint®-Präsentation. Schließlich ergänzen mehrseitige Farbtafeln mit vielfältigen Abbildungen die Anschaulichkeit des Bandes.

In aller Kürze sollen nun eine inhaltliche Vorstellung der Beiträge und deren Einordnung in die jeweiligen Klassenstufen von Realschule und Gymnasium erfolgen: Die Einleitung stellt eine Art „regionale Reise" von Süd nach Nord dar.

Mit dem Begriff *Amerika* wird im allgemeinen Sprachgebrauch meist ausschließlich Nordamerika bzw. sogar explizit nur die Vereinigten Staaten von Amerika assoziiert. Einem solchen hegemonialen Anspruch auf diesen Terminus möchte der Band ein wenig idealistisch entgegenwirken, indem er dem *anderen Amerika*, namentlich Mittel- und Südamerika, den Vorzug in der Behandlung und Aufführung der Beiträge gibt.

Den regionalen Einstieg zu Südamerika nimmt der Artikel von EBERHARD ROTHFUSS mit seinen Ausführungen zur sozialen Ungleichheit in Brasilien vor. Der gesellschaftliche Fokus liegt dabei auf sozialen und räumlichen Prozessen ungleicher Lebensbedingungen, die ihren Ursprung in der Kolonialzeit haben und bis in die Gegenwart eine tiefe Verfestigung erfuhren. Brasilien kann dabei exemplarisch für ganz Lateinamerika als Länderbeispiel mit einer besonders ausgeprägten sozialen Ungleichheit vorgestellt werden (Lehrplanbezug: Gymnasium/K12 und vereinfacht für Realschule/K8).

Der anschließende Artikel von VERONIKA DEFFNER greift die Thematik sozialer Ungleichheit in Brasilien auf, wobei sie sich speziell der Arm-Reich-Polarisierung in den Städten zuwendet und die Bewohner städtischer Armutsviertel „zu Wort" kommen lässt. Die Ausführungen der alltäglichen Lebenswelt werden durch viele wörtliche Zitate ergänzt, womit gezeigt wird, dass die „Marginalisierten" einen sehr bewussten und zutiefst vernunftgeleiteten Blick besitzen, mit welchem sie Ihre ungleichen Lebensbedingungen reflektieren. Sie werden somit aus ihrer Anonymität als sprachlose Masse der in den Armenvierteln Lebenden befreit. Der Beitrag vollzieht damit einen sehr wichtigen Perspektivenwechsel auf die Mikroebene, der den Schülerinnen und Schülern grundlegende Verstehensmöglichkeiten einer fremden und zumeist negativ konnotierten Lebenswelt eröffnet (Lehrplanbezug: Gymnasium/K12).

DIETER ANHUF beschäftigt sich in seinem Artikel zum Amazonas-Regenwald mit der brisanten Frage nach dessen Zukunft in einem Treibhausklima. Er erweitert damit den in den Schulbüchern geführten Diskurs um die Tropenwaldnutzung und -abholzung, indem er einen Bezug zum regionalen und weltweiten Klimahaushalt sowie zum regionalen und globalen CO_2-Kreislauf herstellt. Die zugegebenermaßen komplexen Ableitungen sind dennoch gut für die Behandlung in den oberen Klassen der Sekundarstufe sowie in Grund- und Leistungskursen geeignet (Lehrplanbezug: vereinfacht für Realschule/K8 und Gymnasium/K8, K11, K12).

Einen didaktischen Beitrag zum Kontinent Südamerika leistet HORST PURSCHKE durch sein mediales Lernprogramm für den Unterricht. Die knappen textlichen Ausführungen bieten einen sehr verständlichen Vorspann für seinen eigentlichen interaktiven Beitrag, welcher auf der CD-ROM zu finden ist (Lehrplanbezug generell gegeben).

Die Ausführungen von ERNST STRUCK zur Transformation der historischen Innenstadt von Salvador de Bahia in Nordostbrasilien durch eine umfassende Renovierungspraxis bilden den Abschlussartikel zu Südamerika. Er stellt dabei die Altstadt von Salvador, in der die Sklaven bis weit in das 19. Jahrhundert am Pelourinho, dem Sklavenpranger ausgepeitscht wurden, als „traumatischen Ort" dar und zeigt kritisch auf, wie dessen touristische Vermarktung der historischen Häuserfassaden ohne die notwendige Berücksichtigung der kolonialen Vergangenheit erfolgt. Er vergleicht diese Praktiken mit den aktuellen Prozessen und staatlichen Vorgehensweisen bei der Altstadtsanierung von Havanna auf Kuba. Hiermit wird die regionale Überleitung nach Mittelamerika geschaffen (Lehrplanbezug: Realschule/K8 und Gymnasium/K12).

Mit dem kubanischen Kontext setzt sich auch THOMAS AMMERL in seiner wahrnehmungsgeographischen Analyse von stadtökologischen Problemen in der Millionenstadt Havanna auseinander. Er bedient sich dabei eines innovativen didaktischen Ansatzes des „Gruppenpuzzles" für die unterrichtliche Vermittlung von Lernzielen der komplexen ökologischen Auswirkungen, welche von den betroffenen Gruppen, insbesondere in den „gefährdeten" Stadtvierteln in ganz bestimmter Art und Weise wahrgenommen werden (Lehrplanbezug: Gymnasium/K12).

STEPHANIE NAU thematisiert am kubanischen Inselstaat anknüpfend den latenten, quasi „schwebenden" Zustand der Gesellschaft in der Castro-Ära und den unterschwellig sich vollziehenden Transformationsprozess des sozialistischen Staates unter dem kapitalistischen Faktor des internationalen Tourismus als einen Prozess der Öffnung. Auch Sie lässt die Menschen in Kuba selbst sprechen und ihre eigene Perspektive zum Tourismus artikulieren (Lehrplanbezug: Realschule/K8 und Gymnasium/K10, K12).

Die physisch-geographische Abhandlung von THOMAS FICKERT, KIM ANDRÉ VANSELOW und MELANIE KOLB zum Grad der Zerstörung und zur Regeneration der Karibikinsel Guanaja sieben Jahre nach dem Hurrikan *Mitch* dokumentiert eindrucksvoll, dass wir unsere Sichtweise von Naturkatastrophen als reine Zerstörungsereignisse überdenken sollten, wenn wir einen konsequent naturbezogenen Blickwinkel einnehmen. Dadurch ist bereits viel über den sozialen Konstruktionscharakter von menschbedrohenden Naturereignissen gesagt. Eine Reflexion über unser Naturverhältnis erscheint auch zur Thematisierung im Geographieunterricht sehr geeignet (Lehrplanbezug: Realschule/K8 und Gymnasium/K11).

PETER SCHARL leistet eine Überleitung, indem er die Räume Mittel- und Nordamerika verbindet. Seine breite Aufarbeitung der Motive, Hintergründe und Konsequenzen der hispanischen Migration in die Vereinigten Staaten von Amerika zeigt die unterschiedlichen Interessen und Machtpotenziale von den Entsendeländern und dem Zielgebiet USA auf. Der Bau des „großen Zaunes" an der Grenze zu Mexiko, die reale Nachfrage nach Einwanderern sowie die politischen Debatten darüber lassen eine bezeichnende Doppelmoral der USA vermuten. Der Beitrag stellt damit sicherlich eine inhaltliche Bereicherung zum bisherigen Migrationsdiskurs in den Schulbüchern dar (Lehrplanbezug: Gymnasium/K12).

Die Ausführungen von ANDREAS SCHÖPS zu abgeschlossenen Wohnkomplexen in den USA, den so genannten *gated communities*, verbinden diese segregierte Form des Wohnens und Lebens mit den gesellschaftlich tief verankerten Logiken des amerikanischen Traumes der Siedlergesellschaft. Seine profunde Darstellung der neuen ausschließenden und entsolidarisierenden Raumstrukturen als „moderne" Form der Raumaneignung im 21. Jahrhundert im Vergleich zur historischen Dimension eröffnet neue Einsichten das Heute im Vergangenen begreifen zu können. Hiermit wird der Bezug zum Lehrplan der Realschule/K8, welcher den „American way of life" beinhaltet, hergestellt.

Der beständig zelebrierte Mythos des „American Wests" wird von WERNER GAMERITH dekonstruiert. Er zeigt die unbewussten Logiken dieser historischen Praxis auf, mit deren Rekurs vielfältige Bereiche der heutigen US-amerikanischen Gesellschaft erst verständlich und begreifbar werden. Die Eignung dieses Artikels liegt damit nicht so sehr in ihrer direkten Relevanz für den Unterricht, als vielmehr in einer Reflexion der verborgenen Mechanismen und sozialen „Gesetzmäßigkeiten" einer Weltmacht, die wesentliche Auswirkungen auch auf unsere Lebenswelt hat.

Den globalen Nexus der US-amerikanischen Politik und Wirtschaft greift ULRIKE GERHARD in Ihrer Stadtanalyse zu Washington, D.C. als eine politische *Global City* auf. Anhand vielseitiger urbaner Ansatzpunkte (z. B. Segregation, räumliches differenziertes Wirtschaftswachstum) und den weltweiten Vernetzungen der politischen Akteure in Washington erläutert sie plastisch die veränderten Rahmenbedingungen durch die Globalisierung. Die Auseinandersetzung mit den sehr wirkmächtigen Prozessen der Globalisierung ist schon heute ein wesentlicher Themenschwerpunkt in der Schulgeographie (Lehrplanbezug: Realschule/K8 und Gymnasium/K10, K12).

Den Abschluss des Sammelbandes bildet der physiogeographische Artikel von FRIEDERIKE GRÜNINGER über die regionalen und räumlichen Ausprägungen der Biodiversität, dargestellt an Beispielen aus den *Amerikas*. Die bedeutenden „Hotspots" der Biodiversität, z. B. der Tropischen Anden, dem Karibikraum oder der Kalifornischen Florenprovinz besitzen einen höchsten ökologischen Wert, deren Zerstörung immense langfristige und unüberschaubare Folgen für den Menschen haben wird (Lehrplanbezug: Gymnasium/K11). Mit diesem „panamerikanischen" Beitrag von Alaska bis Feuerland wird der Bogen zurückgespannt, wo „die Reise" begonnen hat.

Eberhard Rothfuß

Soziale Ungleichheit in Brasilien

Mit 5 Abbildungen, 2 Tabellen und 5 Bildern

1 Didaktische Zielsetzung – „Vom Fernen zum Nahen"

Nicht nur im Vergleich zu Industrieländern, sondern auch zu anderen Entwicklungsgroßregionen weist der Kontinent Lateinamerika ein außergewöhnlich hohes Ausmaß an sozialer Ungleichheit auf (vgl. Abb. 2). Obgleich Lateinamerika hinsichtlich seines Entwicklungs- und Wohlstandsniveaus eine mittlere Position im globalen Maßstab einnimmt, ist es der Kontinent mit der größten Ungleichverteilung hinsichtlich Einkommen und Landressourcen sowie geprägt von großer Massenarmut. Fast jeder zweite Lateinamerikaner lebt in Armut, 20 % sind sogar „absolut arm", da ihnen nur durchschnittlich 1 US-$ am Tag zur Verfügung stehen (vgl. CEPAL 2006). Mit der ausgeprägten Einkommensungleichverteilung geht eine grundlegende Ungleichheit von Lebenschancen einher.

Nun zeigt sich aber, dass das Phänomen der Arm-Reich-Polarisierung nicht mehr nur exklusiv die Entwicklungs- und Schwellenländer betrifft, sondern zunehmend auch in die gesellschaftliche Wirklichkeit der „entwickelten" Staaten der Nordhemisphäre hinein wirkt. Der Armuts- und Reichtumsbericht der Bundesregierung von 2005 macht deutlich, dass auch in unserer Lebenswelt die Schere zwischen Arm und Reich aufgeht, insbesondere nimmt die relative Verarmung breiter unterer und mittlerer Einkommensschichten deutlich zu (vgl. Kap. 3 und Abb. 1). Soziale Ungleichheit gehört mehr und mehr auch zum unmittelbaren Lebensumfeld von vielen Schülerinnen und Schülern.

Bisher wurde Lateinamerika in den (bayerischen) Lehrplänen von Realschule und Gymnasium fast ausschließlich über die Themen Ressourcennutzung, Ökologie und Verstädterung behandelt. Dieser Artikel möchte einen gesellschaftlichen Fokus auf soziale und räumliche Prozesse der Ungleichheit richten, die in Lateinamerika seit der Kolonialzeit virulent sind, sich schleichend aber wirkmächtig auch auf der globalen, nationalen, regionalen und lokalen Ebene (vgl. ROTHFUSS 2007) – insbesondere auch in unserem Alltag – vollziehen. Diese sind auch induziert durch Prozesse der Globalisierung und in Reaktion darauf zunehmend als neoliberale Politik-Programmatiken zu sehen. Hier kann das Schulfach Geographie einen sozialräumlichen Beitrag zu einer interdisziplinären Zusammenarbeit mit den Fächern Sozialkunde und Politik leisten, bei denen gesellschaftliche Fragen von sozialer Ungleichheit seit längerer Zeit zum Inhalt der Lehrpläne gehören.

Im vorliegenden Artikel wird Brasilien exemplarisch als *das* Land mit einer der ausgeprägtesten gesellschaftlichen Ungleichheit und sozialer Polarisierung weltweit vorgestellt. Der ehemalige Präsident CARDOSO (1995, S. 2) hat diesbezüglich die bemerkenswerte Feststellung gemacht, dass Brasilien kein unterentwickeltes, sondern ein ungerechtes Land sei. Anhand der Thematisierung der historischen und rezenten Gewordenheit dieser einzigartigen Realität eines extrem ungleichen Lebensalltags im fernen Schwellenland Brasilien kann der Blick der SchülerInnen auf das nahegelegene eigene ungleiche Alltagsumfeld gerichtet werden, um darüber eine Sensibilisierung bezüglich eines Gerechtigkeitsempfindens anzuregen. Es vollzieht sich somit ein doppelter geographiedidaktischer Erkenntnisgewinn: Der methodische Zugang führt einerseits vom „Fernen zum Nahen" und die SchülerInnen vergleichen ihre Perspektive mit der dortigen (vgl. RHODE-JÜCHTERN 1997). So wird andererseits eine „Betroffenheitsdidaktik" hinsichtlich der Massenarmut in Entwicklungsländern vermieden, da das eigene Lebensumfeld mitberücksichtigt wird und das Phänomen soziale Ungleichheit/Ungerechtigkeit in das Zentrum der schülerischen Reflexion gerückt wird.

Einleitend wird das soziologische Konzept „Soziale Ungleichheit" vorgestellt; daran schließt ein knapper didaktischer Exkurs über die Wirklichkeit gesellschaftlicher Ungleichheit in Deutschland an, um die Relevanz der Thematik „Soziale Ungleichheit in Brasilien" auch für unseren Lebenskontext zu belegen. Über die Darstellung der historischen Voraussetzungen und die verschiedenen Dimensionen von Ungleichheit in Brasilien führt der Diskurs zum Begreifen dieser „zementierten" Ungleichheit und zu möglichen langfristigen Lösungsmöglichkeiten.

2 Soziale Ungleichheit – Ein Ansatz für die Geographie?

Die Frage nach der sozialen Ungleichheit war „historisch die erste Frage der soziologischen Wissenschaft ... An Hand der verschiedenen Versuche, sie zu beantworten, könnte man eine ganze Geschichte des soziologischen Denkens schreiben", so formulierte es DAHRENDORF (1974, S. 353) in seinem Beitrag „Über den Ursprung der Ungleichheit unter den Menschen" von 1961.

In einer Phänomenologie des gesellschaftlichen Lebens geht es um Individuen, Akteure oder Kollektive, die untereinander um die materiellen und immateriellen Ressourcen einer Gesellschaft konkurrieren, die ihnen wegen differenzieller Merkmale zugänglich oder vorenthalten werden (vgl. grundlegend BURZAN 2004 und BARLÖSIUS 2004). KRECKEL (2004, S. 17) nimmt eine definitorische Fokussierung sozialer Ungleichheit hinsichtlich des sozialen Raumes und der Machtverhältnisse vor: „Soziale Ungleichheit im weiteren Sinne liegt überall dort vor, wo die Möglichkeiten des Zugangs zu allgemein verfügbaren und erstrebenswerten sozialen Gütern und/oder zu sozialen Positionen, die mit ungleichen Macht- und/oder Interaktionsmöglichkeiten ausgestattet sind, dauerhafte Einschränkungen erfahren und dadurch die Lebenschancen der betreffenden Individuen, Gruppen oder Gesellschaften beeinträchtigt bzw. begünstigt werden." Moderne wie traditionale

Gesellschaften sind erkenntnislogisch konstituiert als Systeme relationaler ungleicher Beziehungen zwischen sozialen Gruppen, welche um die knappen Ressourcen konkurrieren, wobei insofern folgendes zu differenzieren wäre: „Hochkulturen ... verdanken ihre Existenz der Lösung des Problems, das sich mit der Erzeugung eines Mehrprodukts erst stellt, des Problems nämlich: Reichtum und Arbeit nach anderen Kriterien als nach denen, die ein Verwandtschaftssystem zur Verfügung stellt, ungleich und doch legitim zu verteilen" (HABERMAS 1976, S. 66). Die Vorstellung, dass komplexe Gesellschaften soziale Klassen und damit *per se* Ungleichheit ausbilden, gehört damit zur Grundeinsicht gesellschaftstheoretischer Beschreibungen moderner Sozietäten (EDER 2001). Diese Differenzierungskategorie ist prinzipiell nicht problematisch an sich, sie wird von einem moralischen (also normativen) Standpunkt aus dann höchst kritisch, wenn eine tief greifende Polarisierungsdynamik die Menschwürde einzelner sozialer Gruppen der Gesellschaft fundamental verletzt.

Soziale Strukturen sind diese impliziten Regeln, die die Relationen zwischen sozialen Akteuren und ihren Auseinandersetzungen erzeugen, die das, was die soziale Welt zusammenhält, sichtbar machen sollen. „Ausgangspunkt dieser Überlegungen ist, dass die Analyse von Klassenstrukturen die theoretische und methodische Grundlage einer Ungleichheitsforschung ist, die das Repräsentierende auf ein Repräsentiertes abbilden und damit soziale Strukturen von Ungleichheit sichtbar machen kann" (EDER 2001, S. 30). Das abgrenzende, oft subtile Handeln der Ausbeutung durch die herrschenden Klassen aufgrund sozialer Unterschiede wird auch als Klassismus (vgl. Kastenwesen) bezeichnet. Klasse heißt damit nichts anderes, als eine spezifische ungleichheitserzeugende Differenz zu behaupten. Für „Gleiche" und „Ungleiche" werden insofern unterschiedliche Praktiken funktional (vgl. BOURDIEU et al. 1997, S. 164). Damit kommt es zu einer Institutionalisierung symbolischer Ungleichheit, die auch als „struktureller Rassismus" bezeichnet werden kann (WEISS 2002, S. 6). Ungleichheit wird nicht nur in ungleichen Positionen und damit verbundenen Lebenschancen repräsentiert, sondern auch noch durch symbolische Formen reproduziert. Wenn symbolische Formen nicht nur repräsentieren, sondern auch reproduzieren, ist zu erwarten, dass sie soziale Ungleichheit zu verdecken suchen, indem sie diese legitimieren. Um mit SKIDMORE (2004, S. 134) zu sprechen handelt es sich bei dem soziologischen Konzept der sozialen Ungleichheit epistemologisch um eine moraltheoretische Begründung: "In short, it is a moral issue, reflecting how a society values its members in relation to one other."

Will Sozialforschung mehr als Empörung über soziale Ungleichheit mitteilen, dann bleibt ihr nur der „kalte Blick der strukturalen Analyse" (EDER 2001, S. 31) – die Suche nach Klassenstrukturen, nach symbolischen und moralischen Ungleichheitsformen und raumrelationalen Strukturen. Klassenstrukturen werden aus Formen ökonomischer Ausbeutung, politischer Abhängigkeit oder ebenfalls aus symbolischer Gewalt in Form kultureller/ethnischer Nichtanerkennung abgeleitet. Daraus können unterschiedliche Folgen resultieren: Unterdrückung, Ausbeutung oder Exklusion (vgl. auch LUHMANN 1995). „Klassentheorie heißt dann, die Grammatik von Ausbeutung, Herrschaft und Exklusion zu entziffern" (EDER 2001, S. 43).

So finden wir für Brasilien geradezu ein „Paradebeispiel" einer Pathologie gesellschaftlicher Ungleichheit vor, die ei-

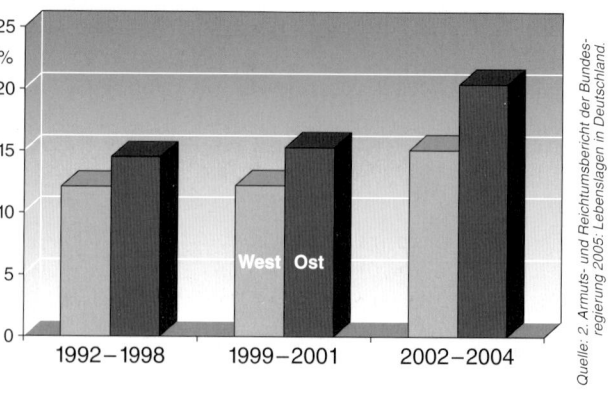

Abb. 1: *Anstieg der Armutsquoten in Deutschland.*

Quelle: 2. Armuts- und Reichtumsbericht der Bundesregierung 2005: Lebenslagen in Deutschland.

ne einerseits zutiefst objektivierte (statistisch messbare) und sichtbare Wirklichkeit zeigt, andererseits die Strukturen und Mechanismen ihrer Aufrechterhaltung durch die privilegierten Klassen bis ins äußerste zu verschleiern versucht. Es geht also um das Aufdecken von Ungerechtigkeit dort, wo deren Opfer bislang unsichtbar waren und die Möglichkeit und Pflicht einer Skandalisierung dieser Strukturen in einen unverzerrten Diskurs eingebracht werden können.

Hinsichtlich der Offenlegung der räumlichen Wirkmächtigkeit von sozialer Ungleichheit kommt der Geographie eine wichtige Rolle zu. Die Brisanz raumstruktureller Ungleichheit zeigt sich in Lateinamerika und speziell in Brasilien mit einer bedrohlichen Evidenz. So entwickelten sich in der letzten Dekade segregierte Wohnkomplexe, die so genannten *gated communities* nicht nur in den USA (vgl. auch den Artikel von SCHÖPS in diesem Band), sondern vor allem auch in Lateinamerika (vgl. BORSDORF, HIDALGO 2005; JANOSCHKA 2002 u.a.) und insbesondere in Brasilien (COY, PÖHLER 2002); soziale Grenzen wurden damit nachhaltig in räumliche Barrieren übersetzt (vgl. FISCHER, PARNREITER 2002). Die Zunahme der Privatisierung des öffentlichen Raumes und Tendenzen der Enklavenbildung sind hierbei räumliche Manifestationen von Macht und sozialer Ungleichheit. Das zunehmende Gewaltproblem in den Metropolen Lateinamerikas kann nicht zuletzt als zynisches Modell einer resignativ-gewaltbereiten Umverteilungspraxis der Exkludierten gesehen werden, da die institutionellen und politischen Rahmungen bisher keinerlei Ausgleich in Gang gebracht haben, sondern die Ungleichheit sogar stabilisiert und perpetuiert haben, indem sie diese auf perfide Art und Weise hinter dem Glauben an eine „fetischistische Macht der Wirtschaft" durch Wachstum und Konsum für alle verdeckt haben (vgl. SOUZA 2006, S. 21).

Daneben präsentieren sich für Brasilien sozialräumliche Ungleichheitsdimensionen, die sich in Dichotomien verkürzt darstellen lassen: Neben einem regionalen Nordost-Südost-Gefälle existiert eine große Entwicklungsdifferenz zwischen ländlichen und städtischen Räumen sowie auf intraurbaner Ebene zwischen Marginalvierteln und privilegierten Wohnenklaven. Die Aufschlüsselung dieser Dimensionen wird Ziel dieses Artikels sein, wobei einer historischen und moralischen Begründung von sozialer Ungleichheit der Vorrang eingeräumt wird, da hierin die wesentlichen Mechanismen der Aufrechterhaltung und Verfestigung ungerechter Lebensverhältnisse weit angemessener zu begreifen sind. Räumliche Manifestationen sind damit vornehmlich Produkte und Konsequenzen sozialer Strukturen der Ungleichheit, denen nicht die entscheidende Erklärungsdimension zukommen kann. Allzu oft wurden indikator- und raumbegründete statistische Makrostudien von Seiten der Geographie – insbesondere durch das staatliche Statistikamt *IBGE (Instituto Brasileiro de Geografia e Estatística)* erstellt – von der politischen Elite eingesetzt, um Ungleichheit auf einfach lösbare Formeln von Regionalkonzepten nachholender Modernisierung und Entwicklung anwenden zu können. Es wurde damit Jahrzehnte lang staatspolitischer Handlungswille demonstriert, ohne die Besitz- und Machtverhältnisse in Frage stellen zu müssen.

Daher lautet für diesen Artikel die grundsätzliche sozialwissenschaftliche Frage, wie dem Phänomen einer über Jahrhunderte konstant fortgeschriebenen Ungleichheit eine vergleichbare Stabilität und „Friedlichkeit" der brasilianischen Gesellschaft innewohnen kann, obwohl die alltäglichen unmittelbaren Verletzungen und Demütigungen der breiten Masse allgegenwärtig sind und in der Geschichte Brasiliens nie zu nachhaltigen revolutionären Auseinandersetzungen geführt haben. Es geht somit um eine Offenlegung der strukturellen und moralischen Festschreibungen von Verhältnissen zwischen den Klassen: In den Repräsentationen versteckt sich das Repräsentierte.

Dies bedeutet auch, dass die Kategorie der sozialen Ungleichheit im interdisziplinären Feld der Sozialwissenschaften gleichwohl ein Thema der Humangeographie darstellt. Diese kann insbesondere die Raumrelationen des sozial und kulturell Ungleichen als zentralen Aspekt herausarbeiten.

3 Didaktischer Exkurs: Soziale Ungleichheit in Deutschland

„Immer weniger Vollzeitjobs, immer mehr Leiharbeiter und Kleinselbstständige: Der Arbeitsmarkt zerfällt in zwei Klassen – und der Sozialstaat unterstützt nur die Privilegierten. Früher, als das Wort Proletarier noch nicht nach Geschichtsbuch klang, waren Beschäftigte zweiter Klasse leicht zu erkennen. Sie trugen Blaumänner. Sie bekamen ihr Geld in der Lohntüte. Sie wollten gleiche Rechte wie die Angestellten und zogen auf die Straße mit Forderungen wie »Samstags gehört Vati mir!«. Inzwischen haben Wissenschaftler ein neues Wort erfunden: Nach dem Proletariat gibt es neuerdings das »Prekariat«. Gemeint ist die steigende Zahl der Arbeitenden, die ihr Geld nicht in festen Jobs verdienen: Leiharbeiter, Beschäftigte mit befristeten Stellen, Minijobber, Ich-AGs, Ein-Euro-Jobber sowie alle, die unfreiwillig Teilzeit arbeiten."
(*DIE ZEIT* 10 vom 02. März 2006)

Das Eingangszitat vermag plastisch zu verdeutlichen, dass in jüngster Zeit auch in Deutschland eine öffentliche Debatte eingesetzt hat, die dem schleichenden Phänomen einer Ausweitung der Arm-Reich-Polarisierung einen Namen und ein Gesicht geben möchte – es damit in das Bewusstsein der Menschen aus den privilegierteren Schichten zu rücken, denen dies aufgrund sicherer Arbeits- und Lebensmöglichkeiten bisher kein ernsthaftes Kopfzerbrechen bereitete. Den vielen Empfängern von „Hartz IV" muss diese mediale Diskussion paradox vorkommen, da sie seit geraumer Zeit mit diesen Verwerfungen und Unsicherheiten leben müssen. Schülerinnen und Schüler, die im Raum der Klassenzimmer zumindest teilweise ungleiche Lebensverhältnisse von Banknachbarn kennen, eröffnet eine inhaltliche Auseinandersetzung bis „über den Atlantik" neue Einsichten und Möglichkeiten des Nachdenkens über die eigene Lebenswelt.

Von Seiten der Politik wird auch das „Auseinanderdriften" der Schichten zum Thema sozialpolitischer Verantwortlichkeit. Die Bundesregierung hat 2005 ihren 2. Armuts- und Reichtumsbericht unter dem Titel „Lebenslagen in Deutschland" veröffentlicht, der nun auch makroperspektivisch das Aufgehen der Ungleichheitsschere bestätigt.

Für moderne Industrieländer ist es gebräuchlich, jene Gruppen als „arm" zu bezeichnen, die weniger als 40 % des durchschnittlichen bedarfsgewichteten Pro-Kopf-Haushalts-Einkommens zur Verfügung haben (vgl. HRADIL 2005).

Fortgesetzt hat sich damit bis 2004 der Anstieg des Armutsrisikos. Die Armutsrisikoquote (60 % des äquivalenzgewichteten Median-Nettoeinkommens) ist in den alten Bundesländern von 12,1 % in 1998 auf 15,1 % in 2004 gestiegen (vgl. Abb. 1). In den neuen Bundesländern ist der Wert sogar von 1998 (14,5 %) auf knapp über 20 % 2004 angestiegen. Dies bedeutet insbesondere seit der Jahrtausendwende eine besorgniserregende Zunahme der Armutsquote: Jeder Fünfte Bürger Ostdeutschlands ist damit statistisch betrachtet „arm".

20 % der ärmsten Bevölkerungsschicht vereinigen 8,5 % des Einkommens, wohingegen die 20 % Reichsten 22,1 % des Gesamteinkommens auf sich vereinigen (*UNDP* 2006). Ein durchaus (noch) akzeptabler „Gleichheitswert" eines GINI-Index von 0,28 verglichen mit den lateinamerikanischen Nationen, welche Werte zwischen 0,49 und 0,61 aufweisen (vgl. Tab. 1). Der so genannte GINI-Koeffizient beziffert die Abweichung der tatsächlichen Einkommensverteilung innerhalb der Bevölkerung eines Landes von einer völligen Gleichverteilung (GINI-Index = 0) und einer absoluten Ungleichverteilung (GINI-Index = 1).

Mit der so genannten „Prekarisierung der Lebensverhältnisse" breiter Bevölkerungsschichten in Deutschland geht eine Zunahme informeller, nicht abgesicherter Arbeitsverhältnisse einher. Der Soziologe Ulrich BECK (2005, S. 33) spricht gar von einer „Brasilianisierung des deutschen Arbeitsmarktes". Eine ungewollte, aber scheinbar mehr und mehr passende Analogie zwischen Brasilien und Deutschland, bzw. auch anderen „westlichen" Nationen sowie des Begründungszusammenhangs dieses Artikels.

Neben einer solch menschlich distanzierten Makrobetrachtung darf darüber die alltägliche Bewältigung der Betroffenen mit ihren bedeutend herabgesetzten Lebenschancen, der Stigmatisierung durch eine scheinbare Selbstverschuldung der sozialen Lage sowie die damit einhergehende gesellschaftliche Ablehnung nicht vergessen werden. Die Folgen sind vielfältig: Resignation, Apathie, verlorenes Vertrauen in die eigenen Fähigkeiten, die Zukunft und damit häufig einhergehend ein gesteigertes Misstrauen gegenüber den politischen Eliten und der Gesellschaft. Diese Erscheinungen werden als eine „negative Individualisierung" (BECK 2005) gedeutet, die eine Verstärkung der Tendenzen einer Abkoppelung von gesellschaftlicher Teilhabe, Partizipation und sozialer Anerkennung bedeutet.

4 Soziale Ungleichheit in Brasilien – Ein kurzer statistischer Überblick und Vergleich

Im Vergleich zu den „westlichen" Industrienationen aber auch zu anderen Entwicklungsgroßregionen (z. B. Asien) weist der

Tab. 1: Sozio-ökonomische Charakteristika Brasiliens im Vergleich mit ausgewählten Ländern in Lateinamerika und Europa.

Land	Bevölkerung in Mio. (2004)	BIP/Kopf in Mrd. US-$	BIP/Kopf nach PPP in Mrd. US-$	HDI	GINI	Einkommensverteilung zwischen Arm und Reich in %			
						Ärmste		Reichste	
						10%	20%	10%	20%
Brasilien	183,9	3.284	8.195	0,792	0,61	0,8	2,6	45,8	62,1
Argentinien	38,4	13.988	13.298	0,863	0,53	1,1	3,2	39,6	56,8
Chile	16,1	5.836	10.874	0,859	0,57	1,2	3,3	47,0	62,2
Mexiko	105,7	6.518	9.803	0,821	0,50	1,6	4,3	39,4	55,1
Bolivien	9,0	974	2.720	0,692	0,60	0,3	1,5	47,2	63,0
Costa Rica	4,3	4.349	9.481	0,841	0,49	1,3	3,9	38,4	54,8
Deutschland	82,6	28.303	33.212	0,932	0,28	3,2	8,5	22,1	36,9
Norwegen	4,6	38.454	54.465	0,965	0,26	3,9	9,6	23,4	37,2

Quelle: UNDP 2006; CEPAL 2006.

Kontinent Lateinamerika ein außergewöhnlich hohes Ausmaß an sozialer Ungleichheit auf (vgl. Abb. 2); obwohl Lateinamerika hinsichtlich seines Entwicklungs- und Wohlstandsniveaus eine mittlere Position einnimmt, ist es der Kontinent mit der ausgeprägtesten Konzentration von Besitz und Einkommen. Das Land Brasilien weist dabei im innerkontinentalen Vergleich die höchste Einkommenskonzentration auf. Der hohe Ungleichheitswert, der GINI-Koeffizient von 0,61 (2005) wird global nur noch von einigen Staaten im südlichen Afrika, z. B. von Namibia mit einem dramatischen Wert von 0,74 übertroffen (UNDP 2006; CEPAL 2006).

Die 10 % Ärmsten der Gesamtbevölkerung Brasiliens verdienen 0,8 % des Einkommens; dagegen verbuchen die reichsten 10 % der Gesellschaft 62,1 % der erwirtschafteten Einkommen auf sich (vgl. Tab. 1). In einer anderen statistischen aber gleichbedeutenden Darstellung verdienen 50 % der rund 183 Mio. BrasilianerInnen 15,5 % und 1 % der Gesamtbevölkerung hingegen 12,7 % des nationalen Einkommens (Daten von 2003; IBGE 2005a, S. 121). Diese Zahlenwerte beschreiben einen nahezu unübertroffenen Makrowert ökonomischer Ungleichheit.

Hinsichtlich eines „globalen Rankings" der menschlichen Entwicklung (HDI) befindet sich Brasilien auf dem 73. Rang von 174 Ländern (SCHWARTZMAN 2003, S. 1). Der Vergleich mit anderen Nationen in Lateinamerika lässt Brasilien nur hinter Bolivien – einem „echten" Drittweltland – eine Platzierung übrig. Diese bestätigen sich auch für den nationalen GINI-Index im intrakontinentalen Vergleich.

Wären die Einkommen in Lateinamerika ähnlich verteilt wie etwa in südostasiatischen Ländern, dann würde der Anteil der Armen nur ein Fünftel vom gegenwärtigen Stand betragen. Es besteht damit ein systematischer Zusammenhang zwischen sozialer Ungleichheit und Armut. So ist der Armutsanteil von Costa Rica, dem so genannten „Schweden Lateinamerikas" mit rund 20 % erheblich geringer als der Brasiliens (37,5 %) und der Mexikos (46,9 %), wenngleich Costa Rica ein ähnliches durchschnittliches Pro-Kopf-Einkommen aufweist wie die beiden anderen Länder. Dies rührt daher, dass die Einkommensverteilung in Costa Rica (GINI-Index von 0,49) ausgeglichener ist als z. B. in Brasilien (0,61). Hier liegt die Schlussfolgerung nahe, dass das Ausmaß von Armut mit der Einkommens- und Besitzverteilung korreliert.

"Most of the relevant debate in Brazil and abroad has been over eliminating poverty, not reducing income inequality" (SKIDMORE 2004, S. 133). Die Quintessenz, dass eine objektive Entwicklung des relativen Wohlstandes in Brasilien durch Verbesserung der Indikatoren wie Alphabetisierung, Kindersterblichkeit, Lebenserwartung, Zugang zu Wasser und Strom gleichzeitig die ungleichen Einkommensunterschiede nivelliert, kann nach Jahrzehnten eines „Wachstums ohne Entwicklung" (WÖHLKE 1994, S. 6) als Trugschluss und fataler Irrglaube bewertet werden. Zwischen 1930 und 1980 ist Brasilien das Land mit dem höchsten Wachstum weltweit gewesen, ohne damit eine Verringerung der sozialen Ungleichheit und Marginalisierung breiter Bevölkerungsschichten auch nur in Ansätzen erreicht zu haben (vgl. SOUZA 2006, S. 21). Dies bestätigt auch der seit den 1960er Jahren auf gleich hohem Niveau verharrende Ungleichheitsindex (1960: 0,59; 1970–90: 0,63; 1993: 0,605; 1999: 0,640; 2005: 0,613 – KRUMWIEDE 2002; CEPAL 2006) obgleich sich der durchschnittliche Lebensstandard (z. B. Gesundheit, Bildung, Wohnen) als solcher durchaus verbessert hat.

Möchte man den Statistiken Glauben schenken, so liegt die Alphabetisierungsquote in Brasilien derzeit bei rund 97 %, was dennoch nicht dazu geführt hat, eine soziale und vertikale Mobilität innerhalb der Gesellschaft zu stimulieren. Nach wie vor ist die Armut allgegenwärtig und hoch korrelativ mit der Hautfarbe „schwarz" (vgl. Kap. 4). Etwa die Hälfte der BrasilianerInnen lebt in Armut; 53 Mio. BürgerInnen vor allem im Nordosten sind von absoluter Armut und von chronischer Unterernährung betroffen (CEPAL 2006). Eine verheerende Bilanz für eine so reiche Volkswirtschaft, die mittlerweile den neunten Rang weltweit einnimmt.

Die Gründe und gesellschaftlichen Logiken dieser extremen und persistenten Einkommensungleichverteilung und die anhaltende Massenarmut sind sehr komplex und können in dieser Darstellung letztendlich nur ausschnitthaft beschrieben werden.

4.1 Die historische Dimension sozialer Ungleichheit in Brasilien

Nachfolgendes Kapitel vermag im Rahmen eines derartigen Unterfangens nur eine allzu oberflächliche Geschichtsdarstellung Brasiliens zu leisten. Die Ausführungen versuchen dennoch die wesentlichen Ereignislinien und Mechanismen des ungleichen „Gewordenseins" einer komplexen Gesellschaft aufzuzeigen.

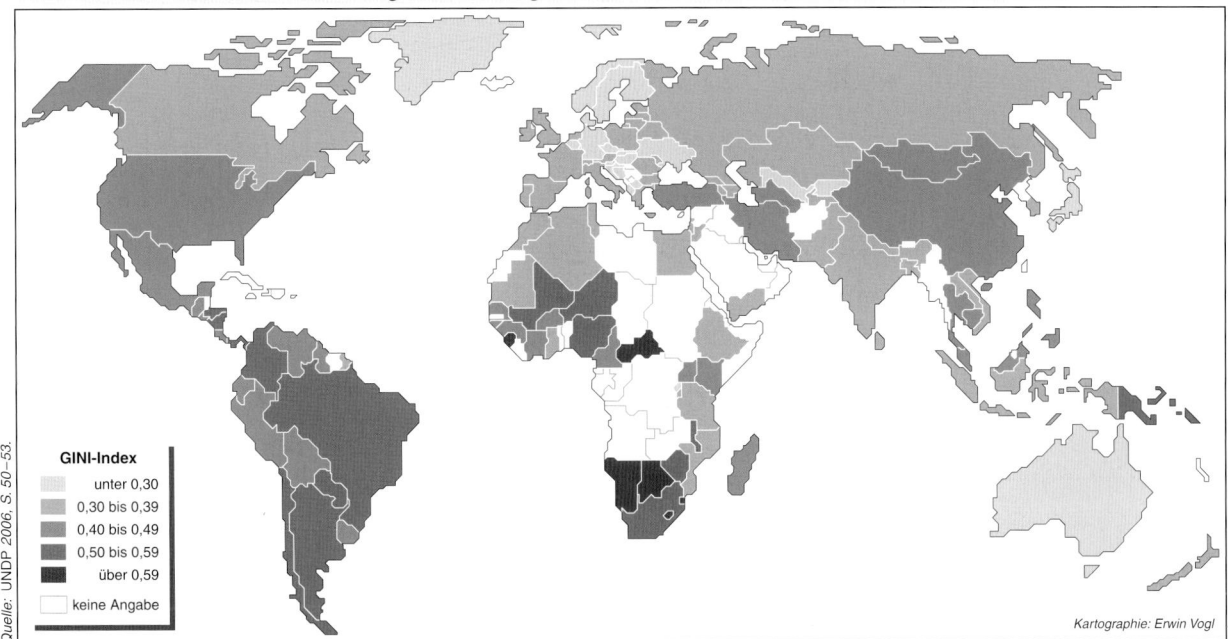

Abb. 2: GINI-Index der nationalen Ungleichverteilung weltweit.

Der Zeitpunkt der „Entdeckung" Brasiliens im Jahre 1500 durch den Portugiesen *Pedro Alvarez Cabral* stellte den Beginn der Entwicklung einer ungleichen Gesellschaftsstruktur dar. Anfängliches Ziel der portugiesischen Kolonisation war die Errichtung von Handelsstützpunkten an der Küste zur Ausbeutung von Rohstoffen aus der Neuen Welt für die Krone des Mutterlandes. Sehr früh entwickelte sich ein ausgesprochener Handelsprotektionismus mit Portugal, der den Grundstein für die Jahrhunderte währende Abhängigkeit Brasiliens von seinem Mutterland legte. Die autoritäre Ausbeutung des Landes begann mit dem Export von Brasil-Holz im 16. Jahrhundert, setzte sich über den massenhaften Zuckerrohranbau (16. bis 19. Jahrhundert) sowie die Diamant- und Goldexploration im 17. bis 18. Jahrhundert fort. Der Kaffeeboom ergriff das ausgehende 19. und das gesamte 20. Jahrhundert; daran schloss sich der bis heute anhaltend expandierende Wirtschaftszyklus des Sojaanbaus an.

Die portugiesische Gesellschaft war zwischen dem ausgehenden Mittelalter und dem Beginn der Neuzeit äußerst hierarchisch strukturiert und von einem Erbmonarchen aristokratisch regiert. Nichts konnte ungleicher sein. Darüber hinaus war die Gesellschaft patrimonial und personalistisch. Die wichtigste soziale Einheit war die Familie und ihre freundschaftlichen Netzwerke. Diese klientelistische und individualistische Kultur übertrugen die Kolonialisten in die Neue Welt.

Bei den Portugiesen dominierte im Gegensatz zum gesamten Hispanoamerika das Handelsinteresse; dies sicherlich vor allem aufgrund der bereits etablierten kolonialen Beziehungen Portugals mit Afrika und Indien. Die portugiesische Krone erhob Anspruch auf das gesamte Territorium seiner Kolonie, war aber nicht in der Lage, die ökonomische Inwertsetzung aus eigener Kraft zu bewerkstelligen. Daher wurden früh vorübergehende Nutzungskonzessionen, so genannte *sesmarias* an kapitalträchtige Privatpersonen vergeben (vgl. DÜNCKMANN 1998, S. 649).

Aufgrund fehlender handelbarer Produkte wie Gold und Silber, zumindest während der beginnenden Kolonisation, entwickelte sich eine ganz eigene Gesellschaft, eine Agrargesellschaft. Zweck war zuerst die lokale Ernährungssicherung der patriarchalen Familie des Kolonisators. Als 1532 die Zuckerrohrpflanze eingeführt wurde, konnte in der Folgezeit ein exportfähiges Produkt in den nordöstlichen Küstengebieten Brasiliens angebaut werden. Der arbeitsintensive Zuckerrohr- und später auch Tabakanbau benötigte menschliche Arbeitskräfte, welche nicht ausreichend über die nicht sesshaften und akephalen Indio-Gruppen rekrutiert werden konnte. Die Einführung von Sklaven aus dem Inneren Afrikas war folglich nur mehr eine Frage der Zeit. Sie kannten überdies vergemeinschaftete hierarchisierte Lebensformen und waren gemäß FREYRE (1982, S. 19ff.) an schwere Feldarbeit gewöhnt, womit sie sich auch besser für die Versklavung auf den Plantagen eigneten als die Indios. 1538 wurden die ersten Sklaven von der westafrikanischen Guineaküste nach Brasilien eingeführt. Auf dieser Grundlage entstand eine Agrargesellschaft weniger Kolonisatoren mit einer äußerst geringen Siedlungsdichte, aber einem unumschränkt durchsetzbaren Herrschaftsanspruch.

Metaphorisch und gesellschaftskonstituierend kann für dieses einzigartige Ausbeutungssystem ein wichtiges, wenn nicht das wichtigste Werk, auch für das Selbstbild und Selbstverständnis der BrasilianerInnen herangezogen werden, das anthropologische Opus „Herrenhaus und Sklavenhütte" von Gilberto FREYRE (1982 [1933]). Freyre stellt dabei die außergewöhnliche Bedeutung des Herrenhauses *(casa grande)* als eine Institution dar, welche sämtliche Normen, Werte und inneren Gesetzmäßigkeiten der Kolonialgesellschaft in sich vereinte und nachhaltig festigte.

Das Herrenhaus konnte dabei nur existieren mit seinem Gegenstück, der Sklavenhütte (vgl. Abb. 3; Bild 1). Das *senzala* wirkte als „Ferment", insbesondere in einer Gesellschaft in der die Herren eine sehr kleine Minderheit darstellten um dabei „rasch – biologisch und kulturell – in der Mehrheit" aufzugehen (LÜHR 1994. S. 152; auch WÖHLKE 2000, S. 31). FREYRE (1982, S. 78) bestätigt in seinem Werk hierzu:

„Wir müssen noch auf einen bezeichnenden Umstand in der brasilianischen Entwicklungsgeschichte hinweisen: daß sie nicht im Zeichen der reinen Europäisierung stand. Statt mühsame Anstrengungen zu unternehmen, um sich

Abb. 3: *Herrenhaus und Sklavenhütte* (Casa grande e senzala).

Bild 1: Ehemaliges Herrenhaus mit Kapelle einer Zuckerrohrplantage im Hinterland von Salvador da Bahia.

an völlig fremdartige Bedingungen anzupassen, stellte die europäische Kultur den Kontakt mit der einheimischen her, indem sie sie durch das Öl der afrikanischen Vermittlung aufweichte."

Freyre stellt damit den kulturellen wie rassischen Verschmelzungsprozess als den wesentlichen Formierungsprozess einer *brasilidade*, einer nationalen brasilianischen Identität heraus (SAHR 2006, S. 31).

Neben die ökonomische Funktion einer völlig unabhängigen Produktionseinheit – als ein so genanntes *engenho* (Zuckersiederei) – trat eine weitere sehr wesentliche hinzu, nämlich die einer sozial-religiösen Einrichtung.

„In Brasilien traten die Herrenhäuser der Plantagen an die Stelle der Kathedralen oder Kirchen, ... Unsere Gesellschaft – wie die Portugals – wurde durch die Solidarität der Ideale und des religiösen Glaubens geformt. Sie ersetzten unseren Mangel an politischen und mystischen Bindungen sowie das fehlende Rassenbewußtsein. Aber die Kirche, welche unsere soziale Entwicklung beeinflußt und den Charakter unserer Gesellschaft geformt hat, war nicht die Kathedrale mit dem Bischof, ... Es war die Kapelle der Plantage."
(FREYRE 1982, S. 174)

Ausschließlich stellte dabei der Katholizismus die religiöse Gedankenwelt Brasiliens dar (vgl. SAHR 2006, S. 28). Damit ist wie bereits oben angesprochen, keine Analyse der brasilianischen Gesellschaft und ihres kolonialen Erbes vollständig ohne die genaue Untersuchung des Sklavenhaltertums vorzunehmen – einer immens mächtigen Institution, verglichen mit den spanischen Kolonien oder Nordamerika. Mehr als 5 Mio. afrikanische Sklaven sind nach Brasilien verschleppt worden (DELACAMPAGNE 2004, S. 319). "African slavery also added an important element to the Portuguese system of social stratification: colour. Colour proved highly effective in reinforcing the modern Brazilian hierarchical social structure" (SKIDMORE 2004, S. 139).

Mit dem Zuckerrohrboom in Nordostbrasilien im 16. und 17. Jahrhundert etablierte sich das spätfeudale System einer agrargesellschaftlichen Dipolarität von Latifundium und Minifundium. Es ist dabei ohne Einschränkung zu konstatieren, dass die Großgrund-/Kleingrundbesitzstruktur, welche in der portugiesischen Kolonialepoche geformt wurde, als das Damoklesschwert der ungleichen Landverteilung Brasiliens und damit letztlich der gesamtgesellschaftlichen Ungleichverteilung generell bezeichnet werden kann.

Diamanten- und Goldfunde im 18. Jahrhundert wurden vorindustriell exploriert und der Kaffeeboom in Südostbrasilien im 19. Jahrhundert schrieben letztendlich das Ausbeutungssystem fort, welches auf einer merkantilistischen Verwertungslogik fußte. Eine Modernisierung durch intensivierte Agrarexporte bestimmte das 19. Jahrhundert. In diese Epoche fiel eine gewollte massive Immigration von Europäern (z.B. von Italienern und Deutschen), welche neben den afrikanischen Sklaven zu einer auf der Hautfarbe begründeten gesellschaftlichen Hierarchisierung beitrugen (WÖHLKE 2000). Das Resultat war eine verstetigte Stratifizierung der sozialen Pyramide mit einer sich vergrößernden Distanz zwischen „oben" und „unten", „weiß" und „schwarz". Während sich bereits im

18. Jahrhundert in den USA und Frankreich ein humanistischer Erziehungs- und Modernisierungsprozess der Bevölkerung abzuzeichnen begann, ignorierte „Portugal weiterhin seine [schwarzhäutigen] Untertanen als lernfähige Bürger und verweigert[e] ihnen die Rolle als individuelle und selbstbewusste, also moderne Menschen" (SAHR 2006, S. 33).

Die Loslösung von der portugiesischen Krone durch Dom Pedro I führte 1822 zur Unabhängigkeit Brasiliens. Dadurch wurde eine Neudefinition des Grundbesitzsystems notwendig. Das so genannte *Lei da Terra* (Bodengesetz) von 1850 legitimierte die *sesmarias* als Privatbesitz und überführte den restlichen Grund in Staatseigentum. Dieses Gesetz bildete damit quasi die Geburtsurkunde eines modernen Brasilien, das sich vom Eigentum an Sklaven abwendete und sich dem privaten Grundeigentum als legitimierte Herrschaftsform zuzuwenden begann (vgl. auch WIENOLD 2006, S. 50ff.). „Einerseits wurde die bestehende koloniale Besitzstruktur festgeschrieben. Andererseits blieb durch das Prinzip »Boden gegen Geld« kapitalschwachen Bevölkerungsschichten der Zugang zu bislang ungenutztem Land weiterhin verwehrt" (DÜNCKMANN 1998, S. 650).

Erst 1888 wurde die Sklaverei durch das „goldene Gesetz" endgültig abgeschafft. Mit der *abolição* der Sklaverei kreierten die Großgrundbesitzer „neue Formen der Immobilisierung und der Abhängigkeit der Arbeitskräfte" wie es WIENOLD (2006, S. 52) bezeichnet. Aus versklavter Arbeit wurde damit nur abhängige, weiterhin patronalistisch und repressiv gesteuerte Pacht- und Lohnarbeit im 20. Jahrhundert. Das erfolglose Exportmodell Brasiliens war zusätzlich begleitet von einer zutiefst persistenten aber nicht offen artikulierten Überzeugung in die rassische Unterlegenheit der brasilianischen nichtweißen Bevölkerung (vgl. auch SKIDMORE 2004, S. 139).

Getúlio Vargas, Präsident zwischen 1930 und 1945 ist wohl der prominenteste politische Vertreter im 20. Jahrhundert – allerdings als Diktator, der die ungleiche Gesellschaft Brasiliens durch die Etablierung verschiedener institutioneller Regelungen sehr nachhaltig perpetuiert hat. Die staatlich geförderte Industrialisierung („Modernisierungsdiktatur") durch Importsubstitution sowie eine Agrarmodernisierung hatten eine umfangreiche Freisetzung der abhängigen Arbeiterschaft auf den Plantagen zur Folge, welche zu einer Masse von Kleinproduzenten bzw. einer abhängigen Lohnarbeiterschaft außerhalb der Latifundien umdekliniert wurden. Die industrielle Expansion des Agrarsektors wurde völlig ohne Infragestellung der Landoligarchie und deren Großgrundbesitz durchgeführt.

Insbesondere Vargas' Etablierung eines Industrialisierungsprogramms und einer Wohlfahrtspolitik sollten die strukturellen Setzungen der Gesellschaft festzurren. Mit der Einführung des Mindestlohnes *(salário mínimo)* im Jahre 1940 wurde der entscheidende Grundstock der Herausbildung einer abhängigen Lohnarbeiterklasse gelegt. Ebenso setzte er das industrielle Akkumulationsmodell vom Staat durch. Der Minimallohn fixierte damit den Wert und „das Niveau der Reproduktion der Arbeitskraft nach unten" (WIENOLD 2006, S. 52). Die Schere zwischen ausgebildeten und nicht ausgebildeten Arbeitskräften öffnete sich damit stetig. Die Schaffung eines umfangreichen Netzwerks staatlicher Unternehmen führte zu einer Ausweitung der Regierungsmacht; der Industrialisierungsschub beschleunigte den Urbanisierungsprozess und die Expansion der städtischen Arbeitskraft, induziert durch massenhafte Migration arbeitsloser Landarbeiter vornehmlich aus dem „Armenhaus" Brasiliens, dem Nordosten, in den dynamisierten Südosten. Der Prozess der Verstädterung verlief in Brasilien äußerst schnell und spektakulär. Wohnten in São Paulo um 1900 etwa 240.000 Einwohner, waren es 1920 bereits 580.000 und 1940 gar 1,3 Mio. (WÖHLKE 2000, S. 131). Seit dem Ende des 2. Weltkrieges hat sich die Bevölkerung um den 15-fachen Wert gesteigert und liegt 2006 bei ca. 19,4 Mio. in der Metropolitanregion (*IBGE* 2007).

Die korporatistische Struktur der Ära Vargas – ein Abhängigkeitsverhältnis zwischen Staat und den Akteuren der Interessensvermittlung (z. B. Gewerkschaften) führte zu einer quasi Neutralisierung der Rechte der lohnabhängigen Arbeiterklasse.

Bis zum heutigen Tag ist die Unterklasse in Brasilien äußerst schlecht vertreten und politisch schwach (vgl. KRUMWIEDE 2002), wohingegen die Eliten systematisch ihre Macht aufbauen und konzentrieren konnten. Im Gegensatz zu Mexiko hat sich in Brasilien quasi nie eine genuine revolutionäre Tradition etabliert, auf welche sich eine Linke hätte beziehen können, um der Arbeiterklasse eine Identität und Richtung zum Ausgleich massiver Einkommens- und Besitzungerechtigkeit geben zu können. "In practice, the Brazilian masses themselves have proved relatively unresponsive to appeals to demand increased welfare. The left, moreover, has been manipulated by the elite" (SKIDMORE 2004, S. 141).

In der Nachkriegszeit folgte *Juscelino Kubitschek* 1955 indirekt auf Vargas. Er setzte die betont nationalistische Politik seines Vorgängers aber nicht fort, sondern er forcierte die Industrialisierung von Brasilien hinsichtlich ausländischer Investitionen, womit er aber auch den staatlichen Einfluss auf die Ökonomie stärkte. Mit der Fortführung der Modernisierung der Latifundien und Agrarexpansion entstanden Kleinbesitz und Minifundien in ihrer heutigen Form und sind dabei keine „Zerfallsprodukte eines (traditionellen) selbstständigen Kleinbauerntums" wie WIENOLD (2006, S. 54) folgerichtig betont. Kubitscheks Amtszeit war aber insbesondere über seine Vision des nationalen Aufbruchs in symbolischer Umsetzung der Schaffung der neuen Hauptstadt Brasília prägend und wirkmächtig: eines Neubeginns und einer Überwindung alter kolonialer Orte und Denkmuster.

Die Demokratie sollte bis 1965 bestehen, sie ging jedoch für 20 „dunkle" Jahre in eine Militärdiktatur über. Diese Periode soll hier nur am Rande behandelt werden, da sie letztlich von drakonischem Machterhalt geprägt war, ohne je auch nur ein Bewusstsein zur Lösung der Ungleichheitsverhältnisse zu entwickeln. In dieser Ära dominierte auch eine „konservative Modernisierung", vor allem durch eine Kapitalintensivierung der Landwirtschaft sowie die Mechanisierung und Vernetzung mit dem industriellen Sektor. Der Militärstaat griff mit Hilfe von subventionierten Agrarkrediten und Steuererleichterungen in den Agrarsektor ein, ohne die Landkonzentration auch nur im Ansatz zu verringern. Von diesen Hilfen profitierten vor allem Großkonzerne und die dynamischen Regionen im Südosten.

Die „neue Republik" tat sich schwer mit der Redemokratisierung, die wirtschaftliche Situation sollte sich für die Menschen zu Beginn eher noch verschlechtern. Mit der Wahl des Präsidenten *Fernando Collor de Mello* im Jahre 1990 verschwanden dann die letzten symbolischen Reste der langen Militärdiktatur (WÖHLKE 2000, S. 116). Die Wirtschaftspolitik war geprägt durch drastische Sparmaßnahmen in allen Klassen zum Abbau der Inflation. Diese sollte aber erst ab Mitte der 1990er Jahre sinken, verursacht durch das erfolgreiche Antiinflationsprogramm („Plano Real") des damaligen Finanzministers und ab 1995 regierenden konservativen Präsidenten *Fernando Henrique Cardoso*; der Plano Real leitete in der Folgezeit eine relative Preis- und Strukturstabilität ein. Neben seinem Verdienst die Konsolidierung der Staatsverschuldung angegangen zu haben, scheiterte er aber daran, die Einkommens- und Besitzungleichverteilung zu vermindern.

Auch mit der Übernahme des Präsidialamtes durch den ehemaligen Gewerkschaftsführer und Vorsitzenden der Arbeiterpartei (PT) *Luiz Inácio Lula da Silva* Anfang 2003 sollte sich, trotz dem angekündigten Versprechen, die seit Jahrzehnten verschleppte Landfrage anzugehen, an den bestehenden Besitz- und Machtstrukturen bis zum heutigen Tage nur wenig ändern. Auch seine politische Agenda scheint geprägt zu sein von neoliberalen Tendenzen, massiver Industrialisierung (vor allem im Agrarsektor), Korruption und Protegierung der brasilianischen Besitzelite. Seine Errungenschaften in der forcierten „ethnischen" Gleichstellungspolitik (z. B. Quotenregelungen) sind indes hervorzuheben.

Grundsätzlich spiegelt die brasilianische Oligarchie eine große politische Macht wider und hat über Jahrzehnte die Wirtschaftspolitik der Regierungen massiv kontrolliert und gelenkt – letztendlich immer zugunsten einer Aufrechterhaltung der Verteilungsungleichheit, gar einer Umverteilung von Arm zu Reich.

4.2 Aktuelle Dimensionen sozialer Ungleichheit in Brasilien

4.2.1 Räumliche Dimension auf regionaler Ebene

Innerhalb Brasiliens stellt sich im regionalen und räumlichen Gefüge eine Dimension der Ungleichheit dar, welche diese Nation letztlich in ein Industrieland im Südosten und ein Entwicklungsland im Norden und Nordosten auftrennt. Anhand der Vergleiche des Brutto-Inlands-Produkts (BIP) einerseits und des Human-Development-Index (HDI) andererseits soll diese räumliche Dimension einer ausgeprägten Nordost-Südost-Disparität illustriert werden.

Der Nordosten trägt lediglich mit 13,8 % (2003) zum (BIP) Brasiliens bei, wovon der Bundesstaat Bahia zu 4,7 % beteiligt ist. Mit diesem niedrigen Erwirtschaftungsgrad gehen auch die Einkommensungleichheiten einher, was jeder einzelne im Nordosten zu tragen hat (vgl. auch die regionale Ungleichverteilung der Mindestlöhne in Tab. 2). Der Südosten mit den Megastädten São Paulo und Rio de Janeiro hingegen verzeichnet trotz leichter Stagnation 55,2 % des nationalen BIP. Brasilien weist innerhalb Lateinamerikas den höchsten Industrialisierungsgrad auf. Im Südosten entstand frühzeitig eine innovative Modernisierung und Industrialisierung, wohingegen das Produktionsmodell der patrimonialen Agraroligarchie im Nordosten Jahrhunderte ohne jegliche Neuerungen operierte und den Status Quo einfachster arbeitskraftbasierter Produktion ohne Qualifizierungsziele aufrecht erhielt. Der enorme Entwicklungsrückstand heute ist eine Konsequenz dieser intendierten Vernachlässigung.

Der HDI weist auf einen weiteren Indikator ungleicher Entwicklungs- und Lebenschancen im regionalen Vergleich hin. Alle HDI-Indizes der nordostbrasilianischen Bundesstaaten zeigen für 2004 unter dem Durchschnittswert (0,766) liegende Werte (z. B. São Paulo: 0,82). Damit liegt der Nordosten bei einem Wert der menschlichen Entwicklung ver-

Tab. 2: *Ungleiche Differenzierung der Einkommensklassen in %* (salário mínimo).

Mindestlohn (salário mínimo)	<0,5	0,5–1	1–2	2–3	3–5	>5
Brasilien	10	17,8	26,0	13,0	10,2	10,3
Salvador (NO)	12,9	26,6	27,7	11,2	8,5	9,3
São Paulo (SO)	2,5	8,2	26,6	20,4	17,2	19,4

Quelle: IBGE 2005a.

gleichbar mit Namibia und Vietnam, wohingegen der Süden und Südosten sowie der Bundesdistrikt mit der Hauptstadt Brasília auf dem Niveau Lettlands und Kroatiens liegen (vgl. UNDP 2006). Hinsichtlich der Dimension Armut müssen fast 15 % der *nordestionos* Hunger und Unterernährung erleiden, doppelt so viele wie im Landesdurchschnitt. Nach einer unlängst veröffentlichten Studie des *IBGE* sind dabei 60 % der Bevölkerung Nordostbrasiliens von Nahrungsmittelunsicherheit betroffen. Es ist darauf hinzuweisen, dass die traditionellen Erklärungsmuster für die ländliche Armut im Nordosten, die hohe Niederschlagsvariabilität und die geringe Bodenqualität gelten (vgl. auch FINKE 1998, S. 47). Gerne wird daher von offizieller Seite die naturräumliche Benachteiligung als Ursache der Unterentwicklung herangezogen, um kapitalintensive Großprojekte wie etwa Staudämme zur Energiegewinnung und Bewässerungslandwirtschaft durchsetzen zu können. KOHLHEPP (1994, S. 45) kommt dagegen zu dem berechtigten Schluss, dass „für die Abwanderung ... nicht die unperiodischen Dürrephasen verantwortlich [sind], sondern die quasi-feudale Grundbesitz- und Arbeitsverfassung der Region". Die Dürren haben für die räumliche Mobilität des strukturellen Arbeitskraftüberschusses nur eine beschleunigende Wirkung.

Mit der anhaltenden Landflucht aus dem *Interior* in die Küstenmetropolen geht eine offene Arbeitslosigkeit einher, mit der auch die verdeckte Unterbeschäftigung insbesondere in den städtischen Räumen korreliert; diese meint Erwerbspersonen, deren Beschäftigung aufgrund schlechter Bezahlung keine ausreichende Lebensgrundlage bietet. 70 % der in einem Beschäftigungsverhältnis stehenden Erwerbspersonen verdienen höchstens eineinhalb Mindestlöhne (*IBGE* 2005a). Neben den großregionalen Disparitäten besteht ein generelles und sehr ausgeprägtes Entwicklungsgefälle zwischen den ländlichen und städtischen Räumen. Dieses drückt sich in nahezu allen Bereichen des Lebens aus (Einkommen, Bildungsstand, Gesundheit, Infrastruktur u. v. m.).

Wie in dieser knappen Ausführung gezeigt werden sollte, wird Brasilien nicht unberechtigter Weise in der Literatur häufig auch als *BelIndia* bezeichnet, eine Kreation aus Belgien und Indien, um die immer noch weit auseinanderklaffenden Entwicklungsstadien der Regionen zu illustrieren. Es sei an dieser Stelle aber auch der Hinweis gestattet, dass die riesige Nation Brasilien, seine Fläche übersteigt das 23-fache derer von Deutschland, trotz großer regionaler und anderer Defizite eine enorme Leistung in vielen Bereichen, z. B. des Infrastrukturaufbaus vollbracht hat. Eine Anerkennung, die bei den räumlichen Dimensionen, im Vergleich zum sehr „überschaubaren" Deutschland keineswegs vergessen werden darf.

4.2.2 Agrarökonomische Dimension

Nur 50.000 *Fazendeiros* (Großgrundeigentümer), das entspricht 0,9 % der Grundbesitzer, gehören 45 % aller landwirtschaftlich genutzten Flächen, die mehr als 1.000 ha groß sind, nicht selten auch über 10.000 ha. Demgegenüber dürfen 3,1 Mio. Kleinbauern nur 2,2% dieser Gesamtfläche bewirtschaften (MELCHERS 2002/2003). Dieses Verhältnis belegt eindrücklich die nach wie vor bestehende Landungleichverteilung in Brasilien; ein Phänomen, welches weltweit einzigartig ist. Sein Ursprung liegt in der pragmatischen Landvergabe der *sesmarias* durch die portugiesische Krone an kapitalträchtige Einzelpersonen, die seit dem 16. Jahrhundert keine gerechtere Neustrukturierung erfuhr.

Grundsätzlich ist der ländliche Raum heute durch einen Dualismus von Existenzsicherung und Exportorientierung geprägt. Damit stehen Gebiete mit landwirtschaftlicher Subsistenzproduktion modernen, von der Globalisierung beeinflussten Intensivgebieten gegenüber, die für die ausländischen Exportmärkte und die inländischen zumeist an der Küste gelegenen Metropolen produzieren. Das Zurückdrängen kleinbäuerlicher Betriebe führt dann nach UNTIED (2005, S.1) in anbaugünstigen Regionen mit guter Infrastruktur zu einer Verschärfung der agrarstrukturellen und sozialen Verwerfungen, die ein großes Konfliktpotenzial in sich bergen.

Die so genannte brasilianische „Landlosenbewegung" *MST (Movimento dos Trabalhadores Rurais sem Terra)*, die seit nunmehr 25 Jahren existiert, ist die größte soziale Basisformation in ganz Lateinamerika. Die *MST* organisiert seit längerer Zeit die landesweite Besetzung von Großgrundbesitzungen, um auf eine gerechtere Landverteilung zumeist äußerst friedlich aufmerksam zu machen und Land für die Landlosen durch Enteignungen einzufordern (vgl. Bild 2). Derzeit leben etwa 230.000 Familien in solchen Lagern. Von ihnen sind rund 140.000 Familien in der *MST* organisiert. Ein sehr mühsames und oft nicht ungefährliches Unterfangen. Diese soziale Bewegung erfährt zunehmende Beachtung, obgleich auch hier „Neutralisierungseffekte" zu greifen scheinen, die letztlich die politische Klasse bisher nicht wesentlich zum Handeln bewegt haben, um einer fundamentalen Agrarreform den juristischen Boden zu bereiten.

Insbesondere die Transformation der agrarischen Produktionsstrukturen durch den Ersatz selbstständiger Kleinbauern und Pächter durch saisonale, abhängige Lohnarbeit hat zu einer massiven Verelendung der ländlichen Bevölkerung geführt. Dass im Jahre 2002 58% der Landbevölkerung im Nordosten ohne Trinkwasserversorgung lebten, ist nicht nur ein verheerendes Resultat politischer Entscheidungen, sondern stellt gleichfalls den schlechtesten Wert in ganz Lateinamerika dar (*CEPAL* 2003). Das kapitalintensive Agrobusiness trägt durch die Rationalisierung der Produktionstechniken (Anbauverfahren und Einsatzmittel) entscheidend zur weiteren Landflucht, Verstädterung, Informalisierung, Verelendung und damit zur Ausweitung der rural-urbanen Disparitäten bei.

Bezogen auf den Nordosten von Brasilien wurden im ausgehenden 20. Jahrhundert die privaten und staatlichen Investitionen in die Bewässerungslandwirtschaft verstärkt. Im Rahmen groß angelegter Bewässerungsprojekte und dem Bau gigantischer Staudämme (vgl. COY, GEIPEL 2004), z.B. des *Sobradinho*-Dammes am Rio São Francisco, sollte der Boden bereitet werden, den kommerziell sehr rentablen exportorientierten Obst- und Gemüseanbau zum Schaden der Landbevölkerung zu etablieren, welche völlig verarmt abwandert (vgl. z.B. VOTH 2002, S. 30). Die immense Nachfrage europäischer Konsumenten z.B. nach Mangos als so ge-

Bild 2: *Widerstand gegen die Brasilianische Regierung – Die so genannte „Landlosenbewegung" MST (Movimento dos Trabalhadores Rurais sem Terra) besetzt Großgrundbesitz.*

nannte „Flugware" fördert dort massiv den bewässerten Anbau von exotischen Feldfrüchten. Es wird damit quasi Wasser in Form von Obst aus einem dürregeprägten Trockenraum nach Europa exportiert. Ein postmoderner Zynismus für eine von jeher „ausblutende" Region, die nun über den nationalen Maßstab hinaus zum globalen Objekt geworden ist und letztendlich auch damit die räumlich-sozialen Ungleichheiten verstärkt werden. Es mutet fast ungerechtfertigt und zwecklos an die Mitverantwortlichkeit der Konsumenten in Europa zu appellieren, werden doch die weltweiten Verflechtungen immer komplexer und undurchschaubarer für den Endverbraucher.

Ein Blick in den Nordwesten, nach *Amazônia legal* verdeutlicht eine ganz andere, noch durchaus dramatischere Entwicklung. Sie ist geprägt durch massive Landnahme und Expansion der agrarischen Nutzfläche, welche wiederum Einzelpersonen zu alleinigen Nutznießern macht. Diese Landnahme wird seit den 1960er Jahren getragen zumeist von der exportorientierten Landwirtschaft (vor allem Soja, Rinder). Die Ausweitung der agrarischen Nutzfläche förderte dabei zweifellos Großbetriebe. 1995 entfielen auf 11% der Betriebe rund 80% der neuen Betriebsflächen (WIENOLD 2006, S. 53ff.). Insbesondere der Sojaanbau im „Halbmond der Entwaldung" (vgl. auch den Artikel von ANHUF in diesem Band) stellt neben der politischen Ökologie der Tropenwaldzerstörung in Südamazonien eine Praxis dar, welche noch immer die Agraroligarchie bevorzugt, anstatt nachhaltige Nutzungssysteme für das Heer von Landlosen in Brasilien bereitzustellen (COY, NEUBURGER 2002). Jeden Tag werden bis zu 10.000 Fußballfelder (!) Wald zerstört, damit sich vor allem Viehweiden und landwirtschaftliche Flächen zum Sojaanbau ungehindert ausbreiten können (vgl. *WWF* o.J.).

4.2.3 Ökonomische Dimension

Ein Blick auf Tabelle 2 verdeutlicht die ausgeprägte ungleiche Differenzierung hinsichtlich der Einkommensklassen. Der seit 1940 existierende Mindestlohn liegt derzeit bei 380,– $R, was einem Wert von etwa 150 € entspricht; der Einbezug des Verhältnisses der Kaufkraftparität lässt den Wert rund 25% erhöhen, da die Lebenshaltungskosten um diesen Wert unter den deutschen liegen. Bezogen auf das ganze Land müssen über die Hälfte (53,8%) der Bevölkerung mit einem Gehalt unter zwei Mindestlöhnen pro Monat auskommen. Während in Salvador, einer Metropole im Nordosten, rund 40% der

Bewohner sich mit einem halben bis einem *salário mínimo* zurechtfinden müssen, sind dies in São Paulo nur rund ein Zehntel. Hier wird das enorme regionale Nordost-Südost-Gefälle in den Städten deutlich.

Hinzu kommt eine Aufteilung der niederen Mindestlöhne in formelle Beschäftigung, d.h. mit einer „Arbeitskarte", der *carteira assinada*, und in unsichere informelle Tätigkeiten. An den Besitz dieser Arbeitskarte sind staatliche Vergünstigungen, z.B. Transportgutscheine, vor allem aber Renten- und Sozialversicherung gebunden.

Rund 45% der städtischen Erwerbsbevölkerung arbeiten im so genannten Informellen Sektor (vgl. *CEPAL* 2006; vgl. grundlegend zum Informellen Sektor in Lateinamerika auch ROTHFUSS, DEFFNER 2007, S. 214ff.). Durchschnittlich haben arme Familien in Brasilien eine deutlich größere Kinderzahl als reiche. Auch ist die weibliche formalisierte und abgesicherte Erwerbsquote in der Mittel- und Oberschicht wesentlich höher als in der Unterklasse. Dennoch hat auch dort die Kinderzahl abgenommen bei gleichzeitig etwas verbesserter Bildungssituation.

Die Einkommensskala macht deutlich, dass in Brasilien die Mittelklasse nur sehr begrenzt ausgebildet ist. Sie ist in den letzten Jahrzehnten sogar zurückgegangen. Einer extrem breiten Unterklasse steht eine dünne Mittel- und potente Oberklasse gegenüber. Dass die staatliche Statistik des *IBGE* eine genauere Differenzierung der oberen Gehaltsklassen unberücksichtigt lässt und diese undifferenziert unter Einkommen über fünf Mindestlöhnen (entsprechend >750 €) einordnet, erscheint geradezu strategisch, die enorm breite Spanne der Gehälter in Brasilien bewusst zu verschleiern. Folgendes Beispiel vermag hingegen die wirkliche Bandbreite der Löhne aufzuzeigen.

Wie groß die Einkommensunterschiede selbst innerhalb einer Berufsgruppe sein können, hat eine Recherche der anerkannten Wochenzeitung *veja* (vom 23. Juli 1997, S. 30) ergeben, dass die untersten Einkommensgruppen im Bereich des öffentlichen Dienstes der Polizei rund 185 US-$ im Monat verdienen, die höchste dagegen 32.000 US-$. Dies bedeutet eine Differenz von 1:173, wohingegen zum Vergleich in der Bundesrepublik ein Verhältnis von 1:5 besteht (BOEKH 2005, S. 147).

Wird das Einkommen von 32.000 US-$ bei derzeitigem Kurs in Mindestlöhne umgerechnet, so verdient jeder oberste Führungsbeamte in der Polizei rund 155 Mindestlöhne. Vergleicht man dieses Einkommen einiger weniger mit dem einen Mindestlohn-Gehalt, das einem Drittel der Bevölkerung (51 Mio.), zumeist in ungesicherten Arbeitsverhältnissen zur Verfügung steht, so wird das immense Missverhältnis evident. Neben den berufsspezifischen Einkommensunterschieden sind jedoch auch die Differenzen im Einkommen entlang einer „ethnischen" Scheidelinie eine wesentliche Hypothek Brasiliens. "As long as whites, browns, and blacks are unevenly distributed along the income structure, racial inequality exists" (TELLES 2004, S. 107).

4.2.4 Soziale und „ethnische" Dimension

Vereinfacht ausgedrückt, kann das soziale Gefälle in Brasilien nach wie vor auf einer Skala der Hautfarbe abgebildet werden: Je weiter unten in der sozialen Stratigraphie, desto „dunkelhäutiger" sind die Menschen; die Nachfahren der Sklaven besitzen dabei im Vergleich zu „Hellhäutigen" noch immer keine nennenswerten sozialen wie ökonomischen Aufstiegschancen. Diesen Tatbestand der Bildungsungleichheit belegen auch die beiden Abbildungen 4 und 5.

Die Korrelation des Analphabetismus mit der Hautfarbe zeigt im Durchschnitt doppelt so hohe Werte für die „dunkel- und schwarzhäutige" Bevölkerung als für die „weißhäutige" (vgl. Abb. 4). Insbesondere im Nordosten kann ein Drittel bis ein Viertel der Bevölkerung nicht lesen und schreiben. Würde eine Differenzierung zwischen städtischen und ländlichen Räumen noch hinzugezogen, fiele die Bilanz noch gravierender aus – zu Ungunsten der ruralen Gebiete. Darüber hinaus zeigt sich auch regional eine deutliche Bildungsungleichheit, wobei der Südosten Brasiliens wesentlich bessere Werte aufweist. Auf die regionalen Disparitäten wird später noch näher eingegangen werden. Ein statistisch angegebener Alphabetisierungsgrad von 97% in Brasilien (*CEPAL* 2006) scheint unter genauerer Differenzierung mehr als fragwürdig.

Auch sind hinsichtlich des Bildungsniveaus deutliche Differenzen in der „Farbskala" auszumachen. Wird die Dauer des Schulbesuches herangezogen und nach Hautfarbe differenziert, so unterscheidet sich das Bild ganz wesentlich. „Nichtweiße" gehen im Durchschnitt knapp fünf Jahre in die Schule, wohingegen „Weiße" über acht Jahre die Schule besuchen (*IBGE* 2004). So zeigt beispielsweise die Erreichung des 3. Bildungsgrades die Zulassung zur Universität, welche nur von rund 12% „Nichtweißen" erreicht wird, wohingegen fast die Hälfte der „Weißen" diesen Bildungsstand besteht (vgl. Abb. 5). Ein Drittel aller „dunkelfarbigen" Menschen und nur 10% der „weißen" Bevölkerung in Brasilien verlassen die Schule mit dem ersten Grad, welcher lediglich einem basalen Bildungsniveau entspricht. Der Bereich höchster Bildungsqualifikation und damit Einkommen zeichnet ein noch dramatischeres Bild einer auf der Hautfarbe basierenden ungleichen Verteilung: In den 500 größten Firmen Brasiliens sind lediglich 1,8% der Führungskräfte „schwarz" (TELLES 2004, S. 110).

Folgendes Beispiel verdeutlicht den sozialen Effekt des Bildungsmangels der Unterklasse. Ein Heer an Frauen aus den städtischen Marginalvierteln arbeitet als Angestellte in den Haushalten der Mittel- und Oberklasse. Diese häusliche Tätigkeit wird mit einem staatlich festgelegten Mindestlohn von derzeit 380,– brasilianische Real ($R) entsprechend rund 150 € entgolten. Es ist leicht vorstellbar, dass mit diesem Gehalt lediglich das nötigste an Ausgaben bestritten werden kann, ohne dass für eine qualifizierende Schulbildung, die zumeist eine kostenpflichtige Privatschule bedeutet, noch Geld übrig wäre. Während die Frauen die Kinder ihrer „Arbeitgeber"

Abb. 4: *Bildungsungleichheit: Analphabetismus und Hautfarbe.*

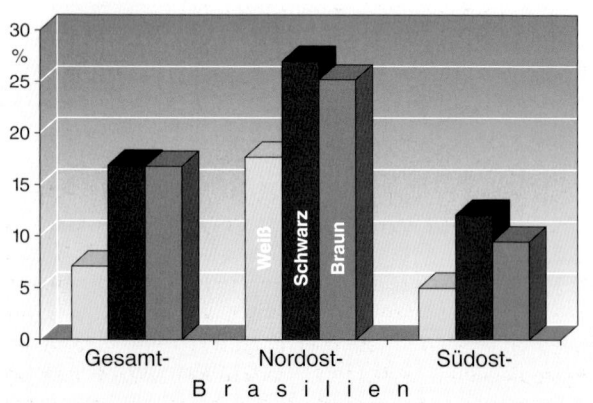

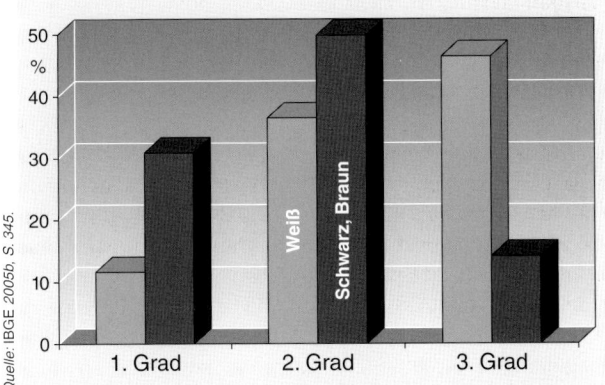

Abb. 5: *Ausbildungsniveau und Hautfarbe.*
Quelle: IBGE 2005b, S. 345.

betreuen, wo Frauen und Männer berufstätig sein können, müssen Sie Ihre eigenen Kinder in den Favelas vernachlässigen und sich häufig genug selbst überlassen. Daneben bleibt auch die Möglichkeit der eigenen Qualifizierung der Frauen z. B. in den vielen Abendschulen aus. „Die berufliche Gleichberechtigung und Emanzipation der Frauen in der Mittel- und Oberschicht ist nur auf Kosten der Festschreibung der klassischen Frauenrolle in der Unterschicht als *domésticas* (Hausangestellte) bei den privilegierten Klassen möglich, die diese billigen Arbeitskräfte zur eigenen beruflichen Verwirklichung in hohem Maße nachfragen: bis zu 5 Hausangestellte sind keine Seltenheit" (ROTHFUSS, DEFFNER 2007, S. 215).

Es zeigte sich an diesem Beispiel auch *sine qua non*, dass selbst durch den Ausbau bezahlbarer und guter Bildungseinrichtungen nicht quasi automatisch das Entwicklungsniveau breiter Schichten gesteigert, geschweige denn in höheres Einkommen transformiert werden kann. Die Verflechtungen der Abhängigkeit der Unterklasse sind derart verankert und festgeschrieben, dass ein grundlegender Angleich der Machtverhältnisse unprätentiös ausgedrückt ein „Jahrhundertprojekt" darstellt und einen dementsprechend langen Atem einer Gleichheitsvision der ganzen Gesellschaft benötigt.

Subtiler Rassismus und der Mythos der „Rassendemokratie"

Es ist zweifellos anzuerkennen, dass Brasilien im Vergleich zu anderen multi-ethnisch konstituierten Gesellschaften eine enorme zivilisatorische Leistung vollbracht hat, die unterschiedlichen ethnischen Gruppen nachhaltig zu integrieren, ohne deren kulturelle Ursprünge zu zerstören. Es entlastet Brasilien von tiefen Konflikten, „die in anderen, ähnlich strukturierten Gesellschaften auch und gerade in Europa erheblich politische Energien abfordern" (BOEKH 2005, S. 139).

Von FREYRE (1982 [1933]) wurde diese zivilisatorische Integrationskapazität bereits als „Plastizität" der brasilianischen Gesellschaft positiv hervorgehoben; das 1936 erschienene und für das nationale Selbstverständnis ebenso wegweisende Werk „Die Wurzeln Brasiliens" von HOLANDA (1995), attribuierte *den* Brasilianer als einen „herzlichen Menschen" aller Klassen, indem er ihn mit einem gastfreundlichen, warmherzigen, friedfertigen und affektiven Charakter beschreibt. Dieser ließ als kollektivistisches Produkt eine „Kultur des Gefallens" entstehen. Ein weiterer wichtiger Autor in diesem Zusammenhang ist AZEVEDO (1958). Er begründete die Mildtätigkeit, Sympathie und Brüderlichkeit im Handeln sowie in den Gedanken der Brasilianer durch die verinnerlichten katholischen Prinzipien. Da diese Grundsätze schon ihre Wurzeln in der Kolonialgesellschaft hatten, vermögen die Menschen nicht, die Tradition der Herzlichkeit aufzugeben, um Revolutionen, Empörungen oder andere gewaltsame Akte gegen ihre „Brüder", mögen sie aus Brasilien kommen oder nicht, zu führen. SOUZA (2006) fasst diese kulturspezifische Form der affektiven Perzeption und des Agierens als eine „emotionale Handlungstheorie" zusammen, welche jenseits „westlichem Rationalismus" liege.

Dennoch lassen diese gesellschaftlich wirkmächtig gewordenen Konstruktionen der Intellektuellen Klasse für eine *brasilidade* die alltäglich omnipräsente Diskriminierung insbesondere der indianischen und schwarzen Bevölkerungsschichten nicht vergessen. Oder aber vermag gerade die gesellschaftliche Repräsentation als „herzliche Menschen" in einer scheinbaren Rassendemokratie letztlich den Rassismus zu neutralisieren und verdunkeln ohne dass dieser überhaupt in das kollektive Bewusstsein gelangt?

„Wir haben kein Rassenproblem. In Brasilien kennen die Schwarzen ihren Platz" (Gängige Redewendung; zitiert in TELLES 2004, S. 139; Übersetzung des Autors). Die Diskriminierung ist in Brasilien zumeist diffus, unterschwellig und hat vielfältige Manifestationen. Häufig wird selbst von wissenschaftlicher Seite argumentiert, dass rassische Ungleichheit letztlich das Produkt historischer Ungleichheit sei, verursacht durch die Sklaverei, sodass das Verschwinden der rassischen Ungleichheit lediglich eine Frage der Zeit sei. Damit wird postuliert, dass der nichtdiskriminierende Mechanismus der Klassenunterschiede die rassischen Unterschiede verursacht und nicht die Rassendiskriminierung als solche. Jedoch wurde von wegweisenden wissenschaftlichen Arbeiten die Rassendemokratie und der Glaube, dass Einkommensungleichheit nichts mit Diskriminierung zu tun habe, wesentlich demystifiziert (TELLES 2004).

Im Gegensatz dazu bestätigen die Alltagspraxis und das kollektive Gedächtnis scheinbar die Negierung eines Rassismus. Als 2003 von der Regierung eine ethnische Quotenregelung bei der Besetzung von öffentlichen Ämtern und Bildungseinrichtungen (z. B. Studienplatzvergabe an staatlichen Universitäten für nichtweiße Studierende) eingeführt wurde, „kam dies einem öffentlichen Dementi der These von der Rassendemokratie gleich und stellte einen Tabubruch dar" (BOEKH 2005, S. 138).

Die Mehrzahl der diskriminierenden Handlungen sind subtil und werden als solche gar nicht als Rassismus von den „Diskriminierenden" wahrgenommen. Brasilien stellt einen klassischen Fall einer „rassischen Hegemonie" dar, welche die Existenz rassischer Ungleichheit verneint, während sie diese gleichzeitig produziert (vgl. HANCHARD 1994, S. 155). Damit zeigt sich, dass die formelle Absenz eines diskriminierenden Rassensystems durch informelle Regelungen ersetzt ist und insofern verdeckt reproduziert. Es ist demnach eine vorreflexive Naturalisierung der rassischen Hierarchie, die jenseits einer gewollten, offenen und institutionell verankerten Apartheid liegt, wie sie etwa die Republik Südafrika bis zur Unabhängigkeit 1994 strukturierte. Es existiert damit ein unartikulierter *common sense* in der brasilianischen Gesellschaft, der häufig unbewusst in dem festen und naiven Bewusstsein artikuliert wird, als dass die Schwarzen eben ihren Platz in der Gesellschaft kennen würden. "The general culture disseminates and accepts the idea of racial hierarchy, which Brazilians in turn perceive as natural; this provides them with a logic for understanding and legitimizing the racial order" (TELLES 2004, S. 152).

Dies bestätigen auch Untersuchungen zu den brasilianischen Medien (vgl. ARAÚJO 2000). Das Fernsehen als die wohl wichtigste Institution nationaler Kulturproduktion bevorzugt in aller Regel weißhäutige und blonde Protagonisten. Nach Ansicht des schwarzen Intellektuellen und Aktivisten Hélio SANTOS (2001) könnte man das brasilianische Fernsehen ohne weiteres für schwedisches halten, würde man nur den Ton abstellen. Dabei wird das nationale Fernsehen als europäisch vermarktet, viele Aspekte der brasilianischen Kultur eliminiert und die Überlegenheit der „Weißheit" unverhohlen inszeniert. So fristet entgegen der wichtigen Rolle der afrobrasilianischen Kultur im Alltagsleben der Menschen im Fernsehen eine nahezu repräsentationslose Rolle. Darüber hinaus hat ARAÚJO (2000) herausgefunden, dass in der 50-jährigen Geschichte der *Telenovelas* das anthropologische Konstrukt der *Rassendemokratie* als Amalgam nationaler Identität in den allerseltensten Fällen verteidigt wurde, bzw. überhaupt vertreten war.

4.2.5 Urbane Dimension – Nahraum von Arm und Reich

Die brasilianische Gesellschaft kann zweifellos als eine urbane beschrieben werden. Über 80 % der Menschen leben in Städten; ein Wert, der annähernd für ganz Lateinamerika zutrifft (vgl. DEFFNER, STRUCK 2007). In den Metropolen tritt die ganze Bandbreite sozialer Ungleichheit zu Tage. Die Gegensätze und unterschiedlichen Lebenswelten rücken hier äußerst nahe zusammen. Im Sinne Richard Sennetts' berühmter Interpretation der Stadt als „Tyrannei der Intimität" erfährt die Ungleichheitswirklichkeit in Brasiliens urbanen Räumen eine noch größere psychologische Dimension. Es ist sicherlich nicht ungerecht, die Erduldung von Reichtum durch die Unterklasse im urbanen Kontext als demütigender und unerträglicher zu beurteilen, als dass privilegierte Klassen das alltägliche Elend auf den Strassen ertragen müssen. Ihre Möglichkeiten jenem durch eine Praxis der Hermetik des Wohnens, Arbeitens und der Freizeit zu entkommen, sind in der Regel äußerst vielfältig. Wohingegen, die (unteren) Mittelklassen aufgrund begrenzter Ressourcen der strukturellen Ungleichheit stärker ausgesetzt sind. Ihre Angst überflüssig, unsichtbar und irrelevant zu werden als wesentlicher Grund für die Dynamik von Exklusionsprozessen durch artikulierten Rassismus scheint vor diesem Hintergrund nachvollziehbar zu sein (vgl. auch SCHROER 2001, S. 42). Es legitimiert dennoch nicht menschliche Würde- und Respektlosigkeit den „Schwachen" gegenüber.

Bei einer Betrachtung von Bild 3 erscheint es fast nahe liegend, das *Herrenhaus* und die *Sklavenhütte* in Form der Hochhaustürme der Mittel- und Oberschicht und der Innenstadtfavela in direkter Nachbarschaft in einen dialektischen Zusammenhang zu bringen. „Dem heutigen Brasilien kann man mit dem besten Willen nicht mehr mit der Metapher von „Herrenhaus und Sklavenhütte" gerecht werden, die auf eine brillante und nach wie vor sehr suggestive Studie der patrimonialen Gesellschaft der Kolonialzeit zurückgeht." Trotz fundamentaler Bedenken von BOEKH (2005, S. 139) möchte ich an dieser realen Metapher und auch im Vollzug der sozialen Alltagspraxis äußerst wirkmächtigen Denktradition festhalten, da sich aus meiner Sicht, die vorangegangenen Ausführungen belegen dies, die Abhängigkeitsverhältnisse keineswegs

Bild 3: *Arm-Reich-Gegensätze auf engstem Raum. Favela und abgeschlossene Hochhauskomplexe* (condominios fechados) *in Salvador da Bahia.*

aufgelöst haben. Die brasilianische Unterklasse organisiert sich bis heute um die Elite herum und bleibt von ihr abhängig. Da diese die gesellschaftlichen Regeln diktiert, entfaltete sich in Brasilien eine problematisierte urbane Arbeitskultur, da nur die Bevorzugten Chancen auf den Markt haben.

Es dient mir in zugegebenermaßen vereinfachter Weise das eigentlich Intransparente als bildlich sichtbares Dispositiv der Machtstruktur in das Bewusstsein zu rücken. Dem Rekurs auf das jahrhundertealte Patronagesystem in Form struktureller Setzungen im urbanen Raum möchte ich nun eine moralische Dimension an die Seite stellen.

Die beiden Aufnahmen (Bild 4 und 5) zeigen „nachmoderne Lebensformen sozialer Ungleichheit" im gemeinsamen Raum und damit in offener Konfrontation, jenseits abgetrennter Lebenswelten von *condominio fechados* und *favela* (vgl. den Artikel von DEFFNER über die Lebenswelt *favela* in diesem Band). Diese Alltäglichkeit des sichtbaren Elends bleibt scheinbar ohne Konsequenz und trifft nur selten die Befindlichkeiten der Privilegierten elementar. Kann damit von einem (notwendigerweise?) verinnerlichten Resultat einer Deformation menschlicher Wahrnehmungsfähigkeit, die an Anerkennung gebunden ist, gesprochen werden? „Die menschliche Lebensform im ganzen ist durch die Tatsache geprägt, dass Individuen nur durch wechselseitige Anerkennung zu sozialer Mitgliedschaft und damit zu einer positiven Selbstbeziehung gelangen" (HONNETH 2003, S. 310). Die Erduldung extremer sozialer Ungleichheit von Seiten der „Ungleichen" hat vielerlei spezifische Konsequenzen der Kompensations- und psychologischen Reaktionsmuster in der brasilianischen Gesellschaft.

4.2.6 Moralische Dimension

Folgt man dem brasilianischen Soziologen Jessé Souza, so besteht ein gesamtgesellschaftlicher Konsens der unausgesprochenen und verdeckten Existenz einer zweigeteilten Staatsbürgerschaft. Die Masse der Bevölkerung Brasiliens (zumeist schwarz- und braunhäutige BrasilianerInnen) rekrutiert die so genannte „Subcidadania" mit zwar formal gleichen staatsbürgerlichen Rechten, die aber letztendlich nicht zu einer effektiven Umsetzung gelangen. „Damit die Gleichheitsregel gesetzmäßige Wirksamkeit erlangt, ist es notwendig, dass die Auffassung der Gleichheit in der Dimension des Alltagslebens effektiv internalisiert ist" (SOUZA 2006, S. 28).

Bild 4 und 5: Privilegierung und Marginalisierung im urbanen Alltag: Körperkult an der Copacabana, Rio de Janeiro und ein erschöpfter Schuhputzer am Terreiro de Jesus, Salvador da Bahia.

Aufnahmen: E. Rothfuß 05/2005 (4) und 03/2005 (5).

Bei Gerichtsverfahren, Verurteilungen etc. zeigt sich sehr häufig, dass für die vor dem Gesetz scheinbar „Gleichen", letztlich aber eine Praxis für „Ungleiche" funktional wirksam wird. Eine Praxis unter und über dem Gesetz verdeutlicht die Institutionalisierung symbolischer und moralischer Ungleichheit, die auch als „struktureller Rassismus" bezeichnet werden kann (WEISS 2002, S. 6). Für Brasilien kann darüber hinaus neben diesem ein intransparenter und niemals ausdrücklicher „rassistischer Rassismus" erkannt werden – eine doppelte Wirkungsweise, die letztendlich eine Vollstaatsbürgerschaft von einer subalternen separiert und alltäglich reproduziert. Es ist der differenzielle Wert von Menschen, der sich insbesondere darin ausdrückt, dass es eine gigantische Masse an Ausgeschlossenen gibt, die „auf ihre bloßen Körper" und auf ihre körperliche Arbeitskraft reduziert werden. Das Heer an Tagelöhnern, Hausangestellten, Pförtnern und anderen informellen Tätigkeiten in den Metropolen stellt diese „strukturelle Unterklasse" dar. Ein derartiger Mangel an sozialer Anerkennung durch diese Reduktion der menschlichen Existenz führt unweigerlich zu niedriger Selbstachtung und Selbstbewusstsein der subalternen Bürger (SOUZA 2006). Damit scheint auch die Reproduktion der Ungleichheitsverhältnisse von „unten" einherzugehen, indem die soziale Lage resignativ akzeptiert wird und durch Mechanismen der Verdrängung oder „Betäubung" reagiert wird, wie die folgenden Ausführungen zeigen werden.

4.3 Bewältigung sozialer Ungleichheit: Religiosität, Verdrängung und Kompensation

Die Masse in Brasilien arbeitet von Sonntag bis Sonntag, was dabei aber verdient wird, ist keinesfalls genug, um die Rechnungen am Ende des Monats zu bezahlen. Bleibt folglich nur, dem eigenen Leben mit kollektiv geteilter Lebensbejahung zu begegnen anstatt es negativ zu belasten? Die brasilianische Identität der „Herzlichkeit" quasi als Opium des Optimismus zu nutzen? Schuf die Kraft eines religiösen Gefühls, das voll von Spontaneität und menschlicher Sympathie ist, damit unzulässig vereinfacht ein grundsätzlich optimistisches auch zuweilen „oberflächliches" Volk? Heißt das auch, dass dieses Volk nicht zur Empörung neigt, sondern auf das gute Leben im Jetzt verzichtet und sich dieses lediglich als Zukunftsvision erhofft? Ist es zu affektiv und wird nachhaltig von sinnlichen oder moralischen Verhängnissen geleitet?

Einer explorativen Studie von KÜHN (2006, S. 129ff.) zu Folge stellt die tägliche Auseinandersetzung mit den ungleichen Rahmenbedingungen mit Optimismus, Handlungswillen und Arrangement zu begegnen, in einer Innenperspektive „eine besondere Qualität von Brasilianern, die flexibel, fröhlich, warmherzig und anpassungsfähig seien" dar (KÜHN 2006, S. 137). Er interpretiert diese Lebensform als „Der Tanz mit den widrigen Umständen". Dabei spielen, um den positiven Lebenszugang nicht zu verlieren, „Feste, Liebeleien und das Fernsehen – insbesondere die den Nachmittag und Abend dominierenden Telenovelas – wichtige Bezugspunkte."

Die Hoffnung, dass es irgendwann einmal besser wird, ein fester Job in Aussicht steht, quittieren viele mit ihrer Religiosität. So sagt *Maisa*:

„Und ich? Ich arbeite nicht, ich habe keine schöne Kleidung. Was mache ich aus meinem Leben? Und dann grüble und grüble ich. Aber ich bin so, ich bete, und ich bitte Gott, dass mein Tag kommen wird. Noch habe ich kein Glück, aber eines Tages wird es kommen, mit meinem Glauben an Gott, das ist das, was ich denke."
(KÜHN 2006, S. 140)

Nur die Kategorie Arbeit macht es möglich, sich in der brasilianischen Gesellschaft Identität, Selbstachtung und soziale Anerkennung zu sichern. Von den Privilegierten wird eine Leistungsideologie vertreten, die zur Legitimierung ihres Herrschaftsanspruches beiträgt, da Arbeitslosigkeit und Misere als zumeist selbstverschuldet gelten. Aber es existiert durchaus auch ein *common sense* einer Ideologie der Leistung und impliziten Antisolidarität innerhalb der Unterklasse, die die Selbstverantwortung im Individuum sieht. Diejenigen mit Arbeit werfen häufig den Erwerbslosen vor, ihr Schicksal nicht ausreichend herauszufordern um für mehr Arbeit zu kämpfen. Daneben existiert in der Unterklasse ein ausgeprägter Abgrenzungswille und moralische Ablehnung von Kriminalität. Diese wird als menschlicher Defekt betrachtet, wobei durchaus „Disziplinierungssysteme" wie die Todesstrafe von vielen gefordert wird. Dass Kriminalität etc. insbesondere auch mit der extremen Verteilungsungleichheit zusammenhängen, ist selten Teil einheimischer Begründungslogik (vgl. auch KÜHN 2006, S. 141). Hier wird deutlich, wie verfestigt und unhinterfragt die gesellschaftliche Ungleichheitsdimension im Bewusstsein aller Klassen zu sein scheint, und nicht als Teil des gesellschaftlichen Problems als solches überhaupt gesehen wird. Neben den eben genannten rational offensichtlichen Begründungen stehen in großem Gegensatz dazu fundamental irrationale Wesenszüge vieler BrasilianerInnen.

„Die Erfahrung zeigt, dass es eine Kraft am Rande der etablierten Gesellschaft gibt, die Kraft der Imagination, des Glaubens, der Stärkung und der Weisheit. Letztendlich die Kraft der Religion. Die emotionale Logik dieser Religion ist stärker als die rationale Logik der verfassungsmäßigen Kräfte."
(Hoornaert 1997, S. 112 zitiert in SAHR 2006, S. 40)

Damit ist ein anderes kulturelles Phänomen angedeutet, das den Kampf um Gerechtigkeit der Resignation und Abgabe persönlicher Verantwortung opfert, indem die Ungleichheiten im Diesseits akzeptiert werden, eine bessere Zukunft erhofft wird und im Erlösungsmodus des Jenseits das Erdulden ungerechten Lebensalltags ein Ende zu glauben scheint. Eine Mythologie der Erlösung und des Messianismus wissen nur zu gut die in jüngerer Vergangenheit immens wachsenden Pfingstkirchen zu vermarkten und vor allem auch Profit daraus zu gewinnen.

Einen letzten knapp ausgeführten aber ganz wesentlichen Punkt stellen die alltäglichen (notwendigen) Verdrängungsmechanismen der „Ungleichen" dar. Die Allgegenwärtigkeit der Medien, zeigt sich insbesondere in einem sehr ausgeprägten Fernsehkonsum, der von allen gesellschaftlichen Klassen getragen ist. Man findet so gut wie in jeder Wohnung der innerstädtischen Favelas TV- und DVD-Geräte. Über dieses kollektiv geteilte Kompensationsmuster entsteht ein klassenübergreifender Konsens. SILVEIRO (2004) erweitert diesen alltäglich demonstrativen Konsum von Fernsehen und vor allem auch Musik um die Existenz einer Kollektivkultur der Selbstdarstellung und des extrovertierten „Gefallens" wie es auch Hollanda postulierte. Verkürzt ausgedrückt, stellen die zwar zumeist räumlich getrennten aber ähnlichen Alltagspraktiken von „Reich" und „Arm" – z.B. das Vergnügen im Shopping Center oder in den Strassen der Favela, oder die ausgeprägte Strand- und Fußballkultur – eine gesellschaftliche Scheingleichheit und klassenübergreifende Identität her, welche die innere soziale Grammatik der Ungleichheit überdeckt und somit auch hier wiederum ein Aufbrechen der persistenten Strukturen verhindert.

5 Schlussfolgerungen und Perspektiven

„Der immense Reichtum des Landes lässt in der Tat keinen anderen Schluss zu, als dass die Unterentwicklung in Brasilien in der extremen Ungleichheit der Lebensverhältnisse beschlossen liegt und dass diese als das Resultat von Machtverhältnissen, politischen Strukturen und politischen Prioritätensetzungen sind. Nicht die »unsichtbare« Hand des Marktes hat diese verheerenden sozialen Resultate hervorgebracht, sondern sehr sichtbare Hände."
(BOEKH 2005, S. 144)

Die umfangreichen Ausführungen haben versucht, viele Aspekte ungleicher Lebenswelt in Brasilien darzustellen. Als eine der wesentlichen Erkenntnisse stellte sich heraus, dass zwischen sozialer Ungleichheit, Armut und Hautfarbe ein systematischer Zusammenhang besteht. Auch eine seit Jahrzehnten andauernde nachholende Modernisierung hat nicht dazu beigetragen, die soziale Ungleichheit zu verringern. Vielmehr konnte gezeigt werden, dass insbesondere intransparente Mechanismen wirkmächtig sind, die die Ungleichheit festschreiben und nicht so sehr die gängigen (auch wichtigen) Erklärungsmuster von Patronage, Korruption oder der bloße Mangel an Bildungs- und Gesundheitsversorgung.

Trotz dessen, dass die Unterklasse weit mehr als die Hälfte der Bevölkerung stellt, sind diese politisch äußerst schwach. Die Konsequenzen eines subtilen Rassismus und fehlender Praxis der Anerkennung und Würde der Privilegierten über die Bevölkerungsmehrheit führt letztlich zu Resignation und Verdrängung, aber auch zu einer Zunahme anomischen Protestverhaltens, Kriminalität und Gewalt.

Die Megacity São Paulo wurde unlängst im *Spiegel* (vom 02. Oktober 2006, S. 64) als „Gewaltlabor" betitelt. Die steigende Unkontrollierbarkeit der Armenviertel in den Metropolen Brasiliens und Lateinamerikas als Produkt massiver Probleme der sozialen Ungleichheit wird die Zukunft politischer Auseinandersetzungen des ganzen Kontinentes dominieren. Die unterschwelligen sozialen Konflikte und die Existenz einer zweigeteilten Staatsbürgerlichkeit erodieren die universellen Bindungskräfte der Urbanität und bewirken eine Fragmentierung und Desorganisation des städtischen Lebens, die keineswegs auf die betroffenen Problemgruppen beschränkt bleiben wird. Damit (re-)produziert die gesellschaftliche Ordnung in Brasilien in systematischer Weise ihre eigene Störung bzw. Subversion.

Nachhaltige menschliche Entwicklung und sozialer Ausgleich können letztendlich nur gelingen – im Unterschied zu willenloser Industrie- und Agrarmodernisierung – wenn ein grundlegender Grad an effektiver Gleichheit herrscht und vor allem politisch, ökonomisch und juristisch umgesetzt wird. "The only hope for reducing inequality while maintaining liberty lies in patient long-term efforts to 'deepen' democracy itself by gradually extending effective citizenship rights to the poor" (WEYLAND 1996, S. 224). Dass diese Deformation der juristischen Gleichheitsregel wesentlichste Erklärung für die soziale Ungleichheit darstellt, teilen 87 % der BrasilianerInnen. Einer Studie von NOLTE (1999, S. 15) im *Lationobarométro* zu Folge, glauben nur 13 % an die Gleichheit vor dem Gesetz (vgl. auch LÜBKER 2004).

Der Erfolg einer strukturellen Verringerung sozialer Ungleichheit hängt letztlich auch davon ab, wie viel Macht und Einfluss die obersten 20 % der Bevölkerung an die übrigen Bürger abgeben, also wie hoch das moralische Engagement der Besitzenden ist, zu teilen und wie kraftvoll und nachhaltig die Zukunft der Formierung politischer Basisorganisationen der „Ungleichen" sein wird. Wirksam ist ansonsten nur eine fundamentale Entkoppelung der politischen Macht von den klientelistischen Netzwerken zur oligarchen Elite. Nur diese (naive?) Option vermag letzten Endes weit reichende Änderungen durch Gesetzesverordnungen zu ermöglichen, welche nur mit langem Atem etabliert werden können. Relative Gleichheit kann sich neben langfristig angelegter Umverteilung von Kapital und Boden entwickeln, wenn auch z.B. „konventionelle Wege" wie Bildungsexpansion, Gesundheitsversorgung, urbane Förderung und Quotenregelungen eingeschlagen werden (vgl. DREKONJAT-KORNAT 2005).

Letztendlich ist es eine moralische Krise, in welcher sich Brasilien und viele andere ungleiche Staaten befinden. Eine Krise, welche ihren tiefen Ursprung im menschenverachtenden Kolonialismus hat und der systematisch Menschen zweiter Klasse zu produzieren begann. Die konsequente aber intransparente Weiterführung einer Staatsbürgerlichkeit über und unter dem Gesetz auch nach der Unabhängigkeit im ausgehenden 19. Jahrhundert lässt Brasilien nach wie vor am untersten Ende der Ungleichheitsskala rangieren. Paradox erscheint, dass Brasilien dem letzten *UNCTAD*-Bericht (2006) zufolge als einer der fünf attraktivsten Investitionsstandorte für multinationale Unternehmen genannt wird. Es wirkt wie eine pessimistische Prognose, dass es geradezu ein Naturgesetz zu sein scheint, dass auch dieser ökonomische Aufschwung nicht den Bedürftigen zugute kommen wird, sondern wie über Jahrhunderte immer geschehen, den oligarchischen Klassen. Was soll sich ändern, wenn der absoluten Mehrheit der Menschen in Brasilien ein bis zwei Mindestlöhne als Fixeinkommen zum Leben genügen sollen?

Paul Rosenstein-Rodan schrieb bereits vor über 20 Jahren, dass die eigentlich moralische Krise der Welt darin besteht, dass bei ausreichenden Ressourcen nicht genug getan wird die Situation der Ungleichheit der Möglichkeiten zu verbessern. Dies trifft maßgeblich auch für Brasilien zu, das „ewige Land der Zukunft".

Literatur

ARAÚJO, J. Z. (2000). A negação do Brasil. O negro na telenovela brasileira. – Sao Paulo.

AZEVEDO, F. (1958): The Brazilian Culture. Introdution in the Studies of Culture in Brazil. – São Paulo.

BARLÖSIUS, E. (2004): Kämpfe um soziale Ungleichheit. Machttheoretische Perspektiven. – Wiesbaden.

BECK, U. (2005): Was zur Wahl steht. – Frankfurt/Main.

BOEKH, A. (2005): Das ewige „Land der Zukunft"? Reformen und Reformblockaden in Brasilien. – Martius-Staden-Jahrbuch 52, S. 135–159.

BORSDORF, A., HIDALGO, R. (2005): Städtebauliche Megaprojekte im Umland lateinamerikanischer Metropolen – eine Antithese zur Stadt? – Geographische Rundschau 57 (10), S. 30–39.

BOURDIEU, P. et al. (1997): Das Elend der Welt. Zeugnisse und Diagnosen alltäglichen Leidens an der Gesellschaft. – Konstanz.

BURZAN, N. (2004): Soziale Ungleichheit. Eine Einführung in die zentralen Theorien. – Wiesbaden.

CARDOSO, F. H. (1995): Brasilien: Land der Zukunft. In: R. SEVILLA, D. RIBEIRO (Hrsg.): Brasilien: Land der Zukunft? – Bad Honnef, S. 15–26.

CEPAL (= Comisión Económica para América Latina y el Caribe) (2003): Rumo ao Objectivo do Milênio de Reduzir a Pobreza na América Latina. – Santiago de Chile.

CEPAL (= Comisión Económica para América Latina y el Caribe) (2006): Anuario estadístico de América Latina y el Caribe – http://www.eclac.org/estadisticas [Zugriff am 15.11.2007].

COY, M., GEIPEL, F. (2004): Staudämme in Brasilien. Energiegewinnung im Spannungsfeld von Wirtschaft und Gesellschaft. – Geographische Rundschau 56(12), S. 28–35.

COY, M., NEUBURGER, M. (2002): Brasiliens Amazonien. Chancen und Grenzen nachhaltiger Regionalentwicklung. – Geographische Rundschau 54(11), S. 12–20.

COY, M., PÖHLER, M. (2002): Condominios fechados und die Fragmentierung der brasilianischen Stadt. Typen, Akteure, Folgewirkungen. – Geographica Helvetica 57(4), S. 264–277.

DAHRENDORF, R. (1974): Über den Ursprung der Ungleichheit unter den Menschen (1961). In: R. DAHRENDORF (Hrsg.): Pfade aus Utopia. Zur Theorie und Methode der Soziologie. – München, S. 353f.

DEFFNER, V., STRUCK, E. (2007): Lateinamerikas Städte im Wandel. In: E. ROTHFUSS, E., W. GAMERITH (Hrsg.): Stadtwelten in den Americas. – Passau, S. 13–36 (Passauer Schriften zur Geographie, 23).

DELACAMPAGNE, S. (2004): Geschichte der Sklaverei. – Düsseldorf, Zürich.

DREKONJA-KORNAT, G. (2005): Brasilien. Boom der Ungleichheit. – Blätter für deutsche und internationale Politik 4, S. 407–409.

DÜNCKMANN, F. (1998): Die Landfrage in Brasilien. – Geographische Rundschau 50(11), S. 649–654.

EDER, K. (2001): Klasse, Macht und Kultur. Zum Theoriedefizit der Ungleichheitsforschung. In: A. WEISS, C. KOPPETSCH, A. SCHARENBERG u. O. SCHMIDTKE (Hrsg.): Klasse und Klassifikation. Die symbolische Dimension sozialer Ungleichheit. – Wiesbaden, S. 27–60.

FINKE, A. (1998): Die Landflucht-Problematik im Nordosten Brasiliens. – Münster (Arbeitshefte des Lateinamerika-Zentrums der Universität Münster, 45).

FISCHER, K., PARNREITER, C. (2002): Transformation und Segregation in den Städten Lateinamerikas. – Geographica Helvetica 57(4), S. 245–252.

FREYRE, G. (1982 [1933]): Herrenhaus und Sklavenhütte. – Frankfurt/Main.

HABERMAS, J. (1976): Technik und Wissenschaft als „Ideologie". – Frankfurt/Main.

HANCHARD, M. (1994): Orpheus and Power: The movimento negro of Rio de Janeiro and São Paulo, Brazil, 1945–1988. – Princeton.

HOLANDA, S. B. DE (1995): Die Wurzeln Brasiliens. – Frankfurt/Main.

HONNETH, A. (2003): Kampf um Anerkennung. Zur moralischen Grammatik sozialer Konflikte. – Frankfurt/Main.

HRADIL, S. (2005): Soziale Ungleichheit in Deutschland. – Wiesbaden.

IBGE (= Instituto Brasileiro de Geografia e Estatística) (2005a): Censo Demográfico do Brasil 2001. – Rio de Janeiro.

IBGE (= Instituto Brasileiro de Geografia e Estatística) (2005b): Síntese de Indicadores Sociais 2004. – Rio de Janeiro.

IBGE (= Instituto Brasileiro de Geografia e Estatística) (2007): Cidades@ – http://www.ibge.gov.br/cidadesat/default.php [Zugriff am 15.11.2007].

JANOSCHKA, M. (2002): „Stadt der Inseln". Buenos Aires: Abschottung und Fragmentierung als Kennzeichen eines neuen Stadtmodells. – RaumPlanung 25(101), S. 65–70.

KOHLHEPP, G. (1994): Strukturprobleme des brasilianischen Agrarsektors. In: D. BRIESEMEISTER, G. KOHLHEPP, M. RAY-

GÜDE, H. SANGMEISTER u. A. SCHRADER (Hrsg.): Brasilien heute. – Frankfurt/Main, S. 277–292.

KRECKEL, R. (2004): Politische Soziologie der sozialen Ungleichheit. – Frankfurt/Main, New York.

KRUMWIEDE, H. W. (2002): Soziale Ungleichheit und Massenarmut in Lateinamerika. – Berlin (SWP-Studie, 18) (http://www.swp-berlin.org/de/common/get_document.php?asset_id=774 [Zugriff am 15.11.2007]).

KÜHN, T. (2006): Alltägliche Lebensführung und soziale Ungleichheit – eine explorative Studie in Salvador (Bahia). In: T. KÜHN, J. SOUZA (Hrsg.): Das moderne Brasilien. Gesellschaft, Politik und Kultur in der Periphere des Westens. – Wiesbaden, S. 129–143.

KÜHN, T., SOUZA, J. (Hrsg.) (2006): Das moderne Brasilien. Gesellschaft, Politik und Kultur in der Periphere des Westens. – Wiesbaden.

LÜBKER, M. (2004): Globalization and perceptions of social inequality. – International Labour Review 143(1-2), S. 91–128.

LÜHR, V. (1994): Soziale Ungleichheit im Selbstbild Brasiliens. In: D. BRIESEMEISTER, G. KOHLHEPP, R.-G. MERTIN u. H. SANGMEISTER (Hrsg.): Brasilien heute. Poilitik, Wirtschaft, Kultur. – Frankfurt/Main, S. 140–154.

LUHMANN, N. (1995): Inklusion und Exklusion. In: N. LUHMANN (Hrsg.): Soziologische Aufklärung. Band 6: Die Soziologie und der Mensch. – Opladen, S. 237–264.

MELCHERS, I. (2002/2003): Die Agrarreform ist überfällig. Die Agrarstruktur Brasiliens, die MST und die Erwartungen an die neue Regierung. – ila 261, S. 4–5 (http://www.ila-bonn.de/artikel/261agrarreform.htm [Zugriff am 15.11.2007]).

NOLTE, D. (1999): Gehört Lateinamerika zu den Verlierern im Prozess weltwirtschaftlicher Globalisierung? – Brennpunkt Lateinamerika 7, S. 51–58.

PNAD (= Pesquisa Nacional por Amostra de Domicílios) (2004): Censo Demográfico 2000. Características da População e dos Domicílios. – http://www.ibge.gov.br/home/estatistica/populacao/trabalhoerendimento/pnad2004/ [Zugriff am 15.11.2007].

RHODE-JÜCHTERN, T. (1997): Den Raum lesen lernen. Perspektivenwechsel als geographisches Konzept. – München.

ROTHFUSS, E. (2007): Entwicklungsländer als Forschungsobjekt der Geographie. In: D. BÖHN, E. ROTHFUSS (Hrsg.): Handbuch des Geographieunterrichts. Entwicklungsländer II (8/2). – Köln, S. 22–33.

ROTHFUSS, E., DEFFNER, V. (2007): Informeller urbaner Sektor – Ungesicherte Ökonomie der Mehrheit in Lateinamerika, Afrika und Asien. In: D. BÖHN, E. ROTHFUSS (Hrsg.): Handbuch des Geographieunterrichts. Entwicklungsländer I (8/1). – Köln, S. 210–218.

SAHR, W.-D. (2006): Religion und Szientismus in Brasilien. Versuch (Essay) über eine dekonstruktive Regionalgeographie des Wissens. – Geographische Zeitschrift 94(1), S. 27–42.

SANTOS, H. (2001): A Busca de um Caminho para o Brasil – A Trilha do Círculo Vicioso. – São Paulo.

SCHROER, M. (2001): Das Individuum der Gesellschaft. Synchrone und diachrone Theorieperspektiven. – Frankfurt/Main.

SCHWARTZMAN, S. (2003): Globalization, poverty and social inequity in Brazil. – Rio de Janeiro.

SILVEIRO, V. R. (2004): Movimento negro und die (Re)Interpretation des brasilianischen Dilemmas. – Stichproben. Wiener Zeitschrift für kritische Afrikastudien 4(6), S. 21–41 (http://www.univie.ac.at/ecco/stichproben/Nr6_Silverio.pdf [Zugriff am 15.11.2007].

SKIDMORE, T. E. (2004): Persistent income inequality lessons from history. – Latin American politics and society 46(2), S. 133–150.

SOUZA, J. (2006): Die soziale Grammatik der peripheren Ungleichheit. Für ein neues Paradigma zum Verständnis der peripheren Gesellschaften. In: T. KÜHN, J. SOUZA (Hrsg.): Das moderne Brasilien. Gesellschaft, Politik und Kultur in der Periphere des Westens. – Wiesbaden, S. 20–48.

UNCTAD *(= United Nations Conference on Trade And Development)* (2006): Trade and Environment Review 2006. – New York, Genf (www.unctad.org/en/docs/ditcted200512_en.pdf [Zugriff am 21.09.2007].

UNDP *(= United Nations Development Programme)* (2006): Human Development Report 2004. – New York.

UNTIED, B. (2005): Bewässerungslandwirtschaft als Strategie zur kleinbäuerlichen Existenzsicherung in Nordost-Brasilien? Handlungsspielräume von Kleinbauern am Mittellauf des São Francisco. – Marburg.

TELLES, E. E. (2004): Race in another America. The significance of skin color in Brazil. – Princeton, Oxford.

VOTH, A. (2002): Bewässerung und Obstanbau in Nordost-Brasilien. Neue Dynamik in einer Problemregion. – Geographische Rundschau 54(11), S. 28–35.

WEISS, A. (2002): Raumrelationen als zentraler Aspekt weltweiter Ungleichheiten. – Mittelweg 36, Bd. 11(2), S. 76–91.

WEYLAND, K. (1996): Democracy without Equity: Failures of Reform in Brazil. – Pittsburgh.

WIENOLD, H. (2006): Brasiliens Agrarfront: Landnahme, Inwertsetzung und Gewalt. – PERIPHERIE 26(101/102), S. 43–68.

WÖHLKE, M. (1994): Brasilien. Diagnose einer Krise. – München.

WÖHLKE, M. (2000): 500 Jahre Brasilien. Die Entstehung einer Nation. – Strasshof.

WWF (o.J.): Amazon Region Protected Areas (ARPA) Program. – http://www.worldwildlife.org/wildplaces/amazon/results/arpa.cfm [Zugriff am 15.11.2007].

Bitte beachten Sie auch die PowerPoint®-Präsentation
zum Artikel von *Eberhard Rothfuß* auf CD-ROM

Dr. EBERHARD ROTHFUSS
Lehrstuhl für Anthropogeographie der Universität Passau
Innstraße 40 • D–94032 Passau
eberhard.rothfuss@uni-passau.de

Veronika Deffner

Stimmen aus der Favela
Naturalisierung sozialer Ungleichheit ‚von unten' in Brasiliens Städten

Mit 4 Abbildungen, 2 Tabellen und 13 Bildern

1 Didaktische Zielsetzung

Globalisierung, Polarisierung und Fragmentierung sind die großen Schlagworte unserer Zeit, die jedoch nicht dazu beitragen, den Blick auf die gesellschaftlichen Prozesse in der Lebenswelt der Individuen zu schärfen, sondern eher Gefahr laufen, der plakativen Unterteilung in „Gewinner" und „Verlierer" noch weiter den Rücken zu stärken. Dem Beitrag liegt daher als didaktisches Ziel zugrunde, Schülerinnen und Schülern einen differenzierteren Blick auf eine Gruppe dieser „Verlierer" im globalkapitalistischen System zu gewähren, namentlich den Favela-Bewohnern in Brasiliens Großstädten. Die SchülerInnen sollen sensibilisiert werden für einen einfühlenden und fremdverstehenden Blick jenseits einer „Betroffenheitsdidaktik", welche durch die reine Darstellung des puren Elends und des Hungers in der „Dritten Welt" die SchülerInnen affektiv an den Gegenstand binden möchte. Auf derartige armutsbedingte Defizite werden Favelas im öffentlichen Diskurs in der Regel reduziert; darüber hinaus werden sie häufig lediglich als Räume der Gewalt, des Verbrechens, der Drogenkriminalität und der Hoffnungslosigkeit stigmatisiert. Die Armut der Favela-Bewohner ist jedoch wie überall auf der Welt ein spezifisches Produkt gesellschaftlicher Strukturen, das auf zwei Ebenen verstanden werden muss: Zum einen auf einer individuellen Ebene des Alltags, in welchem die Menschen äußerst kreativ und vernünftig agieren; zum anderen auf einer Makroebene, auf der die beobachteten Phänomene im Kontext der Gesellschaft, allen voran den zutiefst ungleich verteilten Machtverhältnissen, analysiert werden.

Diesen Anforderungen kommt der vorliegende Artikel nach, indem er die alltägliche Praxis in der Lebenswelt Favela untersucht, die Strukturen der Unterprivilegierung detailliert beschreibt und um Originalzitate von Favela-Bewohnern ergänzt, welche die Wahrnehmung ihrer sozialen Lage zeigen (Mikroebene). Damit soll den SchülerInnen der Lebensalltag in seiner originären Lebendigkeit nahegebracht werden, indem die Betroffenen selbst „ihre Stimme erheben". Das Leben in der Favela wird anhand von Abbildungen, statistischen Daten und Bildern visualisiert, die auch für den Einsatz im Unterricht geeignet sind.

2 Brasiliens geteilte Städte

„Die soziale Ungleichheit steigt, die Korruption nimmt nicht ab, das Gewaltproblem in den Städten will niemand angehen, es soll nicht einmal erwähnt werden. An Brasilien kann man beobachten, wie ein Land mit zerstörter Mittelklasse aussieht."
(SCHMIDT 2007, S. 54)

So kommentierte der Chefkurator des *Museu de Arte* in São Paulo in einem Interview mit *DIE ZEIT* die zunehmend prekäre gesellschaftliche Lage des größten Landes Lateinamerikas, dessen fast 190 Mio. Einwohner zählende Bevölkerung sich immer stärker polarisiert in eine kleine, machtvolle Elite und ein Meer von Unterprivilegierten, die tagtäglich ihr Leben ohne nachhaltige existenzielle Sicherheit bewältigen müssen. Brasilien weist weltweit eine der höchsten Ungleichverteilungen des Wohlstandes auf, die in den Metropolen und Megastädten am deutlichsten Gestalt annimmt. Der GINI-Index Brasiliens liegt trotz des beachtlichen Wirtschaftswachstums seit Jahrzehnten bei sehr hohen Werten zwischen 0,58 und 0,61 (nach verschiedenen Berichten der *Weltbank* zusammengestellt, aktueller Wert vgl. *UNDP* 2006). Zum Vergleich liegt der GINI-Index der OECD-Staaten aktuell bei 0,34 und selbst der Durchschnittswert für das subsaharische Afrika von 0,48 – in welchem extrem ungleiche Länder wie Namibia mit 0,74 oder Botswana mit 0,63 miteingerechnet sind – liegt noch unter dem brasilianischen GINI-Index (*UNDP* 2006) (Anmerkung: Der GINI-Index ist ein statistischer Wert zwischen 0 und 1; je näher er bei 0 liegt, desto gleichmäßiger ist das nationale Vermögen verteilt, je näher bei 1, desto stärker konzentriert sich das nationale Vermögen auf eine kleine Gruppe der Bevölkerung).

Mit einer Urbanisierungsrate von 83,3% (*IBGE* 2007, S. 31) kann die brasilianische Gesellschaft weitgehend als eine städtische gekennzeichnet werden, mit fortgeschrittenem Einfluss globalisierter Lebensweisen, Wertvorstellungen und Konsummustern. Die eklatante soziale Ungleichheit des Landes (vgl. ROTHFUSS 2008 – Artikel in diesem Band) spaltet jedoch nicht nur die Gesellschaft, sondern mit ihr auch den städtischen Raum zutiefst in eine *cidade pobre* und eine *cidade rica*. Diese beiden Extreme der armen und der reichen Stadt stehen sich nicht mehr großräumig wie noch zu Zeiten der „polarisierten Stadt" am Ende der Verstädterungsphase um 1970 gegenüber (vgl. BORSDORF et al. 2002, sowie Abb. 1). Vielmehr begegnen sie sich in immer dichterem Nebeneinander sozial und physisch fragmentierter Räume (vgl. Bild 1 und 2). Die Fragmente der reichen Stadt sind dabei die integrierten Räume der privilegierten Bevölkerung aus den höheren sozialen Schichten, insbesondere deren Wohn-, Freizeit- und Konsumräume. Die Fragmente der armen Stadt stellen die Räume der unterprivilegierten Bevölkerung dar. Sie sind zum Teil gleichzeitig sozial und räumlich marginalisiert, wie z.B. randstädtische Unterschichtviertel, so genannte *bairros suburbanos*, die auch in der Wahrnehmung der Mittel- und Oberschicht eine untergeordnete Rolle spielen, da sie nicht in deren alltäglichem Blickwinkel liegen und daher häufig auch gänzlich ignoriert werden (können). Andere Räume der Marginalisierten befinden sich stets präsent und sichtbar in

Abb. 1: „Phasen-dynamisches Stadtmodell" nach BORSDORF et al. 2002.

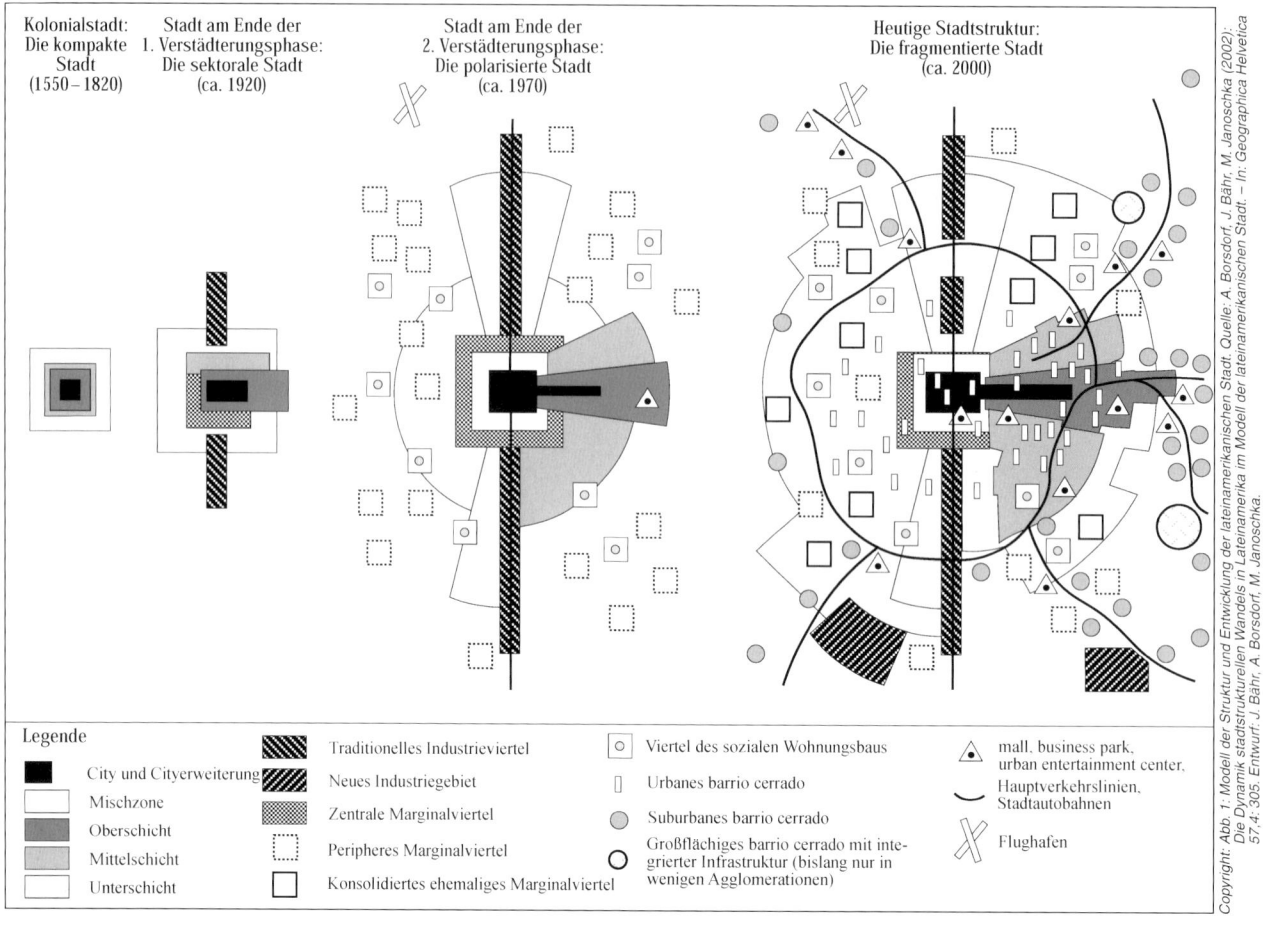

Bild 1: „Arm" und „Reich" in Rio de Janeiro: Morro Dona Marta (Botafogo).

Bild 2: Stadtkontraste in Salvador da Bahia: Favelas in direkter Nachbarschaft zu condomínios fechados der Wohlhabenden (Ondina).

zentralen innerstädtischen Lagen. Eine besondere Form dieser Wohnräume stellen die irregulären, illegal besetzten, in ihrer Mehrheit heute allerdings konsolidierten und größtenteils mit Besitztiteln versehenen *favelas* dar. Sie besitzen in gewisser Weise einen „Lagevorteil" durch die Nähe zur *formellen Stadt* (Arbeitsplätze, Nähe zu Versorgungseinrichtungen etc.). Wenngleich die Bewohner der innerstädtischen Favelas räumlich weniger isoliert sind als diejenigen der peripher gelegenen Marginalviertel, so sind auch sie zutiefst asymmetrisch in das gesellschaftliche System integriert und partizipieren nur scheinbar an den Leistungen und Pflichten des Staates für seine Bürger. Als Heer billiger Arbeitskräfte sind sie disproportional an der nationalen Wertschöpfung beteiligt, jedoch vollständig in die globalisierten nationalen Werte- und Konsumvorstellungen integriert. Somit besteht ein starkes Abhängigkeitsverhältnis der Unterprivilegierten von der herrschenden Klasse des Landes, das über intransparente Mechanismen des Machterhalts stets genährt und reproduziert wird. Auf höchst subtile Weise werden ihnen keine vollberechtigten staatsbürgerlichen Rechte zugebilligt, sondern vielmehr eine Rolle als unterprivilegierte Bürger „zweiter Klasse", mit ungleichen Rechten und Chancen zugeschrieben (vgl. Souza J. 2000, 2006).

Der vorliegende Artikel geht davon aus, dass das hohe Konfliktpotenzial, welches aus der zunehmenden Polarisierung und Fragmentierung der Gesellschaft erwächst, die sich in den Stadtstrukturen verräumlichen, nur über ein gesamtgesellschaftliches Arrangement mit diesen sozialen Missstände reguliert und in einem stabilen Zustand gehalten werden kann. Die Unterprivilegierung muss von der Mehrheit der Bevölkerung auf spezifische Weise kompensiert bzw. die Auseinandersetzung mit ihr vermieden werden. Über eine Analyse der Strukturen der alltäglichen Lebenswelt, des Handelns und der Selbstsicht der Favela-Bewohner wird im Folgenden dargestellt, wie sich deren Unterprivilegierung in Form von sozialer Exklusion, asymmetrischer Integration und einer Schein-Partizipation ausdrückt, und wie sie von den Betroffenen wahrgenommen bzw. wie mit ihr umgegangen wird. Hierzu werden die sozialen Akteure selbst zu Wort kommen, d. h. die Darstellung der verschiedenen Facetten der Lebenswelt Favela wird um Originalzitate ergänzt, um die Innensicht der Betroffenen „lebensnah" zu veranschaulichen. Als empirische Basis hierzu dient die mehrjährige Auseinandersetzung mit der Thematik im Rahmen eines Dissertationsprojektes. Während verschiedener mehrmonatiger Feldaufenthalte zwischen 2004 und 2006 wurde in der drei Millionen Einwohner zählenden Küstenmetropole Salvador da Bahia das Leben von Favela-Bewohnern eingehend anhand des Methodenspektrums der qualitativen Sozialforschung untersucht und „miterlebt", insbesondere über teilnehmende Beobachtung und über leitfadengestützte narrative und biographische Interviews. Die Gesamtuntersuchung beinhaltete auch die Wahrnehmung bzw. den Umgang der „anderen Seite" der Gesellschaft mit der sozialen Ungleichheit, d. h. Bewohner der Mittel- und Oberschicht stellten ebenfalls eine Zielgruppe im Forschungsdesign dar. Die Erkenntnisse der empirischen Ergebnisse aus diesen Gesellschaftsschichten gehen in die vorliegende Analyse der Lebenswelt Favela als „Hintergrundwissen" ein, es werden jedoch keine wörtlichen Zitate von Mittel- und Oberschichtbewohnern erscheinen.

Wenngleich die im Folgenden wiedergegebenen Zitate vollständig von Favela-Bewohnern aus Salvador da Bahia stammen, so lassen sich die Ergebnisse der Analyse dennoch über das idiographische Beispiel Salvadors hinaus auch auf andere Stadträume in Brasilien übertragen. Die soziale Situation der Favela-Bewohner ist infolge der Konstitution der brasilianischen Gesellschaft und der landesweit vergleichbaren Position im sozialen Raum in den Grundzügen für die Lebenswelt übertragbar, wie die intensive Auseinandersetzung mit diesbezüglichen Studien aus anderen Städten, sowie eigene Beobachtungen und Erfahrungen hierzu bestätigen. Regionalspezifische Besonderheiten bestehen natürlich, wozu insbesondere das Ausmaß der Gefahr und Beeinträchtigung durch Kriminalität, Gewalt und organisiertes Verbrechen in den größten Favelas des Landes in Rio de Janeiro und São Paulo zählen.

3 Entwicklungsgeschichte und Charakterisierung der Favelas

Sie liegen in direkter Nachbarschaft zu den Wohnhochhäusern der Mittel- und Oberschicht, oft nur durch eine Grundstücksmauer abgegrenzt, eine Vielzahl unverputzter, zwei- bis vierstöckiger Backsteinhäuser, eng aneinandergedrängt, in ungeordneter und ärmlicher Struktur. Ein Haus beherbergt meist eine Familie, d. h. mehrere Generationen und damit Personen in verschiedenen Lebensphasen: Alte, Arbeitslose und viele Kinder sind zu jeder Tageszeit vor den Häusern auf den Straßen und Wegen der Favelas anzutreffen. Die arbeitende Bewohnerschaft kehrt abends von ihren meist informellen Beschäftigungsverhältnissen aus der formellen Stadt zurück in ihren Lebensraum.

Favelas sind informelle Siedlungen, die sich zumeist in zentralen städtischen Lagen der brasilianischen Großstädte befinden. Infolge ihres irregulären Entstehungscharakters als so genannte Invasionen handelte es sich lange Zeit um illegale, behelfsmäßige und unterversorgte Siedlungen. Sie befinden sich in der Regel auf Flächen, die für eine legale Erschließung zum Bau von Wohnhochhäusern für die Mittel- und Oberschicht nicht geeignet sind, wie hangrutschungsgefährdete Gebiete oder Überschwemmungszonen. Die Entstehung erster Invasionen in Rio de Janeiro wird meist auf die Wende zum 20. Jahrhundert datiert (KILLISCH, DIETZ 2002), wobei dieser zeitlichen Angabe durchaus auch Zweifel entgegengebracht werden (vgl. u. a. LANZ 2004b). Gemäß ihrer Lage an den Hängen der zahlreichen Hügel der Stadt Rio de Janeiro werden die Ansiedlungen zum Teil auch landesweit als *morros* (= Hügel, Berg) bezeichnet (vgl. Bild 1). Favelas sind von den weitläufig als *slums* bezeichneten Armutsvierteln in den Städten der Dritten Welt zu unterscheiden, bei denen es sich per definitionem um Elendsviertel handelt, „entstanden durch baulichen Verfall und Verwahrlosung ehemaliger Arbeiter-, aber auch mittelständiger Viertel" (BRONGER 2004, S. 16). Eher noch könnten Favelas der Kategorie der so genannten Squattersiedlungen zugerechnet werden, i. e. „spontan und ohne rechtliche Erlaubnis der Behörden oder des Landeigentümers auf fremdem Boden errichtete Hüttensiedlung[en]" (BRONGER 2004, S. 16). Vielmehr stellen Favelas jedoch einen ganz eigenen Typus konsolidierter Marginalviertel mit spezifischen Charakteristika dar, welche der vorliegende Artikel skizzieren soll. Diese Eigenheit ist nicht zuletzt darauf zurückzuführen, dass Lateinamerika und speziell Brasilien im Vergleich zu den Entwicklungsräumen Afrikas und Asiens weitaus früher eine sehr rasche Urbanisierung erlebte, die mit der europäischen Auswanderung Mitte des 19. Jahrhunderts begann und ihren Zenit mit dem intensiven Aufbau von Industrien in den Städten im Zuge der importsubstituierenden Wirtschaft Mitte des 20. Jahrhunderts erreichte (RUDOLPHI 2000, S. 22). Favelas sind infolge ihrer mehr als einhundertjährigen Entwicklungsgeschichte gewachsene und in ihrer Mehrheit städtebaulich akzeptierte und institutionalisierte Marginalräume, denen heute kaum mehr der Charakter des Spontanen anhaftet. Wenngleich sie sich stadträumlich betrachtet nicht immer „am Rande" befinden, so sind ihre Bewohner es gesellschaftlich gesehen dennoch, was die Bezeichnung Marginalviertel unverändert rechtfertigt.

Mit zunehmender Modernisierung, Verstädterung und dadurch verbundenem starkem und anhaltendem Exodus der verarmten, arbeitssuchenden ländlichen Bevölkerung aus dem *interior* in die Städte Brasiliens begannen zuerst die randstädtischen Hüttenviertel sowohl hinsichtlich ihrer Einwohnerzahl als auch in ihrer physischen Ausdehnung rasant zu wachsen. Mit zunehmender Verweildauer in den Städten nahm die Migration jener sozial schwachen Bevölkerung in Richtung Zentrum zu und verstärkte den Konsolidierungsprozess der innerstädtischen Invasionen (vgl. Abb. 1). Seit den 1950er

Jahren hat vor allem in den größten Metropolen des Landes die Expansion der Favelas das Wachstum der Viertel der formellen Stadt in Anzahl und in räumlicher Ausdehnung überholt. Bereits bestehende Favelas expandierten, ebenso wie neue informelle Siedlungen entlang der Stadtentwicklungslinien entstanden (siehe Abb. 2). Die dargestellten zeitlichen Entstehungsphasen der illegalen Invasionen fallen in Salvador räumlich sehr deutlich mit der Expansion der formellen Stadt zusammen, welche sich konzentrischen Kreisen vergleichbar von der Spitze der Landzunge des Stadtgebietes in Richtung Norden und Nordosten (Flughafen) vollzog.

Aufgrund der sehr schwierigen und unsicheren Datenlage können keine exakten Angaben über die Zahl der in Favelas wohnenden Bevölkerung gemacht werden. Schätzungen zufolge existierten in Rio de Janeiro, neben São Paulo eine der beiden Megastädte des Landes mit über 10 Mio. Einwohnern, Ende der 1990er Jahre über 600 Favelas, in welchen mehr als ein Drittel aller städtischen Einwohner lebte. Im Durchschnitt wohnen in den größten Metropolen Brasiliens zwischen 20 und 40 Prozent der städtischen Einwohner in Favelas (BLUM, NEITZKE 2004, S. 8). Dabei handelt es sich um sozioökonomisch sehr schwache Bevölkerungsgruppen, die aufgrund ihres niedrigen oder gar mangelnden Einkommens keinen Zugang zum regulären Wohnungsmarkt besitzen und sich daher in jenen „subnormal agglomerations" niederlassen, wie die Favelas in offiziellen Definitionen der brasilianischen Zensusbehörde *(IBGE)* auch bezeichnet werden (PERLMAN 2004a). Die Bezeichnung illegal geht darauf zurück, dass es sich in der Entstehungsphase der Favelas meist um den Bau spontaner Unterkünfte auf fremdem öffentlichem oder privatem Grund, vor allem von Großgrundbesitzern oder der Kirche handelte (vgl. GORDILHO 2000). Entsprechend ihrem Charakter als rechtswidrige Invasionen erhielten sie die Bezeichnung *informelle Stadt*, welche den Gegenpol zur formellen Stadt der Wohlhabenden und Privilegierten darstellt.

Die noch immer vielfach prekäre infrastrukturelle Ausstattung (vgl. Bild 4 und 5), vor allem aber der illegale Bodenerwerb dienten lange Zeit als Legitimationsbasis zur Zerstörung der Favelas und damit zur Vertreibung ihrer Bewohner aus den innerstädtischen Räumen der formellen Stadt, insbesondere zu Zeiten des Militärregimes (1964 bis 1984). Der hohe Anteil der Unterschicht an der städtischen Gesamtbevölkerung und die Notwendigkeit ihrer Präsenz für das Funktionieren des ökonomischen Systems als billiges Arbeitsheer führten schließlich zu der Einsicht von Politik und Verwaltung, den Lebensraum Favela nicht mehr als Problem, sondern vielmehr als Chance zu begreifen. Auf eine „Politik des Abrisses" folgte eine „Politik der Akzeptanz" der städtischen Marginalviertel (vgl. BLUM, NEITZKE 2004), womit die Favelas zumindest eine partielle Integration in das städtische Versorgungsgebiet erfuhren und nicht mehr weiße Flecken in den offiziellen Plänen der Stadtverwaltung darstellten. Infolge der gestiegenen Toleranz, bis hin zu beginnender Aufmerksamkeit von politischer Seite, von der sie jedoch meist nur zu Wahlkampfzeiten profitieren, etablierten sich zunehmend subventionierte Konsolidierungsmaßnahmen, allerdings noch immer in unzureichendem Ausmaß. Eines der bekanntesten Beispiele hierfür dürfte das Projekt *Favela-Bairro* in Rio de Janeiro sein (vgl. u. a. BLUM, NEITZKE 2004; KILLISCH, DIETZ 2002).

Abb. 2: *Entwicklungsphasen der Favelas in Salvador da Bahia.*

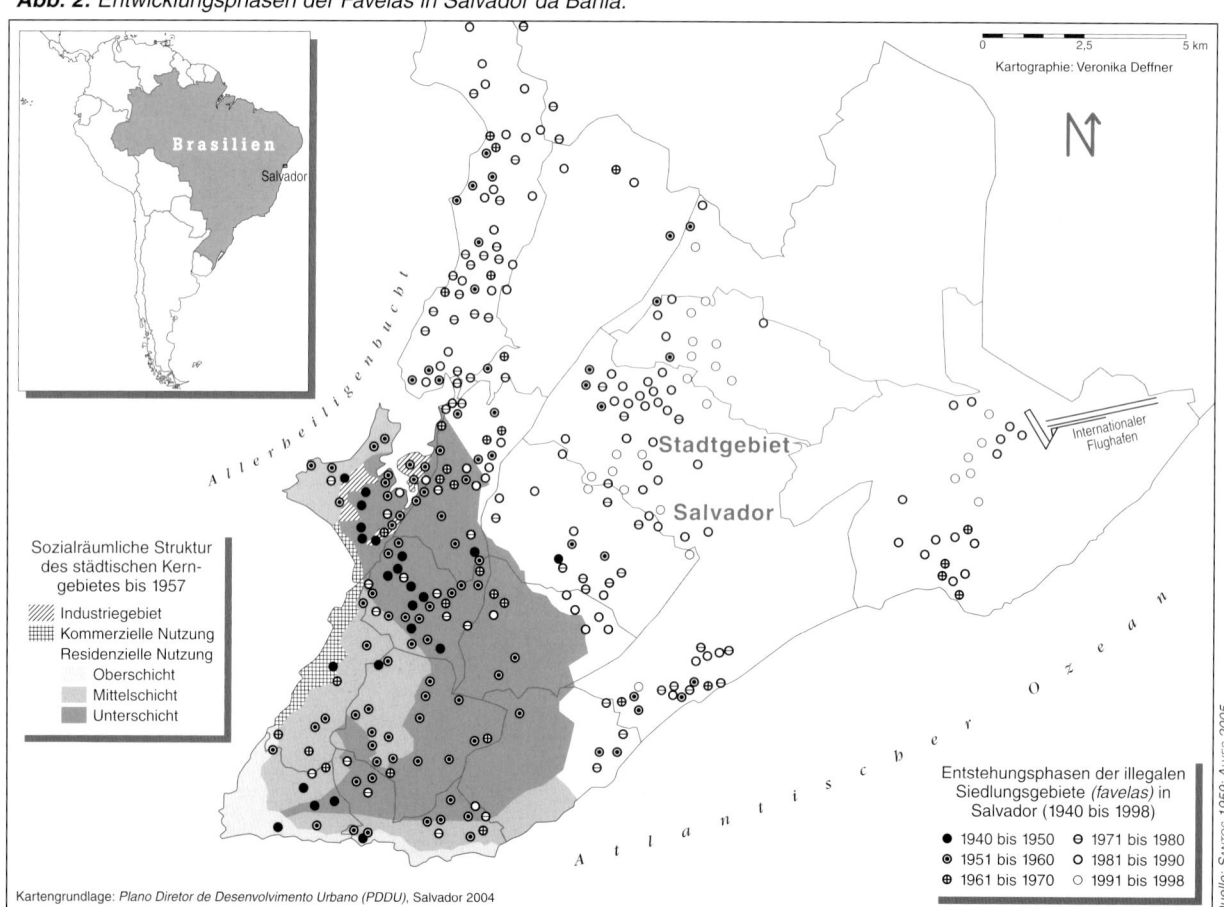

Um den Charakter und speziell das Stigma der Favelas in ihrem Ausmaß für die Bewohner zu begreifen, ist eine strukturelle Definition jedoch bei Weitem nicht ausreichend. Favelas müssen vielmehr als alltägliche (Über-)Lebensräume in ihrer sozialen Realität verstanden werden. In diesem Sinne sind sie als Räume der städtischen Armen zu charakterisieren, deren geringes Einkommen nicht ausreicht, um jenseits des eigenen, mietfreien Hauses mit der Familie oder in größerer Distanz zu den Aktionsräumen von Arbeit, Versorgung und Freizeit zu wohnen. Favelas sind „die produktiven Erzeugnisse von Menschen, die zur Sicherung ihrer Existenz nur auf ihre eigene Initiative zählen" können (BLUM, NEITZKE 2004, S. 8).

Im direkten Nebeneinander mit den Wohnungen der Mittel- und Oberschicht stellen die Favelas höchst visibel die städtebauliche Verräumlichung sozialer Ungleichheit der brasilianischen Gesellschaft dar. Soziale Ungleichheit liegt per definitionem „überall dort vor, wo die Möglichkeiten des Zugangs zu allgemein verfügbaren und erstrebenswerten sozialen Gütern und/oder zu sozialen Positionen, die mit ungleichen Macht- und/oder Interaktionsmöglichkeiten ausgestattet sind, dauerhafte Einschränkungen erfahren und dadurch die Lebenschancen der betroffenen Individuen, Gruppen und Gesellschaften beeinträchtigt bzw. begünstigt werden" (KRECKEL 2004, S. 17). Die ungleiche Verfügbarkeit von bzw. Zugriffsmöglichkeit auf Ressourcen bestimmt auch die materiellen Grenzen der Lebensbedingungen. Um die tatsächliche Alltagswelt unterprivilegierter Bevölkerungsgruppen zu verstehen, müssen diese materiellen und räumlichen Grenzen im Hinblick auf ihre Funktion für die Produktion von immateriellen Grenzen im Denken, Wahrnehmen und Handeln betrachtet werden. Diese wiederum sind wichtig, da erst über das bewusste und unbewusste Handeln sowie über den intentionalen Umgang mit Grenzen, d.h. über die soziale Praxis, die Mechanismen alltäglicher Produktion und Reproduktion benachteiligter Lebenslagen und Lebensbedingungen begriffen werden können.

4 Phänomenologie und die Kategorien *Lebenswelt* und *Alltag*

Die Grundgedanken der phänomenologischen Perspektive bilden eine Art Hintergrundschablone für das Verstehen des Lebens und der spezifischen Sinnzuweisungen von Favela-Bewohnern. Dies ist insbesondere dadurch zu begründen, dass die Kernkategorien des vorliegenden Artikels, *Lebenswelt* und *Alltag*, der phänomenologischen Gedankenwelt entspringen, und daher deren Grundidee nachvollzogen werden muss, um diese sozialwissenschaftlichen Termini korrekt zu verwenden. Die Kategorien Lebenswelt und Alltag dienen dem Aufdecken der unhinterfragten sozialen Wirklichkeit sowie der subjektiven Wahrnehmung und der Selbstreflexion der Favela-Bewohner hinsichtlich ihrer ungleichen Lebensbedingungen, da sie ihre eigenen Sinndimensionen hervorbringen. Erst wenn diese Sinndeutungen verstanden und im Kontext der betreffenden Gesellschaft interpretiert werden, können Handlungen richtig gedeutet und Aussagen über die Handlungskonsequenzen gemacht werden. Da eine intensivere Auseinandersetzung mit den Inhalten des phänomenologischen Denkansatzes an dieser Stelle weder erfolgen kann noch soll, da er wie bereits erwähnt nur als grobes Rahmenschema zu verstehen ist, beschränken sich die folgenden Ausführungen auf die Skizzierung seiner wesentlichen Aspekte zur ersten Orientierung. Ebenso muss auf eine Diskussion der durchaus bestehenden kritikwürdigen Aspekte und Probleme der Übertragbarkeit dieses philosophischen Ansatzes auf das sozialgeographische Feld verzichtet und zur weiterführenden Lektüre auf Werke anderer Autoren verwiesen werden (z.B. DANNER 1979; SCHÜTZ, LUCKMANN 1979; MÖRTH, ZIEGLER 1990; LAMNEK 1995; SEIFFERT 2006).

Ziel der wissenschaftstheoretischen Lehre der Phänomenologie (*phainomenon* (griech.) = das Sichtbare, die Erscheinung; *logos* (griech.) = das Wort, die Rede/Lehre) ist die Beschreibung des objektiv Gegebenen, der real beobachtbaren Phänomene. Der Begriff der Lebenswelt geht zurück auf den Philosophen Edmund Husserl (1859–1938), den Begründer der Phänomenologie, der den Anstoß zur philosophischen Auseinandersetzung mit dem Alltag gab. Seine größte Aufmerksamkeit galt der Erforschung von Bewusstseinsphänomenen und der so genannten „reinen Intentionalität" was soviel bedeutet, wie jegliches Vorwissen weitestgehend auszuschalten, um „die soziale Wirklichkeit möglichst vorurteilsfrei zu erfassen" (LAMNEK 1995, S. 58). Der Begriff der Lebenswelt tauchte allerdings erst in Husserls' Spätwerk auf. Die Lebenswelt umspannt den Bereich der vorwissenschaftlichen Welterfahrung als die Sphäre des Selbstverständlichen und Unhinterfragten, welche die Grundlage für unser alltägliches Wahrnehmen, Denken und Handeln bildet.

Zu einer angewandten Wissenschaftstheorie wurde die Phänomenologie erst unter Husserls' Schüler Alfred Schütz (1899–1959). Mit seinem Hauptwerk „Strukturen der Lebenswelt" entwickelte dieser ein Konzept zur Lebenswelt-Analyse, wobei es ihm vor allem auf die Strukturen des Denkens und Handelns ankam. Nach ihm sollte unter alltäglicher Lebenswelt „jener Wirklichkeitsbereich verstanden werden, den der wache und normale Erwachsene in der Einstellung des gesunden Menschenverstandes als schlicht gegeben vorfindet". Damit ist all das gemeint, „was wir als fraglos erleben, jeden Sachverhalt, der uns bis auf weiteres unproblematisch ist" (SCHÜTZ, LUCKMANN 1979, S. 25). Schütz bezeichnet die Lebenswelt auch trefflich als „Sinnzusammenhang". Das bedeutet, dass ohne Kenntnis über den Sinn der alltäglichen Handlungen, der in den Bewusstseinsstrukturen verankert ist, auch die Konstruktion der sozialen Wirklichkeit nicht verstanden werden kann. Das phänomenologische Verständnis ist insofern eine hilfreiche wissenschaftstheoretische Basis, da es darum geht, „wie »Welt« in unserem Bewusstsein »entsteht« und wie sie somit für uns auch ist – denn eine andere Welt, als sie für uns ist, gibt es (für uns) nicht" (DANNER 1979, S. 118).

Die Kategorie der Lebenswelt bezeichnet also die subjektive Wahrnehmung der äußeren, der tatsächlichen objektiven Rahmenbedingungen des Lebens. Körper und Raum gehören ebenso zu diesen Rahmenbedingungen, wie die soziale Position innerhalb der eigenen Gesellschaft (Klassen- oder Schichtzugehörigkeit). Die Konstitution von Körper und Raum, z.B. die körperliche Erscheinung oder der verfügbare und zur Aneignung mögliche Raum, stecken den Handlungsspielraum für die Lebensgestaltung ab. Diese hängt jedoch auch ganz wesentlich davon ab, wie Körper und Raum subjektiv wahrgenommen werden. Die Lebenswelt ist folglich das Produkt und Konstrukt der subjektiven Wahrnehmung unserer *physischen* Realität. Damit ist sie die entscheidende Kategorie für die *soziale* Realität, d.h. die tatsächliche Wirklichkeit des Subjekts.

Die Kategorie des Alltags kann im Sinne jüngeren sozialwissenschaftlichen Verständnisses als „derjenige Handlungsbereich" bezeichnet werden, „der den Menschen fraglos als ihr gewohntes Umfeld gegeben erscheint" (SCHÄFERS, KOPP 2006, S. 17). Weiter heißt es dort, dass Alltag „maßgeblich für die Ausbildung sozialer Orientierungen" und damit auch von sich wiederholenden Handlungsmustern ist. Diese Handlungen setzten sich schließlich zu einer „individuell habitualisierten und kollektiv jedermann verständlich erscheinenden organisierten Lebenswelt" zusammen. Der Alltag wird damit zur „vornehmlichen Wirklichkeit" und zum „unmittelbaren Anpassungs-, Handlungs-, Planungs- und Erlebnisraum des Menschen".

Die phänomenologische Herangehensweise kann abschließend mit SEIFFERT (2006, S. 41) als eine Methode gekennzeichnet werden, welche „die Lebenswelt des Menschen unmittelbar durch »ganzheitliche« Interpretation alltäglicher Situationen versteht". Den Phänomenologen bezeichnet er als einen „Wissenschaftler, der selbst an dieser Lebenswelt durch seine Alltagserfahrungen teilhat, und der diese Alltagserfahrung für seine wissenschaftliche Arbeit auswertet". Um die tatsächliche soziale Wirklichkeit, sprich die Lebenswelt, wie sie die Favela-Bewohner selbst erfahren und erleben, verstehen zu können, müssen die Strukturen und Bedeutungsinhalte des Handelns durch die Teilnahme an diesem Alltagsleben, durch Beobachtung und durch den direkten Dialog mit den Betroffenen aufgedeckt werden. Mag diese „Alltagsrecherche" auf den ersten Blick auch „banal" wirken, so gelingt es dem Phänomenologen jedoch gerade durch diese Konvertierung des Alltagerlebens in einen wissenschaftlichen Gegenstand, „Aussagen, die der Wissenschaft sonst nicht möglich wären", zu gewinnen (SEIFFERT 2006, S. 43).

In Abgrenzung zu Schütz, dem es bei der Analyse der räumlichen, zeitlichen und sozialen Strukturen der Lebenswelt in erster Linie um die Handlungs*bedingungen* ging (vgl. MÖRTH, ZIEGLER 1990), setzt sich der Artikel explizit zum Ziel, im Anschluss an die Präsentation einiger Innenansichten von Favela-Bewohnern Überlegungen zu deren Handlungs*konsequenzen* für das gesamtgesellschaftliche Miteinander anzustellen. Hinsichtlich des Aufdeckens der Sinndeutungsvorgänge identifiziert sich der Beitrag folglich mit dem Begriff der Lebenswelt und dem phänomenologischen Verständnis. Er distanziert sich von diesem allerdings dort, wo er über die reine Beschreibung dieser Sinnzusammenhänge hinausgeht und nach besagten Handlungskonsequenzen der sozialen Akteure fragt.

5 Strukturen und Wahrnehmung der alltäglichen Lebenswelt Favela

Die Strukturen des Lebens in der Favela werden in den folgenden Ausführungen anhand der wichtigsten Aspekte hinsichtlich der gesellschaftlichen Integration der Favela-Bewohner skizziert, um die unterprivilegierten Lebensbedingungen im physischen wie im sozialen Raum zu veranschaulichen. Diese Darstellungen werden stets ergänzt um wörtliche Zitate, welche die Wahrnehmung der Favela-Bewohner bezüglich dieser Strukturen artikulieren. Erst diese Innenperspektive der Akteure ermöglicht das Aufdecken der subjektiven Denk- und Wahrnehmungsmuster, welche wiederum erst das Fundament bilden für eine kontextuelle, d.h. in der sozialen Wirklichkeit verankerte Interpretation der beobachteten Handlungen.

5.1 Strukturelle Defizite der informellen Stadt

Die Beschreibung „Ville dans la ville, la ville illégale dans la ville légale" (VALLADARES 2000, S. 64) verweist auf die Andersartigkeit der Favelas als irreguläre Stadträume im Vergleich zu der formellen, legalen Stadt, die sich nicht nur in der subjektiven Wahrnehmung ausdrückt, sondern ganz konkret in strukturellen Differenzen, z.B. bezüglich der Bodenrechte oder Baugenehmigungen, der Infrastrukturversorgung u.a. Wie auf den Fotos zu erkennen ist, bestehen sichtbare bauliche Unterschiede zwischen den Wohnenklaven *(condomínios fechados)* der Mittel- und Oberschicht und den Favelas. Nicht ohne Grund wird vielfach auch das Gegensatzpaar horizontale/vertikale Stadt verwendet. Der aus der Wohnform der Wohlhabenden abgeleitete Begriff der Vertikalisierung ist mittlerweile allerdings auch auf die Favelas übergegangen, deren Häuser wegen fehlender horizontaler Expansionsmöglichkeiten zunehmend vertikal erweitert werden müssen (häufig als „Vertikalisierung der Armut" benannt). Infolge des anhaltend hohen Bevölkerungswachstums haben nicht nur die Wohnkapazitäten, sondern auch die ohnehin unzureichende Infrastrukturausstattung, besonders im Bereich der Wasserver- und -entsorgung sowie der Abfallentsorgung, längst ihre Belastbarkeitsgrenzen überschritten. Die Folge sind eine weitere Verschlechterung der Wohnbedingungen und steigende Sicherheitsrisiken sowohl hinsichtlich der baulichen Stabilität der Unterkünfte, als auch der Gesundheitsgefährdung durch Infektionskrankheiten aufgrund verunreinigten Trinkwassers, unsachgemäßer Entsorgung von Abwasser, Abfallstoffen etc.

Infrastruktur und städtebauliche Strukturen zeigen sehr deutlich, dass Favelas trotz ihrer meist zentralen Lagen im Stadtgebiet keineswegs adäquat an die städtischen Versorgungsstrukturen angeschlossen sind. Die Hauptverkehrslinien der Metropolen umfahren die Favelas in der Regel. Abseits von den Hauptstraßen, die meist geteert sind (vgl. Bild 3), sind die Nebenstraßen und Gassen meist für Autos unpassierbar (vgl. Bild 4 und 5). Folglich sind die wenigsten Favelas in das öffentliche Nahverkehrssystem integriert, da die Buslinien aufgrund des mangelnden Straßennetzes meist nur in der Nähe vorbeiführen oder höchstens die Hauptstraßen bedienen (vgl. Bild 3). Die meist topographische Ungunstlage der Favelas (Hanglagen, überschwemmungsgefährdete Gebiete u.a.) bildet eine plausible und objektive Erklärung für den weitgehenden Ausschluss der Favelas aus dem öffentlichen Nahverkehrsnetz. Wie der Untersuchungsraum Salvador zeigt, befinden sich jedoch bei weitem nicht alle Favelas auf ungünstigem Terrain. Als entscheidendes Kriterium ist vielmehr die subjektive Dimension zu benennen, dass die Mehrzahl der Mittel- und Oberschichtangehörigen aus Angst vor Überfällen und Gewalt die Favelas niemals im privaten PKW, geschweige denn in einem öffentlichen Bus passieren würden. Dies kann über die objektive Erklärung der technischen Schwierigkeiten effektiv kaschiert werden.

Marginalviertel bezeichnet man in Brasilien auch unabhängig von ihrer räumlichen Lage im Stadtgebiet als *bairros periféricos*, womit zum Ausdruck gebracht wird, dass es sich um peripher gelegene Stadtviertel handelt – allerdings nicht nur rand-städtisch, sondern auch am Rande oder gar außerhalb der Gesellschaft. Den Bewohnern innerstädtischer

Bild 3: *Geteerte Hauptstraße in der Favela* Rocinha *in Rio de Janeiro.*

Bild 5: *„Straßenszene" in einer Favela in Salvador da Bahia.*

Bild 4: *Unbefahrbare Nebenstraße in einer Favela in Salvador da Bahia.*

„Calabar ist privilegiert, schließlich gibt es nicht viele Marginalviertel die so zentral in der Stadt liegen." (Nachtportier, 35 Jahre. Pi/05, 334)

„Draußen am Stadtrand zu wohnen ist viel schlimmer, auch wenn die Leute sagen, es ist eine Favela; trotzdem sind sie nahe an allem, man muss nicht den Omnibus nehmen um ins Shopping Center zu gehen, oder um auf dem Markt einzukaufen, man kann zu Fuß in die Stadt [»a cidade«: gemeint ist die formelle Stadt], an den Strand gehen ... All das haben die nicht, die außerhalb wohnen." (Nachtportier, 22 Jahre. Se/05, 387)

Angesichts der steigenden Kosten für den öffentlichen Personenverkehr ist die Zentralität des Wohnortes tatsächlich eine sehr wichtige Entlastung für die Lebensgestaltung der Favela-Bewohner. Für die Transportkosten zum häufig weiter entfernt liegenden Arbeitsort kommen nur teilweise die Arbeitgeber auf, ansonsten bedeuten die Unkosten eine große finanzielle Belastung bei den auf Mindestlohn basierenden Einkommen. Im Jahr 2006 verfügten fast 60% der erwerbstätigen Bevölkerung Brasiliens mit festem Wohnsitz über ein monatliches Gehalt von höchstens einem Mindestlohn, das entsprach nach damaligem Wechselkurs etwa 128 € (vgl. IBGE 2007, S. 97; Währungsstand im September 2006: *Bundesverband Deutscher Banken* – http://www.bankenverband.de/html/reisekasse/waehrungsrechner.asp).

Die zentrale Lage symbolisiert für viele innerstädtische Marginalviertelbewohner allerdings auch Nähe zum städtischen Geschehen, wodurch das Gefühl größerer Integration entsteht. Insbesondere wenn bekannte Strukturen der eigenen Umgebung fehlen, und seien es die Einrichtungen der benachbarten Reichenviertel als Referenz zur Abgrenzung (vgl. Bild 6 und 7), entsteht das Empfinden von Unsicherheit und größerem sozialen Ausschluss:

Favelas ist es daher besonders wichtig zu betonen, dass sich ihr Viertel in einer räumlich zentralen Lage befindet, was ihnen nicht nur subjektiv als Privileg gegenüber randstädtischen Vierteln erscheint, sondern auch objektiv gesehen Vorteile für die Alltagsbewältigung mit sich bringt:

Bild 6: Vertikale Stadt der Mittel- und Oberschicht: Jardim Apipema in Salvador da Bahia.

Bild 7: Luxuriöse Wohnenklaven in Caminho das Árvores in Salvador da Bahia.

„Viele bairros sind viel schlimmer dran als unseres. Warum? Ja, das sind weit entfernte Wohnviertel, die viel stärker von der Stadt ausgegrenzt sind [excluídos]. Gut oder schlecht, aber unser bairro ist nahe dran' an allem. Klar müssen wir immer ein bisschen mehr Acht geben, schon allein aus Verpflichtung, wir sind ja mittendrin. Aber andere Viertel sind so richtige bairros periféricos, verstehst Du, abseits von der Stadt. Die haben auch keine solchen Wohnhäuser, die condomínios fechados da, die große Gebäude nebenan ... oder auch die Küstenpromenade. Also, das sind bairros ... die sind so richtig ausgeschlossen von allem." (Verkäufer, 20 Jahre. JV/05, 188)

5.2 Stigmatisierung durch den Wohnort

Für die Außenwelt stellen Favelas Räume geringen Interesses dar. Sie bieten strukturell gesehen keinerlei aktionsräumliches Potenzial, geschweige denn Anreize für die Mittel- und Oberschicht, sie zu betreten; weder für Freizeit- oder Konsumaktivitäten, noch für den Bereich des Arbeitens, geschweige denn des Wohnens. Damit erscheint die rigide Trennung zwischen der Welt der Privilegierten und derjenigen der Unterprivilegierten als natürliche, objektive Gegebenheit. Doch auch soziale Kontakte zwischen den heterogenen Bevölkerungsschichten bestehen äußerst selten, in der Regel werden sie von beiden Seiten vermieden. Dieses subjektive Kriterium verdeutlicht die bewusste, wenngleich durchaus unintendierte, da aus den verinnerlichten Wahrnehmungsmustern heraus produzierte Strategie der Vermeidung: Im Denken und Handeln sind von beiden Seiten bewusste Grenzziehungsmechanismen verankert, die immaterielle Grenzen konstruieren und damit ein näheres Kennenlernen oder gar Verstehen des fremden Gegenübers bereits im Ansatz blockieren. Die Räume der städtischen Armen sind den Angehörigen der Mittel- und Oberschicht damit – ganz gleich in welcher räumlichen Nähe oder Distanz sich ihr Wohnort zu ihnen befindet – in höchstem Maße unbekannte Räume. Diese Unkenntnis über den Raum und die Lebenswelt ist ein fruchtbarer Nährboden für Unsicherheit, Misstrauen und Fehlinterpretationen. Nicht zuletzt durch den einseitigen medialen Diskurs in Presse, Film und Fernsehen, wozu auch Gewalt betonende Filme der jüngsten Vergangenheit wie Cidade de Deus (engl. Titel: City of God) beitrugen, hat dies zu einer undifferenzierten Stigmatisierung aller Favela-Bewohner als potenziell kriminell und gewaltbereit geführt. Nach CRAANEN (1998, S. 161) ist das „Mißtrauen ... der Motor dieses dynamischen Prozesses gesellschaftlicher Differenzierung, mit dem die Bevölkerungsmehrheit der Metropole an den Rand der Gesellschaft gedrängt wird". Die Favelas umgibt für ihre Außenwelt eine unsichtbare Mauer der Angst, die sie zu Gewalträumen stigmatisiert. Den Bewohnern der Favelas wird mit einer Mischung aus Skepsis und Missachtung begegnet, welche die Grenze im Kopf umso stärker manifestiert, je weniger über den Raum der Anderen bekannt ist und je geringer die Bereitschaft ist, diesen offen zu begegnen. Der Wohnort Favela wirkt sich aufgrund dieses Stigmas als „schlechte Adresse" höchst negativ auf die Lebenslage seiner Bewohner aus, da er deren Inklusions- und Anerkennungsmöglichkeiten innerhalb der Gesellschaft sehr stark reduziert. Sei es bei mündlichen oder schriftlichen Bewerbungen um einen Arbeitsplatz, Aufnahmeprüfungen für weiterführende Bildungseinrichtungen usw., in der Regel ist die bloße Nennung des Wohnortes ausreichend für Ablehnung und damit für sozialen Ausschluss:

„Man liest es ja ständig in der Zeitung, dass es sich um ein gefährliches, brutales Viertel handelt, angeblich eines der ärmsten der Stadt ... Es war noch viel schlimmer, zwar passieren immer noch ab und zu Morde ... es wird wohl auch immer so bleiben, obwohl es eben schon schlimmer war als heute. Na ja, aber letztlich ist es fast nicht möglich, die Gewalt an ihren Wurzeln zu bekämpfen." (Pförtner, 24 Jahre. Pa/05, 152)

„Ich fühle mich am meisten ausgeschlossen, wenn einem die Leute nicht den geringsten Wert beimessen. Wenn man eine Arbeit sucht, reicht es schon zu sagen: »Ich wohne in Calabar«, und die Leute wollen Dir keine Arbeit geben, weil sie denken, das Viertel ist schlecht, also bist Du aus dieser Welt auch schlecht." (doméstica, 23 Jahre. Lu/06, 53)

„Wir werden doch laufend diskriminiert. »Wie, Du wohnst in Calabar?« – Du brauchst nur ein Taxi nehmen ... und dann sagst Du »nach Calabar« – und Du wirst sehen, dass Dich niemand mitnimmt, dort nicht anhält, nichts. »Da fahre ich nicht hin«, sagen sie." (Snackbar-Verkäufer, 27 Jahre. Cl/06, 150)

Dabei sind das Misstrauen und die Angst nicht nur auf die Mittel- und Oberschicht beschränkt. Die Unkenntnis über ein Viertel führt durchaus auch zu so genannter horizontaler Stigmatisierung von Bewohnern der gleichen sozialen Lage untereinander:

„Du siehst nicht einmal Personen aus anderen bairros periféricos hier, in der Regel nur Bewohner von hier. Die Leute haben Angst. Wenn es hier ein Straßenfest gibt siehst Du niemanden von außerhalb. Das nervt ... Du wohnst in einem bairro super zentral und doch ... über alle hier wird schlecht geredet und gedacht." (Snackbar-Verkäufer, 27 Jahre. CI/06, 152)

5.3 Drogenhandel und „parallele Gewalt"

Im öffentlichen Diskurs werden Drogenproblematik und Gewalt stets mit Favelas in Verbindung gebracht und dort imaginär lokalisiert. Tatsächlich sind Favelas vielfach die Orte des Drogenhandels und Wohnorte derer, die den Versuchungen des illegalen kriminellen Sektors erliegen. Allerdings findet dort lediglich die Kleinökonomie des Drogenhandels statt und es wohnen nur die abhängigen kleineren Akteure dort, wie die Lieferanten, die Aufpasser von Drogenumschlagplätzen usw. Vor allem die männlichen Jugendlichen, die unter hoher Perspektivlosigkeit aufgrund von Arbeitslosigkeit, mangelnden sozialen Inklusionsmöglichkeiten und Frustrationen angesichts des wachsenden, jedoch nicht erreichbaren Konsumniveaus in ihrer Gesellschaft leiden sind besonders gefährdet, den Verführungen des leichten Geldes im kriminellen Sektor zu erliegen. Die Mehrheit der Konsumenten sowie die Großhändler wohnen hingegen außerhalb der Favelas, meist in gut situierten Gebieten der Oberschicht, in ihrer Mehrheit in Rio de Janeiro und São Paulo. SOUZA M. (2004, S. 20) differenziert den Aufbau des Drogenhandels in ein „Subsystem Import/Export/Großhandel" und ein anderes „Subsystem Kleinhandel", dessen „logistische Stützpunkte in segregierten Wohngebieten, vor allem Favelas liegen" (SOUZA M. 2004, S. 21). Während die Geschäfte und Aktivitäten der international agierenden, mächtigen Großhändler im Drogenhandel meist geschützt sind durch vielfache Verknüpfungen und korrupte Machenschaften mit der staatlichen Wirtschaft und Politik, sind die Kleinhändler weitaus höheren Risiken durch Gewalt und Kriminalität des organisierten Verbrechens ausgesetzt, zumal sie es sind, die im Fokus der Aufmerksamkeit von Polizei und Presse stehen (vgl. LANZ 2004b; SOUZA M. 2004).

In den großen Favelas des Landes liegt die Kontrolle nahezu vollständig in der Hand der Drogenkommandos und der von ihnen ausgehenden so genannten „parallelen Gewalt", die durchaus mit dem staatlichen Polizeiapparat verflochten ist. Die weitgehende Absenz staatlicher Macht in den Favelas liefert die Bewohner ohnmächtig den korrumpierten „informellen Institutionen" der Drogenökonomie aus. Sie entbehren jeglichen formellen Schutzes und Sicherheit, da der korrumpierte Polizeiapparat legale Gewalt nicht bekämpft und die illegale Gewalt toleriert und sogar unterstützt. Bandenkriege, Gefechte um Drogenumschlagplätze und Gewaltdemonstrationen zur bloßen Einschüchterung der Bewohner prägen dort den Alltag. Andererseits finanzieren diese informellen Kartelle aber auch soziale Einrichtungen wie Krippen, Kindergärten und Schulen und unterstützen die bedürftigsten Bewohner. Darüber wird der zunehmende Mangel an sozialer Präsenz des Staates ausgeglichen, welcher sich als gravierende Folge der kapitalistischen Ordnung niederschlägt (vgl. SOUZA M. 2004). Den Bewohnern bleibt demzufolge zum eigenen Schutz meist nur die Akzeptanz der Strukturen dieses illegalen, kriminellen Mikrokosmos, da sie auf keinerlei Hilfe von außen zählen können und bei Ablehnung oder Auflehnung ihre Existenz riskieren würden.

In kleineren Städten wie Salvador ist die direkte Gewaltausübung des organisierten Drogenhandels weitaus geringer, da die Knotenpunkte des Großhandels und seine Machtzentralen in den Megastädten Rio de Janeiro und São Paulo lokalisiert sind. Die Netzwerke und Akteure des Subsystems Kleinhandel sind jedoch landesweit vertreten und aktiv. Da die Betroffenen im Kleinhandel weitaus geringere Macht besitzen und zudem stärkeren Abhängigkeiten und dadurch höheren Risiken ausgesetzt sind, erweist sich ein Großteil der Probleme der organisierten Drogenökonomie für sie als ebenso brisant. Der Anstieg des Drogenhandels und seine negativen Auswirkungen auf die Favelas und ihre Bewohner betrifft alle Städte des Landes. Als Gründe für die Zunahme des Drogenhandels nennt SOUZA M. (2004, S. 24) unter anderem die „Entstehung eines Macht- und Legitimitätsvakuums", welches die „illegale Ordnung" und informelle Selbstverwaltung in den Favelas unterstützt; ebenso zählt er den „ethischen und operationellen Niedergang der Polizei in ganz Brasilien" zu den Ursachen (SOUZA M. 2004, S. 25).

Die notgedrungene Selbstverwaltung der Favelas zeigt sich bereits in sehr kleinen Vierteln von wenigen tausend Einwohnern. Bürgervereinigungen, so genannte *associações* kümmern sich in der Regel um die Belange der Bewohner und um die Organisation ihrer *communidades*. Die Vorsitzenden dieser Bürgervereinigungen fungieren in Form von „illegalen Bürgermeistern" (LANZ 2007, S. 1) als Schaltstellen zwischen den Bewohnern der Favelas und den lokalen Politikern. LANZ (2007, S. 5) bezieht sich trefflich auf ROSE (2000), wenn er den politischen Umgang mit den Favelas als ein „Regieren durch Community" bezeichnet. „Dieses kommt ohne die traditionellen moralischen und kulturellen Unterwerfungsmuster aus und fordert die Selbstorganisationen der Bewohner dazu auf, die scheinbare Freiheit des Selbstregierens spezifisch zu gebrauchen" (LANZ 2007, S. 5).

Besonders betroffen von diesen Strukturen „legaler Illegalität" sind die Jugendlichen in den Favelas. Die Werteorientierung und Identifizierung erfolgt für sie landesweit in zunehmendem Maße an den aus Armut und Verbrechen entstehenden Subkulturen und deren Idolen, vor allem im Bereich von Musik und Tanz, wie der in den 1980er Jahren entstandene und in den 1990er Jahren populär gewordene *Baile Funk* aus Rio de Janeiro. Sein Erfolg und seine Popularität gehen auf die finanzielle Unterstützung der Drogenkartelle zurück. Diese beeinflussen maßgeblich die verwendete gewaltverherrlichende Symbolik und Thematik in Liedtexten, Sprache und Erscheinung der Stars. Diese bieten landesweit ein hohes Identifikationspotenzial für die Jugendlichen aus armen Verhältnissen, vor allem diejenigen aus labilem Elternhaus, das ihnen kaum Halt oder Orientierung bietet. Diese Art der Werteorientierung ebnet jedoch auch den Weg für das Abgleiten in den Drogenhandel und in die Kriminalität:

„Also, wenn die Bosse aus Rio kommen, dann suchen sie hier ihre Leute mehr so ...nach dem Profil. Schau mal, jemand der wenig Möglichkeiten hat, ein Junge, der dringend jemanden braucht und niemanden hat, der kann sich gar nichts kaufen. Wenn Du dem Geld anbietest, hast Du ihn schon am kurzen Arm und er macht, was Du ihm sagst. Aber es gibt auch die, die nicht das Geld brauchen, aber die reizt die Macht, wer Macht hat verschafft sich Respekt, bekommt Frauen, verstehst Du? Also werden mehr die

Schwachen gesucht, vor allem eben die finanziell Schwache. Sie bieten es ihnen an, so geht das los. Sie geben ihnen was, schenken eine Uhr, der Typ sagt »nein, das kann ich nicht bezahlen« – »stress Dich nicht, kannst Dich später revanchieren ... geh einfach immer an die gleiche Ecke, wenn jemand kommt, verkaufst Du was, wenn niemand kommt, gibst Du es mir später zurück« ... Und so beginnt es, und schon bist Du drin und kommst nicht mehr raus." (Verkäufer, 20 Jahre. JV/06, 191)

Als Grenzgänger zwischen den Welten erleben vor allem diejenigen, die Drogen an die Mittel- und Oberschicht verkaufen, die alltägliche Konfrontation mit dem nicht erreichbaren Wohlstand und Konsumniveau. Die Folgen der latenten Gefahr, aber auch der Werteverfall durch das Drogenmilieu sind jedoch nicht nur für den Einzelnen, sondern auch für die sozialen Strukturen im Mikrokosmos Favela gravierend:

„Die Mädchen hier finden die Jungs ja super, weil sie Geld haben, einen Ruf und Ansehen hier und sie kaufen ihnen schicke Kleider. Dafür gehen sie nicht nur mit ihnen aus, sondern sie schützen sie auch ... na ja, vor der Militärpolizei, Razzien und so. Und dann geht es schnell, dass sie auch Drogen nehmen, dass sie ins Geschäft involviert sind, bald darauf sind sie dann auch schwanger. Ja und dann wollen die Typen sie nicht mehr, suchen sich eine andere, und so geht das laufend weiter. Manchmal sterben die Jungs bei Schießereien und dann bleiben die jungen Mütter mit ihren Kindern zurück. ... Die Polizei bringt sie [gemeint sind die ins Drogengeschäft involvierten jungen Männer] um, sie sind ja immer in Gefahr, getötet zu werden, sonst erledigen sie das untereinander." (Verkäufer, 20 Jahre. JV/06, 198)

Tatsächlich ist äußere Gewalteinwirkung in der Altersgruppe der jugendlichen Männer zwischen 15 und 30 Jahren landesweit neben Unfällen die häufigste Todesursache. Die meisten Morde im Bereich des Drogenhandels in den Favelas in Salvador ereignen sich jedoch nicht als geplante Liquidierungsakte oder zur Einschüchterung der Bewohner, sondern häufig im Affekt, beim Streit um die so genannten *pontos de droga*, die lukrativsten Drogenumschlagplätze, oder bei Schusswechseln mit der Polizei. Die jüngsten Statistiken des brasilianischen Gesundheitsministeriums registrierten im Jahr 2006 in der Stadt Salvador 6.310 Todesfälle, davon fielen 566 in die Kategorie „äußere Gewalteinwirkungen, Verletzungen und Vergiftungen" (http://www.ibge.gov.br). Vergleicht man den proportionalen Anteil dieser Todesfälle in Bezug auf die gesamte Sterberate, so ergibt sich für Salvador ein Wert von 9 %. Der Vergleich mit anderen Großstädten des Landes zeigt ähnliche Werte. Dabei muss allerdings beachtet werden, dass es sich um offiziell registrierte Tote handelt, was eine Einlieferung ins Krankenhaus oder die Konsultation eines Arztes voraussetzt. Die graue Zahl der nichtregistrierten Opfer erhöht insbesondere in den unüberschaubaren Strukturen in São Paulo und Rio de Janeiro den tatsächlichen Prozentsatz der Toten durch äußere Gewalteinwirkung an diesen Orten noch deutlich.

5.4 Chancenungleichheit im Bildungssystem

Das brasilianische Bildungssystem weist eine unmittelbare Abhängigkeit der Bildungschancen von der sozialen Situation der Betroffenen auf. Die Benachteiligung der Kinder und Jugendlichen aus armen Elternhäusern wird in höchstem Maße reproduziert, womit man deterministisch von einer „sozialen Statusvererbung" sprechen könnte – wie BITTLINGMAYER (2002, S. 244) es für so genannte „bildungsferne Milieus" formulierte. Dabei ist die Armut per se nicht das entscheidende Kriterium, sondern vielmehr die durch sie entstehenden prekarisierten Habitusformen aufgrund der unterprivilegierten Lebensbedingungen. Neben einer guten schulischen Ausbildung ist es vor allem die Erziehung im Sinne moralischer Wertevermittlung und einer vorbildlichen Sozialisation, die von den Betroffenen selbst als wichtigste Voraussetzungen angesehen wird, um die Kinder und Jugendlichen vor dem Abgleiten in die Illegalität zu bewahren:

„... der Sohn auf dem falschen Gleis, das kommt schon vom kriminellen Vater, die Mutter drogenabhängig oder in den Drogenhandel involviert. Was sieht der Junge dann in so einem Zusammenleben? Also wächst er schon geschwächt [fragilizado] *auf. Und was bräuchte er? Hilfe von außen, die ihn nicht auch noch tiefer hineinzieht."* (doméstica, 50 Jahre. RACF/05, 87)

„Die familiäre Erziehung, die soziale Bildung durch das Zusammenleben, das ist viel wichtiger als diese schulische Bildung [educação da inteligência]*, die man braucht um Arzt zu werden und solche Sachen. Mein Vater ist trotz aller fehlenden Bildung als Bürger erzogen worden* [educação de formal cidadão]*. ... wenn Du ein ordentlicher Bürger bist und Dich benehmen kannst, dann klappt alles besser, was Du anfängst im Leben!"* (Bedienung, 42 Jahre. M/06, 131)

Die Eltern, insbesondere die Mütter, bilden für die meisten Kinder das wichtigste Vorbild für die Lebensgestaltung; umso schwieriger und zum Teil irrealistisch ist daher häufig die Umsetzung der Vorsätze, den Kindern ein besseres Lebens zu ermöglichen:

„Als ich schwanger wurde, war ich dreizehn. Jetzt bin ich 23 und werde nervös mit meiner ältesten Tochter ... Denn es ist ja so, dass ... also, ich rufe meine Töchter [sic! Hat heute drei Töchter und ist mit dem vierten Kind schwanger] *immer zu mir um mit ihnen zu reden, weil ich nicht will, dass sie den gleichen Rhythmus kriegen. Ich sage ihnen immer: Zuerst wird gelernt, dann kommt die Ausbildung, dann die Arbeit, dann der Hausbau und dann könnt ihr daran denken, Kinder zu bekommen! Hoffentlich werden sie nicht auch noch früher schwanger als ich damals. ... Ein Job ist doch das wichtigste, um alles besser zu machen. Dann kann man sich besser ernähren, eine bessere Ausbildung machen ..."* (Hausfrau, arbeitslos, 23 Jahre. Lu/06, 69)

Die Basis der Chancenungleichheit bildet die Zweiteilung in staatliche und private Schulen. Die staatlichen Schulen Brasiliens *(escolas públicas)* sind gebührenfrei, lediglich die Kosten für Lehrbücher und -material müssen von den Schülern selbst bezahlt werden. Allerdings ist das Qualitätsniveau weitaus geringer als das der privaten Schulen: Die Ausstattung der Schulen ist in einem prekären Zustand, die Lehrer sind schlechter ausgebildet und verdienen ein äußerst geringes Gehalt, haben allerdings einen sicheren Arbeitsplatz, da sie nur in Ausnahmefällen kündbar sind. Ihre Motivation und ihr Engagement für die Verbesserung des Lehrniveaus ist angesichts dieser Faktorenkombination nicht sehr hoch. Hinzu kommt die steigende Schülerzahl bei konstanter Anzahl von Lehrkräften, was zu akuter Überlastung führt, da häufig zusätzlich zum Lehrberuf einer weiteren Erwerbstätigkeit zur Sicherung des eigenen Lebensunterhalts nachgekommen werden muss. Dies führte in den letzten Jahren verstärkt zu

Streiks um höhere Löhne und verbesserte Arbeitsbedingungen, die jedoch mit ersatzlosem Unterrichtsausfall einhergingen, welcher sich erneut zu Lasten der Schüler staatlicher Schulen auswirkt.

Kinder wohlhabender Familien besuchen in der Regel die privaten Schulen *(escolas particulares)*, deren monatliche Schulgebühren bei mindestens 500 Real pro Schulkind liegen (ca. 180 €). Die Klassengrößen sind kleiner, die Schulen besitzen eine gute Infrastruktur und Lehrmittelausstattung und insbesondere das Verdienst des Lehrpersonals, welches in der Regel eine bessere Ausbildung vorweisen kann, ist weitaus höher im Vergleich zu den öffentlichen Schulen. Das Qualitäts- und damit Bildungsniveau an den privaten Schulen bereitet die Kinder nach der Grundschule folglich weitaus besser für die weiterführenden Bildungseinrichtungen vor. Das wichtigste Moment der Differenzierung von privaten und öffentlichen Schulen liegt allerdings hinter diesen offensichtlichen Strukturen – es handelt sich um die Leistungsmotivation sowohl bei Lehrern als auch bei Schülern: Wie bereits angesprochen, besteht für das Lehrpersonal der öffentlichen Schulen wenig Anreiz zur Verbesserung ihrer Lehre, was nicht erst durch die persönliche Motivation bedingt ist, sondern bereits an den eingeschränkten Möglichkeiten durch fehlende materielle Basisausstattung scheitert: meist mangelt es schon an Kreide und Papier für Prüfungen, ganz zu schweigen von Büchern, Karten, ausreichender Bestuhlung usw. Für die Schüler öffentlicher Schulen und deren Eltern kommt als erschwerender Aspekt für höhere Leistungsbereitschaft hinzu, dass es kein Wiederholen von einzelnen Jahrgangsstufen gibt. Die Grundschüler durchlaufen die ersten vier Schuljahre als so genannten ersten „Zyklus" *(1° ciclo)*, anschließend das fünfte bis achte Schuljahr im zweiten Zyklus *(2° ciclo)*. Am Ende der einzelnen Schuljahre gibt es keine Abschlussprüfungen zum Leistungsnachweis, womit es nicht selten vorkommt, dass Schülerinnen und Schüler in der fünften Klasse noch immer nicht lesen, schreiben oder rechnen können. An privaten Schulen hingegen müssen zum Aufrücken in die nächsthöhere Jahrgangsstufe Prüfungen absolviert werden, ebenso ist der hohe Kostenfaktor für jedes zu wiederholende Schuljahr auch für die Eltern Grund genug, auf möglichst großen Lernerfolg ihrer Kinder zu achten. Nicht selten besitzen Kinder aus armen Verhältnissen bereits am Ende der Primarstufe *(escola fundamental)*, nach der achten Jahrgangsstufe so große Wissenslücken, dass an einen Übergang in weiterführende Schulen *(ensino médio)* nicht zu denken ist. Der erst dort zu erwerbende zweite Bildungsabschluss *(2° grau)* ist jedoch die Vorraussetzung für den Besuch einer Berufsschule *(ensino técnico)*, ohne den fast keine Möglichkeit besteht, einen Beruf für ein formelles Arbeitsverhältnis zu erlernen (vgl. Tab.1), oder gar der Eintritt in die Hochschule.

Der Ausschluss vom Zugang zu besserer Bildung setzt also bei den Schulgebühren an, die für sozial schwache Familien in der Regel eine unüberwindbare Hürde darstellen: *„Wir sind schon mit dieser Ungerechtigkeit geboren. Seit wir auf der Welt sind gibt es Arme und Reiche. Der Reiche ist reich, der Arme ist arm. Der Arme, das wissen wir, wird immer seine Schwierigkeiten haben. Sogar in der Schule. Die Schule für die Reichen hat alles. Aber der Staat zahlt ja nichts für seine Schulen. Wir haben nur diesen Unterricht, aber dort gibt es keinen Zugang zu Computern für die Jugendlichen, es gibt keinen Zugang zu gar nichts, was besser ist. … Und die Schule von den Reichen, die mit Eintrittsgeld, da gibt es sogar Englischunterricht, ja sie haben Kurse in englisch! Für die Armen natürlich nicht."* *(doméstica, 43 Jahre. Iv/06, 60)*

Dass tatsächlich kaum ein Kind oder Jugendlicher aus den Favelas den Weg auf eine Privatschule findet liegt allerdings auch daran, dass sich in den meisten Favelas oder in unmittelbarer Nähe eine staatliche Schule befindet, sodass die Schulkinder eines Viertels in der Regel die ihnen zugewiesene oder nächstgelegene Schule aufsuchen (müssen) – auch wenn deren Kapazitäten meist völlig überlastet sind. Sie bleiben dadurch allerdings auch unter sich, um die Konfrontation mit Kindern aus anderen sozialen Schichten zu

Tab. 1: Gliederung des brasilianischen Schulsystems.

Ensino fundamental (~Primarstufe)		
1° ciclo *1ª–4ª série*	1. bis 4. Schuljahr	Abschluss: *1° grau* (1. Bildungsabschluss)
2° ciclo *5ª–8ª série*	5. bis 8. Schuljahr	
Ensino médio (~Sekundarstufe)		
1° ano *2° ano* *3° ano*	9. bis 11. Schuljahr	Abschluss: *2° grau* (2. Bildungsabschluss)

Ensino técnico (Berufsausbildung/~Berufsschule)	*Ensino superior* (Hochschule)
Zwei Jahre Schule + mehrmonatiges Praktikum anschließend: *Concurso* (Stellenausschreibung/Aufnahmeverfahren für formelle Arbeitsverhältnisse)	*Pré-Vestibular* (Vorbereitungskurs; optional) *Vestibular* (Aufnahmeprüfung an staatlichen Universitäten; obligatorisch) **Universidade federal/estadual** (nach bestandenem *vestibular*), **Universidade particular:** *Superior/3° grau* (Vordiplom/Bachelor) *Mestrado* (Diplom/Master) *Doutorado* (Promotion) *Pós-Doutorado* (~Habilitation oder Postdoc)

vermeiden und sie so vor Diskriminierung, Stigmatisierung und Frustrationen zu schützen. Damit beginnt die soziale Trennung bereits in den Schulen; während des Heranwachsens der Jugendlichen sind später kaum mehr Möglichkeiten zu sozialen Kontakten gegeben.

Für Absolventen von Privatschulen schließt sich nach dem *ensino médio* fast ausnahmslos der Besuch einer weiterführenden Bildungseinrichtung an. Hier besteht die Möglichkeit einer Berufsausbildung, die in Brasilien immer über, in der Regel zweijährige, berufsbildende Kurse erfolgt *(ensino técnico)*, oder eines Hochschulstudiums *(ensino superior)*. Hier wendet sich das Blatt im Vergleich zu den Schulen: Die renommierteren und qualitativ besseren Universitäten sind die gebührenfreien staatlichen bzw. bundesstaatlichen Universitäten *(universidade federal/estadual)*, die weniger angesehenen die gebührenpflichtigen Privatuniversitäten *(universidade particular)*. Ausnahmen bestätigen auch hier die Regel: Einige der renommiertesten Universitäten des Landes sind private Institutionen. Sie erheben jedoch auch für die Mittelklasse kaum finanzierbare Studiengebühren und ebnen somit den Weg für die Reproduktion einer sehr kleinen ökonomischen Elite, unabhängig von der individuellen Leistung der Kinder reicher Eltern. Für die Aufnahme an den kostenfreien staatlichen Universitäten müssen sehr schwere Aufnahmeprüfungen *(vestibular)* absolviert werden. Nach eigenen Umfragen schafft nur etwa jeder fünfte Bewerber von Privatschulen die Aufnahme an die staatliche Universität in Salvador da Bahia – entsprechend geringer ist der Anteil der Bewerber staatlicher Schulen. Für sie wird der sechsmonatige oder einjährige Vorbereitungskurs *(pré-vestibular)*, der grundsätzlich freiwillig ist aber aufgrund der hohen Anforderungen auch von den meisten Privatschulabsolventen besucht wird, unabdingbar. Dieser Kurs ist jedoch sehr teuer (die kostenfreien können geradezu ausgeblendet werden, da sie äußerst selten zum Erfolg führen) und stellt vielfach eine zu große finanzielle Hürde dar. Der Zugang zur Universität wird gerne als demokratisches System deklariert, das sich frei von sozialer Diskriminierung wähnt – es wird jedoch auf subtile aber höchst wirkmächtige Weise sozialer Ausschluss von den Bildungschancen reproduziert.

Zu den finanziellen Hürden kommt auch hier wieder das Motiv fehlender Vorbilder und mangelnder Motivation aus dem eigenen Umfeld hinzu:

„Wenn Du einen von diesen teuren Kurs besuchen willst, um auf die Universität zu kommen, dann kaufst Du aber überhaupt nichts mehr für Dein Haus. Ich kenne niemanden aus meiner Klasse [classe social]*, der die Voraussetzung für so was hat." (doméstica, 26 Jahre. Vi/06, 126)*

Wenn Schüler aus sozial schwachen Familien den Schulbesuch nach dem ersten Bildungsgrad fortsetzen, so müssen sie dennoch in der Regel zwischen den verschiedenen Abschlüssen (nach der *escola fundamental* und vor allem nach der *escola média*) pausieren, um Geld zu verdienen und setzen die Schule, wenn überhaupt, erst nach einigen Jahren fort. Wenn sie nach dem zweiten Bildungsgrad eine berufsbildende Schule besuchen, so müssen sie meist Abend- und Wochenendkurse in Anspruch nehmen. Die hohe Mehrfachbelastung von Berufsausbildung, gleichzeitiger Erwerbsarbeit zum Lebensunterhalt und meist schon eigener Familie ist häufig zu groß. Selbst wenn nicht wenige diesen Umstand bedauern, ist die Hürde, die bestehenden Widerstände zu bewältigen, meist zu hoch:

„Manchmal bedauere ich sogar selbst, dass ich die Schule abgebrochen habe. Wenn ich nicht aufgehört hätte, wäre ich heute ausgebildet ... und könnte vielleicht sogar einen concurso *machen, um eine ordentliche Arbeit zu bekommen. Ich habe nichts dergleichen gemacht." (Hausfrau, arbeitslos, 23 Jahre. Lu/06, 141)*

5.5 Bildungspolitischer und gesellschaftlicher Erhalt der Abhängigkeit

Trotz der generell verbesserten Zugangsmöglichkeiten zu Bildungseinrichtungen im Lande (Ausbau der Schulen vor allem im ländlichen Raum, bessere Kontrolle der Erfüllung der Schulpflicht, Senkung der Analphabetenrate etc.) hat sich die Qualität der Bildung seit den 1990er Jahren insgesamt nicht verbessert, sondern eher noch verschlechtert. Die aktuelle Bildungspolitik hat sich mit einem neuen Plan zur Bildungsförderung, der im April 2007 in Kraft trat, neben dem weiteren Abbau der funktionalen Analphabetisierung zum Ziel gesetzt, die Qualität der staatlichen Schulen zu verbessern. Das Lehrpersonal sollte stärker gefördert werden und der Schulbesuch im schulpflichtigen Alter für die gesamte Bevölkerung unabhängig von der finanziellen Situation gesichert werden. Verschiedene Unterstützungsprogramme und Stipendien sollen insbesondere Kindern der ökonomisch schwächsten Familien den Schulbesuch gewährleisten, damit sie nicht aus ökonomischer Not den Unterrichtsbesuch abbrechen müssen (vgl. FRITSCHE 2004). Inwieweit die Informationen bezüglich derartiger Fördermöglichkeiten tatsächlich die Betroffenen erreichen und in welchem Umfang diese Gelder schließlich vergeben werden und Effekte zeigen, muss allerdings kritisch in Frage gestellt werden. Die tatsächliche Umsetzung der Ziele scheint weitgehend zu scheitern, wie hier nur eines von vielen Beispielen aus Sicht der Betroffenen bezeugt:

„Vor allem die Schwarzen, die kein ordentliches Einkommen haben ... für die herrscht so richtige Diskriminierung. Wohin man auch schaut, diese Sache mit dem Programm pro-jovem, *... das sieht so aus, als ob es eine ordentliche* faculdade *für die Schüler ist, ne, aber das ist sie in Wirklichkeit überhaupt nicht. Die Schüler sollten Verpflegung bekommen, aber was haben sie gekriegt? Ein paar trockene Kekse. Die versprochenen 100 Real haben sie auch nicht vergeben, man sagt, die Mehrheit der Lehrer ist auch nie anwesend, also muss man ja schon fragen: Was macht denn der Staat? Eigentlich nichts für uns. Quasi überhaupt nichts! Aber wenn es um Weiße ginge, ja dann ..." (doméstica, 26 Jahre. Vi/06, 152)*

Auch die vor einigen Jahren eingeführte Quotenregelung an den staatlichen Universitäten für die afro-brasilianische Bevölkerung, welche die absolute Mehrheit der unterprivilegierten Bevölkerungsgruppen darstellt (vgl. Kap. 5.8), erscheint mehr als ein Alibi zur vermeintlich objektiven Entlastung von Staat und Gesellschaft von der gesamtgesellschaftlichen Verantwortung, als dass sie tatsächlich einschneidende Veränderungen mit sich brächte. Diese werden von den weiter oben beschriebenen subtilen Ausgrenzungsmechanismen weit vor dem Übergang auf Universitäten blockiert. Das anonyme Aufnahmeverfahren an Universitäten sowie bei Einstellungen in formelle Arbeitsverhältnisse *(concurso)* wirkt hingegen durchaus frei von rassistischer und sozialer Diskriminierung, wie es auch die unterprivilegierte Bevölkerung empfindet:

"Es gibt sie, die Möglichkeit, über den concurso ... *Wer super intelligent ist, verstehst Du, der kann es schaffen. Der* concurso *ist die einzige Form der Demokratie für die Leute aus armen Verhältnissen ... Darüber kann man eine gute Arbeit bekommen. ... Aber abseits des* concurso *... da wird's ganz schön schwierig."* (Pförtner, 24 Jahre. Pa/05, 67)

Letztlich schaffen es jedoch die wenigsten Absolventen staatlicher Schulen, die Anforderungen der Aufnahmeprüfungen zu bewältigen. Es bleibt die sozioökonomische Disposition des Elternhauses, die primär über die Bildungschancen und den Werdegang des Kindes entscheidet. Im Alter des Eintritts in weiterführende Bildungseinrichtungen *(ensino técnico/ensino superior)* sind die sozialen Weichen bereits längst gestellt, wodurch ein Scheitern bei den vermeintlich fairen Aufnahmeprüfungen meist nicht mehr auf soziale Chancenungleichheit zurückgeführt, sondern vielmehr als persönliches Scheitern gedeutet wird. Die Ungerechtigkeit wird folglich bereits über den sozialen Ausschluss aufgrund von Armut quasi „naturalisiert", das bedeutet sie erscheint als gegebenes und nicht als von der herrschenden Elite sozial konstruiertes Faktum. Dadurch wird sie von den unterprivilegierten Gruppen kaum als gesellschaftlich erzeugte Benachteiligung angeprangert, sondern in hohem Maße akzeptiert, trotz des bestehenden Bewusstseins über die ungerechten Mechanismen dieses Ausbildungssystems:

"Wer Interesse am Erhalt der Ungleichheit hat? Na der Staat in erster Linie, dieser korrupte Staat. So geht das: Wer eine gute Ausbildung hat, wer ein großes Wissen hat, der geht wählen ... Wir haben Direktwahlen! Also hängt es vom Volk ab, von den Leuten die gebildet sind. Und die Analphabeten, wir hier? Ein Analphabet begehrt nicht gegen das System auf, er revoltiert nicht, er folgt. Und das schlimmste was passieren kann, ist ein Analphabet als Politiker, der folgt und nur zuschaut!" (Friseur, 34 Jahre. Chi/06, 132)

"Das System bleibt wie es ist, weil die Reichen viele Angestellte brauchen werden. Und sie werden immer mehr brauchen. Aber sie dürfen nicht viel kosten." (doméstica, 26 Jahre. Vi/06, 48)

"Für die Armen ist es richtig schwer, ihr Bildungsniveau zu verbessern ... abends studieren [berufsbildende Kurse, eig. Anm.], wenn es Zeit ist sich auszuruhen ist schon ziemlich schwierig. Und dann ist die Qualität dieser Ausbildung ja nicht einmal gut. Danach weißt Du nicht, ob Du eine Arbeit findest. Davor haben wir Angst. Es ist sicherer dort zu bleiben, wo Du Deinen Platz hast. Da weißt Du, was Du zu tun hast und welche Arbeit Du machen kannst. Und das weißt Du richtig gut, weil es jeder so macht. Das ist ein System das alle akzeptieren. Es ist einfacher, zu akzeptieren. Du änderst die Dinge nämlich nicht." (doméstica, 26 Jahre. Vi/06, 49)

Unsicherheit vor den unbekannten Risiken und die häufig fehlenden Ressourcen, gegen die alltägliche Ungerechtigkeit aufzubegehren sind folglich weitere Faktoren, die das Erdulden der sozialen Unterprivilegierung nähren. Mit den asymmetrischen Chancen im Bildungsbereich ist aber noch ein weitaus gravierenderes Moment verbunden, nämlich das Niedrighalten des Bildungsniveaus der sozial abhängigen Bevölkerung durch die Privilegierten. Hierdurch wird nicht nur die soziale Abhängigkeit reproduziert, sondern auch eine regelrechte Klasse von Bürgern mit subalternen staatsbürgerlichen Rechten konstruiert, welche nur in eingeschränktem Maße oder gar überhaupt nicht sozial anerkannt werden („müssen") (vgl. SOUZA J. 2000). Auffallend ist, dass auch dieses Niedrighalten des Bildungsniveaus von den Betroffenen akzeptiert wird, obwohl sie sich dieser Mechanismen der Machtsicherung der Privilegierten deutlich bewusst sind, zum Teil sogar bewusster als die Privilegierten selbst:

"Wenn also die Angestellten ein besseres Bildungsniveau haben, dann suchen sie sich einen anderen, besseren Job, und dann gäbe es nicht mehr genügend billige Hausmädchen und Arbeitskräfte." (doméstica, 17 Jahre. Lu/05, 48)

"Sie werden immer schlecht ausgebildete Angestellte bevorzugen, denn je weniger die wissen, umso besser können sie sie ausnützen. Es gibt so viele domésticas, *die weder lesen noch rechnen können. Also werden sie auch nicht mehr Geld fordern oder sich eine andere Anstellung suchen. Sie werden immer unterlegen sein* [estar inferior], *das brauchen die Arbeitgeber* [padrões]. *Sie wollen keine Leute mit langer Schulausbildung, nur als Kindermädchen, manchmal, wenn man den Kindern Medikamente geben und dafür die Packungsbeilage lesen muss."* (doméstica, 26 Jahre. Vi/06, 20)

"... Ich glaube die meisten Hausherrinnen [padrõas] *wollen das so, sie brauchen es sogar, dass die Angestellten ihnen unterwürfig sind."* (doméstica, 24 Jahre. El/06, 157)

5.6 Exklusion vom formellen Arbeitsmarkt

"Und dann, sag mir: Gibst Du Deinen Job auf, um nach einem besseren zu suchen, wenn Du nicht weißt, ob das gut geht? Und dann kommt ja noch dazu: Wie kann man denn überhaupt versuchen wollen, seinen Job zu verbessern, wenn man doch genau weiß, dass eine bessere Arbeit eine bessere Ausbildung voraussetzt, also ein ganz anderes Bildungsniveau [nível da educação]?" (doméstica, 31 Jahre. Iv/05, 48)

Die Mehrheit der Geringqualifizierten schafft es höchstens zum Status einer angelernten Arbeitskraft, den allerwenigsten gelingt der Aufstieg zur Position eines Arbeitnehmers in einem formellen Angestelltenverhältnis. Für eine Berufsausbildung zum Facharbeiter ist eine Anstellung in einem Unternehmen, mindestens in Form eines Praktikums, notwendig (Lehrberufe im Bereich des traditionellen Handwerks sind in den Städten kaum mehr zu finden). Es beteiligen sich allerdings nur sehr wenige Unternehmen an der Berufsausbildung. Nahezu alle Berufe im öffentlichen wie im privaten Bereich erfordern den Besuch einer berufsbildenden Schule *(ensino técnico)*, z. B. im Bereich der Verwaltung, der Gesundheit und Pflege (Krankenschwestern, Pfleger, Arzthelferinnen, Physiotherapeuten etc.). Auch hier gelten wieder die Aspekte der finanziellen und zeitlichen Ressourcenknappheit für sozial schwache Bevölkerungsschichten. Trotz aller Benachteiligungen wird es von vielen als eine Form von Sicherheit auf ein – wenn auch nur minimales – Einkommen gesehen, dass das gesellschaftliche System in all seiner Asymmetrie stets billige Arbeitskräfte braucht, um weiterhin zu funktionieren:

"Es wird immer dasselbe sein: Wir überleben nicht ohne sie und sie nicht ohne uns. Warum? Weil es die Klasse der Armen ist, die die Angestellten hervorbringt: die Tagesmutter für die Kinder, den Hausmeister, den Pförtner, verstehst Du? Man muss sich nur immer bewusst machen, dass sie

ohne uns nicht überleben können. Also muss es diese Einheit irgendwie immer geben, getrennt können wir alle nicht leben." (Nachtwächter, 35 Jahre. Pi/05, 20)

Die Chancen auf ein formelles Beschäftigungsverhältnis, auch „nur" als angelernter Arbeiter, verschlechterten sich in den letzten Jahren zusehends, womit sich Perspektivlosigkeit und Frustration über die eigene Lebenslage vor allem unter den Jugendlichen zusehends verschärften. Besonders gravierend ist deren Situation in den großen Metropolen des Landes. Die Jugendarbeitslosigkeit der 10 bis 24-Jährigen war im Jahr 2004 beispielsweise in São Paulo, Rio de Janeiro und Salvador mehr als doppelt so hoch wie die gesamte Arbeitslosigkeit (vgl. Tab. 2). Fast die Hälfte der Jugendlichen unter 17 Jahren ist in Rio de Janeiro arbeitslos, die nicht erfasste Dunkelziffer ist dabei noch nicht mitgerechnet (*IBGE* 2005, S. 102). Glaubt man den offiziellen Schätzungen, dass mehr als die Hälfte der brasilianischen Bevölkerung im informellen Sektor tätig ist, so legt dies den Schluss nahe, dass es nahezu keine formellen Berufsbildungschancen für Jugendliche mit geringer Qualifikation gibt.

„Sagen wir vor 20 Jahren, da hatten die Jugendlichen hier noch eine Perspektive auf einen Beruf, da hat man noch Personal eingestellt in Büros, Werkstätten, Mechaniker, Maler und so ... Aber heute ist das alles nicht mehr, schon die Büros wollen nicht mehr ... Irgendwie sind die Arbeitsplätze verschwunden." (doméstica, 50 Jahre. RACF/05, 53)

„Ich habe gesucht und gesucht ... mich mit Lebenslauf beworben und allem, aber in Wirklichkeit zählt ja nicht der Lebenslauf, sondern Du musst Glück haben ... Wenn Du jemanden kennst in dem Gebiet oder so, dann ist es ganz einfach, eingestellt zu werden. Mit Lebenslauf nicht! Oder vielleicht auch nur ich, weil ich keine komplette Ausbildung habe und hier wohne ..." (doméstica, 26. Jahre. Vi/06, 30)

Einen kleinen Lichtblick sollte das Programm *primeiro emprego* der Regierung darstellen, das über finanzielle Zuschüsse des Staates Jugendlichen dabei hilft, in Unternehmen eine erste Anstellung zu finden und somit berufliche Erfahrung zu sammeln. Doch auch diese Maßnahme zeigte längst ihre Schwächen, da sich die Mitarbeit der Unternehmen als sehr zögerlich erwies. Außerdem erreicht das Programm nur einen geringen Anteil der Jugendlichen, da es mindestens den erfolgreichen Abschluss des ersten Bildungsgrades voraussetzt, sowie die Inkenntnissetzung über die Existenz eines solchen Programmes. Wie sich bei den Untersuchungen in den ausgewählten Favelas zeigte, stammten diejenigen Jugendlichen, die über dieses Programm eine erste Anstellung erlangten, in erster Linie aus einem stabilen sozialen Umfeld. Besonders schwierig ist die Arbeitssuche für Jugendliche aus schwachem sozialen Umfeld, deren Mütter, Väter und Geschwister arbeitslos sind und denen Informationsmöglichkeiten fehlen. Die fehlende berufliche Erfahrung und auch die Chance, diese zu sammeln, ist jedoch meist der Hauptgrund im Teufelskreis des Ausschlusses auf dem formellen Arbeitsmarkt:

„Das erste was die Jugendlichen bei ihrem Vorstellungsgespräch gefragt werden ist, welche beruflichen Erfahrungen sie schon gemacht haben. Wie soll man berufliche Erfahrung haben, wenn man gerade eine erste Anstellung [primeiro emprego] sucht? Das ist eine schlimme Art und Weise, vor allem die Jugendlichen zu vernachlässigen. Aber ist ja klar, Jugendlicher aus der Peripherie, in der Regel Schwarzer..." (Sozialarbeiter, 53 Jahre. Jes/06, 28)

Die Erwerbsmöglichkeiten liegen daher für die meisten ungelernten Arbeiter aus den armen Bevölkerungsgruppen in erster Linie im informellen Sektor. Dazu zählt in Brasilien die Mehrheit der unqualifizierten Beschäftigungsverhältnisse, deren Arbeitnehmer, wenngleich registriert, so doch vertraglich und sozial in der Regel nicht abgesichert sind. Zu diesem „legalen informellen Sektor" gehört der beachtliche Bereich der Arbeitsplätze im privaten Dienstleistungssektor. Das brasilianische Gesellschaftssystem kennt seit jeher eine große Nachfrage an Hausangestellten, den so genannten *empregados domésticos*. Als *domésticas* (Dienstmädchen, Köchinnen, Kindermädchen, Putzfrauen usw.) übernehmen viele der Favela-Bewohnerinnen alle häuslichen Aufgaben der Familien der Mittel- und Oberschicht, wo es zum guten Ton gehört, derartige Aufgaben nicht selbst zu verrichten. Für die männliche Bevölkerung der Favelas stellen Lebenswelt und Lebensstil der Privilegierten ebenfalls eine Vielzahl von Arbeitsmöglichkeiten als Pförtner, Wachdienste, Chauffeure, Gärtner, Boten, Putzkräfte u.a. bereit. Der Verdienst bei diesen Beschäftigungsverhältnissen orientiert sich in der Regel am staatlich festgelegten Mindestlohn von 350 Real (ca. 128 €). Sie sind jedoch meist unregistriert angestellt, d.h. ohne eingetragenen Arbeitsausweis *(carteira assinada)*, und damit vertraglich unabgesichert, nicht krankenversichert, ohne Rentenanspruch, ohne Kündigungsschutz usw. Diese fehlende soziale Absicherung ist für die informell Tätigen ein sehr großes Problem, da das laufende Einkommen kaum ausreicht, um Rücklagen für Krankheit und Altervorsorge zu bilden. Mit einer formellen Arbeitsstelle verbinden darüber hinaus viele auch das Moment sozialer Anerkennung:

„Mein Traum? Also ... wir werden ja nicht unser ganzes Leben lang jung sein, wenn wir aufhören müssen zu arbeiten und von irgendeiner Art von Einkommen leben müssen ... Da hätte ich schon gerne eine carteira assinada *um dann, wenn ich alt bin, irgendeine Art von Einkommen zum Überleben zu haben ...das wäre ein Traum." (Strandverkäufer, 26 Jahre. Ma/06, 114)*

„Für die Zukunft? Also ..., am schönsten wäre es, irgendeine kleine Arbeit zu haben, eine würdige Arbeit, ein Häuschen, das ich mir damit bauen könnte." (Strandstuhlvermieter, 22 Jahre. Mar/05, 169)

„Einfach eine akzeptierte Arbeit ... wie wir sie nur über diese Kurse haben können, aber dazu haben wir keine

Tab. 2: *Arbeitslosigkeit in ausgewählten Großstädten Brasiliens (Angaben jeweils für die Metropolitanregionen).*

	Einwohnerzahl	Arbeitslosigkeit insgesamt	Arbeitslosigkeit der 10- bis 17-Jährigen	Arbeitslosigkeit der 18- bis 24-Jährigen
São Paulo	18,7 Mio.	14,6%	40,9%	24,0%
Rio de Janeiro	11,2 Mio.	13,6%	47,0%	26,5%
Salvador da Bahia	3,2 Mio.	19,8%	39,5%	33,7%

Quelle: IBGE 2005, S. 102.

Möglichkeiten und der Staat hilft uns ja sowieso nicht. Wir müssten diese Kurse machen. Das ist zu blöd!" (Sicherheitswachdienst, 27 Jahre. B/05, 76)

Nach den Zahlen des Statistischen Bundesamtes (*IBGE* 2005, S. 120) verdienten in Brasilien im Jahr 2004 ca. 17 Mio. Erwerbstätige mehr als 970 € pro Monat, gegenüber knapp 70 Mio. Erwerbstätigen, die mit einem monatlichen Einkommen von maximal 57 € auskommen mussten. Trotz der Erhöhung des Mindestlohnes Ende 2006 um fast zwei Drittel sind die Gehälter noch immer unzureichend für das steigende Preisniveau, das mittlerweile auch den Bereich der Grundgüterversorgung erreicht hat. Der Mehrheit der städtischen Unterschicht, den Beschäftigten ohne Arbeitsvertrag, den Scheinselbstständigen und Tagelöhnern bleibt also nur die Kombination aus verschiedenen informellen Einkommen, da eine Beschäftigung alleine äußerst selten ausreicht für die Bestreitung des Lebensunterhaltes. Den sozial Schwächsten ohne jegliche Qualifikation, vor allem aber ohne die entsprechenden sozialen Netzwerke und Kontakte, die in der Regel für die Jobvermittlung notwendig sind (vgl. Kap. 6.2), bleiben vielfach ausschließlich die so genannten „marginalen Einkommensmöglichkeiten" zur Überlebenssicherung. Diese umfassen Tätigkeiten wie das Sammeln, Verwerten und Recyceln von Abfallstoffen, das Betteln um Almosen, der Verkauf von selbstgemachten Snacks, Eis, Getränken usw. sowie von anderen selbsthergestellten Kleinprodukten durch fliegende Händler (vgl. Bild 8 und 9). Zu den marginalen Einkommen sind allerdings auch die illegalen informellen Tätigkeiten zu zählen wie der Drogenhandel, die Prostitution, Kinderarbeit oder schlichtweg die Kleinkriminalität, wie beispielsweise die Produkt-Piraterie oder der Weiterverkauf gestohlener Wertgegenstände.

Innerhalb des Möglichkeitsspektrums der unterprivilegierten Bevölkerungsgruppen ist der informelle Sektor aber durchaus auch als Chance zu betrachten, insofern die Arbeit in ihm äußerst flexibel ist und den Arbeitnehmer, auch den jüngsten unter ihnen (vgl. Bild 9), vielfach auch die (überlebensnotwendige) Möglichkeit bietet, mehreren Anstellungen parallel nachzukommen, um genügend Einkommen für die Existenzsicherung zu verdienen. Auch der Verlust eines Arbeitsplatzes, z. B. bei saisonalen und auftragsabhängigen Einstellungen wie im Baugewerbe, im Tourismusbereich usw. wirkt sich für die Betroffenen weniger gravierend aus, da sich meist unkompliziert eine andere Gelegenheitstätigkeit findet oder in ein anders Arbeitsverhältnis eingetreten werden kann, vorausgesetzt, dass sich eines bietet:

„… wer im informellen Sektor arbeitet, kann ja gar nicht arbeitslos werden. Wenn man nie ein fixes Einkommen hat, kann man auch nicht arbeitslos sein. In Wirklichkeit ist ja jede Beschäftigung, die man hat, eine Form des Überlebens [sobrevivência]. *Es gibt natürlich festes Einkommen, das jeden Monat reinkommt, aber damit kannst Du auch arbeitslos werden." (Strandverkäufer, 26 Jahre. Ma/06, 110)*

„In meinen freien Stunden, also da bin ich immer auf der Suche nach weiteren Jobs, die ich machen kann, um noch ein wenig Geld dazu zu verdienen." (Musiker, 24 Jahre. Gi/06, 197)

5.7 Gesundheitsversorgung „zweiter Klasse"

Angesichts der weitreichenden Beschäftigung im informellen Sektor hat mehr als die Hälfte der arbeitenden Bevölkerung Brasiliens keinerlei Möglichkeiten, eine soziale oder gesetzliche Krankenversicherung in Anspruch zu nehmen. Im Jahr 2004 leisteten mehr als die Hälfte aller erfassten Erwerbstätigen keine Abgaben für die Sozialversicherung (*IBGE* 2005, S. 105). Die brasilianische Gesundheitspolitik hat daher bereits Ende der 1980er Jahre mit der Einführung eines „steuerfinanzierten Versorgungssystems mit freiem universellen Zugang für alle Bürger" (GIOVANELLA, PORTO 2004, S. 16) einen Meilenstein auf den Weg zu einer gerechteren sozialen Gesundheitsversorgung gebracht. Gesundheit gilt seither als soziales Grundgesetz, womit ein allgemeiner Zugang zu gesundheitlicher Versorgung gewährt werden muss. Ziel dieses einheitlichen Gesundheitssystems *(Sistema Único de Saúde – SUS)* unter staatlicher Verantwortung ist die „Überwindung der großen Versorgungsungerechtigkeiten zwischen den gesetzlich Krankenversicherten und der armen Bevölkerung" (GIOVANELLA, PORTO 2004, S. 18).

Dabei darf jedoch nicht übersehen werden, dass das Gesundheitssystem dennoch erhebliche Qualitätsunterschiede für die privilegierten und die mittellosen Bevölkerungsgruppen aufweist. Während der finanzstarken Ober- und Mittelschicht ein technisch hochentwickelter Medizinsektor, modernste Krankenhäuser, sehr gut ausgebildete Ärzte und eine differenzierte medikamentöse Versorgung zur Verfügung ste-

Bild 8: Der Strand als Ort zahlreicher informeller Betätigungsfelder. Fliegende Händler am Strand von Ondina *in Salvador da Bahia.*

Bild 9: Verdienstmöglichkeiten im informellen Sektor bereits von klein auf. Avenida Oceânica *in Salvador da Bahia.*

hen, findet die kostenfreie ärztliche Basisversorgung für die armen Bevölkerungsgruppen in den städtischen ebenso wie in den ländlichen Gebieten in einfach ausgestatteten Gesundheitsstationen *(postos de saúde)* statt. Die Wartezeiten beanspruchen bisweilen mehrere Stunden bis zu einem ganzen Tag, womit sich für viele Betroffene das Aufsuchen bei Krankheit meist nur im Notfall einrichten lässt. Die technischen Geräte sind sehr veraltet und das Personal häufig nur mäßig ausgebildet, vor allem die freiwilligen Krankenschwestern und Helfer. Der Leistungskatalog ist wenig differenziert und die Abgabe von Medikamenten ist nur teilweise kostenfrei. Es werden in erster Linie ambulante Behandlungen vorgenommen, eine Überweisung ins Krankenhaus für stationäre Fälle zu erhalten ist nicht einfach. Äußerst prekär stellt sich die Situation im Bereich der zahnärztlichen Versorgung dar. Die Gesundheitsstationen zeichnen sich jedoch auch verantwortlich für die präventive Bekämpfung großflächiger Infektionskrankheiten, wie z. B. dem Dengue-Fieber. Die gesundheitliche Aufklärung und Sensibilisierung der Bevölkerung findet speziell in marginalisierten Vierteln durch Nichtregierungsorganisationen statt. Hierbei ist hauptsächlich die AIDS-Aufklärung als besonders fortschrittlich und effektiv hervorzuheben.

Wenngleich die dargestellte Gesundheitspolitik zu einer Verbesserung der Versorgung der unterprivilegierten Bevölkerung geführt hat, so ist deren Gesundheitssituation nach wie vor sehr benachteiligt. GIOVANELLA, PORTO (2004, S. 11) konstatieren anhaltend „starke Ungleichheiten bei der Morbidität und Mortalität zwischen der Bevölkerung der verschiedenen ... sozialen Klassen", d. h. der Krankheitsanfälligkeit und der Sterblichkeit. Die höhere Verwundbarkeit aufgrund von Armut zeigt sich bei den sozial schwachen Schichten nicht nur anhand der geringeren Lebenserwartung, sondern auch bei den gravierenderen Auswirkungen und Spätfolgen der meisten Krankheiten oder dem früheren Auftreten chronischer Krankheiten. Armut drückt sich damit sowohl in sozialer Ungerechtigkeit (beispielsweise Mangelernährung, prekäre, ungesicherte Wohn- und Arbeitsverhältnisse mit höheren Unfallrisiken) aus, als auch in umweltbedingter Benachteiligung (z. B. unzureichende sanitäre Versorgungen mit folglich erhöhten Infektionsrisiken). Wie das folgende Beispiel einer Favela-Bewohnerin zeigt, führt auch die dauerhafte psychische Belastung um die Lebensbewältigung bei äußerst knappen Ressourcen nicht selten zu gravierender psychischer Beeinträchtigung, welche die Lebenslage noch zusätzlich erschwert, von den meisten jedoch nicht berücksichtigt wird bzw. werden kann:

„Ich wurde schwanger, arbeitslos und als meine Tochter zur Welt kam, begann diese Depression. Ein Jahr lang litt ich unter diesen panischen Angstgefühlen und glaubte, dass ich daran sterben werde ... ich wollte mich umbringen. Es war unerträglich. Gott sei Dank haben mir meine Freunde ein wenig geholfen, meine Schwestern waren viel für mich da. Aber jetzt bin ich nach 13 Jahren wieder in dieses Loch gefallen, es ist dieser unerträgliche Druck im Kopf, der einen unglaublichen Schmerz auslöst. ... Als ich die Schulden abbezahlt hatte, bin ich endlich aus dieser Krise herausgekommen. Diese Beklemmungen ... noch heute wird mir schlecht, wenn ich daran denke. Ich habe nicht mehr geschlafen, dann hat mir der Arzt ein Beruhigungsmittel gegeben. Aber trotzdem gibt es Nächte, da mache ich kein Auge zu, vor lauter Sorgen. Wenn meine Töchter erst einmal alle Arbeit haben, dann glaube ich, hört das auf." (doméstica, 31 Jahre. Iv/06, 158)

Schließlich stellt die prekärste Ausdrucksform der körperlichen Bedrohung der armen Bevölkerungsschichten die bereits erwähnte Zahl von Gewaltopfern, mit steigender Tendenz dar. Die gewaltbedingten Verletzungen bis hin zu Todesfällen durch die so genannte äußere Gewalteinwirkung, sprich Unfälle und Morde, betreffen in erster Linie die Jugendlichen und jungen Männer aus den Marginalvierteln. Ein alarmierendes Fazit, dass jene „äußeren Einwirkungen auf den Gesundheitszustand ... mittlerweile wichtiger als chronisch-degenerative Krankheiten [sind]" (GIOVANELLA, PORTO 2004, S. 14). In Rio de Janeiro ist einer Studie des Radiosenders *BBC Brasil* aus dem Jahr 2005 zufolge die Anzahl der Todesfälle in den randstädtischen Marginalvierteln und den Favelas 36-mal höher als in den wohlhabenden Gebieten der Stadt.

5.8 Soziale, rassistische und horizontale Diskriminierung

Dem Thema rassistische Diskriminierung wird in Brasilien vermeintlich so offen wie in kaum einem anderen Land begegnet. Vor allem von politischer Seite wird stets die Gleichberechtigung aller Farben und Ethnizitäten betont sowie die kulturelle Heterogenität als Ergebnis einer jahrhundertelangen Vermischung von indigener Bevölkerung, afrikanischen Sklaven und europäischen Kolonisatoren und Immigranten. Die offensive Deklaration einer vermeintlichen Rassendemokratie schmälert jedoch die Wirkmächtigkeit eines subtilen, aber dennoch sehr präsenten Rassismus. Rassistische Diskriminierung tarnt sich in erster Linie im Gewand sozialer Diskriminierung, die mit der bereits erläuterten undifferenzierten Stigmatisierung der Armen als kriminell und gewaltbereit in Verbindung steht. Erschwerend kommt das Phänomen der „schwarzen Armut" hinzu (vgl. Abb. 3). Die brasilianische Gesellschaft teilt sich selbst nach sozioökonomischen Kriterien, allen voran dem Einkommen, grob in folgende drei „Klassen" ein: Die sozial schwächste Gruppe wird als *classe baixa* bezeichnet. Ihr müssen fast zwei Drittel der Bevölkerung zugerechnet werden, die ihr Leben mit einem Familieneinkommen von maximal zwei Mindestlöhnen bestreiten (ca. 256 €, Referenzwert im September 2006). Darin eingeschlossen ist auch die Vielzahl derer, die jenseits des Existenzminimums leben. Die schrumpfende *classe média* (vgl. einleitendes Zitat in Kap. 2) wird über ein Maximaleinkommen von bis zu fünf Mindestlöhnen (ca. 640 €) klassifiziert. Jenseits dieser

Abb. 3: Phänomen der „Schwarzen Armut".

„Schwarze Armut" – „Weiße Elite" in Brasilien

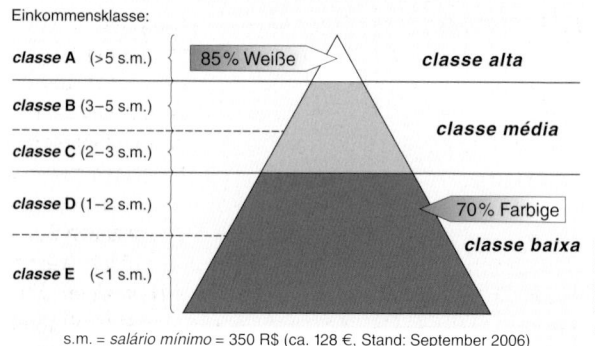

Einkommensklasse:

classe A (>5 s.m.) — 85% Weiße — *classe alta*

classe B (3–5 s.m.)

classe C (2–3 s.m.) — *classe média*

classe D (1–2 s.m.) — 70% Farbige

classe baixa

classe E (<1 s.m.)

s.m. = *salário mínimo* = 350 R$ (ca. 128 €, Stand: September 2006)

Quelle: IBGE 2005.

Klasse gruppiert sich die ökonomische Elite des Landes, die so genannte *classe alta*, die Spitze der ausgeprägten Gesellschaftspyramide, deren Einkommensgruppe in den amtlichen Statistiken nach oben hin unbegrenzt offen bleibt. Darin spiegelt sich nicht nur die Realität einer nahezu unmessbaren Einkommensungleichverteilung wider, sondern auch ein weiteres Moment der bewussten Intransparenz sozialer Ungleichheit. Betrachtet man zusätzlich die proportionale Verteilung dunkelhäutiger und hellhäutiger Bürger an den Einkommensklassen, so legen die Statistiken auch Zeugnis für die Bezeichnung „weiße Elite" und „schwarze Armut" ab: 85 % der bestverdienenden Einkommensgruppe (*classe* A) sind nach amtlichen Angaben hellhäutig, 70 % der *classe baixa* hingegen ist afrobrasilianischer Abstammung, d.h. dunkler Hautfarbe. Hautfarbe und äußere Erscheinung werden in der brasilianischen Gesellschaft, die sehr auf die Veräußerlichung der sozialen Position fixiert ist, folglich direkt zu stigmatisierenden Indikatoren:

> „Es gibt immer und überall eine gewisse Diskriminierung, vor allem wegen der Hautfarbe. Hier in der Straße zu den Hochhäusern der Reichen, sagen wir mal, da ist also eine kleine Gruppe, und der einzige Afrobrasilianer, das bin ich. Der Rest ist weiß. Wenn da die Polizei kommt, dann durchsucht sie nur mich! Alle anderen stehen daneben, völlig isoliert von mir. Und dann sag mir warum, denn die Polizisten sind doch auch alle meiner Hautfarbe?!" (Bauarbeiter, 22 Jahre. Ed/06, 143)

> „Ich gib dir mal ein Beispiel für diese rassistischen Vorurteile ... also, da ging ich auf der Straße, ziemlich schnell, seit ich klein bin, laufe ich nicht langsam. Dann kommt mir eine Frau mit Handtasche entgegen. Als sie mich sieht, klemmt sie sich ihre Tasche fest unter den Arm. Na ja, ich bin weitergelaufen, direkt an ihr vorbei und gehe die Treppen runter ... und sie ruft, als ihr jemand entgegenkommt: »Da läuft er, der Dieb!« ... Ich habe mich nicht mal mehr umgedreht. Sowas nervt mich wahnsinnig, diese Einstellung, dass alle Schwarzen Diebe sind. Aber ... die Mehrheit, die so was macht ist eben schwarz ... Aber es macht mir mehr aus, wenn ich an irgendeinen Ort gehen will, und der Typ am Eingang sagt: »Du kannst hier nicht rein, Du bist schwarz.«" (Nachtwächter, 22 Jahre. Se/05, 32)

Bei einem Blick in die Favelas zeigt sich relativ rasch, wer arm ist (vgl. Bild 10 und 11): Es sind die Schwarzen, die Nachfahren afrikanischer Sklaven, die vor ca. 500 Jahren zu Millionen über den Atlantik verschleppt wurden, um als billige Arbeitskräfte auf den Plantagen eingesetzt zu werden. Einer der ersten und wichtigsten Anlege- und Handelsplätze für die Sklaven war Salvador, Grund für den noch heute außerordentlich hohen Anteil der dunkelhäutigen Bevölkerung im Nordosten und speziell im Bundesstaat Bahia. In Salvador stellen die Afrobrasilianer über 80 % der Bevölkerung dar. Somit ist das Phänomen der schwarzen Armut im Nordosten noch deutlicher als in den Metropolen des Südens, den Zentren europäischer Immigration, ausgeprägt, wo der Anteil der hellhäutigen Bevölkerung deutlich höher ist und die Dunkelhäutigen eine Minderheit darstellen. Die Persistenz der schwarzen Armut hat verschiedene Ursachen, kann jedoch im Wesentlichen auf die bereits erwähnte Weitergabe des sozialen Status an die nachfolgenden Generationen zurückgeführt werden. Afrobrasilianer sind die Nachkommen der ehemaligen Sklaven, die anders als die Nachfahren europäischer Großgrundbesitzer stets die soziale Klasse der Mittellosen, der Abhängigen, der billigen Arbeitskräfte bildeten. Schwarze kommen bis auf wenige Ausnahmen aus den sozial schwächeren Familien, ihre Chancen im Bildungssystem und auf dem Arbeitsmarkt sind aufgrund ihrer ökonomischen Ressourcenknappheit weitaus geringer und ihre Möglichkeiten sozialer Mobilität, d.h. sozialen Aufstiegs im brasilianischen Gesellschaftssystem sind extrem begrenzt. Eine Verbesserung der sozialen Position ist im Wesentlichen an die Ressourcen Geld und soziales Kapital gebunden. Das Auftreten und die äußere Erscheinung sind daher vor allem den dunkelhäutigen Favela-Bewohnern besonders wichtig, gerade in Räumen außerhalb der Favelas. Dies ist nicht nur mit der omnipräsenten Gefahr der Stigmatisierung und Diskriminierung zu erklären, sondern auch damit, dass die soziale Anerkennung auch unabhängig von der Hautfarbe mit zunehmendem sozialem Status, den man repräsentiert, steigt, wie folgende Aussagen bezeugen:

> „Es reicht, ein ordentliches Bankkonto zu haben und schon wirst Du weiß! Jeder will Geld haben, das ist klar. Ein Schwarzer, gut gekleidet, mit Geld ... ja, der wird ordentlich behandelt. Ist alles nur eine Frage des Geldes." (Nachtwächter, 22 Jahre. Se/05, 32)

> „Wenn Du dort hingehst, ins Shopping Center und was kaufen kannst, dann wirst Du gut behandelt. Und hier, wenn Du hier durch Calabar läufst, Armutsviertel, dann bist Du auch schwarz. Und Du bleibst schwarz ... denn Du bist,

Bild 10: „Schwarze Armut". Die Mehrheit der Favela-Bewohner ist afrobrasilianischer Herkunft.

Aufnahme: V. Deffner 03/2005.

Bild 11: Jugendliche in einem bairro periférico: Boca da Mata in Salvador da Bahia.

Aufnahme: V. Deffner 05/2005.

was Du hast. Und was Du trägst!" (Lieferbote, 30 Jahre. An/06, 181)

Die soziale Diskriminierung verbirgt sich demzufolge in ausgeprägtem Maße hinter rassistischer Diskriminierung, die sich am schlimmsten in Form der horizontalen rassistischen Diskriminierung zwischen dunkelhäutiger Bevölkerung unterschiedlicher sozialer Positionen äußert. Sie geht vielfach sogar in regelrechte Verachtung und Aberkennung menschlicher Würde über, womit sie für die am stärksten von dem Gewalt-Stigma betroffene Gruppe der männlichen Jugendlichen besonders gravierende Auswirkungen hat. Sie bekommen diese horizontale rassistische Diskriminierung deutlich und in vielfach unkontrollierter Brutalität von der Polizei zu spüren, unter der sich ein Großteil dunkelhäutiger Polizisten befindet, die häufig selbst aus armen Verhältnissen stammen:

„Die meisten Vorurteile kommen oft von den Schwarzen selbst. Manchmal ist der Schwarze selbst der größte Rassist. Ich diskriminiere niemanden ... ich weiss' doch, dass ich schwarz bin, dass ich arm bin, wie sich das anfühlt ... ich stehe zu meinem Körper." (doméstica, 24 Jahre. El/06, 285)

„Die Polizisten haben doch die gleiche Hautfarbe wie ich! Und sind gegen die Hautfarbe die sie selbst haben so aggressiv, also ... Das machen sie nur, weil das hier ein armes Viertel ist, Unterschicht, und dort wo sie jetzt sind, das ist Mittelklasse. Da haben sie andere Dinge gesehen, dort auf der anderen Seite und kennen das hier jetzt wohl nicht mehr ..." (Bauarbeiter, 22 Jahre. Ed/06, 143)

Sowohl Geld als auch soziales Kapital können jedoch während der alltäglichen Existenzsicherung und der erläuterten Unterprivilegierungen von den Favela-Bewohnern nicht akkumuliert werden. Bei den über 25-Jährigen hatten im landesweiten Durchschnitt 78,1% der Weißen eine Ausbildungszeit von mindestens 15 Jahren, allerdings nur 3,3% der Schwarzen (IBGE 2007, S. 197). Die brasilianische Zeitschrift veja (vom 04. Dezember 2002) errechnete pro weiterem Jahr an schulischer Bildung eine signifikante Erhöhung des späteren Gehalts um 16%. Doch wem von vorneherein der Zugang zu weiterführenden Bildungseinrichtungen erschwert oder gar verwehrt bleibt, kann davon nicht profitieren. Laut Zensusdaten verdienen Schwarze und Mestizen im landesweiten Durchschnitt nur halb soviel wie ihre weißen Mitbürger.

6 Umgang mit der alltäglichen Unterprivilegierung

Die Skizzierung der alltäglichen Lebenswelt Favela erfolgte ausschließlich über die negativen Facetten, d.h. über die Unterprivilegierung der Bewohner. Favelas stellen jedoch nicht nur Risiko- und Gewalträume dar, sondern sie müssen – gerade bei einer Analyse aus der Innenperspektive der Betroffenen – auch als „Chance" für die Alltagsbewältigung unter benachteiligenden Lebensbedingungen ihrer Bewohner im städtischen Raum erkannt und begriffen werden. Aus diesem Blickwinkel werden die Wahrnehmungsmuster und Handlungsstrategien der Favela-Bewohner abschließend interpretiert, um die Frage zu klären, wie die alltägliche Ungerechtigkeit von den Betroffenen ausgehalten bzw. kompensiert wird, ohne gegen sie zu revoltieren. Der Umgang mit den benachteiligten und benachteiligenden Lebensbedingungen von Raum und Körper basiert auf verschiedenen Kompensationsstrategien, die vor allem nach außen gezeigt werden und über das Kollektiv entstehen. Des Weiteren wird die Unterprivilegierung auch in spezifischer Weise nach innen ausgehalten, sei es durch ein hohes Maß an Akzeptanz der Lebenslage, oder aber durch Ignoranz bis hin zu Resignation.

6.1 Kollektive Identifikation mit dem Wohnort

Für die Mehrheit der Bewohner ist der heutige Wohnort Favela auch deren Geburts- und Sozialisationsort. Die sozialen Netzwerke und Kontakte befinden sich meist in unmittelbarer Nähe, womit das eigene Viertel die wesentliche Referenz im Leben darstellt. Es ist bekannt, vertraut und vermittelt Sicherheit. Andere Unterschicht- und Marginalviertel werden in der Regel kaum frequentiert oder sind sogar nur vom Hörensagen bekannt. Eine starke Bindung bis hin zu kollektiver Identifikation mit dem Wohnort entsteht durch die Gewohnheit und die Ausrichtung der Freizeitaktivitäten dorthin, was meist natürlich auch eine Folge der stark limitierten Möglichkeiten ist. So wird der Lebensraum als vertrautester Ort mit den geringsten Unsicherheiten anderen Stadträumen stets vorgezogen, sei er günstig im Zentrum gelegen oder weit außerhalb am Stadtrand:

„Ich bevorzuge mein bairro als Wohnort, es ist ein bairro suburbano. Dort am Stadtrand haben wir alles, was man für die Freizeit braucht: Wenn wir tanzen gehen wollen, gibt es ein Tanzlokal, wenn wir einen Familienausflug machen wollen, gibt es den Strand dort, wo wir für uns sind, da fahren nicht viele aus der Stadt hin ... Also für die meiste Zeit meiner Freiheit sehe ich sogar überhaupt keine Möglichkeit in den noblen Vierteln von Salvador, ich finde alles in den bairros periféricos." (Strandverkäufer, 26 Jahre. Ma/06, 82)

„Dort [gemeint sind die Mittel- und Oberschichtwohnviertel] wohnen so viele unterschiedliche Leute zusammen, da gibt es nicht so eine Ordnung wie hier in der Favela. Hier sind alle vereint. Das ist gut so. Dafür mag ich es hier so gerne. Alle wohnen als Einheit zusammen, alle sind gleich. Es gibt keine Diskriminierung. Sie wohnen zusammen als Bewohner von Calabar." (Snackbarverkäufer, 28 Jahre. Cl/06, 160)

Ökonomische und soziale Zwänge werden häufig kaschiert, indem der gegebene Lebensraum trotz seiner strukturellen und materiellen Defizite überwiegend positiv bewertet wird:

„Ich sage immer zu all meinen Freunden: Ich wohne im schönsten Viertel von ganz Salvador!" (Sozialarbeiter, 53 Jahre. Jes/06, 180)

„Das hier ist ein bairro, das so seine Schwierigkeiten hat ... aber es ist ein gutes Viertel! Es liegt nahe zu allem. Ich war schon an vielen Orten, oh ja, aber da gibt es ja gar nichts! Also ... ich lebe gerne hier, ich finde es fantastisch!" (Bauarbeiter, 22 Jahre. Ed/06, 29)

Damit wird der eigene Wohnort bisweilen sogar auf bizarre Weise idealisiert und verzerrt dargestellt, wie die Interpretation der folgenden Aussagen eines jungen Favela-Bewohners zeigt:

„Es gibt schlimmeres. Sicherlich fehlt hier so einiges ... zum Beispiel bräuchte es dringend eine Gesundheitsstation mit Notfallaufnahme, Kurse zur Berufsausbildung für die Jugendlichen, einen Zahnarzt ... aber davon abgesehen ist das hier ein wunderbares Viertel, ... Denn hier ist es nahe zu allem, es gibt viele verschiedene Einkaufsmöglichkeiten, hier oberhalb ist ein Krankenhaus, Apotheken, Shopping-Center, Sportmöglichkeiten ... also zum Wohnen ist es hier fantastisch, da gibt es Viertel, da fehlen ja sogar noch asphaltierte Straßen, das ist wie im* interior!" (Nachtwächter, 20 Jahre. Se/05, 162)

Die tatsächliche Lebenslage dieses Bewohners ist allerdings dergestalt, dass das genannte Krankenhaus die sozial ungesicherte Bevölkerung nicht behandelt, die Konsumwelt des nahe gelegenen Shopping-Center kaum finanzierbar ist, die Sportanlage der staatlichen Universität nicht frei zugänglich ist und schließlich auch durch das Viertel dieses Bewohners erst seit etwa einem Jahr eine asphaltierte Straße, gerade einige hundert Meter weit, in die Favela führt.

6.2 Bedeutung sozialer Netzwerke

Die sozialen Netzwerke dienen den Favela-Bewohnern zur Kompensation ihrer nur partiellen Integration in die Gesellschaft, der Stigmatisierung und der zahlreichen Momente sozialer Exklusion im Alltagsleben. Da die Netzwerke vor allem innerhalb des Mikrokosmos Favela liegen, verstärkt sich über sie auch die kollektive Identifikation mit dem Wohnort. Ein Umzug ist alleine aus finanziellen Gründen häufig undenkbar, aber er ist vor allem hinsichtlich der Schwierigkeit, neue soziale Bindungen aufzubauen, meist sehr riskant. Die Mehrzahl der Weggezogenen kehrt rasch an ihren ursprünglichen Wohnort zurück, wie folgende Beobachtung einer Bewohnerin belegt:

„... das hier ist ein wunderbares Viertel, das sagen alle, die von hier fortgingen, ihr Haus verkauften, aber schnell zurückkamen um wieder hier zu wohnen. Woanders haben sie es nicht geschafft." (Schülerin, 17 Jahre. Ge/05, 20)

Unter den Bewohnern einer Favela herrscht in der Regel ein relativ hoher Zusammenhalt und gegenseitige Hilfe zwischen Nachbarn und Freunden bei „unverfänglichen" Alltagsproblemen. Man hilft sich aus, wenn etwas im Haushalt fehlt, bei der Kinderbetreuung, im Krankheitsfall oder beim Hausbau (vgl. Bild 12). Türen und Fenster werden häufig offen gelassen, da das Vertrauen in das soziale Umfeld vergleichsweise hoch ist. Soziale Beziehungen sind insbesondere auch im Bereich der Arbeitsplatzsuche von großer Bedeutung. Wie sich am Negativbeispiel der Stigmatisierung aufgrund des Wohnortes zeigte, sind die Favela-Bewohner häufig auf soziale Kontakte zur Vermittlung bei Arbeitsplätzen angewiesen. Die Einstellung von *domésticas* erfolgt meist über persönliche Empfehlung, Bekanntschaften und soziale Kontakte:

„Also hat mich dieselbe Person, die mich aus dem *interior* in die Stadt mitgenommen hat bei Dona Fátima vorgestellt, die bei der TransBrasil gearbeitet hat. Die hatte zwar schon eine Putzfrau, aber sie hat für ihre neugeborene Tochter ein Kindermädchen gebraucht, und dann hat sie mich eingestellt." (doméstica, 24 Jahre. El/06, 65)

„Meine *padrõa* hat gar kein Vertrauen in die Favela-Bewohner. Sie sagt, die würden ihr alles aus dem Haus stehlen und unzuverlässig arbeiten. Na ja, ich bin schon lange bei ihr, sie ist wohl auch zufrieden mit meiner Arbeit. Als ihre Arbeitskollegin eine neue Köchin gebraucht hat, habe ich gesagt, dass meine Schwester gerade ihre Arbeitsstelle verloren hat. Da hat sie ihr angeboten, sich vorzustellen

Bild 12: *Solidarische Nachbarschaftshilfe beim Hausbau in der Favela.* Calabar *in Salvador da Bahia.*

und hat sie gleich ohne Zögern genommen." (doméstica, 19 Jahre. C/06, 29)

Diese Solidarität ist in Bezug auf kollektive Angelegenheiten relativ hoch, in heiklen privaten Angelegenheiten kann sie jedoch auch in das Gegenteil umschlagen. Ungeschriebene Tabu-Zonen, in die man sich nicht einmischt, sind vor allem Verwicklungen in das Drogenmilieu oder in die Kriminalität. Man verrät oder zeigt sich nicht an, aber man hilft auch nicht. Man versucht, neutral zu bleiben. Dabei sind Ereignisse in diesem Bereich im Viertel ebenso öffentlich bekannt, wie Partnerschaftsprobleme, Alkoholismus usw., mit denen man versucht, sich nicht auseinanderzusetzen:

„Alle beschützen sich hier bei uns gegenseitig. Aber trotzdem muss sich jeder um sein eigenes Leben kümmern. Es gibt bestimmte Bereiche im Leben der Anderen, in die man sich nicht einmischt. Diese kollektiven Angelegenheiten, da bin ich immer sofort zur Stelle, ich helfe meinem Freund, wenn ihn jemand schlägt und ungerecht behandelt, da bin ich sofort da. Aber wenn er sich mit seiner Frau streitet, also das ist schon ein Problem, wo man sich nicht einmischen sollte ... weil das ist zu privat, auch wenn man das Bedürfnis hat, sich einzumischen, lässt man das lieber sein ..." (Sozialarbeiter, 53 Jahre. Jes/06, 160)

Dieses bewusste Ausblenden privater Probleme erklärt sich allerdings auch als Schutz gegenüber der vielfach fehlenden Privatsphäre aufgrund der baulichen Strukturen innerhalb der Favelas, welche unlösbare Probleme mit sich bringt:

„... denn es gibt diese ganz schwierigen Momente ... weil ein Haus in das nächste quasi übergeht, alles ineinander verschachtelt ist hier und so eng, dass man alles mitbekommt. Wie oft hört man einen brüllenden Ehemann im einen Haus, man hört natürlich auch alle ... na ja, intimen Momente. Eine Wand ist direkt an die nächste gebaut. Privatsphäre gibt es da nicht ... Aber trotzdem mögen die Leute es hier zu wohnen. Selbst dafür! Man lässt den Nachbarn Nachbarn sein, hört und sieht ihn ... alles. Aber man muss es einfach ignorieren." (Sozialarbeiter, 53 Jahre. Jes/06, 155)

6.3 Bedeutung der Familie

Angesichts dieser doch auch fragilen sozialen Netzwerke kommt der Familie eine besonders wichtige Funktion in der Alltagsbewältigung der Favela-Bewohner zu. Die Institution

Familie spiegelt die Kollektivität und Solidarität wider, welche die Favela als gemeinsamer Lebensraum im größeren Maßstab für ihre Bewohner darstellt. Bereits aus der finanziellen Lage heraus müssen stets mehrere Generationen gemeinsam ein Haus bewohnen, das meist im Eigenbau errichtet wird und mietfrei bewohnt werden kann. Nach CRAANEN (1998, S. 162f.) stellt die „Familie als soziale Organisationsform ... sowohl eine Überlebensstrategie als auch eine Form der Alltagsbewältigung dar", in der nahezu jeder „einen ökonomischen Beitrag" leistet. Die Großmütter hüten die Kinder, die Mütter müssen meist den Unterhalt verdienen, Reparaturen am Haus werden von Brüdern, Verwandten oder den Lebenspartnern übernommen. Die Mutter stellt in den meisten Familien die wichtigste Bezugsperson und darüber hinaus die verantwortungstragende Personengruppe in den Favelas dar. Sie übernehmen meist alleine die Fürsorge der Kinder, deren Erziehung und Sozialisation, die häuslichen Tätigkeiten usw. (vgl. Bild 13). Nicht zuletzt ist dies unter anderem auf die relativ schwachen und häufig getrennten Beziehungen der Elternteile zurückzuführen. Die wenigsten Paare heiraten – wenngleich dies auch eine finanzielle Frage darstellt. In der Tatsache, dass die wenigsten „Farbigen aus der unteren sozialen Schicht" eine feste Beziehung haben, drückt sich auch eine „horizontale Diskriminierung ... in den Beziehungen der Geschlechter zueinander" aus (CRAANEN 1998, S. 167). Dies ist jedoch kein unterschichtspezifisches Phänomen, wobei in den sozial schwächeren Haushalten die Kinderzahl noch deutlich höher ist, d.h. eine Geburtenquote von bis zu sieben Kindern pro Frau ist keine Seltenheit – wobei diese in der Regel keineswegs alle den gleichen Vater haben. Abseits von der Stabilität oder Fragilität der Partnerschaften, die offensichtlich nicht den Kern der Familien darstellen, ist die Familie als die gesamte sozioökonomische Einheit unter einem Dach zusammenlebender, direkter Blutsverwandter ebenso wie hinzugekommener, adoptierter oder entfernter Verwandter zu definieren. Die Familie übernimmt damit „auf der gesellschaftlichen Mikroebene die soziale Integration der auf der Makroebene Ausgegrenzten". Die Mikroebene steht dabei für das Kollektiv der Bewohner einer Favela, die Makroebene ist das Synonym der brasilianischen Gesellschaft. Das Kollektiv auf der Mikroebene gleicht also die „Ausgrenzungsfrustration" aus und ermöglicht den Favela-Bewohnern, ihren Alltag „über soziale Nähe und ein solidarisches Beziehungsgefüge zu bewältigen" (CRAANEN 1998, S. 164).

6.4 Akzeptanz und Resignation

Abschließend sind noch diejenigen Kompensationsstrategien zu nennen, die häufig unbewusst als Reaktion auf die fehlenden Handlungsmöglichkeiten und Ressourcen erfolgen. Im Umgang mit den alltäglichen materiellen Entbehrungen und strukturellen Defiziten der Favelas können bisweilen Arrangements mit der gegebenen Situation sowie ein hohes Maß an Akzeptanz der sozialen Realität beobachtet werden, die durchaus auch in Resignation münden können:

> „Natürlich akzeptiere ich die Lage, wie sie ist. Wenn ich das nicht tun würde, wäre alles ja noch schlimmer ... Dann könnte ich mich vergessen. Du musst lernen zu leben mit dem was Du hast. Jeder ist das wert, was er leistet." (Bedienung, 40 Jahre. Ma/06, 235)

> „Es gibt Tage, die sind ganz schön schwierig ... weißt Du. Dann fehlt das Gas, es fehlen Lebensmittel ... aber es

Bild 13: „Female headed household" in einer Favela bei der nachmittäglichen Telenovela. Calabar in Salvador da Bahia.

> reicht doch immer, um irgendwie zu funktionieren. Also arbeite ich, und arbeite und arbeite und verdiene ein salário mínimo, das für nichts ausreicht. Für gar nichts, verstehst Du? Aber so ist das eben. Und ich bin nun mal hier." (doméstica, 41 Jahre. Iv/06, 56)

> „Es gibt hier genügend Probleme mit Drogen, Probleme mit der Versorgung und der Entsorgung, Probleme bis hin zu ... aber was soll das, so viele Dinge die Du einfach sehen musst!" (Sozialarbeiter, 53 Jahre. Jes/06, 155)

> „Man gewöhnt sich daran. Das ist glaube ich das Schlimme an uns, das wir uns an so vieles gewöhnen ... wenn wir uns nicht damit abfinden würden, zum Beispiel mit dem Schwarzsein, mit unserer Abstammung, dann würde auch nicht soviel passieren, also Vorurteile, Rassismus und so was." (doméstica, 26 Jahre. Vi/06, 150)

7 Fazit

Wie die Introspektive auf das Leben in der Favela versucht hat zu verdeutlichen, ist die Konstitution und Wirkmächtigkeit des Raumes für die Lebensgestaltung der Favela-Bewohner von großer Bedeutung. Der Lebensraum Favela stellt nicht nur einen bloßen oder beliebigen Container für die Alltagshandlungen der Betroffenen dar; in der Außenwahrnehmung ist er negativ konnotiert als Risiko- und Gewaltraum, der seine Bewohner undifferenziert als potenziell kriminell und gewaltbereit stigmatisiert. Er bestimmt ganz wesentlich die Grenzen der Lebenslage seiner Bewohner, indem er sie im sozialen und physischen Raum isoliert und sich dadurch negativ auf die Zugangsmöglichkeiten zu gleichwertigen Lebensbedingungen auswirkt. Favelas stellen somit nicht nur nach außen vielfach konstruierte, sondern vor allem für ihre Bewohner nach innen real existierende Risikoräume dar. Dies beeinflusst auch Körper und Habitus (hier gemäß Bourdieu verstanden als Auftreten, Erscheinung, Lebensstil, sozialer Praxissinn usw. einer Person; vgl. u.a. BOURDIEU 1993) der Betroffenen auf negative Weise, bedenkt man nur die Unterprivilegierung im Bereich der Versorgung, des Gesundheitswesens, der Ernährung, der Handlungs- und Konsummöglichkeiten etc.

Objektiv ist ein Interesse am Erhalt des ungerechten Gesellschaftssystems nur der herrschenden Elite zuzuschreiben, die offensichtlich von der Asymmetrie profitiert. Wie der Umgang, insbesondere die Kompensationsstrategien der Favela-Bewohner mit der sozialen Unterprivilegierung zeigen, deren tatsächlichen Gründen sich die Betroffenen auch vollständig bewusst sind (vgl. Abb. 4), erfolgt über die Gewöhnung an den Lebensraum Favela und über ein hohes Maß an notwendiger Anpassung und Akzeptanz der gegebenen Lebenslage allerdings auch von dieser Seite eine Form von, wenn auch unintendierter, Reproduktion der sozialen Ungleichheitsstrukturen. BOURDIEU (1991, S. 27) spricht von einem „Naturalisierungseffekt" sozialer Ungleichheit, d.h. sozial konstruierte Unterschiede, wie Armut und Wohlstand, vermitteln den Anschein, „aus der Natur der Dinge hervorzugehen". Durch diese folglich gesamtgesellschaftliche Akzeptanz von Ungerechtigkeit und Unterprivilegierung werden die intransparenten Mechanismen der gesellschaftlichen Elite zum Macht- und Kapitalerhalt teils intendiert, teils unintendiert, immer aber verdeckt verfestigt. Sie werden von allen sozialen Akteuren nicht mehr hinterfragt und bilden somit jene selbstverständliche und unhinterfragte Basis des alltäglichen Denkens und Handelns, welche der alltäglichen Lebenswelt als tatsächlich wirksame, soziale Realität zugrunde liegt. Die Strategien des Machterhalts der Elite werden im Alltagshandeln nicht mehr sichtbar, da sie als kolonialhistorisch ererbte Strukturen tief im kollektiven Gedächtnis verwurzelt und dadurch institutionalisiert sind. Das asymmetrische Wirtschafts- und Gesellschaftssystem von Herren und Sklaven hat sich bis heute in seinen Grundstrukturen erhalten und gewinnt paradoxerweise trotz aller Globalisierung von Wertemustern etc. sogar an neuer Intensität, je weiter sich die Gesellschaft wie eingangs erläutert polarisiert und fragmentiert. Der Alltag darf folglich nicht nur als individuelle Kategorie, d.h. als Summe der sozialen Praktiken, der Alltagserfahrung und des Alltagswissen des Einzelnen begriffen werden. Alltag muss vielmehr als „gesellschaftliche Praxis" (MÖRTH, ZIEGLER 1990, S. 14) verstanden und interpretiert werden, da in ihm gesellschaftliche Macht und institutionelle Regelungen eingeschrieben sind, die während alltäglicher Handlungen meist nicht mehr bewusst reflektiert werden.

Über diese unhinterfragte gesellschaftliche Praxis können auch Räume diskursiv konstruiert werden. VALLADARES (2000, S. 65) bezeichnet den Lebensraum Favela als „verräumlichten Ort der Armut". In Bezug auf Venturas Werk „Cidade Partida" (1995) resümiert er trefflich: «Les favelas sont comme territoire de la pauvreté urbaine, comme traduction urbaine de l'exclusion social.» Als Inbegriff städtischer Armut und als städtebauliche Übersetzung sozialer Exklusionsprozesse wird das Leben an diesem Ort der Armut für seine Bewohner schließlich zu einer „selffulfilling prophecy" für ein Leben am Rande oder gar außerhalb der Gesellschaft (vgl. PERLMAN 2004a). Dabei ist bei einer Reduktion des Lebensraumes Favela auf eine einzige Kategorie, nämlich die der Armut, größte Vorsicht geboten. Bewusst wurde versucht, mittels der Innenperspektive der Betroffenen aufzuzeigen, dass es sich bei Favelas gleichfalls um „Räume mit Möglichkeiten" handelt, die den Betroffenen anderswo in den

Abb. 4: *Soziale Ausgrenzung aus Selbstsicht der Favela-Bewohner (Zusammenfassung zentraler Interviewaussagen).*

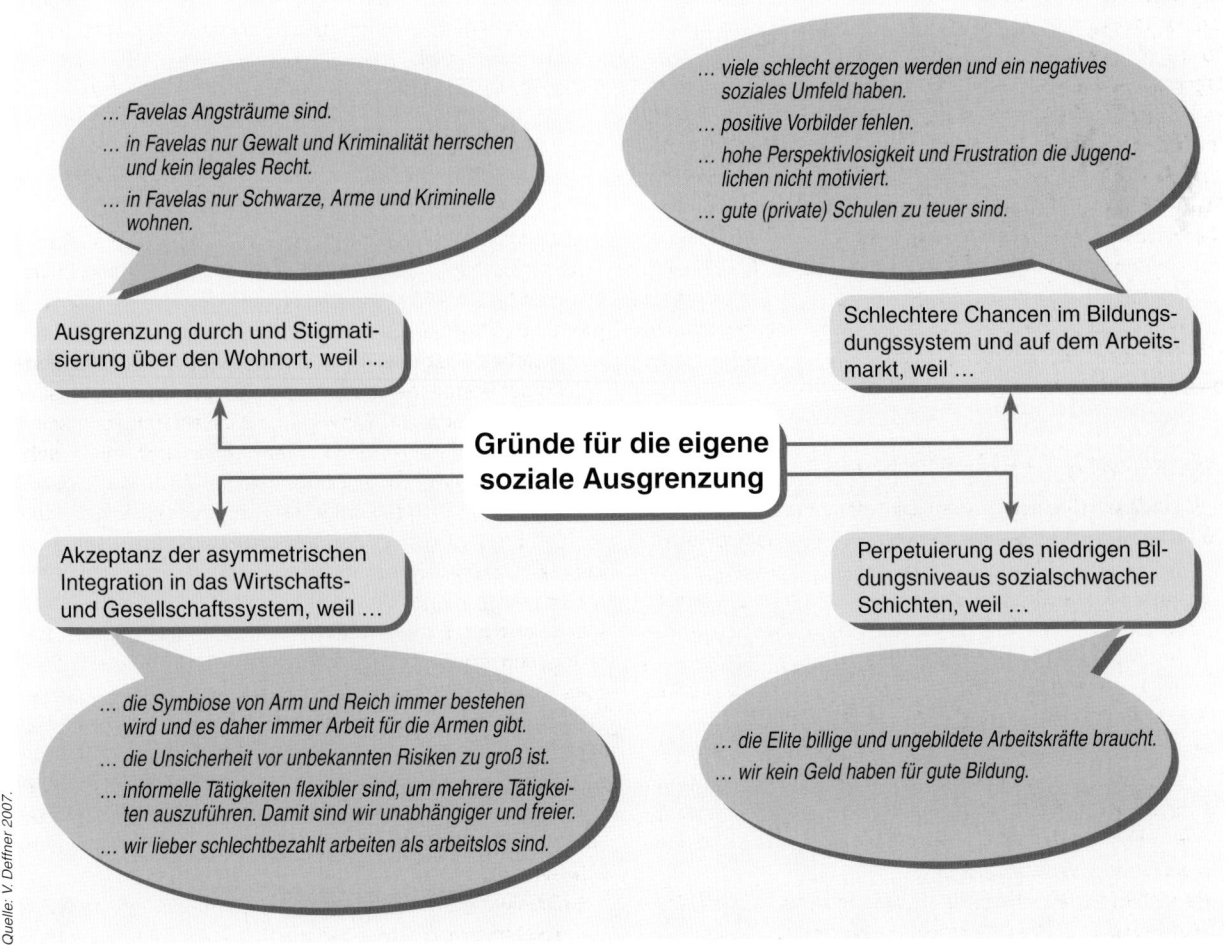

Gründe für die eigene soziale Ausgrenzung

Ausgrenzung durch und Stigmatisierung über den Wohnort, weil ...
- ... Favelas Angsträume sind.
- ... in Favelas nur Gewalt und Kriminalität herrschen und kein legales Recht.
- ... in Favelas nur Schwarze, Arme und Kriminelle wohnen.

Schlechtere Chancen im Bildungssystem und auf dem Arbeitsmarkt, weil ...
- ... viele schlecht erzogen werden und ein negatives soziales Umfeld haben.
- ... positive Vorbilder fehlen.
- ... hohe Perspektivlosigkeit und Frustration die Jugendlichen nicht motiviert.
- ... gute (private) Schulen zu teuer sind.

Akzeptanz der asymmetrischen Integration in das Wirtschafts- und Gesellschaftssystem, weil ...
- ... die Symbiose von Arm und Reich immer bestehen wird und es daher immer Arbeit für die Armen gibt.
- ... die Unsicherheit vor unbekannten Risiken zu groß ist.
- ... informelle Tätigkeiten flexibler sind, um mehrere Tätigkeiten auszuführen. Damit sind wir unabhängiger und freier.
- ... wir lieber schlechtbezahlt arbeiten als arbeitslos sind.

Perpetuierung des niedrigen Bildungsniveaus sozialschwacher Schichten, weil ...
- ... die Elite billige und ungebildete Arbeitskräfte braucht.
- ... wir kein Geld haben für gute Bildung.

Quelle: V. Deffner 2007.

Städten nicht zur Verfügung stehen. Favelas stellen daher im sozialwissenschaftlichen Diskurs zu Recht höchst konträr diskutierte Stadträume dar. Die Deutung des Lebensraumes Favelas hängt nicht nur von der Perspektive und dem gesellschaftlichen Kontext, sondern ebenso von der disziplinären Ausrichtung, dem zugrundeliegenden Forschungsansatz, der Methodik usw. ab. Ihnen eine genaue und möglichst noch einheitlich gültige Charakterisierung zuteil werden zu lassen, erscheint als ausweglose Unterfangen. Eine sehr treffende Bezeichnung bleibt daher in Anlehnung an PERLMAN (2004b) diejenige des „Mythos Favela", da dieser Raum in der Tat ein höchst facettenreiches und wandelbares Konstrukt und Produkt menschlicher Handlungen mit großem Interpretationsspielraum darstellt, der trotz Marginalisierung durchaus auch Möglichkeiten innerhalb der auf Ungleichheit konstruierten brasilianischen Gesellschaft bietet. Jeder Versuch, Favelas einheitlich zu definieren, birgt die Gefahr zu starker Generalisierung in sich, welche alle Heterogenität in der Lebensführung und -lage ihrer Bewohner zu ignorieren droht. Diese ist jedoch gerade notwendig zu erkennen, wenn man den Raum Favela tief greifend verstehen und in seiner Bedeutung für die Menschen begreifen will. Wenngleich es sich tatsächlich im gesamtgesellschaftlichen Kontext um Orte der Armut und der Unterprivilegierung handelt, so ist die Reduktion des pluralistischen Universums Favela auf die Kategorie der Armut eine äußerst kritische Methodik, die, wenngleich in den Sozialwissenschaften weit verbreitet, den Erkenntnisgewinn zu stark einschränkt (vgl. VALLADARES 2000, S. 65).

Literatur

ALVES, M. R. DOS SANTOS (2005): Construção de metodologia participativa para avaliação e proposição de ações de saneamento ambiental em áreas periurbanas. Um esforço na comunidade do Calabar. – Salvador [unveröffentlichte Diplomarbeit].

BITTLINGMAYER, U. H. (2002): Transformation der Notwendigkeit. Prekarisierte Habitusformen als Kehrseite der „Wissensgesellschaft". In: U. H. BITTLINGMAYER, R. EICKELPASCH, J. KASTNER u. C. RADEMACHER (Hrsg.): Theorie als Kampf? Zur politischen Soziologie Pierre Bourdieus. – Opladen, S. 225–252.

BLUM, E., NEITZKE, P. (Hrsg.) (2004): FavelaMetropolis. Berichte und Projekte aus Rio de Janeiro und São Paulo. – Berlin.

BORSDORF, A., BÄHR, J. u. M. JANOSCHKA (2002): Die Dynamik stadtstrukturellen Wandels in Lateinamerika im Modell der lateinamerikanischen Stadt. – Geographica Helvetica 57(4), S. 300–310.

BOURDIEU, P. (1991): Physischer, sozialer und angeeigneter physischer Raum. In: M. WENTZ (Hrsg.): Stadt-Räume. – Frankfurt/Main, New York, S. 25–34.

BOURDIEU, P. (1993): Sozialer Sinn. Kritik der theoretischen Vernunft. – Frankfurt/Main.

BRONGER, D. (2004): Metropolen, Megastädte, Global Cities. Die Metropolisierung der Erde. – Darmstadt.

CRAANEN, M. (1998): Altstadtsanierung am „Pelô". Die sozialen und politischen „Grenzen" städtischer Integration in Salvador/Brasilien. – Bielefeld.

DANNER, H. (1979): Methoden geisteswissenschaftlicher Pädagogik. – München, Basel.

DEFFNER, V. (2006): Lebenswelt eines innerstädtischen Marginalviertels in Salvador da Bahia (Brasilien). Umgang mit sozialer und räumlicher Exklusion aus Sicht der armen Bevölkerungsgruppen. – Geographica Helvetica 61 (1), S. 21–31.

DEFFNER, V. (2007): Soziale Verwundbarkeit im „Risikoraum Favela". Eine Analyse des sozialen Raumes auf der Grundlage von BOURDIEUs „Theorie der Praxis". In: R. WEHRHAHN (Hrsg.): Risiko und Verwundbarkeit in Lateinamerika. – Kiel, S. 207–232 (Kieler Geographische Schriften, 117).

FRITSCHE, M. (2004): Bildungspolitik in Brasilien – Der erste Schritt ist getan. – Focus Brasilien 6 (http://www.kas.de/db_files/dokumente/laenderberichte/7_dokument_dok_pdf_4799_1.pdf [Zugriff am 07.11.2007]).

GIOVANELLA, L., PORTO, M. F. DE SOUZA (2004): Gesundheitswesen und Gesundheitspolitik in Brasilien. – Arbeitspapier Nr. 25 des Klinikums der Johann Wolfgang Goethe-Universität Frankfurt/Main. Zentrum der Psychosozialen Grundlagen der Medizin. Institut für Medizinische Soziologie (http://www.klinik.uni-frankfurt.de/zgw/medsoz/ArbPap/Giovanella_Brasilien_25.pdf [Zugriff am 13.11.2007]).

GORDILHO, A. (2000): Limites do habitar. Segregação e exclusão na configuração urbana contemporânea de Salvador e perspectivas no final do século XX. – Salvador.

IBGE (= Instituto Brasileiro de Geografia e Estatística) (2005): Síntese de Indicadores Sociais 2004. – Rio de Janeiro.

IBGE (= Instituto Brasileiro de Geografia e Estatística) (2007): Síntese de Indicadores Sociais. Uma análise das condições de vida da população brasileira 2007. – Rio de Janeiro.

KILLISCH, W., DIETZ, J. (2002): Sanierung von Favelas in Rio de Janeiro. Bessere Lebensbedingungen in städtischen Marginalsiedlungen. – Geographische Rundschau 54(3), S. 47–50.

KRECKEL, R. (2004): Politische Soziologie der sozialen Ungleichheit. – Frankfurt/Main, New York.

LAMNEK, S. (1995): Qualitative Sozialforschung. Band 1: Methodologie. – Weinheim.

LANZ, S. (Hrsg.) (2004a): City of COOP. Ersatzökonomien und städtische Bewegungen in Rio de Janeiro und Buenos Aires. – Berlin (metroZones, 5).

LANZ, S. (2004b): Wie die Favela siegte. Eine kleine politische Geschichte der Favelas in Rio de Janeiro. In: S. LANZ (Hrsg.): City of COOP. Ersatzökonomien und städtische Bewegungen in Rio de Janeiro und Buenos Aires. – Berlin, S. 35–59 (metroZones, 5).

LANZ, S. (2007): Dimensionen der Segregation zwischen Favela und bürgerlicher Stadt in Rio de Janeiro. – http://www.boell.de/downloads/latein/teile-beteilige/lanz_Segregation-in-Rio.pdf [Zugriff am 13.11.2007].

Mendonça R. (2002): Onde estão os negros? – veja vom 04. Dezember 2002 (edição 1 780).

MÖRTH, I., ZIEGLER, M. (1990): Die Kategorie des „Alltags". Pendelbewegung oder Brückenschlag zwischen Mikro- und Makro-Ufer der Soziologie. – Österreichische Zeitschrift für Soziologie 15(3), S. 88–111.

PERLMAN, J. E. (2004a): The metamorphosis of marginality in Rio de Janeiro. – Latin American Research Review 39(1), S. 189–192.

PERLMAN, J. E. (2004b): Marginality: From Myth to Reality in the Favelas of Rio de Janeiro, 1969–2002. In: A. ROY, N. ALSAYYAD (Hrsg.): Urban Informality. Transnational Perspectives from the Middle East, Latin America, and South Asia. – Lanham/Oxford, S. 105–146.

ROSE, N. (2000): Tod des Sozialen? Eine Neubestimmung der Grenzen des Regierens. In: U. BRÖCKLUNG, S. KRASMANN u. T. LEMKE (Hrsg.): Gouvernementalität der Gegenwart. Studien zur Ökonomisierung des Sozialen. – Frankfurt/Main, S. 72–109.

ROTHFUSS, E. (2008): Soziale Ungleichheit in Brasilien. In: E. ROTHFUSS, (Hrsg.): Entwicklungskontraste in den Americas. – Passau, S. 11–26 (Passauer Kontaktstudium Erdkunde, 9).

RUDOLPHI, P. (2000): Der verstädterte Kontinent. Entwicklung, Ursachen und Probleme der südamerikanischen Verstädterung. – Praxis Geographie 30(3), S. 22–27.

SANTOS, M. (1959): O Centro da Cidade do Salvador. Estudo de Geografia Urbana. – Salvador.

SCHÄFERS, B., KOPP, J. (Hrsg.) (2006): Grundbegriffe der Soziologie. – Wiesbaden.

SCHMIDT, T. (2007): Fieberträume am großen Fluss. – DIE ZEIT 19, S. 54.

SCHÜTZ, A., LUCKMANN, T. (1979): Strukturen der Lebenswelt. – Frankfurt/Main [2 Bände].

SEIFFERT, H. (2006): Einführung in die Wissenschaftstheorie 2. – München.

SOUZA, J. (2000): A Construção Social da Sub-cidadania: Para uma sociologia política da modernização periférica. – Belo Horizonte.

SOUZA, J. (2006): Die soziale Grammatik der peripheren Ungleichheit. Für ein neues Paradigma zum Verständnis der peripheren Gesellschaften. In: T. KÜHN, J. SOUZA (Hrsg.): Das moderne Brasilien. Gesellschaft, Politik und Kultur in der Peripherie des Westens. – Wiesbaden, S. 20–48.

SOUZA, M. DE LOPES (2004): Sozialräumliche Dynamik in brasilianischen Städten unter dem Einfluss des Drogenhandels. In: S. LANZ (Hrsg.): City of COOP. Ersatzökonomien und städtische Bewegungen in Rio de Janeiro und Buenos Aires. – Berlin, S. 19–33 (metroZones, 5).

UNDP (= United Nations Development Program) (2006): Human Development Report 2006. – New York.

VALLADARES, L. (2000): Qu'est-ce qu'une Favela? – Cahiers des Amériques Latines 34(2), S. 61–72.

VENTURA, Z. (1995): Cidade Partida. – São Paulo.

Alphabetisches Glossar portugiesischer und themenspezifischer Ausdrücke

Bairro = Stadtviertel. Häufig negativ konnotiert als Marginalviertel.

Bairro periférico = Marginalisiertes Viertel. Die Bezeichnung peripher kann sich sowohl auf die räumliche Lage, d. h. in der städtischen Peripherie gelegen, als auch auf die gesellschaftliche Position der Bewohner, d. h. am Rande der Gesellschaft, beziehen.

Bairro suburbano = Randstädtisch gelegenes Marginalviertel.

Concurso = Stellenausschreibung/Aufnahmeverfahren.

Condomínios fechados = Wohnenklaven der Wohlhabenden in Form von abgeschlossenen, ummauerten oder bewachten Hochhaustürmen.

Domésticas = Weibliche Hausangestellte.

Empregados = Arbeiter.

Empregados domésticos = Hausangestellte, Dienstpersonal.

Ensino fundamental = 1. bis 8. Schuljahr (~Primarstufe).

Ensino médio = 9. bis 11. Schuljahr (~Sekundarstufe).

Ensino superior = Hochschule.

Ensino técnico = Berufsausbildung.

Escola particular = Privatschule (mit Schulgebühren).

Escola pública = Staatliche Schule (ohne Schulgebühren).

Favelas = Vormals illegal konstruierte Spontansiedlungen auf unbebauten Flächen im städtischen Raum. Heute überwiegend städtebaulich akzeptierte und institutionalisierte Marginalviertel bzw. „Überlebensräume" der städtischen Armen.

Formelle Stadt = „Bürgerliche Stadt". Formell erschlossene und administrativ erfasste Stadtgebiete.

Informelle Stadt = „Illegale Stadt". Unkontrollierte, illegal besiedelte und damit lange Zeit von der Stadtplanungsbehörde ignorierte Stadtgebiete. Heute umfasst „die" informelle Stadt die städtischen Marginalviertel und bildet den Gegensatz zur formellen Stadt.

Interior = Landesinnere des Nordostens Brasiliens. Strukturschwacher, ländlicher und von hoher Armut gekennzeichneter Raum.

Lebenslage (phänomenologisch) = Objektiv gegebene, physische Realität.

Lebenswelt (phänomenologisch) = Produkt und Konstrukt der subjektiv wahrgenommenen physischen Realität.

Pré-Vestibular = Vorbereitungskurse für Aufnahmeprüfung an staatlichen Universitäten (optional).

Salário mínimo = Staatlich festgelegter Mindestlohn. Nach aktuellsten Angaben des Statistischen Bundesamtes (*IBGE* 2007) lag der Referenzwert der Berechnungen im September 2006 bei 350 brasilianischen Real, das entspricht nach damals geltendem Währungskurs etwa 128 €.

Universidade estadual = Bundesstaatliche Universität (ohne Gebühren).

Universidade federal = Staatliche Universität (ohne Gebühren).

Universidade particular = Private Universität (mit Gebühren).

Vestibular = Aufnahmeprüfung an staatlichen Universitäten (obligatorisch).

1° grau = 1. Bildungsabschluss.

2° grau = 2. Bildungsabschluss.

Bitte beachten Sie auch die PowerPoint®-Präsentation zum Artikel von *Veronika Deffner* auf CD-ROM

Dipl.-Geogr. VERONIKA DEFFNER
Lehrstuhl für Anthropogeographie der Universität Passau
Innstraße 40 • D–94032 Passau
veronika.deffner@uni-passau.de

Dieter Anhuf

Der Amazonas-Regenwald im zukünftigen Treibhausklima – Perspektiven eines bedrohlichen Szenarios

Mit 10 Abbildungen und 5 Tabellen

1 Didaktische Zielsetzung

Themen zum tropischen Regenwald sind seit Jahren Teil der Lehrpläne von Realschulen und Gymnasien. Neben der Aufarbeitung der ökologischen Zusammenhänge stehen aber auch immer wieder die Ursachen und Auswirkungen der Zerstörung dieser Wälder im Mittelpunkt der Betrachtungen.

Der hier vorgelegte Artikel geht weit darüber hinaus und betrachtet insbesondere die Rolle der tropischen Regenwälder im Rahmen des globalen CO_2-Kreislaufs. Im Zuge der neuesten Veröffentlichungen des *IPCC (Intergovernmental Panel on Climate Change)* 2007 werden in diesem Artikel ebenfalls die Auswirkungen des globalen CO_2-Anstiegs auf die tropischen Regenwälder selbst näher untersucht und ein Zukunftsszenario entworfen. Die Ausführungen möchten einen didaktischen Teilbeitrag leisten, dass die Schülerinnen und Schüler durch diese fachwissenschaftliche Perspektive sensibilisiert werden, die derzeit in den Medien und der Öffentlichkeit geführte Debatte um die Auswirkungen des globalen Klimawandels kritisch bewerten zu können. Die Abholzung der innertropischen Wälder und die daraus resultierenden klimaökologischen Konsequenzen werden auch in Zukunft eine fundamentale Rolle spielen und verdienen daher eine angemessene Auseinandersetzung mit dieser komplexen Thematik in Universität und Schule.

2 Einführung

Tropische Feuchtwälder bedecken nach den borealen Wäldern nicht nur die zweitgrößte Fläche unseres Planeten, sie bilden auch die wichtigsten Ökosysteme (OZANNE et al. 2003). Darüber hinaus schützen und regulieren Wälder kleinere und auch größere Wassereinzugsgebiete. Sie verursachen Regen und forcieren die Bodenbildung und sind zu einem großen Teil für die Stabilität unseres Klimasystems verantwortlich, nicht zuletzt durch ihre Bedeutung für den regionalen und globalen CO_2-Haushalt.

Global betrachtet muss man feststellen, dass der Mensch das Antlitz unseres Planeten nachhaltig verändert hat und es auch weiterhin tut. Zwischen einem Drittel bis zur Hälfte der Erdoberfläche hat er bereits verändert. Die technischen und industriellen Fortschritte der vergangenen zwei Jahrhunderte basieren in erster Linie auf der Erzeugung von Kraft und Wärme durch die Verbrennung fossiler Energieträger. Das Resultat deren Verbrennung ist die Freisetzung von Kohlendioxid, das auch natürlich in der Erdatmosphäre vorkommt. Allerdings haben die globalen CO_2-Emissionen zu einem nachhaltigen Anstieg der CO_2-Konzentration in der Atmosphäre geführt. Seit 1780 ist die CO_2-Konzentration bereits um über 30% angestiegen (von 280 ppm auf 380 ppm im Jahre 2005) (vgl. KEELING, WHORF 2005).

Gründe und Ursachen der Entwaldung Amazoniens stehen in diesem Artikel nicht im Vordergrund des Interesses (für eingehende Informationen dazu sei verwiesen auf ANHUF 2006). Dagegen beschäftigen sich diese Ausführungen mit den möglichen Folgen des sich abzeichnenden weltweiten Klimawandels, aber auch mit der Rolle, die der Regenwald selbst dabei spielt.

Eine zentrale Frage ist das Verhalten der tropischen Wälder auf die Veränderungen in der Zusammensetzung der Gaskomponenten der Atmosphäre. Ein Großteil des Klimawandels wird durch die Zunahme des CO_2-Anteils in der Atmosphäre hervorgerufen. Hierbei spielen insbesondere die Wälder und speziell die tropischen Regenwälder eine überragende Rolle innerhalb des globalen Kohlenstoff-Kreislaufs.

Andererseits ist anzunehmen, dass die steigende globale Mitteltemperatur und die daraus resultierenden Veränderungen des Klimasystems auf allen Größenskalen auch signifikanten Einfluss auf die Vegetationsformationen selbst nehmen werden. Durch die Erwärmung der Erde und den sich ändernden CO_2-Gehalt in der Atmosphäre können sich ganze Vegetationszonen verschieben. Die jetzige Erwärmung verändert die Lebensbedingungen für Tiere und Pflanzen teilweise jedoch so schnell, dass sie sich womöglich nicht an die neuen Lebensbedingungen werden anpassen können.

3 Die Entwicklung des Amazonas-Regenwaldes in der jüngeren Vergangenheit – eine Bestandsaufnahme

Wälder bedeckten einst etwa die Hälfte der Landoberflächen (ca. 132 Mio. km²) unserer Erde. Im Jahre 2005 waren es noch ca. 40 Mio. km². Der globale Waldflächenverlust für die Periode 2000–2005 betrug ca. 73.000 km² pro Jahr (in etwa die Größe Bayerns), ein leichter Rückgang gegenüber 89.000 km² pro Jahr für die Zeit zwischen 1990 und 2000. Südamerika hatte dabei jedoch den höchsten Waldverlust von ca. 43.000 km² pro Jahr für den Zeitraum 2000–2005 zu verzeichnen.

Die Waldfläche Südamerikas betrug im Jahre 2005 insgesamt 8.315.400 km², was 21% der globalen Waldfläche repräsentiert (*FAO* 2005). Brasilien allein, die Nr. 2 in der Liste der 10 Länder mit den größten Waldflächen (nach der Russischen Föderation mit 8,09 Mio. km²) verfügte 2005 noch über 4,78 Mio. km² Waldfläche (Tab. 1). Den weltweit größten Anteil der noch vorhandenen Primärwälder findet man in Lateinamerika mit 45%. Auf Brasilien allein entfallen global 31% aller Primärwälder (Tab. 2).

Tab. 1: *Die zehn Länder der Erde mit den größten Waldflächen in Mio. ha.*

Land	Waldflächen in Mio. ha
Russische Förderation	8,09
Brasilien	4,78
Kanada	3,10
USA	3,03
China	1,97
Australien	1,64
Demokratische Republik Kongo	1,34
Indonesien	0,88
Peru	0,69
Indien	0,68
Andere Länder	13,33

Quelle: FAO 2005.

Tab. 2: *Die zehn Länder der Erde mit den größten Primärwaldanteilen in Prozent.*

Land	Primärwaldanteil in %
Brasilien	31
Russische Förderation	19
Kanada	12
USA	8
Peru	5
Kolumbien	4
Indonesien	4
Mexiko	3
Bolivien	2
Papua Neu Guinea	2
Andere Länder	11

Quelle: FAO 2005.

Für das Jahr 1990 ermittelte die *FAO* in ihrem Forest Ressources Assessment Report für Brasilien einen Anteil von 41 % der weltweit verbliebenen tropischen Regenwälder (*FAO* 1997) (Abb. 1). 1998 erreichte die gesamte Fläche Amazoniens, die von Feuchtwald befreit wurde, bereits 547.000 km². Im Jahre 2003 waren es schon knapp 650.000 km² (16,2 % der ca. 4 Mio. km² ursprünglichen Regenwaldfläche innerhalb der rund 5 Mio. km² umfassenden Region „Amazônia Legal") (FEARNSIDE 2005).

4 Bedeutung der tropischer Feuchtwälder im Zusammenhang mit den globalen Klimaveränderungen

Ungeachtet der floristischen und faunistischen Artenvielfalt der tropischen Feuchtwälder, die nicht Gegenstand dieses Artikels sind, spielen diese Wälder sowohl auf regionaler Ebene eine zentrale Rolle im Wärme- und Wasserhaushalt als auch auf globaler Ebene im Kohlenstoffhaushalt. Bevor eine

Abb. 1: *Das Ausmaß der Entwaldung Amazoniens bis Ende 2003 (Die hellgrauen Flächen waren bis 2002 abgeholzt worden, die schwarzen Flächen spiegeln die Entwaldung der Jahre 2002 und 2003 wider).*

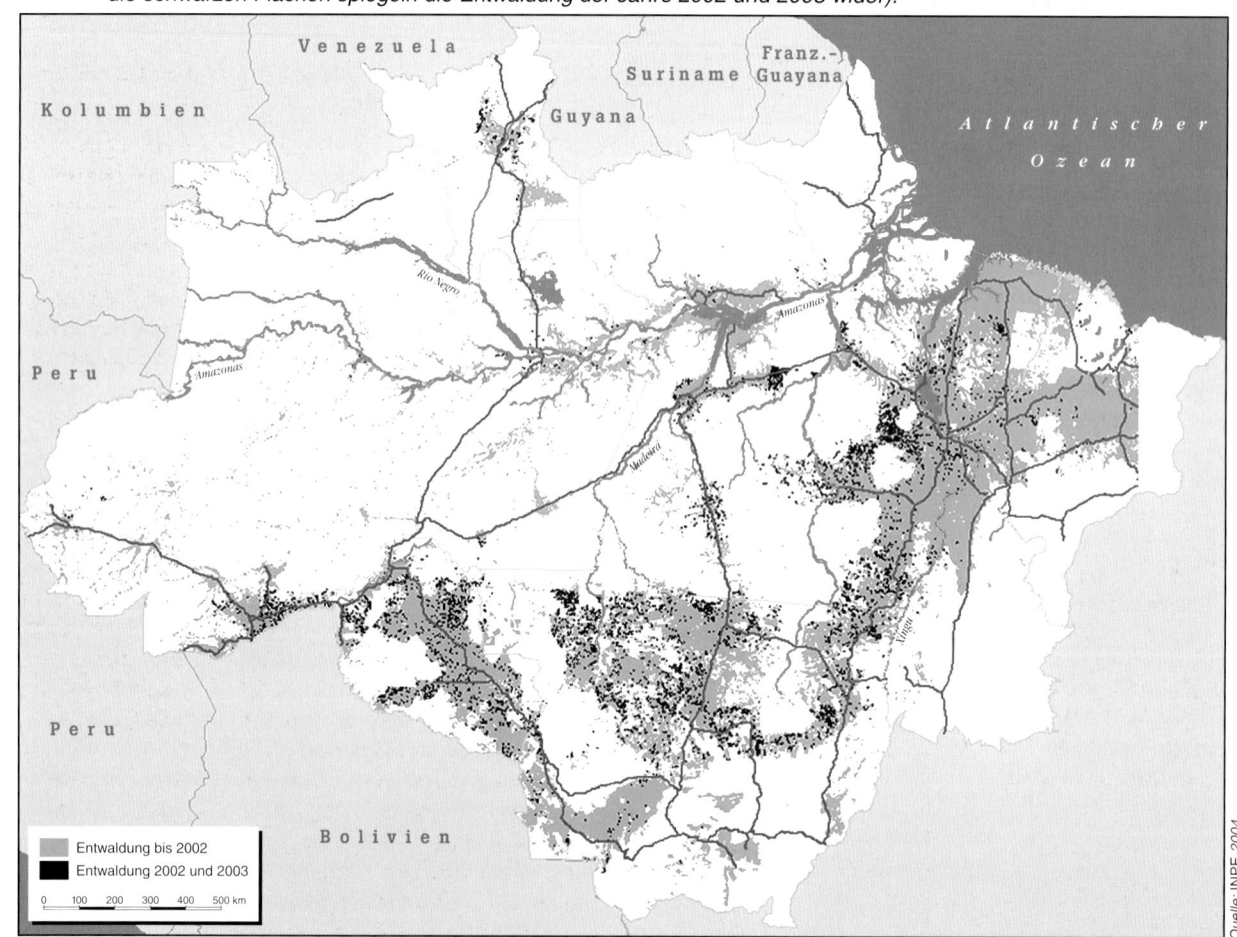

Quelle: INPE 2004.

Der Amazonas-Regenwald im zukünftigen Treibhausklima

Analyse der sich abzeichnenden und in Zukunft verstärkt zu erwartenden Reaktionen der tropischen Feuchtwälder auf das sich verändernde globale Klima durchgeführt werden kann, muss erst einmal die Funktion dieser Wälder innerhalb des Wärme-, des Wasser- und des Kohlenstoffhaushaltes vorgenommen werden. Die Ausführungen werden am Beispiel der Amazonaswälder erläutert, sind allerdings auch auf die übrigen tropischen Feuchtwälder der Erde übertragbar.

4.1 Bedeutung der Amazonaswälder für den Wärmehaushalt

Das oberste Kronendach der tropischen Regenwälder bildet die Schnittstelle zwischen der Atmosphäre, der Biosphäre und der Hydrosphäre. Der Austausch zwischen Regenwald und Atmosphäre lässt sich in energetische und stoffliche Komponenten untergliedern. Energie wird in Form von Strahlung unterschiedlicher Wellenlänge, den turbulenten Flüssen fühlbarer und latenter Wärme sowie der kinetischen Energie der Luftströmungen übertragen. Stoffein- und -austräge erfolgen über Wasser und Gase wie beispielsweise Wasserdampf, Sauerstoff oder Kohlendioxid sowie über Aerosole. Aufgrund der vielfältigen Verknüpfung von Energie und Wasserhaushalt eines Waldes kommt es bei entsprechendem Strahlungsgenuss zu hohen Evapotranspirationsraten. In diesem Zusammenhang kommt dem Kronenraum *(Canopy)* des Waldes eine entscheidende Bedeutung zu, da insbesondere dessen Struktur und Oberflächenausprägung die Höhe der Strahlungsabsorption, der Interzeption, des Niederschlages im Bestand (Kronendurchlass und Stammabfluss) und der Evapotranspiration beeinflussen (ANHUF, ROLLENBECK 2001; SZARZYNSKI, ANHUF 2001).

Vegetationsveränderungen haben auch immer Veränderungen der Oberflächeneigenschaften zur Folge, indem sie die Flüsse von Energie und Wasser von der Erdoberfläche in die Atmosphäre modifizieren. Die Absorption der einfallenden Sonnenstrahlung wird durch die Oberflächenstruktur der beteiligten Vegetation gesteuert, insbesondere was die Fraktionierung in fühlbare und latente (Evapotranspiration) Wärmeströme betrifft. Messungen der Evapotranspiration über Regenwald, Savanne *(Cerrado)* und Rodungsflächen belegen große Variabilitäten in Raum und Zeit infolge der spezifischen Oberflächen (Tab. 3). Der Unterschied zwischen Primärwald und gerodeter Fläche dokumentiert sich auch sehr deutlich bei den Temperaturen. Sie liegen im Wald um 3–4 °C unter denen in der gerodeten Fläche (Abb. 2). Die Konsequenz ist ein rasches Trocknen der Vegetation.

Die selektive Abholzung führt neben der Artenverarmung zu einem teilweisen Öffnen der Wälder. Mehr Sonnenlicht er-

Abb. 2: *Der tägliche Temperaturverlauf in einem geschlossenen Regenwald (T1) und in einer Savanne (Esmeralda) keine 10 Kilometer vom Wald entfernt.*

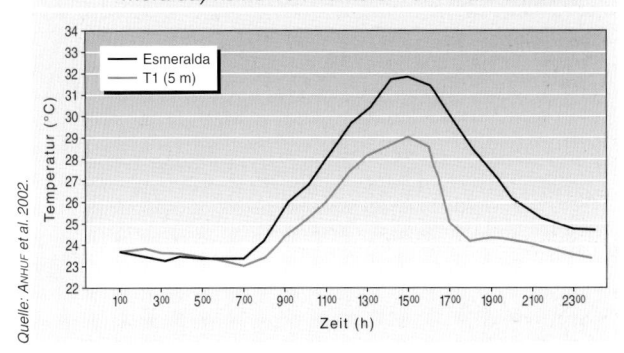

reicht den Waldboden, das Waldinnere wird dadurch wärmer und anfälliger für Trockenstress. Die Abbildung 3 zeigt sehr deutlich, dass die Bodenzone des Waldes (5 m) am Tage eine völlig gegenläufige Entwicklung zu dem Canopybereich zeigt. Hohe Feuchtegehalte auch am Tage von 23 g/kg (entspricht ≈ 90 % relativer Feuchte) bei deutlich niedrigeren Temperaturen, wohingegen das Dach des Waldes (41 m) extrem heiß (ca. 32 °C) und entsprechend trockener wird (16–18 g/kg entsprechen ≈ etwa 50 % relativer Feuchte). Hinzu kommt eine Verschärfung der Brandgefahr. Normalerweise haben Feuer, die als natürlicher Prozess durch Blitzschlag entzündet werden, in intakten Feuchtwäldern keine Chance der Ausbreitung. Aber gerade in Trockenjahren, wie zuletzt während des *El Niño*-Ereignisses von 1998 und 1999, standen große Flächen Regenwaldes in Nordamazonien (Roraima) in Flammen.

4.2 Bedeutung der Amazonaswälder für den Wasserhaushalt

Der brasilianische Amazonasregenwald bedeckt heute noch knapp ca. 3.350.000 km² und ist damit das größte geschlossene Regenwaldgebiet auf der Erde (vgl. Tab. 2). Das gesamte Amazonasbecken erstreckt sich über 7 Mio. km², neun Länder haben Anteil an der größten Süßwasserreserve, die die Erde aufzuweisen hat. Insgesamt 20 % des globalen Süßwassers stammt aus diesem Becken. Die durchschnittliche tägliche Niederschlagsmenge des Amzonasbeckens beläuft sich auf 5,9 mm/Tag (MARENGO 2004), was einer mittleren Jahressumme von ca. 2.150 mm entspricht. Von den gefallenen 5,9 mm verdunsten pro Tag durchschnittlich wieder etwa 3,5 mm. Das entspricht knapp 60 % des Niederschlages. Betrachtet man Untersuchungen an verschiedenen Standorten Amazoniens so entstammen im Mittel mindestens 50 % des Niederschlages über den Regenwäldern Brasiliens aus der Verdunstung von Regen, der zu einem früheren Zeitpunkt an einem anderen Ort bereits gefallen war. LETTAU et al. (1979) konnten nachweisen, dass jeder Regentropfen, der mit dem Passat vom Atlantik kommt, insgesamt zwischen fünf und acht Mal wieder verdunstet und erneut abregnet, bevor er die Hänge der Anden im Westen erreicht.

Die dabei umgesetzten Wassermengen sind enorm. Eine geschätzte Menge vom 10×10^{12} m³ Regenwasser erreicht jährlich die Amazonasregion mit den Passatwinden, wohingegen der jährliche Abfluss an der Mündung des Amazonas nur $6,6 \times 10^{12}$ m³ beträgt (SALATI et al. 2001). Die Differenz von $3,4 \times 10^{12}$ m³ muss also in andere Regionen exportiert

Tab. 3: *Evapotranspiration (E) in mm/Tag im tropischen Regenwald Zentralamazoniens und in den Savannen.*

	Trockenzeit E (mm/Tag)	Regenzeit E (mm/Tag)
Tropischer Regenwald (Zentralamazonien)	3,9	3,5
Weide (Zentralamazonien)	2–3	3,5–3,9
Savanne *(Cerrado)* (Zentralbrasilien)	1,5	2,6

Quelle: ROCHA, SILVA DIAS 1994.

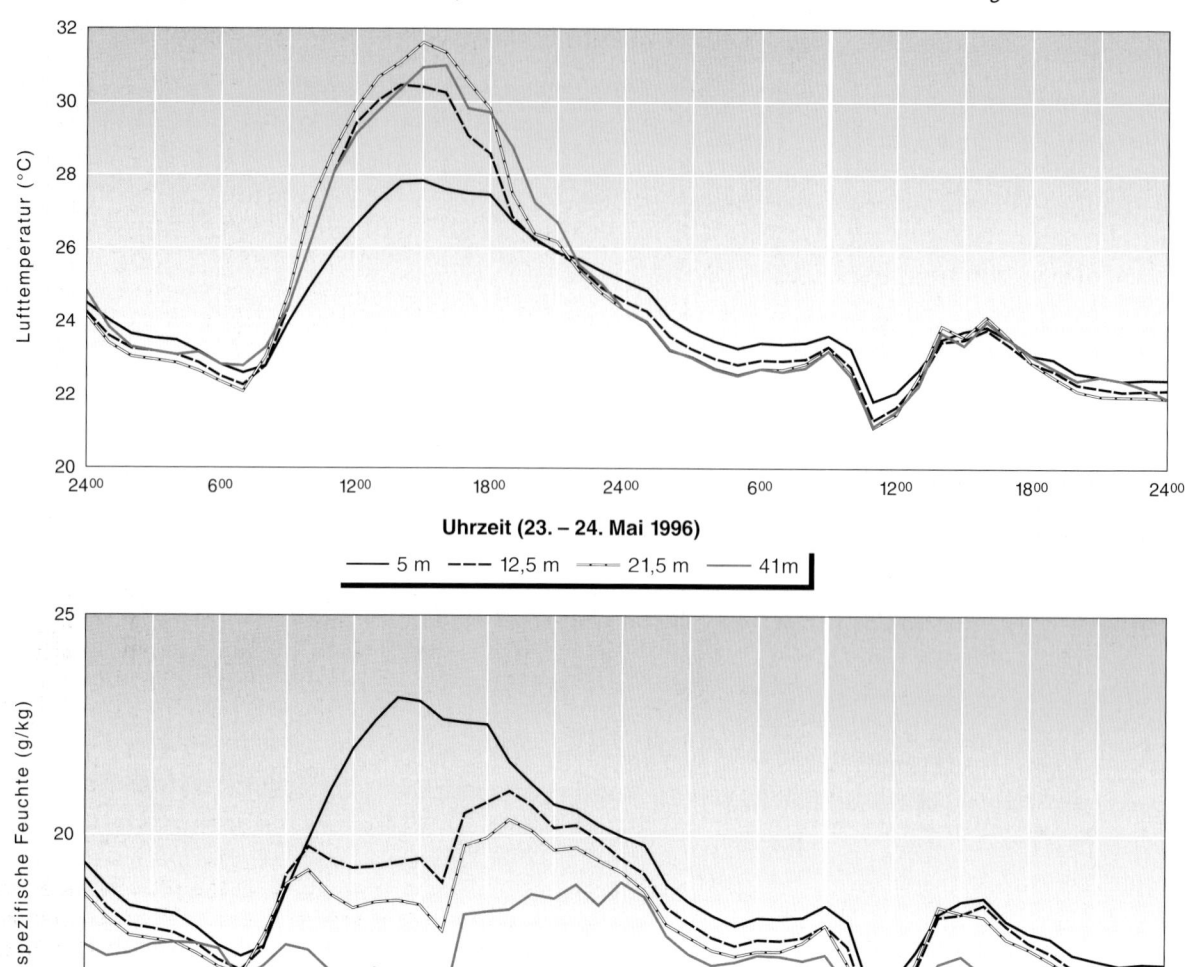

Abb. 3: *Tagesgänge der Temperatur und der spezifischen Feuchte im Mai 1996 im amazonischen Regenwald Venezuelas.*

Uhrzeit (23. – 24. Mai 1996)

——— 5 m   - - - 12,5 m   —·—· 21,5 m   ——— 41 m

Niederschlag

Quelle: SZARZYNSKI 2000.

werden. Der kleine Wasserkreislauf Amazoniens und das damit verbundene Regenwasserrecycling sind entscheidend für den Wassertransport innerhalb des gesamten Beckens. Werden die Niederschläge Amazoniens aufsummiert, dann erhält man die Gesamtmenge von $15{,}1 \times 10^{12}$ m³. Dies entspricht 50 % mehr Niederschlagsvolumen als vom Atlantik her die brasilianische Küste in diesem Bereich erreicht. Diese hohen Niederschlagsmengen sind nur möglich durch die extrem effektive und umfangreiche Evapotranspiration, die mit einer Menge von $8{,}4 \times 10^{12}$ m³ beziffert werden kann (SALATI et al. 2001).

Der größte Teil dieser Evapotranspiration wird als Transpiration von den großen Bäumen des Canopy (Walddach) erbracht (Abb. 4), die 70 bis 80 % der gesamten Evapotranspiration leisten. Bei eigenen Untersuchungen im Amazonastiefland Venezuelas wurden 58 % des Niederschlages wieder verdunstet, 19 % als Interzeption und 39 % als Transpiration, und die verbliebenen 42 % des gemessenen Niederschlages speisen die Versickerung oder den Oberflächenabfluss.

Der zuvor angesprochene Wasserdampfexport in Höhe von $3{,}4 \times 10^{12}$ m³ fällt als Regen überall in Brasilien wie auch in den Nachbarstaaten. Dieser Transport erfolgt mit Hilfe des Südamerikanischen Low-Level-Jet (SALLJ), einer Strömung in den unteren 1–2 Kilometern der Atmosphäre. Nachdem die Ost-West gerichtete Passatströmung über Amazonien die Anden erreicht, dreht der SALLJ nach Süden und Südosten ab und versorgt so die südostbrasilianische Küste mit zusätzlichen Niederschlägen. So sind speziell die Regenmengen in der größten Stadt des Landes, in São Paulo von diesem Wasserdampfexport abhängig. Die Kernregenzeit dort dauert von Dezember bis Februar. Das entspricht genau dem Zeitpunkt, wenn der kleine Wasserkreislauf über Amazonien am stärksten ausgeprägt ist. Die Strömungsbilder in Abbildung 5 verdeutlichen den Weg der Luftmassen und damit des Wasserdampfes auf eindrucksvolle Weise. Die Regenzeit ist auch der Zeitraum, in dem die künstlichen Staubecken zur Versorgung der Küstenmetropolen aufgefüllt werden müssen, um die Trinkwasser- und Energieversorgung für die Megastadt oder Metropolitanregion sowie den gesamten Bundesstaat São Paulo sicherzustellen. Im Jahre 2001 war dieser Regenwasserimport aus Amazonien massiv gestört, was zu nicht unerheblichen Rationierungen bei der Stromversorgung für die brasilianische Wirtschaft und die Bevölkerung geführt hatte. Das Beispiel von 2001 zeigte, dass die Wasserversorgung für den Südosten Brasiliens bereits an ihrem Limit angelangt

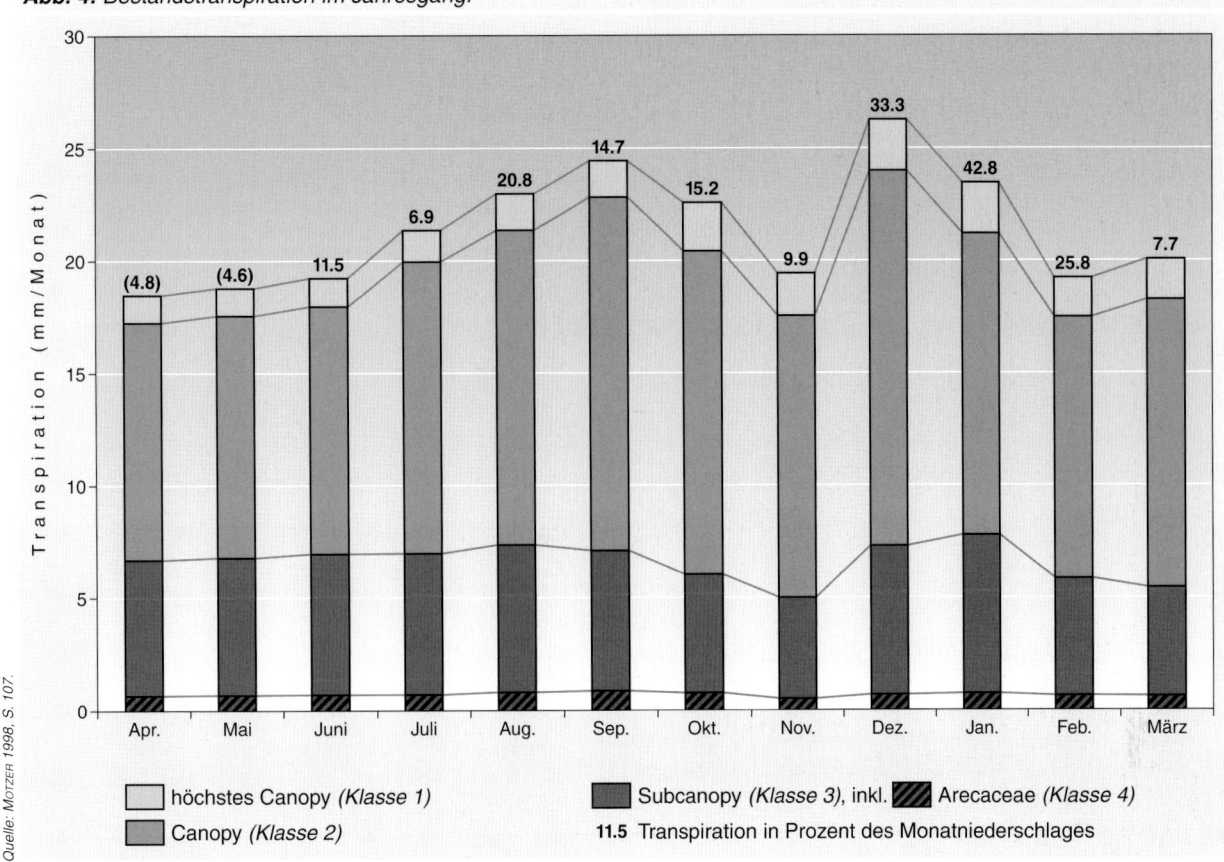

Abb. 4: *Bestandstranspiration im Jahresgang.*

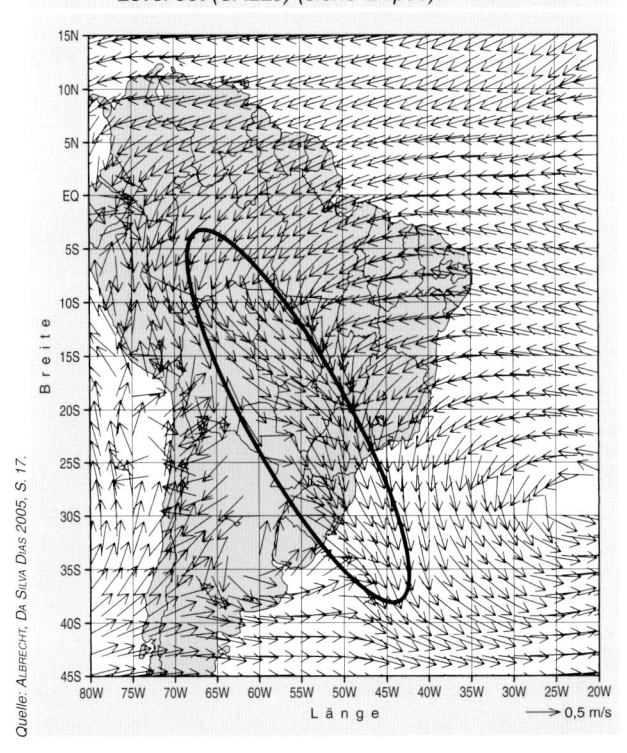

[Balkendiagramm: Transpiration (mm/Monat) von April bis März mit Werten in Prozent des Monatsniederschlages:
Apr. (4.8), Mai (4.6), Juni 11.5, Juli 6.9, Aug. 20.8, Sep. 14.7, Okt. 15.2, Nov. 9.9, Dez. 33.3, Jan. 42.8, Feb. 25.8, März 7.7]

Legende:
- höchstes Canopy *(Klasse 1)*
- Canopy *(Klasse 2)*
- Subcanopy *(Klasse 3)*, inkl. Arecaceae *(Klasse 4)*
- 11.5 Transpiration in Prozent des Monatniederschlages

Quelle: Motzer 1998, S. 107.

Abb. 5: *Das mittlere Windfeld im 850 hpa-Niveau mit deutlicher Ausprägung des Südamerikanischen Low-Level-Jet (SALLJ) (siehe Ellipse).*

Quelle: Albrecht, Da Silva Dias 2005, S. 17.

war. In diesem Raum, der die Bundesstaaten Espirito Santo, Minas Gerais, Rio de Janeiro und São Paulo umfasst, leben heute mehr Menschen als in jedem anderen südamerikanischen Land. In den beiden letztgenannten leben resp. 40 Mio. Menschen. Auf den Bundesstaat São Paulo entfallen fast 40 % der gesamten brasilianischen Industrieproduktion und fast ein Drittel des gesamten Bruttoinlandsproduktes Brasiliens. Der Bundesstaat Rio de Janeiro erzeugt noch einmal 12 % dessen. Wenn der Amazonasregenwald weiterhin abgeholzt und in Viehweiden und Ackerflächen (vor allem Sojaanbau) verwandelt wird, könnte viel von dem Wasser, das heute noch über den Wäldern verdunstet, nach den Regenfällen einfach oberflächlich abfließen und über den Amazonas in den Atlantik entwässert anstatt in den Südosten transportiert zu werden.

Weitflächige Rodungen dieser Wälder werden danach zumindest auch weitreichende Folgen für das regionale südamerikanische Klima, wenn nicht sogar für das globale Klima nach sich ziehen. Denn die Evapotranspirationsleistung einer Vegetationseinheit ist proportional zum Blattflächenindex (LAI), sodass Wälder wesentlich mehr Wasser wiederverwerten als Weiden (vgl. Tab. 3). Bei fortgesetzter Abholzung ist durchschnittlich von einer Reduktion der Evapotranspiration in der Größenordnung von etwa 200 mm/Jahr und einer Niederschlagsabnahme von ca. 20 % der Jahressumme auszugehen.

Untersuchungen über eine Periode von 15 Jahren im Südosten Amazoniens (Rondônia) haben weiterhin gezeigt, dass über gerodeten Flächen die Trockenzeit länger andauert und die Regenzeit deutlich später einsetzt als über den geschlossenen Waldgebieten (Fu, Li 2004). Dieses bedeutet dann eine Potenzierung der Stresssituationen für die Bäume mit einer Verstärkung der Brandgefahr bzw. des Absterbens bestimmter Arten, was letztlich eine Veränderung der Artenzusammensetzung und damit des Ökosystems zur Folge hätte.

5 Bedeutung der Amazonaswälder für den Kohlenstoffhaushalt

5.1 Der globale Kohlenstoffhaushalt

Etwa 1/60.000 der Masse der Erde besteht aus Kohlenstoff. Auch der Mensch – wie alle anderen Pflanzen und Tiere – besteht zu etwa 50% aus Kohlenstoff (bezogen auf sein Trockengewicht). Aber nicht nur die Biosphäre enthält Kohlenstoff, sondern auch die Ozeane, die Sedimente, die fossilen Brennstoffe und die Böden. Darüber hinaus befindet sich Kohlenstoff in der Form von Kohlendioxid (CO_2) in der Atmosphäre, das zusammen mit dem Wasserdampf hauptverantwortlich für den natürlichen Treibhauseffekt ist. Der natürliche Treibhauseffekt garantiert der Erde eine Durchschnittstemperatur von 15 °C, die ohne diese Treibhausgase ansonsten bei –18 °C liegen würde. Betrachtet man die globalen Kohlenstoffspeicher, so fällt auf, dass die Atmosphäre neben der Vegetation den zweitkleinsten Speicher repräsentiert (Tab. 4).

Von der globalen in der lebenden Biomasse gespeicherten Kohlenstoffmenge in Höhe von ca. 550 Gt entfällt allein ein Anteil von 70–80 Gt auf den Amazonasregenwald (12,5%) (Tab. 5). Wenn andererseits aber nur 2% der CO_2-Vorräte aus den Ozeanen entweichen würde, entspräche das einer Verdoppelung der heutigen CO_2-Konzentration in der Atmosphäre.

Andererseits ist CO_2 das wichtigste Treibhausgas, das durch die menschlichen Aktivitäten tagtäglich in der Atmosphäre angereichert wird. Die fortgesetzte Freisetzung von CO_2 führt zu einem Anstieg der Temperaturen auf der Erde (Abb. 6). Zu Beginn der Industrialisierung betrug der CO_2-Gehalt der Atmosphäre noch 280 ppm. Am Ende des Jahres 2005 waren es bereits 380 ppm (FLANNERY 2006), was einen Anstieg seit der Mitte des 19. Jahrhunderts von über 30% bedeutet. Der größte Teil dieses Anstieges wird durch die Verbrennung fossiler Brennstoffe (Kohle, Erdöl, Erdgas) verursacht, aber 25% des Anstieges während der letzten 150 Jahre ist durch Landnutzungsveränderungen wie die Abholzung von Wäldern oder den Ackerbau für die Nahrungsmittelproduktion hervorgerufen worden (Abb. 7).

Besonderes Augenmerk gilt hierbei den terrestrischen Ökosystemen, weil sie der Atmosphäre große Mengen CO_2

Tab. 4: Speicher, Formen und Massen des Kohlenstoffs auf der Erde.

Speicher	Form	Masse in Gt	Anteile in %
Sediment	Kalziumkarbonat ($CaCO_3$, Calcit)	80.000.000	79,96
	Kalzium-Magnesium-Karbonat ($CaMg(CO_3)_2$, Dolomit)		
	Kerogen (Kohlenwasserstoffe, Bitumen)	20.000.000	19,99
Meerwasser	Kohlendioxid (CO_2)	40.000	0,04
	Hydrogenkarbonat (HCO_3)		
Fossile Brennstoffe	Kohle, Erdöl, Erdgas	5.000	0,005
Boden	Tote Biomasse (Humus, Torf)	1.500	0,0016
Vegetation	Lebende Biomasse	550	0,0005
Atmosphäre	Kohlendioxid (CO_2)	750	0,0008
Total		100.047.800	≈ 100,00*

Quelle: http://lbs.hh.schule.de/welcome.phtml?unten=/klima/klimawandel/blk-co1-2.html [Zugriff am 16.11.2007].

* Der Anteil der CO_2-Mengen, der in den fossilen Brennstoffen, den Böden, der Vegetation und der Atmosphäre gespeichert ist, beträgt weniger als 0,01 %.

Tab. 5: Die gesamten Kohlenstoffspeicher in den Vegetationszonen der Erde. Der gesamte Karbon-Pool beinhaltet sowohl die oberirdische als auch die im Boden vorhandene organische Substanz (NPP=Netto-Primär-Produktion).

Vegetationsformation	Fläche (Mio. km²)	Gesamter Karbon-Pool (Gt C)	Gesamte NPP (Gt C/Jahr)	Geschätzte Senkenwirkung (Gt C/Jahr)	Durchschnittliche Senkenwirkung pro ha (t C/ha und Jahr)
Tropische Wälder	17,5	553	21,9	0,66	0,37
Gemäßigte Wälder	10,4	292	8,1	0,35	0,34
Boreale Wälder	13,7	395	2,6	0,47	0,34
Arktische Tundra	5,6	117	0,5	0,14	0,25
Mediterrane Buschlandschaften	2,8	88	1,4	0,11	0,38
Feldfrüchte	13,5	15	4,1	0,02	0,01
Tropische Savannen	27,6	326	19,9	0,39	0,14
Gemäßigte Grasländer	15,0	182	5,6	0,21	0,14
Wüsten	27,7	169	3,5	0,20	0,07
Eis	15,3				
Insgesamt	149,1	2.137	67,6	2,55	

Quelle: GRACE et al. 2006.

Abb. 6: *Der globale Temperaturanstieg zwischen 1880 und 2005.*

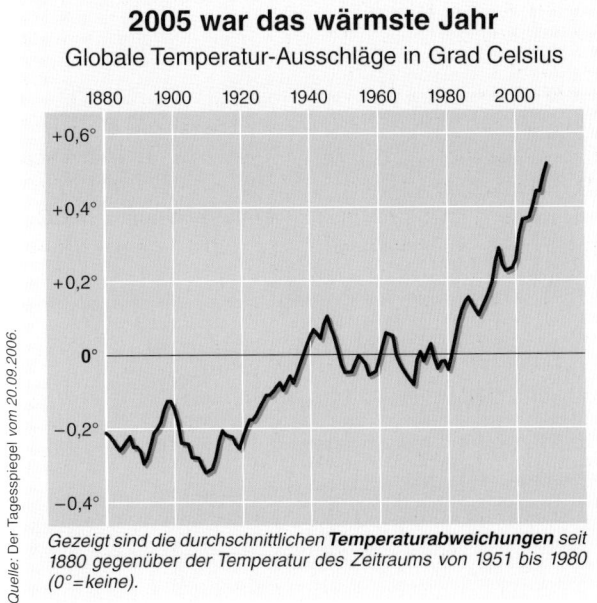

2005 war das wärmste Jahr
Globale Temperatur-Ausschläge in Grad Celsius

Gezeigt sind die durchschnittlichen **Temperaturabweichungen** seit 1880 gegenüber der Temperatur des Zeitraums von 1951 bis 1980 (0°=keine).

Quelle: Der Tagesspiegel vom 20.09.2006.

Abb. 7: *Die jährlichen CO_2-Emissionen in die Atmosphäre (PgC).*

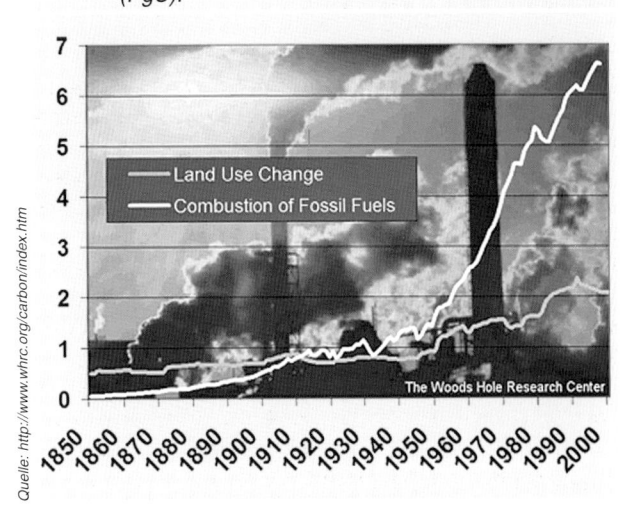

Quelle: http://www.whrc.org/carbon/index.htm

durch die Photosynthese entziehen, anderseits aber auch große Mengen durch die Atmung und die Zersetzung toten Pflanzenmaterials wieder an die Atmosphäre abgeben. Weil der größte Teil der kontinentalen Landmassen auf der Nordhalbkugel konzentriert ist, und davon sich der überwiegende Teil in den jahreszeitlich dominierten Außertropen befindet, verzeichnet die seit 1958 auf dem Mauna Loa (Hawaii) installierte Messstation zur Erfassung der globalen CO_2-Konzentration große interannuelle Schwankungen, die letztlich die Unterschiede in der Pflanzenproduktion zwischen Sommer- (niedrigere Werte) und Winterhalbjahr auf der Nordhalbkugel widerspiegelt (Abb. 8).

Wenn die Bilanz zwischen Photosynthese und Atmung/ Zersetzung nicht ausgeglichen ist, kommt es entweder zur Akkumulation von Kohlenstoff auf den kontinentalen Landmassen und in den Ozeanen, was einer Kohlenstoffsenke entspräche, oder zur Akkumulation in der Atmosphäre, entsprechend einer Kohlenstoffquelle.

5.2 Der regionale Kohlenstoffhaushalt Amazoniens – der Normalfall

Der CO_2-Ausstoß hat in der letzten Dekade des vorigen Jahrhunderts gegenüber der vorletzten Dekade um ca. 12 % zugenommen, wobei die Akkumulationsrate (Speicherung) in der Atmosphäre nahezu unverändert blieb (3,3 Gt C/Jahr). Der gesamte CO_2-Ausstoß beläuft sich auf 7,9 Gt C/Jahr in der letzten Dekade gegenüber 7,2 Gt C/Jahr in der Dekade zuvor. Der weltweite Anteil des CO_2-Ausstosses infolge von Landnutzungsänderungen (inklusive Abholzungen) beträgt laut Schätzungen des *IPCC* etwa 2,3 Gt C/Jahr. Die Schätzungen über die CO_2-Freisetzungen infolge von Landschaftsveränderungen in Amazonien variieren zwischen 0,5 und 0,9 Gt C/Jahr (FEARNSIDE 1999). Also etwa ein Drittel der ermittelten CO_2-Emissionen infolge von Landnutzungsänderungen weltweit werden allein durch die Waldvernichtungen in Amazonien verursacht.

Um diese Bilanz zu schließen, müssen die Akkumulationsraten der Ozeane bzw. der terrestrischen Ökosysteme bekannt sein. Gegenwärtige Schätzungen zur Speicherung von CO_2 in den Weltmeeren belaufen sich auf 2,3 Gt C/Jahr und in etwa die gleiche Menge CO_2 müsste von den terrestrischen Ökosystemen fixiert werden (2,3 + 2,3 + 3,3 = 7,9 Gt C/Jahr). Nach wie vor wenig bekannt ist, wo diese CO_2-Senken liegen. Teile dieser Senken repräsentieren die Wälder in den höheren Breiten mit ca. 0,3 Gt C/Jahr. Die intakten tropischen und subtropischen Wälder müssen demnach verantwortlich sein für die Aufnahme der restlichen 2 Gt C/Jahr (HOUGHTON et al. 2001).

Wie schwierig solche Abschätzungen jedoch sind, zeigt das folgende Interview aus dem Berliner *Der Tagesspiegel*. Auch wenn rund 6 Jahre vergangen sind, hat sich an den Unsicherheiten bezüglich der jeweiligen Speicherreservoire nicht sehr viel verändert.

Annette Freibauer vom Max-Planck-Institut für Biogeochemie in Jena kommentiert: „Die Größe einer Senke kann bisher nicht berechnet werden. Wegen der hohen räumlichen und zeitlichen Variabilität sind Umsatzraten in biologischen Systemen nur schwer zu bestimmen. Die Unsicherheiten, mit denen wir rechnen müssen, sind zurzeit noch so groß wie die Senken selber, das heißt wir arbeiten mit Fehlern von 100 Prozent." Der Boden bereitet den Wissenschaftlern besondere Probleme. Wurzeln, abgestorbene Pflanzenreste und Lebewesen bilden dort riesige Kohlenstoffvorräte. Der Abbau von organischem Material, die Bodenatmung, entscheidet darüber, ob der Wald als Kohlenstoffquelle oder -senke wirkt. „Trotz aller Unsicherheiten ist den Klimaforschern jedoch klar, dass der Wald nicht unendlich als Kohlenstoffsenke fungieren kann", sagt Wolfgang Cramer vom *Potsdamer Institut für Klimafolgenforschung*. „Irgendwann ist der Speicher voll und die Senkenfunktion erschöpft. Langfristig betrachtet verhalten sich die Wälder daher CO_2-neutral" (*Der Tagesspiegel*. Berlin, vom 15.11.2000).

Seit den 1980er Jahren werden Messungen der vertikalen Kohlenstoff- sowie der fühlbaren und latenten Wärmeströme im Amazonasgebiet durchgeführt, dennoch haben die bisherigen Ergebnisse nur teilweise die offenen Fragen klären können. Neben den mit Ultraschallanemometern (Eddy-Kovarianzanalyse) gemessenen Zeitreihen turbulenter Flüsse werden aber auch Waldinventare für diese Berechnungen benutzt, wobei vor allem der Biomassenzuwachs in den Wäldern im Vordergrund steht. Ein Beispiel für die Eddy-Kovarianz-

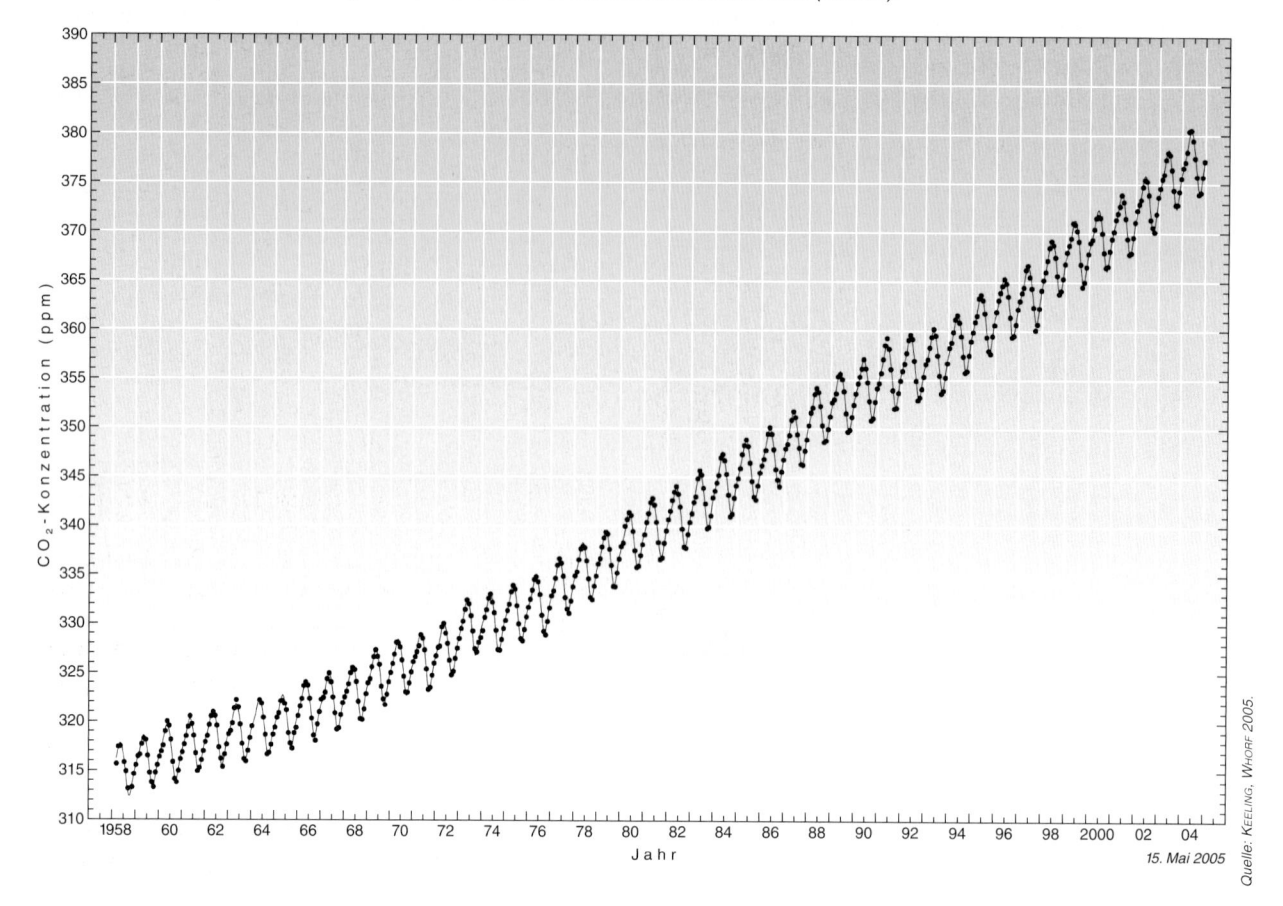

Abb. 8: Die atmosphärische CO_2-Konzentration an der Messstation Mauna Loa (Hawaii).

Quelle: KEELING, WHORF 2005.
15. Mai 2005

messungen und deren Ergebnisse soll im Folgenden vorgestellt werden.

Die negativen Flüsse der NEE (Netto-Ökosystemaustauschrate) tagsüber beschreiben die Nettokohlendioxidaufnahme des Bestandes, da hier die Bruttophotosynthese die Ökosystematmung übersteigt, wohingegen nachts CO_2 durch Atmung freigesetzt wird. Die eigenen Messungen im Amazonastiefland Venezuelas, aber auch zahlreiche Messungen in Brasilien legen nahe, dass der tropische Regenwald eine CO_2-Senke darstellt, wobei die Größenordnung der Senke sehr unterschiedliche Werte zwischen 0,3 und 5,9 Gt C/Jahr, im Mittel aber ca. 1 Gt C/Jahr annimmt (MAHLI, GRACE 2000). RICHEY et al. (2002) gehen dagegen sogar davon aus, dass in der Gesamtbilanz Amazoniens die leichte Senkenwirkung über den *Terra-Firme*-Wäldern (nicht überschwemmte Wälder) eventuell durch die Kohlenstoffquellen über den Feucht- und Überschwemmungsgebieten ausgeglichen wird. Diese Ergebnisse belegen sehr eindrücklich die Aussagen des zuvor zitierten Interviews aus *Der Tagesspiegel* vom 15. November 2000.

Es hat sich aber auch gezeigt, dass in trockenen Jahren während eines *El Niño* die Amazonaswälder in der Bilanz mehr CO_2 durch Veratmung und Mineralisierung freisetzen als fixieren, sie also in solchen Jahren zu Kohlenstoffquellen avancieren (PHILLIPS et al. 1998).

Nichtsdestotrotz, auch wenn die tropischen Feuchtwälder eventuell 1 Gt C/Jahr fixieren sollten, dann entspräche dies in etwa 45% der globalen Zahlen (s. o.). Wenn diese zuvor genannten Zahlen stimmen, dann müsste sich die über beinahe zwei Dekaden (bisherige Messperiode) gemessene CO_2-Fixierung in der Natur niederschlagen. In der Tat belegen Messungen über das Höhen- und Dickenwachstum in tropischen Regenwäldern, dass in vielen Fällen eine Fixierung des Kohlenstoff in der Vegetation stattgefunden hat (HOUGHTON et al. 2001).

Damit ist aber noch lange nicht geklärt, warum die tropischen Regenwälder Amazoniens Kohlenstoff fixieren und wachsen. Man kennt aus Labors und von Untersuchungen an Jungpflanzen im Gelände den Effekt eines Wachstumsanreizes durch CO_2-Düngung (MIRANDA 1996) – in der Natur ausgelöst durch den Anstieg des CO_2-Gehaltes in der Atmosphäre. Eine solche CO_2-Düngung allein kann nur über einen begrenzten Zeitraum wirksam werden, wenn nicht weitere Parameter diese Düngung nachhaltig unterstützen. Zum einen sind es die Wasserverfügbarkeit und zum anderen die Nährstoffversorgung. Eine mögliche Ursache für die CO_2-Fixierung in den untersuchten Wäldern könnte auch in den Niederschlagsveränderungen im Amazonasbecken liegen, die sich seit Mitte der 1970er Jahre eingestellt haben (Abb. 9). Die Umstellung der Niederschlagsmuster über dem Amazonasbecken (seit 1975 weniger Regen über dem nördlichen und mehr Regen über dem südlichen Amazonasbecken) korreliert mit einer Erwärmung des tropischen Atlantik während des gleichen Zeitraumes (MARENGO 2004). Nahezu sämtliche Untersuchungsflächen zum CO_2-Haushalt befinden sich im südlichen Amazonasbecken.

5.3 Der regionale Kohlenstoffhaushalt Amazoniens – der Sonderfall

Wie eingangs bereits erwähnt, erhalten die Amazonaswälder durch die selektive Rodung mehr Sonnenlicht im Inneren des

Abb. 9: *Niederschlagindizes im nördlichen (NAR) und südlichen (SAR) Amazonasbecken Brasiliens von 1929/1930 bis 1998/1999. Die Indizes entsprechen den normalisierten Standardabweichungen der Referenzperiode von 1949 bis 1998 (der Wert 1 entspricht einer Abweichung vom Mittelwert um eine Standardabweichung).*

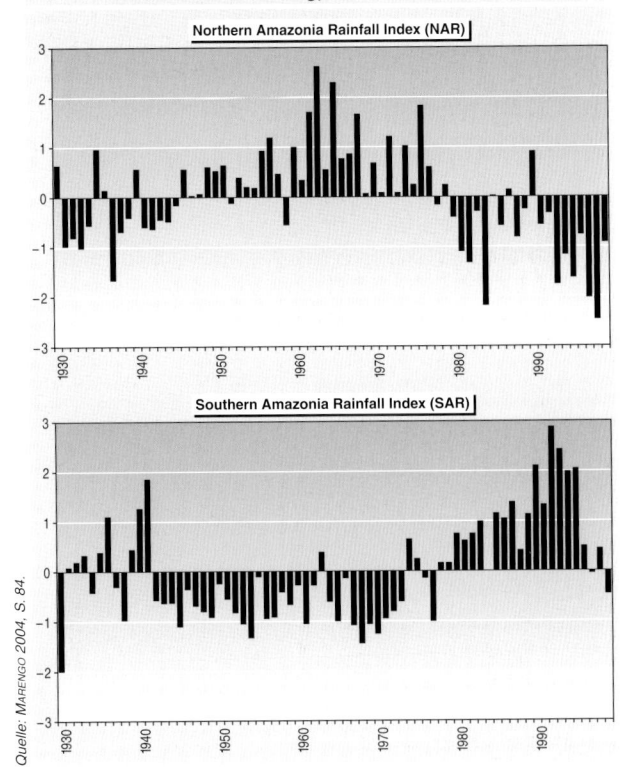

Quelle: MARENGO 2004, S. 84.

Waldes und sind deshalb verstärkt der Gefahr durch Trockenstress ausgesetzt. Ebenso wurde bereits dargelegt, dass in der Vergangenheit immer wieder einmal extreme Trockenjahre in den Wäldern zu beobachten waren, die zumeist im Zusammenhang mit einer pazifischen Klimaanomalie, dem *El Niño* auftreten, so zuletzt zwischen 1998 und 1999. Neben der ausgeprägten Niederschlagsanomalie sind solche *El Niño*-Jahre auch immer deutlich wärmer als die Normaljahre. Wesentlich schwerwiegender ist jedoch die Tatsache, dass an allen CO_2-Messstellen in Amazonien in solchen Jahren die tropischen Regenwälder zu Kohlendioxidquellen werden, sich also ein positiver Rückkoppelungseffekt zwischen Temperaturerhöhung, Trockenheit und CO_2-Freisetzung ergibt (KELLER, LERDAU 1999; LOESCHER et al. 2003).

In Abbildung 6 ist die globale Temperaturentwicklung seit dem ausgehenden 19. Jahrhundert abgetragen. Dieser Temperaturanstieg ist dabei nicht auf die Mittelbreiten beschränkt, sondern auch in den feuchten Tropen der Erde spürbar. Man mag geneigt sein zu vermuten, dass in einem ständig feuchtwarmen Klima solche leichten Temperaturerhöhungen keine gravierende Rolle spielen sollten. Die Realität sieht jedoch anders aus, denn nicht nur in den *El Niño*-Jahren ist die Nettoprimärproduktion in den tropischen Wäldern herabgesetzt. Neuere Untersuchungen in Costa Rica haben gezeigt, dass bereits in den 1990er Jahren des letzten Jahrhunderts die Produktion in den dortigen Regenwäldern deutlich abgenommen hat. Diese Ergebnisse sind direkt korreliert mit den steigenden Temperaturen. Immerhin war die Dekade von 1990 bis 2000 die bislang wärmste seit der instrumentellen Aufzeichnung (CLARK et al. 2003). Bemerkenswert sind diese Ergebnisse deswegen, weil dieser Trend im Produktivitätsrückgang auch in den Jahren beobachtet wurde, die nicht durch eine extreme Trockenheit *(El Niño)* geprägt waren.

6 Auswirkungen des CO_2-Anstiegs auf die tropischen Regenwälder Amazoniens – der Sonderfall könnte schnell zum Normalfall werden

Die große Frage, die sich stellt, muss jedoch nun lauten, wie lange die Wälder noch als CO_2-Senken fungieren werden oder ob es bereits Anzeichen für ein Umschwenken der Situation gibt, also einer allmählichen Überfüllung der Senken. Wir haben bereits zuvor erfahren, dass Trockenjahre im Zusammenhang mit *El-Niño*-Ereignissen einerseits die Brandgefahr, andererseits die Mortalitätsrate der Bäume erhöhen. Des Weiteren sagen Klimamodellrechnungen für die nähere Zukunft ebenfalls eine deutliche Zunahme *El-Niño* ähnlicher Ereignisse voraus (TIMMERMANN et al. 1999), die ihrerseits wiederum während der jeweiligen Trockenperiode die amazonische Vegetation zu einer leichten Kohlenstoffquelle machen. Hier zeichnet sich ein Rückkoppelungseffekt mit negativen Auswirkungen auf das Klima ab (geringere Fixierung in der Vegetation und dadurch eventuell schnellere Zunahme in der Atmosphäre über das jetzige Maß hinaus, was zu einem beschleunigten globalen Temperaturanstieg führen könnte).

Ein weiteres deutliches Anzeichen für eine ökosystemare Umstellung der tropischen Regenwälder auf das erhöhte CO_2-Niveau in der Atmosphäre ist die Zunahme der Dynamik in den betreffenden Wäldern. So hat das Wachstum von Lianen deutlich an Quantität und Geschwindigkeit zugenommen. Wenn sie das Kronendach des Waldes erreichen, führt das zur Verkürzung der Lebensdauer der großen Canopybäume. Dieses erhöht die Umsatzrate bei der Kohlenstofffixierung.

Da es sich dabei um Vorgänge handelte, die keineswegs länger als 10–15 Jahre zurückliegen, ist ein Zusammenhang mit den sich ändernden Zusammensetzungen der Gasanteile in der Atmosphäre (CO_2-Gehalt) nicht unwahrscheinlich.

Gleichzeitig reagieren die hohen Waldbäume mit einem stärkeren Schließen der Stomata (Abb. 10) bei Erhöhung des CO_2-Anteils (OZANNE et al. 2003), was letztlich wiederum die Evapotranspiration herabsetzt und den Trockenstress der großen Waldbäume aufgrund der ohnehin zu erwartenden verstärkten klimatischen Trockenheit weiter verschärft.

7 Bilanz und Ausblick

Trotz aller Bemühungen seitens der brasilianischen Regierung und ihrer nationalen Umweltbehörden schwindet die Regenwaldfläche Amazoniens um 15.000 bis 20.000 km²/Jahr.

Aber andererseits stellt sich mehr und mehr die Frage, ob mit der Verringerung der Abholzung tatsächlich der Amazonasregenwald erhalten werden kann. Die Szenarien, die das *IPCC* für das Jahr 2100 mit einer Verdoppelung des CO_2-Gehaltes in der Atmosphäre (700 ppm/V) und den daraus resultierenden Klimaänderungen entwickelt hat, haben in erster Linie nur die geophysikalischen Parameter auf der Rechnung.

Abb. 10: *Eine Blattunterseite gespickt mit Stomata.*

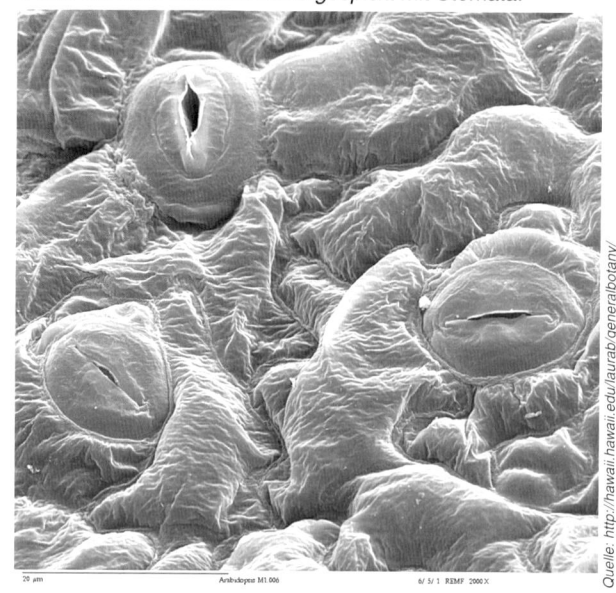

Quelle: http://hawaii.hawaii.edu/laurab/generalbotany/images/stomata.jpg [Zugriff am 16.11.2007].

Die zuvor skizzierten biologischen Reaktionen auf die bisherigen Veränderungen sind bereits jetzt – bei einem CO_2-Gehalt von deutlich unter 400 ppm/V – so gravierend, dass der tropische Regenwald, auch wenn sein Bestand noch wesentlich besser geschützt werden würde, in seiner heutigen Form und der jeweiligen spezifischen Artenzusammensetzung kaum die Mitte des 21. Jahrhunderts erleben dürfte. Durch den bereits eingeleiteten globalen Klimawandel muss bis zum Jahr 2100 aufgrund der Erwärmung und des zunehmenden Trockenstresses mit einer deutlichen Reduzierung der tropischen Regenwälder, unabhängig von den direkten anthropogenen Eingriffen, insbesondere in Amazonien gerechnet werden (COX et al. 2000). Wir müssen also davon ausgehen, dass sich der Amazonasregenwald in die feuchteren Regionen im Nordwesten und Westen des Beckens zurückziehen wird, wo bislang auch in den Trockenjahren eine ausreichende Wasserversorgung gewährleistet ist.

Umrechnungen

Die organischen Bestandsvorräte und organischen Umsätze (Energieflüsse) in Ökosystemen werden in verschiedenen Maßeinheiten beschrieben und die im Folgenden aufgeführten ungefähren Entsprechungen mögen bei den Umrechnungen helfen. Sie gelten für die Phytomasse und für totes organisches Material pflanzlichen Ursprungs, wobei immer von der Trockensubstanz (TS) ausgegangen wird. Es wurden dabei ebenfalls auch ältere, heute nicht mehr gebräuchliche Energieeinheiten berücksichtigt.

1 g org. TS = 0,45 g C = 1,6 g CO_2 = 19,5 kJ (= 4,7 kcal)
1 g C = 2,2 g org. TS = 3,6 g CO_2 = 42 kJ (= 10 kcal)
1 g CO_2 = 0,65 g org. TS = 0,3 g C = 12,4 kJ (= 3 kcal)
1 g org. TS = 1 g ges. TS abzügl. 3–10% (bei Holz: 0,5%)

1 Gt C = 1.000.000.000 t = 1×10^9 t C
1 ppmV CO_2 = 1×10^{-6} p/V CO_2
750 Gt C = 350 ppmV CO_2
2,14 Gt C = 1 ppmV
1 Gt C = 0,4666 ppmV
3,5 Gt C = 1,5 ppmV CO_2

Literatur

ALBRECHT, R. I., DA SILVA DIAS, M. A. F. (2005): Microphysical evidence of the transition between predominant convective/stratiform rainfall associated with the intraseasonal oscillation in the Southwest Amazon. – Acta Amazonica 35(2), S. 175–184.

ANHUF, D. (2006): Quo vadis Amazonia? – Probleme im tropischen Regenwald. In: R. GLASER, K. KREMB (Hrsg.): Nord- und Südamerika. – Darmstadt, S. 153–164.

ANHUF, D., MOTZER, T., FALK, U., IBROM, A. u. A. OLTCHEV (2002): Abschlussbericht zum DFG-Projekt: Die atmosphärische und biologische Steuerung des Wasserhaushaltes eines neotropischen Tieflandregenwaldes in Amazonien/Venezuela. – Bonn-Bad Godesberg.

ANHUF, D., ROLLENBECK, R. (2001): Canopy structure of the Rio Surumoni Rain Forest (Venezuela) and its influence on microclimate. – Ecotropica 7, S. 21–32.

CLARK, D. A., PIPER, S. C., KEELING, C. D. u. D. B. CLARK (2003): Tropical rain forest tree growth and atmospheric carbon dynamics linked to interannual temperature variation during 1984–2000. – Proceedings of the National Academy of Sciences of the United States of America (PNAS) 100(10), S. 5852–5857.

COX, P. M., BETTS, R. A., JONES, C. D., SPALL, S. A. u. I. J. TROTTERDELL (2000): Acceleration of global warming due to carbon-cycle feedbacks in a coupled climate model. – Nature 408(6809), S. 184–187.

FAO (= Food and Agriculture Organization) (1997): State of the worlds forests 1997. – Rom.

FAO (= Food and Agriculture Organization) (2005): Global Forest Resources Assessment 2005. Progress towards sustainable forest management. – Rom.

FEARNSIDE, P. M. (1999): Biodiversity as an environmental service in Brazil's Amazonian forests: risks, value and conservation. – Environmental Conservation 26(4), S. 305–321.

FEARNSIDE, P. M. (2005): Desmatamento na Amazônia brasileira: história, índices e conseqüências. – Megadiversidade 1(1), S. 113–123.

FLANNERY, T. (2006): Daten aus Luftbläschen. Bis zu drei Kilometer lange Eiskerne geben Aufschluss über die Erdatmosphäre vor 750000 Jahren und enthüllen, wie sie sich verändert hat. – *Der Tagesspiegel* vom Mittwoch, den 20. September, S. B 3.

FU, R., LI, W. (2004): The influence of the land surface on the transition form dry to wet season in Amazonia. – Theoretical and Applied Climatology 78(1-3), S. 97–110.

GOTTSBERGER, G., SILBERBAUER-GOTTSBERGER, I. (2006): Life in the Cerrado a South American Tropical Seasonal Ecosystem. Vol. I: Origin, Structure, Dynamics and Plant Use. – Ulm.

GRACE, J., SAN JOSÉ, J., MEIR, P., MIRANDA, H. S. u. R. A. MONTES (2006): Productivity and carbon fluxes of tropical savannas. – Journal of Biogeography 33(3), S. 387–400.

HAHMANN, A. N., DICKINSON, R. E. (1997): RCCM2-BATS Model over Tropical South America: Applications in Tropical Deforestation. – Journal of Climate 10(8), S. 1944–1964.

HOUGHTON, J. T., DING, Y., GRIGGS, D. J., NOGUER, M., VAN DER LINDEN, P. J., DAI, X., MASKELL, K. u. C. A. JOHNSON (2001): Climate Change 2001: The Scientific Basis. Contribution of Working Group I to the Third Assessment Report of the Intergovernmental Panel on Climate Change (IPCC) – Cambridge.

INPE (= Instituto Nacional de Pesquisas Espaciais) (2004): Monitoramento Ambiental da Amazônia por Satélite. – São José dos Campos.

KEELING, C. D., WHORF, T. P. (2005): Atmospheric CO_2 records from sites in the SIO air sampling network. In Trends: A Compendium of Data on Global Change. – Oak Ridge (TN).

KELLER, M., LERDAU, M. (1999): Isoprene emission from tropical forest canopy leaves. – Global Biogeochemical Cycles 13(1), S. 19–29.

LETTAU, H., LETTAU, K. u. L. C. B. MOLION (1979): Amazonia's Hydrological cycle and the role of atmosphere recycling in assessing deforestation effects. – Mounthly Weather Review 107(3), S. 227–238.

LOESCHER, H. W., OBERBAUER, S. F., GHOLZ, H. L. u. D. B. CLARK (2003): Environmental controls on net ecosystem-level carbon exchange and productivity in a Central American tropical wet forest. – Global Change Biology 9(3), S. 396–412.

MAHLI, Y., GRACE, J. (2000): Tropical forests and atmospheric carbon dioxide. – Trends in Ecology & Evolution 15(8), S. 332–337.

MARENGO, J. A. (2004): Interdecadal variability and trends of rainfall across the Amazon basin. – Theoretical and Applied Climatology 78(1-3), S. 79–96.

MIRANDA, A. C., MIRANDA, H. S., LLOYD, J., GRACE, J., MCINTYRE, J. A., MEIR, P., RIGGAN, P., LOCKWOOD, R. u. J. BRASS (1996): Carbon dioxide fluxes over a Cerrado Sensu Stricto in central Brazil. In: J. C. H. GASH, C. A. NOBRE, J. M. ROBERTS u. R. VICTÓRIA (Hrsg.): Amazon Deforestation and Climate. – Chichester/UK, S. 353–364.

MOTZER, T. (1998): Untersuchungen zum Transpirationsverhalten ausgewählter Baumarten eines neotropischen Tieflandregenwaldes. – Mannheim [unveröffentlichte Diplomarbeit].

OZANNE, C. M. P., ANHUF, D., BOULTER, S. L., KELLER, M., KITCHING, R. L., KÖRNER, C., MEINZER, F. C., MITCHELL, A. W., NAKASHIZUKA, T., SILVA DIAS, P. L., STORK, N. E., WRIGHT, S. J. u. M. YOSHIMURA (2003): Biodiversity meets the atmosphere: A global review of forest canopies. – Science 301(5630), S. 183–186.

PHILLIPS, O. L., MAHLI, Y., HIGUCHI, N., LAURENCE, W. F., NUNEZ, P. V., VASQUEZ, R. M., LAURENCE, S. G., FERREIRA, L. V., STERN, M., BROWN, S. u. J. GRACE (1998): Changes in the carbon balance of tropical forests: evidence from long-term plots. – Science 282(5388), S. 439–442.

RICHEY, J. E., MELACK, J. M., AUFDENKAMPE, A. K., BALLESTER, V. M. u. L. L. HESS (2002): Outgassing from Amazonian rivers and wetlands as a large tropical source of atmospheric CO_2. – Nature 416(6881), S. 617–620.

ROCHA, H. R., SILVAS DIAS, P. L. (1994): The Energy Balance in Central-Northeast Brazil and the Meteorological Systems. – Anais da Academia Brasileira de Ciências 66(1), S. 101–108.

SALATI, E., NOBRE, C. A. u. A. A. DOS SANTOS (2001): Amazonian deforestation: Regional and global issues. – Amazoniana 16(3/4), S. 463–482.

SZARZYNSKI, J. (2000): Bestandsklima und Energiehaushalt eines amazonischen Tieflandregenwaldes. – Mannheim (Mannheimer Geographische Arbeiten, 53).

SZARZYNSKI, J., ANHUF, D. (2001): Micrometeorological conditions and canopy energy exchanges of a neotropical rain forest (Surumoni-Crane Project, Venezuela). – Plant Ecology 153(1-2), S. 231–239.

TIMMERMANN, A., OBERHUBER, J., BACHER, A., ESCH, M., LATIF, M. u. E. ROECKNER (1999): Increased El Nino frequency in a climate model forced by future greenhouse warming. – Nature 398(6729), S. 694–697.

WATSON, R. T., NOBLE, I. R., BOLIN, B., RAVINDRANATH, N. H., VERARDO, D. J. u. D. J. DOKKEN (2000): Land Use, Land-Use Change, and Forestry. – Cambridge.

Internetquellen [Zugriffe am 16.11.2007]

http://lbs.hh.schule.de/welcome.phtml?unten=/klima/klimawandel/blk-co1-2.html

http://www.whrc.org/carbon/index.htm

Horst Purschke

Geoaktiv – Lernprogamm Südamerika

Auf beiliegender CD-ROM

- **Einführung:** Topographie – da denken manche mit Grauen an verstaubte Atlanten, stupides Ausfüllen von stummen Karten und quälendes Auswendiglernen der größten Gebirge, Gewässer, Städte usw. Dass Topographie alles andere als langweilig sein muss und aus mehr als der klassischen Aufgabenstellung „Wo liegt was?" besteht, das möchte das **Geoaktiv** – Lernprogramm **Südamerika** zeigen.
- **Zielgruppe:** Das Thema Südamerika gibt der Lehrplan der *Sekundarstufe I* wie folgt vor: Topographischer Überblick, Untergegangene Kulturen etc.
- **Inhalt:** Die CD-ROM gliedert sich in zwei große Programmbereiche. Die *Kultur der Inka* ist der erste Schwerpunkt des Programms und beinhaltet acht Lerneinheiten: Geschichte, Ausdehnung des Reiches, Bauweise, Staat und Lebensweise der Inka werden ebenso angesprochen wie ihre Schrift, Religion und der Straßenbau. Das Spektrum der verwendeten Medien reicht dabei von Info-Texten, anschaulichen Grafiken, Karten und Fotos bis hin zu interaktiven Aufgaben.

Im zweiten Programmbereich erarbeiten sich die SchülerInnen einen *topographischen Überblick von Südamerika*. Zunächst werden mit Hilfe von Grafiken und Animationen die geographische Lage sowie die Größe des Kontinents (im Vergleich zu den anderen Erdteilen) veranschaulicht.

Beeindruckende Bilder und Kurzinfos führen die SchülerInnen dann in die Gebirgswelt der Anden mit ihren imposanten Bergen, Vulkanen und den dort lebenden Tieren ein. Ein kurzer Abstecher in das Bergland von Guayana und in das Brasilianische Bergland beschließt diesen Programmteil.

Danach thematisiert das interaktive Lernprogramm die riesigen Tiefländer, welche den größten Teil des Kontinents einnehmen. Auch hier vermitteln zahlreiche Bilder Eindrücke vom Charakter der Landschaft. Zusätzliche Informationen über den Amazonas sind wahlweise abrufbar und geben den SchülerInnen einen kurzen Einblick in dieses riesige Flusssystem.

Schließlich geht es an die Südspitze des Kontinents mit Kurzinfos und Bildern vom Kap Horn und Feuerland. Das Lernprogramm Südamerika schließt mit einem Abstecher zu den Galapagos-Inseln, deren einzigartige Tierwelt in beeindruckenden Fotos dargestellt wird.

- **Materialien** für den Einsatz des Lernprogramms in der Unterrichtspraxis: Die *Ergebnissicherung* erfolgt mit zwei auf das Lernprogramm abgestimmten Arbeitsblättern. Zur *Lernzielkontrolle* liegen zwei Tests im veränderbaren Microsoft® Word-Format vor.

HORST PURSCHKE
H & P Verlag
Röntgenstraße 4 • D–84347 Pfarrkirchen
hpurschke@t-online.de

Ernst Struck

Historische, koloniale Stadtstrukturen und moderner Wandel in Lateinamerika – am Beispiel der Altstädte von Salvador da Bahia (Brasilien) und Havanna (Kuba)

Mit 13 Abbildungen (davon 3 Farbkarten) und 8 Bildern

1 Didaktische Zielsetzung

Die lateinamerikanische Kolonialstadt ist klar gegliedert und im Aufriss ästhetisch „schön". Ihre Struktur wird in geographischen Modellen dargestellt, die die europäische Rationalität der Kolonialmächte widerspiegeln. Struktur wie Aussehen werden an den Beispielen Salvador da Bahia und Havanna genauer und differenziert untersucht. Beide kolonialen Altstädte waren vom Verfall bedroht, wobei die *UNESCO* mit der Auszeichnung beider Ensembles als Weltkulturerbe zu ihrer Rettung beigetragen und sie zusammen mit den nationalen Institutionen des Denkmalschutzes zu Tourismuszentren gemacht hat. Kritisch ist zu hinterfragen, was erhalten worden ist. Geben die restaurierten Zentren uns einen Einblick in die kolonialen Lebensverhältnisse, in die wirtschaftliche und soziale Situation in Lateinamerika jener Zeit? Erkannt werden muss, dass hier Zweckorientierung im Vordergrund steht – es geht um den Tourismus als Wirtschaftsfaktor. Die Wohnbevölkerung, die indigene Bevölkerung und die Nachfahren der importierten afrikanischen Sklaven profitieren kaum davon und spielen keine Rolle, sie selbst und ihre zum Teil traumatische Geschichte wurden mehr oder weniger unsichtbar gemacht. Die kolonialen Altstädte sind zum „Disneyland" oder zu künstlichen Erlebniswelten geworden; Konstrukte, die außer einer Kulisse, uns kaum etwas über die Kolonialzeit verraten. Das Bewusstsein im grundsätzlichen Umgang mit dem historischen Erbe kann an diesen Beispielen geschärft werden.

2 Das Symbol der Kolonialstadt in Lateinamerika

Die baulichen Grundstrukturen der spanischen Kolonialstadt sind in einfachen Modellen darstellbar, wobei die wichtigen funktionalen und symbolischen Inhalte dieser Struktur zu ergänzen sind.

Die Spanier eroberten sehr schnell die gerade neu entdeckte Welt und sicherten ihr Territorium selbstverständlich mit der Errichtung von speziellen Siedlungen. Es wurden militärische Stützpunkte, Macht- und Verwaltungszentren gebaut, die während der Siedlungsentwicklung oder auch von Anfang an, ganz so wie es die Römer vorgemacht hatten, in ihrer Mitte einen großen zentralen Platz erhielten: die *Plaza* oder auch *Plaza de Armas*; der Sammelplatz, Exerzierplatz und auch Repräsentationsort (Abb. 1).

Abb. 1: Das Modell der spanischen Kolonialstadt.

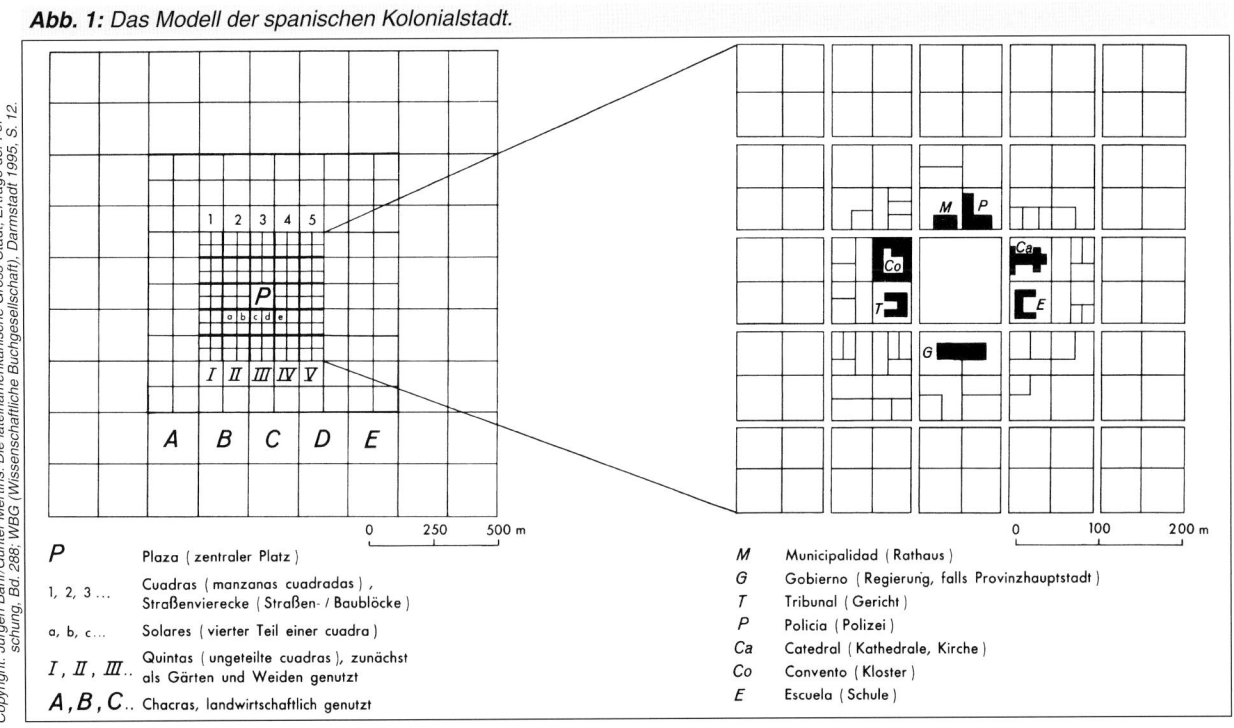

P — Plaza (zentraler Platz)
1, 2, 3 ... — Cuadras (manzanas cuadradas), Straßenvierecke (Straßen-/Baublöcke)
a, b, c ... — Solares (vierter Teil einer cuadra)
I, II, III .. — Quintas (ungeteilte cuadras), zunächst als Gärten und Weiden genutzt
A, B, C .. — Chacras, landwirtschaftlich genutzt

M — Municipalidad (Rathaus)
G — Gobierno (Regierung, falls Provinzhauptstadt)
T — Tribunal (Gericht)
P — Policia (Polizei)
Ca — Catedral (Kathedrale, Kirche)
Co — Convento (Kloster)
E — Escuela (Schule)

Eberhard Rothfuß (Hrsg.): Entwicklungskontraste in den *Americas*.
Passau 2008 (Passauer Kontaktstudium Erdkunde 9)

Dieser Platz war das Zentrum eines möglichst regelmäßigen Gitternetzes oder Schachbrettgrundrisses, an dem zuerst die wichtigen Verwaltungseinrichtungen, die Kirche und die Repräsentationsbauten der Führungsschicht errichtet werden mussten (Generalinstruktionen, *Ordenanzas*). Dem sozialen Gefälle entsprechend wurden dann die nach außen folgenden Quadras an Spanier vergeben. Diese Struktur hatte Symbolgehalt und stand für Ordnung, Kontrolle und Macht; die Autorität der Kirche und des Mutterlandes, der spanischen Krone. Die Stadt war nach außen offen, höchstens ein Palisadenzaun grenzte sie ab, da man das Umland „erobert" und unter vollständiger Kontrolle hatte. Die Bewohner verinnerlichten diese Grundstruktur, sie übernahmen und füllten in der Folgezeit das Symbol mit weiteren Inhalten. Die Plaza entwickelte sich zum Zentrum des kulturellen städtischen Lebens, nicht aber zum Zentrum des Kommerzes. Hier lagen keine Handelshäuser und man nutzte die Plaza im spanischen Kolonialraum nicht als Markt. Der zentrale Platz wurde zum Ort der Selbstdarstellung der Stadt und seiner Bewohner, im Äußerlichen später durch seine zumeist ganz aufwändige Gestaltung und seiner Funktion als Versammlungsort bei wichtigen Anlässen. Er war der Treffpunkt der Bewohner, wo man in Muße Informationen jedweder Art austauschte, wo man auf „Tuchfühlung" miteinander ging und man gleichzeitig seine soziale Stellung in der städtischen Kolonialgesellschaft zeigte. Diese ganz einfache Struktur festigte die Macht und bedeutete Stabilität und Sicherheit. Sie fand sich ganz ähnlich wieder in der Gestaltung der Wohnhäuser, den nach außen abgeschlossenen und nach innen auf den privaten Innenhof („zentralen Platz") orientierten kolonialspanischen Patiohäusern und den ebenso strukturierten Klöstern mit ihren Innenhöfen.

In Brasilien war die koloniale Struktur ganz anders. Die Portugiesen kamen nicht als Eroberer, sondern sie agierten als Händler. Die ersten Siedlungen stellten Etappenorte auf dem Weg nach Ostindien dar, wobei das Territorium kaum Bedeutung hatte, es war nur ungenügend gesichert. Man befestigte die Städte mit wehrhaften Mauern, um sich vor den Angriffen der Indios aus dem Innern und vor den seewärtigen Angriffen europäischer Konkurrenten zu schützen (Abb. 2).

Zur Anlage und dann mit ihrer Bedeutungszunahme und ihrem Wachstum nutzte man zwar auch das rationale Gitternetz, ging damit aber ganz zwanglos um und achtete wenig auf Gleichförmigkeit. Die Repräsentation der königlichen Macht stand nicht im Vordergrund eher die der Bürger, es wurde deshalb auch kein einzelner zentraler Platz angelegt, sondern funktionale Plätze: Eine *Praça* vor dem Gouverneurspalast, Praças als Märkte und Umschlagplätze (auch für Sklaven), vor Handelshäusern sowie vor den Kirchen und Klöstern der verschiedenen Orden (vgl. Abb. 2). Auch hier hatten die Plätze, dieselbe hohe kommunikative Funktion wie in der spanischen Kolonialstadt, sie dienten aber viel weniger der Macht, der kolonialen Stabilität und ihrer Repräsentation nach außen. Diese Grundeinstellung zeigte sich auch in den ganz anders strukturierten mehrstöckigen, nach außen offenen und auf die Straße orientierten portugiesischen Wohnhäusern. Die Kolonialstädte nutzten die Topographie, wie ihre Vorbilder in Portugal. Besonders bei Hafenstädten wurden Akropolis- und Amphitheateranlagen bevorzugt: die Unterstadt mit Hafen und der Konzentration des globalen Handels und die Oberstadt als Wohn- und Verwaltungsraum, wie z. B. ganz deutlich in Salvador da Bahia sichtbar ist (vgl. Abb. 3).

Abb. 2: Die portugiesische Kolonialstadt Salvador da Bahia von 1631.

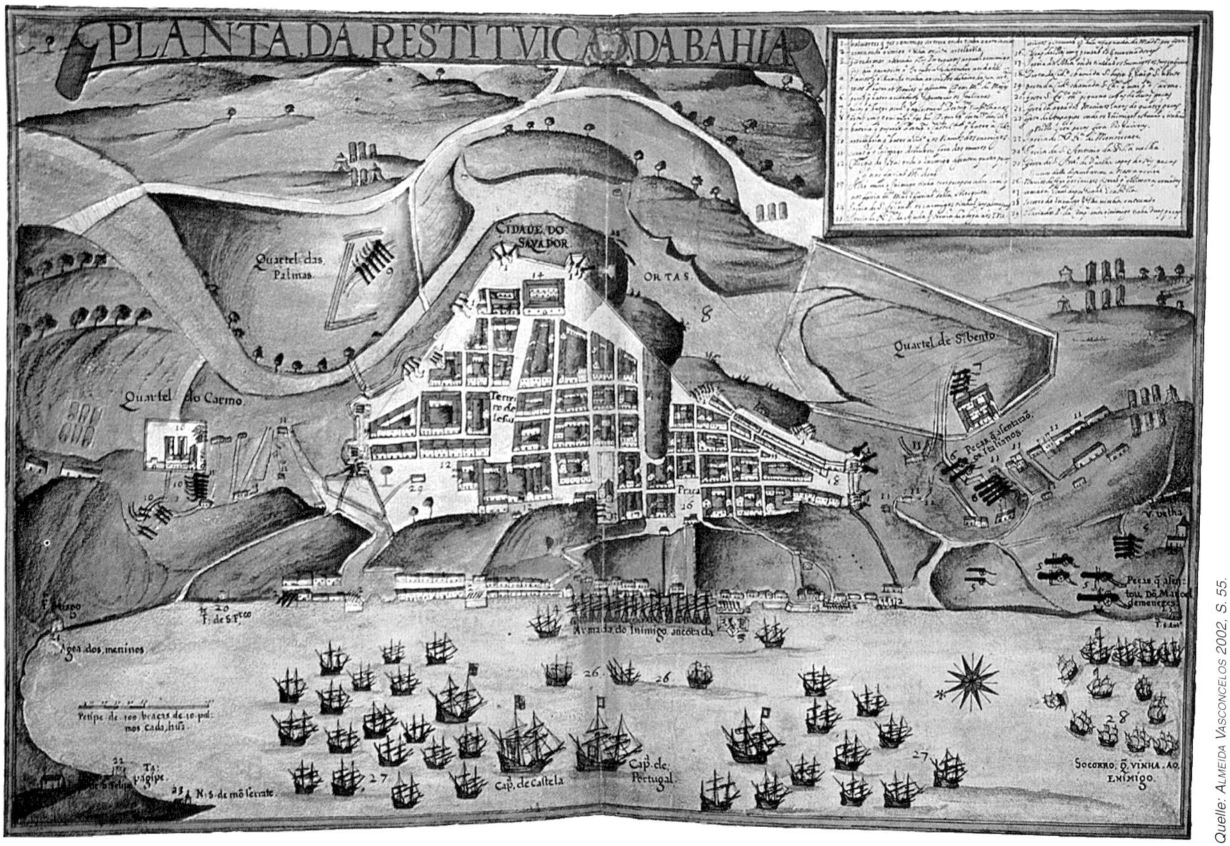

Abb. 3: *Salvador da Bahia, die Unterstadt, auch heute Zentrum der kommerziellen Nutzung am Hafen, darüber das „koloniale Ensemble" der Oberstadt (vergleiche hierzu auch Abb. 2).*

Quelle: Governo da Bahia 2005.

3 Die Entwicklung von Salvador da Bahia

Der erste brasilianische Generalgouverneur *Tomé de Souza* gründete 1549 die Stadt als Hauptstadt der Kolonie und als Zentrum aller weiteren Aktivitäten Portugals. Neben der Funktion, Etappenhafen nach Ostindien zu sein, exportierte man aus dem Küstenregenwald zur Farbstoffherstellung Brasilholz und bald wurde im unmittelbaren Umland Zuckerrohr angebaut. Ab 1551 war Salvador der wichtigste Einfuhrhafen für Sklaven aus Westafrika, die mit ihrer Arbeitskraft die Zuckerproduktion, nachdem keine Indios mehr zur Verfügung standen, erst ermöglichten. Die Stadt entwickelte sich, als Residenzstadt des kolonialen Adels und der Orden mit ihren Klöstern und Kirchen, als Wohnort der Kolonialbeamten und des Landadels, zunehmend baulich aufwändig und prachtvoll, und es entstand ein Bürgertum. Der Niedergang der Zuckerproduktion, die Verlagerung der wirtschaftlichen Aktivitäten der Kolonialmacht in den Süden Brasiliens, und damit verbunden der Verlust der Hauptstadtfunktion 1763 an Rio de Janeiro, führten zum Niedergang und vor allem zum Verfall des kolonialen Zentrums.

Die Unabhängigkeitsbewegung, dann die Unabhängigkeit selbst, damit jeweils verbunden der Wunsch zu neuen Lebensstilen, bedeutete in Salvador auch die Erschließung neuer, moderner städtischer Räume. Im 19. Jahrhundert entstanden besonders im Süden Stadtviertel mit Boulevards und Parkanlagen, die mit dem alten Zentrum durch Pferdestraßenbahnen verbunden waren, ein Aufzug von der Unterstadt wurde zum Gouverneurspalast hinauf gebaut. Während die Unterstadt ihre Funktion als kommerzielles Zentrum und Hafenstandort behielt, entleerte sich die Altstadt mehr und mehr und die wohlhabende Bevölkerung wanderte in Richtung *Corridor da Vitória* und Küste ab (Abb. 4), gleichzeitig bewirkte vor allem die Zuwanderung vom Lande eine gewaltige Bevölkerungszunahme.

Die Verschlechterung der wirtschaftlichen Situation in der zweiten Hälfte des 19. Jahrhunderts hatte die Zuckerbarone gezwungen, die Produktion zu verkleinern und ihre Sklaven nach Süden zu verkaufen. Kapitalmangel und der Verlust der Verwaltungsoberschicht führte zu Vermietung und Verkauf der Residenzen und Häuser in der Altstadt auch an Banken und Versicherungsgesellschaften oder sie gingen an öffentlich-rechtliche Körperschaften. Die neuen Eigentümer wandelten die Häuser zum besseren Profit in Geschäfte, Gaststätten und Bars oder Werkstätten um, die in den Untergeschossen eingerichtet wurden. Die großzügigen Wohnflächen in den Obergeschossen unterteilten die Eigentümer mit einfachen Mitteln und vermieteten sie billig an sehr viele Zuwanderer. Bis in die 1930er Jahre hatte sich das Zentrum der Kolonialstadt in ein proletarisches Viertel gewandelt – es war übervölkert, infrastrukturell unterversorgt und wegen fehlender Investitionen vom baulichen Verfall bedroht. Ein Höhepunkt der sozialen Degradierung wurde 1932 erreicht, als die Polizei die Zentren der Prostitution hierhin verlegte (CRAANEN 1998; AUGEL 1991). Die Altstadt war danach das größte innerstädtische Slumgebiet und Prostitutionsviertel von Salvador da Bahia (Abb. 5 im Farbteil S. I).

Die Armut verstärkte sich durch den Migrationsschub der 1950er Jahre, die kolonialen Gebäude, besonders die größeren Paläste, entwickelten sich zu Massenquartieren. Der Verfall geriet zum Teufelskreis. Die alten Eigentümer hatten kein Kapital und falls vorhanden kein Interesse die Häuser zu

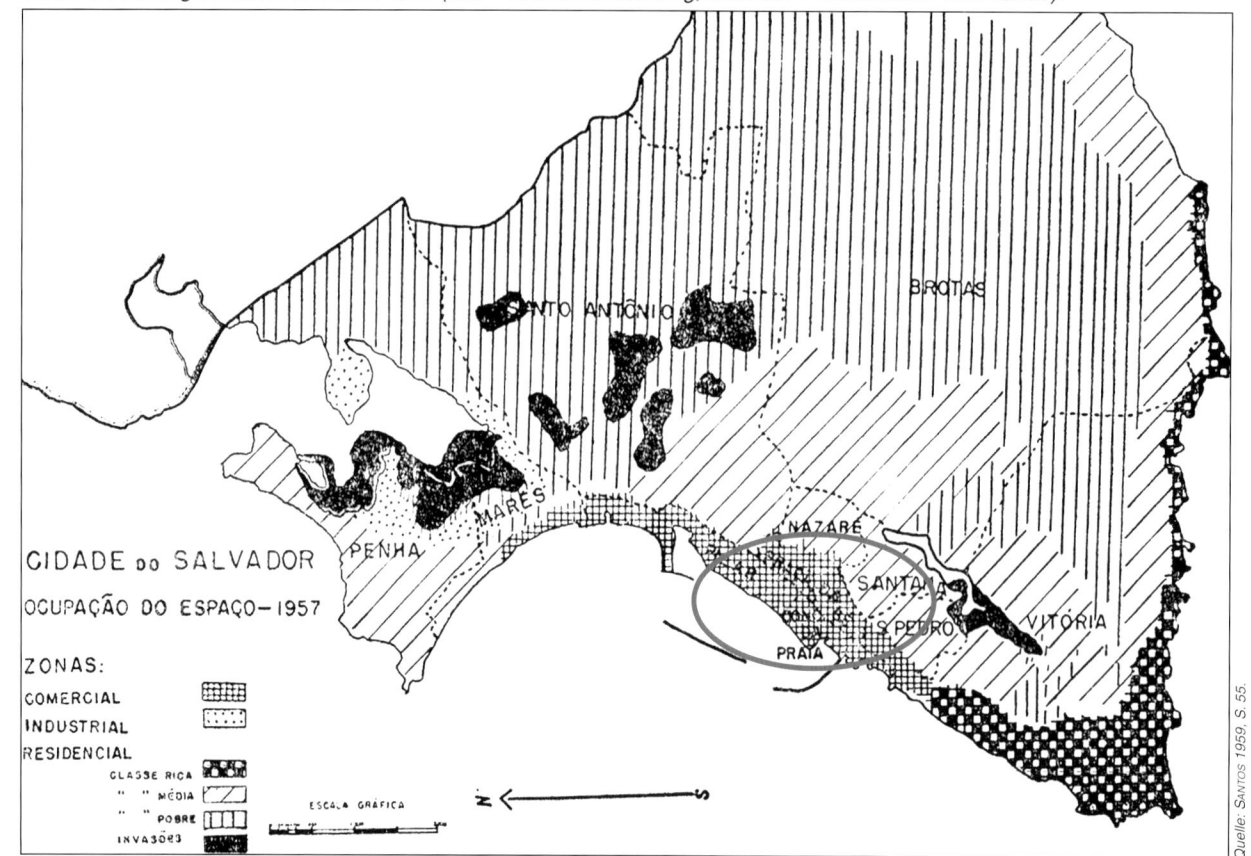

Abb. 4: Nutzungsräume in Salvador 1957 (rica = reiche Bevölkerung; invasões = Zuwanderer vom Lande).

Quelle: SANTOS 1959, S. 55.

erhalten. Die neuen Eigentümer und auch die Bewohner identifizierten sich nicht mit der kolonialen Bausubstanz, die sie unterschwellig als Symbol der Herrschaft und als Zeichen der Ausbeutung verstanden. In den 1960er Jahren breitet sich hier die Straßenprostitution in der gesamten Altstadt aus und in der Presse forderte man den „Schandfleck" zu beseitigen (Abb. 6). Polizeiliche „Säuberungsmaßnahmen" halfen wenig (BARTH 1991, S. 103–125). Teile des kolonialen Zentrums der Oberstadt wurden zu „No-Go-Areas". Sozial Bessergestellte vermieden es hierhin zu gehen, für Frauen galt es als unschicklich und für Touristen als lebensgefährlich.

Das Problem des Verfalls der kolonialen Innenstädte, überall in Brasilien und nicht allein in Salvador, war der Politik bekannt. Formal hatte bereits ein Gesetz von 1937 die Sicherung des kulturellen und historischen Erbes geregelt. Aber erst 1973 wurde ein Programm für die Erhaltung historischer Städte für den Nordosten verabschiedet. Vor allem die Zunahme der Touristen und damit verbunden die Instandsetzung *ganz bestimmter* Gebäude veränderte die Situation; eine Finanzierung erfolgte vor allem durch die *UNESCO* (vgl. Bild 1).

Die Altstadt Salvadors wurde 1985 von der *UNESCO* in die Liste des Weltkulturerbes mit der Begründung, ein einmaliges portugiesisch-koloniales Ensemble und ein Ort der Konvergenz von europäischer, afrikanischer und indianischer Kultur des 16. bis 18. Jahrhunderts zu sein, aufgenommen. Der Erhalt der Kolonialkultur, die Erinnerung an die Kolonialzeit, entwickelte sich damit zu einer der wichtigen Aufgaben der *UNESCO* in Lateinamerika.

Die Restaurierung in Salvador brachte die staatliche Denkmalbehörde *IPAC* voran. Zuerst unterlagen allein öffentliche, prachtvolle koloniale Gebäude einer Restauration; dies

Bild 1: Largo do Pelourinho – *der ehemalige Sklavenmarkt mit dem Sklavenpranger, sowie der* Nossa Senhora do Rosário dos Pretosso, *der so genannten „Sklavenkirche" (im Vordergrund Karnevalsfigur).*

Aufnahme: E. Struck 03/2004.

war ganz im Sinne der *UNESCO*, die den Tourismus als wichtigstes Instrument zum Erhalt des Erbes ansah. Neben der Sanierung der barocken Kirchen und Klöster trat die der ehemals repräsentativen Wohnhäuser, die aber zu Büros von Institutionen umgebaut und umgenutzt wurden. Die arme Wohnbevölkerung musste weichen. Die partielle Restaurierung ließ ein netzartiges Bild von sanierten Gebäuden, die unmittelbar neben stark bedrohten Wohnhäusern oder Ruinen lagen, entstehen. Erst in den 1990er Jahren rückte dann die Wohnbevölkerung, die Sanierung auch weniger wertvoller Bausubstanz, Fragen der Wohnbedingungen, der Kriminalität und der Arbeitslosigkeit in den Blick der staatlichen Planer.

Historische, koloniale Stadtstrukturen und moderner Wandel in Lateinamerika

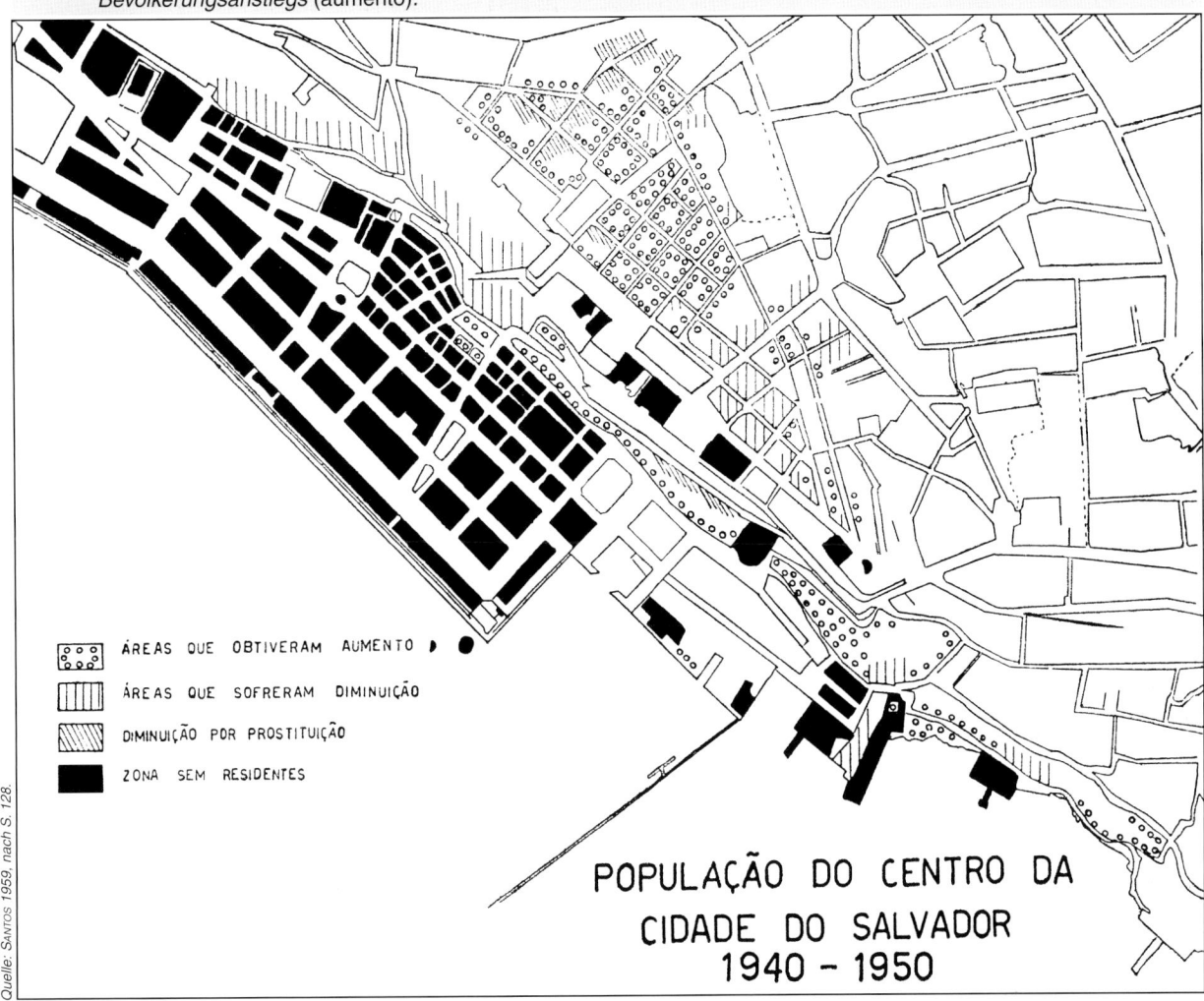

Abb. 6: *Salvador da Bahia 1940–50, die koloniale Oberstadt und Altstadt als Standort der Prostitution* (postituicão) *und des Bevölkerungsanstiegs* (aumento).

ÁREAS QUE OBTIVERAM AUMENTO
ÁREAS QUE SOFRERAM DIMINUIÇÃO
DIMINUIÇÃO POR PROSTITUIÇÃO
ZONA SEM RESIDENTES

POPULAÇÃO DO CENTRO DA CIDADE DO SALVADOR 1940 – 1950

Quelle: Santos 1959, nach S. 128.

Das Problem der Wohnbevölkerung konnte nicht gelöst werden. Wer es hier schaffte zwei Mindestlöhne zu verdienen war privilegiert. Zur Überlebenssicherung gehörte der Verkauf von Getränken und Essen auf der Straße, vielfach auch die Kriminalität. Sanierung war hier oft nur unter massivem, staatlichen Druck möglich, wobei Zwangsräumungen durch die Polizei die Regel waren. Lediglich erfolgten Entschädigungszahlungen von umgerechnet 220 bis 400 €, die aber selten ausreichten, um in der Nähe eine andere Bleibe zu finden. Die meisten Gebäude wurden einer kommerziellen Nutzung zugeführt und dienen bis heute hauptsächlich zur Versorgung der Touristen, wie Bars, Restaurants, Souvenirgeschäfte, Kunsthandel und -handwerk, Galerien und Boutiquen (vgl. Bild 2).

In der Hauptphase der Sanierung im Pelourinho 1992–1995 standen 327 Häuser im Prozess der Renovierung, von denen allein in 9 Gebäuden, aber 822 Menschen, wohnten. Die Einwohnerzahl zu Beginn des Projekts wurde 1992 mit 3.223 Personen angegeben, in drei Jahren waren demnach 74,5 % der Bewohner vertrieben worden. Diese Entwicklung in den unmittelbar angrenzenden Altstadtvierteln (z. B. in Santo Antônio) ist ganz ähnlich verlaufen, wenn auch der Druck wegen der geringeren touristischen Attraktivität nicht so groß war. Hier hat das Programm zur Wohnungserneuerung mit Sozialplänen bescheidene Erfolge für die zurückgebliebene Bevölkerung gebracht (Abb. 7).

Bild 2: *„Koloniales" Touristenangebot in der Altstadt von Salvador da Bahia.*

Aufnahme: E. Struck 02/2005.

Abb. 7: *Beispiel einer vorbildlichen Wohnhaussanierung in der nördlichen Altstadt, Santo Antônio.*

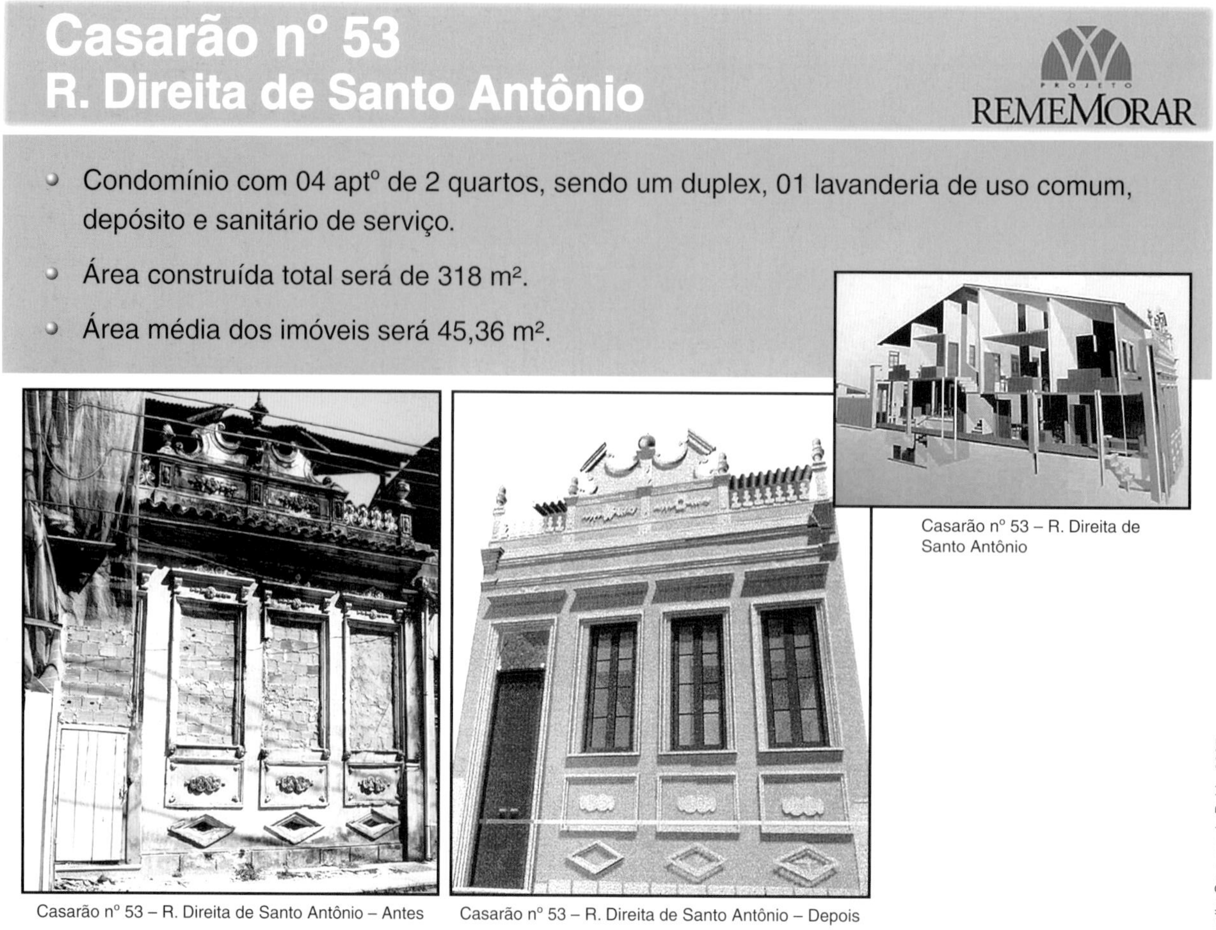

Casarão n° 53
R. Direita de Santo Antônio

REMEMORAR

- Condomínio com 04 apt° de 2 quartos, sendo um duplex, 01 lavanderia de uso comum, depósito e sanitário de serviço.
- Área construída total será de 318 m².
- Área média dos imóveis será 45,36 m².

Casarão n° 53 – R. Direita de Santo Antônio

Casarão n° 53 – R. Direita de Santo Antônio – Antes   Casarão n° 53 – R. Direita de Santo Antônio – Depois

Quelle: Governo da Bahia 2007.

In den sieben Sanierungsphasen des gesamten historischen Zentrums zwischen 1992 und 2002 wurden allein 1.843 Familien entschädigt und 565 Gebäude saniert, seit 2002 erfolgten Auszahlungen an weitere 1.072 Familien und 130 Gebäude baute man um (ausführlich hierzu AUGEL 1991; CRAANEN 1998; ROTHFUSS 2007a, 2007b).

Heute boomt der Tourismus in der kolonialen Altstadt von Salvador (2006: 2,6 Mio. Besucher). Die aktuelle Kartierung der Nutzung belegt das Ergebnis der dargestellten Entwicklung eindrucksvoll (Abb. 8 im Farbteil II). Etwa ein Drittel der Gebäude werden ausschließlich für den Tourismus genutzt, an den Hauptstraßen sind es bis zu 65%, wobei die Wohnfunktion nur noch 6% ausmacht. Die Erinnerung an die Kolonialzeit besteht aus einem Ensemble barocker Fassaden oder Kulissen, in dem nahezu allein die aktuellen Konsum- und Vergnügungsbedürfnisse der Touristen befriedigt werden (vgl. Bild 3).

Bild 3: *Bahianerinnen in afrobrasilianischer „Tracht" stehen zum Fotoshooting mit Touristen vor der Catedral (Sé) Basílica und vor den Geschäften mit touristischem Angebot bereit.*

Aufnahme: E. Struck 03/2005.

4 Die Entwicklung von Havanna

Die historische Innenstadt von Havanna, seit 1982 Weltkulturerbe, ist in einigen Elementen der Grundstruktur Salvador da Bahias ganz ähnlich, obwohl es sich hier um eine spanische Kolonialstadt handelt. *San Cristóbal de La Habana* wurde 1519 ebenfalls in Schutzlage einer Bucht gegründet, aber wenig später von französischen Piraten mehrfach zerstört. Eine wehrhafte Befestigung, nach und nach zusätzlich durch vorgelagerte Festungen ausgebaut, war unabdingbar. Nach

1561 stellten die Spanier ihre Schiffe, die aus Zentral- und Südamerika ins Mutterland segelten, in Havanna zu Flotten zusammen, um im Konvoi die wertvollen Güter sicherer nach Spanien zu bringen. Im 17. Jahrhundert war die Zahl der Matrosen in der Stadt, die die Schiffe auszurüsten hatten, nicht selten höher als die der Einwohner und hier entstand die größte Werft Amerikas. 1592 bekam Havanna das Stadtrecht verliehen und eine koloniale Infrastruktur: ein regelmäßiger

Schachbrettgrundriss mit Quadras von 112 m × 120 m wurde angelegt, mit einem zentralen Platz, der Plaza Mayor (heute Plaza de Armas), hier aber randlich am Ufer gelegen, ganz so wie es die spanische Gesetzgebung im Prinzip für die Kolonie vorschrieb (vgl. Abb. 9). 1634 gab die spanische Krone der Stadt Havanna den Titel „Schlüssel zur neuen Welt, Stützpunkt Westindiens".

Neben der *Plaza Mayor*, dem Zentrum der Macht mit den kolonialen Repräsentationsbauten und der Kathedrale, die als *Plaza de Armas* die militärisch-administrative Funktion innehatte (vgl. Abb. 1), entstanden die *Plaza Nueva* (später *Plaza Vieja* genannt) als Markt- und Handelsplatz, die *Plaza de San Francisco* als Umschlagplatz der Überseewaren unmittelbar am Hafen und die *Plaza del Cristo* sowie zuletzt die *Plaza de la Catedral* (1789 Verlagerung der Kathedrale hierhin) mit ihren religiösen Funktionen. Hinzu kamen die Klöster und Kirchen mit eigenen kleinen Plätzen (Abb. 10). Die Wohnbebauung bestand aus den kolonialspanischen Patiohäusern.

Die Stadt erweitere sich im 17. und 18. Jahrhundert sukzessive nach außen (vgl. Abb. 11). Ihre wirtschaftliche Bedeutung als Handels- und Umschlagplatz wuchs durch die Unabhängigkeit der USA und dem Zusammenbruch der Zuckerproduktion auf Haiti, wodurch sich der Anbau auf Kuba zur Haupteinnahmequelle des Exports entwickelte. Als Ausdruck der wirtschaftlichen Prosperität entstanden im Zentrum aufwändige Repräsentationsgebäude. 1898 beendeten die Truppen der Vereinigten Staaten von Amerika die spanische Kolonialherrschaft und Kuba wurde – ganz ähnlich wie eine Kolonie – nun von US-amerikanischen Militärgouverneuren verwaltet. Viele Spanier, vor allem die Adeligen, verließen die Insel und gaben damit ihre Wohnstandorte in der Innenstadt Havannas auf. Sozial niedrigere Bevölkerungsgruppen, auch Zuwanderer aus den ländlichen Gebieten, okkupierten die große Zahl der verlassenen Gebäude und bauten sie ihren Anforderungen entsprechend um. Sie teilten die großflächigen Wohneinheiten mit einfachsten Mitteln auf, es entstanden Massenquartiere. Als Folge dieser Degradierung zogen auch die noch verbliebenen wohlhabenden Kubaner in die Außengebiete; die Bausubstanz und das Wohnumfeld entsprach nun nicht mehr dem an nordamerikanischen Vorbildern orientierten Lebensstil der Oberschicht, sie investierten aber auch nicht in den Erhalt ihrer Gebäude, die schnell Zuwanderer einnahmen. An die spanische Kolonialzeit wollte man nicht erinnert werden.

Die Repräsentationsfunktionen wurden von innen nach außen in den Bereich der ehemaligen Stadtmauer im Westen (Promenade, *Paseo del Prado* als Prachtstraße) verlegt, hier baute man das Parlament oder *Capitolio*, eine Kopie des Kapitols in Washington, den Präsidentenpalast, Hotels, Theater, Kulturzentren und Einzelhandelsstandorte. Gleichzeitig blieben hochwertige Funktionen auch an den Hauptachsen innerhalb der Altstadt, die von außen auf die Plaza de Armas zuführten, konzentriert (vgl. Bild 4).

Der Bauboom nach 1952, vor allem durch die gestiegene Zuckernachfrage stimuliert, wertete die Außenbezirke der Stadt immer mehr auf, wo sich aufwändige Stadtviertel und Zentren entwickelten (wie z.B. *Cerro, Vedado* mit dem Hotel *Nacional*). Die Zuwanderung vom Lande ging in neuangelegte Marginalviertel, vor allem aber in die Altstadt, deren Wohndichte weiter anstieg. Die zunehmende Degradation der historischen Innenstadt ging mit Kriminalität und Prostitution einher, das Zentrum der Kolonialstadt hatte sich in ein proletarisches Viertel gewandelt – es war übervölkert,

Abb. 9: *Havanna – Blick auf den Hafen im Inneren der Bucht an der* Plaza de San Francisco *(mit Kirche und Konvent), das koloniale Zentrum, die* Plaza Mayor, *im Mittelgrund rechts vor der Festung* Castillo de la Real Fuerza.

Ernst Struck

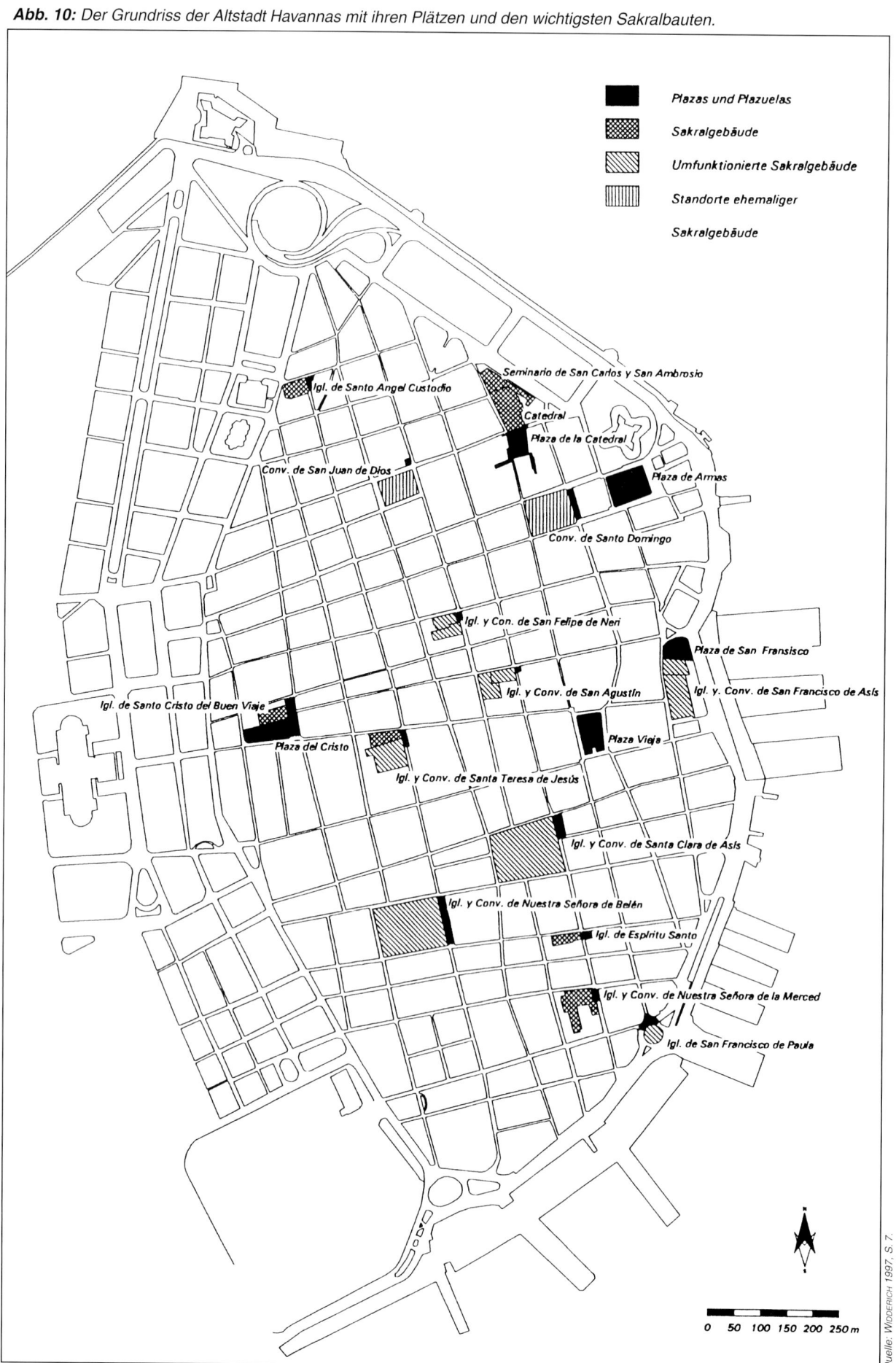

Abb. 10: Der Grundriss der Altstadt Havannas mit ihren Plätzen und den wichtigsten Sakralbauten.

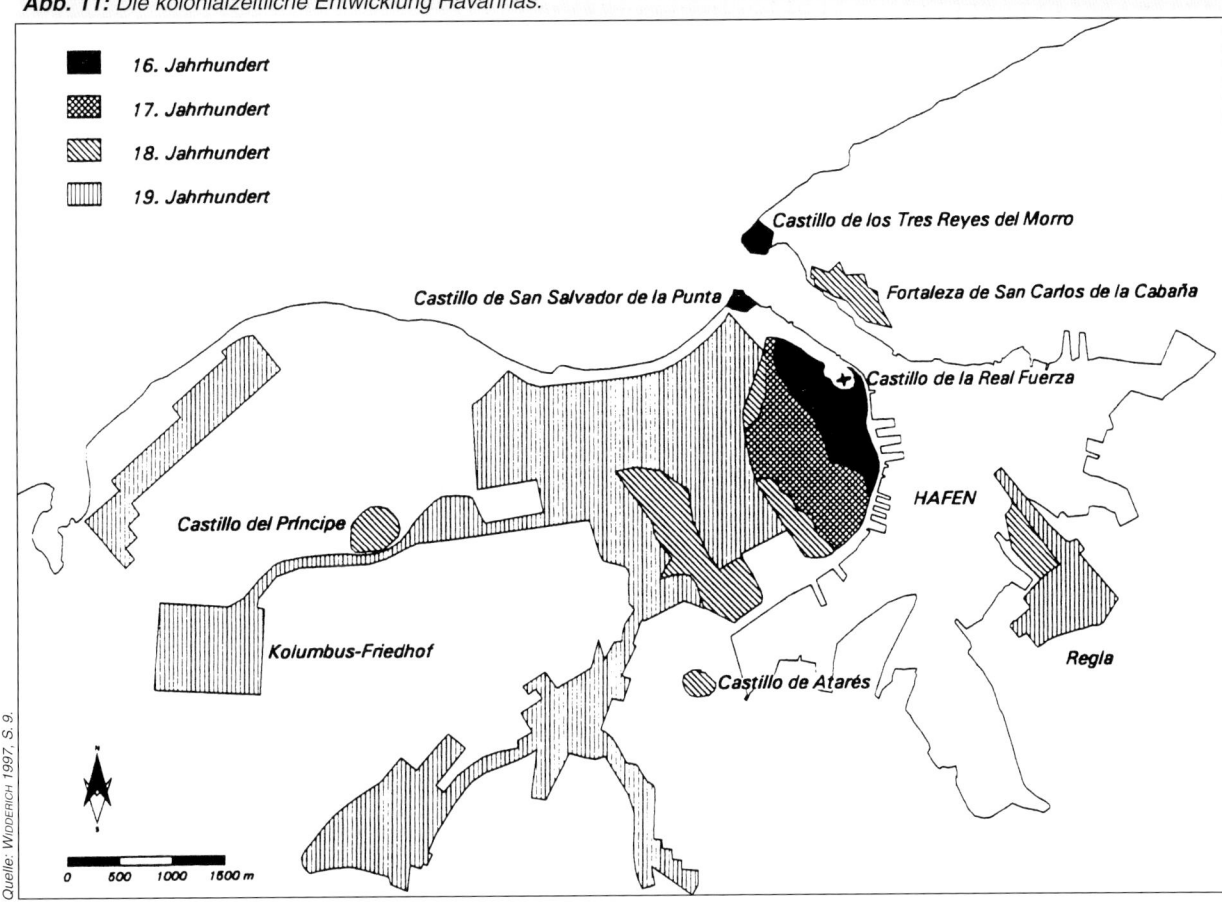

Historische, koloniale Stadtstrukturen und moderner Wandel in Lateinamerika 73

Abb. 11: *Die kolonialzeitliche Entwicklung Havannas.*

- 16. Jahrhundert
- 17. Jahrhundert
- 18. Jahrhundert
- 19. Jahrhundert

Castillo de los Tres Reyes del Morro
Castillo de San Salvador de la Punta
Fortaleza de San Carlos de la Cabaña
Castillo de la Real Fuerza
HAFEN
Castillo del Príncipe
Kolumbus-Friedhof
Castillo de Atarés
Regla

Quelle: WIDDERICH 1997, S. 9.

Bild 4: *Der Regierungssitz, das Capitolio, am Rande der dicht bewohnten Altstadt von Havanna.*

Aufnahme: E. Struck 03/2007.

infrastrukturell unterversorgt und wegen fehlender Investitionen vom baulichen Verfall bedroht.

Der Sieg der kubanischen Revolution 1959 konservierte nun gewissermaßen die Situation in der historischen Altstadt. Das Eigentum fiel in staatliche Hand und man konnte nun geplant über alle Gebäude, den gesamten Wohnraum, verfügen und auch verlassene Häuser beschlagnahmen sowie Wohnungen umverteilen. Die stark degradierte Bausubstanz, einige Baudenkmäler waren bereits unwiederbringlich zerstört, war aber wegen fehlenden staatlichen Kapitals nicht zu sanieren. Um die Wohnungsnot im Lande und in der Hauptstadt zu mildern, versuchte man zuerst – unter dem sozialistischen Motto „Stadterweiterung vor Stadterneuerung" – in den Außenbezirken neuen Wohnraum zu schaffen (Abb. 12).

Der Zuzug nach Havanna unterlag einer administrativen Beschränkung, womit sich auch der Bevölkerungsdruck auf die Altstadt verringerte. Obwohl schon 1938 das Büro des Stadthistorikers zum Erhalt der historischen Bausubstanz eingerichtet worden war, begann man erst unter der sozialistischen, kommunistischen Führung in den 1970er Jahren die Bevölkerung für das historische Erbe zu sensibilisieren. In der Altstadt wurden erste Objektsanierungen touristisch interessanter Gebäude, die in einem Inventar erfasst worden waren, angegangen. 1978 erhielt die Altstadt, inklusive ihrer dichten Bevölkerung, den Titel „nationales Denkmal" und bereits 1981 legte das Büro des Stadthistorikers Fünfjahrespläne zur systematischen Restaurierung vor. Das Gebiet innerhalb der ehemaligen Stadtmauern wurde 1982 von der UNESCO in die Liste des Weltkulturerbes aufgenommen mit der Begründung, ein einmaliges spanisch-koloniales Ensemble zu sein.

Das Ziel der „Wiederherstellung des kulturellen Erbes", war in Havanna – wie auch in Salvador da Bahia – in erster Linie, kolonialtypische, historische Gebäude im Interesse des

Abb. 12: *Stadtentwicklung Havannas von 1519 bis 1958.*

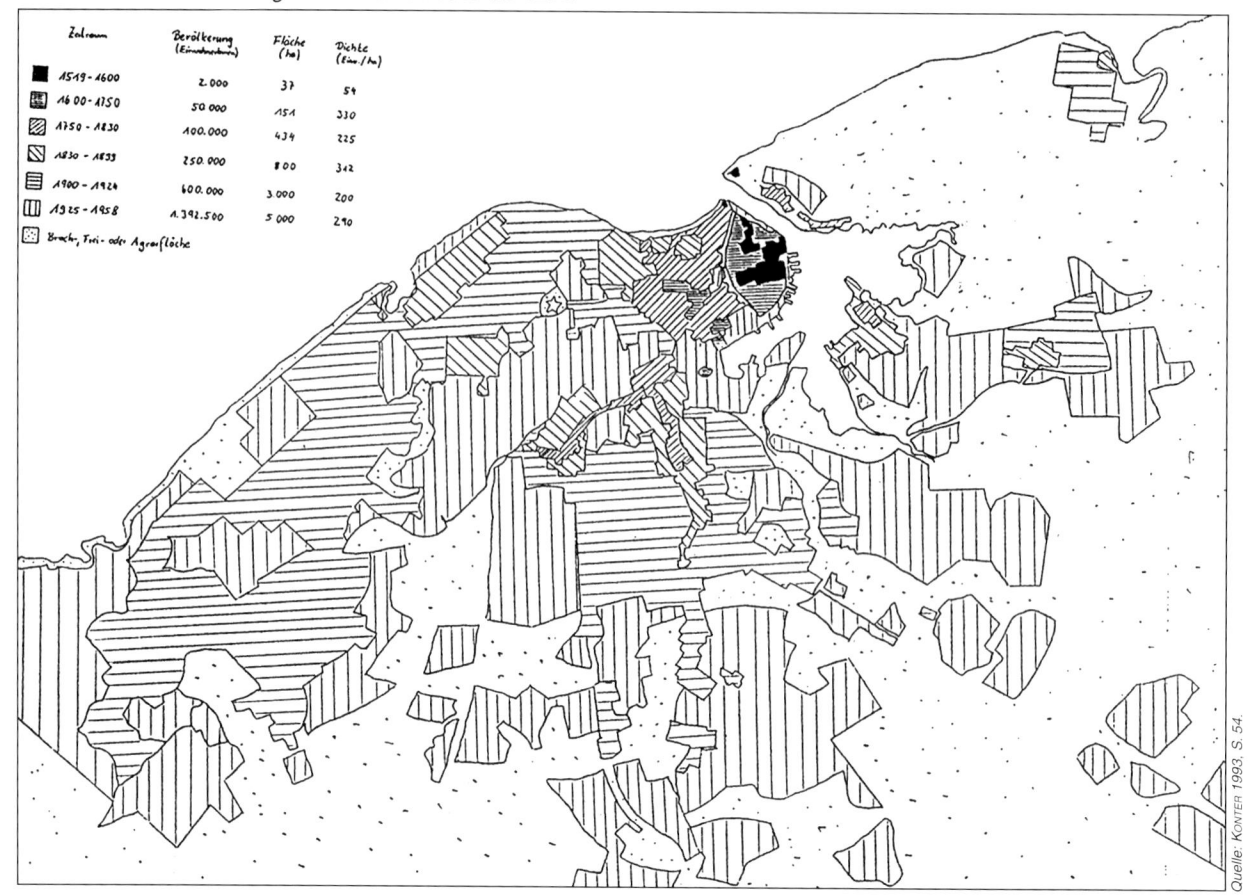

Quelle: Konter 1993, S. 54.

wachsenden Tourismus zu erhalten, der als Devisenbringer in der abgeschotteten sozialistischen Welt Kubas bis heute – ganz anders als in Brasilien – einen sehr hohen Stellenwert einnimmt (Mertins 2003): „ Die ... auf die duale Marktwirtschaft orientierte kubanische Regierung errichtet ein historisiertes und museales Habana Vieja und ersetzt die ehemalige Stadtmauer mit einer Bannmeile für Devisen bringende Joint Ventures und DollartouristInnen" (Pichler 2001, S. 117; vgl. auch Nau 2008).

Der Zustand der Bausubstanz in der Altstadt, die etwa zu einem Viertel aus Gebäuden der spanischen Kolonialzeit besteht, wurde in den 1980er Jahren zu 36 %, in den 1990er Jahren dann zu 70 bis 80 % als schlecht bis sehr schlecht beschrieben. Die Kartierung des Gebäudezustandes im Jahre 1995 von Widderich (1997) zeigt diesen Zustand genauer, wobei in der Karte (Abb. 13 im Farbteil S. III: Der Zustand der Bausubstanz in der Altstadt Havannas1995.) die Summe der blauen, gelben und roten Signaturen den ursprünglichen Verfall belegt. Ganz deutlich wird hier, dass im Inneren zwischen Plaza de Armas, Plaza de la Catedral und Plaza Vieja zuerst die repräsentativen spanischen Kolonialgebäude einer Sanierung zugeführt wurden (Bild 5). Diese Paläste, Patiohäuser, Kirchen und Klöster sind die Attraktionen für den Tourismus bzw. werden ganz überwiegend als Hotels, Restaurants und Geschäfte für ein touristisches Angebot genutzt (siehe auch die Karte der touristischen Infrastruktur 1997 in Wehrhahn, Widderich 2000, Anlage V).

„Wir haben heute eine intakte Stadt, stark verfallen, aber in der Substanz erhalten, lebhaft und aktiv" so bezeichnet heute der langjährige Leiter der Sanierungen *Eusebio Leal Spengler* die Situation (Spengler 2004, S. 19). Er kann nach

Bild 5: *Für den Tourismus perfekt restauriert, das koloniale „Schmuckkästchen" die Plaza Vieja mit Wohngebäudesanierung.*

Aufnahme: E. Struck 03/2007.

einem neuen Gesetz seit 1993 direkt mit nationalen und sogar internationalen Unternehmen Verträge abschließen und in dieser Zone besondere Steuern auf kommerzielle Aktivitäten erheben. Das Kulturdenkmalbüro verwaltet die eingenommenen Devisen, die in die Sanierungsmaßnahmen gehen. Die Selbstfinanzierung der Wiederherstellung geht aber noch weiter: Ein eigenes Tourismusunternehmen *HABAGUANEX S.A.* wurde gegründet, das devisenbringende Einrichtungen wie Hotels, Restaurants, Bars, Cafes und „Dollarshops", auch in Joint Venture mit ausländischen Unternehmen, in der Altstadt errichtete und unterhält. Damit rücken die Anforderungen des Tourismus in der Altstadtsanierung ganz weit in den

Vordergrund; so gab die Stadt etwa 1997 die Hälfte der Einkünfte von 44 Mio. US-$ für Restaurierung und Hotelneubauten aus, für die Verbesserung der Wohnsituation dagegen nur 2% (vgl. Bild 6 und 7). Obwohl der Stadthistoriker betont: „Es macht keinen Sinn, hier eine Art Disneyland zu schafften; vielmehr wollen wir die lebendige Stadt erhalten", profitieren die Altstadtbewohner nur indirekt von der Sanierung. WEHRHAHN, WIDDERICH (2000) bezeichnen dieses Phänomen als „Touristenapartheid" (vgl. hierzu auch NAU 2008; Bild 8).

Im Jahre 2004 gab der Leiter des Stadthistorikerbüros an, das 45% aller Investitionen in kommerzielle Projekte und 35% in soziale Projekte wie Wohnungsmodernisierung gegangen sind und dabei auch Arbeitsplätze geschaffen worden seien. Mittlerweile sind ein Drittel aller Gebäude renoviert und funktionstüchtig. Zu dieser Zeit waren 380 neue Wohnungen entstanden und 75 im Bau; besonders darauf hingewiesen wird gleichzeitig, dass aber nach dem Ausbau der bis dahin völlig überbelegten Altstadtwohnungen nur noch etwa die Hälfte der Familien hier wieder untergebracht werden kann. Man geht davon aus, dass bei gleicher Größe der gesamten Wohnfläche etwa 20.000 Personen die Altstadt in den nächsten Jahren verlassen müssen. Es wird als Ziel gesehen die extreme Bevölkerungsdichte, die auch viele soziale Probleme mit sich bringt, zu senken.

Die Standorte kommerzieller, touristischer Nutzung sind hier, staatlich gesteuert, nahezu ausschließlich in ehemals

Bild 6: *Gebäudeverfall und Sanierungen an der Straße Habana/Lamparilla.*

Bild 7: *Die Wohnsituation in der Altstadt Havannas, an der Plaza del Cristo.*

Bild 8: *Kubaner mit überdimensionaler Zigarre steht zum Fotoshooting mit Touristen vor der Kathedrale San Cristobal und vor den Restaurants mit Touristen in Havanna bereit.*

leerstehende Bauten, Ruinen, in Gebäuden von Behörden oder staatlichen Betrieben oder auf freien Flächen eingerichtet worden. Ganz anders als in Brasilien ist eine Konkurrenz um die Nutzung mit der Wohnbevölkerung nicht entstanden.

Der Tourismus erzeugt in Havanna weitreichende Probleme, die im extremen Gegensatz zwischen den Lebensverhältnissen der Dollar-Touristen und den Lebensumständen der hier lebenden Einheimischen begründet liegen: Illegale Dienstleistungen, das versteckte Angebot von Waren auf der Straße sowie die Prostitution sind allgegenwärtig. Die Bewohner leben gewissermaßen im Angesicht einer anderen, einer reichen Welt, der Welt der Touristen. Diese aktuelle soziale Situation erinnert an die Kolonialzeit, wo das Zentrum der Lebensraum der Privilegierten, der Kolonialaristokratie, der Orden mit prächtigen Klöstern und Kirchen, der Kolonialbeamten und des Landadels, der Zuckerbarone war und die arme Bevölkerung von außen dem Treiben zusah.

5 Erinnerungsorte – verfälschte Symbole. Die restaurierten historischen Altstädte der Kolonialzeit

Die lateinamerikanische Kolonialstadt ist klar gegliedert, sie lässt sich in einfachen Strukturmodellen abbilden, wobei „die plaza mayor das Zentrum und der Ausgangspunkt, der »Nabel« jeder hispanoamerikanischen Stadt" ist (BÄHR, MERTINS 1995, S. 11). Im weitesten Sinne kann dieses Bild auch auf die Praça der portugiesischen Kolonialstadt übertragen werden, wenngleich hier Macht und städtische Funktionen sich von Anfang an weniger konzentrierten und vielmehr verschiedene funktionale Plätze und Orte entstanden. Das Beispiel Havanna zeigt gleichzeitig, dass auch dort im spanischen Kernraum, ganz ähnliche Strukturen entstehen konnten, die das klassische Modell nicht berücksichtigt.

„Städte sind Werke des Menschen. In ihrer physiognomischen Gestalt und ihrem inneren System spiegelt sich die Geisteshaltung der Menschen einer Region. ... Städte sind Ergebnis des subjektiven und objektiven Geistes einer Kultur" (BORSDORF 1994, S. 3). Diesen Städten gemeinsam ist die *Strahlkraft* der kolonialen innerstädtischen Ensembles, die klare Grundstruktur, die von planerischem Willen der Europäer zeugt, die wirtschaftliche Kraft und der Überlegenheitsanspruch der „weißen Kultur" über die kulturellen Zeugnisse der indigen und versklavten Bevölkerung, die sich in den Prachtbauten, Plätzen, Palästen, Kirchen und Klöstern manifestiert (die Städte der vorkolonialen Hochkulturen in Mittelamerika und in den Andenländern wurden überbaut). Grundriss, Aufriss und Idee der lateinamerikanischen Kolonialstadt waren ganz europäisch. Eine Integration der autochthonen indianischen und vor allem der später importierten afrikanischen Kultur lässt sich in der Gesamtgestalt der Städte in der Kolonialzeit nicht erkennen, wenngleich der indianische Einfluss, der nur in den barocken Stilelementen von Kirchen und Klöstern („Indianerbarock") zu sehen ist, gerne als Ansatz einer kulturellen Integration oder Konvergenz bezeichnet wird. Bezogen auf die Gesamtstruktur der kolonialzeitlichen Stadt erscheint eine derartige Interpretation abwegig.

Die *UNESCO* hat den Städten Havanna und Salvador da Bahia den Titel Weltkulturerbe verliehen, da sie jeweils ein bedrohtes *(„... in danger")* einmaliges portugiesisch-koloniales bzw. spanisch-koloniales Ensemble darstellten *(UNESCO)*. Die physische Struktur der Kolonialstadt, das materielle Erbe und die materielle Kultur, stand dabei ganz allein im Vordergrund, es ging und geht darum, die gebauten Ausdrucksformen der kolonialen Macht zu konservieren. Gleichzeitig sind Kolonialstädte für die *UNESCO* erstaunlicherweise aber auch Orte der „kulturellen Annäherung" und des „kulturellen Zusammenwachsens": "Salvador is one of the major points of convergence of European, African and American Indian cultures of the 16th to 18th century" (*UNESCO; ICOMOS* N° 309, entsprechend des Kriteriums 6). In Bezug auf die indianischen, karibischen und afrikanischen Kulturträger waren sie ohne Zweifel in dieser Zeit keine Orte der Konvergenz, sondern vielmehr Zentren der Ausrottung, der Sklaverei und Unterdrückung. Eine langsame Hybridisierung oder Kreolisierung der städtischen Gesellschaft hatte in der Kolonialzeit kaum Auswirkungen auf die Stadtstrukturen, sie wurden, wenn überhaupt, erst in der nachkolonialen Zeit möglich und wirksam.

Der Anstoß der *UNESCO* und die Aufgabe des jeweils nationalen Denkmalschutzes waren es, Gegenstände als kulturelle Manifestationen zu restaurieren und zu pflegen, immaterielles Kulturgut vergangener Zeiten spielte keine Rolle. Erst Ende der 1990er Jahre wurde dieses Defizit erkannt und nun auf das immaterielle Erbe hingewiesen, das „für viele Bevölkerungsgruppen, spezielle Minderheiten und die indigene Bevölkerung, ... die wesentliche Identitätsgrundlage, die tief in der Vergangenheit verwurzelt ist" darstellt und das „als Quelle der Inspiration für das schöpferische Wirken von heute" verstanden werden soll (*Deutsche UNESCO-Kommission* 1997, S. 44, siehe *UNESCO* criteria VI). Auch das immaterielle Erbe ist seitdem zu erforschen und zu dokumentieren, wobei bisher nicht formuliert wurde, welche konkrete Funktion, über die „Inspiration" hinaus, dieses Weltkulturerbe im Alltagsleben der heutigen Altstadtbewohner und -nutzer einnehmen soll. Allein auf die Förderung des Kulturtourismus wird verwiesen, von dem die einheimische Bevölkerung, die von der *UNESCO* genannten „speziellen Minderheiten" und die „indigene Bevölkerung", aber – wenn überhaupt – zumeist nur indirekt profitiert. Während diese Bevölkerungsgruppen aus der Altstadt von Salvador da Bahia nahezu vollständig vertrieben wurden sind sie in der historischen Altstadt von Havanna dagegen noch präsent.

Bei der Restaurierung, Sanierung und dem Nachbau der kolonialen Bausubstanz und der Wiederherstellung der kolonialen Struktur als zusammenhängendes Ensemble geht es grundsätzlich darum, an etwas zu erinnern. Die Altstädte sind Gedächtnisorte oder Geschichtsräume, es sind Räume des kollektiven Bewusstseins. Sie erinnern zuerst an eine blühende und reiche Kolonialzeit, die sich in mit Gold überladenen Kirchen und prachtvollen Palästen darstellt, wobei heute überall in Museen die wertvollen Alltagsgegenstände, die Sänften und Kutschen, der Kolonialaristokratie gezeigt werden. Nicht sichtbar wird die Lebenswelt der indianischen, karibischen und afrikanischen Bewohner.

In Salvador da Bahia ist der *Largo do Pelourinho* mit seinem einzigartigen Baubestand ein ästhetischer und pittoresker Platz (vgl. Bild 1). Er war aber das herausragende Zentrum Brasiliens für den Sklavenhandel, hunderttausende aus Westafrika deportierte Menschen wurden hier vermarktet. Die bei der Überfahrt Gestorbenen, dies waren bis zur Hälfte einer Schiffsladung, entsorgte man vorher, sie erreichten diesen Platz nicht. Der *Largo do Pelourinho* ist ein Symbol für koloniale Unterdrückung und Gewalt, hier stand der Sklaven-Pranger, wo man noch bis 1835 Sklaven, als Demonstration der Macht und gleichzeitig Zeugnis der Ohnmacht, öffentlich auspeitschte. An der von einer Bruderschaft der Sklaven und freigelassenen Afrikanern erbauten Kirche *Nossa Senhora do Rosário dos Pretos* an diesem Platz erinnert äußerlich nichts an die afrikanische Kultur, sie könnte eher ein Zeichen für die Macht und Teilhabe der Kirche sein. Dieser Erinnerungsort ist ein selektiver Gedächtnisort und kein interkulturelles Projekt. Dennoch hatte die schwarze Bevölkerung mit dem Wandel in den 1980er Jahren hier in der historischen Altstadt einen vorübergehend eigenen, auch politisch orientierten Identitätsraum über das Medium Musik, die Aktivitäten der Samba Raggae-Gruppe *Olodum* auf den Straßen und Plätzen, geschaffen. Der verfallene ehemals koloniale Repräsentationsraum wurde sogar zeitweise als Fluchtort und Rückzugsgebiet der schwarzen Bevölkerung, der Armen und Unterdrückten stilisiert. *Olodum* entwickelte sich aber schnell im Rahmen der Restaurierung des Weltkulturerbes, des damit verbundenen Entvölkerungsprozesses, und seiner medienwirksamen Vermarktung zum kommerziellen Touristenobjekt (ROTHFUSS 2007b). So bleibt die koloniale Geschichte der afrikanischen Menschen, die die Bevölkerungsmehrheit ausmachten, an diesem jetzt alles umfassenden Konsumort auch heute noch unsichtbar, sie wird als immaterielles Kulturgut, das es eigentlich zu schützen gälte, kaum erinnert.

Auch die Altstadt von Havanna ist ein kolonialer Erinnerungsort. Hier kamen im Hafen, auf den Schiffen der Spanier und Engländer, ebenso hunderttausende westafrikanische Sklaven an und wurden vor der *Basílica San Francisco de Asís* umgeschlagen und vermarktet (vgl. Abb. 9). Die indigene Bevölkerung, von ihr sprach auch die *UNESCO* als Teil des kulturellen Erbes, überlebte weder in Havanna noch in Salvador die Eroberung durch Spanier oder Portugiesen. So ist auch „Habana Vieja ... eine Topographie des Schmerzes, von erlittener Gewalt, von Entsetzen, von Scham und Schuld" (LOSEGO 2003, S. 262).

Die kolonialen Altstädte sind „traumatische Orte" (LOSEGO 2003), deren Geschichte nicht erinnert bzw. deren Erzählung „durch psychischen Druck des Individuums oder sozialer

Tabus der Gemeinschaft blockiert" wird (ASSMANN 1999, S. 18). Die Rekonstruktion des kulturellen Erbes wird bestimmt durch das, was man wissen will und was die Nachfahren wissen sollen. Die Vergangenheitswerte, die bei der Wiederherstellung der kolonialen Altstädte berücksichtigt werden, sind auf positive Ereignisse und ästhetische Strukturen beschränkt. Die koloniale Geschichte wird verengt und extrem selektiv wahrgenommen. Die beiden vorgestellten Weltkulturerbestätten dienen weniger dem Erhalt und der Bewusstmachung des umfassenden Erbes, als vielmehr der Verdrängung, der Anerkennung des Vergessens und der Ablehnung von Verantwortung. Diese Inszenierung des rein Materiellen, die Praças, Plazas und die schönen barocken Fronten, befriedigen ganz sicher den Touristen. Das kommerzielle Konsumangebot irritiert sie kaum beim Genuss des kolonialen Ambientes. Die Altstädte sind zur künstlichen Erlebniswelt geworden, in der in Salvador da Bahia eine einheimische und arme Bevölkerung keinen Platz mehr hat und in der sie in Havanna eher stört und im Kontrast zum reichen kolonialen Ambiente steht.

Die restaurierten historischen Innenstädte sind nur eindimensionale Symbole der Kolonialzeit und können damit für eine indigene, eine afro-brasilianische oder eine afro-kubanische Bevölkerung kaum eine „wesentliche Identitätsgrundlage, die tief in der Vergangenheit verwurzelt ist" sein, wie es die UNESCO (s.o.) als Ziel formuliert hat. Die heute schön hergerichteten Strukturen sind Zeichen der weltlichen und der kirchlichen Macht, der Überlegenheit der „weißen Kultur". Ihnen wird heute durch das internationale Weltkulturerbe, den nationalen Denkmalschutz und den Tourismusunternehmen eine „pseudoreligiöse Weihe" verliehen (LOSEGO 2003, S. 266). Mit der „lateinamerikanischen Kolonialstadt" wird ein politisch und kulturell einseitiges und verzerrtes „Weltbild" präsentiert, ein zweckbestimmtes Konstrukt. Die lateinamerikanische Kolonialstadt kann als gebaute und gelebte Geschichte in ihrem Wesen so nicht verstanden werden.

Literatur

ALMEIDA VASCONCELOS DE, P. (2002): Salvador. Transformacoes e Permanencias (1549–1999). – Ilhéus.
ASSMANN, A. (1999): Erinnerungsräume. Formen und Wandlungen des kulturellen Gedächtnisses. – München.
AUGEL, J. (Hrsg.) (1991): Zentrum und Peripherie. Urbane Entwicklung und soziale Probleme einer brasilianischen Großstadt. – Saarbrücken, Ford Lauderdale.
AUGEL, J., AUGEL, M.P. (1984): Salvador: Historische Größe – schmerzliche Erneuerung. In: R. W. ERNST (Hrsg.): Stadt in Afrika, Asien und Lateinamerika. – Berlin, S. 93–124.
BÄHR, J., MERTINS, G. (1995): Die lateinamerikanische Gross-Stadt. – Darmstadt (Erträge der Forschung, 288).
BARTH, J. (1991): Prostitution im Maciel. In: J. AUGEL (Hrsg.): Zentrum und Peripherie. Urbane Entwicklung und soziale Probleme einer brasilianischen Großstadt. – Saarbrücken, Ford Lauderdale, S. 103–125.
BORSDORF, A. (1994): Die Stadt in Lateinamerika. Kulturelle Identität und urbane Probleme. – Geographie und Schule 16(89), S. 3–7.
COLANTONIO, A., POTTER, R.B. (1990): Urban Tourism and Development in the Socialist State. Havana during the 'Special Period'. – Hamshire (GB), Burlington (USA).

CRAANEN, M. (1998): Altstadtsanierung am „Pelo": Die sozialen und politischen „Grenzen" städtischer Integration in Salvador, Brasilien. – Bielefeld.
Deutsche UNESCO-Kommission (Hrsg.) (1997): Mittelfristige Strategie der UNESCO 1996–2001. – Bonn (Dokument 28c/4).
DÜTTMANN, M. (2004): Havanna Nacht und Tag. – Stadtbauwelt – Themenheft der Bauwelt 95(161) (Bauwelt 12), S. 14–17.
FAGIUOLI, M. (2003): Kuba. Die Königin der Karibik. – Köln.
GONZÀLES SEDENO, M. (2004): Havannas Geschichte in Karten und Plänen. – Stadtbauwelt – Themenheft der Bauwelt 95(161) (Bauwelt 12), S. 26–35.
Governo da Bahia (2005): Urbanização e Revitalicação da Encosta do Centro Histórico. Projeto Pilar Taboão. – http://www.conder.ba.gov.br [Zugriff am 29.02.2008].
Governo da Bahia (2007): Projeto RemeMorar. – http://www.projetorememorar.com.br/index.html [Zugriff am 29.02.2008].
ICOMOS (o.J.): http://whc.unesco.org/en/list/ [Zugriff am 29.02.2008].
KONTER, E. (1993): Ein steiniger Weg. Stadterneuerung in La Habana/Cuba. Der Barrio Cayo Hueso. – Berlin (Institut für Stadt- und Regionalplanung der Technischen Universität Berlin, ISR-Studienprojekt PJ 26).
LOSEGO, S. V. (2003): Altstadtsanierung und Tourismus in La Habana. Vermarktung eines Stückes kulturellen Erbes. – Tourism Journal 7(2), S. 251–269.
MERTINS, G. (2003): Städtetourismus in Havanna (Kuba). – Geographische Rundschau 55(3), S. 20–25.
MIRANDA, L. B., DOS SANTOS, M. A. (2002): Pelourinho. Desenvolvimento Socioeconômico. – Salvador.
NAU, S. (2008): Lokale Akteure in der Kubanischen Transformation. Reaktion auf den internationalen Tourismus als Faktor der Öffnung. – Passau (Passauer Schriften zur Geographie, 25) [im Druck].
NICKEL, A. (1989): Die Altstadt von La Habana. Wohnsituation und Konzepte der Altstadtsanierung. – Geographische Rundschau 41(1), S. 14–21.
PICHLER, A. (2001): La Habana Bruja. Rituelle Geographie in der Altstadt von Havanna. In: A. BORSDORF, G. KRÖMER u. C. PARNREITER (Hrsg.): Lateinamerika im Umbruch. – Innsbruck, S. 115–127 (Innsbrucker Geographische Studien 32).
ROTHFUSS, E. (2007a): Der Risikodiskurs über das historische Zentrum von Salvador (Brasilien) – Eine diskursanalytische Annäherung an den Prozess der Innenstadtsanierung anhand der Presse zwischen 1967 und 2005. In: R. WEHRHAHN (Hrsg.): Risiko und Vulnerabilität in Lateinamerika. – Kiel, S. 233–255 (Kieler Geographische Schriften, 117).
ROTHFUSS, E. (2007b): Tourismus-Gentrification im Pelourinho – Urbane Deformation des historischen Stadtzentrums von Salvador da Bahia (Brasilien). In: E. ROTHFUSS, W. GAMERITH (Hrsg.): Stadtwelten in den Americas. – Passau, S. 39–53 (Passauer Schriften zur Geographie, 23).
SANTOS, M. (1959): O Centro de Cidade do Salvador. Estudo de Geografia Urbana. – Salvador.
SCARPACI, J. L. (2005): Plazas and Barrios. Heritage Tourism and Globalization in the Latin American Centro Histórico. – Tuscon (AZ) (University of Arizona Press).

SCHMARLING, P. (1983): Stadtentwicklung in Salvador. Planung zwischen arm und reich. – Darmstadt.

SPENGLER, E. (2004): La Haban Vieja. Weltkulturerbe und Altstadtsanierung mit Modellcharakter. – Stadtbauwelt – Themenheft der Bauwelt 95(161) (Bauwelt 12), S. 18–25.

UNESCO (o. J.): http://whc.unesco.org/en/criteria/ [Zugriff am 29.02.2008].

WEHRHAHN, R., WIDDERICH, S. (2000): Tourismus als Entwicklungsfaktor im Kubanischen Transformationsprozess. – Erdkunde 54(2), S. 93–107.

WIDDERICH, S. (1997): Möglichkeiten und Grenzen der Sanierung des Historischen Zentrums von Havanna, Cuba. – Kiel (Kieler Arbeitspapiere zur Landeskunde und Raumordnung, 36).

WIDDERICH, S. (2002): Die sozialen Auswirkungen des kubanischen Transformationsprozesses. – Kiel (Kieler Geographische Schriften, 106).

WIDDERICH, S., WEHRHAHN, R. (2000): Ein Historiker dollarisiert die Altstadt. – ILA (Zeitschrift für Informationsstelle Lateinamerika) 237, S. 13–15.

Bitte beachten Sie auch die PowerPoint®-Präsentation
zum Artikel von *Ernst Struck* auf CD-ROM

Univ.-Prof. Dr. ERNST STRUCK
Lehrstuhl für Anthropogeographie der Universität Passau
Innstraße 40 • D–94032 Passau
ernst.struck@uni-passau.de

Thomas Ammerl

Stadtökologische Probleme Havannas – Das Gruppenpuzzle als didaktische Methode

Mit 2 Abbildungen, 3 Tabellen und 5 Bildern

1 Didaktische Zielsetzung

Die Beschäftigung mit stadtökologischen Problemen Havannas ist von Bedeutung, weil das Thema eine *exemplarische Relevanz* für urbane Agglomerationsräume besitzt. Innerhalb der Karibik gelegen, sind die Probleme Havannas auch aus anderen Städten der Region, Lateinamerikas bzw. aus Entwicklungsländern bekannt. Die starke Zunahme des Städtewachstums in Lateinamerika ist meist mit einer Verschlechterung der ökologischen und sozialen Situation in den Städten verbunden. Lateinamerika und die Karibik sind dabei diejenigen Regionen mit der höchsten urbanen Degradierung (*ECLAC* 2004). Im Rahmen des *CAESAR*-Projektes wurde beispielsweise neben Havanna auch Mexiko City untersucht (http://www.umweltforschung-kuba.de). Trotz des dortigen marktwirtschaftlich orientierten Gesellschaftssystems sind die relevanten Problemkomplexe von Mexiko City denjenigen aus dem sozialistischen Kuba sehr ähnlich.

Bei der Beschäftigung mit der Situation Havannas im Unterricht können ebenfalls *Gegenwarts- und Zukunftsbedeutungen* abgeleitet werden. Die Schüler können durch die Kenntnis der relevanten stadtökologischen Probleme sensibilisiert werden. Sie „entdecken" ihren eigenen Lebensbereich und sind in der Lage, sich in Zukunft auch im Rahmen eines umweltgerechten Handelns für mögliche Lösungen zu engagieren. Dies ist von Bedeutung, weil sich das überwiegende Wachstum der Weltbevölkerung noch stärker auf die Städte, vor allem auf die in Entwicklungsländern konzentrieren wird. Diese verlieren aufgrund umfangreicher ökonomischer Umstrukturierungen zunehmend ihren teilweise ländlichen Charakter. Während zu Beginn des 20. Jahrhunderts weltweit lediglich 16 Städte eine Bevölkerung von mehr als einer Million aufwiesen, sind es heute bereits mehr als 400. Dreiviertel davon befinden sich in Ländern mit niedrigem bzw. mittlerem Einkommen. Somit lebt mittlerweile bereits über die Hälfte der weltweiten Gesamtbevölkerung in Städten und bis zum Jahr 2030 werden mehr als 80 % der Bevölkerung von Nordamerika, Europa, Ozeanien und Lateinamerika sowie mehr als 50 % der Bevölkerung Asiens und Afrikas in urbanen Gebieten leben (*POPIN* 2005).

2 Didaktik des Gruppenpuzzles

Im Rahmen der didaktischen Auseinandersetzung mit den stadtökologischen Problemen Havannas werden in diesem Artikel drei Schwerpunktbereiche präsentiert: *Stadterneuerung, Wasserversorgung/Abwasserentsorgung* und *Müllentsorgung/Müllendlagerung*[1]. Diese Fallbeispiele werden jeweils über einen Textbeitrag, anschauliche Bilder, wörtliche Aussagen der betroffenen Akteursgruppen sowie diverse Lösungsvorschläge behandelt. Unter methodisch-didaktischen Gesichtspunkten wiederum könnte das Gruppenpuzzle einen Ansatz für das Lehrpersonal darstellen, die stadtökologische Problematik Havannas im Unterricht zu vermitteln. Nach FREY-EILING, FREY (2000) besteht mittels des Gruppenpuzzles die Möglichkeit, dass Schüler nach eingehendem Selbststudium zu Experten auf dem entsprechenden Gebiet werden und anschließend ihre Klassenkameraden über dieses zuvor selbst Erlernte unterrichten und somit das Wissen weitergeben. Folgende Arbeitsschritte sind für die Erarbeitung der Probleme und deren Vermittlung im Unterricht angedacht.

Vorbereitung des Lernmaterials durch die Lehrperson
Insgesamt sind folgende vier Teilgebiete für den Unterricht auszuweisen:

a) Allgemeinsituation Kubas:
Topographische Lage Kubas (Kartenmaterial; Insellage; Nachbarschaft zu Mexiko, USA etc.); Physisch-geographische Bedingungen (Klima; Geologie; Tektonik; Böden; Vegetation etc.); Humangeographische Aspekte (Sozialismus; Bevölkerung; Siedlungsnetz; Wirtschaftliche Transformation der 1990er Jahre; Auswirkungen auf die ökologische Situation etc.)
vgl. Ammerl.pdf auf CD-ROM

b) Probleme der Stadterneuerung Havannas:
vgl. Ammerl.pdf auf CD-ROM

c) Probleme der Wasserversorgung und Abwasserentsorgung:
vgl. Ammerl.pdf auf CD-ROM

d) Probleme der Müllentsorgung und Müllendlagerung:
vgl. Ammerl.pdf auf CD-ROM

Individuelle Erarbeitung der Themen durch die Schüler
Nach der Aufteilung der Klasse in Arbeitsgruppen werden diese Gruppen mit Material aus einem der oben genannten Themenblöcke versorgt (Karten, Fotos mit möglichen Interpretationen, Interviewzitate, Tabellen mit Lösungsvorschlägen etc.).

Expertenrunde
Schüler mit der gleichen Thematik treffen sich in einer „Expertenrunde", um sich in gemeinsamen Diskussionen gegenseitig offene Fragen zu beantworten. Von der Lehrperson sollen zum Abschluss dieser Runde kleine Fragen zur Lernzielkontrolle eingebaut werden, beispielsweise:

---

[1] Ich möchte mich besonders bei Herrn AOR Thomas Meyer vom Department für Geographie der LMU München für dessen wertvolle geographiedidaktischen Anregungen bei der Erstellung für diesen Artikel bedanken.

- Warum befindet sich Kuba in einer ökonomischen Krise?
- Welches sind die wichtigsten ökologischen Probleme der Stadt Havanna?
- Welches sind die Unterschiede in den Argumenten der von den ökologischen Problemen betroffenen Personen?
- Was denken Sie über das Umweltbewusstsein der Einwohner Havannas?

Didaktische Vorbereitung

Hier überlegen sich die Schüler der jeweiligen Expertenrunde für den Rest der Klasse die Unterrichtsplanung ihres Teilgebiets (Vermittlung, Hilfsmittel, Zeitplanung, Lernziele, Kontrollfragen etc.).

Unterrichtsrunde

In neu gebildeten Vierergruppen sind jeweils Experten aus den anderen Teilbereichen vertreten und vermitteln sich gegenseitig den zuvor erarbeiteten Stoff. Somit gibt es jeweils einen Experten zur allgemeinen Situation Kubas, zu den Problemen der Stadterneuerung, einen „Wasser- sowie einen Müllexperten". Abschließend könnte gemeinsam der Frage nachgegangen werden, welche Maßnahmen einer zukünftigen Stadtplanung hilfreich sein könnten, um die stadtökologischen Probleme Havannas in den Griff zu bekommen.

3 Lernziele bei der Auseinandersetzung mit stadtökologischen Problemen Havannas

Für die Behandlung der stadtökologischen Probleme Havannas im Unterricht kann eine Reihe von kognitiven, affektiven sowie instrumentellen Lernzielen abgeleitet werden.

Kognitive Lernziele

Lage Kubas und der Nachbarländer; Physisch-geographische Bedingungen und human-geographische Aspekte; Ökonomische Kennzeichen eines Transformationslandes; Ökologische Probleme einer karibischen Großstadt; Entwicklung einer globalen Perspektive des Denkens etc.

Affektive Lernziele

Empathiefähigkeit der Schüler soll angeregt und entwickelt werden (Was bedeutet es, in einem einsturzgefährdeten Haus zu leben? Wie kommt man ohne permanent fließendes Trinkwasser aus? Was passiert, wenn der Müll vor der Haustüre nicht abgeholt wird? Wie sieht die Realität der Stadtbewohner Havannas aus, die in einem „Urlaubsparadies" leben?); Sensibilisierung für Umweltthemen zur Stärkung des umweltgerechten Handelns der Schüler etc.

Instrumentelle Lernziele

Auswertung und Interpretation von Materialien (Arbeit mit Karten; Interpretation von Fotos; Zuordnung von Interviewzitaten zu den verschiedenen Bildern; Analyse der Unterschiede von Zitaten, in Abhängigkeit des Akteurs).

4 Havanna als Ort stadtökologischer Probleme

Havanna ist mit 2,2 Mio. die mit Abstand größte Metropole Kubas. In der Hauptstadt des karibischen Inselstaates konzentrieren sich in ihrer mehr als fünfhundertjährigen Geschichte viele exemplarische Probleme eines Entwicklungslandes. Die Stadt besitzt innerhalb des lateinamerikanischen und karibischen Raumes seit jeher eine gewisse Sonder-

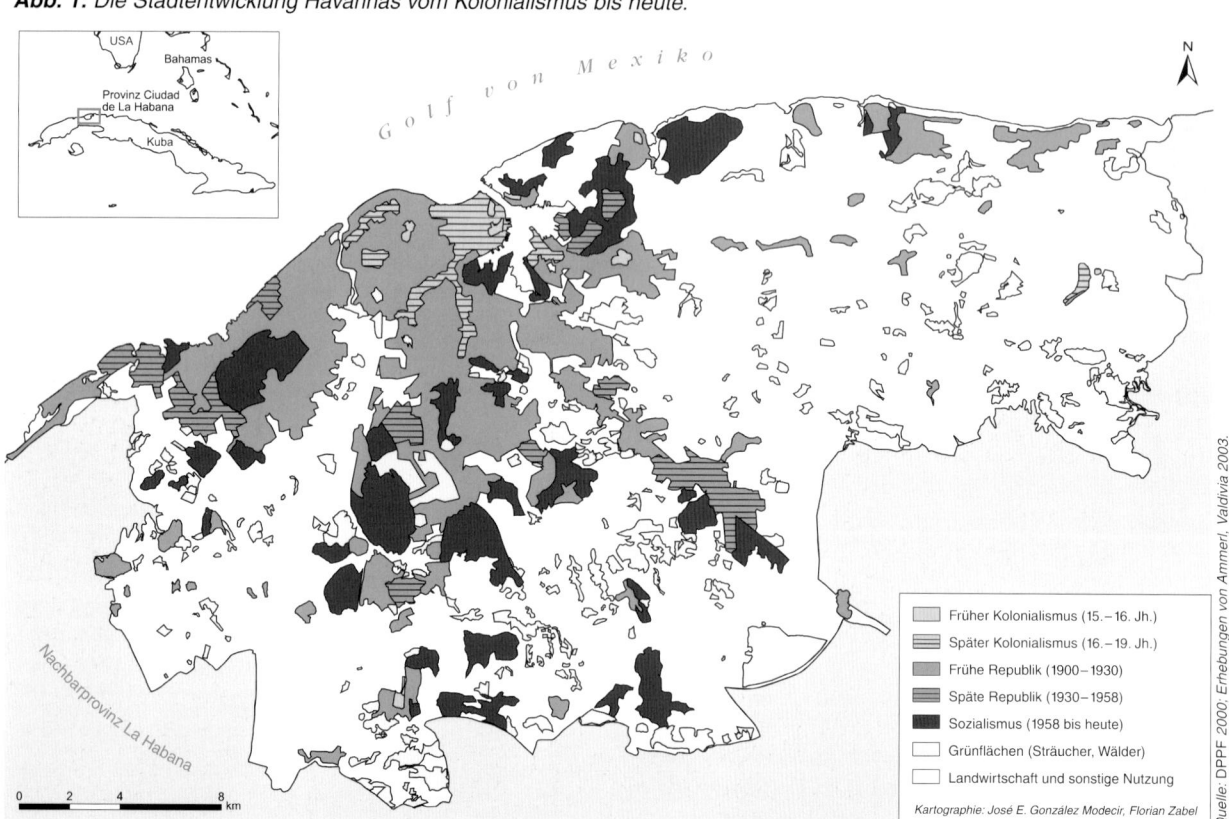

Abb. 1: Die Stadtentwicklung Havannas vom Kolonialismus bis heute.

stellung. Sowohl während der spanischen Kolonisierung als auch zu Zeiten der Republik und der damaligen Orientierung in Richtung der Vereinigten Staaten von Amerika, besaß Havanna eine sehr hohe Attraktivität, verbunden mit einer boomenden Wirtschaft bzw. einer gleichzeitigen massiven Ausbeutung ihrer Naturressourcen. Infolge der sozialistischen Revolution von 1959 besaß die Regierung von Staatspräsident Castro mit der Sowjetunion ihren wichtigsten Bündnispartner und damit ausreichende Finanzressourcen, um die vielfältigen Stadterneuerungsprobleme Havannas einzudämmen. So wurde versucht, die bis dato negativen Konsequenzen einer nach Marktprinzipien ablaufenden Stadtentwicklung auszuschalten und das zukünftige Havanna durch eine zentralisierte Stadt- und Regionalplanung zu gestalten.

Infolge des Zusammenbruchs der Sowjetunion und den damit verbunden Wegfall von Subventionen traten in Havanna vielfältige ökonomische, soziale und ökologische Probleme in Erscheinung (AMMERL et al. 2005). Die kubanische Regierung reagierte darauf mit umfangreichen Transformationen des Wirtschaftsystems, der Stadtplanung sowie der Umweltpolitik. Im Rahmen der Orientierung auf den internationalen Tourismus sowie der Ausweitung wissenschaftlicher Beziehungen erhielt Havanna internationale Aufmerksamkeit für seine umfangreichen Probleme, nachdem bereits 1982 die historische Altstadt als UNESCO-Weltkulturerbe ausgewiesen worden war. Im Bereich der Stadt- und Raumplanung wurden kommunale Partizipationselemente für die Bevölkerung integriert und infolge des Umweltgipfels von Río de Janeiro nachhaltige Standards für die städtische Umweltpolitik gesetzt.

Nichtsdestotrotz gibt es in Havanna aktuell eine Reihe stadtökologischer Probleme, welche u.a. die Bausubstanz, die Trinkwasserver- und Abwasserentsorgung sowie die Entsorgung und die Endlagerung von Hausmüll betreffen. Dabei treten deutliche Unterschiede zwischen den einzelnen Stadtvierteln sowie zwischen Zentrum und Peripherie der insgesamt 727 km² großen Provinz Ciudad de La Habana auf (vgl. Abb. 1 und 2).

Für die Vermittlung dieser Probleme im Geographieunterricht kann auf eine umfangreiche Materialsammlung (Abbildungen, Bilder, Interviews Betroffener, Lösungsvorschläge etc.) zurückgegriffen werden, welche auf der CD-ROM unter Ammerl.pdf zu finden ist.

Darüber hinaus spielen bei der Vermittlung verschiedene Kriterien eine Rolle. Neben einer exemplarischen Relevanz des Themas, sollte deren Gegenwarts- bzw. Zukunftsbedeutung nicht außer Acht gelassen werden (KESTLER 2002).

5 Die Entwicklung der Stadterneuerungsprobleme in Havanna

Der Verfall urbaner Bausubstanz wurde bis in die 1980er Jahre des vergangenen Jahrhunderts von den kubanischen Entscheidungsträgern nicht als prioritäres Problem betrachtet (vgl. AMMERL 2005). Mit der sozialistischen Revolution von 1959 wurde ein Gesellschaftsmodell aufgegeben, in dem vor allem Privatinteressen galten, geprägt durch eine unterschiedliche Verteilung von Gütern und Dienstleistungen sowie vielfältige sozialräumliche Disparitäten. Aufgrund des bisherigen Fehlens einer systematisierten Stadt- und Raumplanung sowie der gleichzeitigen Konzentration auf die Landeshauptstadt Havanna entstand ein stark ausgeprägter Antagonismus zwischen Havanna und dem restlichen Kuba bzw. innerhalb Havannas zwischen Wohnviertel wohlhabender Bevölkerungsschichten und verarmten Stadtteilen.

Da die neue Regierung nach 1959 die meisten vorrevolutionären sozialen Probleme (Armut, Glücksspiel, Prostitution etc.) konkret mit Havanna in Verbindung brachte, wurde die

Abb. 2: *Aktuelle Umweltprobleme in Havanna (Einflusskomponenten und Lösungsansätze).*

Aktuelle Umweltprobleme in Havanna (Einflusskomponenten und Lösungsansätze)

Naturräumliche Komponente
Degradierung und Kontamination naturräumlicher Faktoren
Trockenheit, Starkregen, Hurrikans, Überschwemmungen
Rutschungen, Bodenerosion, Versalzung
Rodungen, Biodiversitätsverlust

Politische Komponente
Zusammenbruch der Sowjetunion
Verlust einer „garantierten Ökonomie" sicherer Arbeitsplätze
Öffnung des Landes ermöglicht Blick auf Probleme

Ökonomische Komponente
Krise *(Período especial en tiempos de la paz)*
Transformation (Tourismus, Landwirtschaft, Privatinitiative etc.)

Historische Komponente
Kolonialismus: Strukturentwicklung für Raumordnung und Ressourcennutzung
Republik: Kapitalistische Modernisierung
Sozialismus: *COMECON*-Integration

Planerische Komponente
Scheitern bisheriger Zentralplanung
Planungseinheiten zu groß
Planungsexperten von konkreten Problemen zu weit distanziert

Umweltprobleme Havanna
Stadterneuerung/Bausubstanz
Wasser (Ver- und Entsorgung)
Müll (Entsorgung und Endlagerung)
Grünflächen
Landwirtschaft

Stadt- und Raumplanung
Dezentralisierungsansätze
Neue Institutionen (*Consejo de Cuenca* etc.)
Angepasste lokale Planungen
Bevölkerung als ernstzunehmende Experten

Kommunale Partizipation und Umwelterziehung
Partizipation der lokalen Bevölkerung
Gründung der *TTIB*
Bewusstseinsbildung der Bevölkerung
Programme für Schulen, Medien etc.

Umweltpolitik
Gründung des Umweltministeriums *CITMA*
Entwicklung einer Umweltgesetzgebung
Integration in internationale Programme (Konventionen)
„Umwelt" und „Nachhaltigkeit" als moderne Themen

Quelle: T. Ammerl 2006.
Graphik: Thomas Ammerl (2006)

weitere Stadtentwicklung vernachlässigt. Gleichzeitig fand im Rahmen regionaler Dezentralisierungsmaßnahmen eine gezielte Aufwertung des landwirtschaftlich geprägten Hinterlandes statt, um die Ursachen dortiger Landflucht zu mindern und die Wohnraumprobleme Havannas dadurch einzudämmen. Dem Wohnungssektor in Havanna standen im Vergleich zu den priorisierten Sektoren Bildung und Gesundheit lediglich geringe Ressourcen zur Verfügung, da die Regierung keinen Migrationsanreiz in Richtung Havanna schaffen wollte.

Statt einer finanziell wie materiell aufwändigen Instandsetzung der Gebäude bzw. der Infrastruktur im bereits urbanisierten Stadtbereich, begann das Bauministerium *(MICONS, Ministerio de Construcción)*, standardisierte Prototypen für Neubauten sowie industrielle Plattenbauten zu entwickeln (vgl. Bild 1 und 2).

Die ideologischen Entwicklungskonzepte bzw. technischbauliche Infrastruktur der Stadterweiterung importierte man hierfür vom sowjetischen Bündnispartner. An den peripheren Rändern Havannas gelegen, sollten die neuen sozialistischen Plattenbauviertel im Wesentlichen Arbeitern und Angestellten Wohnraum bieten. Während die meist fünfgeschossigen Gebäude zu Beginn hohe Ausstattungsstandards erfüllten, ist das heutige Ergebnis dieses Prozesses jedoch eine gewisse Uniformität im Stadtbild, ein schlechtes Design bzw. eine „Proletarisierung der Stadtränder Havannas" (CEE 1983). Da Bauqualität und technologische Ansätze angesichts der klimatischen Bedingungen oft inadäquat sind, schreitet zusätzlich der Verfall von Gebäuden und großzügigen Freiflächen voran. Außerdem stellen die infrastrukturelle Ausstattung und die nicht vorhandene funktionale Mischung ein weiteres Problem dieser suburbanen Satellitenstädte dar.

Die verfallenen Mietquartiere im urbanen Zentrum wurden hingegen kaum instand gesetzt, weshalb sich bis heute der urbane Verfall auf Havannas kolonialzeitliche bzw. sozialistische Stadtviertel hoher Bevölkerungsdichte (Habana Vieja, Centro Habana, Cerro) konzentriert. Sie sind heute durch umfassende Modernisierungs- und Instandhaltungsdefizite der Gebäudesubstanz (Schäden am Mauerwerk, undichte Dächer, Schimmelbefall etc.) sowie der Infrastruktur (Straßen, Trinkwasser, Kanalisation, Strom- und Gasversorgung) geprägt. Verschärft wurde die Situation durch den Beginn der ökonomischen Krise Kubas *(Período Especial)*, ausgelöst durch den Zusammenbruch der Sowjetunion, welche bis 1989 die Rolle des wichtigsten Bündnispartners Kubas einnahm. Baumaterialien und technisches Gerät stehen seit dem Beginn der Krise nur noch unzureichend zur Verfügung und wegen der Schließung fast aller Zementfabriken wird Zement nur noch für Bauvorhaben des internationalen Tourismus verwendet, um darüber Devisen erwirtschaften zu können. Massive Stromrationierungen erschweren die Lage zusätzlich, sodass aufgrund dieses massiven Material- und Ressourcenmangels staatlich initiierte Neubauten im Zentrum häufig gestoppt wurden (vgl. AMMERL 2007). Havanna besitzt deshalb landesweit die höchste Rate nicht abgeschlossener Bauvorhaben.

Ebenfalls problematisch sind von den Bewohnern errichtete informelle Erweiterungsbauten, die infolge der Período Especial und der gestiegenen Migration nach Havanna stark zunahmen. Die meisten der überwiegend schlecht ausgeführten Selbstbauten verfügen über keine offizielle Bewilligung und aufgrund nicht berücksichtigter bautechnischer Normen treten Gebäudeverfall, ein negativer ästhetischer Eingriff in die Fassaden sowie eine Beeinträchtigung der Statik auf. Für die Bevölkerung entstehen aufgrund der neuen, beengten und meist schlecht zu belüftenden Wohnräume nicht nur persönliche Unannehmlichkeiten, sondern auch lebensgefährliche Situationen (Gebäudeeinsturz, schlechte Evakuierungen bei Hurrikans etc.). Da es keine „Baumärkte" gibt und Baustoffe und handwerkliche Dienste fast ausschließlich über den informellen Sektor bezogen werden, sind die privaten An- und Umbauten bis dato insgesamt sehr teuer. Letztlich entscheidet also der Zugang zu Devisen über die Möglichkeit einer privaten Baumaßnahme.

Eine städtebauliche Ausnahme bilden Teile der seit 1982 als UNESCO-Weltkulturerbe ausgewiesenen Altstadt. Das Gebiet innerhalb der ehemaligen Stadtmauer, die kolonialen Verteidigungsanlagen sowie Reste der Stadtmauer erhielten dadurch einen neuen bevorzugten Status (HARDOY, GUTMAN 1992). Der einzigartige Stellenwert der Altstadt Havannas in ganz Lateinamerika erklärt sich über ihre territoriale Ausdehnung (143 ha) und architektonische Situation aufgrund der sehr späten Entkolonialisierung Kubas. Während das uniforme Erscheinungsbild des zentralen Altstadtkerns durch Bauverordnungen und Flächennutzungsregulierungen während des 18. und frühen 19. Jahrhunderts kontrolliert werden konnte, fand anschließend eine sukzessive Transformation des kolonialen Stadtbildes statt. Die neoklassischen Elemente der kolonialen Epoche wurden mit einer Vielzahl unterschiedlicher architektonischer Stile angereichert, indem die kolonialzeitlichen Elemente und Symbole kontinuierlich weiterentwickelt wurden und der charakteristische Eklektizismus Havannas entstand (WEISS 1996).

Bild 1: *Wohnungsneubau in Alamar, Ostteil der Stadt Havanna.*

Bild 2: *Schlecht instand gesetzte Plattenbauten im Osten von Havanna.*

Mit dem Zusammenbruch der sozialistischen Systeme in Osteuropa und der ökonomischen Neuorientierung Kubas kam es zu einem sozioökonomischen Paradigmenwechsel, infolge dessen die Altstadt für den internationalen Tourismus eine hohe Bedeutung erhielt. Havannas Stadthistoriker Eusebio Leal bemüht sich seitdem um eine behutsame Sanierung der historischen Bausubstanz in der Altstadt. Das Büro des Stadthistorikers *(Oficina del Historiador de la Ciudad)* wurde bereits 1938 durch Emilio Roig de Leuchsenring gegründet und ist seit Beginn der 1990er Jahre der entscheidende Akteur für das Sanierungsgeschehen in der Altstadt. Neben dem Sanierungsprozess innerhalb der ehemaligen Altstadtmauer gehören dazu auch die ersten 14 Blöcke der Uferstraße Malecón (Plan Malecón) sowie die historischen Festungsanlagen. Unter der Verantwortung des Büros stehen die Departments für Kulturerbe, Architektur, Wohnraum und Ökonomie, in welchen alle wirtschaftlichen Aspekte sowie Kooperationsfragen behandelt werden. Zusätzlich gehören verschiedene Immobilienbüros *(Aurea, Fénix)*, ein Reisebüro *(San Cristóbal)* und ein Unternehmen für die Sanierung der Denkmäler zum Büro des Stadthistorikers (GDIC 1999). Bereits zu Beginn der 1990er Jahre gründete Leal das Joint-Venture-Unternehmen *Habagüanex S.A.*, das sich mittlerweile zu der mächtigsten und einflussreichsten staatlichen Firma in der Altstadt entwickelte. Das Unternehmen schöpft Steuern und Devisen aus dem Tourismus sowie der zugehörigen Infrastruktur ab (Hotels, Gastronomie, Transport, Kunstgewerbe, Dienstleistungen etc.), um damit direkt die Restauration der historischen Gebäude zu finanzieren (WIDDERICH 1997). Insgesamt stellt die Sanierung der historischen Altstadt also den Versuch dar, eine behutsame Stadtentwicklung durchzuführen, bei welcher soziale Interessen der Wohnbevölkerung berücksichtigt werden. Dieses staatlich gelenkte Sanierungsmodell mit seinen marktwirtschaftlichen Mechanismen zeigt sehr deutlich die ökonomisch-kreativen Potenziale des Landes auf (vgl. Bild 3 und 4).

Im Rahmen der Stadterneuerungsproblematik von Havanna bilden die *Barrios Insalubres* („gefährdete, ungesunde Viertel") einen Sonderfall. Im Gegensatz zu anderen lateinamerikanischen Ländern spricht die kubanische Regierung im eigenen Land nicht von Elends- oder Armutsvierteln, sondern von Vierteln, deren Bevölkerung aufgrund der Bedingungen in der (un-)mittelbaren Umgebung als „gefährdet" eingestuft wird (vgl. FERRIOL MURUAGA et al. 1998). Nichtsdestotrotz sind die kubanischen *Barrios Insalubres* jedoch unter bautechnischen, ökologischen und umwelttechnischen Aspekten mit den Slums anderer Großstädte weltweit zu vergleichen.

Eine Ursache könnte in den funktionierenden politisch-lokalen Strukturen liegen, wie beispielsweise den *CDR (Comité de Defensa de la Revolución* – Komitee zur Verteidigung der Revolution). Zu lokalisieren sind die Viertel meist im Überflutungsbereich von Flüssen, in der Nähe von Müllhalden oder über Abwasserkanälen. Bereits in ihrem Namen kommen die negativen Umweltbedingungen zum Ausdruck (Isla de Polvo = Staubinsel; El Fanguito = Schlammbecken). Ungenügender Zugang zu Elektrizität, fließendem Trinkwasser und sanitären Einrichtungen bilden ebenso ein Problem wie die Entsorgung häuslicher Abwässer bzw. von Feststoffabfällen. Eine wesentliche Besonderheit ist der ambivalente juristische Charakter der Viertel. Während die zuständige Raumplanungsbehörde Havannas *(DPPF, Departamento Provincial de Planificación Física)* die *Barrios Insalubres* noch immer als informell bezeichnet, verfügen deren Bewohner über die gleichen medizinischen und sozialen Dienstleistungen wie die sonstigen Einwohner Havannas. Insgesamt leben infolge der ökonomischen Krise heute rund 20% der Bewohner Havannas im Substandard *(DPPF* 2000).

Die städtebauliche Struktur der republikanischen Stadtviertel (z.B. Miramar, Kohly, Siboney), welche zu Beginn des 20. Jahrhunderts von nordamerikanischen Bauträgern außerhalb des Stadtzentrums angelegt wurden, ist wesentlich hochwertiger. Bürger der gehobenen Mittel- und Oberschicht zogen damals aus den verfallenen kolonialen Stadtvierteln dorthin, und noch heute besitzen diese Gebiete eine überwiegend intakte Bausubstanz bzw. Infrastruktur. Problematisch sind lediglich die nach der Revolution von 1959 verstaatlichten Objekte, welche infolge der Emigration von Angehörigen der Mittel- und Oberschicht insbesondere Familien mit niedrigem Einkommen zugewiesen wurden. Dieser in Lateinamerika einzigartige Sonderfall einer sozialen Durchmischung hatte jedoch einen Rückgang der städtischen Umweltqualität sowie eine „Verländlichung" von Havanna zur Folge. Den neuen Bewohnern fehlten häufig die finanziellen Mittel als auch das Bewusstsein einer angemessenen Instandsetzung ihres Wohnraums (COYULA 2005).

5.1 Wahrnehmung der Betroffenen zu den Problemen der Stadterneuerung

Mittels Interviews des Autors zwischen 2003–2005 in Havanna wird die unterschiedliche Wahrnehmung betroffener Per-

***Bild 3** und **4**: Sanierung des Plaza Vieja in der Altstadt von Habana zwischen 1995 und 2005.*

sonen bzgl. der Stadterneuerungsprobleme vor Ort deutlich. Im Folgenden sind diese Interviews den relevanten Akteursgruppen zugeteilt.

A) Angestellter des städtischen Wohnungsinstitutes *(Instituto de Vivienda)*
„Aufgrund der ökonomischen Blockade seitens der USA und durch den Zusammenbruch der Sowjetunion als unserem wichtigsten Bündnispartner, sind in den vergangenen Jahren Engpässe entstanden, Baumaterialien zu beziehen."

B) Angestellter aus dem Büro des Stadthistorikers *(Oficina del Historiador de la Ciudad)*
„Infolge der ökonomischen Öffnung des Landes besteht für uns die Möglichkeit, die historische Altstadt Havannas nach und nach behutsam zu sanieren. Eine Chance bietet sich über den Tourismus: wir können Gebäude vor dem Verfall bewahren und nach der Sanierung wichtige Devisen erwirtschaften."

C) Kubanische Bevölkerung
„Nur über den informellen Sektor kann ich Baumaterialien beziehen. Diese sind sehr teuer und nicht immer verfügbar. Meine Wohnung hat zwei Zimmer, in welchen drei Generationen leben. Insgesamt sind das zehn Personen, wodurch es meist ziemlich eng ist. Der Staat macht nichts für uns, sondern nur etwas für die Touristen."
„In der Altstadt, in der ich wohne, entstehen seit Jahren immer mehr Hotels und teurere Geschäfte. Ich wohne direkt neben einem neu sanierten Hotel, aber ich darf das Gebäude nicht einmal betreten und die Geschäfte nützen mir auch nichts, weil die Waren darin viel zu teuer sind."

D) Deutsche Touristen in Havanna
„Ich komme vor allem wegen der Architektur nach Havanna. Das historische Ensemble ist einzigartig und die Patina an den Fassaden gibt den Gebäuden einen besonderen Charme. Bei uns ist alles immer zu geleckt und ordentlich. In Havanna bröckelt auch mal die Farbe der Fassaden, das ist authentischer als bei uns."
„Ich mag die kubanische Bevölkerung sehr gerne. Das Leben spielt sich auf der Straße ab, die Menschen sind nicht nur in ihren Wohnungen, sondern sind draußen. Sie sind sehr freundlich und man kommt schnell mit Ihnen ins Gespräch."

Quelle: Interviews T. Ammerl 2003–2005.

5.2 Mögliche Lösungen der Stadterneuerungsprobleme

Im Rahmen der Auseinandersetzung mit den Schwierigkeiten der Stadterneuerung Havannas werden zuerst allgemeine Leitbilder entwickelt, an denen sich in einem zweiten Analyseschritt verschiedene Handlungsempfehlungen orientieren. Diese Empfehlungen wiederum orientieren sich an den Prinzipien einer nachhaltigen Entwicklung, d.h. es werden darin sowohl ökonomische, ökologische, soziale als auch institutionelle Aspekte behandelt (vgl. Tab. 1).

6 Die Probleme der Wasserversorgung und Abwasserentsorgung in Havanna

Angesichts der ökonomischen Krise Kubas gehören die Defizite in der Trinkwasserversorgung und Abwasserentsorgung zu den wichtigsten ökologischen Problemen von Havanna. Bereits 1959 versuchte die neue sozialistische Regierung, die hydrologischen Probleme durch die Erschließung neuer Trinkwasserquellen, die Anlage von Stauseen, den Bau von Wasserleitungen etc. zu lösen. Als verantwortliche Institution wurde hierfür zu Beginn der 1960er Jahre das Nationale Institut für hydrologische Ressourcen gegründet *(Instituto Nacional de Recursos Hidráulicos, INRH)*.

Trotzdem verschlechterte sich gerade seit Beginn der *Período Especial* die hydrologische Situation in der Stadt weiter. Wegen der steten Landflucht in den Agglomerationsraum von Havanna hat sich die Bevölkerungsdichte innerstädtischer Bezirke entsprechend erhöht. Gleichzeitig wurden in den vergangenen Jahren aufgrund verschiedener neuer ökonomischer Aktivitäten größere Wassermengen im Stadtzentrum benötigt (internationaler Tourismus, urbane Landwirtschaft, neue private Dienstleistungen etc.).

Die gesamte Provinz Ciudad de La Habana kann unter hydrologischen Gesichtspunkten in zehn verschiedene Einzugsgebiete (EZG) aufgeteilt werden (Jaimanitas, Quibú, Almendares-Vento, Luyanó, Martín Perez, Tadeo, Cojimar, Itabo, Bacuranao, Guanabo), deren zugehörige Flussläufe

Tab. 1: *Leitbilder und handlungsorientierte Empfehlungen für eine nachhaltige Stadterneuerung Havannas.*

Leitbilder	
Nachhaltige Stadterneuerung von Havanna	• Sicherung des Bestandes von Wohnquartieren • Erhöhung der Wohnqualität im Sinne einer familienfreundlichen Gestaltung (z.B. Spielflächen, Erholungszonen, Nahversorgung etc.)
Handlungsorientierte Empfehlungen	
Institutionen	• Weiterbildung für Planer, Gemeindearchitekten, Handwerker etc. • Ausweitung der internationalen Kooperationen (z.B. Städtepartnerschaften)
Partizipation	• Steigerung der Mitwirkungsbereitschaft der Bevölkerung • Förderung von Bürgerhinweisen • Entwicklung der Straßengestaltung mit Bewohnern
Technische Maßnahmen	• Orientierung an modernen Nutzungsmischungen • Wiederbelebung und bauliche Verdichtung zentraler öffentlicher Räume (z.B. historische Plätze, Kreuzungen, Straßenzüge etc.) • Beseitigung von *Barrios Insalubres* und informeller Dachaufbauten
Ökonomie und Soziales	• Förderung der Baustoffindustrie in der Umgebung von Havanna • Errichtung von Baumärkten in allen Stadtbezirken • Ausweitung privater handwerklicher Berufe

Quelle: T. Ammerl 2005.

alle in den Atlantik im Norden der Stadt entwässern. Die EZG liefern einen unterschiedlichen Beitrag zur Trinkwasserversorgung der Stadt, wobei die wichtigsten Grundwasserspeicher in miozänen Kalken (80–150 m) des EZG Almendares-Vento in der südlichen Peripherie lagern. Rund 1,3 Mio. Einwohner der Stadt werden darüber mit bikarbonatreichem Trinkwasser hoher Qualität versorgt. Eine Anfälligkeit gegenüber Kontamination des Grundwassers ergibt sich aus den deutlich ausgeprägten Verkarstungsprozessen an der Oberfläche sowie im Untergrund, weshalb dieser Bereich vor einer weiteren Urbanisierung geschützt werden soll (AMMERL 2005). Der Rest der hauptstädtischen Wasserversorgung stammt aus zahlreichen Stauseen, welche in den 1960er bzw. 1970er Jahren in der südlichen und östlichen Peripherie angelegt wurden. Lediglich die beiden Stauseen La Coca und La Zarza werden dabei für die Trinkwasserversorgung genutzt, die restlichen Stauseen dienen der Bewässerung in der Agrarwirtschaft (vgl. Bild 5).

Zusätzlich zu den Gefahren einer unzureichenden Bereitstellung an Trinkwasser (Wasserquantität) sowie der potenziellen Verunreinigung der Grundwasserspeicher in verkarstetem geologischen Untergrund (Wasserqualität), tragen infrastrukturelle Defizite im Leitungsnetz zu nicht quantifizierbaren Wasserverlusten in den Untergrund bei (*INRH* 2000).

Für die privaten Haushalte, die häufig über defekte Sanitärinstallationen verfügen, bedeutet dies Unwägbarkeiten in der Versorgung mit frischem Trinkwasser. Wegen der unregelmäßigen Bereitstellung sowie gelegentlich ausgetrockneter Leitungen sinkt die Wasserqualität, sodass Trinkwasser zur Vermeidung bakterieller Infektionen zunehmend abgekocht werden muss. Parallel verfügen deshalb die meisten städtischen Wohngebäude zur Wasservorratshaltung über unterirdische Zisternen, aus denen Wasser in Tanks auf den Dächern gepumpt wird. Aufgrund der häufigen Überbelegung der Haushalte besitzen viele Familien zusätzlich einen Wassertank in ihren Wohnungen. Als geomedizinische Konsequenz der unzureichenden Wasserversorgung kam es in Kuba in den vergangenen Jahren zu einer Ausbreitung des Dengue-Fiebers mit zahlreichen Todesfällen. Es handelt sich dabei um eine typische urbane Krankheit in Stadtvierteln mit infrastrukturbedingten Defiziten in der Wasserversorgung sowie entsprechenden hohen Bevölkerungsdichten. Das Dengue-Fieber wird durch die Stechmücke *Aedes Aegypti* übertragen, die sich in sauberem Trinkwasser vermehrt. Aufgrund der zahlreichen offenen Wassertanks in den meisten Wohnungen der Stadt versuchen staatliche Sensibilisierungs- und Desinfektionskampagnen der Problematik Einhalt zu gebieten (vgl. GUZMÁN 2005).

Bild 5: *Stausee La Coca (links) bzw. La Zarza (rechts) im Südwesten der Provinz Ciudad de La Habana.*

Aufnahme: T. Ammerl 01/2003.

Ebenso wie im Falle der Trinkwasserwasserversorgung gilt auch für die Behandlung und Entsorgung der Abwässer, dass die negativen ökonomischen Rahmenbedingungen Kubas, ökologische und gesundheitliche Risiken für die Bevölkerung von Havanna bedingen. In Menge, Konzentration und Zusammensetzung haben sich die Abwässer im Laufe des 20. Jahrhunderts stark verändert, wobei weniger als die Hälfte der Haushalte und Industriebetriebe an das Kanalisationsnetz der Stadt Havanna angeschlossen sind. Unterschiedliche Behandlungsverfahren kommen nach der Abwassererfassung zur Anwendung. Die beiden veralteten und unterdimensionierten Kläranlagen des gesamten Stadtgebietes spielen hierbei nur eine untergeordnete Rolle. Den weitaus bedeutenderen Anteil nehmen Fallgruben großer Wohn- und Verwaltungsgebäude ein. In diesen Gruben findet ein Sedimentationsprozess der Abwässer statt und der Faulschlamm wird anschließend auf den städtischen Müllhalden endgelagert. Außerdem leiten große medizinische und industrielle Betriebe ihre Abwässer in nahe gelegene Senk- oder Sickergruben ein *(Lagunas de Oxidación)*, in denen unter Sauerstoffanreicherung ein Oxidations- und Sedimentationsvorgang stattfindet.

Angesichts des verkarsteten geologischen Untergrundes besteht bei nicht ordnungsgemäßer Abdichtung die Gefahr einer möglichen Schadstoffinfiltration in das Grundwasser. Problematisch ist ebenfalls die Geruchsbelästigung im Falle einer nicht ordnungsgemäßen Wartung der Fallgruben innerhalb der Gebäude sowie in der Umgebung der Fall- und Sickergruben. In beiden Fällen werden die hoch toxischen Schlämme auf den städtischen Müllhalden endgelagert, wobei für das Material keine Ausweisung als Sondermüll stattfindet.

Mehr als die Hälfte der Abwässer Havannas wird jedoch direkt und unbehandelt in die Vorfluter bzw. über submarine Kanalsysteme in den Golf von Mexiko geleitet (BAUME et al. 2005). Während die periurbanen Flussoberläufe von Stoffeinträgen der dortigen Landwirtschaft betroffen sind, befinden sich die Mittel- und Unterläufe in der Regel in stark urbanisiertem Gebiet. Neben den Abwässern wird auch häufig der Müll aus den Stadtvierteln über die Flüsse entsorgt. In Abhängigkeit der Bevölkerungs- und Industriedichte sind die Flussläufe deshalb einer entsprechenden Schadstoffkontamination ausgesetzt, weswegen sie mit Ausnahme des Unterlaufs des Río Almendares ihre Funktion für eine städtische Naherholung Havannas verloren haben. Eine weitere Problematik tritt im Falle der Bewässerung urbaner Landwirtschaftsflächen auf. Da sich viele private Anbauflächen im Überschwemmungsbereich der Flüsse befinden, werden sie häufig mit dem kontaminierten Flusswasser bewässert. Hygienebedingte Krankheiten und eine Belastung der urbanen Sozialsysteme sind die Konsequenz (CIGEA 2001). Insgesamt trägt die Abwasserproblematik in großem Maße dazu beiträgt, dass Havanna im landesweiten Vergleich die am meisten kontaminierte Stadt ist (ORDÁS 2003).

6.1 Wahrnehmung der Betroffenen zu den Problemen der Wasserversorgung und Abwasserentsorgung

A) Angestellte des städtischen Wasserunternehmens *Aguas de La Habana*
„Einige Stadtteile Havannas sind stärker betroffen von den Problemen der Trinkwasserversorgung als andere. Es gibt Viertel wie Atabey oder Siboney, die zu Beginn des 20. Jahrhunderts entstanden sind, da haben wir nur geringe Schwierigkeiten. In anderen Bezirken wie Centro Habana oder dem Cerro ist die Bevölkerungsdichte sehr hoch und wir sind permanent dabei, die Versorgungsleitungen im Untergrund zu reparieren. Die alten Leitungen sind nicht für diese Anzahl an Wohnbevölkerung ausgelegt, die Kapazitäten sind zu gering."

B) Mitglied einer Stadtteilgruppe *(Taller de Transformación Integral del Barrio)*
„Ein wichtiges Anliegen von uns ist die Instandsetzung der Wasserleitungen. Wir versuchen, die Bevölkerung dazu zu animieren, sich an den Reparaturen aktiv zu beteiligen. Meistens gibt es dabei auch keine Schwierigkeiten, denn alle wissen, dass Trinkwasser mit zu den wichtigsten verfügbaren Gütern gehört."

C) Angestellte der Kläranlage *EDAR Quibú*
„Unsere Anlage säubert vor allem die Abwässer des Einzugsgebietes Quibú. Unsere Probleme bestehen überwiegend in

> **D) Kubanische Bevölkerung im Einzugsgebiet des Flusses Quibú**
>
> *„Ich lebe in einem Barrio Insalubre. Hier haben wir einen Tag Frischwasser, den anderen wieder nicht. Wir müssen uns halt darauf einstellen, d. h. an den Tagen, an denen es Wasser gibt, machen wir alles: Wäsche waschen, putzen, halt das, wozu man fließendes frisches Wasser benötigt. An den Tagen ohne fließendes Wasser muss man das Wasser aus Vorratsbehältern nehmen, wir müssen sparen, weil ohne Wasser ist man in einer schwierigen Situation."*
>
> *„Die Abwässer aus unserem Haushalt werden direkt in den Fluss eingeleitet. Bei starken Niederschlägen kann es vorkommen, dass der Fluss über die Ufer tritt und unser Haus überschwemmt. Da der Fluss sehr stark kontaminiert ist, ist es gefährlich, mit dem Wasser in Berührung zu kommen – das ist unser größtes Problem."*

der hohen Konzentration der Abwässer, welche durch die Zuckerfabrik Martínez Prieto in den Fluss geleitet werden. Zusätzlich sind die Krankenhäuser in Marianao ein wichtiger Verursacher der Kontamination des Flusses."

Quelle: Interviews T. Ammerl 2003–2005.

6.2 Mögliche Lösungen der Probleme der Trinkwasserversorgung und Abwasserentsorgung

Tab. 2: Leitbilder und handlungsorientierte Empfehlungen für einen integrativen Wasserbau in Havanna.

Leitbilder	
Integrativer Wasserbau in Havanna	• Entwicklung eines integrierten Umweltmanagements für Grundwasser, Stauseen, Flüsse, Meer, Wasserschutzgebiete („Wasserrahmenrichtlinie") • Gewährleistung der Versorgung mit sauberem Trinkwasser (Minderung hygienischer Risiken und medizinischer Folgekosten) • Entwicklung einer langfristig umweltverträglichen und finanzierbaren Abwasserversorgung in Havanna („Stoffstromorientierte Kreislaufwirtschaft")
Handlungsorientierte Empfehlungen	
Partizipation	• Umweltbildung und Weiterbildung (Privatpersonen, Experten aus Wasserwirtschaft, Landwirtschaft, Müllentsorgung, Industrien etc.) • Integration der Bevölkerung in Instandsetzungsmaßnahmen • Ausbau wissenschaftlich-technischer Kooperation mit dem Ausland
Wasserreservoire (Grundwasser, Stauseen, Flüsse)	• Installation eines Gewässermonitorings (Grundwasserschutz) • Kontrolle des Abladens von Hausmüll an Gewässern • Verbesserung des Schutzes der Stauseen (Kontrolle der Wasserentnahme und der Einleitung von Nährstoffen, Aufforstung von Schutzstreifen, Revitalisierung der städtischen Gewässer)
Wasserversorgung	• Technische Instandsetzungen (Sanierung und Ausbau der Leitungsnetze) • Installation von Wasseruhren sowie Instandsetzung undichter Leitungen in den Haushalten (Erhöhung der Wassergebühren) • Verwendung instandhaltungsfreundlicher Rohrleitungssysteme
Abwasserentsorgung	• Förderung neuer Kläranlagen und Instandsetzung bestehender Anlagen • Einleitungsstopp unbehandelter Industrieabwässer in Gewässer • Schließung unterirdischer Sickergruben in Wohngebieten sowie Ersatz durch septische Tanks

Quelle: T. Ammerl 2005.

7 Die Schwierigkeiten der Müllentsorgung und -endlagerung in Havanna

In der komplexen Müllproblematik von Havanna spiegeln sich deutlich die Zusammenhänge der ökonomischen Krise Kubas mit ihren negativen ökologisch-planerischen Konsequenzen wider. Aufgrund administrativ-infrastruktureller Defizite der kommunalen Müllbehörde DPSC (Dirección de Servicios Comunales) gibt es in Havanna ein nicht zeitgemäßes Müllmanagement, weswegen die Schwierigkeiten bei der Entsorgung und Endlagerung von privatem Hausmüll die städtische Umweltsituation massiv beeinträchtigen. Für die Wohnbevölkerung besteht lediglich eine geringe Motivation zur Müllvermeidung, weil bis dato keine Müllgebühren erhoben werden.

Von der DPSC wird geschätzt, dass rund 72% der Müllmenge in der Provinz als Hausmüll gilt, also Feststoffabfällen aus Siedlungen (Kunststoffe, organische Marktabfälle, Bauschutt, Altholz, Baumzuschnitt, Klärschlamm, Straßenkehricht etc.). Die restlichen 28% Müllmenge entfällt auf unterschiedliche Institutionen, Gewerbe- und Industriebetriebe (DPSC 2005). Aufgrund der gestiegenen Importe nahm die Menge an Kunststoffabfällen deutlich zu. Neben veränderten Konsumgewohnheiten erhöhte sich im Stadtzentrum im Zuge der Integration urbaner Landwirtschaftsprogramme außerdem der Anteil organischer Abfälle durch die Eröffnung von Bauernmärkten, Verkaufsständen für Agrarprodukte und Nutzung bisheriger Brachflächen als Landwirtschaftsflächen. Von den täglich anfallenden 1.500 t Feststoffabfällen sind 60% organischer Zusammensetzung, wovon jedoch nur 15% weitergenutzt werden (CWBI 1999). Neben der fehlenden Mülltrennung kommt es zu einer unsachgemäßen Aufbewahrung in Müllkörben, -tonnen bzw. -containern, die in nicht ausreichender Zahl vorhanden bzw. oftmals beschädigt sind. Dadurch sind viele innerstädtische Viertel häufig mit Müllresten verschmutzt, mit entsprechend negativen Auswirkungen auf das Stadtbild und die hygienisch-sanitären Bedingungen der Bewohner. Abgesehen von touristisch frequentierten Bereichen sind die meisten innerstädtischen Viertel von Verstößen gegen die Umweltgesetzgebung betroffen.

Auch bei der Müllentsorgung und -endlagerung treten die ökonomischen Defizite Kubas in den Vordergrund. Der hohe Gehalt an organischem Material in den Abfällen, die überwiegend hohen Lufttemperaturen sowie eine entsprechende Luftfeuchtigkeit bedingen in den Abfällen rasche Fermentierungsprozesse. Um gesundheitliche Probleme bzw. Unannehmlichkeiten für die Bevölkerung auszuschließen, müsste der Müll eigentlich täglich abgeholt werden. Der veraltete Fuhr- und Maschinenpark für die Müllentsorgung ist jedoch wegen des Mangels an Ersatzteilen bzw. Treibstoff überwiegend defekt. Parallel zu den Fahrzeugen mit Müllpressen werden deshalb auch offene Müllfahrzeuge, Lastwagen und Pferdewagen als durchaus kostengünstige Alternativen eingesetzt. Trotzdem kann der Müll nicht täglich entsorgt werden, weswegen die Bewohner diesen in die Vorfluter oder an informellen Müllplätzen *(Microvertederos)* im Bereich von Baulücken bzw. an Straßenecken ablagern. Neben Geruchsbelästigungen und Schädlingsbefall breitet sich der Müll bei Intensivniederschlägen aus, wodurch Nährstoffe und Toxine in die Kanalisation bzw. die Fließgewässer gespült werden.

Die Endlagerung der Hausabfälle erfolgt aktuell neben den offiziellen Deponien auf zahlreichen informellen Müllhalden. Nachdem im Jahr 1975 die bis dahin einzige provinzielle Müllhalde geschlossen und fünf neue Deponien eröffnet wurden, sind bereits bei der Standortplanung gravierende Fehler begangen worden. So wurden in den überwiegenden Fällen die hydrogeologischen Verhältnisse nicht ausreichend analysiert und in der technischen Ausführung wurden die Deponien gegenüber dem Untergrund nur unzureichend abgedichtet. Die häufigen Niederschläge sowie der aerobe Abbau organischer Substanzen tragen auf den Deponien zu entsprechend hohen Mengen an Sickerwasser bei, welche wiederum eine potenzielle Gefährdung für das Grundwasser darstellen.

Seit 1990 haben sich die Probleme in Zusammenhang mit der Endlagerung von Müll massiv verschärft. Um die Entfernung aus den Stadtteilen zu den offiziellen Provinzmüllplätzen zu reduzieren, wurden zu Beginn der wirtschaftlichen Krise weitere zehn so genannte *Vertederos del Período Especial* (Müllplätze der Período Especial) in der südlichen bzw. östlichen Peripherie eröffnet, um die Distanz zwischen Stadtvierteln und Deponien zu reduzieren. In der Regel handelt es sich um aufgelassene Steinbrüche, Karstdepressionen und Brachflächen stillgelegter Industrieanlagen. Auch hier bedingen die fehlende Berücksichtigung des geologischen Untergrundes sowie die nicht vorhandene Abdichtung entsprechende geoökologische Schwierigkeiten. Die Oberfläche der Halden und Deponien ist generell unbedeckt, außerdem findet wegen fehlender Bulldozer keine regelmäßige Verfüllung und Verdichtung statt. Da die austretenden Methangase und Schadstoffe nicht abgefangen werden und deshalb häufig Brände in den Deponien auftreten, bestehen für die Bewohner in der Umgebung neben der Geruchsbelästigung auch gesundheitliche Risiken.

7.1 Wahrnehmung der Betroffenen zur Müllproblematik

A) Angestellte des kommunalen Müllentsorgers *DPSC (Direcciones Provinciales de Servicios Comunales)*
„Unsere größten Schwierigkeiten liegen in der Entsorgung der Abfälle aus den Stadtteilen sowie in der Endlagerung des Mülls auf den Deponien der Stadt. Einerseits fehlen uns Ersatzteile für die Container, in denen die Bevölkerung den Müll lagern soll, andererseits auch für die Müllfahrzeuge, welche den Müll aus den Stadtvierteln entsorgen sollen. Ein weiteres wichtiges Problem sind die Deponien, auf denen der Müll endgelagert wird. Zum Untergrund sind sie nur ungenügend abgedichtet, wodurch kontaminiertes Sickerwasser in den Untergrund gelangen kann."

B) Angestellter eines deutsch-kubanischen Müllentsorgungsunternehmens
„Die Kubaner werfen alles Mögliche in die Kunststoffcontainer: Hausmüll, biologische Abfälle, Bauschutt bis hin zu Motorblöcken. Es ist hier kaum Bewusstsein für eine sinnvolle Mülltrennung vorhanden. Dadurch, dass die Personen nichts für die Entsorgung des Mülls bezahlen müssen, ist es den meisten egal, wie viel sie produzieren und wohin der Müll gelangt."

C) Angestellter einer Stelle für Müllrecycling
„Seit wir vor Jahren damit begonnen haben, den Müll nach Glas und Papier zu trennen, haben die Bewohner Havannas

> *damit begonnen, ihren privaten Müll soweit wie möglich zu trennen. Was fehlt, ist die finanzielle Vergütung für diejenigen, die Müll trennen, d. h. es müsste sich auch irgendwie für diejenigen finanziell lohnen, wenn sie schon Müll trennen."*
>
> **D) Bewohner im Westen der Stadt**
> *"Hier quellen die Container über, wohin soll ich denn meinen Müll tun, ich will ihn auch nicht im Haus haben. Weil die Müllabfuhr nicht regelmäßig den Müll entsorgt, kann es vorkommen, dass an der nächsten Straßenecke ein wilder Müllhaufen entsteht. Oder aber wir schmeißen den Müll einfach in den Fluss."*
>
> *"Ich kann mein Kind nicht mehr den gewohnten Weg zur Schule schicken, hier wimmelt es von Ratten – kein Wunder, der Müll wird nicht abgeholt."*

Quelle: Interviews T. Ammerl 2003–2005.

7.2 Mögliche Lösungen für die Müllproblematik

Tab. 3: *Leitbilder und handlungsorientierte Empfehlungen für ein integratives Müllmanagement in Havanna.*

Leitbilder	
Integratives Müllmanagement in Havanna	• Förderung der Kreislauf- und Stoffstromwirtschaft • Sensibilisierung, Weiterbildung und Umwelterziehung (Bewusstseinsförderung: „Abfälle als Ressource") • Abfallvermeidung, Recycling alternativer umweltschonender Materialien und Erhöhung der Ressourceneffizienz
Handlungsorientierte Empfehlungen	
Kommunale Müllentsorgung	• Einführung eines Systems von Müllgebühren (Legislative) • Container (Instandsetzung, Wartung, Kauf neuer Container) • Durchführung gemeinsamer Säuberungskampagnen
Müllmenge und Zusammensetzung	• Anlage von Datenbanken/Abfallbilanzen • Untersuchung von Stoffströmen (Erfassung, Aufbereitung etc.)
Recycling	• Juristische Verankerung von Mehr- und Recyclingsystemen • Entwicklung einer Recycling-Infrastruktur • Verwendung organischer Abfälle als Kompost
Fuhrpark	• Instandsetzung des Fuhrparks und Einrichtung von Reperaturwerkstätten (Fahrzeuge und Container)
Müllhalden	• Umzäunung und Abgrenzung der Müllplätze • Beseitigung der Kleinstmüllplätze in den Stadtteilen • Entwicklung einer aktuellen Standortplanung für Endlagerung (Vermeidung von Siedlungsnähe und Geruchsbelästigung) • Entwicklung eines Deponiemanagements für verbleibende Halden (Basisabdichtung zur Erfassung von Sickerwasser und Methangas, Ausstattung mit schweren Maschinen zur Verdichtung)

Quelle: T. Ammerl 2005.

8 Fazit und stadtökologische Perspektiven in Havanna

Die ökologische Situation in Havanna hat sich im Laufe der *Período Especial* entscheidend verschlechtert, worauf die kubanische Regierung Veränderungen des lokalen Ressourcenmanagements (Stadt- und Raumplanung, Umweltgesetzgebung, kommunale Partizipation) vornahm. Obwohl infolge des UN-Umweltgipfels von Río de Janeiro die kubanische Umweltpolitik maßgeblich modifiziert wurde, müsste diese in Zukunft noch stärker in die relevanten Fachpolitiken integriert werden. Zielformulierungen bzw. Maßnahmenkataloge sollten mit ratifizierten Konventionen und internationalen Vereinbarungen abgestimmt werden. Ebenso müssten verstärkt Kontrollen von Umweltdelikten stattfinden und Sanktionen auf Umweltvergehen auch umgesetzt werden. Aufgrund finanzieller Schwierigkeiten der staatlichen Verwaltungs- und Dienstleistungsinstitutionen von Havanna, bietet Bürgerpartizipation eine wichtige Möglichkeit zur Lösung ökologischer Probleme.

Insgesamt müssten für Havanna urbane Leitbilder entwickelt werden, welche sich an einer leistungsfähigen kubanischen Volkswirtschaft sowie effizienten Betrieben orientieren. Lediglich infolge einer ökonomischen Erholung und dadurch ermöglichten Investitionen könnten die gravierenden stadtökologischen Probleme schrittweise gelöst werden. Somit bleiben die ökologische Entwicklung Havannas und seine Perspektiven als attraktiver Lebens-, Wirtschafts- und Erholungsraum eng an die zukünftige sozioökonomische Ausrichtung des kubanischen Sozialismus gekoppelt.

Literatur

AMMERL, T. (2005): Aktuelle stadt- und landschaftsökologische Probleme in Havanna und Lösungsansätze durch staatliche Raumordnung, Umweltpolitik bzw. kommunale Partizipation. – München (Dissertation der Fakultät für Geowissenschaften an der Ludwig-Maximilians-Universität München) [http://edoc.ub.uni-muenchen.de/archive/00004771/01/Ammerl_Thomas.pdf (Zugriff am 16.11.2007)].

AMMERL, T. (2007): Kuba – Transformationsansätze des Wirtschafts- und Gesellschaftssystems. In: D. BÖHN, E. ROTHFUSS (Hrsg.): Handbuch des Geographieunterrichts. Band 8/1: Entwicklungsländer. – Köln, S. 42–51.

AMMERL, T., MATEO RODRÍGUEZ, J., DREXLER, K. u. P. HASDENTEUFEL (2005): Von der ökonomischen zur ökologischen Transformation? In: R. GLASER, K. KREMB (Hrsg.): Planet Erde – Nord- und Südamerika. – Darmstadt, S. 126–137.

BAUME, O., AMMERL, T., HASDENTEUFEL, P. u. J. MATEO (2005): Aktuelle landschaftsökologische Untersuchungen in der Provinz Ciudad de La Habana/Kuba. – GEOÖKO XXVI, S. 95–111).

CEE (= Comité Estatal de Estadísticas) (1983): Censo de población y viviendas 1981. Provincia de Ciudad de La Habana. – Havanna.

CIGEA (= Centro de Información, Gestión y Educación Ambiental) (2001): Panorama Ambiental de Cuba 2000. – Havanna.

COYULA, M. (2005): El futuro de la ciudad. IV. Taller Científico Internacional: El Medio rural en el nuevo milenio, retos y perspectivas. I. Taller Científico Internacional: Desarrollo regional y local, la construcción de un nuevo espacio de relaciones, 15.–18.02.2005. – Havanna.

CWBI (= Centre Wallon de Biologie Industrielle) (1999): Atlas of MSW landfills and dumpsites in developing countries. – Liege (Belgien).

DPPF (= Departamento Provincial de Planificación Física) (2000): Esquema de Ordenamiento Territorial y Urbanismo (EOT). – Havanna.

DPSC (= Departamento Provincial de Servicios Comunales) (2005): Los residuos sólidos urbanos en la Ciudad de La Habana – Diagnóstico de la gestión y alternativas para su aprovechamiento. – Havanna [Vortrag auf dem Internationalen Abschlusskongress des CAESAR-Projektes vom 24.–28. Mai 2005].

ECLAC (2004): Improving Urban Management. – Regional Commissions. Development Update. Sixteenth Issue July 2004 [http://www.un.org/Depts/rcnyo/NL16/ecteclac.htm (Zugriff am 16.11.2007)].

FERRIOL MURUAGA, A., CARRIAZO MORENO, G. ECHAVARRÍA, O. U. u. D. QUINTANA MENDOZA (1998): Efectos de políticas macroeconómicas y sociales sobre los niveles de pobreza. El caso de Cuba en los años noventa. Grupo Mundi-Prensa. – Madrid.

FREY-EILING, A., FREY, K. (2000): Das Gruppenpuzzle. In: J. WIECHMANN (Hrsg.): Zwölf Unterrichtsmethoden – Vielfalt für die Praxis. – Weinheim, Basel, S. 50–57.

GDIC (= Grupo para el Desarrollo Integral de la Capital) (Hrsg.) (1999): Comunidades que se descubren y se transforman. – Havanna.

GUZMÁN, M. G. (2005): Deciphering Dengue: The Cuban Experience. – SCIENCE 309(5740), S. 1495–1497 [http://www.sciencemag.org (Zugriff am 16.11.2007)].

HARDOY, J.E., GUTMAN, M. (1992): Impacto de la urbanización en los centros históricos de Iberoamerica. Mapfre. – Madrid.

http://www.umweltforschung-kuba.de [Zugriff am 16.11.2007]: Homepage der Arbeitsgruppe „Umweltforschung Kuba" am Department für Geo- und Umweltwissenschaften, Sektion Geographie, der Ludwig-Maximilians-Universität München.

INRH (= Instituto Nacional de Recursos Hidráulicos) (2000): Caracterización de las alteraciones al regimen hidrológico fluvial. Proyecto: Variabilidad del escurrimiento. – Havanna.

KESTLER, F. (2002): Einführung in die Didaktik des Geographieunterrichts. – Bad Heilbrunn.

ORDÁS, J.A. (2003): Panorámica y caracterización de los sistemas de saneamiento en el área del Caribe. Expert Meeting on Waste Management in SIDIS, 27.–31.10.2003. – Havanna [http://www.sidsnet.org/docshare/other/20031105171520_Caracterizaci%F3n_del_Alcantarillado_en_el_Caribe.doc (Zugriff am 16.11.2007)].

POPIN (2005): World Population Prospects: The 2004 Revision. – http://www.un.org/popin [Zugriff am 16.11.2007].

WEISS, J. (1996): La Arquitectura colonial cubana. Siglos XVI al XIX. – Sevilla.

WIDDERICH, S. (1997): Möglichkeiten und Grenzen der Sanierung des Historischen Zentrums von Havanna, Cuba. – Kiel (Kieler Arbeitspapiere zur Landeskunde und Raumordnung, 36).

Bitte beachten Sie auch die PowerPoint®-Präsentation und das PDF-Dokument zum Artikel von *Thomas Ammerl* auf CD-ROM

Dr. THOMAS AMMERL
Bayerische Forschungsallianz gGmbH
Nußbaumstraße 12 • D–80336 München
ammerl@bayerische-forschungsallianz.de

Stephanie Nau

Kuba: Ein Land in Transformation?
Die Rolle des internationalen Tourismus
als Faktor der Öffnung

Mit 5 Abbildungen und 4 Tabellen

1 Didaktische Zielsetzung

Kuba ist eines der letzten sozialistischen Länder der Erde, das sich jedoch aufgrund wirtschaftspolitischer Probleme zu Reformen gezwungen sieht. Die Lebensbedingungen unter einem staatssozialistischen System sowie Prozesse der marktwirtschaftlichen und gesellschaftlichen Transformation Kubas sind zentrales Thema dieses Artikels. Didaktische Materialien in Form von Abbildungen, Tabellen und Schaubildern sollen dem Schüler sowohl die touristische Erschließung Kubas und die daraus resultierenden ökonomischen Vorteile, als auch einige soziale Implikationen des Fremdenverkehrs auf die einheimische Gesellschaft veranschaulichen.

2 Einleitung

Seit der Erkrankung Fidel Castros im Juli 2006 richtet sich das Interesse der Medien wieder verstärkt auf den karibischen Inselstaat Kuba, der seit der Revolution von 1959 bis in die Gegenwart einen wirtschaftspolitischen Sonderweg in unmittelbarer Nachbarschaft der USA geht. Die in der Krisenzeit der 1990er Jahre begonnene, so genannte *Kubanische Transformation* scheint zu stagnieren, allein der internationale Tourismus bewirkt Öffnungstendenzen und damit Veränderungen auf der Mikroebene der kubanischen Gesellschaft. Vormals auf einer Ideologie egalitären Zusammenlebens basierend, gestaltet sich das heutige kubanische Gesellschaftsmodell auf der Grundlage differenzierter, oftmals informeller Einkommensmöglichkeiten von Devisen und charakterisiert sich damit durch eine bislang unbekannte soziale Ungleichheit. Diese tourismusinduzierten Prozesse werden im Folgenden thematisiert, wobei Meinungen in Form von wörtlichen Aussagen die Einstellungen der Kubaner selbst, folglich die Binnenperspektive der von Veränderungen betroffenen Akteure widerspiegeln.

3 Wirtschaftspolitische Hintergründe und die Krisenjahre Kubas

Die entschädigungslose Enteignung von Großbetrieben in der Zuckerwirtschaft erfolgte nach der Revolution Anfang der 1960er Jahre im Zuge zweier weit reichender Agrarreformen, die sowohl dem Großgrundbesitz als auch ausländischem Eigentum an kubanischem Boden ein Ende bereiteten. Auf die sich anschließende Nationalisierung von Zuckerfabriken, Banken, Unternehmen wie der *United Fruit Company* und Erdölraffinerien reagierte die US-Regierung unter dem damaligen Präsidenten Eisenhower mit Sanktionen, die 1962 zur Verhängung des Wirtschafsembargos über Kuba führten. Die damit einhergehende Streichung von Zuckerimporten und Wirtschaftshilfen seitens der Amerikaner löste auf Kuba erstmals Versorgungsengpässe aus und bewirkte die Zuwendung der kubanischen Regierung zu den Staaten des Ostblocks (vgl. HAGEMANN 2002, S. 115f.).

Die Folgejahrzehnte waren von einer zunehmenden Monopolisierung der kubanischen Landwirtschaft geprägt. Der Zuckerrohranbau dominierte das Handelsgeschäft mit den sozialistischen „Bruderstaaten", und Rekordernten von annähernd 10 Mio. Tonnen Rohzucker sollten nicht zuletzt symbolisch für den Sieg der Revolution stehen (vgl. HÖNSCH 1993, S. 36f.). Der Eintritt Kubas 1972 in den Rat für Gegenseitige Wirtschaftshilfe (RGW), dem neben der Sowjetunion und der DDR die Staaten des heutigen Osteuropas, die Mongolei und später auch Vietnam mit dem Ziel einer sozialistischen ökonomischen Integration angehörten, trug wesentlich zur Konsolidierung wirtschaftspolitischer Abhängigkeiten bei. So betrug der Anteil der RGW-Staaten an Kubas Außenhandel im Jahr 1988 immerhin 85 % (MESA-LAGO 1993, S. 138). Die UdSSR avancierte zum Hauptabnehmer kubanischen Zuckers zu privilegierten Verrechnungspreisen; im Gegenzug erhielt Kuba Kredite und Erdöl aus der Sowjetunion, dessen Überschuss auf dem Weltmarkt gegen Devisen reexportiert werden konnte. Angesichts dieser wirtschaftlichen Bedeutung des Zuckers wurde die Produktion von Nahrungsmitteln und Gebrauchsgütern auf der Insel über Jahrzehnte vernachlässigt. Die internationale Arbeitsteilung im RGW bewirkte vielmehr die Entwicklung des Landes zum „Monoexporteur und Multiimporteur" (GARCÍA 2004, S. 195).

Der unerwartete Zerfall der UdSSR wie auch der DDR im Jahr 1989 stürzte Kuba folglich in die schlimmste Wirtschaftskrise seiner Geschichte. Über Nacht sah sich das Land ohne Handelspartner und durch das anhaltende US-Embargo völlig isoliert vom globalen Weltmarkt. Ausbleibende sowjetische Erdöllieferungen führten zu einer Energiekrise, die die Aufrechterhaltung der landwirtschaftlichen Produktion unmöglich machte; das Embargo verhinderte ferner den Import von Düngemitteln, Ersatzteilen für Maschinen und ähnlichen Betriebsmitteln. Zum Nahrungsmittelimport fehlten darüber hinaus die Devisen. In der Folge konnte die Versorgung der kubanischen Bevölkerung nicht mehr gewährleistet werden, und eine extreme Notsituation bestimmte den Alltag der Kubaner. Fidel Castro prägte für diese Krise den Begriff der „Sonderperiode in Friedenszeiten" (*período especial en tiempos de paz*, vgl. Infobox 1). Die Erfahrung von Knappheit und Ent-

> **Infobox 1**
>
> **Die Sonderperiode in Friedenszeiten**
>
> - Kubanischer Ausdruck: *período especial en tiempos de paz*
> - Ausgerufen von Fidel Castro auf dem Höhepunkt der kubanischen Wirtschaftskrise im Jahr 1993
> - Kann als eine autarke Kriegswirtschaft ohne Krieg bezeichnet werden: Nach dem Motto „Bohnen statt Kanonen" wurden die kubanischen Streitkräfte zur Arbeit aufs Land gesandt
> - Gilt als Beginn der *Kubanischen Transformation*, da zur Bekämpfung der Wirtschaftskrise marktwirtschaftliche Reformen eingeführt wurden
> - Die Sonderperiode gilt im Jahr 2006 als weitgehend überwunden. Wirtschaftliche Indikatoren wie Bruttosozialprodukt und Exportvolumen befinden sich jedoch nach wie vor nicht auf dem Niveau von 1989.
>
> *Fragen für die didaktische Anwendung:*
> Welche Ursachen hatte die kubanische Wirtschaftskrise?
> Was waren die Folgen dieser Krise?
> Welche Maßnahmen zur Überwindung der Krise wurden vom Kubanischen Staat getroffen und mit welchem Erfolg?
> Was unterscheidet Kuba in dieser Hinsicht von anderen Ländern?

behrung liegt noch heute dem Denken und Handeln der betroffenen Kubaner zugrunde.

„Die Sonderperiode war eine furchtbare Zeit, du kannst dir gar nicht vorstellen, wie wir alle ausgesehen haben, so mager, und was wir durchgemacht haben. Dahin möchte ich nie wieder! Es gab einfach nichts, weder Essen noch Hygieneartikel, noch sonst etwas. Alle haben entbehrt, um wenigstens den Kindern und Alten geben zu können."
(Hausfrau in Havanna, 17.11.2004)

Wirtschaftliche Indikatoren deuten auf einen Höhepunkt der Krise im Jahr 1993 hin (vgl. Abb. 1). Die Sonderperiode glich zunächst einer Art der autarken Kriegswirtschaft ohne Krieg. Nationale Notstandsprogramme hatten die Ankurbelung der Landwirtschaft zum Ziel, um die Versorgung der Bevölkerung wieder zu gewährleisten. Zu diesem Zweck wurde das kubanische Militär mobilisiert und nach dem Motto „Bohnen statt Kanonen" (Raúl Castro 1993) mit dem Anbau von landwirtschaftlichen Produkten betraut. Die Überwindung der Krise forderte darüber hinaus jedoch grundlegende, marktwirtschaftliche Reformen, die letztlich die *Kubanische Transformation* (vgl. Infobox 2) einleiteten.

Als Teil der Krisenlösungsstrategie wurde das bereits 1982 verabschiedete Gesetz Nr. 50 über Auslandsinvestitionen erweitert (vgl. den Auszug aus der Rede von Parlamentspräsident Alarcón, vgl. Infobox 3). So sind heute auch Mehrheitsbeteiligungen ausländischer Unternehmen in Gemeinschaftsunternehmen mit dem kubanischen Staat *(empresas mixtas* bzw. *Joint Ventures)* möglich. Die wirtschaftlichen Kooperationsformen umfassen ferner Vereinbarungen zur Produktionszusammenarbeit und Managementverträge, wobei die kubanische Regierung nicht nur von dem dringend benötigten ausländischen Kapital profitiert, sondern auch von Know-how-Transfers. Vor allem zu Beginn der 1990er Jahre waren die Kubaner noch relativ unerfahren in der Organisation eines nach marktwirtschaftlichen Regeln funktionierenden Tourismussektors (Fidel Castro: *„Wir wissen nicht, wie man ein Hotel führt, noch, wie man Touristen bedient"*, Zitat in MESA-LAGO 1993, S. 224). Auch die Legalisierung des US-$ als Zweitwährung für die kubanische Bevölkerung wurde zur wirtschaftspolitischen Notwendigkeit. Der Niedergang der sozialistischen Handelsbeziehungen Ende der 1980er Jahre hatte eine rapide Aufwertung des US-$ auf dem kubanischen Schwarzmarkt zur Folge, was wiederum zum Kursverfall der Landeswährung *(peso cubano)* führte. Die Einführung des US-$ in Kuba machte den Weg frei für zunehmende Auslandsüberweisungen kubanischer Familienangehöriger aus dem Exil (so genannte *remesas*). Die damit verbundenen Steuern füllen bis heute in nicht geringem Ausmaß die Staatskassen und ermöglichen den Empfängern auf Kuba einen Ausweg aus der Versorgungsknappheit sowie einen verhältnismäßig gehobenen Lebensstandard auf der Insel. Fortan bestand folglich eine „duale Wirtschaft" aus einem Binnensektor, dem weiterhin die nationale Währung zugrunde lag, und einem Devisensektor. Die währungspolitische Öffnung der kubanischen Wirtschaft brachte jedoch nicht für die ganze Bevölkerung Vorteile mit sich. Vielmehr sind bis heute Teile der kubanischen Gesellschaft vom Zugang zu Devisen ausgeschlossen (siehe Kap. 6). Seit 2004 ersetzt der kubanische *peso convertible* (CUC) den US-$, wird jedoch nur auf der Insel als Devise anerkannt. Die Abschaffung der amerikanischen Währung geschah als Reaktion der kubanischen Regierung auf jüngste Restriktionen der US-amerikanischen Kubapolitik, welche zur Verhinderung kubanischer Dollar-Depots an ausländischen Banken geführt hatten (*El Mundo* vom 26./29. Oktober und 8./17. November 2004).

Im September 1993 erließ Fidel Castro das so genannte „Gesetz zur Arbeit auf eigene Rechnung" *(trabajo por cuenta propia)*, welches die Entstehung eines kleinen, privaten Sektors in der kubanischen Wirtschaft zur Folge hatte. Waren die Kubaner vor der Krise fast ausschließlich staatlich angestellt, konnten fortan Lizenzen für eigene gewerbliche Tätigkeiten und Dienstleistungen beantragt werden. Dieses Privileg ist an bestimmte infrastrukturelle Voraussetzungen sowie an hohe und fixe monatliche Steuerabgaben gebunden, unabhängig vom tatsächlichen ökonomischen Erfolg des Gewerbes. Mit dieser Maßnahme sollte der krisenbedingten Arbeitslosigkeit

Abb. 1: *Entwicklung wirtschaftlicher Indikatoren in der Krise.*

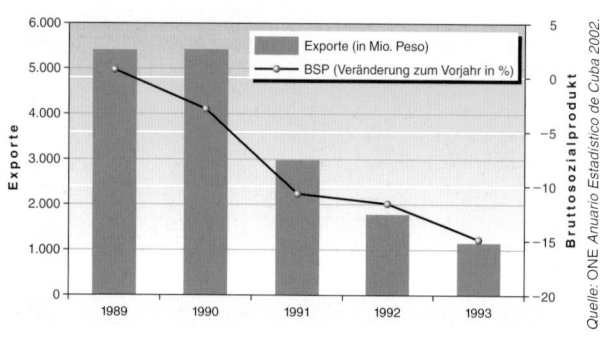

> **Infobox 2** **Die *Kubanische Transformation***
>
> Definition „Transformation" nach BÄHR et al. 1997, S. 624:
> „Im ökonomischen Kontext der Übergang von einer bestehenden Wirtschaftsordnung in ein grundlegend anders organisiertes politisches und wirtschaftliches System, wobei umstritten ist, ob eine ökonomische Transformation langfristig mit einem Wandel im politischen System einhergehen muß".
>
> Der kubanische Kontext (2006): Die Transformation „in der Schwebe"
> - Keine wesentlichen Veränderungen des politischen Systems seit 1959
> - Dualisierte Wirtschaft: Liberalisierter Außensektor auf Devisenbasis bei weiterhin planwirtschaftlich verwaltetem Binnensektor mit nationaler Währung
> - Allein die kubanische Gesellschaft unterliegt profunden Wandlungsprozessen aufgrund neu aufgekommener, diversifizierter Einkommensmöglichkeiten von Devisen und damit der Herausbildung sozial privilegierter Schichten
>
> Staatliche Krisenlösungsstrategien, die die *Kubanische Transformation* einleiteten:
> - Legalisierung des Dollarbesitzes für kubanische Bürger
> - Hierbei spielen insbesondere die Geldsendungen von Exilkubanern und Touristen aus dem Ausland (spanisch: *remesas*) eine überlebenswichtige Rolle
> - Öffnung der kubanischen Wirtschaft für ausländisches Kapital und Aufbau eines Tourismussektors
> - *Joint Ventures* (spanisch: *empresas mixtas*) mit dem Ausland verschaffen Kapital und Know-how
> - Legalisierung der „Arbeit auf eigene Rechnung" (spanisch: *trabajo por cuenta propia*), eines kleinen privaten Sektors
> - Alle wirtschaftlichen Transformationsansätze finden unter der Kontrolle des kubanischen Staates statt. Von einer tatsächlichen Liberalisierung kann daher nicht die Rede sein.
>
> *Fragen für die didaktische Anwendung:*
> Was wird unter der Transformation eines Landes verstanden?
> Wie charakterisiert sich die spezifisch *Kubanische Transformation*?
> Wodurch kam es zu Ansätzen einer Transformation und in welchen Bereichen?

im staatlichen Sektor Abhilfe geschafft werden. Der private Sektor unterliegt ebenfalls der oben beschriebenen „dualen Wirtschaft": Tätigkeiten, die mit Einkommen in nationaler Währung verbunden sind, haben monatliche Steuerabgaben in *pesos* zur Folge. Hierunter fallen Straßenverkäufer genauso wie Schuhputzer, Parkplatzwächter und Taxifahrer. Im Gegensatz dazu müssen Zimmervermieter und Restaurantbesitzer, die Einkommen durch Touristen beziehen und daher die Möglichkeit zu Devisenverdienst haben, ihre Steuern in kubanischen Devisen (CUC) bezahlen. Die Gebühren für eine Vermieterlizenz (ein Zimmer) lagen 2005 bei 270 CUC im Stadtteil Centro Habana; für die Bewirtung von Gästen im privaten Restaurant *(paladar)* mussten 800 CUC pro Monat abgeführt werden (Quelle: S. Nau 2005).

4 Tourismus als „Lokomotive der Wirtschaft"

Bereits 1991 erkannte Fidel Castro die Notwendigkeit, sein Land einer neuen Devisenquelle zu öffnen (vgl. Infobox 3). Anstelle der von sowjetischer Seite subventionierten Handelsbeziehungen trat nun der internationale Tourismus „als Lokomotive unserer Wirtschaft" (Fidel Castro) auf den Plan.

> **Infobox 3** **Zitate**
>
> Fidel Castro, Eröffnungsrede des IV. Kongresses der Kommunistischen Partei Kubas, am 10. Oktober 1991:
> „*Wir sind dabei, jedes Jahr tausende und abertausende Zimmer für den internationalen Tourismus zu bauen. Es genügt zu sagen, daß der Tourismus in diesem Jahr neben direkten und indirekten Einkünften anderer Institutionen ungefähr 400 Mio. Dollar eingebracht hat, und wir hoffen, daß wir für das Jahr 1992 ungefähr 600 Mio. Dollar erreichen. Das Wachstum der Einkünfte durch Tourismus ist bemerkenswert, und es ist sehr wichtig, die Notwendigkeit zu verstehen, die in unserem Land bezüglich des Tourismus herrscht, auch wenn für uns damit einige Opfer verbunden sind. Wir würden uns gern selbst an all den Hotels erfreuen, aber hier geht es darum, das Vaterland, die Revolution und den Sozialismus zu retten. Wir brauchen diese Ressourcen angesichts der Lage, die ich Euch erläutert habe.*"
>
> Ricardo Alarcón de Quesada, Vorsitzender der kubanischen Nationalversammlung, am 6. September 1995 bei der Verkündung des Gesetzes Nr. 77 über ausländische Investitionen:
> „*In der heutigen Welt, ohne die Existenz der sozialistischen Bruderstaaten, mit einer sich globalisierenden Weltwirtschaft und starken, hegemonischen Tendenzen auf wirtschaftlichem, politischem und militärischem Gebiet, kann Kuba mit dem Ziel, seine Errungenschaften zu erhalten – welches ferner einem grausamen Embargo unterworfen ist und welchem dadurch Kapital fehlt, sowie bestimmte Technologien, oft auch Märkte ... – durch die ausländischen Investitionen auf der Basis des striktesten Respekts vor der Unabhängigkeit und nationalen Souveränität, Vorteile durch die Einführung neuer und fortgeschrittener Technologien, durch die Modernisierung seiner Industrien ... erhalten.*"

Er überholte bereits im Jahr 1994 den Zucker als vormalige Hauptdevisenquelle Kubas und ist bis heute der bedeutendste Wirtschaftszweig des Landes (vgl. Abb. 2). Allein die *remesas* sind quantitativ von noch höherer Bedeutung. Sie verschaffen dem kubanischen Staat hohe Einkommen durch die bei der Überweisung anfallenden Gebühren und erhöhen darüber hinaus die Kaufkraft kubanischer Konsumenten in den staatlichen Devisengeschäften. Laut TOGORES, GARCÍA (2004, S. 273) beträgt die Summe aller Geldsendungen, die den Haushalten zur Verfügung stehen, ca. 800 Mio. bis 1,1 Mrd. US-$ jährlich. Die Bruttoeinnahmen im Tourismussektor sind zwar höher (ca. 2 Mrd. US-$, Quelle: *Kubanische Nationalstatistikbehörde ONE* für 2002), doch nach Abzug aller Devisenfluktuationen verbleiben dem kubanischen Staat nur noch etwa 15% dieser Einkommen. Die Abzüge setzen sich zusammen aus Infrastruktur- und Importaufwendungen und sind nicht zuletzt auf die Ineffizienz der kubanischen Planwirtschaft im Binnensektor zurückzuführen. Landwirtschaftliche Produkte, die die erforderlichen Qualitätsstandards erfüllen, werden gemäß den staatlichen Vorstellungen an die Bevölkerung wie auch an Hotels und den Exportsektor verteilt, dabei verderben viele Waren unterwegs oder verschwinden auf den Schwarzmarkt. Importe sind daher noch immer eine notwendige Voraussetzung für ein reibungsloses Funktionieren des Hotelbetriebs auf Kuba.

Dennoch birgt die rasante Entwicklung des Tourismussektors Vorteile für den kubanischen Staat. Seit 2004 kommen laut *ONE* jährlich über 2 Mio. Besucher nach Kuba, was dort als eine Errungenschaft der Revolution gefeiert wird. Die „Erfolge", die hierbei verbucht werden, haben ähnlichen Symbolgehalt wie die einstigen Rekordernten des Zuckerrohrs in den 1970er Jahren. Als neue Devisenquelle bewirkt der Tourismus tatsächlich eine Entspannung der sozioökonomischen Krisenlage sowie die Erholung der kubanischen Wirtschaft. Lange gehegte Sanierungspläne, wie beispielsweise in der Altstadt von Havanna, können nun in die Tat umgesetzt werden. In politischer Hinsicht sieht sich Kuba jedoch noch immer durch das anhaltende US-Embargo in seinen Handlungsmöglichkeiten eingeschränkt. Der Tourismus wird hierbei als Möglichkeit erfahren, sich im Ausland hingegen den Aussagen amerikanischer Politiker nicht als „Schurkenstaat", sondern als offener und warmherziger Gastgeber zu präsentieren.

„Der Kubaner hat Charaktereigenschaften, die dem Ausländer gefallen. Denn er ist höflich. Du als Ausländer kannst jeden beliebigen Kubaner nach dem Weg fragen, und er hält an und hilft dir, denn die Kubaner sind sehr gutmütig. So ist der Kubaner. Der Kubaner behandelt den Ausländer gut. Es ist wie eine Tradition." (Hausfrau, 09.11.2004)

Abb. 2: Einnahmen aus Export von Gütern und Dienstleistungen (DL), Zucker und Tourismus 1990 bis 1999.

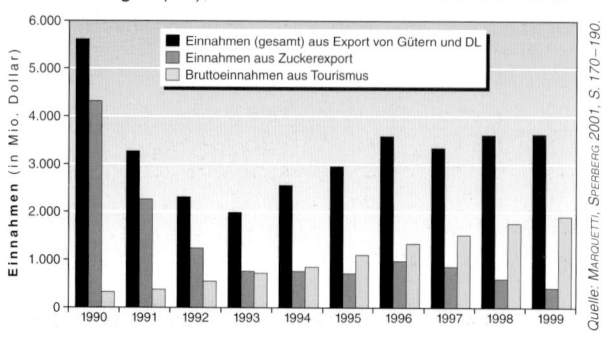

Quelle: MARQUETTI, SPERBERG 2001, S. 170–190.

In der Tat besitzt der internationale Tourismus auf Kuba eine lange, wenn auch kontroverse Tradition. Bereits vor der Revolution von 1959 bereisten ca. 200.000 Touristen jährlich die Insel, die Mehrzahl davon Amerikaner. Vorrangiges Touristenziel war neben den Stränden Varaderos vor allem die Hauptstadt Havanna. Sie ermöglichte den Amerikanern als „Sodom des 20. Jahrhunderts" alle Freuden und Laster, die zu jener Zeit in den Vereinigten Staaten untersagt waren. Die nordamerikanische Mafia besaß Spielcasinos und Bordelle, möglich wurde dies durch die Unterstützung des damaligen Diktators Fulgencio Batista. Er teilte sich die Gewinne mit amerikanischen Mafiabossen, während die Kubaner selbst keine Vorteile aus dieser „Art" der touristischen Erschließung zogen (vgl. HINCH 1990, S. 215f. und VILLALBA 2002, S. 20). Die Revolution setzte diesen Verhältnissen ein Ende; nacheinander wurden Luxushotels, Bars, Casinos und Bordelle konfisziert und der Tourismussektor für drei Jahrzehnte lang „nationalisiert": „Kuba den Kubanern", lautete fortan das Motto. Staatlich subventionierte Bildungsreisen sollten den Kubanern ihr eigenes Land wie auch die Errungenschaften der Revolution näher bringen. Während drei Millionen Kubaner die Einrichtungen der Batista-Zeit nutzten, sank die internationale Nachfrage nach Kuba als Reiseland in den 1960er Jahren auf 3.000 bis 5.000 Besucher jährlich (HINCH 1990, S. 217). Auch das Embargo spielte hierbei eine wichtige Rolle, denn amerikanischen Staatsbürgern waren Reisen nach Kuba fortan gesetzlich untersagt. Bis heute herrscht unter Kubanern die Auffassung vor, dass es keine zweite Batista-Zeit mehr geben dürfe.

„Wir wollen nur, dass der Kapitalismus nicht mehr kommt. Früher, vor der Revolution, da haben sie sich bei Wahlen gegenseitig umgebracht und viele waren arm, während einigen Reichen alles gehörte. Heute hingegen sind wir alle arm, aber man kann leben." (Fremdenführer, 12.04.2005)

Die Wiederentdeckung des internationalen Tourismus als Krisenlösungsstrategie in den 1990er Jahren bedeutete für die kubanische Regierung in der Folge eine „Waffe mit zwei Klingen" (POZO 1993, S. 47). Unter Vermeidung der sozialen Kosten der 1950er Jahre wurde zunächst die Preisführerschaft unter den karibischen Konkurrenzdestinationen Dominikanische Republik, Jamaika, Bahamas und Puerto Rico angestrebt. Der Erfolg dieses Vorhabens blieb jedoch aus, da die weitgehend brach liegende Infrastruktur wie auch hohe Aufwendungen für Importe ein kostengünstiges Angebot unmöglich machten, geschweige denn für Massenankünfte ausländischer Touristen die notwendigen Kapazitäten bereitstanden (vgl. MARTÍN DE HOLAN, PHILLIPS 1997). Mit der Gründung des Ministeriums für Tourismus im Jahre 1994 fand ein Umdenken in der kubanischen Tourismusstrategie statt. Fortan sollten Hotelanlagen und Restaurants aufgewertet und somit ein Qualitätstourismus gefördert werden, um in Preis und Angebot der internationalen Konkurrenz standhalten zu können. Dieses Vorgehen bewährte sich, wie die kontinuierlich steigenden Besucherzahlen und Bruttodeviseneinnahmen in den 1990er Jahren zeigen (vgl. Abb. 3). Das ehrgeizige Ziel, bis 2010 fünf Millionen Touristen jährlich in Kuba willkommen zu heißen, wird hingegen kaum erreicht werden. Die ökonomischen Erfolge der touristischen Entwicklung sind mehr den steigenden Besucherzahlen als einer guten Organisation dieses Sektors zuzuschreiben. So ist die planwirtschaftlich verwaltete Binnenwirtschaft kaum in die Bereitstellung von Gütern integriert, und private Initiativen werden durch Rechts-

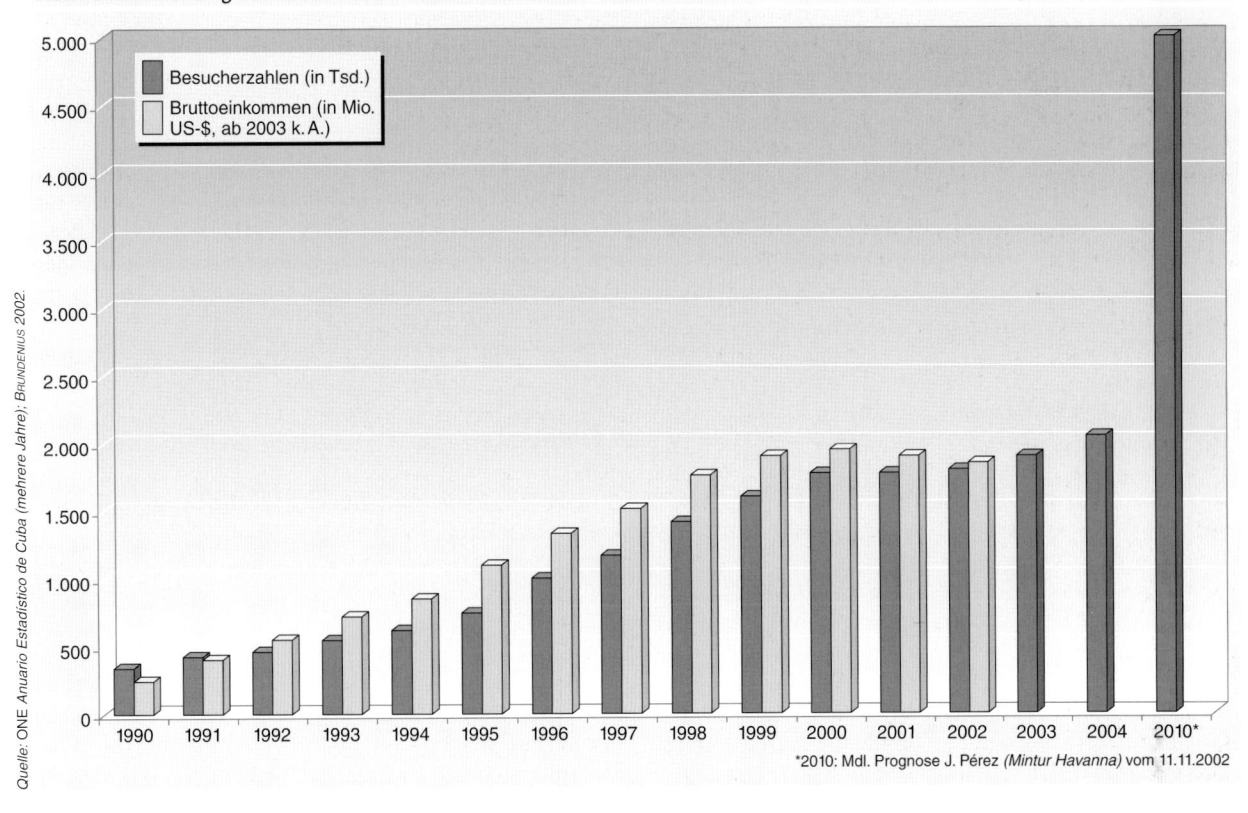

Abb. 3: *Entwicklung der kubanischen Tourismusindustrie 1990 bis 2004.*

Quelle: ONE Anuario Estadístico de Cuba (mehrere Jahre); BRUNDENIUS 2002.

2010: Mdl. Prognose J. Pérez (Mintur Havanna) vom 11.11.2002

Abb. 4: *Die Struktur des kubanischen Tourismusprodukts im Jahr 2000.*

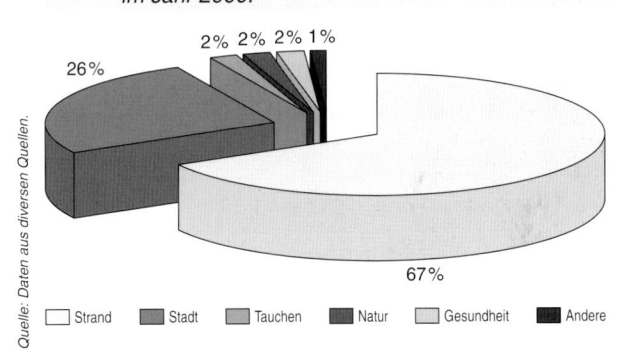

Strand 67%, Stadt 26%, Tauchen 2%, Natur 2%, Gesundheit 2%, Andere 1%

Quelle: Daten aus diversen Quellen.

unsicherheit und hohe Steuerabgaben gehemmt. Multiplikatoreffekte innerhalb der kubanischen Wirtschaft sind ferner als bescheiden einzustufen; der „postsozialistische Devisenbringer" (in Anspielung auf Deviseneinkünfte nach dem Zerfall des RGW) wird seinem Ruf aufgrund der hohen Abzüge nicht wirklich gerecht und bringt die Devisen fast ausschließlich dem Staat, während die Bevölkerung keine wesentlichen Veränderungen für sich bemerkt.

„Der Tourismus ist nur eine Hilfe in der Hinsicht, als dass das Volk sie zu einem Ausmaß erhält, wie es dem Staat gerade passt. Wir können dies nicht als Hilfe bezeichnen, denn der Staat behält das Geld. Er [Fidel Castro, S. N.] sagt, dass er damit in Dinge investiert. Aber hinsichtlich der Lebensumstände des Kubaners und der Not, die herrscht, bewirkt er nichts. Ich sehe keine Fortschritte in der Versorgungslage, das ganze Essen ist sehr teuer. Es können zwei Millionen Touristen nach Kuba kommen, aber es ist schwierig für uns, festzustellen, wo uns die Devisen zu Gute kommen. Ich glaube, das ganze Geld, das vom Tourismus kommt, stärkt am allermeisten den Staat, nicht das Volk." (Techniker, 18.04.2005)

Fünfzehn Jahre nach Wiederbeginn der touristischen Erschließung Kubas kann die Regierung jedoch auf einen florierenden Sektor mit einem sehr diversifizierten Tourismusprodukt blicken (vgl. Abb. 4). Der so genannte „Sonne und Strand Tourismus" ist anteilsmäßig noch immer dominant im kubanischen Angebot, bedingt durch natürliche und klimatische Faktoren auf der größten Antilleninsel. Im randtropisch-wechselfeuchten Klima ist die winterliche Trockenzeit der Monate November bis April als Reisezeit optimal. Die schwül-heißen Sommermonate sind hingegen von einer hohen Luftfeuchtigkeit und der Gefahr tropischer Wirbelstürme geprägt.

Als vorrangige Reiseziele auf Kuba sind die Strände von Varadero (Provinz Matanzas) und Guardalavaca (Provinz Holguín) zu nennen, wie auch die *cayos*, kleine Inseln an der Nord- und Südküste Kubas. Charakteristisch für dieses Tourismussegment ist seine räumliche Organisation und Segregation in Enklaven, zu denen Kubaner mit Ausnahme des Hotelpersonals keinen oder nur eingeschränkten Zutritt haben, so etwa in der touristischen Nebensaison. Parallel dazu wurden in den letzten Jahren weitere Segmente im touristischen Angebot entwickelt, die ganz unterschiedliche Zielgruppen ansprechen und damit mehr Touristen nach Kuba führen sollen. Hierunter fällt der Städtetourismus u.a. in Havanna (vgl. MERTINS 2003), in Santiago de Cuba und in der Kolonialstadt Trinidad an der Südküste (zu den touristischen Vorranggebieten vgl. Abb. 5). Zwar unterscheiden der so genannte „Tropensozialismus" wie auch der „Mythos Castro" die Insel wesentlich von anderen karibischen Destinationen. In der Abgrenzung von der Konkurrenz trägt die Diversifizierung des kubanischen Tourismusproduktes jedoch essentiell zur Attraktivität Kubas als Reiseziel bei. So bildet das vorbildliche Bildungs- und Gesundheitssystem im kubanischen Sozialismus die Basis für einen erfolgreichen Gesundheitstourismus,

Abb. 5: *Touristische Vorranggebiete auf Kuba.*

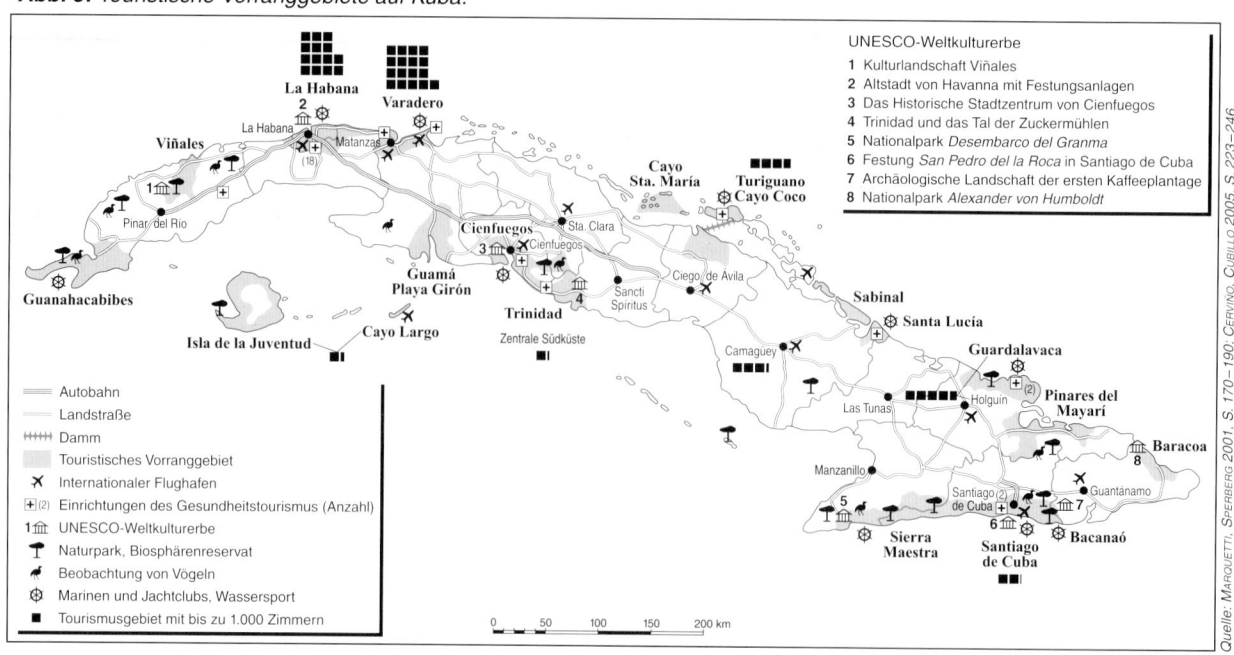

Quelle: MARQUETTI, SFERBERG 2001, S. 170–190; CERVINO, CUBILLO 2005, S. 223–246.

im Rahmen dessen sich ausländische Patienten auf Kuba behandeln lassen. Kubas Ärzte sind international anerkannt, vor allem in den Bereichen Herz- und Augenkrankheiten sowie der Schönheitschirurgie. Ferner besitzt die Insel im Gegensatz zu anderen Inseln der Karibik heiße Quellen und Heilgewässer in der Provinz Pinar del Río, die ein umfangreiches Wellness-Angebot ermöglichen. In dieser westlichsten Provinz Kubas liegt ferner das Tal von Viñales, welches aufgrund der Kombination von naturräumlichen Gegebenheiten und anthropogenen, traditionell landwirtschaftlichen Aktivitäten 1999 zum UNESCO-Weltkulturerbe ernannt wurde. Für die ländliche Region bedeutete dies den Beginn der touristischen Erschließung in Form eines ökotouristischen Angebots. Dies besagt, dass touristische Aktivitäten wie auch Unterkünfte bestmöglich in die natürlichen Bedingungen des Tals integriert werden. Kuba verfügt über zahlreiche Nationalparks, Biosphärenreservate und Naturschutzgebiete, von denen viele noch nicht für den Tourismus erschlossen sind; der Naturtourismus befindet sich vielmehr noch im Aufbau (vgl. MEDINA, SANTAMARINA 2004). Dabei kollidiert nicht selten das Streben nach Masse und hohen Deviseneinkünften seitens der kubanischen Regierung mit den Anforderungen an die Nachhaltigkeit ihrer Vorhaben (vgl. BEIER 2001). Weitere Ansätze eines diversifizierten Tourismusangebots beinhalten den Messe- und Eventtourismus (vorwiegend in der Hauptstadt), Wassersportangebote (Fidel Castro ließ als ehemaliger begeisterter Sporttaucher rund um die Insel künstliche Taucherwelten erschaffen), sowie den wissenschaftlichen Tourismus in Form von Bildungsreisen, der in Kooperation mit der Universität Havanna organisiert wird. Im Rahmen des Kreuzfahrttourismus wird die Karibik durch strategische Allianzen der einzelnen Inselstaaten insgesamt als Multiziel vermarktet und somit ein Aufenthalt in mehreren Ländern, darunter auch Kuba, ermöglicht.

An den gesetzlichen Bestimmungen des US-Embargos hat sich bis 2006 für Kuba nichts geändert, vielmehr wurde die Wirtschaftsblockade durch das *Torricelli*-Gesetz (1992) und das *Helms-Burton*-Gesetz (1996) weiter verschärft (zu den politischen Hintergründen vgl. GRATIUS 2003). Trotz dieser Reglementierungen kommen jährlich ca. 150.000 US-Amerikaner über Drittländer wie die Bahamas, Mexiko oder Kanada nach Kuba. Sie sind gern gesehene Gäste, denn sie gelten unter Kubanern allgemein als großzügige Geber von Trinkgeldern. Die meisten Besucher stammen hingegen aus Europa, darunter kommen ca. 200.000 Touristen jährlich aus Deutschland. Auch Kanada gilt als Hauptherkunftsland. Neben den oben genannten touristischen Attraktivitäten, die die Insel Kuba bietet, konstituiert sich das Reisemotiv vieler Kubabesucher nicht zuletzt durch die Erfahrung eines Aufenthaltes in einem sozialistischen Land. Die Bezeichnung „Museumsinsel" steht für ein Leben nach jahrzehntelanger Isolation vom kapitalistischen Weltmarkt. Die Wirtschaftskrise gilt heute als überwunden, obwohl wirtschaftliche Indikatoren noch nicht wieder das Niveau von 1989 erreicht haben, sodass von einem Ende der Sonderperiode auf Kuba niemand sprechen mag. Anhaltende Versorgungsengpässe machen den Alltag vieler Kubaner noch immer zur Herausforderung, doch in Begegnungen mit Touristen scheint ihre Lebensfreude ungetrübt. Der Kontakt zu den „kapitalistischen Ausländern" bedeutet dabei für manchen Kubaner nicht nur einen „Blick über die Mauer", sondern auch einen Ausweg aus seiner täglichen Knappheitssituation. Jeglicher Umgang mit Touristen wird staatlich reglementiert, und doch sind die Möglichkeiten zu Begegnungen und Freundschaften mit Ausländern vielfältig geworden. Dies bewirkt tief greifende Veränderungsprozesse in einer vormalig einkommenshomogenen Gesellschaft, die sich der egalitären Ideologie ihres sozialistischen Systems verschrieben hatte.

5 Die *Kubanische Transformation* „in der Schwebe"

Unter Transformation wird „im ökonomischen Kontext der Übergang von einer bestehenden Wirtschaftsordnung in ein grundlegend anders organisiertes politisches und wirtschaftliches System [verstanden], wobei umstritten ist, ob eine ökonomische Transformation langfristig mit einem Wandel im politischen System einhergehen muß" (vgl. BÄHR et al. 1997, S. 624). Bei der Analyse der spezifisch Kubanischen Transformation müssen strukturelle Besonderheiten in sozialer wie politischer Hinsicht berücksichtigt werden. Kuba weist trotz einer fortdauernden wirtschaftlichen Krise und außenwirtschaftlicher Abhängigkeiten keine für Entwicklungsländer typischen sozialen und strukturellen Probleme auf, weshalb Kuba nicht den so genannten Less Developed Countries zugeordnet werden kann. Vielmehr befindet sich Kuba laut den Vereinten Nationen auf dem 50. Rang in der weltweiten Entwicklung (vgl. Tab. 1). Der zugrunde liegende Indikator, der Human-Development-Index, zeigt den Lebensstandard der kubanischen Bevölkerung, gemessen an der Lebenserwartung, der Kindersterblichkeit und der Analphabetisierungsquote, deutlich über demjenigen vieler anderer lateinamerikanischer Länder wie auch über dem Lebensstandard Russlands und Chinas an.

Kuba ist demzufolge kein Entwicklungsland, es ist jedoch auch kein typisches Schwellenland, als welches es sich im direkten Vergleich mit unterentwickelten Ländern durch ein gehobenes Wirtschaftswachstum und/oder eine höhere Lebensqualität unterscheiden würde (vgl. NOHLEN 2002, S. 708f.). Dem vergleichsweise hohen Lebensstandard der kubanischen Bevölkerung stehen nicht zuletzt durch die konsequente Ablehnung politischer Reformen seitens der kubanischen Regierung und durch das anhaltende US-Embargo, das eine Einbindung in die globale Wirtschaft weitgehend verhindert, erhebliche strukturelle Mängel im wirtschaftlichen System gegenüber, die an ein Entwicklungsland erinnern. Ebenso sind die durch den internationalen Tourismus verursachten, soziokulturellen Probleme auf Kuba typische Konsequenzen des Fremdenverkehrs, wie sie in der Dritten Welt vorkommen.

Es stellt sich im Folgenden die Frage, welche Bereiche aus Politik, Wirtschaft und Gesellschaft Kubas tatsächlich von den Reformen der Krisenjahre im Sinne eines Wandels betroffen sind, und wohin diese Kubanische Transformation tendenziell führen könnte. Das wirtschaftliche System Kubas wurde auf dem Höhepunkt der Krise – gezwungenermaßen – für ausländisches Kapital geöffnet, wobei diese Liberalisierung nur den Außenhandelssektor betrifft. Ihm gegenüber steht der weiterhin planwirtschaftlich geführte Binnensektor, der in Form einer zentral verwalteten, staatlichen Verteilungskette funktioniert. So bestimmt der kubanische Staat über die Anbauprodukte, über Abgabequoten und die letztendliche Verteilung dieser Produktion im ganzen Land. Kubanische Bauern haben die Möglichkeit, sich in Kooperativen zusammenzuschließen, die das Land als Staatseigentum bewirtschaften. Ein staatlich bestimmter Anteil ihrer Produktion darf für den Konsum ihrer Familien abgeführt und Überschüsse ferner auf den freien Bauernmärkten verkauft werden. Letztere wurden auf dem Höhepunkt der Wirtschaftskrise legalisiert, tragen sie doch wesentlich zur Schließung von Versorgungslücken, vor allem in den Städten, bei. Die staatliche Firma *Acopio* ist für das Einholen und die Verteilung der gesamten Produktion des Landes verantwortlich. Sie versorgt Kindergärten, Schulen und Krankenhäuser und soll damit eine umfassende und angemessene Versorgungslage gewährleisten. Landwirtschaftliche Produkte von hoher Qualität sind hiervon ausgenommen. Alle Agrarprodukte, die für den Export oder die Belieferung des Devisensektors (bestehend aus touristischen Einrichtungen, Devisengeschäften etc.) die notwendigen Qualitätsstandards erfüllen, werden von der Firma *Frutaselecta* eingesammelt und entsprechend verteilt. Für den Produzenten ist dies mit Deviseneinkommen verbunden, da der Kubanische Staat die Abnahme qualitativ hochwertiger Agrarprodukte entsprechend vergütet.

Kubas Wirtschaft kann folglich durch diese so genannte „Dualisierung" charakterisiert werden, die mit einem Währungsdualismus einhergeht. Während die zentral geleitete Binnenwirtschaft auf nationaler Währungsbasis operiert, ist der Außensektor an Devisen gebunden, ebenso zahlreiche Einrichtungen im Lande, die in unmittelbarem Zusammenhang mit diesem stehen. Devisengeschäfte, wie beispielsweise Supermärkte mit Importwaren, Cafeterias, Pizzerias und Restaurants, waren ursprünglich für Touristen und Diplomaten im Land bestimmt. Durch diversifizierte Einkommensmöglichkeiten von Devisen, die den Kubanern seit den Reformmaßnahmen in der Krisenzeit offen stehen, können in der heutigen Zeit mehr und mehr kubanische Bürger in diesen Einrichtungen des gehobenen Standards konsumieren, bzw. ihre staatlich subventionierten und über das einheitliche Verteilungssystem bezogenen Grundnahrungsmittel ergänzen. Bestimmte Lebensmittel, vor allem jedoch Hygieneartikel und Kleidungsstücke, finden sich ausschließlich in diesen Devisengeschäften. Derjenige Teil der kubanischen Gesellschaft, der aus Gründen der individuellen Lebenssituation keine Einkommen in Devisen beziehen kann, konfrontiert in dieser Hinsicht folglich gravierende Schwierigkeiten bei der Versorgungssicherung.

In der Folge lässt sich in Bezug auf das kubanische Wirtschaftssystem nur von einer unvollständigen Transformation sprechen, die sich überdies in einer Art „Schwebezustand" befindet, da die kubanische Wirtschaft seit den notwendigen Reformen Mitte der 1990er Jahre keine weiteren Veränderungen mehr erfuhr. Eher wurden die begonnenen Maßnahmen mit der wirtschaftlichen Erholung wieder zurückgenommen. Der private Sektor ist ein prägnantes Beispiel für die wechselhafte Haltung der kubanischen Regierung hinsichtlich ihrer eigenen Reformmaßnahmen, wofür nicht zuletzt Meinungsverschiedenheiten innerhalb der Parteiführung verantwortlich sind. Während Raúl Castro (stellvertretender Staatspräsident), wie auch Carlos Lage (Vizepräsident des Staats- und Ministerrates) für ihren Reformwillen bekannt sind, ist es

Tab. 1: Der Human-Development-Index (HDI) als Indikator für den Lebensstandard einer Bevölkerung im Jahr 2004 in ausgewählten Ländern.

Land	HDI (1,0 = maximale Entwicklung)
1. Norwegen	0,965
21. Deutschland	0,932
50. Kuba	**0,826**
53. Mexiko	0,821
65. Russland	0,797
69. Brasilien	0,792
70. Kolumbien	0,790
72. Venezuela	0,784
81. China	0,768
82. Peru	0,767

Quelle: UN 2006: Human Development Report.

Fidel Castro, der sich immer wieder gegen Liberalisierungsansätze wehrt und nicht selten „Fehler korrigiert" – wie in seiner legendären „Politik der Berichtigung" *(política de rectificación)* als Antwort im Jahre 1986 auf die Reformpolitik Michail Gorbatschows, der mit *glasnost* (Öffnung, Transparenz) und *perestroika* (Umbau des wirtschaftlichen und politischen Systems) den Umschwung in der UdSSR einleitete.

Bei der Analyse des politischen Systems Kubas können seit Beginn der Revolution im Jahr 1959 keine wesentlichen Veränderungen im Sinne der Definition nach BÄHR et al. (1997) festgestellt werden. Mit der Erkrankung Fidel Castros im Juli 2006 wurden zwar sämtliche Ämter des *comandante en jefe* an seinen nur drei Jahre jüngeren Bruder und laut Verfassung designierten Nachfolger Raúl übertragen. Doch ist Raúl Castro nur ein Genosse unter vielen, da gleichzeitig die Last der Regierungsgeschäfte auf das Parteikollektiv, folglich u. a. auf Felipe Pérez Roque (Außenminister Kubas), Ricardo Alarcón de Quesada (Parlamentspräsident) und Carlos Lage übertragen wurde. Daraus resultiert, dass man für die Zukunft auf einen übermächtigen Oberkommandierenden, wie Fidel Castro es war, verzichtet. Die große Lücke, die dieser zweifelsohne hinterlässt, wird somit von mehreren geschlossen, und ein Machtvakuum damit vorerst vermieden. Folglich findet im politischen System Kubas auch unter veränderten Bedingungen noch immer keine Transformation statt. Die Erkrankung Fidel Castros hat keine nennenswerten Reaktionen in der kubanischen Bevölkerung hervorgerufen, noch zu wesentlichen Aktivitäten innerhalb der in sich zerstrittenen kubanischen Opposition geführt. Vielmehr scheint die Macht der Kommunistischen Partei (KP) Kubas nach wie vor ungebrochen. Am 2. Dezember 2006, dem 50. Jahrestag der Granma-Landung auf Kuba, an deren Festivitäten Fidel Castro aus Gesundheitsgründen nicht teilnehmen konnte, bot Raúl Castro dem „Erzfeind Amerika" Gespräche an, was als Zeichen weiterer wirtschaftlicher Reformschritte unter einer veränderten Führungsriege interpretiert werden kann (vgl. Exkurs).

Nicht zu unterschätzen ist die Tatsache, dass noch immer weite Teile der kubanischen Bevölkerung das Programm der KP Kubas unterstützen. Beinahe fünf Jahrzehnte lang trug die Gesellschaft wesentlichen Anteil am Fortbestehen der Kubanischen Revolution von 1959. Ausschlaggebend dafür war zum einen das Charisma Fidel Castros, zum anderen aber auch die sozialen Errungenschaften, die das sozialistische Staatsmodell bewirkte (vgl. Tab. 2). So sind vor allem Mitglieder der dritten Generation, die die Diktatur Batistas miterlebt hatten, bedingungslose Anhänger Fidel Castros.

„Fidel hat uns alles gegeben. Und er wollte immer gerecht sein und dem ganzen Volk geben. Er wurde unser Herr. Der Führer der Politik dieses Landes. Fidel ist ein Gott." (Rentner, 07.04.2005)

Bestehende Mängel in der Versorgungslage, die allgemeine Knappheitssituation und Schwierigkeiten in der Organisation des individuellen Alltags werden darüber hinaus nicht etwa der Regierung oder den Fehlern einer sozialistischen Planwirtschaft zugeschrieben. Die staatliche Propaganda lenkt die Schuld vielmehr erfolgreich auf den „Intimfeind" USA.

„Die Situation hier hat sich nicht wesentlich verbessert. Sie [die Amerikaner, S. N.] haben es nicht zugelassen, dass sie sich verbessert. Es ist ja nicht so, dass er [Fidel Castro, S. N.] nicht will, dass sie sich verbessert. Es ist so, dass man uns nicht lässt." (Rentner, 07.04.2005)

„Die Bedürftigkeit. Die hat nicht Fidel gebracht. Sondern die Umstände, die Zeit." (Nachtwächter, 22.04.2005)

Auch die große Mehrheit der ländlichen Bevölkerung Kubas unterstützt das System bedingungslos, gegründet auf Bewunderung und Dankbarkeit gegenüber Fidel Castro. Ge-

---

Exkurs **Mögliche wirtschaftspolitische Zukunftsszenarien für Kuba**

Ein wirtschaftspolitischer Weg nach dem chinesischen Modell, folglich die wirtschaftliche Öffnung unter Beibehaltung des politischen Systems und der Einheitspartei, würde für Kuba erhebliche Risiken bedeuten. Zum Vergleich: 1,5 Mio. Auslandschinesen, die beispielsweise in den USA leben und arbeiten, verfügen in China als bevölkerungsreichstes Land der Erde mit über 1,3 Mrd. Bürgern über keinen wesentlichen Einfluss; vielmehr bleibt die Macht der Kommunistischen Partei Chinas ungebrochen. Die ca. 1,5 Mio. Exilkubaner jedoch, von denen viele in Miami, Florida, den sozialen Aufstieg in die amerikanische Mittelklasse erreicht haben, verfügen angesichts der kleinen Insel Kuba mit einer Bevölkerung von ca. 11 Mio. Kubanern über enorme finanzielle Machtressourcen. Jede wirtschaftliche Öffnung des Landes könnte dazu führen, dass die verhältnismäßig wohlhabenden Exilkubaner über ihr finanzielles Kapital zu einem seriösen Machtgegner für die KP in Kuba werden.

Eine weitere denkbare Variante der Zukunft des kubanischen politischen Systems, die in der Vergangenheit schon mehrmals vorhergesagt wurde und dennoch nie eintrat, ist das Schicksal der ehemaligen Ostblockstaaten, darunter das der DDR. Innerparteiliche Machtkämpfe könnten letzten Endes zu einem Aufstand des Volkes und damit zum Untergang des Systems führen. Auch diese Alternative scheint wenig wahrscheinlich zu sein angesichts der Tatsache, dass die kubanische Regierung aus der Geschichte gelernt haben wird. Es ist vielmehr damit zu rechnen, dass der kubanische Sicherheitsapparat dafür Sorge trägt, dass die Ideologie Fidel Castros und damit die Revolution, wie auch der Führungsanspruch der Kommunistischen Partei, aufrechterhalten werden. Raúl Castro hat als Oberbefehlshaber der Kubanischen Streitkräfte bereits vorgesorgt: Alle wichtigen Posten in Politik, Wirtschaft und Militär sind mit Vertrauenspersonen der beiden Brüder Castro besetzt. Die Streitkräfte spielen ferner eine wichtige Rolle bei der zukünftigen Gestaltung des wirtschaftspolitischen Weges, denn sie sind aufgrund ihrer Loyalität zu Fidel und Raúl (beide Kämpfer an vorderster Front in der Sierra Maestra) eine zuverlässige militärische Stütze. Das Militär kontrolliert außerdem weite Bereiche des kubanischen Tourismussektors – die so genannte „Union der Militärischen Betriebe" aus kleinen, quasi privatwirtschaftlich geführten Unternehmen, sind die Partner für ausländische Firmen, die in Form von Gemeinschaftsunternehmen *(Joint Ventures)* auf Kuba investieren. Folglich verfügen die Streitkräfte auch über erhebliche finanzielle Mittel (die darüber hinaus für Anschaffungen verwendet werden, für die der kubanische Staat keine Gelder besitzt). Ein „kubanischer Weg" in einer Zukunft ohne Fidel Castro wird folglich kaum an den kubanischen Streitkräften vorbeiführen können.

Tab. 2: *Wahrnehmungen von Kubanern über das Leben im Sozialismus.*

Positive Wahrnehmungen	Negative Wahrnehmungen
Die Revolution von 1959 bedeutete die Befreiung von der Diktatur Batistas sowie das Ende der Ausbeutung der sozialen Unterschichten	Die „ewige Revolution" (Zitat Fidel Castro) kann nur auf Kosten der persönlichen Freiheiten von Kubanern aufrecht erhalten werden
Die Verdienste Fidel Castros: • Kostenloser Zugang zu Bildung • Kostenloser Zugang zum Gesundheitssystem • Verbesserung der Lebensbedingungen auf dem Land	Zum Alltag gehören: • Gesetzliche und soziale Kontrolle (auch in Form von Spitzelnetzwerken) • Repression und die Missachtung der Menschenrechte durch den Staatsapparat
Ideologisch geprägte Vorstellung einer egalitären Gesellschaft	Neue soziale Ungleichheit durch Möglichkeiten des Devisenverdienstes und Diskriminierung gegenüber den Privilegien der Touristen
Loslösung vom wirtschaftspolitischen Einfluss der US-Amerikaner	Neue wirtschaftliche Abhängigkeiten in Lateinamerika

Quelle: S. Nau 2007.

rade die Bauern waren vor der Revolution von Armut und Ausbeutung betroffen, auch verfügten sie weder über Infrastruktur auf dem Land noch über Bildungs- und Gesundheitseinrichtungen. Alle diese Vorteile brachte die Revolution mit sich, sodass sich die Bauern im Rückblick einig sind, dass diese ihnen nur Gutes gebracht habe.

„Früher war alles schlimm. Die Leute, mein Vater und alle anderen, die haben sieben Mal soviel gearbeitet. Ich hatte keine Schuhe. Und ein Paar musste 13 Jahre lang reichen. Meine Söhne haben heute alle Schuhe. Sie studieren. Jeder kann heute studieren, und zwar gratis, früher nicht. Ich liebe Kuba, und unseren comandante ebenso." (Taxifahrer, 08.12.2004)

„In Viñales gibt es keinen einzigen armen Bauern. Ich nehme dich mit ins Krankenhaus, die Ärzte, die dort arbeiten, sind Söhne von Bauern. Morgen nehme ich dich mit zur Schule, um dir zu zeigen, wie die Kinder von Viñales zur Schule gehen. Und das Essen und die Aufmerksamkeit, die sie bekommen. Vor allem im Vergleich zu damals [unter Batista, S. N.]. Heute sind die Armen in Viñales reich geworden. Nie ging es Kuba so gut wie heute." (Bäuerin, 07.12.2004)

Diese Zitate belegen, dass Teile der kubanischen Bevölkerung die Absichten und Verdienste der Regierung Castro durchaus honorieren. Hinzu kommt, dass drei Viertel aller Kubaner nach 1959 zur Welt kamen und sich in der Folge eine Zeit ohne Fidel Castro kaum vorstellen können. Trotz aller negativer Faktoren, die eine derartig lange Regierungszeit eines einzigen Machthabers mit sich gebracht haben mag, ist sie zu allererst auch ein Faktor, der das individuelle Leben und Denken der Kubaner geprägt hat – nicht zuletzt in täglichen Fernsehauftritten Fidel Castros während seiner Stunden andauernden Reden.

Und doch mehren sich im Zuge der wirtschaftlichen Reformen, und insbesondere angesichts eines wohlhabenden, kaufkräftigen Tourismus im eigenen Land, die kritischen Stimmen in der kubanischen Gesellschaft. Vor allem junge Leute erhoffen sich Freiheiten, wie beispielsweise Reisefreiheiten, die ihnen bis heute vom System nicht gewährt werden. Viele Kubaner fühlen sich von der Regierung und ihrem Kontrollapparat zu eingeschränkt in ihrem Tun und sehen sich diskriminiert im Vergleich zu den Möglichkeiten, die dem Devisenbringer Tourismus auf Kuba gewährt werden. So ist dieser von Rationierungsmaßnahmen in den Bereichen Lebensmittel, Wasser und Energie völlig ausgeschlossen, während kubanische Haushalte aufgrund der Sparmaßnahmen des Staates für Stunden ohne Strom und Wasser auskommen müssen. Dies führt nicht selten zu Unverständnis unter Kubanern, hatte sich der Staat doch der Gleichheit seiner Bürger verpflichtet.

„Es gibt Dinge, die ich einfach nicht verstehe. Und jahrelang in derselben Geschichte. Ich fühle mich nicht wohl hier. Ich habe so viel Hass in mir, jeder hier hat so viel Hass in sich, dass das nicht so weiter gehen wird, wenn er [Fidel Castro, S. N.] stirbt." (Student, 07.04.2005)

Auch viele Selbstständige, deren Privatunternehmen hohe Steuereinkommen für den kubanischen Staat zur Folge haben, sind unzufrieden angesichts der Rechtsunsicherheit, mit der sie zu kämpfen haben.

„Heute ist doch alles verboten, der Staat lässt uns nicht leben, er wirft uns ständig Steine in den Weg. Was heute Gesetz ist, kann morgen schon verboten sein, man weiß nie." (Vermieterin, 17.11.2002)

Für den Staat bedeutete die Legalisierung dieser selbstständigen Tätigkeiten in den 1990er Jahren ein notwendiges Übel. Zum einen sollte der krisenbedingten Arbeitslosigkeit Abhilfe geschaffen werden; zum anderen war der Staat im Zuge der touristischen Erschließung Kubas auf die Vermieter und Restaurantbesitzer angewiesen, da ihm selbst die Kapazitäten für den raschen Besucheranstieg fehlten. Die hohe Steuerlast im privaten Sektor konnte jedoch nicht verhindern, dass selbstständig tätige Kubaner im Vergleich zu ihren Mitbürgern finanziell privilegiert sind. So sind diese so genannten *cuentapropistas* dem kubanischen Staat seit jeher ein Dorn im Auge, widerspricht ihr kapitalistisch ausgerichtetes Geschäft doch eindeutig den sozialistischen Idealen der Kubanischen Revolution. Folglich werden die Selbstständigen immer wieder mit Gesetzen und Verboten konfrontiert, die ihnen die Ausübung ihrer Tätigkeit erschweren.

„Manchmal ist das die reinste Ausbeutung. Hier verdiene ich Devisen, aber mit sehr viel Arbeit. Und mit allen Nachteilen, die damit verbunden sind, null Privatleben, null Unabhängigkeit. Unter deinem eigenen Dach. Der Preis dafür, dass ich ein paar Devisen habe. Ich möchte respektvoll behandelt werden. Denn im Unterschied zu allen Arbeitern zahle ich Steuern in Devisen, für den Staat, für seine Wirtschaft, um den Sozialismus aufrecht zu erhalten, für die Sache der Regierung! Also bin ich wichtig! Mich sollten sie gut behandeln, aber nichts von alledem passiert, weder *wird mir Respekt gezollt, noch erhalte ich ein einziges Betttuch, noch gibt es Geschäfte, wo du zu günstigeren Konditionen einkaufen könntest, weil du beiträgst. An dem Tag, an dem dir etwas passiert, behandeln sie dich wie jeden anderen. Der Staat erhält von mir monatlich das Gehalt von zwölf bis vierzehn Arbeitern. Und dafür die ganze Zeit irgendwelche Fallen, irgendwelche Gesetze, damit die Vermieter aufgeben müssen, obwohl er [Fidel Castro, S. N.] uns legalisiert hatte." (Vermieter, 10.04.2005)*

Die mit der Selbstständigkeit im Devisensektor verbundene, finanzielle Privilegierung kubanischer Bürger stellt in den Augen des Staates nicht allein Grund zur Sorge dar. Vielmehr unterliegt diese Art von Tätigkeit auch deshalb der verstärkten Kontrolle, da sie Kubaner in direkten Kontakt mit ausländischen Touristen bringt. Von Regierungsseite wird dadurch eine Infiltration kubanischer Bürger mit kapitalistischem Gedankengut befürchtet, von dem die kubanische Gesellschaft zuvor über Jahrzehnte isoliert war. Anders als in der ehemaligen DDR gibt es für Kuba als Inselstaat nicht den klassischen „Blick über die Mauer". Vielmehr sind es die Touristen, die Informationen von außerhalb Kubas ins Land bringen.

„Die Wahrheit ist, der Staat hatte immer Angst vor dem Tourismus. Angst. Stell dir vor, du bist Studentin und kommst ins Gespräch mit einer Studentin aus dem Ausland. Die erste Frage ist dann immer: »Wer hat dir denn den Flug bezahlt?« Nicht etwa der Staat oder deine Eltern, vermute ich. »Ja wie, mir hat man immer gesagt, der Kapitalismus ermögliche kein schönes Leben …« Genauso ging es einer Frau, die als Kellnerin in einem Restaurant draußen an den Stränden arbeitete. Und diese Frau traf eine Kanadierin, die zu ihr sagte: »Ist das nicht schön? Wir haben denselben Beruf!« Und die Kubanerin fühlte sich verbittert danach und kam zu mir und sagte: »Warum kann die reisen und ich nicht?«" (Jurist, 21.04.2005)

Ganz offensichtlich bewirkt der Kontakt zu Touristen den Beginn kritischer Reflexion des eigenen, von der Regierung als einzig wahre Alternative postulierten Systems und damit ihrer über Jahrzehnte betriebenen Propaganda (so lautet der Schlusssatz von Fidel Castros Reden seit jeher: *„¡socialismo o muerte!"* – „Sozialismus oder Tod!"). Der internationale Tourismus ist folglich Auslöser für mentale Wandlungsprozesse in der kubanischen Bevölkerung, die sich somit im Gegensatz zur Wirtschaft und Politik Kubas inmitten einer grundlegenden Transformation befindet.

6 Auswirkungen des Tourismus auf die kubanische Gesellschaft

Von vielen Kubanern wird der Tourismus in der Folge als eine Quelle von Informationen über das Leben außerhalb Kubas erfahren. Nach wie vor sind im Land Presse und Fernsehen zensiert; die Übertragung beschränkt sich mehrheitlich auf parteipolitische Sendungen, Bildungsprogramme und die unter Kubanern sehr beliebten *telenovelas* („Seifenopern"). Auch der individuelle Zugang kubanischer Bürger zum Internet ist auf Kuba verboten. Die dienstliche Nutzung am Arbeitsplatz sowie öffentliche Zugangsmöglichkeiten in Internetcafés unterliegen der technischen wie auch der sozialen Kontrolle. Eine zunehmende Zahl von Kubanern verfügt zwar über einen privaten E-Mail-Account, dessen Einrichtung oftmals über Kontakte auf dem Schwarzmarkt erfolgt. Diese Accounts ermöglichen jedoch nur den Datenaustausch in Form von Schriftverkehr, nicht aber die interaktive Anwendung zum Zwecke der Informationssuche. Ferner sind diese Möglichkeiten in der Regel den Bewohnern größerer Städte, namentlich Havanna, vorbehalten, da die Provinzen noch immer eine technische Rückständigkeit aufweisen. Für das Jahr 2003 wurde daher die Zahl der Internetnutzer auf Kuba auf nur 9 pro 1.000 Einwohner geschätzt (*UN* 2006: Human Development Report).

„Mir tut es manchmal Leid, wenn ein Tourist mich zu etwas befragt, das angeblich in Kuba passiert ist und ich ihm das nicht erklären kann. Weil es weder in der Zeitung, noch im Fernsehen erwähnt wird und wir kein Internet haben. Aber draußen wird es erzählt. Und dann ist die erste Frage des Touristen immer, wie es denn sein kann, in der heutigen Zeit, dass ich davon nichts weiß." (Künstler, 08.11.2004)

Diese Quelle von Informationen führt dabei auch zu einer Art Perspektivenwechsel unter den betroffenen Kubanern. Angesichts der Propaganda des kubanischen Staates bewirkt der kommunikative Austausch mit Ausländern ein Umdenken bezüglich des eher negativen Images des kapitalistischen Auslandes, das auf der Insel im öffentlichen Diskurs geschürt wird.

„Natürlich gibt es eine Art der Öffnung für jeden Einzelnen, der die Chance hat, mit diesem Ausland in Kontakt zu kommen, welches hier von Seiten der Regierung immer zu verschleiern versucht wird, als böse und daher verboten gilt, wie etwas, das in der Mehrheit keine menschlichen Werte besitzt." (Student, 10.04.2005)

Viele Kubaner nehmen den stattfindenden Austausch folglich positiv wahr, und die kulturellen Lernprozesse werden als ein Vorteil des Tourismus auf Kuba angesehen (vgl. Tab. 3). Begegnungen mit Touristen können jedoch auch mit negativen Perzeptionen verbunden sein. Prostitution und Delinquenz sind typische Implikationen des Fremdenverkehrs in einem Land, das sich aus wirtschaftlichen Gründen dem Tourismus öffnet, dies ist vor allem der Fall in Ländern der so genannten Dritten Welt. Auch in Kuba werden diese Phänomene eindeutig dem Tourismus zugeschrieben, da diese vor der Wirtschaftskrise keinerlei Bedeutung im Land hatten.

„Auf einmal kam ein Phänomen wieder auf, welches eliminiert worden war, und das in der Gesellschaft als ein Geschwür des Kapitalismus wahrgenommen wurde, da es dies im Sozialismus nicht gab. Es entsteht folglich eine Antagonie zwischen dem, was wieder aufkommt, und dem, was den Leuten so viele Jahre lang indoktriniert worden war. Dass die Prostitution eine Sünde sei und dem Kapitalismus inhärent." (Professor, 05.04.2005)

Darüber hinaus fühlen sich manche Kubaner diskriminiert angesichts der Möglichkeiten und Privilegien, die der Tourist in ihrem Land erfährt.

„Der Tourismus bedeutet einen wirtschaftlichen Vorteil für das Land und für die Leute, die es verstehen, ihn sich zunutze zu machen. Aber für den Kubaner an sich bedeutet der Tourismus etwas, das ins Land kommt, um sich das Unsere zu stehlen." (Putzfrau, 03.04.2005)

„Das Unsere" bezieht sich dabei nicht nur auf Lebensmittel, die gegen Devisen erhältlich sind, weshalb sich ein Teil der kubanischen Bevölkerung von ihrem Konsum ausgeschlossen sieht. Auch der Besuch eines Hotels, einer Bar, eines Swimmingpools oder eines gehobenen Restaurants wird Kubanern durch hohe Eintrittspreise in Devisen unmöglich ge-

Tab. 3: *Wahrgenommene Vor- und Nachteile des Tourismus auf Kuba.*

Vorteile	Nachteile
Angesichts der Zensur im Lande bedeuten Touristen eine „Quelle von Informationen".	Touristen genießen auf Kuba Privilegien. Die Schwierigkeiten des kubanischen Alltags bleiben ihnen erspart.
Damit verbunden ist eine Art der mentalen Öffnung für denjenigen, der in Kontakt mit Ausländern tritt.	Die Privilegien des „Apartheid-Systems" Tourismus wecken Minderwertigkeitsgefühle bei Kubanern.
Es findet eine Aufklärung bezüglich des Lebens im Kapitalismus statt. Diese Erkenntnisse stehen konträr zur Propaganda des kubanischen Staates.	So genannte „Demonstrationseffekte" wecken den Wunsch nach Anpassung an die Lebens- und Konsumstile der Ausländer.
Der Tourismus bedeutet eine Quelle von Devisen, eine Hilfe für die einheimische Wirtschaft.	Kriminalität und Prostitution werden als unmittelbare Konsequenzen des Tourismus wahrgenommen.

Quelle: S. Nau 2007.

macht. Die Privilegien schließen unter anderem auch die Möglichkeit zur Nutzung eines Mietwagens ein, während der Besitz eines Autos auf Kuba nur durch Sondergenehmigungen der Partei möglich wird, und seine Nutzung ferner von dem sehr teuren, da knappen Benzin abhängig ist. So kommt es, dass der Tourismus in den Augen der Kubaner als eine „Welt für sich" empfunden wird, an der sie selbst keinen Anteil haben.

„Es gibt ein System, das nur für den Tourismus besteht, und zu welchem der Zugang schwierig ist. Es ist wie ein Apartheid-System." (Professor, 14.11.2004)

Angestellte in touristischen Einrichtungen haben immerhin das Privileg, in den Genuss von Trinkgeldern zu kommen. Doch auch sie erhalten als staatlich Angestellte ihre Gehälter in nationaler Währung, während sie in ihrer täglichen Arbeit die Devisen der Touristen zirkulieren sehen. Diese Mitglieder der kubanischen Gesellschaft haben folglich ganz besonders mit „Demonstrationseffekten" (vgl. LÜEM 1985; DE KADT 1979) zu kämpfen.

„Manch einer verzweifelt hier. Denn die Touristen kommen und man fühlt sich irgendwie unwohl und sagt, Mensch, wenn ich nur all das tun könnte, und jenes kaufen." (Techniker, 18.04.2005)

Durch die Demonstration eines gehobenen Lebensstandards der Ausländer auf Kuba wird von vielen Betroffenen die eigene soziokulturelle Position als inferior, als minderwertig wahrgenommen.

„Kuba ist wunderschön. Für den, der es besucht. Nur nicht für uns, die wir hier leben." (Hausfrau, 06.04.2005)

Für Kubaner, die Deviseneinkommen beziehen, etwa durch regelmäßige Geldsendungen von Verwandten oder Freunden aus dem Ausland, besteht die Möglichkeit der Teilhabe an dieser Welt. Der Demonstrationseffekt besteht hier in der Übernahme bestimmter Verhaltensweisen, die den Touristen inhärent sind.

„Wir wollen Dinge nicht mehr so tun, wie wir sie immer getan haben, sondern so, wie die Touristen sie tun. Wir wollen uns nicht mehr so kleiden wie immer, sondern wie die Touristen." (Studentin, 16.11.2004)

Wer vom „Apartheid-System" Tourismus jedoch ausgeschlossen ist, fühlt sich diskriminiert im eigenen Land. Hinzu kommt, dass nicht nur der Tourismus als externe Referenzgruppe zum Vergleich und der daraus resultierenden Erfahrung von Ungleichheit herangezogen wird. Vielmehr haben sich innerhalb der kubanischen Gesellschaft neue soziale Schichten herausgebildet, die an die Stelle der vormals homogenen, sozialistischen Arbeitergesellschaft traten. Diese Schichtenbildung resultiert aus neuen Einkommensmöglichkeiten als Folge der Reformmaßnahmen der 1990er Jahre, sowie insbesondere aus der Öffnung Kubas für den internationalen Tourismus und den damit verbundenen Devisen.

„Der Tourismus hat auch den Unterschied in den Einkommen und den Unterschied in unserer Bevölkerung verursacht, denn bis ins Jahr 1990 waren diese Unterschiede weniger sichtbar, doch heute sind sie offensichtlich." (Student, 06.04.2005)

Der soziale Aufstieg in Kuba basiert dabei weder auf Bildung, noch zwingend auf der Verfolgung einer formalen Arbeit. Vielmehr gehören Hausfrauen, die Zimmer an Touristen vermieten, oder Betreiber so genannter *paladares*, privater Restaurants für Touristen im eigenen Wohnzimmer, zur aufstrebenden Elite. Neue „Spitzenverdiener" sind u.a. Prostituierte, da sie über regelmäßige Deviseneinkommen verfügen und des Weiteren Geldsendungen *(remesas)* ihrer Freier aus dem Ausland erhalten. Eigenen Erhebungen zur Folge machen diese genannten Tätigkeiten ca. 10 bis 15% der kubanischen Bevölkerung zu einer wohlhabenden Einkommensschicht. Weitere 35 bis 40% der Kubaner verfügen – teils unregelmäßig – über Deviseneinkommen unterschiedlich hoher Beträge. Dies hat mit sehr verschiedenen Einkommensquellen und der Tatsache zu tun, dass viele Leute über semilegale oder auch illegale Tätigkeiten einen gehobenen Lebensstandard erzielen, oftmals in Kombination mit legalen Bezugsquellen, etwa im Devisensektor über Teildevisengehälter oder Geldsendungen aus dem Exil.

„Die Leute sagen von mir, ich würde nichts arbeiten. Die Wahrheit ist, ich habe drei Arbeiten. Denn das Gehalt von einer allein reicht nicht zum Leben. Mit umgerechnet 8 CUC im Monat kannst du nicht auskommen. Ich habe einen Fruchtstand, arbeite nachts als Wächter und bin Handwerker, was ich eigentlich gelernt habe. Was noch dazu kommt ist, dass ich nebenher viele Dinge tue, die illegal sind. Illegal heißt nicht klauen oder überfallen, sondern Dinge ohne Lizenz zu tun. Deshalb bin ich immer an verschiedenen Orten. Zum Beispiel, jemand sagt zu mir, ich habe zwei Sessel zu verkaufen. Dann besorge ich einen Käufer und bekomme Provision. Mit den 600 Pesos, die ich durch diese Arbeiten verdiene, plus die 250, die ich derzeit durch die Arbeit hier noch bekomme, kann ich leben. Ich möchte essen, mich gut kleiden, mir gefällt es, zum Frisör zu gehen, und Hygieneartikel brauche ich auch." (Handwerker, 22.04.2005)

In der Folge sind die Grenzen zwischen einzelnen sozialen Schichten der Devisen beziehenden kubanischen Bevölkerung fließend und schwierig zu definieren. Auf der anderen Seite verarmen große Teile der staatlich angestellten Beamten, die im formalen Sektor verbleiben. Schätzungsweise sind noch immer ca. 50% aller Kubaner von Devisenverdiensten ausgeschlossen (Quelle: S. Nau 2005). Dies betrifft Akademiker an den Hochschulen Kubas, wie auch Ärzte, Rechtsanwälte und Lehrer genauso wie Sekretärinnen, Krankenschwestern und Laborarbeiter. Letztere haben noch immer die Möglichkeit der Grundversorgung ihrer Familien, da ihre Einkommen in nationaler Währung in manchen Fällen ausreichen, um Teile davon gegen Devisen einzutauschen. Ferner ergänzen die Betroffenen ihre Gehälter um Deviseneinkommen durch freizeitliche Aktivitäten, wozu vor allem Dienstleistungen an Touristen zählen. In Ausnahmefällen, und meist nur bezogen auf die Hauptstadt, erhalten Akademiker von Seiten der kubanischen Regierung die Genehmigung für eine berufliche Auslandsreise. Die vom Gastgeberland gezahlten Spesen ermöglichen dabei meist Ersparnisse in Devisen, die anschließend in Kuba Investitionen im Haushalt decken helfen. Allein vom monatlichen Gehalt kann jedoch auch in dieser Berufsgruppe kaum jemand leben.

"Irgendwann kommt der Moment, wo du, wenn sie dich schlecht bezahlen, dein Interesse verlierst. In der Tat, hier bekomen viele Personen ihr Gehalt quasi aus Spaß. Denn damit kommen sie nicht weit. Aber nichtsdestotrotz arbeiten diese Leute viel, denn es ist fast wie eine Lüge, das heißt, die Leute tun so als würden sie arbeiten, und die Regierung tut so, als würde sie sie bezahlen. So ist es. Weder verdienst du mit deiner Arbeit deinen Lebensunterhalt, noch erfüllst du in der Gesellschaft eine tatsächlich nützliche Funktion, noch wirst du belohnt dafür wie es sich gehört, obwohl du arbeitest. Mit Mühe und nach gutem Gewissen. Und es ist ganz einfach, diese Leute müssen ihre Interessen und einen großen Teil ihrer Energie darauf verwenden, an Devisen zu kommen. Ihre offizielle Arbeit wird dabei zu etwas sekundärem." (Student, 10.04.2005)

Die Verlierer der Transformationsprozesse innerhalb der kubanischen Gesellschaft sind Rentner, die eine staatliche Rente von umgerechnet kaum 3 CUC erhalten, und durch ihr Alter oder eine Krankheit keiner zusätzlichen Beschäftigung mehr nachkommen können. Auch arbeitslose Migranten, Großfamilien und allein erziehende Mütter auf staatlichen Positionen sind von Armut betroffen. Dabei wird „Armut" in Anlehnung an die *Weltbank* und die Vereinten Nationen als Konsumausgaben von weniger als einem internationalen Dollar am Tag verstanden (vgl. *UN 2006*). Die Armut ist im sozialistischen Kuba kein Thema wissenschaftlicher Studien. FERRIOL (2002) zu Folge liegt die Armutsrate in kubanischen Städten jedoch bei 20%. Rechnet man hier die bislang nicht untersuchte ländliche Armut hinzu, liegt die Quote noch höher, bei annähernd 30%. Angehörige dieser sozialen Schicht müssen ihre Energie darauf verwenden, in irgendeiner Form an Devisen zu kommen, und nicht selten führt dieser Weg in die Illegalität.

"Wenn du auf irgendeine Art und Weise an Devisen kommst und diese dann in nationale Währung umtauschst, dann hast du einen Haufen Geld, um damit zum Markt zu gehen und Gemüse einzukaufen, und auch Fleisch." (Professorin, 19.04.2005)

Diese ökonomische und soziale Segregation der kubanischen Gesellschaft blieb nicht ohne Folgen. Auf beginnende Unruhen Mitte der 1990er Jahre reagierte der kubanische Staat mit der Einführung von Prämien, so genannten *estímulos*, im staatlichen Sektor. Hierbei handelt es sich um die Vergabe von Warenkörben mit Devisenprodukten, die zusätzlich zum üblichen Gehalt in nationaler Währung verteilt werden. Angestellte in partnerschaftlichen Unternehmen mit dem Ausland *(Joint Ventures)* beziehen ebenfalls Peso-Gehälter, bekamen fortan jedoch Teildevisengehälter ausgezahlt. Im Allgemeinen führte die wachsende Bedeutung des Devisenbesitzes für einen angemessenen Lebensunterhalt zu strukturellen Veränderungen in der Zusammensetzung der Haushaltseinkommen, da sich nach und nach Strategien legaler, semilegaler und illegaler Art des Devisenverdienstes etablierten, die noch immer den Alltag vieler Kubaner dominieren (vgl. Tab. 4).

Ein legaler Weg, um in den Besitz von Devisen zu kommen, stellt ein Berufswechsel dar, der jedoch nicht allen Kubanern offen steht. Für eine Lizenztätigkeit im privaten Sektor ist eine funktionierende Infrastruktur im eigenen Heim unabdingbare Voraussetzung. Hierzu gehören nicht nur eine problemlose Wasser- und Stromversorgung, sondern auch eine qualitativ hochwertige Innenausstattung, im Falle von Vermietern mit separatem Badezimmer für die Touristen. Für Taxifahrer gilt, dass sie über ein eigenes Auto verfügen müssen, für dessen Instandhaltung sie selbst Sorge zu tragen haben. Dies ist keine Selbstverständlichkeit, da der Besitz eines Autos in Kuba von der Vergabe durch die Partei abhängt. Eine Vielzahl an Akademikern, die nicht über besagte infrastrukturelle Voraussetzungen verfügen, versucht daher, in den Tourismussektor zu wechseln, um als Kellner, Kofferträger, Zimmermädchen oder Barkeeper in den Genuss von Devisentrinkgeldern zu kommen. Auch diese Berufschancen stehen nicht allen Kubanern offen, allgemein haben es junge Leute leichter, in diesen Berufen unterzukommen. Trotz der besseren Bezahlung stellt diese Entscheidung für viele Kubaner ein Opfer dar.

***Tab. 4:** Handlungsstrategien zum Zweck des Devisenverdienstes.*

Legale Handlungen	Semilegale Handlungen	Illegale Handlungen
Berufswechsel in den Devisensektor (Tourismus, *Joint Ventures* etc.)	Dienstleistungen ohne staatliche Lizenz, die jedoch geduldet werden. Sie gleichen einem Beruf, werden regelmäßig ausgeführt und haben nicht den Charakter eines Deliktes inne. Oftmals geht ein Akteur mehreren „Berufen" dieser Art nach.	Schwarzmarktaktivitäten, wie der Verkauf von Tabak und Rum
Wechsel in die Selbstständigkeit *(cuentapropistas)*		Diebstahl und Betrug am Touristen oder am kubanischen Staat
Auf dem Land: Zusammenschluss von Bauern zu Kooperativen, Produktion für den Devisensektor		Prostitution und Zuhälterei
Alle Handlungsstrategien sind über informelle, soziale Akteursnetzwerke verbunden		

Quelle: S. Nau 2007.

*„Meine Arbeit als Bedienung gefällt mir nicht. Ich tue es aus
Not. Eigentlich bin ich Informatikerin, aber die wirtschaftlichen Probleme in Kuba sind groß. Und hier verdiene ich
mehr." (Kellnerin, 17.04.2005)*
*„Ich habe meinen Beruf für die Arbeit im Tourismussektor
aufgegeben. Früher war ich Lehrer, aber mit diesem Gehalt
konnte ich nicht leben. Jetzt bin ich Kellner und lebe vom
Trinkgeld der Touristen recht gut. Diese Arbeit gefällt mir
nicht, aber ich lebe besser so." (Kellner, 07.04.2005)*

Wem diese legalen Chancen auf eine finanzielle Verbesserung seiner Lebenssituation verwehrt sind, muss auf andere Weise versuchen, die alltägliche Versorgung seiner Familie zu gewährleisten.

*„Wir sind sehr kämpferisch. Das ist ein Terminus, der im
Kontext der Sonderperiode geprägt wurde. Er bedeutet,
auf eine ganz spezifische Art und Weise sein Leben regeln.
Letzten Endes lebt jeder von dem, was er von seiner Arbeit
abzweigen, verhandeln und verkaufen kann." (Künstlerin,
11.11.2004)*

Die Grenze zwischen semilegalen und letztlich illegalen Tätigkeiten ist fließend. Semilegale Tätigkeiten auf Kuba bestehen in der Regel aus Dienstleistungen, die mit hoher Regelmäßigkeit ausgeführt werden, folglich einem Beruf gleichkommen, ohne dass hierfür eine staatliche Lizenz vergeben wurde. Diese Tätigkeiten werden vom kubanischen Staat meist geduldet. Ferner kann nicht nachgewiesen werden, inwiefern dieser informelle Bereich tatsächlich mit dem illegalen Schwarzmarkt verzahnt ist. Semilegale Tätigkeiten müssen sich nicht unbedingt am Tourismus orientieren, auch Kubaner können die „Geschäftspartner" sein. Auf diese Weise werden Autos repariert, Speisen auf Bestellung verkauft oder Kinder unterrichtet. Darüber hinaus gibt es Haushaltshilfen und Handwerker, auch Taxifahrer ohne Lizenz. Die Abgrenzung zur Illegalität kann am ehesten durch den Faktor Diebstahl begründet werden. Bei eindeutig illegalen Geschäften erfolgt Betrug entweder am kubanischen Staat oder aber am unwissenden Touristen.

*„Neulich war ich von einem Ausländer zum Abendessen
eingeladen. Ich für meinen Teil trinke keinen Rum, aber die
Kellnerin sagte zu mir, hilf mir, bestell eine Flasche Rum!
Normalerweise kostet eine Flasche Rum 3 oder 4 CUC.
Aber weil es dieses Restaurant war, kostete sie dort 25.
Das Mädchen arbeitet nun wie alle so, dass sie den Rum
woanders besorgt, wo er sie vielleicht 2 CUC kostet, da er
aus dem Lager gestohlen wurde. Und wenn sie ihn dort
verkauft hat, behält sie die Differenz. Darum sagte sie, kauf
eine Flasche Rum, denn sie wusste, dass der Ausländer
sowieso zahlt, und das war ihr Rum. Genauso läuft es in
den Cafeterias hier. Die besorgen Bier oder Rum aus den
Lagern und verkaufen es dann dort. Bezahlt haben sie 40
centavos, bekommen tun sie einen CUC, die Differenz
gehört ihnen. Erst verkaufen sie ihr Bier, dann das vom
Staat. Und wenn die Inventur-Kontrolle kommt, siehst du
sie zuvor auf der Straße kistenweise Bier in ein Auto laden,
das es kurzfristig woanders hinbringt. Es gibt Leute, die
leben mittlerweile phantastisch. Weil sie Jahre und Jahre
und Jahre so ihr Geschäft getrieben haben. Und so ist es
mit vielen anderen Dingen auch." (Gärtner, 09.04.2005)*

Der Erfindungsgeist der Kubaner bezüglich derartiger illegaler Handlungsstrategien ist enorm. Auf vielfältige Art und Weise werden in Zusammenarbeit der beteiligten Akteure systematisch kleinere Beträge an Devisen erwirtschaftet.

*„Du bestellst zum Beispiel Langusten zum Essen. Das geht
nach Gewicht. Aber da niemand aufpasst und jeder seinen
Anteil bekommen möchte, bekommst du vielleicht nur zwei
kleine Stückchen Langusten auf deinem Teller serviert.
Vom Rest bieten sie ein weiteres Gericht an, und so verdienen sie ihr Geld. Und jeder ist daran beteiligt, vom Koch
bis zum Kellner, der es dir serviert. So ist es, es ist wie eine
Kette." (Hausfrau, 07.04.2005)*

Aufgrund der allgemeinen Knappheitssituation wird dieses Tun moralisch gerechtfertigt, denn „man muss ja schließlich leben können".

*„Wir benennen es um. In Kuba gibt es keine Diebe. In Kuba
gibt es Bedürftigkeit. ... Hier sagt man nicht ›stehlen‹, hier
sagt man ›Probleme lösen‹. Aber trotzdem gehört es nicht
dir." (Vermieterin, 07.04.2005)*

Das Alltagsleben vieler Kubaner ist folglich vom „Erfinden" und dem „Lösen von Problemen" geprägt. Die Handlungsstrategien sind vielfältiger Art und umfassen neben dem oben genannten Betrug alle Arten von Dienstleistungen für Touristen, die oftmals aus Schwarzmarktgeschäften bestehen. Der Verkauf von Tabakwaren und Rum ist dabei ein besonders lukratives Geschäft, wenn auch mit zahlreichen Risiken verbunden. So werden die einzelnen Bestandteile einer Tabakkiste von verschiedenen Fabrikarbeitern aus der Tabakfabrik gestohlen und an Händler verkauft, die die Zigarren zurechtschneiden und mit dem gesamten Zubehör versehen. Die so entstandene Kiste, die auf dem Schwarzmarkt in Abhängigkeit von der Marke ab 30 CUC verkauft wird, unterscheidet sich folglich nicht von den Tabakkisten staatlicher Geschäfte im Wert von bis zu 350 CUC.

Die bereits angesprochene Prostitution ist auf Kuba verboten und gehört daher ebenfalls der Illegalität an. Dieser wohl schnellste Weg des Devisenverdienstes ist verlockend für junge Leute, Männer wie Frauen, die darüber hinaus keine erstrebenswerte Perspektive für ihre Zukunft sehen.

*„Die Mädchen fingen an, der Schule fern zu bleiben, um
sich auf Ausländer einzulassen. Die Jugend sieht ihre
Zukunft ungewiss, sie sagen, weshalb sollte ich studieren?
Sie sehen sich in ihren Eltern wieder und sagen: »Mutter,
du hast studiert, gut, und wofür?« So kommen sie dazu."
(Künstler, 08.11.2004)*

*„Alle Mädchen möchten sich schön kleiden. Ein Kleid für
70 CUC, ein paar Schuhe für 80. Vielleicht kommt ein
Tourist und kann es ihr bezahlen. Aber Fidel kann nicht
jedem 70 CUC geben. Und darum gibt es Leute, die diesen Weg eingehen. Anstatt zu studieren, gehen sie auf
die Quinta Avenida. Denn an einem Tag können sie sich
ein Kleid und ein paar Schuhe verdienen. Fidel kann ihnen das nicht in drei Monaten ermöglichen." (Rentner,
07.04.2005)*

Eine Beziehung zu einem Ausländer bedeutet für das betroffene Mädchen nicht nur finanzielle Sicherheiten, sondern auch die Möglichkeit, hingegen der Mehrzahl der Kubaner eine Reiseerlaubnis zu bekommen.

*„Manchmal bringt dich deine eigene Familie dazu, denn
sie sehen, dass eine Nachbarin, die einen Italiener zum
Freund hat, ein Auto fährt, nach Italien reist, wann sie will,
mit einer vollen Einkaufstüte nach Hause kommt, und auf
einmal jeder in ihrem Haus gut gekleidet ist. Oft sagt die
Mutter zu ihr: »Such dir keinen Zuhälter, damit dich ein
Ausländer für eine Stunde zahlt, such dir einen Ausländer,
um ihn zu heiraten!«" (Student, 10.04.2005)*

Der kubanische Staat steht den Unternehmungen auf dem Schwarzmarkt grundsätzlich zwiespältig gegenüber. In seinen Stunden dauernden Reden warnte Fidel Castro wiederholt vor dem „kapitalistischen Übel" und bezeichnete dabei diejenigen Kubaner als „Schande der Nation", die sich über den Schwarzmarkt bereicherten. Gleichzeitig wurden von staatlicher Seite jedoch nie ernsthafte Bemühungen unternommen, die illegalen Geschäfte zu unterbinden. Ein Wegbrechen dieser essentiellen Möglichkeiten der individuellen Versorgungssicherung würde den betroffenen Kubanern jegliche Lebensgrundlage entziehen und somit potenzielle Unruhen mit sich führen. So begnügt sich die Regierung damit, hin und wieder symbolträchtige Razzien zu organisieren, während ansonsten über bestehende Mängel dieser Art hinweggesehen wird.

„Wir Kubaner sagen von uns, dass wir ›Kämpfer‹ sind. Die Regierung nennt uns ›Illegale‹. Also gibt es eine Illegalität, die von ihr bekämpft werden muss. Aber im Endeffekt, ob die Regierung wollte oder nicht, musste sie diese Illegalität akzeptieren. Oder fast die ganze." (Künstlerin, 11.11.2004)

So kommt es, dass auch die Polizei auf vielfältige Art und Weise an diesen Geschäften beteiligt ist, denn schließlich müssen auch Polizisten irgendwie leben können.

„Ein Polizist hat dieselben Probleme wie ich, wie alle. Und er ist darüber hinaus noch eingeschränkter. Vielleicht gibt es da einen Weg, über den ich ein Problem lösen kann, das er nicht lösen kann. Er muss vorsichtiger sein, denn als Polizist ist er schneller in Schwierigkeiten." (Angestellter, 08.11.2004)

Die Vielfältigkeit der genannten Handlungsstrategien mit dem Ziel, die überlebensnotwendigen Devisen zu erwirtschaften, beweist die hochgradig kapitalistische Prägung individuellen Handelns auf der Mikroebene der kubanischen Gesellschaft. Handlungen semilegaler wie illegaler Natur werden durch Beziehungen und Kontakte ermöglicht und dadurch auf signifikante Weise erleichtert. Das von BOURDIEU (1983) als „soziales Kapital" bezeichnete Spektrum an Ressourcen, das den Mitgliedern einer bestimmten sozialen Gruppe zuteil wird, spielt hierbei eine essentielle Rolle. Ein Ziel, das alleine nur beschwerlich erreicht wird, lässt sich in Zusammenarbeit viel einfacher und schneller erzielen. So münden diese kooperativen Handlungsstrategien in Beziehungsgeflechte informeller Art, die als soziales Netzwerk untersucht und analysiert werden können. Diese sozialen Beziehungen haben im vorliegenden Falle verschiedene Funktionen inne, die vom Informationsaustausch über Dienstleistungen bis hin zum Güteraustausch der am Netzwerk beteiligten Akteure reichen.

Als ein aktionsräumlicher Bezugspunkt dieser Netzwerke bieten sich bei der Untersuchung auf Kuba die Vermieterhäuser an. Hier logiert der Tourist, dessen Aufenthalt mit Dienstleistungen verbunden ist. Ein funktionaler Teil des Netzwerkes ist folglich mit Akteuren besetzt, über die der Tourist überhaupt erst ins Haus kommt. Da auf Kuba keine Werbung in eigener Sache gestattet ist, sind die Vermieter hier auf Taxifahrer und Touristenführer angewiesen, die gegen Provision Touristen anwerben. Auch andere Vermieter, die selbst gerade alle Zimmer besetzt haben, vermitteln Touristen weiter, um in der Zukunft mit einem ähnlichen Gefallen dieser Art rechnen zu können. In diesem Geschäft, das mit hoher Konkurrenz verbunden ist, spielt die Kooperation mit anderen Vermietern folglich eine essentielle Rolle. Ein weiterer funktionaler Teil des Netzwerks besteht in Serviceleistungen an die Touristen, die Souvenirs wie Tabak und Rum mit nach Hause nehmen möchten, worauf diese von Freunden, Bekannten oder Verwandten auf dem Schwarzmarkt besorgt werden. Ebenso werden Touristen an die privaten Restaurants *(paladares)* vermittelt, wenn die Vermieter selbst über keine Lizenz zu gastronomischen Dienstleistungen verfügen. Zur Aufrechterhaltung und reibungslosen Gestaltung des Vermietergeschäfts dienen ferner Küchen- und Haushaltshilfen, wie auch Putzfrauen. Diese werden pro Tag mit 2 CUC vergütet, was in Kuba einem monatlichen Spitzenverdienst von fast 60 CUC entspricht. Dies bedeutet gleichzeitig, dass die Vermieterhäuser (illegale) Devisenarbeitsplätze generieren, wie es der kubanische Staat selbst nicht vorsieht.

Auch der Schwarzmarkt ist mit diesen an sich legalen Erwerbstätigkeiten verbunden. Für die Vermieter, die ihren Gästen Frühstück anbieten, führt oftmals aufgrund der lückenhaften Versorgungslage Kubas faktisch kein Weg an der Illegalität vorbei.

„Der Staat sagt, dass ein Ei einen Peso fünfzig kostet. Aber dann gehen zwei Monate ins Land, drei Monate, und es gibt keine Eier. Und in den Devisengeschäften auch nicht. Ich brauche aber dringend Eier, dann kommen die Verkäufer, die sich die Eier aus der Farm gestohlen haben und verkaufen sie mir billiger in Devisen. Das ist der Schwarzmarkt, ein Teufelskreis, denn ich möchte die Eier für eins fünfzig kaufen. Aber wo gibt es welche? Ich möchte Bohnen kaufen, billig, aber wo gibt es welche? Das heißt, gezwungenermaßen muss ich auf die Verkäufer zurückgreifen." (Vermieterin, 07.04.2005)

So kommt es, dass die Vermieter nur über den Schwarzmarkt die Organisation ihres Geschäftes aufrecht erhalten können, während Kubaner, die von semilegalen und illegalen Tätigkeiten leben, in den Vermieterhäusern einen konstanten Absatzmarkt finden. Informelle soziale Netzwerke bedeuten für die beteiligten Akteure in der Folge einen hohen persönlichen wie ökonomischen Nutzen. Sie stehen nicht isoliert, sondern sind verbunden über Akteure, die gleichzeitig Mitglied mehrerer Netzwerke sind und folglich eine vermittelnde Funktion innehaben. Die Touristen berichten ferner über Vermieter in anderen Städten und empfehlen diese gegebenenfalls weiter, wodurch neue überlokale und überregionale Kontakte geknüpft werden können mit dem Ziel, diese für den Austausch von Touristen zu nutzen. Die Aktionsreichweite der Vermieter erstreckt sich auf diese Weise über die gesamte Insel, wobei versucht wird, die reisenden Ausländer bestmöglich innerhalb des eigenen Netzwerkes zu halten. Der Tourist erfährt hierdurch keinen Nachteil; vielmehr garantieren diese informellen Beziehungsgeflechte einen bestmöglichen Service, dessen Preis in angemessenem Verhältnis zur Leistung steht.

7 Fazit

Die wirtschaftlichen Reformmaßnahmen der Krisenzeit, insbesondere die dadurch entstehenden Möglichkeiten der Begegnung mit Touristen, haben innerhalb der kubanischen Gesellschaft zu gravierenden Veränderungen geführt. Der Tourist bedeutet dabei nicht nur eine Quelle von Informationen über das Leben außerhalb des sozialistischen Kubas. Vielmehr gibt der vor Ort demonstrierte Lebens- und Konsumstil der vergleichsweise wohlhabenden Ausländer vielen Kubanern Anlass zur kritischen Reflexion ihres Regierungssystems und ihrer eigenen soziokulturellen Lebenssituation.

Die Tatsache, dass die kubanische Devise CUC für die Versorgung kubanischer Familien und damit für die Sicherung des individuellen Lebensstandards unabdingbar ist, führte zur Abwertung der Arbeit im formalen Sektor, die vom Staat noch immer in nationaler Währung vergütet wird. Vielmehr richten sich die Bestrebungen einer Vielzahl von Kubanern auf potenzielle Möglichkeiten des Devisenverdienstes. In der Folge haben sich semilegale Tätigkeiten als regelrechte Berufe etabliert und illegale Geschäfte auf dem kubanischen Schwarzmarkt einen Aufschwung erfahren. Bezugspunkt dieser Tätigkeiten ist der internationale Tourismus und seine Nachfrage nach Dienstleistungen, Gefälligkeiten und Souvenirs. Mit Ausnahme der Pauschaltouristen, die in den staatlich kontrollierten Enklaven an den Stränden Kubas abgeschottet von der kubanischen Bevölkerung Urlaub machen und daher nicht wesentlich in Kontakt treten, bietet der Fremdenverkehr auf Kuba zahlreiche Gelegenheiten zur Teilhabe an den damit verbundenen Deviseneinkommen. Dadurch bilden sich informelle Beziehungsgeflechte, die das ökonomische Potenzial, das mit den Touristen in Kuba verbunden ist, bestmöglich auszunutzen versuchen. Zentrum dieser so entstehenden informellen sozialen Netzwerke sind die selbstständigen Restaurantbesitzer wie auch insbesondere die Vermieter, die in direktem Kontakt zu den Touristen stehen und ihnen aufgrund der hohen Konkurrenz durch andere Selbstständige einen optimalen Service bieten möchten. Der Tourismus lässt somit „kapitalistische Oasen" auf der Mirkoebene der kubanischen Gesellschaft entstehen, die Wettbewerb und Konkurrenzdruck ausgesetzt sind und darauf durch die kontinuierliche Verbesserung des eigenen Services reagieren. Hinzu kommt, dass der private Sektor Arbeitsplätze auf Devisenbasis generiert und damit einen Beitrag entgegen der krisenbedingten Arbeitslosigkeit wie auch der Armut vieler betroffener Kubaner leistet. Nicht nur in diesem Bereich findet jedoch „Arbeitsteilung" mit dem Kubanischen Staat statt. Durch die Beherbergung und Versorgung von Touristen im privaten Sektor kann den Kapazitätsengpässen auf staatlicher Seite abgeholfen werden. Für die kubanische Regierung werden diese Vorteile jedoch nicht unbedingt als solche gesehen, vielmehr sind diese kapitalistisch geprägten Familienbetriebe aufgrund der damit verbundenen finanziellen Privilegierung und angesichts der neu entstandenen sozialen Ungleichheit innerhalb der kubanischen Gesellschaft allenfalls ein notwendiges Übel, das gebraucht, jedoch nicht bedingungslos toleriert wird. Zahlreiche Gesetzesänderungen und Neuregelungen machen den Betroffenen vielmehr ihren Alltag zur Herausforderung, und viele sehen sich gezwungen, ihre Lizenz wegen der hohen Steuerlasten wieder zurückzugeben, um fortan in der Illegalität weiter zu vermieten. Ferner unterliegt der Erfolg oder Misserfolg ihres Geschäftes, wie auch der Grad der möglichen Nutzung des sozialen Kapitals, das ihren Netzwerken zugrunde liegt, dem regionalen Kontext Kubas. Havanna als Hauptstadt wird aufgrund der Anwesenheit der politischen und intellektuellen Elite des Landes sowie jährlich 2 Mio. Touristen in der Versorgung privilegiert. In der Folge floriert auch der Schwarzmarkt, und die damit verbundenen Tätigkeiten sind wegen der Unübersichtlichkeit der 3 Mio. Einwohner zählenden Stadt nur schwer zu kontrollieren. Die Provinzen Kubas, allen voran die östlichsten im so genannten Oriente, kommen nach Meinung ihrer Einwohner in der staatlichen Verteilungskette von Lebensmitteln dagegen oft zu kurz und sehen sich somit in ihren Handlungsmöglichkeiten mit ganz anderen, oftmals unterprivilegierten Umständen konfrontiert. Tatsache ist jedoch, dass noch immer ca. 30% aller Kubaner von der Teilhabe an diesem sozialen und ökonomischen Potenzial völlig ausgeschlossen sind und kaum die Möglichkeit zur individuellen Grundversorgung gewährleistet sehen. Dieses Problem der offensichtlichen sozialen Ungleichheit in einer ehemals über weitgehend homogene Einkommen definierten Gesellschaft, die die Egalität ihrer Mitglieder anstrebte, wird auch in der Zukunft der *Kubanischen Transformation* zur Herausforderung für die politische Elite werden. Der Widerspruch aus omnipräsenter, sozialistischer Propaganda einerseits, nicht zuletzt in Form der Plakate von Helden der Kubanischen Revolution, und der Errichtung immer weiterer, moderner Hotelkomplexe und Einrichtungen für den Tourismus andererseits, kann vor weiten Teilen der kubanischen Gesellschaft nicht mehr gerechtfertig werden. Zu groß sind die Entbehrungen, die alltäglichen Schwierigkeiten und Geduldproben für die Kubaner, die sich Freiheiten wünschen, nicht zuletzt Reisefreiheiten, oder nur einen einfachen, geregelten und ökonomisch gesicherten Tagesablauf.

„Ich bin jetzt 37 Jahre alt. Wann wird denn endlich eine bessere Zukunft für mich beginnen? Dann, wenn ich alt bin, lohnt es sich schon nicht mehr. Ich denke an eine Zukunft, in der ich arbeiten und sicher sein kann, dass ich damit Geld verdienen werde, um meine Familie zu unterhalten, meine Kinder, die ich jetzt noch nicht habe. Aber dafür ist es nie zu spät." (Münzenverkäufer, 25.11.2004)

Die *Kubanische Transformation* wird aller Voraussicht nach auch mit den Nachfolgern Fidel Castros zunächst in einem unfertigen Schwebezustand verharren. Doch wird die Zukunft Kubas dabei wesentlich von den Bürgern der kubanischen Gesellschaft mitgeprägt werden, die zuvor einen essentiellen Anteil am Fortbestehen der Revolution und der Regierung Castro über beinahe 5 Dekaden hatte. Die stattfindenden Veränderungen können in diesem Sinne als Ausdruck der Bereitschaft zur Transformation verstanden werden, ohne dass dies der Loyalität vieler kubanischer Bürger zu Fidel Castro entgegenstehen würde.

Literatur

BÄHR, J., MERTINS, G., NUHN, H. u. S. WIDDERICH (1997): Der wirtschaftliche Wandel in Kuba: Reform oder Transformation? – Geographische Rundschau 49(11), S. 624–630.

BEIER, B. (2001): Tourismus als wirtschaftlicher und gesellschaftlicher Faktor. In: O. ETTE, M. FRANZBACH (Hrsg.): Kuba heute. Politik, Wirtschaft, Kultur. – Frankfurt/Main, S. 371–386.

BOURDIEU, P. (1983): Ökonomisches Kapital, kulturelles Kapital, soziales Kapital. In: R. KRECKEL (Hrsg.): Soziale Ungleichheiten. – Göttingen, S. 183–198.

BRUNDENIUS, C. (2002): Tourism as an Engine of Growth. Reflections on Cuba's New Development Strategy. – Kopenhagen (Working Paper 02.10, Centre for Development Research CDR).

CERVIÑO, J., CUBILLO, J. M. (2005): Hotel and Tourism Development in Cuba: Opportunities, Management Challenges and Future Trends. – Cornell Hotel and Restaurant Administration Quarterly 46(2), S. 223–246.

FERRIOL, A. (2002): Explorando nuevas estrategias para reducir la pobreza en el actual contexto internacional. Experiencias de Cuba. – Havanna.

GARCÍA ÁLVAREZ, A. (2004): Sustitución de importaciones de alimentos en Cuba: ¿necesidad o posibilidad? In: O. E. PÉREZ VILLANUEVA (Hrsg.): Reflexiones sobre economía cubana. – Havanna, S. 195–251 (Editorial de Ciencias Sociales).

GRATIUS, S. (2003): Kuba unter Castro – Das Dilemma der dreifachen Blockade. – Opladen.

HAGEMANN, A. (2002): Fidel Castro. – München.

HASDENTEUFEL, P. (2004): Tourismus auf Kuba. Entwicklungen seit 1959 und Stellenwert zu Beginn des 21. Jahrhunderts. – München, S. 51–74 (Mitteilungen der Geographischen Gesellschaft in München, 87).

HINCH, T. D. (1990): Cuban tourism industry – its re-emerge and future. – Tourism Management 11(3), S. 214–226.

HÖNSCH, F. (1993): Kuba – Zuckerinsel der Karibik. – Gotha.

KADT DE, E. (1979): Tourism: Passport to development? Perspectives on the social and cultural effects of tourism in developing countries. – New York, Oxford.

LÜEM, T. (1985): Soziokulturelle Auswirkungen des Tourismus in Entwicklungsländern. Ein Beitrag zur Problematik des Vergleichs von touristischen Implikationen auf verschiedenartige Kulturräume der Welt. – Zürich.

MARQUETTI, H., SPERBERG, J. (2001): El turismo en Cuba con especial atención en el turismo de salud. In: G. MERTINS, H. NUHN (Hrsg.): Kubas Weg aus der Krise. Neuorganisation der Produktion von Gütern und Dienstleistungen für den Export. – Marburg/Lahn, S. 170–190 (Marburger Geographische Schriften, 138).

MARTÍN DE HOLÁN, P., PHILLIPS, N. (1997): Sun, sand and hard currency. Tourism in Cuba. – Annals of Tourism Research 24(4), S. 777–795.

MEDINA, N., SANTAMARINA, J. (2004): Turismo de naturaleza en Cuba. – Havanna.

MERTINS, G. (2003): Städtetourismus in Havanna (Kuba). – Geographische Rundschau 55(3), S. 20–25.

MESA-LAGO, C. (1993): Cuba after the Cold War. – Pittsburgh.

NOHLEN, D. (2002): Lexikon Dritte Welt. Länder, Organisationen, Theorien, Begriffe, Personen. – Reinbek bei Hamburg.

ONE (= Oficina Nacional de Estadísticas) (mehrere Jahre): Anuario Estadístico de Cuba. – Havanna.

POZO FERNÁNDEZ, A. (1993): Cuba y el turismo. Actualidad y perspectivas de nuestra industria turística. – Havanna.

TOGORES GONZÁLEZ, V., GARCÍA ÁLVAREZ, A. (2004): Algunas consideraciones acerca del acceso al consumo en los 90, factores que lo determinan. In: O. E. PÉREZ VILLANUEVA (Hrsg.): Reflexiones sobre economía cubana. – Havanna, S. 266–321 (Editorial de Ciencias Sociales).

VILLALBA GARRIDO, E. (2002): Cuba y el turismo en otros tiempos. – Cuba Foreign Trade 2, S. 16–21.

Internetquellen [Zugriffe am 16.11.2007]

UN (2006): Länderspezifischer Bericht Kuba. – http://hdrstats.undp.org/countries/data_sheets/cty_ds_CUB.html

UN (2006): Human Development Report. – http://hdrstats.undp.org/countries/country_fact_sheets/cty_fs_CUB.html

UN (2006): Definition von Armut. – http://unstats.un.org/unsd/mi/mi_def_list.asp

---

Bitte beachten Sie auch die PowerPoint®-Präsentation
zum Artikel von *Stephanie Nau* auf CD-ROM

Dr. STEPHANIE NAU
zeppelin university gGmbH Friedrichshafen
Am Seemooser Horn 20 • D–88045 Friedrichshafen
stephanie.nau@zeppelin-university.de

Thomas Fickert, Kim André Vanselow und Melanie Kolb

Zerstörungsgrad und Regeneration terrestrischer, litoraler und mariner Ökosysteme auf der Karibikinsel Guanaja (Honduras) sieben Jahre nach Hurrikan Mitch*

Mit 13 Abbildungen (davon 7 Farbkarten), 2 Tabellen und 7 Bildern

1 Didaktische Zielsetzung

Fast täglich wird in den Medien von mehr oder weniger verheerenden Naturkatastrophen aus aller Welt berichtet. Dabei wird häufig vergessen, dass es sich bei Erdbeben, Vulkanausbrüchen, Wirbelstürmen, Tsunamis und dergleichen prinzipiell um Naturereignisse handelt, die erst durch den Kontakt mit dem Menschen zu Katastrophen werden (für Mittelamerika siehe CHARVÉRIAT 2000 und RICHTER, ADLER 2007). Insbesondere in den ärmeren Ländern der Erde ist eine hohe Vulnerabilität gegeben, da ein steigender Bevölkerungsdruck die Besiedlung in immer risikoexponiertere Bereiche vorantreibt. Treten dann entsprechende Naturereignisse ein, sind hohe Opferzahlen und materielle Schäden unvermeidbar. Aus ökologischer Sicht hingegen sind solche Ereignisse vielmehr Störungen, die zwar kurzfristig massive Schäden hervorrufen, langfristig aber zur Erhaltung der Ökosysteme unabdingbar sind. Vergleichbare Phänomene finden sich in den verschiedensten Ökosystemen der Erde, seien es Brände in mediterranen Strauch- bzw. Waldformationen oder Insektenkalamitäten wie beispielsweise in den Hochlagen des Bayerischen Waldes. In allen Fällen wird durch solche Störungen die Verjüngung der Bestände gefördert, respektive eine Überalterung verhindert. Der vorliegende Artikel will dies anhand des Zerstörungsausmaßes und der Regeneration terrestrischer, litoraler und mariner Ökosysteme auf der kleinen, zu Honduras gehörenden Karibikinsel Guanaja nach Durchzug des extremen Hurrikan Mitch aufzeigen.

2 Einleitung

Hurrikan Mitch gilt als einer der stärksten und verheerendsten tropischen Wirbelstürme im Atlantik aller Zeiten (RAPPAPORT, FERNANDEZ-PARTAGAS 1995; SANDNER 1999; JOHNSON 2006). Aufgrund seiner für Hurrikane außergewöhnlichen, über drei Tage (27. Oktober bis 29. Oktober 1998) quasistationären Lage zwischen der Nordküste von Honduras und der vorgelagerten Insel Guanaja wurden diese Bereiche besonders stark in Mitleidenschaft gezogen. Mit mehr als 11.000 Todesopfern, weiteren 13.000 zum Teil Schwerverletzten und einem Sachschaden von über 5 Mrd. US-$ in sechs Staaten (Abb. 1) wird Mitch nur vom „Großen Hurrikan" in der Ost-Karibik im Jahre 1780 an Zerstörungskraft übertroffen (RAPPAPORT,

Abb. 1: Schäden und Opferzahlen in Folge von Hurrikan Mitch in Zentralamerika.

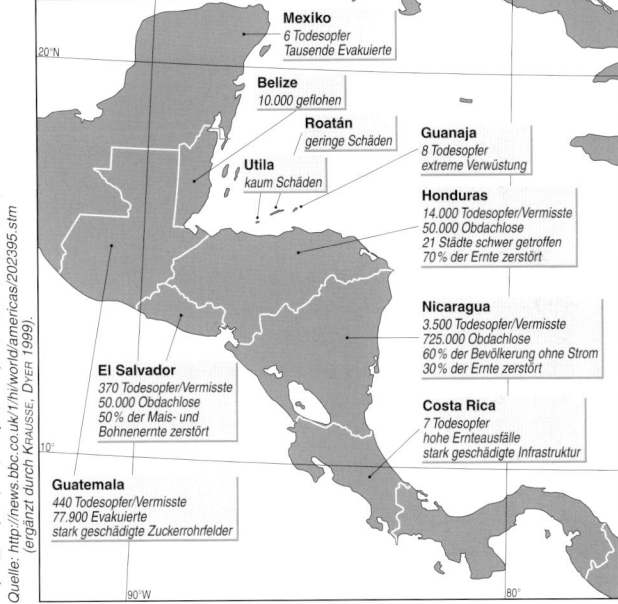

FERNANDEZ-PARTAGAS 1995). Am zentralamerikanischen Festland sorgten die enormen Niederschlagsmengen – Schätzungen der *NOAA* gehen von 1.300 bis 1.900 mm während der Passage von Mitch aus – und die daraus resultierenden Erdrutsche für große Verwüstung. Auf den nördlich von Honduras gelegenen Bay Islands (insbesondere den Cayos Cochinos und Guanaja) waren hingegen die extremen Windgeschwindigkeiten von knapp 300 km/h (157 Knoten) und die hohe Wellenenergie wirksamer (GUINEY, LAWRENCE 1999; CAHOON, HENSEL 2002). Verstärkend wirkten sich die ungewöhnliche, von starken Richtungswechseln gekennzeichnete Zugbahn und die sehr langsame Zuggeschwindigkeit von Mitch aus (Abb. 2). Mit nur 8 Todesopfern kam Guanaja vergleichsweise glimpflich davon was die Opferzahlen anbelangt, die Ökosysteme der Insel wurden hingegen massiv in Mitleidenschaft gezogen.

Prinzipiell sind Hurrikane typische und regelmäßig wiederkehrende natürliche Störungen in der Karibik (vgl. auch Abb. 12 im Farbteil, S. VI). Über Mechanismen der Regeneration, die in den zahlreichen potenziell betroffenen Ökosystemen ganz unterschiedlich ablaufen können, ist allerdings noch wenig bekannt. Ein besseres Verständnis ist aber von besonderer Bedeutung angesichts der von etlichen Klimamodellen prognostizierten Zunahme der Hurrikan-Intensität und -Frequenz im Zuge einer fortschreitenden Klimaerwär-

---

*) Dieser Beitrag stellt die deutschsprachige Version eines in der ERDKUNDE 61/4 abgedruckten Artikels von VANSELOW et al. (2007) dar. Einige Abbildungen/Photos wurden mit freundlicher Genehmigung übernommen.

Abb. 2: *Zugbahn und Stärke des Hurrikan Mitch im Umfeld der Insel Guanaja. Die Zahlen geben die Position des Auges und die Stärke auf der Saffir-Simpson-Skala an.*

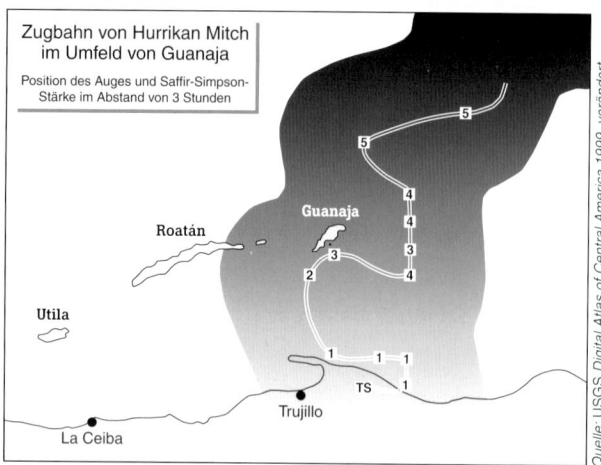

mung (siehe zu diesem kontrovers diskutierten Thema z.B. GIORGI et al. 2001; KNUTSON, TULEYA 2004; EMANUEL 2005; WEBSTER et al. 2005; KLOTZBACH 2006; KLOTZBACH et al. 2006).

3 Untersuchungsgebiet

Der Archipel der Bay Islands (Islas de la Bahia) erstreckt sich zwischen 86°7' und 86°35' östlicher Länge und 16°24' und 16°42' nördlicher Breite und umfasst die drei größeren Inseln Roatán, Guanaja und Utila sowie eine Vielzahl kleinerer Koralleninseln (so genannte Keys oder Cays) im Golf von Honduras (siehe auch Abb. 1). Im Nordosten der Inselgruppe gelegen stellt Guanaja mit einer Längserstreckung von etwa 17 km und einer maximalen Breite von 5 km die zweitgrößte Insel des Archipels dar (*Consultores en Recursos* 1996). Die relativ stark reliefierte Insel wird von zwei Depressionen (Big Flat im Nordosten und der Bereich des Flughafens im Südwesten) dreigeteilt (Abb. 3 im Farbteil, S. IV). Die höchste Erhebung stellt mit 415 m ü.d.M. der Michael Rock Peak im zentralen Teil dar. Umgeben wird Guanaja von einem fast durchgängigen Ring von Barriere- und Saumriffen sowie Fleckenriffen innerhalb der Lagunen. Unterbrochen wird der Riffgürtel lediglich dort, wo sedimentbeladenes Süßwasser vom Festland in die Lagunen mündet und so die Riffentwicklung verhindert (siehe Abb. 3 im Farbteil, S. IV und Abb. 4 im Farbteil, S. V).

Geologisch stellen die drei großen Bay Islands eine abgetauchte Verlängerung der Sierra de Omoa auf dem zentralamerikanischen Festland dar (*Consultores en Recursos* 1996). Guanaja und Roatán gehören der so genannten „Bonacca Ridge" an, die beiderseits von Tiefseegräben flankiert wird (HARBORNE et al. 2001). Während die kleineren Inseln des Archipels überwiegend von Korallenschutt und Sand aufgebaut werden, herrschen auf Guanaja und Roatán Granite und Metamorphite vor.

Gemäß ihrer Breitenlage ist das Klima der Bay Islands fast ganzjährig von Nordostpassaten gekennzeichnet. Das Jahrestemperaturmittel beträgt 28°C bei geringer jahreszeitlicher Temperaturamplitude, die Niederschläge der Station Roatán liegen im langjährigen Mittel bei 2.457 mm, wobei aufgrund des höheren Reliefs die Niederschläge auf Guanaja

noch etwas höher ausfallen dürften. Das Niederschlagsmaximum fällt auf das Winterhalbjahr, wenn polare kontinentale Luftmassen vom nordamerikanischen Kontinent – die so genannten „Nortes" – weit in die Karibik vordringen können. Zwischen Mai und Oktober erreichen regelmäßig tropische Tiefdruckgebilde aus dem Atlantik den Golf von Honduras (JAAP, HALAS 1983, vgl. auch Abb. 12 im Farbteil, S. VI) was eine ausgeprägte „Hurrikan-Saison" hervorruft.

Maßgeblich gesteuert über Relief und Bodenfeuchtebedingungen finden – bzw. fanden sich vor dem Durchzug von Mitch – auf Guanaja verschiedene Vegetationsformationen (Abb. 4 im Farbteil, S. V). Auf steilen, edaphisch trockenen Hangstandorten sind natürlicherweise offene Kiefernwälder *(Pinus caribaea* var. *hondurensis)* mit dichtem Grasunterwuchs weit verbreitet. Flachere, edaphisch und/oder klimatisch feuchtere Bereiche werden von immergrünen Laubwäldern eingenommen, in denen Eichen (vor allem *Quercus oleoides*) und Nance *(Byrsonima crassifolia)* dominieren. Hochstämmige tropische Feuchtwälder mit hohem Lianen-Anteil sind auf tief eingeschnittene Schluchten mit günstiger Feuchteversorgung beschränkt.

In weiten Teilen Guanajas sind die ursprünglichen Formationen durch frühere oder rezente landwirtschaftliche Nutzung verändert worden. Durch Brandrodung wurden und werden Flächen zur Viehzucht und zum Anbau verschiedenster Gemüsekulturen, Bananen *(Musa* div. spec.) sowie Öl- *(Elaeis guineensis)* und Kokospalmen *(Cocos nucifera)* gewonnen. Aufgegebene Nutzflächen verbuschen sukzessive mit Arten der früheren Waldformationen und sind nach einigen Jahren von Strauchformationen gekennzeichnet, die als Matorral bezeichnet werden.

Flache, schlecht entwässerte und vor starker Wellenenergie geschützte Bereiche entlang der Küste sind – wie überall in der Karibik – von Mangrovenwäldern bestanden. Die dominante Baumart ist die Rote Mangrove *(Rhizophora mangle)*, die gelegentlich mit der Schwarzen Mangrove *(Avicennia germinans)* und der Weißen Mangrove *(Laguncularia racemosa)* vergesellschaftet ist. Die Mangroven grenzen entweder unmittelbar an den offenen Wasserkörper oder sie sind durch Strandbarren vom Meer getrennt und auf die dahinter gelegenen Lagunen beschränkt. Die Strandwälle selbst sind von einer ganz eigenen, salztoleranten Vegetation gekennzeichnet, in der die Meertraube *(Coccoloba uvifera)* sowie adventive, heute in den Tropen aber weltweit verbreitete Baumarten wie Indischer Mandelbaum *(Terminalia catappa)*, Kasuarine *(Casuarina equisetifolia)* und die Kokospalme *(Cocos nucifera)* vorherrschen.

4 Der Sturmverlauf von Hurrikan Mitch

Einleitend wurde bereits die ungewöhnliche Zugbahn von Hurrikan Mitch angesprochen. Bevor im Folgenden auf die Auswirkungen des Sturms auf die Ökosysteme Guanajas eingegangen wird, soll an dieser Stelle ein kurzer Überblick zum Sturmverlauf von Mitch vorangestellt werden. Wie die meisten karibischen Hurrikane geht auch Mitch auf eine „easterly wave" vor der Westküste Westafrikas zurück, die sich zwischen dem 8. und 9. Oktober 1998 entwickelte, also bereits rund drei Wochen vor dem eigentlichen Hurrikanereignis. Unter „easterly waves" versteht man Wellenstörungen, die im Bereich des afrikanischen Ostjets entstehen und als flache

Störungen von Ost nach West vom afrikanischen Kontinent Richtung Atlantik wandern (zu Hurrikanen generell siehe auch Infobox 1). Während dieser mehrere Tage dauernden Überquerung des Atlantiks, zeigten sich allerdings noch keine Anzeichen einer signifikanten Sturmentwicklung. Erst am 20. Oktober bildeten sich in der südlichen Karibik erste organisierte Wolkenmuster und bereits zwei Tage später war der Status einer tropischen Depression erreicht. Diese zog im Verlauf des 23. Oktober langsam westwärts und verstärkte sich rasch über dem warmen karibischen Meer. Noch am Abend desselben Tages wurden vor der Küste Kolumbiens Windgeschwindigkeiten von 40 Knoten (74 km/h) erreicht, womit der 13. benannte Sturm der Saison – Mitch – geboren war. Bereits am folgenden Tag erreichte Mitch Hurrikanstärke (siehe auch Infobox 1). Während der folgenden 24 Stunden sank der Kerndruck auf 924 hPa. Zu diesem Zeitpunkt erstreckte sich das Tiefdruckgebiet bereits von Zentral-Nicaragua bis Süd-Kuba. Am Nachmittag des 26. Oktober wurde 90 km südlich der Swan Island mit 905 hPa der niedrigste Kerndruck erreicht. Mit anhaltenden Windgeschwindigkeiten von 157 Knoten (305 km/h) war Mitch bis dahin der stärkste Oktober-Hurrikan aller Zeiten (inzwischen übertroffen von Hurrikan Wilma im Jahr 2005; vgl. Tab.1). Am folgenden Tag schwächte sich Mitch zwar leicht ab, vollzog allerdings abrupte Kurswechsel, was erhebliche Probleme bei der Vorhersage der Zugbahn und den Evakuierungsvorbereitungen bereitete. Schließlich zog Mitch als Hurrikan der Stärke 4 mit Windgeschwindigkeiten von immerhin noch 105 Knoten (195 km/h, in Böen bis 240

Infobox 1 **Aufbau und Voraussetzungen zur Entstehung von Hurrikanen**

Als Hurrikane werden tropische Wirbelstürme bezeichnet, die sich im Atlantik oder im Ostpazifik entwickeln. In anderen Regionen der Erde werden für vergleichbare Stürme die Begriffe Taifun (im Westpazifik auf der Nordhalbkugel) oder Zyklon (überall sonst) verwendet.

Hurrikane, wie tropische Wirbelstürme generell, bilden sich ausnahmslos über Ozeanen im Bereich der ITZ (innertropische Konvergenzzone). Sie entspringen wellenförmigen Störungen in der tropischen Ostströmung, so genannten „easterly waves". Zur Entstehung eines Hurrikans sind gewisse Voraussetzungen erforderlich:

- Meeresoberflächentemperaturen von >27°C, wie sie in tropischen Meeren regelmäßig in den Sommermonaten auftreten. Je höher die Oberflächentemperaturen sind, um so größer ist das Potenzial zur Ausbildung starker Stürme.

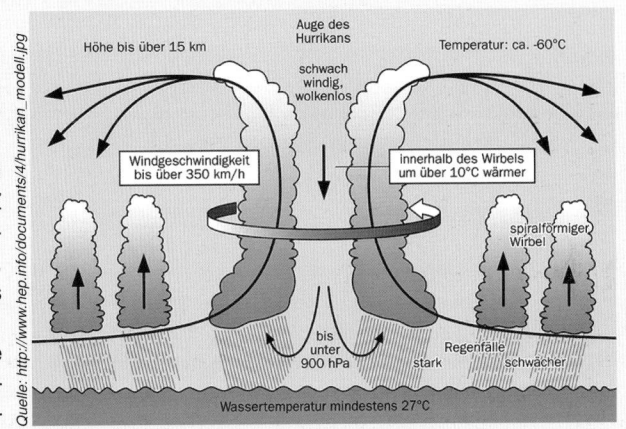

Schematischer Aufbau eines Hurrikans.

- Eine ausgeprägte Konvergenz am Boden und eine rasche Abfuhr (Divergenz) der aufsteigenden Luft in der Höhe, was sowohl die Hebungsprozesse als auch den Wasserdampfnachschub steuert.
- Ein gewisser Mindestabstand (>5 Breitengrade) vom Äquator, da sonst die Corioliskraft zu schwach ist, um den aufsteigenden Luftmassen den charakteristischen Drehimpuls zu verleihen.

Ihre gewaltigen Energiemengen beziehen tropische Wirbelstürme aus der durch die Kondensationsprozesse beim Aufstieg freiwerdenden latenten Energie. Mit zunehmendem Druckabfall strömt Luft aus der Umgebung spiralförmig zum Zentrum hin, was sich in den charakteristischen Gewitterbändern ausdrückt. Hurrikane erreichen Durchmesser von mehreren hundert Kilometern mit Kerndrücken im Bereich des Auges von zum Teil weniger als 900 hPa (der niedrigste je bei einem Hurrikan gemessene Wert war 882 hPa bei Hurrikan Wilma im Oktober 2005, bei Typhoon Tip 1979 waren es sogar nur 870 hPa). Das Auge hat üblicherweise einen Durchmesser zwischen 20 und 70 km und ist von ausgesprochener Windstille gekennzeichnet. Aufgrund absteigender Luftbewegung mit adiabatischer Erwärmung herrscht hier Wolkenauflösung vor. Die Zuggeschwindigkeit eines Hurrikans ist variabel, liegt aber in der Regel während des Sturmstadiums bei ca. 20 km/h – im Falle von Hurrikan Mitch waren es dagegen weniger als 8 km/h. Gelangen Hurrikane über Land oder kühlere Meeresoberflächen, reißt der Nachschub an feucht-warmer Luft ab und die Stürme schwächen sich ab.

Gemessen wird die Stärke tropischer Wirbelstürme mit der Saffir-Simpson-Skala. Ab 56 km/h Windgeschwindigkeit werden Tropenstürme benannt, von einem Hurrikan spricht man aber erst, wenn Windstärke Beaufort 12 (= Windgeschwindigkeit von 118 km/h) erreicht wird.

Kategorie	Windgeschwindigkeit in km/h	Flutwelle (in m) beim Auftreffen auf Land	Zentraldruck in hPa
tropischer Wirbelsturm	56–117	0–1	
Kategorie 1	118–153	1–2	>980
Kategorie 2	154–177	2–3	965–979
Kategorie 3	178–210	3–4	945–964
Kategorie 4	211–249	4–6	920–944
Kategorie 5	>249	>6	<920

Die Saffir-Simpson-Hurrikan-Skala.

Tab. 1: Die „Hall of Fame" karibischer Hurrikane.

Rang	Datum	Name	minimaler Kerndruck	maximale Windgeschwindigkeit
1	18.10.2005	Wilma	882 hPa	295 km/h (159 Knoten)
2	13.09.1988	Gilbert	888 hPa	295 km/h (159 Knoten)
3	03.09.1935	Labour Day Hurricane	892 hPa	260 km/h (140 Knoten)
4	21.09.2005	Rita	895 hPa	290 km/h (157 Knoten)
5	07.08.1980	Allen	899 hPa	305 km/h (165 Knoten)
6	28.08.2005	Katrina	902 hPa	280 km/h (151 Knoten)
7	17.08.1696	Camille	905 hPa	305 km/h (165 Knoten)
	26.10.1998	Mitch	905 hPa	290 km/h (157 Knoten)
9	09.09.2004	Ivan	910 hPa	270 km/h (146 Knoten)

Quelle: http://www.weather.gov/om/assessments/pdfs/katrina.pdf und http://www.nhc.noaa.gov/

km/h) an der kurz zuvor entwarnten und daher weitgehend unvorbereiteten Insel Guanaja vorbei. Die Zuggeschwindigkeit verlangsamte sich auf unter 8 km/h, sodass das Zentrum von Mitch zwischen dem 27. und dem 29. Oktober quasistationär zwischen der Nordküste von Honduras und Guanaja verharrte (Abb. 2). Obwohl die Windgeschwindigkeiten weiter abnahmen war Guanaja für mehr als 70 Stunden extremen Winden ausgesetzt. In der Nacht des 29. Oktober traf Mitch schließlich bei Trujillo auf Land und schwächte sich im Folgenden rasch ab. Die extrem langsamen Zuggeschwindigkeiten und die damit verbundenen extremen Niederschlagsmengen waren letztlich für die verheerenden Zerstörungen durch Muren und Schlammströme sowie die hohen Opferzahlen in Mittelamerika, insbesondere in Honduras und Nicaragua, verantwortlich (vgl. Abb. 1).

5 Untersuchungsmethoden

Um das Ausmaß der Zerstörung und den aktuellen Stand der Regeneration der unterschiedlichen terrestrischen, litoralen und marinen Ökosysteme Guanajas beurteilen zu können, wurden verschiedene Untersuchungsmethoden angewandt. Da für keines der Ökosysteme Daten über die Verhältnisse vor Hurrikan Mitch vorliegen, wurde zu einer ersten groben Klassifizierung der Veränderung im Bedeckungsgrad ein Vergleich zwischen Satellitenbildern vor *(Landsat 5 TM-Szene von 1985)* und nach dem Durchzug *(Landsat 7 ETM+-Szene von 2001)* des Sturmes unter Verwendung verschiedener digitaler Analyse-Verfahren durchgeführt. Derartige „Change Detection"-Verfahren sind Prozesse, bei denen der Veränderungsgrad durch den Vergleich von Objekten zu unterschiedlichen Zeitpunkten aufgedeckt wird (PHUA et al. 2002). Die grundlegende Annahme dabei ist, dass die Veränderung der Vegetationsdecke an der Erdoberfläche sich in veränderten Pixelwerten in den Satellitendaten ausdrückt, die nicht auf atmosphärische Faktoren oder tageszeitliche Effekte zurückzuführen sind (für eine tiefergehende Diskussion siehe MATHER 1999 und LILLESAND, KIEFER 2000).

Die meisten „Change Detection"-Verfahren wurden für die Analyse terrestrischer Ökosysteme entwickelt. Bei Verwendung bestimmter Verfahren der Datentransformation können sie aber auch auf die Untersuchung flacher küstennaher Ökosysteme zur Anwendung kommen (siehe ANDRÉFOUËT et al. 2001), wie im vorliegenden Fall für die Korallenriffe geschehen. Zusätzlich zu den Satellitenbild-Analysen fanden auch Luftbild-Auswertungen von Aufnahmen aus dem Jahre 1999 Verwendung, um Veränderungen der Vegetationsdecke zu erfassen.

Im Gelände erfolgte zunächst eine qualitative Beurteilung des Zerstörungsgrades und der Regeneration der verschiedenen Ökosysteme in Abhängigkeit der Exposition zu den Hurrikan-Kräften durch Geländebegehungen bzw. im Falle der Korallenriffe mittels Tauchgängen. Bei den terrestrischen und litoralen Vegetationsformationen wurden in erster Linie Zerstörungsspuren und Veränderungen in der Vegetationsstruktur zur Ausweisung von Störungsklassen herangezogen. Bei den Korallenriffen sind als qualitative Daten zunächst generelle Angaben zu Riff-Typen, Artenverbreitung und Dominanzverhältnisse bestimmter Korallen- und Makroalgen-Arten, Wuchsformen, Krankheiten oder Anzeichen von Korallenbleiche erfaßt worden.

Aufbauend darauf begann die quantitative Datenerhebung für die drei am stärksten und nachhaltigsten betroffenen Ökosysteme Guanajas: die Kiefernwälder, die Mangroven und die Korallenriffe (zur Lage der Untersuchungsflächen siehe Abb. 3 im Farbteil, S. IV). Um dabei den ökosystemeigenen Besonderheiten gerecht zu werden, erfolgte die Anwendung verschiedener Aufnahmeverfahren.

Für die Kiefernbestände (verschiedene Regenerationsstadien, Aufforstungen und Reliktwälder) wurden auf insgesamt 52 quadratischen 400 m²-Flächen die durchschnittliche Höhe des Kiefernjungwuchses und der Stammdurchmesser des höchsten Bäumchens erhoben, um daneben von allen Begleitarten Deckungswerte (in % Bodenbedeckung) zu schätzen. Um Aussagen zur Bestandsstruktur der Wälder vor Hurrikan Mitch machen zu können, war eine Aufnahme von Anzahl, Größe und Stammdurchmesser aller toten Kiefern (stehend und liegend) durchzuführen.

Zur Analyse der Bestandsstruktur und des Regenerationsgrades der Mangroven erfasste man sechs verschiedene Bereiche (siehe Abb. 3 im Farbteil, S. IV) entlang von Linientransekten (siehe MUELLER-DOMBOIS, ELLENBERG 1974) von der seewärtigen Seite landeinwärts alle lebenden Arten sowie die Totholzanteile mit einer Auflösung von 10 cm, wobei alle Arten bestimmten Höhenklassen (<2 m, 2–5 m, 5–10 m, 10–20 m, >20 m) zugewiesen wurden. Insgesamt sind 1.700 m Transektstrecke in den Mangrovenbeständen Guanajas erfasst und die Rohdaten anschließend zu Deckungswerten (in %) für 10 m-Segmente umgerechnet worden.

Die Sammlung der quantitativen Daten für die Korallen-Riffe erfolgte bis in 5 m Wassertiefe, da dieser Bereich besonders von der starken Wellenenergie betroffen war. Besondere

Beachtung erfuhr die exponierte Außenflanke der Barriere- und Saum-Riffe (siehe Abb. 4 im Farbteil, S. V). Zur Datenerhebung bediente man sich mittels eines zufällig plazierten quadratischen Metallrahmens von 1 m² Größe (Bild 1) in den zuvor identifizierten unterschiedlichen Zerstörungsbereichen. Aufsichtsphotos der Rahmen erlauben anschließend eine quantitative Auswertung hinsichtlich der Flächenanteile vorkommender Korallenarten und Wuchsformen (*Scleractinia, Octocorallia* etc.) sowie von Makroalgen und Substrattypen.

Alle quantitativen Daten wurden unter Verwendung gängiger statistischer Verfahren wie Klassifikations- bzw. Ordinationsmethoden sowie Korrelations- und Konsistenz-Analysen ausgewertet.

6 Grad der Zerstörung und Stand der Regeneration der Ökosysteme Guanajas sieben Jahre nach Hurrikan Mitch

Nach Aussagen der Einwohner wurden mit Ausnahme einiger besonders geschützter Standorte alle Ökosysteme Guanajas durch die heftige und lang anhaltende Wind- bzw. Welleneinwirkung stark in Mitleidenschaft gezogen. Die Auswertung der Luftbilder von 1999, sowie die durchgeführten „Change Detection"-Analysen der Satellitenbilder von 1985 und 2001 belegen allerdings, dass durchaus eine in Abhängigkeit der jeweiligen Lebensgemeinschaft unterschiedlich verlaufende Regeneration zu beobachten ist. So zeigen die Eichenwälder und die ohnehin geschützten tropischen Schluchtwälder keine nachhaltigen Schäden bzw. sie erholen sich zügig auch ohne menschliche Hilfsmaßnahmen (vgl. dazu BAK, GALLNER 2002; DOYLE et al. 2002; VILLEDA et al. 2000). Stärker betroffen war die exponierte Strandvegetation – insbesondere auf den ungeschützten Keys – mit den ihr eigenen Flachwurzlern wie etwa *Terminalia catappa* oder *Casuarina equisetifolia* (Bild 2). Sie erscheinen in Abbildung 5 (Farbteil S. VI) noch als stark geschädigt, haben sich aber in den letzten fünf Jahren

Bild 1: *Beispielphoto eines zusammengesetzten Aufnahmequadrats, das für die Erhebung der quantitativen Korallen-Daten verwendet wurde.*

Bild 2: *Typische Strandvegetation auf der Nordseite Guanajas mit* Terminalia catappa *(großblättriger Baum am rechten Bildrand),* Casuarina equisetifolia *und* Cocos nucifera *(die Palme im Hintergrund). Zum Aufnahmezeitpunkt im Februar 2004 hatte sich die Strandvegetation bereits weitgehend erholt. Nur vereinzelt fanden sich noch umgestürzte Bäume wie hier, die das flache Wurzelwerk vieler Strandbäume*

soweit erholt, dass abgesehen von einzelnen umgestürzten Bäumen heute kaum noch Schäden festzustellen sind. Demgegenüber zeigen sowohl die Kiefernwälder und die Mangroven als auch die Korallenriffe deutliche Schäden. Sie befinden sich in unterschiedlich weit fortgeschrittenen Regenerationsstadien, die im Folgenden aufgezeigt werden sollen.

6.1 Kiefernwälder

Die markanteste und am weitesten verbreitete Vegetationsformation der Insel war vor dem Hurrikan ein tropischer Offenwald mit *Pinus caribaea* var. *hondurensis* (siehe auch Infobox 2). Nach Untersuchungen der *Consultores en Recursos* (1996) nahm dieser vor Mitch eine Fläche von etwa 1.700 ha ein. Der Deckungsgrad der Baumschicht variierte je nach Standort zwischen 5 und 75 % bei einer Baumhöhe von 10 bis 25 m und einer Baumdichte von ca. 30 Bäumen pro ha. Mit Ausnahme dreier geschützter Lokalitäten – die größte noch intakte Fläche auf der Nordabdachung im Westteil der Insel umfasst etwa 8 ha (siehe Abb. 4 im Farbteil, S. V) – wurden diese Kiefernsavannen durch die heftigen Winde fast vollständig vernichtet (Bild 3). An ihrer Stelle finden sich heute Gebüschformationen, die ein frühes Regenerationsstadium der Wälder darstellen. Neben Jungpflanzen der dominanten Kiefer prägen vor allem immergrüne Laubbäume *(Quercus oleoides, Quercus sapotifolia, Byrsonima crassifolia)* sowie verschiedene Vertreter der Familie der Melastomataceen die Strauchschicht dieser Formation.

Die pflanzensoziologischen Erhebungen in den Kiefernwäldern belegen jedoch ganz unterschiedliche Regenerationsgrade der gestörten Flächen (Abb. 6 im Farbteil, S. VII und Abb. 7). Trotz hoher Zerstörung (bis zu 20 toten Kiefern pro

Infobox 2 — Verbreitung und Bedeutung von *Pinus caribaea* var. *hondurensis*

Die Kiefern (*Pinus* spp.) stellen eine der weit verbreitetsten Pflanzengattungen der nördlichen Hemisphäre dar (CRITCHFIELD, LITTLE 1966). Sie erstrecken sich von subpolaren Regionen bis in die Tropen, überschreiten aber nur an einem Punkt den Äquator (*Pinus merkusii* in Sumatra). Bei den Kiefern handelt es sich um eine sehr alte Pflanzengattung, für die durch Makrofossilfunde (Frankreich, Spitzbergen, Sibirien) eine Existenz bereits in jurassischer Zeit nachgewiesen ist (FARJON 1984). Während dieser 200 Mio. Jahre andauernden Evolution, haben sich die gut 100 heute bekannten Kiefernarten an die unterschiedlichsten ökologischen Bedingungen angepasst. So finden sich Kiefern heute von feuchten Tieflandsbereichen bis weit in die Trockengebiete hinein und bis in extreme Höhen von 4.000 m Meereshöhe (FARJON 1984). Die Gattung Pinus ist auch heute noch in reger Artneubildung begriffen, so sind beispielsweise viele der in Mexico oder Südostasien auftretenden Kiefernarten als sehr „jung" zu bezeichnen und maximal pliozänen Alters (maximal 5 Mio. Jahre, vgl. FARJON 1984).

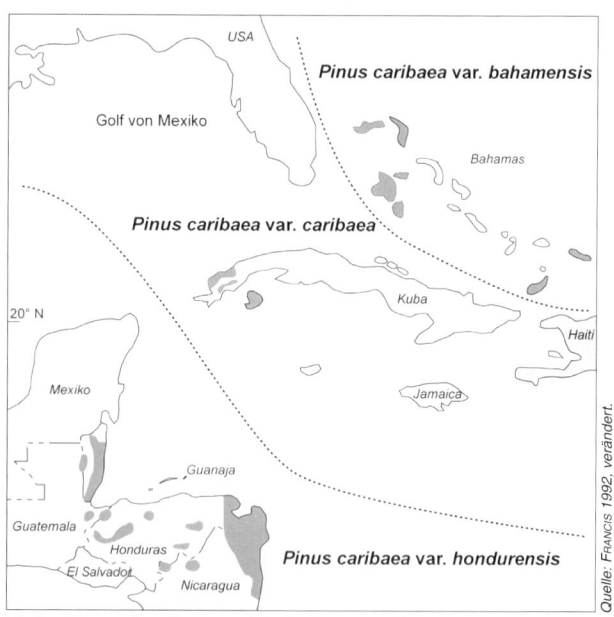

Pinus caribaea ist eine der wenigen tropischen Kiefern der Erde. Es werden drei geographisch weit auseinander liegende Varietäten unterschieden: *Pinus caribaea* var. *bahamensis* auf den Bahamas, *P. c.* var. *caribaea* im Westteil Kubas und auf der vorgelagerten Isla de la Juventud und *P. c.* var. *hondurensis* am zentralamerikanischen Festland und auf der Insel Guanaja. Das natürliche Habitat der karibischen Kiefer erstreckt sich vom Tiefland bis in etwa 300 m Meereshöhe, am Festland auch gelegentlich bis 1.000 m Meereshöhe (FARJON 1984).

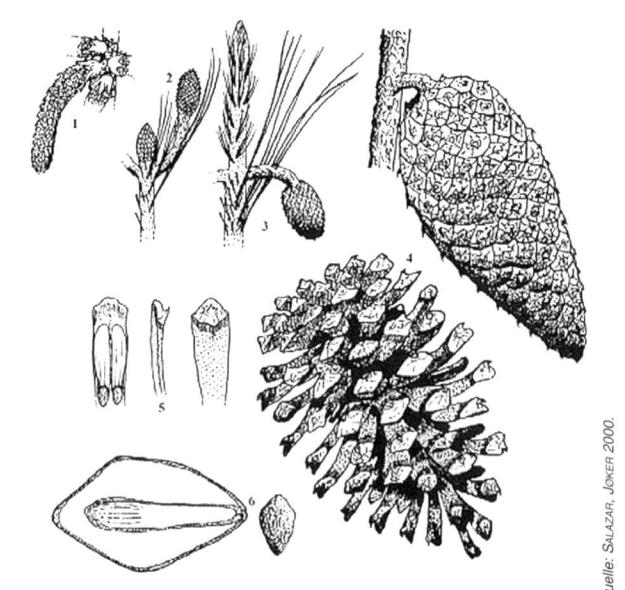

Verbreitung der diversen Varietäten von Pinus caribaea.

Das Holz von *Pinus carribaea* ist aufgrund seiner hohen Dichte international sehr gefragt. Auch die Samenproduktion übertrifft die Leistung anderer Kiefern um ein Vielfaches. Diese Eigenschaften machen sie zu der Kiefer, die weltweit am häufigsten für Aufforstungen im (sub)tropischen Raum verwendet wird (VILLEDA et al. 2000; VALADE et al. 2002). Die Kiefernsamen spielten daher auch für Guanaja eine wichtige wirtschaftliche Rolle. Vor Mitch wurden durch *ESNACIFOR* jährlich große Mengen auf der Insel gesammelt, 1995 z. B. 33,4 kg Trockensubstanz. Der Verkauf der Samen wird durch Samenbanken organisiert, die sie weltweit exportieren (z. B. Fidschi Inseln, Indien, Venezuela und zahlreiche weitere Länder). Aktuell (Dezember 2006) hat der internationale Anbieter *B&T World Seeds* Samen von *Pinus caribaea* var. *hondurensis* für 274,– €/kg im Angebot.

Nach Hurrikan Mitch befanden sich noch 55 kg Samen von *Pinus caribaea* var. *hondurensis* in der von der *ESNACIFOR* betriebenen Samenbank. Fünf Kilogramm aus dieser Kollekte wurden für die Aufforstungsmaßnahmen auf Guanaja verwendet (mdl. Mitteilung Richard Buñay).

Detailzeichnungen: 1) männlicher Strobulus, 2) und 3) weibliche Strobuli, 4) reifer Zapfen, 5) Zapfenschuppe, 6) Samen.

---

400 m²-Plot) zeichnet sich der zentrale Teil der Insel südlich des Micheal Rock Peak durch ausgesprochen hohe Regeneration aus, mit hohen Individuenzahlen und Deckungswerten junger Kiefern. Hier finden sich mit über 1,5 m Wuchshöhe auch die größten der jungen Kiefern innerhalb der natürlichen Sukzession. Typische strauchige Begleiter sind *Curatella americana* und *Appunia guatemaltensis*. Der dichte Grasunterwuchs, der bis zu 80% Deckung erreichen kann, wird von *Trachypogon spicatus* dominiert.

Unregelmäßig verteilen sich über die ganze Insel kleinere Bereiche mit mäßiger Regeneration (Abb. 6 im Farbteil, S. VII). Trotz hoher Individuenzahlen (bis zu 82) belegen Wuchshöhen von in der Regel weniger als 1,25 m und Deckungswerte von unter 8% eine reduzierte Regenerationskraft.

Große Teile der früheren Kiefernwälder sind von geringer Regeneration gekennzeichnet. So bleibt in weiten Teilen Guanajas die Kieferndeckung großflächig unter 1,5% und auch Individuenzahlen von weniger als 25 pro 400 m²-Fläche bei Wuchshöhen von deutlich unter einem Meter sind Ausdruck einer schwachen Regeneration. Dies trifft insbesondere auf steile und bereits vor dem Durchzug von Mitch

Zerstörungsgrad und Regeneration der Ökosysteme auf der Karibikinsel Guanaja nach Hurrikan Mitch 113

Abb. 7: Aufsichtsskizzen und Profilschnitte durch unterschiedlich gestörte bzw. regenerierende Kiefernbestände: intakter Reliktbestand (Aufnahme 45), Aufforstung der ESNACIFOR (Aufnahme 16), hoher Regenerationsgrad (Aufnahme 4) und geringer Regenerationsgrad (Aufnahme 33).

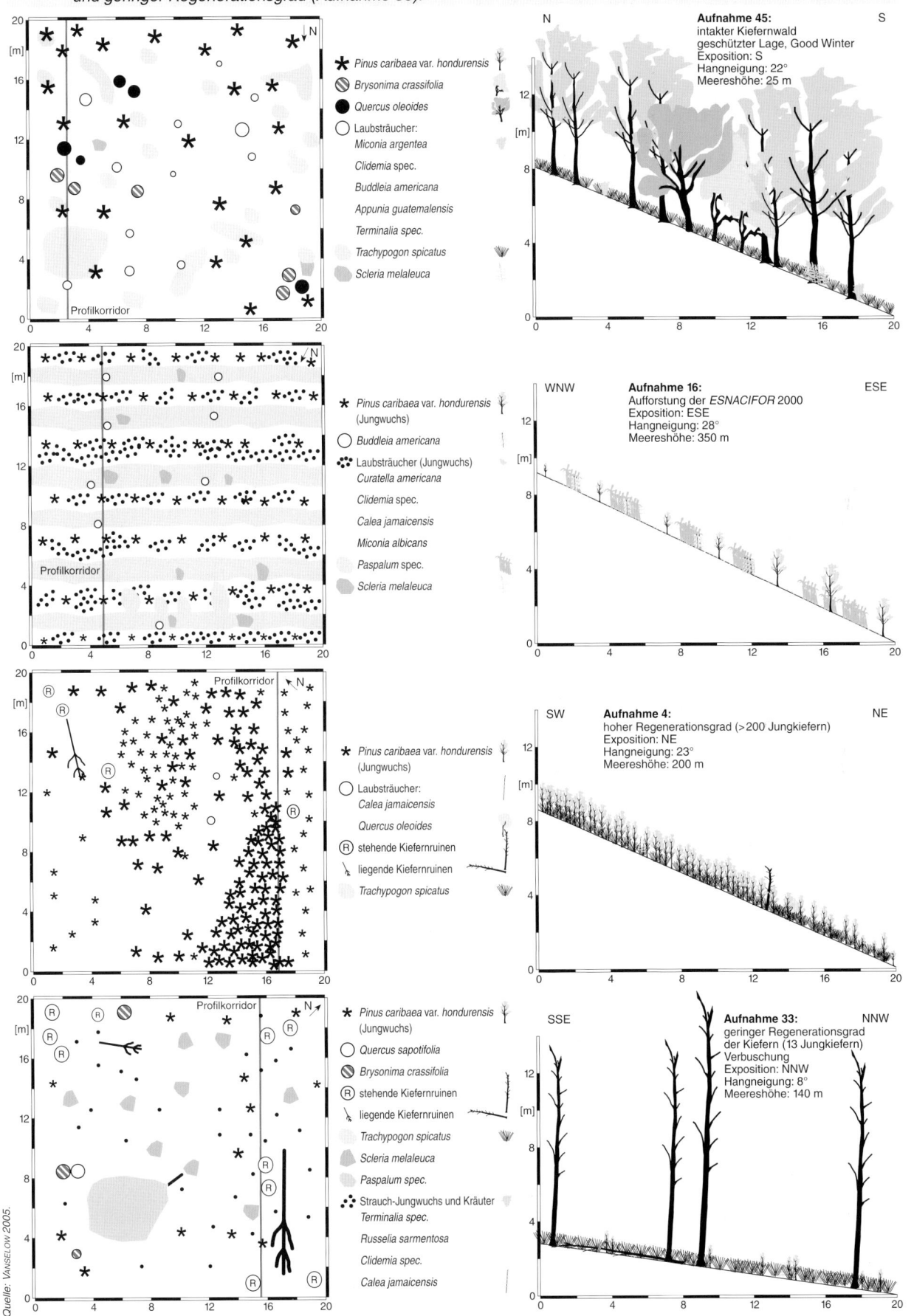

Bild 3: *Zerstörung und Regeneration der früheren Kiefernwälder auf der Nordseite Guanajas.*

Aufnahme: K. A. Vanselow 01/2004.

durch Holzeinschlag und Überweidung degradierte Hänge zu (z. B. im Bereich des Grant's Peak oder in El Soldado), die aufgrund fortgeschrittener Bodenabtragung nicht von der enormen Menge an Kiefernsamen, die durch den Sturm freigesetzt wurden, profitieren konnten. Prägende Merkmale dieser offenen Vegetationsformation sind vor allem Cyperaceen *(Bulbostylis paradoxa, Rhynchospora spec.)* und blattsukkulente Zwergsträucher wie *Miconia lundelliana*. Mitunter sind einige isoliert stehende Bäume und Sträucher zu finden.

Einige der steilen und von geringer Regeneration gekennzeichneten Hänge finden sich im Einzugsbereich der wenigen perennierenden (ganzjährig wasserführenden) Wasserläufe der Insel, die der Trinkwasserversorgung der Bevölkerung dienen. Um fortschreitender Erosion und Bodendegradation vorzubeugen, wurden im Jahre 1999 durch die *ESNACIFOR (Escuela Nacional de Ciencias Forestales)* im Bereich der Quebrada de la Ensenada, dem wichtigsten Trinkwassereinzugsgebiet der Insel, mit Aufforstungsprogrammen begonnen (siehe Abb. 6 im Farbteil, S. VII). Insgesamt wurden 170 ha mit *Pinus*-Setzlingen aufgeforstet. Obwohl in anderen Bereichen der Insel (z. B. nördlich des Michael Rock Peak) Aufforstungsmaßnahmen sicher dringlicher gewesen wären als an den vergleichsweise stabilen und wenig beeinträchtigten Hängen der Quebrada de la Ensenada, muss dieser kosten- und arbeitsintensiven Maßnahme ein großer Erfolg zugebilligt werden. So zeichnen sich diese Bereiche aufgrund der Ausschaltung der natürlichen Konkurrenz durch erheblich höhere Wuchsraten (1,9 bis 2,5 m) aus als die Bereiche mit natürlicher Regeneration.

Positiv bleibt für die natürliche Verjüngung der Kiefern anzumerken, dass Mitch zum Zeitpunkt der Samenreife (Ende Oktober) über die Insel fegte und somit die letzte große Samenverbreitung hervorrief. Die Keimung setzt normalerweise 12 Tage nach der Samenausbringung ein (FRANCIS 1992). So sind zwischen dem Keimungszeitpunkt und den Aufnahmen im Gelände (Winter/Frühjahr 2004) ca. 5 Jahre vergangen. Es ist auf der Basis des bisherigen Kenntnisstandes zum Wachstum der Karibischen Kiefer davon auszugehen, dass sie in diesen 5 Jahren gleichmäßig wuchsen und dies auch noch für weitere 10 Jahre zu erwarten ist. Dennoch sind Prognosen für die Zukunft schwierig, da kaum Daten zu natürlichen Wachstumsraten von *Pinus caribaea* var. *hondurensis* vorliegen. Pflanzungsversuche an verschiedenen zentralamerikanischen Lokalitäten (siehe FRANCIS 1992; LIEGEL 1991; MOURA, DVORAK 2001) erbrachten durchschnittliche Höhenwachstumsraten von 0,75 bis 1,5 m/a während der ersten 20 Jahre. Je nach Standort verlangsamte sich danach der Höhenzuwachs. Legt man die genannten Untersuchungen zugrunde, dürften bei den steilen und nährstoffarmen Hängen Guanajas Entwicklungen entgegen dem Minimalwert (d. h. kaum mehr als 10 m Höhe nach 15 Jahren) zu erwarten sein. Doch selbst diese Minimalwerte werden – geht man von einem gleichmäßigen Wachstum aus – wahrscheinlich weit unterschritten. Sieht man von den Aufforstungen einmal ab, deuten die Wuchsraten der ersten fünf Jahre selbst auf den Flächen mit hoher Regenerationskraft auf eine Wuchshöhe von lediglich 5 m Höhe nach 10 Jahren hin. Zumindest momentan hält die Konkurrenz sowohl der Kiefern untereinander, als auch mit der dichten Gras- und Strauchschicht das Baumwachstum noch gering. Es ist allerdings durchaus denkbar, dass die Zuwachsraten deutlich zunehmen werden, sobald sich einige starke Kiefern-Individuen durchgesetzt haben.

6.2 Mangroven

Vor Hurrikan Mitch umfassten die Mangroven Guanajas über 243 ha (*Consultores en Recursos* 1996, siehe Abb. 4 im Farbteil, S. V). Wie generell in der Karibik stellt die Rote Mangrove *(Rhizophora mangle)* die dominierende Baumart der Gezeitenwälder Guanajas dar. Die Weiße Mangrove *(Laguncularia racemosa)* und in geringerem Ausmaß auch die Schwarze Mangrove *(Avicennia germinans)* sind typische Begleiter. Auf höherem Terrain bzw. in den Übergangsbereichen zu den terrestrischen Ökosystemen finden sich auch mehr oder weniger ausgeprägte Bereiche, die von der Knopfmangrove *(Conocarpus erectus)* gekennzeichnet sind.

Aufgrund ihrer exponierten Lage erlitten die Mangrovenwälder Guanajas durch die starke Wind- und Wellenenergie eine fast vollständige Zerstörung (nach LEBIGRE et al. 2000 etwa 97 % der ursprünglichen Fläche). Grund hierfür waren einerseits Entwurzelung (vor allem bei *Laguncularia racemosa*) und Bruch der Stelzwurzeln (bei *Rhizophora mangle*), insbesondere aber die komplette Entlaubung aller Mangrovenbäume. Prinzipiell sind die entsprechenden Taxa sehr gut an gelegentliche mechanische Störungen, wie sie etwa durch Hurrikane hervorgerufen werden, angepasst (siehe LUGO et al. 2000; SAENGER 2002). Im Falle der extremen Verwüstung der Mangrovenwälder Guanajas wird allerdings von einer vorangegangenen Dürrephase ausgegangen (im El Niño-Jahr 1998), die die Baumarten derart geschwächt hatte, dass sie nicht mehr in der Lage waren, neues Laub auszutreiben. Ohne Möglichkeit Photosynthese zu betreiben, ging somit auch ein Großteil jener Individuen ein, die nicht von Bruch oder Entwurzelung betroffen waren (BAK, GALLNER 2002). Dies dürfte der entscheidende Faktor für die massive Zerstörung (Abb. 5 im Farbteil, S. VI) und schwache Regeneration (Abb. 6 im Farbteil, S. VII) der litoralen Ökosysteme Guanajas sein.

Eine Untersuchung des *USGS (United States Geological Survey)* zwei Jahre nach Mitch in Mangrove Bight (siehe Abb. 3 im Farbteil, S. IV), eines der am stärksten getroffenen Mangrovengebiete der Insel, zeigte keinerlei Zeichen einer

Zerstörungsgrad und Regeneration der Ökosysteme auf der Karibikinsel Guanaja nach Hurrikan Mitch 115

natürlichen Regeneration (CAHOON, HENSEL 2002; DOYLE et al. 2002; HENSEL, PROFFITT 2002). Auch bei den eigenen Untersuchungen im Jahre 2005, also sieben Jahre nach Hurrikan Mitch, präsentieren sich mehr als zwei Drittel der untersuchten Transektstrecken in desolatem Zustand, quasi ohne jegliche lebende Vegetation (Bild 4). Dies trifft insbesondere auf die Mangrovenflächen in Savannah Bight (Abb. 8a), Mangrove Bight (Abb. 8b) und Westend South zu, aber auch auf große Teile von Northeast Bight und der Mangroven am Flughafen (Abb. 5 im Farbteil, S. VI).

Mit Ausnahme von *Conocarpus erectus* sind alle auf Guanaja vorkommenden Mangroven-Arten vivipar, d.h. lebendgebärend (HUTCHINGS, SAENGER 1987; SAENGER 2002, siehe auch Infobox 3). Nachdem die starken Winde aber nicht nur das Laub, sondern auch alle etwaigen Diasporen entfernt haben, die Fluten und die generell unruhigen Bedingungen aber offenbar eine Ansiedlung der durch den Sturm freigesetzten Propagulen verhindert haben, muss das Potenzial einer raschen Wiederbesiedlung auf diesen Flächen ohne eine größere Anzahl lebender Mutterpflanzen im näheren Umfeld als gering angesehen werden. Lediglich die Bereiche, in denen *Conocarpus erectus* dominiert, sind von höherer Regeneration gekennzeichnet (siehe in Abb. 6 im Farbteil, S. VII die Bereiche mit mäßiger Regeneration in Northeast Bight und am Flughafen). Durch seine Fähigkeit Stockausschlag aus liegenden Pflanzenteilen oder Ästen zu betreiben ist *Conocarpus* deutlich regenerationsstärker als die viviparen Arten.

Der Verlust der Mangroven ruft verschiedene Probleme hervor. Die Gezeitenwälder dienen als Kinderstube und Habitat mit unerschöpflichem Nahrungsangebot für eine Vielzahl von Organismen wie Vögel, Fische, Krebse, Reptilien und Wirbellose (siehe auch Infobox 3). Mangroven stellen ökologisch außerordentlich diverse Ökosysteme dar, auch wenn sie aus botanischer Sicht als ausgesprochen artenarm gelten (siehe z.B. SAENGER et al. 1983; FARNSWORTH, ELLISON 1996; MUMBY et al. 2004). Darüber hinaus nehmen Mangroven eine wichtige Stellung im Küstenschutz ein, einerseits um Erosion zu verhindern, andererseits – und dies ist auch ein ökonomischer Faktor – um die Verschlämmung der Korallenriffe, die als beliebte Tauchattraktionen maßgeblich zum Tourismusgeschäft der Insel beitragen, durch Sedimenteintrag aus Oberflächenabfluss zu verhindern. Nicht zuletzt erfüllen Mangrovenwälder eine Vielzahl von Ökosystem-Dienstleistungen für den Menschen, angefangen vom Holz der Bäume als Energieträger bis hin zum reichen Nahrungsangebot (vgl. SAENGER 2002).

Da es im Gegensatz zu den meisten terrestrischen Ökosystemen für die hochspezialisierten Mangrovenwälder keine

Bild 4: *Stark gestörte Mangrovenfläche in Savannah Bight.*

Abb. 8: *Exemplarische Transekte durch drei Mangrovenflächen Guanajas zur Verdeutlichung von Unterschieden in Zerstörungsausmaß und Regenerationgrad innerhalb und zwischen den einzelnen Gebieten: Savannah Bight, Mangrove Bight und Westend North.*

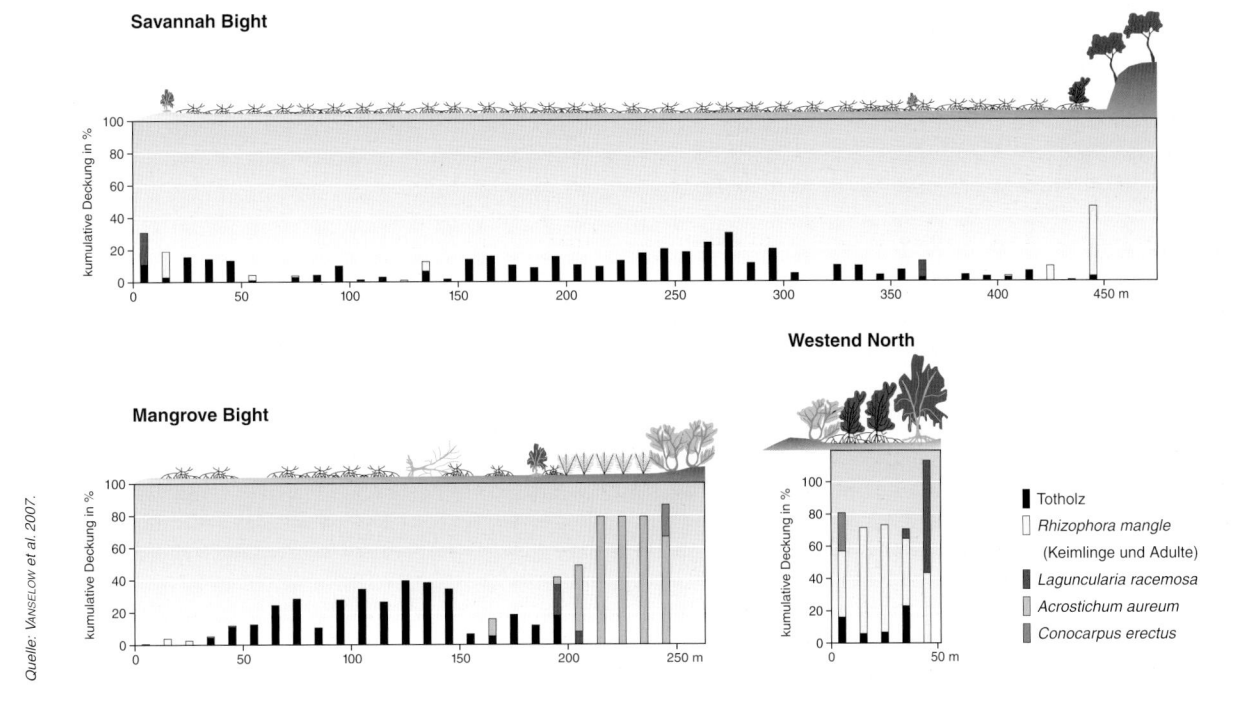

Infobox 3 **Aufbau, Bedeutung und Gefährdung der Mangroven**

Die Wortherkunft des Begriffs Mangrove ist bis heute nicht zweifelsfrei geklärt. SAENGER (2003) führt als denkbare Ursprünge des Wortes Mangrove den malaiischen Ausdruck *manggi-mangii*, das senegalesische *mangue* oder das spanisch/portugiesische *mangue, manguezal, mangle* und *manglar* an. Von vielen Autoren wird Mangrove als ein zusammengesetztes Wort aus dem spanisch/portugiesischen *mangle* und dem englischen *grove* für Wald oder Baumbestand verstanden. Aber selbst der Begriff Mangrove wird nicht einheitlich verwendet. So beschreibt er einerseits das gesamte Ökosystem der Wälder im Gezeitenbereich flacher, schlecht entwässerter Küsten der Tropen und Subtropen, andererseits aber auch die einzelnen salztoleranten und an anaerobe Verhältnisse angepassten Baumarten, die diese Ökosysteme aufbauen. Aus botanischer Sicht sind Mangroven sehr artenarme Gemeinschaften, wobei eine artenreiche östliche Mangrove (bis zu 30 verschiedene Mangrovenarten) im Bereich des Indischen Ozeans und des Westpazifiks und eine artenarme westlichen Mangrove (max. 10 Arten) im Bereich des Atlantiks und des Ostpazifiks zu unterscheiden sind. Dennoch stellen sie als

Rhizophora m.: Embryo am Mutterbaum (l) u. Jungpflanze (r).

Ganzes betrachtet hochproduktive Lebensräume für eine Vielzahl unterschiedlicher Organismen bereit.

Die in den Gezeitenwäldern Guanajas auftretenden Taxa *Rhizophora mangle, Languncularia racemosa* und *Avicennia germinans* verfolgen die für Mangroven typische Strategie der Viviparie (lat. *viviparus* = lebendgebärend), d. h. bereits an der Mutterpflanze werden Embryonen gebildet, die sich nach Freisetzung entweder direkt oder nach einer gewissen Zeit des schwimmenden Transports im weichen Schlick verankern.

Aufgrund ihrer Wurzelformen (Stelzwurzeln bei *Rhizophora*, Atemwurzeln bei *Avicennia* und *Laguncularia*) fördern Mangroven die Anlagerung feiner Sedimente und befinden sich so meist in aktivem Aufbau. Indem sie den Sediment- und Nährstoffeintrag aus festländischem Oberflächenabfluss abfangen sowie die Wellen- und Gezeitenbewegungen bremsen, übernehmen Mangroven eine wichtige Schutzfunktion sowohl für die vorgelagerten Korallenriffe als auch für die Küsten selbst und deren Bewohner. Werden Mangroven entfernt, können Naturereignisse wie tropische Wirbelstürme oder Tsunamis weit verheerender wirken, als bei intakten Mangrovengürteln (vgl. DANIELSEN et al. 2005). Mangroven sind aber weniger von solchen natürlichen Ereignissen bedroht, als vielmehr von anthropogenen Eingriffen. Bei der momentanen Rate, mit der Mangroven entfernt werden (1–2%/Jahr), wird es im Jahre 2100 praktisch keine derartigen Wälder mehr geben.

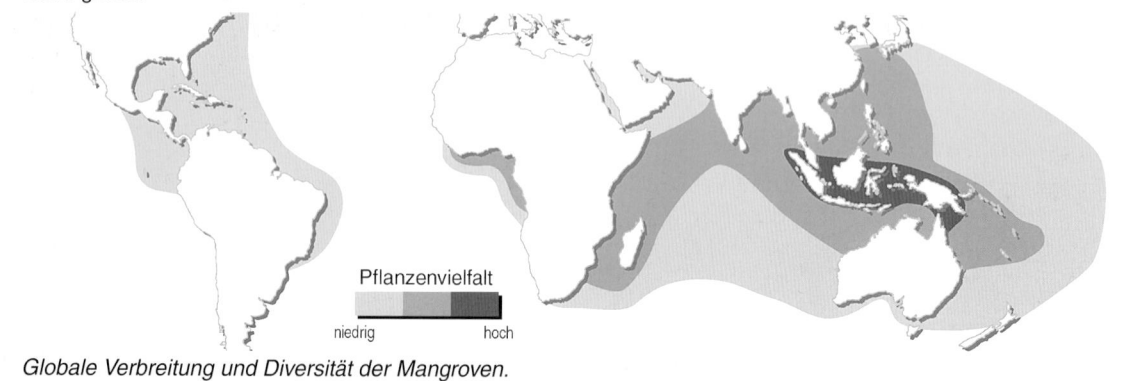

Globale Verbreitung und Diversität der Mangroven.

Ersatzgesellschaften gibt, die über verschiedene Sukzessionsstadien zurück zu ursprünglichen Endgesellschaft führen, stellt sich der Verlust dieser natürlichen Barrieren noch problematischer dar. Im Jahre 2003 startete die *ESNACIFOR* auch hier eine Aufforstungsaktion in einigen extrem betroffenen Bereichen, bei der *Rizophora mangle* Keimlinge gepflanzt wurden, die zuvor auf der Nachbarinsel Santa Elena (bei Roatán) gesammelt wurden. Die Versuche scheiterten mehrfach aufgrund des Fressverhaltens von Winkerkrabben (*Uca* spec.) und blauen Landkrabben (*Cardisoma* spec.), die sich

überwiegend von *Rhizophora mangle* – vor allem den Blättern, aber eben auch den Keimlingen – ernähren. Auch nach Entfernen des Totholzes, das den Krabben Schutz vor Fressfeinden wie Raubvögeln und Leguanen bietet, und in Folge dessen einer stärkeren Dezimierung des Krabbenbestandes, stellte sich kein nachhaltiger Erfolg der Aufforstungsmaßnahmen ein, da neben dem Abfressen auch bodenchemische und bodenphysikalische Veränderungen sowie die erhöhte Einstrahlung Einfluss auf den Keimungserfolg der Jungpflanzen haben (SAENGER 2002). Zieht man zudem die riesige Fläche der zerstörten Mangrovenwälder in Betracht, müssen die Pflanzbemühungen zur Wiederherstellung naturnaher Bedingungen als utopisch betrachtet werden.

Dennoch finden sich selbst in den am stärksten betroffenen Mangroven-Bereichen in windgeschützten Positionen einige wenige Überhälter. Eine Schutzfunktion übernahmen beispielsweise steile Böschungsbereiche wie etwa am westlichen Rand der Mangrovenfläche in Savannah Bight, wo im Schutz einer kleinen Felswand einige adulte Rhizophoras überlebten (vgl. Abb. 8). Eine ähnliche Funktion übernahm auch die künstliche Böschung der Landebahn am Flughafen, entlang derer sich heute ein durchgängiges Band hoher vitaler Rizophoren findet (sichtbar beispielsweise in *Google Earth*). Nicht zuletzt bot auch die angrenzende Vegetation in den unmittelbaren Randbereichen an etlichen Stellen Schutz vor zu starker Windeinwirkung. Obwohl vereinzelt auch ein Eintrag der schwimmfähigen Embryonen von außen erfolgen kann, sind es dennoch diese Überhälter, die die hauptsächliche Diasporenquelle darstellen, von denen eine natürliche Wiederbesiedlung ausgehen kann. Angenommen, keine erneute Störung unterbricht den Verlauf der Wiederbesiedlung, so werden auch massiv geschädigte Flächen früher oder später sukzessive wiederbewaldet. Die Besiedlung erfolgt dabei mehr oder weniger konzentrisch von den Randbereichen zum Zentrum hin, wenn auch sehr langsam. Im Falle der massiv geschädigten Wälder Guanajas ist mit mehreren Jahrzehnten bis zu einer mehr oder weniger geschlossenen Wiederbewaldung zu rechnen (vgl. auch OGDEN 1992 zur Erholung der Mangroven in Südflorida nach Hurrikan Donna 1960).

In größerem Maßstab bot offenbar auch das Relief der Insel eine Schutzfunktion für bestimmte Bereiche. Wenn auch in Abbildung 5 (Farbteil S. VI) als stark geschädigt klassifiziert, präsentieren sich die Mangroven auf der Nordwestseite Guanajas (Westend North in Abb. 6 im Farbteil, S. VII und Abb. 8c) im Herbst 2005 als ausgesprochen vital mit einem dichten Laubkleid. Hohe Individuen von *Rhizophora mangle* und *Laguncularia racemosa* belegen eine deutlich verminderte Hurrikan-Einwirkung bzw. eine wesentlich stärkere Regeneration auf der Leeseite im Windschatten des Grant's Peak und des Michael Rock Peak (vgl. Abb. 3 im Farbteil, S. IV).

6.3 Korallenriffe

Im Gegensatz zu den Vegetationsformationen, auf die Mitch in erster Linie einen negativen, d.h. zerstörenden Einfluss ausübte, müssen die Auswirkungen des Hurrikans auf die Korallenriffe (zu Riffen siehe auch Infobox 4) differenzierter betrachtet werden. Neben negativen Auswirkungen sind hier auch positive Effekte festzustellen. Vorwegzuschicken ist, dass die Riffe Guanajas bereits vor der Ankunft von Mitch durch eine Korallenbleiche, ausgelöst durch die extrem erhöhten Wasseroberflächentemperaturen (siehe Abb. 9 im Farbteil, S. V), unter erhöhtem Stress standen.

Zu den direkten negativen Auswirkungen von Hurrikan Mitch zählen Bruch verzweigter Wuchsformen, das Herausreissen von Korallenblöcken (siehe Bild 5), Umlagerung von Korallenschutt und Sand, Abrasion von Korallenkolonien und Eintrag von organischen und mineralischen Sedimenten vom Festland (siehe Abb. 10 im Farbteil, S. V). Unter den indirekten Auswirkung auf die Korallenriffe, d. h. zeitlich oder räumlich nicht unmittelbar mit Mitch in Verbindung stehend, wäre zunächst der anomale Süßwasserzufluss vom Festland zu nen-

Bild 5: Umgeworfene Montastrea faveolata *(Durchmesser 2 m), deren frühere Unterseite nun von Makroalgen und* Porites asteroides *besiedelt wird.*

Aufnahme: M. Kolb 11/2003.

nen, der zudem aufgrund der Überschwemmungen stark mit Nähr- und Giftstoffen angereichert war. Die Kombination aus Korallenbleiche, mechanischer Zerstörung in Folge von hoher Wellenenergie, Süßwassereinfluss sowie erhöhtem Nährstoff- und Toxineintrag resultierte in einem enormen Krankheitsbefall der Korallen. Die Korallen der Karibik leiden seit zwei bis drei Jahrzehnten an diversen Krankheiten, die alle mit Mikroben menschlichen Ursprungs in Verbindung gebracht werden. Sie gelten als Hauptgrund für das massenhafte Sterben der dominanten Arten in der Karibik. Infolge des Absterbens von Korallenkolonien wurden grosse Teile des Riffs von anderen Organismen überwuchert, was letztlich zu einer Veränderung der Zusammensetzung der benthischen Gemeinschaften führte.

Die starke Wellenenergie wirkte sich aber zum Teil auch begünstigend für die Korallenriffe aus. In erster Linie ist hier die tief greifende Durchmischung des Wasserkörpers zu nennen, was eine Herabsetzung der erhöhten Wasseroberflächentemperaturen und damit ein Ende der Massenbleiche zur Folge hatte (Abb. 9 im Farbteil, S. V und Abb. 11). Ferner wurden durch Abrasion die Korallen von Algen gereinigt („Staubwischen") und somit neues Substrat für eine Besiedlung durch Korallen bereitgestellt. Einige Arten, etwa aus der Gattung *Acropora*, sind so gut an mechanische Störungen wie Hurrikane angepasst, dass solche Ereignisse sogar zu ihrer Verbreitung beitragen, da sie in der Lage sind sich aus Bruchstücken zu regenerieren. Nicht zuletzt kann – zumindest aus ökologischer Sicht – auch der Zusammenbruch des Tauch-Tourismus in den Jahren nach Mitch positiv gewertet werden. Für viele der sensiblen Korallen können schon Flossenbewegungen in ihrer Nähe zu Schädigungen führen. Durch den Rückgang des Tourismus ergaben sich einige Jahre der Erholung für die Riffe Guanajas.

Die durchgeführten Aufnahmen belegen einen deutlichen Ost-West-Gradienten abnehmender Zerstörungskraft. Die am wenigsten betroffenen Bereiche finden sich rund um die südwestliche Spitze Guanajas und auf der Nordseite bis zur kleinen Halbinsel des Michael Rock (Abb. 5 im Farbteil,

> **Infobox 4**
>
> ## Aufbau von Korallenriffen
>
> Korallenriffe zählen zu den mannigfaltigsten Ökosystemen der Erde und werden hinsichtlich ihrer Produktivität gemeinhin mit den tropischen Regenwäldern verglichen (KRICHER 1998). Der Großteil der Korallenriffe liegt zwischen den Wendekreisen, wobei riffbildende Korallen auch außerhalb der Tropen vorkommen können, insbesondere im Bereich warmer Meeresströmungen (SCHUHMACHER 1991). In klaren, oligotrophen (= nährstoffarmen) Gewässern können Korallen bis in 40 m Tiefe wachsen, während in küstennahen Gebieten das trübere Wasser Riffwachstum meist nur bis in etwa 15 m Tiefe zulässt. Je nach Wuchsform unterscheidet man zwischen Weichkorallen und den riffbildenden Steinkorallen (Hartkorallen). Fast alle riffbildenden Korallenarten gehören zur Ordnung der *Scleractinia*. Sie zeichnen sich durch die Sekretion eines starren Kalkskeletts aus Aragonit aus, wobei totes Skelettmaterial fortwährend von lebendem Gewebe überwuchert wird. Die Mehrheit der *Scleractinia* sind koloniale Organismen, die aus sehr vielen unter sich verbundenen Polypen bestehen. Die Kolonien wachsen ausschließlich durch asexuelle Reproduktion. Bei Korallen handelt es sich als sesshafte Meerestiere um Filtrierer, d. h. sie ernähren sich durch das Herausfiltern von Mikroplankton aus dem Meerwasser. Etwa zwei Drittel der *Scleractinia* ernähren sich zusätzlich bzw. sogar überwiegend durch eingelagerte Symbiosealgen (so genannte Zooxanthellen oder Dinoflagellaten). Diese einzelligen Algen sind mit ihrem pflanzlichen Photosynthese-Stoffwechsel nahtlos in den Nährstoffhaushalt der Koralle eingebunden. Durch die Zuhilfenahme der Energiegewinnungsleistung der Algen können diese Korallen nährstoffarme Gewässer besiedeln, sind aber, um die Zooxanthellen mit ausreichend Licht zu versorgen, gezwungen, in der Nähe der Wasseroberfläche, dem hostilsten Teil des Meeres zu leben (VERON 2000). Aufgrund der wichtigen Rolle, die die Algen bei der Nährstoffversorgung der Polypen spielen, können sich Unterbrechungen dieser Symbiose letal auf die Organismen auswirken. Eine Erhöhung der Meerestemperaturen führt zum Absterben der Zooxanthellen – dies ist die so genannte Korallenbleiche – was in Folge der Unterversorgung mit Nährstoffen zum Tod der Kolonie führen kann.
>
> Korallenriffe übernehmen für Millionen von Menschen wichtige Funktionen. Sie stellen als Lebensraum vieler Meereslebewesen nicht nur eine wichtige Nahrungsquelle für die Bevölkerung dar, sondern sorgen in zunehmendem Maße auch für Einkommen aus dem Tourismussektor, da die Riffe als beliebte Tauchziele einen wichtigen Anziehungsfaktor für Touristen darstellen. Nicht zuletzt spielen Riffe auch eine wichtige Rolle für den Küstenschutz. 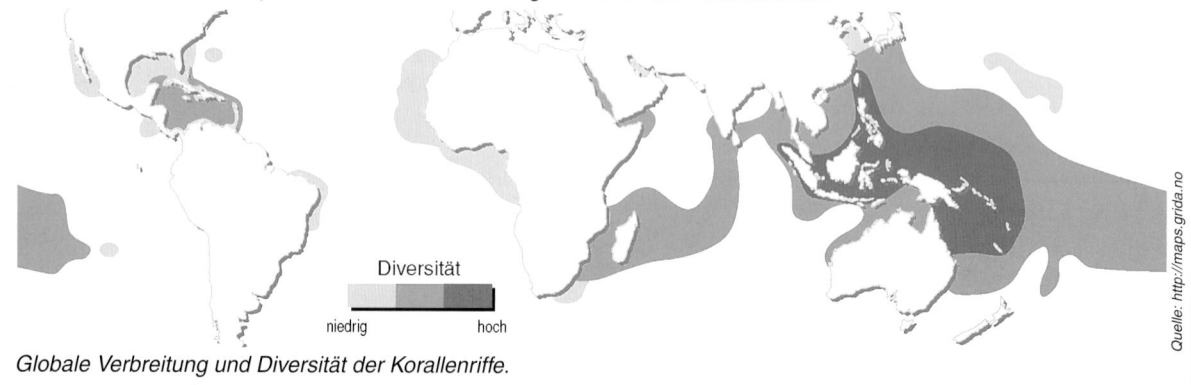
>
> *Schematischer Aufbau eines Steinkorallenpolypen.*
>
> *Globale Verbreitung und Diversität der Korallenriffe.*

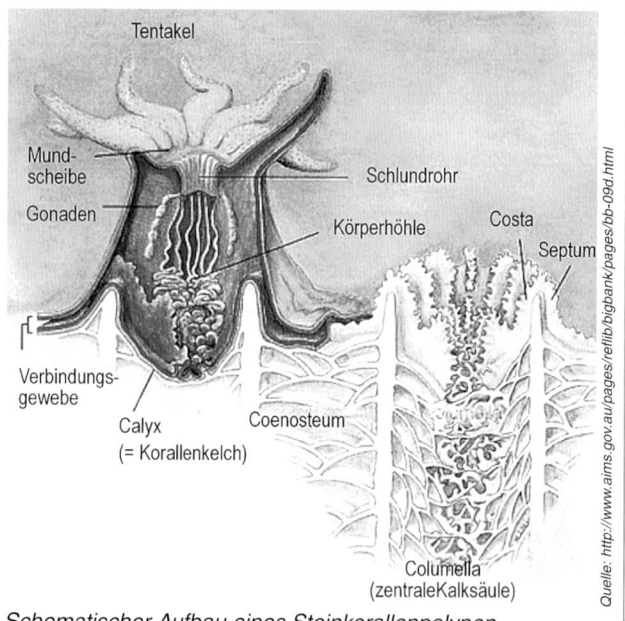

S. VI). Verzweigte Wuchsformen, Seefächer (Gorgonien) und andere Rifforganismen zeigten zum Zeitpunkt der Untersuchung im Jahr 2003 kaum noch Spuren der Zerstörung, abgesehen von einigen umgestürzten Kolonien (Abb. 6 im Farbteil, S. VII).

In den auf beiden Seiten der Insel östlich anschließenden Bereichen mittlerer Störung drückt sich die Bedeutung verschiedener Mikrohabitate mit den jeweiligen Arteninventaren in einem fleckenhaften Störungsmuster aus. Wo hingegen extreme Wasserbewegungen und hohe Wellenenergie die Riffe direkt trafen, erstrecken sich die Zerstörungsanzeichen gleichmäßig und über größere Flächen. Dies sind jene Bereiche im Ostteil der Insel, die in Abbildung 5 (Farbteil S. VI) als stark betroffen klassifiziert sind.

Eine extrem wichtige Rolle für Art und Richtung der Regeneration von Korallenriffen spielt die lokale Nischenvielfalt mit speziell angepassten Organismen (vgl. MUMBY 1999). Dies bedeutet, dass die Regeneration der Riffe Guanajas von den lokalen Korallenpopulationen mit ihren jeweils unterschiedlichen Reproduktionsstrategien abhängt. Der Großteil

Abb. 11: *Der Temperaturverlauf über die Sommermonate im Jahr 1998 belegt die tief greifende Durchmischung und Reduzierung der hohen Wassertemperaturen durch Hurrikan Mitch.*

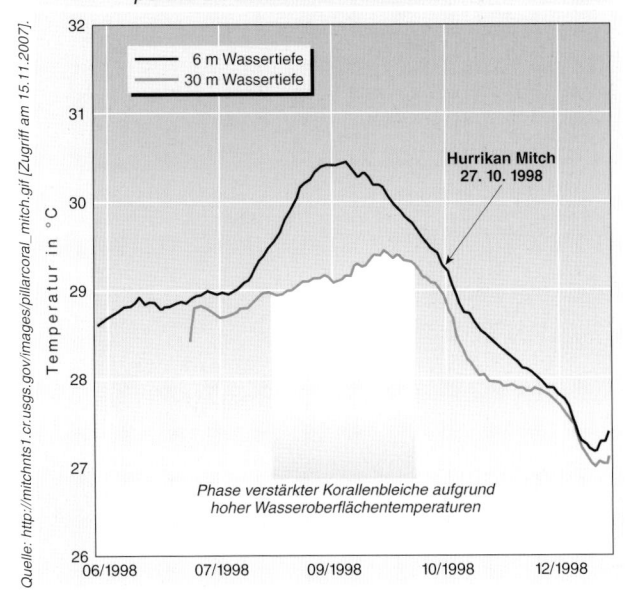

der Steinkorallen, die durch die Doppelbelastung von Bleiche und Hurrikan Mitch zugrunde gingen, ist heute von Algen überzogen bzw. durch *Gorgonien* (Hornkorallen und Seefächer) ersetzt. Nur in einigen begrenzten Bereichen mit festem Substrat und überlebenden Kolonien findet lebhafte Regeneration statt (PORCHER et al. 2001), obwohl die Regeneration bei einigen Arten wie *Acropora palmata, Acropora cervicornis, Porites divaricata* und *Favia fragum* auf die oberen zwei Meter Wassertiefe beschränkt bleibt.

Zusätzliche entscheidende Faktoren für den Verlauf der Korallenregeneration sind Stärke der Störung, Arten- und Wuchsformenzusammensetzung der lokalen Korallenpopulationen, die Stabilität des Substrates und die Wasserqualität. Darüber hinaus spielen die spezifischen Reproduktionsstrategien eine entscheidende Rolle (siehe auch Infobox 4). Langlebige Korallenarten zeichnen sich durch eine mittlere Regenerationsfähigkeit aus, bei der wenige Gameten (haploide Keimzellen mit nur einem Chromosomensatz) in einigen wenigen koordinierten Laichereignissen zu bestimmten Zeiten im Jahr freigelassen werden (GRIFFIN 1998). Brütende Arten hingegen sind schnellwüchsige Arten mit einer kurzen Lebenserwartung. In mehreren Reproduktionszyklen pro Jahr werden bei ihnen Planula-Larven, die sich in der Mutterkolonie gebildet haben, freigesetzt. Etliche der brütenden Taxa besitzen zudem die Fähigkeit sich in Stresssituationen über weitere asexuelle Fortpflanzungsmechanismen zu reproduzieren. Die Fähigkeit den Zeitpunkt und die Art ihrer Fortpflanzung kontrollieren zu können ist mitverantwortlich für den extrem hohen Besatz dieser Arten auf den stärker gestörten Bereichen. In diversen Untersuchungen wurde ein Zusammenhang zwischen „brütenden" Arten und instabilen Habitaten festgestellt, in denen die Sterblichkeitsrate der Erwachsenenpopulation hoch ist. Man geht davon aus, dass das Fortpflanzungsverhalten der „Brooders" eine Adaption ist, um frisch abgestorbene ausgewachsene Kolonien zu ersetzen (vgl. FITSUM o.J.).

Abbildung 6 (Farbteil S. VII) zeigt zusammenfassend die räumlichen Verbreitungsmuster unterschiedlicher Regenerationsgrade der Korallenriffe rund um die Karibikinsel Guanaja. Die wenig gestörten Bereiche im Westen der Insel zeigen keine besonderen Auffälligkeiten. Brütende Arten mit massigen Wuchsformen wie *Porites asteroides* und *Favia fragum* dominieren entlang der stark betroffenen Südküste, in dem am stärksten von Windenergie und Wellenschlag betroffenen Nordosten des Riffkomplexes herrschen dagegen mit *Porolithon pachydermum* (rote Kalkalge) und *Halimeda opuntia* (grüne Kalkalge) inkrustierende Wuchsformen vor, die in der Lage sind, Korallenbruchstücke zu fixieren und so die Riffe stabilisieren. Die artenreichsten und strukturell diversesten Bestände einschließlich plattiger und verzweigter Wuchsformen finden sich auf der Nordseite der Insel.

Die Verteilungsmuster unterschiedlicher Rifftypen mit jeweils eigenen Regenerationsstrategien rund um Guanaja lassen auf zwar verarmte, aber doch vitale Gemeinschaften in Folge von Hurrikan Mitch schließen. Ein Transport von Larven aus intakten Kolonien auf die stark geschädigte Südseite der Insel wird aber offensichtlich durch Meeresströmungen verhindert. Hier muss die Regeneration von den lokalen Korallenpopulationen ausgehen.

Da Korallenriffe ständig von aufbauenden und abtragenden Prozessen gekennzeichnet sind, müssen sie als sich stets wandelndes Moasik unterschiedlicher Regenerationsstadien betrachtet werden. Hurrikane zählen dabei sicher zu den effektivsten „Zerstörern", sind aber trotzdem wichtiger Bestandteil der Riffökologie, da über derartige Störungen Artenverteilung und Dominanzverhältnisse gesteuert werden. Eine verzögerte bzw. geschwächte Regenerationsfähigkeit, wie sie heute weltweit in Riff-Ökosystemen zu beobachten ist, hängt mit anthropogenen Eingriffen wie Überfischung, Eutrophierung, Wasserverschmutzung etc. und damit allgemein ungünstigeren Riffbedingungen zusammen.

7 Abschließende Betrachtung

Die vorangegangene Beschreibung der Kiefernwälder, der Mangroven und der Korallenriffe Guanajas belegt, dass neben der Zerstörung zum Teil auch positive Effekte in Zusammenhang mit Hurrikan Mitch zu vermerken sind (vgl. die Zusammenstellung in Tab. 2). Trotz unterschiedlicher Anfälligkeit und jeweils eigenen Regenerationswegen scheinen karibische Ökosysteme prinzipiell gut an episodische Störungen, wie sie Hurrikan Mitch repräsentiert, angepasst zu sein. Vergegenwärtigt man sich die hohe Frequenz tropischer Stürme (siehe Abb. 12 im Farbteil, S. VI) müssen sie das auch, sonst wären sie längst von anderen biologischen Systemen ersetzt worden. So haben sich trotz kompletter Entlaubung die Eichenwälder und die tropischen Hang- und Schluchtwälder binnen weniger Monate vollständig erholt. Die zum Teil sehr starke Zerstörung der Mangrovenwälder und der Korallenriffe kann der kombinierten Wirkung von Hurrikan-Einfluss und vorangegangener Schwächung durch Dürre respektive Massenbleiche zugeschrieben werden. Gebiete, in denen einer der beiden Stressfaktoren weniger stark ausgeprägt war, weisen geringere Schäden auf bzw. erholen sich gut.

Auf den ehemaligen Kiefernflächen war Samenausbreitung und Keimung insgesamt vergleichsweise erfolgreich, zumindest auf Flächen, die nicht schon vor Mitch durch Holzeinschlag und verstärktem Bodenabtrag geschädigt waren. Einen massiven Rückschlag erlitt die Kiefernregeneration im

Tab. 2: *Zusammenstellung positiver und negativer Effekte von Hurrikan Mitch auf die Kiefernwälder, die Mangroven und die Korallenriffe Guanajas.*

	positive Effekte	negative Effekte
Kiefernwälder	• Massenverbreitung von Samen durch den Sturm	• Bruch • Entwurzelung • Entnadelung • Förderung der Erosion
Mangroven		• Bruch • Entwurzelung • Entlaubung • Förderung der Erosion
Korallenriffe	• Abkühlung der hohen Wassertemperaturen • Beendigung der Massenbleiche • Entfernen des Algenbelags auf Korallen • aktive Verjüngung aus Bruchstücken z.B. bei *Acropora* • Zusammenbruch des Tauchtourismus • lokal Förderung der Diversität an Wuchsformen	• Bruch und mechanische Zerstörung • Abrasion • Eintrag von Nährstoffen und Toxinen vom Land

Quelle: T. Fickert 2007.

Juli 2005, als vorsätzlich gelegte Brände (Zeitungsbericht im honduranischen *El Heraldo* vom 16.07.2005) weite Teile der sich langsam erholenden Kiefernbestände erneut zerstörten. Die Konsequenzen für die Regeneration der Kiefernwälder sind schwer vorherzusagen. Im günstigsten Fall wird die Sukzession um einige Jahre zurückgeworfen. Wahrscheinlicher aber ist eine deutlich stärkere Verzögerung, da potenzielle zukünftige Samenquellen vernichtet wurden und die jungen Kiefern ohnehin erst am Beginn ihrer Reproduktionsfähigkeit standen.

Die langfristige Tragfähigkeit der Ökosysteme Guananjas hängt demnach weniger von den gelegentlichen natürlichen Störungsereignissen ab, sondern vielmehr vom Ausmaß und/ oder der Frequenz anthropogener Beeinträchtigungen. Anthropogene Effekte werden in den letzten Jahren immer deutlicher. Eine zunehmende Anzahl von Festland-Hondureños zieht auf die Islas de la Bahia, einerseits aufgrund des generell höheren Lebensstandards dort, andererseits aber auch, um sich ihr Stück des wachsenden „Tourismuskuchens" zu sichern (Fielding 2000; Harborne 2001, siehe auch Abb. 13). Eine wachsende Bevölkerung auf den Inseln führt zu einem stärkeren Druck auf die Ökosysteme, vor allem in Form von unkontrollierter Siedlungsausweitung (Bild 6) und von Kahlschlägen zur Gewinnung von Weideflächen. Um das Potenzial einer natürlichen Regenerationsfähigkeit der karibischen Ökosysteme nach Störungen wie Hurrikan Mitch zu erhalten,

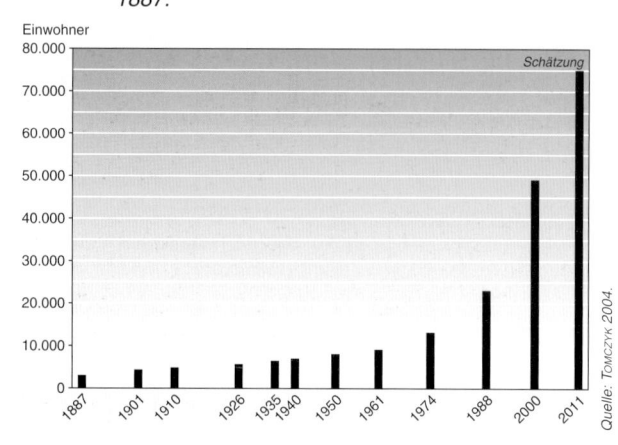

Bild 6: *Ungeregelte Siedlungsausweitung in El Pelican.*

Aufnahme: T. Fickert 09/2005.

werden in nächster Zukunft Maßnahmen der Umwelterziehung deutlich an Bedeutung gewinnen müssen. Bei einem Bevölkerungsanteil von 42 % unter 18 Jahren auf den Bay Islands (zum Vergleich in Deutschland unter 20 %) kommt dabei insbesondere den Schulen eine wichtige Rolle zu (Bild 7). Nur wenn es gelingt, ein ökologisches Bewusstseins bei den baldigen Nutzern der natürlichen Ressourcen Guanajas zu erzeugen, werden zukünftige Naturereignisse nicht zwangsläufig katastrophale Folgen haben müssen.

Danksagung:

Die Autoren sind dem *DAAD (Deutscher Akademischer Austauschdienst)* und der *DFG (Deutsche Forschungsgemeinschaft, Fl 1254/2-1)* für finanzielle Unterstützung des Projektes zu Dank verpflichtet. Dank für Hilfe bei der Geländearbeit, den Analysen zuhause bzw. für wertvolle Anregungen gebührt ferner Prof. Dr. Michael Richter (Erlangen), PD Dr. Cyrus Samimi (Erlangen), Dr. Friederike Grüninger (Passau), Prof. Dr. Cirilo Nelson (Tegucigalpa), Richard Buñay (*ESNACIFOR*, Guanaja) und Aurel Heidelberg (*Utila Iguana Research & Breeding Station*, Utila).

Abb. 13: *Bevölkerungsentwicklung in den Bay Islands seit 1887.*

Quelle: Tomczyk 2004.

Farbteil

Abb. 5: *Salvador de Bahia 1957, die koloniale Oberstadt und Altstadt ist nahezu vollständig als Region städtischen Verfalls (deterioração) kartiert.*

OCUPAÇÃO DO ESPAÇO URBANO
CENTRO DA CIDADE DO SALVADOR

- ÁREAS DE DETERIORAÇÃO
- VAREJO POBRE
- BANCO, COMÉRCIO DE PAPÉIS.
- COMÉRCIO GROSSO MAIS DEPÓSITO
- ALIMENTAÇÃO
- COMÉRCIO DE TRANSIÇÃO, ARTESANATO
- COMÉRCIO DE LUXO
- ARMAZENS
- EDIFÍCIOS RELIGIOSOS
- EDIFÍCIOS PÚBLICOS
- ÁREAS CONVENTUAIS

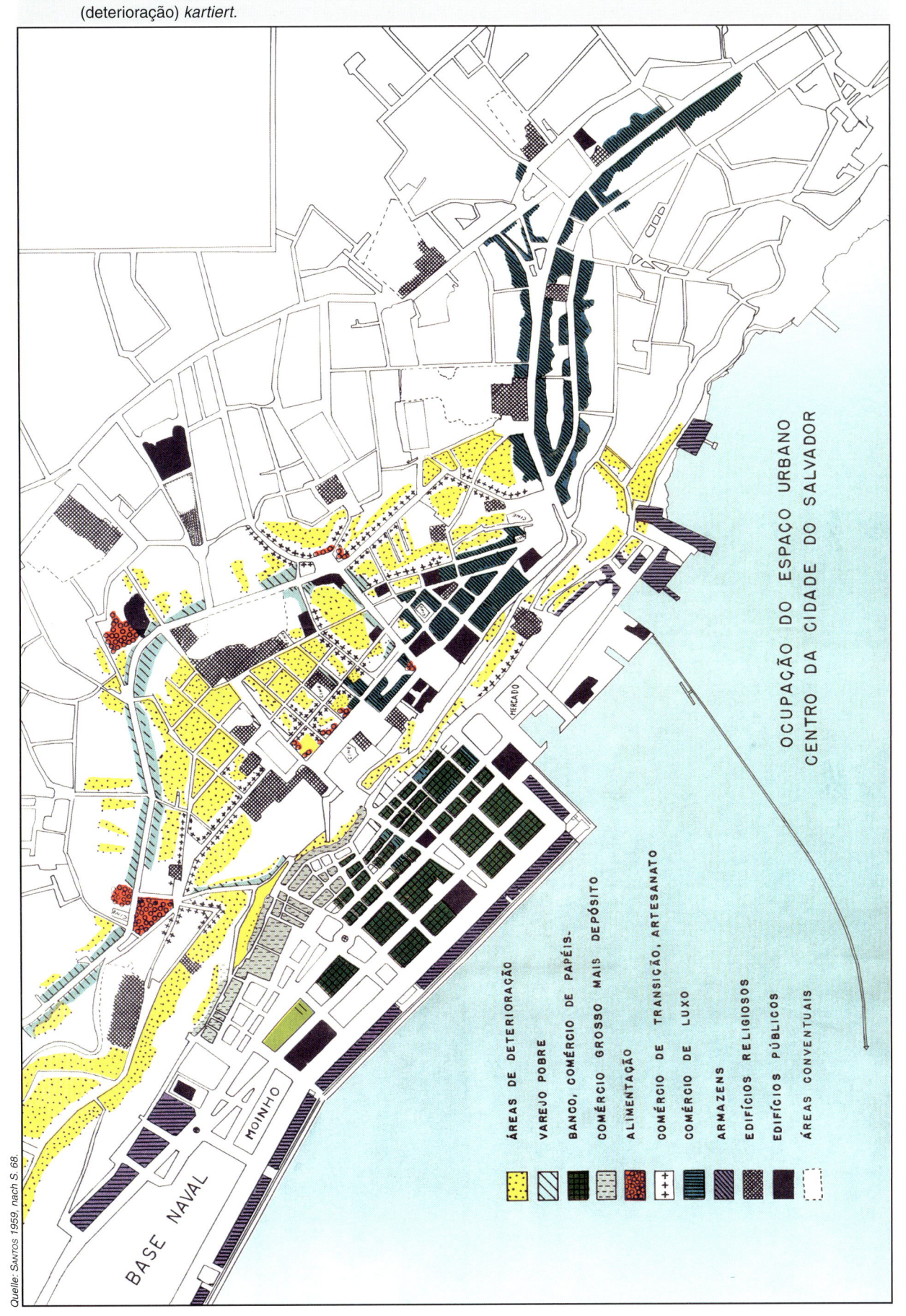

Quelle: Santos 1959, nach S. 68.

Abb. 8: *Funktionale Differenzierung 2005 der Altstadt von Salvador da Bahia.*

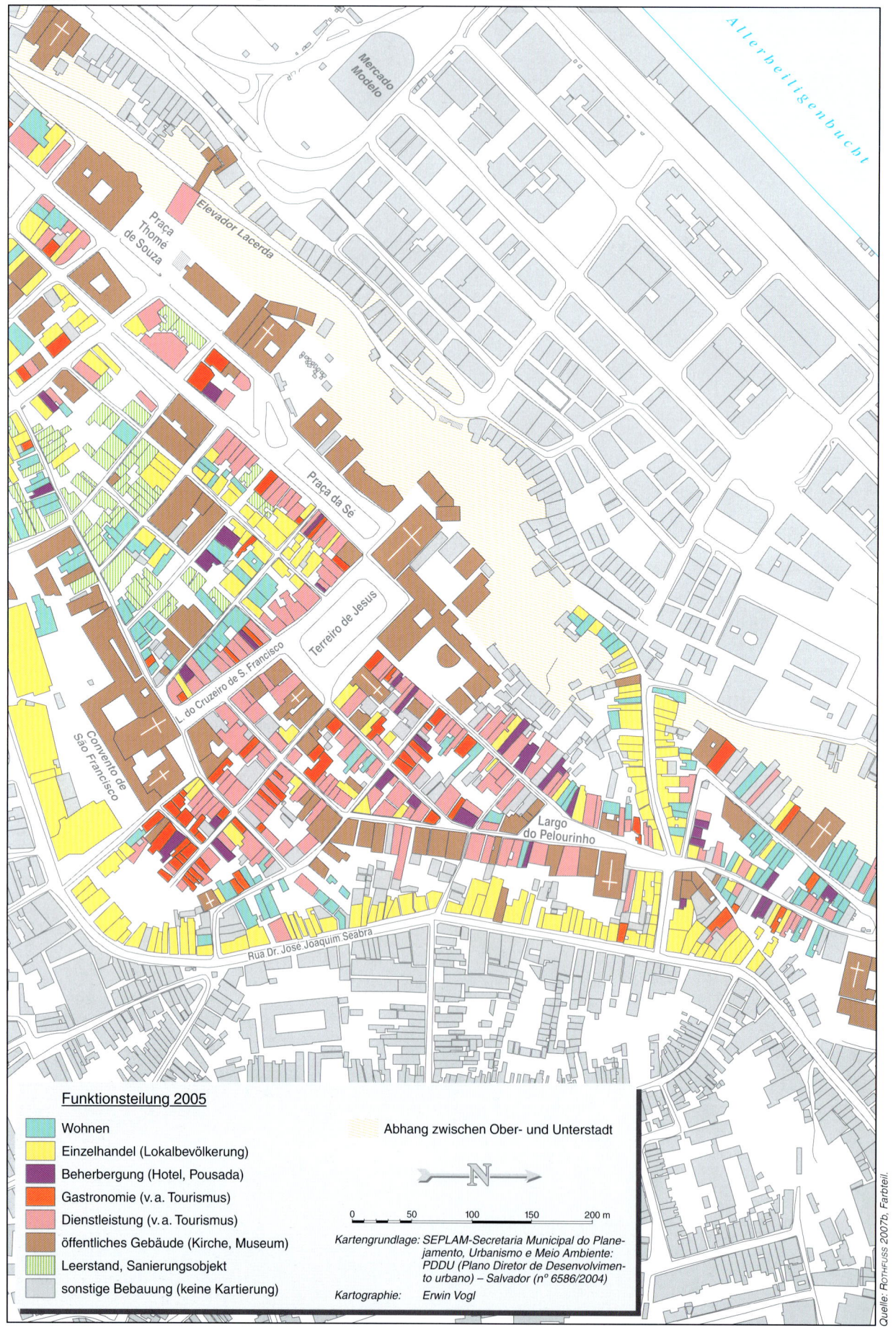

Funktionsteilung 2005

- Wohnen
- Einzelhandel (Lokalbevölkerung)
- Beherbergung (Hotel, Pousada)
- Gastronomie (v. a. Tourismus)
- Dienstleistung (v. a. Tourismus)
- öffentliches Gebäude (Kirche, Museum)
- Leerstand, Sanierungsobjekt
- sonstige Bebauung (keine Kartierung)

Abhang zwischen Ober- und Unterstadt

Kartengrundlage: SEPLAM-Secretaria Municipal do Planejamento, Urbanismo e Meio Ambiente: PDDU (Plano Diretor de Desenvolvimento urbano) – Salvador (n° 6586/2004)

Kartographie: Erwin Vogl

Quelle: ROTHFUSS 2007b, Farbteil.

Farbteil III

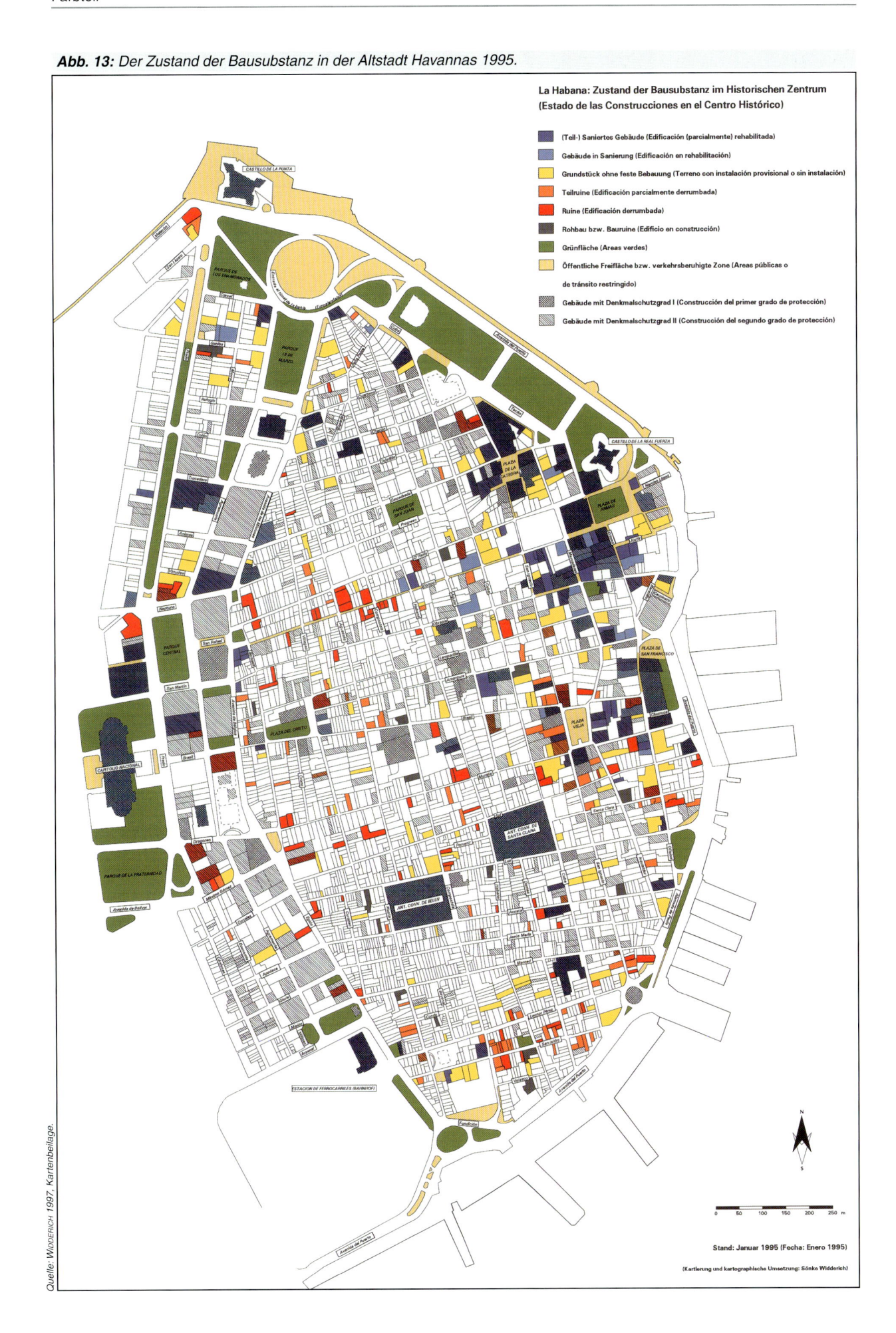

Abb. 13: Der Zustand der Bausubstanz in der Altstadt Havannas 1995.

Quelle: WIDDERICH 1997, Kartenbeilage.

IV   Farbteil

Abb. 3: Lage Guanajas im Golf von Honduras und Lage der einzelnen Untersuchungsgebiete zur Zerstörung und Regeneration der Kiefernwälder, der Mangroven und der Korallenriffe.

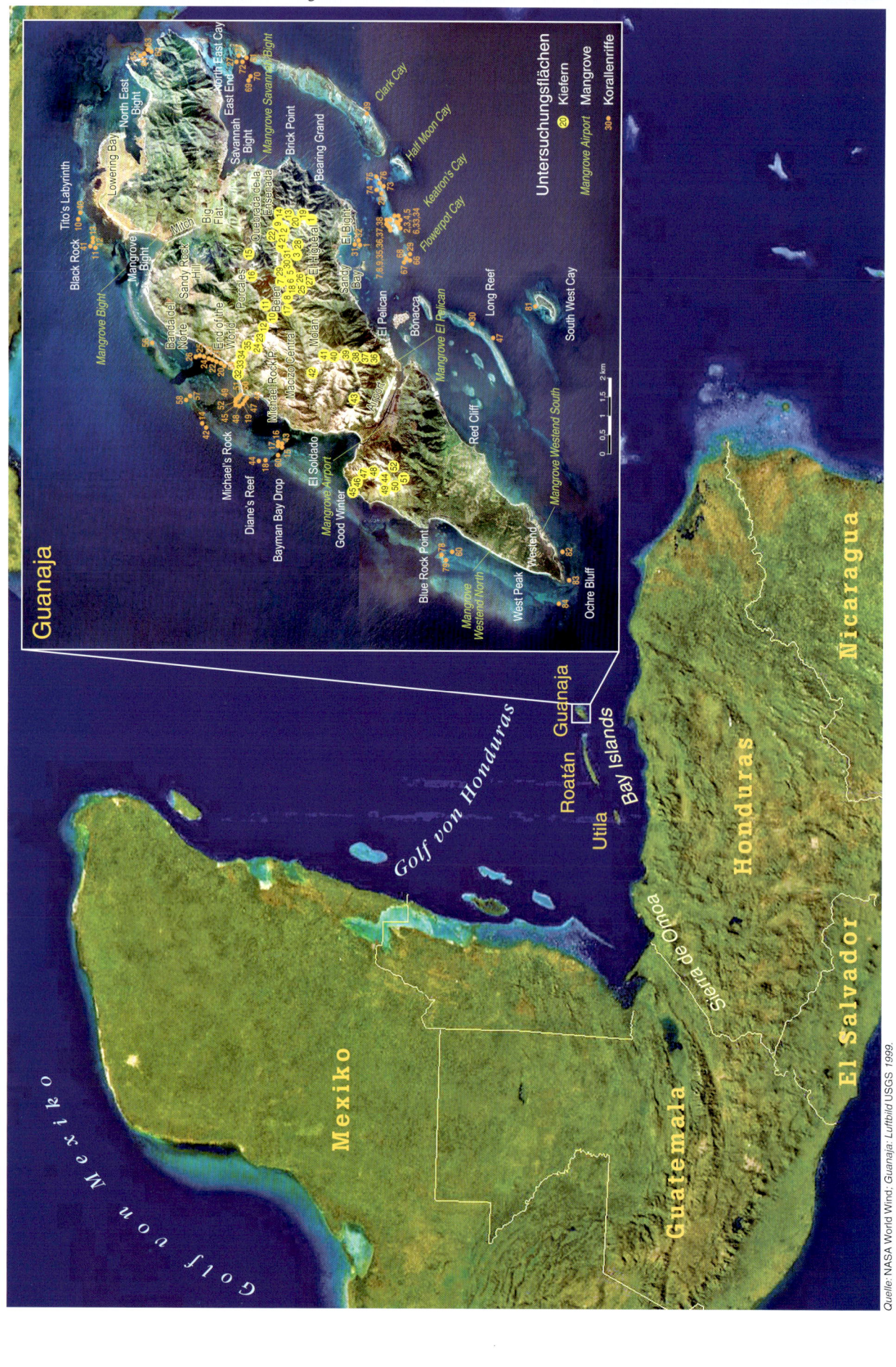

Quelle: NASA World Wind; Guanaja: Luftbild USGS 1999.

Farbteil

Abb. 4: Pflanzenformationen und Riffverbreitung auf der Insel Guanaja.

Guanaja: Vegetationsformationen und Korallenriffe

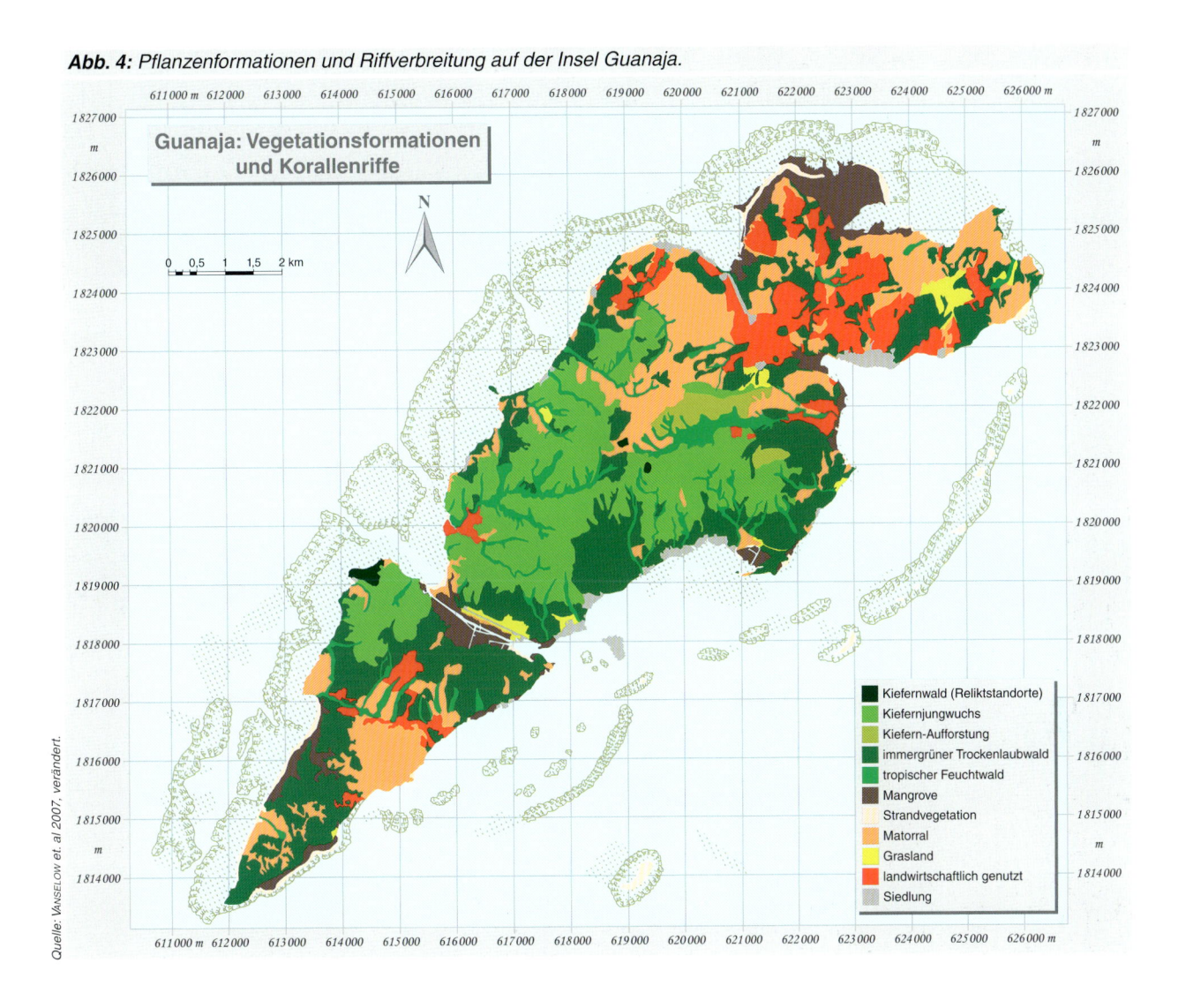

- Kiefernwald (Reliktstandorte)
- Kiefernjungwuchs
- Kiefern-Aufforstung
- immergrüner Trockenlaubwald
- tropischer Feuchtwald
- Mangrove
- Strandvegetation
- Matorral
- Grasland
- landwirtschaftlich genutzt
- Siedlung

Quelle: Vanselow et. al 2007, verändert.

Abb. 9: Meeresoberflächentemperaturen der Karibik im September und November 1998. Deutlich ist die markante Abkühlung zu erkennen, die auch auf Hurrikan Mitch zurückzuführen ist.

Meeresoberflächentemperatur in °C
21 23 25 27 29 33

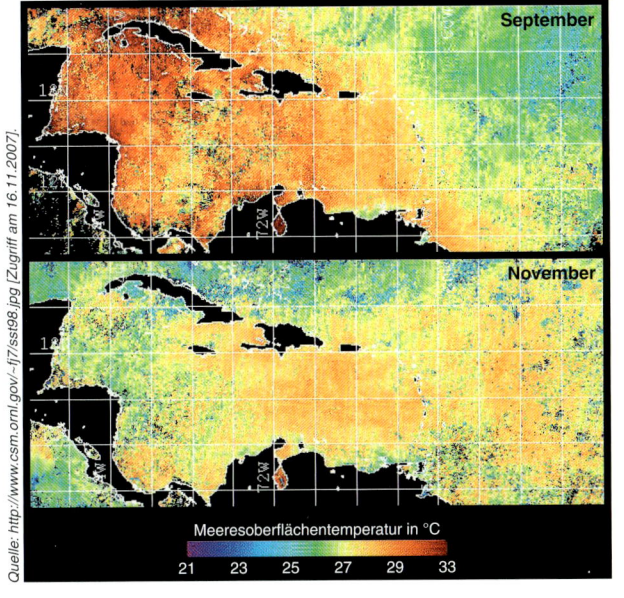

Quelle: http://www.esm.ornl.gov/~fj7/sst98.jpg [Zugriff am 16.11.2007].

Abb. 10: Das Satellitenbild (SeaWIFS vom 01.11.1998) zeigt die sedimentbeladene Frischwasserfahne (orange) aus dem Zufluss des Río Aguán, in Folge der intensiven Niederschläge, die Hurrikan Mitch über dem Festland brachte. Dargestellt ist der Gehalt an Chlorophyll, wobei man davon ausgeht, dass der Gehalt an Chlorophyll mit dem terrestrischen Abfluss in Verbindung steht (erhöhter Nährstoffgehalt und damit verstärktes Algenwachstum).

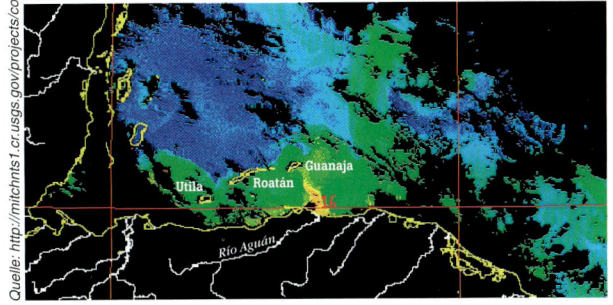

Quelle: http://mitchnts1.cr.usgs.gov/projects/coral.html [Zugriff am 16.11.2007].

Abb. 5: Zerstörungsgrad terrestrischer, litoraler und mariner Ökosysteme auf der Insel Guanaja.

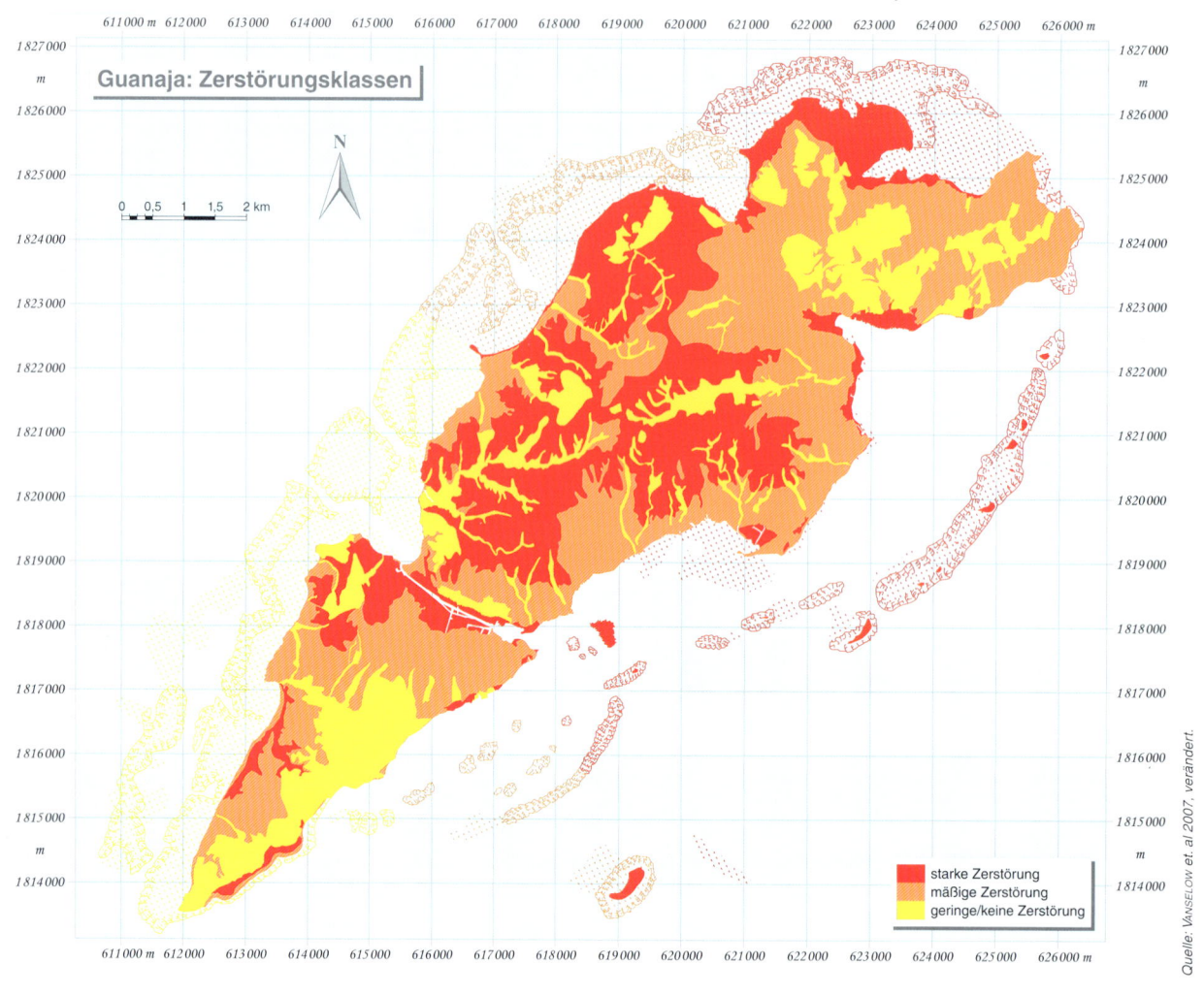

Abb. 12: Hurrikan-Frequenz im Nordatlantik (links) und Zoom für Guanaja (rechts).

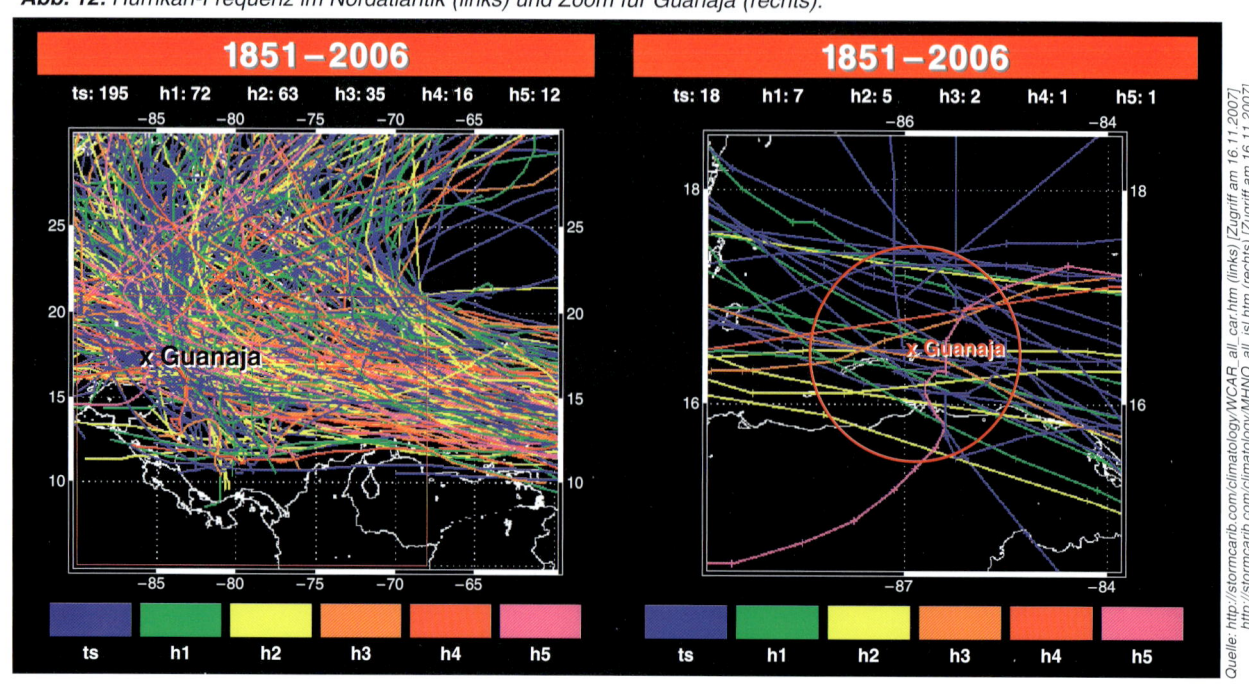

Farbteil VII

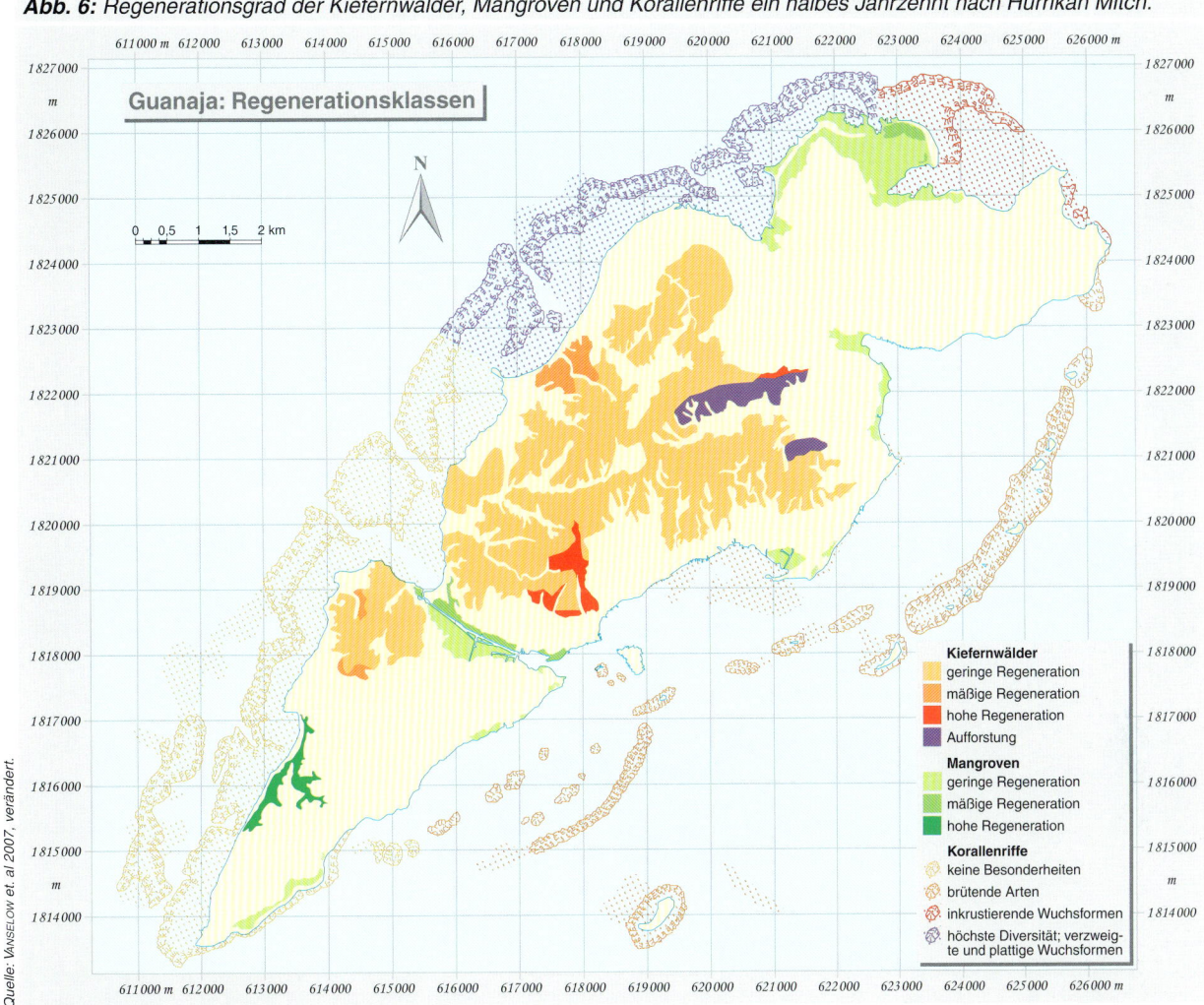

Abb. 6: Regenerationsgrad der Kiefernwälder, Mangroven und Korallenriffe ein halbes Jahrzehnt nach Hurrikan Mitch.

Guanaja: Regenerationsklassen

Kiefernwälder
- geringe Regeneration
- mäßige Regeneration
- hohe Regeneration
- Aufforstung

Mangroven
- geringe Regeneration
- mäßige Regeneration
- hohe Regeneration

Korallenriffe
- keine Besonderheiten
- brütende Arten
- inkrustierende Wuchsformen
- höchste Diversität; verzweigte und plattige Wuchsformen

Quelle: VANSELOW et. al 2007, verändert.

Abb. 1: U.S. Federal Domain, Schauplätze der Romane Zane Greys und Wanderungsbewegungen der Mormonen.

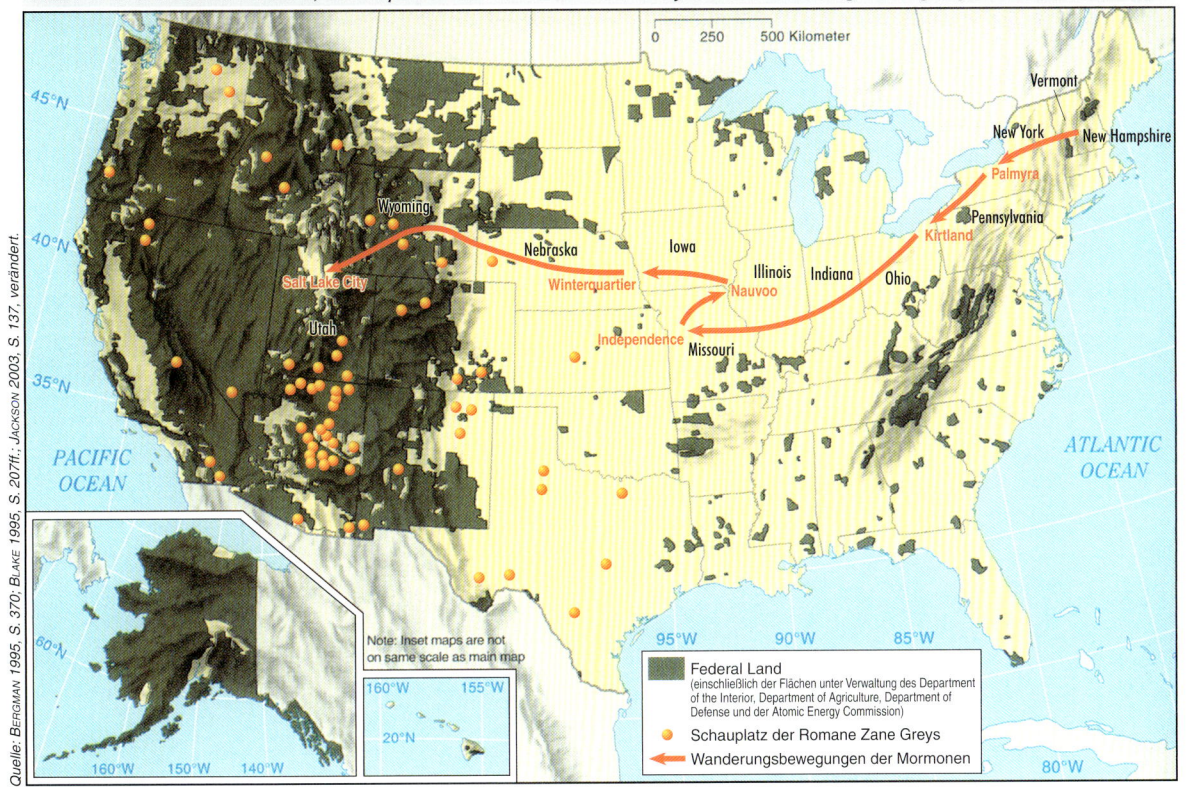

- Federal Land (einschließlich der Flächen unter Verwaltung des Department of the Interior, Department of Agriculture, Department of Defense und der Atomic Energy Commission)
- Schauplatz der Romane Zane Greys
- Wanderungsbewegungen der Mormonen

Note: Inset maps are not on same scale as main map

Quelle: BERGMAN 1995, S. 370; BLAKE 1995, S. 207ff.; JACKSON 2003, S. 137, verändert.

Abb. 8: Karte der globalen Verteilung der Gefäßpflanzenvielfalt von BARTHLOTT et al. (2005).

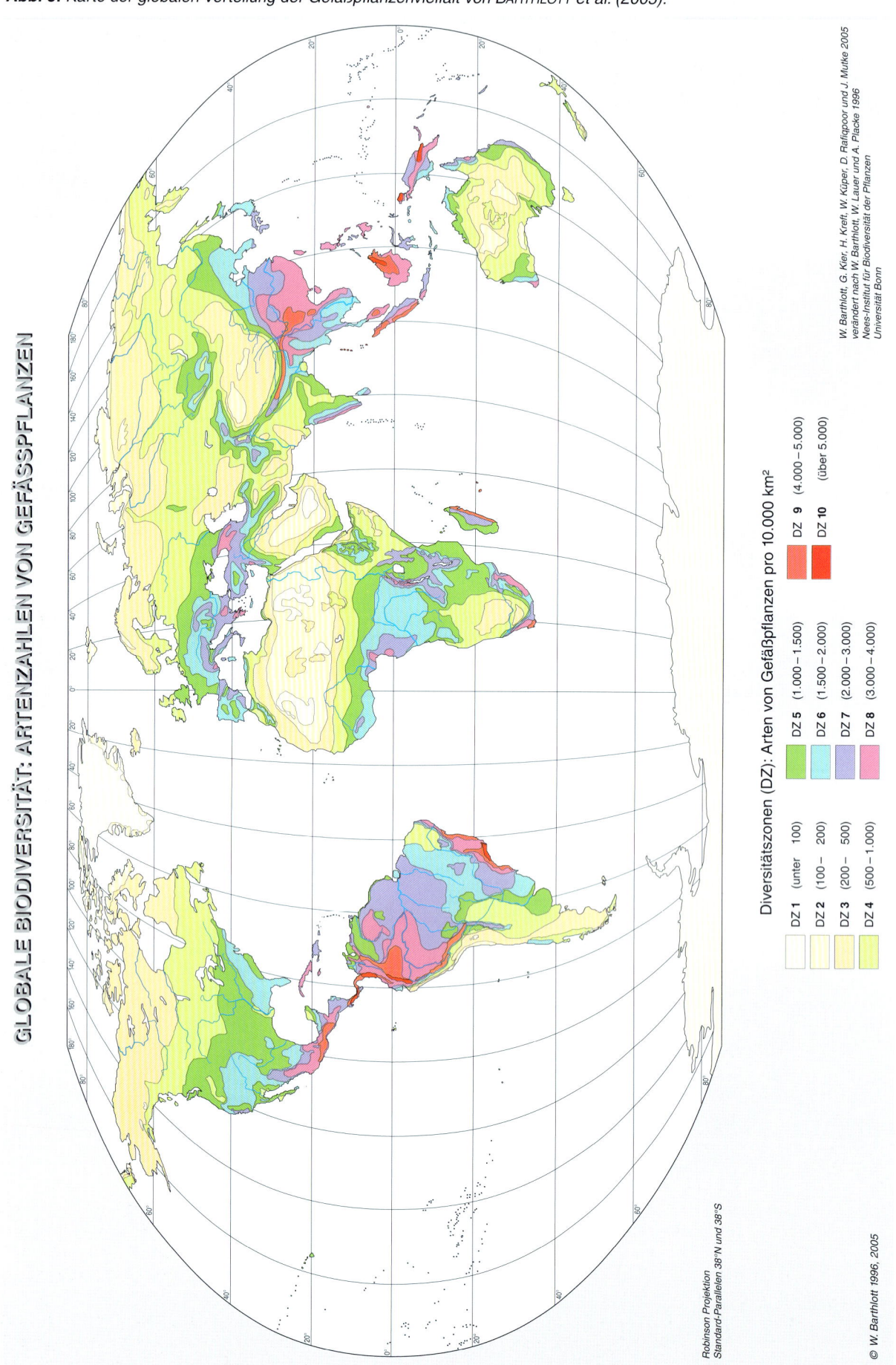

Bild 7: Schulkinder in Bonacca.

Aufnahme: T. Fickert 09/2005.

Literatur

ANDRÉFOUËT, S., MULLER-KARGER, F. E., HOCHBERG, E. J., CHUANMIN, H. u. L. CARDER (2001): Change detection in shallow coral reef environments using Landsat 7 ETM+ data. – Remote Sensing of Environment 78(1), S. 150–162.

BAK, H., GALLNER, J. C. (2002): Parque marino de las Islas de la Bahía. Sistema de Areas Protegidas Terrestres (SAPT). Plan de Manejo de la Zona Forestal Reservada #3 del Bosque de Pino de Guanaja. Islas de la Bahía. – o.O.

CAHOON, D. R., HENSEL, P. (2002): Hurricane Mitch: a regional perspective on mangrove damage, recovery and sustainability. – Reston, Denver, Menlo Park (U.S. Geological Survey – Open File Report 03-183).

CHARVÉRIAT, C. (2000): Natural Disasters in Latin America and the Caribbean: An Overview of Risk. Inter-American Development Bank – http://www.iadb.org/res/publications/pubfiles/pubWP-434.pdf [Zugriff am 15.11.2007].

Consultores en Recursos (1996): Los Ecosistemas Forestales en las Islas de la Bahía, Honduras. Reconocimiento Tecnico Forestal. – Tegucigalpa.

CRITCHFIELD, W. B., LITTLE, E. L. Jr. (1966): Geographic Distribution of the Pines of the World. – Washington, D.C. (U.S. Department of Agriculture, Miscellaneous Publication, 991).

DANIELSEN, F., SØRENSEN, M. K., OLWIG, M. F., SELVAM, V., PARISH, F., BURGESS, N. D., HIRAISHI, T., KARUNAGARAN, V. M., RASMUSSEN, M. S., HANSEN, L. B., QUARTO, A. u. N. SURYADIPUTRA (2005): The Asian Tsunami: A Protective Role for Coastal Vegetation. – Science 310(5748), S. 643 [DOI: 10.1126/science.1118387].

DOYLE, T. W., MICHOT, T. C., ROETKER, F., SULLIVAN, J., MELDER, M., HANDLEY, B. u. J. BALMAT (2002): Hurricane Mitch: Landscape Analysis of Damaged Forest Resources of the Bay Islands and Caribbean Coast of Honduras. – Reston, Denver, Menlo Park (U.S. Geological Survey – Open File Report 03-175).

EMANUEL, K. (2005): Increasing destructiveness of tropical cyclones over the past 30 years. – Nature 436, S. 686–688.

FARJON, A. (1984): Pines. Drawings and descriptions of the genus Pinus. – Leiden.

FARNSWORTH, E. J., ELLISON, A. M. (1996). Scale-dependent spatial and temporal variability in biogeography of mangrove-root epibiont communities. – Ecological Monographs 66(1), S. 45–66.

FIELDING, S. (2000): Recent demographic and migration changes: impacts on natural resources of the Honduran Bay Islands. – o.O. [Unpublished report to the Wildlife Conservation Society and Summit Foundation].

FITSUM, Y. (o.J.): The biochemical composition of planulae from the scleractinian coral Porites asteroides. – http://www.bio.miami.edu/oprograms/yohanes.htm [Zugriff am 15.11.2007].

FRANCIS, J. K. (1992): Pinus caribaea, Morelet. Caribbean pine. – New Orleans (U.S. Department of Agriculture, Forest Service, Southern Forest Experiment Station).

GIORGI, F., HEWITSON, B., CHRISTENSEN, J., HULME, M., VON STORCH, H., WHETTON, P., JONES, R., MEARNS, L. u. C. FU (2001): Regional climate information – evaluation and projections. In: J. T. HOUGHTON, Y. DING, D. J. GRIGGS, M. NOGUER, P. J. VAN DER LINDEN, X. DAI, K. MASKELL u. C.A. JOHNSON (Hrsg.): Climate Change 2001: The Scientific Basis. Contribution of Working Group I to the Third Assessment Report of the Intergovernmental Panel on Climate Change. – Cambridge (UK), S. 583–638.

GRIFFIN, S. P. (1998): Patterns of juvenile recruitment of corals and their relationship to adult dispersal. – http://geology.uprm.edu/Morelock/GEOLOCN_/pclasppr.htm [Zugriff am 15.11.2007].

GUINEY, J. L., LAWRENCE, M. B. (1999): Preliminary report: Hurricane Mitch 22 October–5 November 1998. – Miami (FL) (National Hurricane Center).

HARBORNE, A. R., AFZAL, D. C. u. M. J. ANDREWS (2001): Honduras: Caribbean Coast. – Marine Pollution Bulletin 42 (12), S. 1221–1235.

HENSEL, P., PROFFITT, C.E. (2002): Hurricane Mitch: Acute Impacts on Mangrove Forest Structure and an Evaluation of Recovery Trajectories. Executive Summary. – Reston, Denver, Menlo Park (U.S. Geological Survey – Open File Report 03-182).

HUTCHINGS, P., SAENGER, P. (1987): Ecology of Mangroves. – Brisbane (Queensland University Press).

JAAP, W. C., HALAS, J. (1983): A survey of coral reefs on the Island of Roatán, Honduras. – St. Petersburg (FL).

JOHNSON, D. L. (2006): Service Assessment Hurricane Katrina August 23–31, 2005. – Silver Spring (MD) (U.S. Department of Commerce, National Oceanic and Atmospheric Administration (NOAA), National Weather Service (NWS)).

KLOTZBACH, P. J. (2006). Trends in global tropical cyclone activity over the past twenty years (1986–2005). – Geophysical Research Letters 33, L010805 [doi:10.1029/2006GL025881].

KLOTZBACH, P. J., GRAY, W. M. u. W. THORSON (2006): Extended range forecast of Atlantic seasonal hurricane activity and U.S. landfall strike probability for 2006. – http://hurricane.atmos.colostate.edu/Forecasts/2006/june2006/jun2006.pdf [Zugriff am 15.11.2007].

KNUTSON, T. R., TULEYA, R. E. (2004): Impact of CO_2-Induced Warming on Simulated Hurricane Intensity and Precipitation: Sensitivity to the Choice of Climate Model and

Convective Parameterization. – Journal of Climate 17 (18), S. 3477–3495.

KRAUSSE, G., DYER, C. (1999): There's a big wind a comin': a profile of survival and the culture of response after Hurricane Mitch on Isla Guanaja, Honduras. – http://www.crid.or.cr/crid/CD_Honduras/pdf/eng/doc12428/doc12428-contenido.pdf [Zugriff am 15.11.2007].

KRICHER, J. (1998): A Neotropical Companion: An Introduction to the Animals, Plants and Ecosystems of the New World Tropics. – Princeton (NJ).

LEBIGRE, J.-M., PORTILLO, P. u. W. THOMPSON (2000): Quel avenir pour les mangroves de l'archipel de la Bahía (Honduras)? In: A. HEQUETTE (Hrsg.): Actes du Colloque «Espace littoraux en mutation» Commission de Géographie de la Mer et des Littoraux – Dunkerque (1e, 2 et 3 juin 2000). – Côte d'Opale, S. 63–71 (Université du Littoral).

LIEGEL, L. H. (1991): Growth and site relationships of Pinus caribaea across the Caribbean Basin. – New Orleans.

LILLESAND, T. M., KIEFER, R.W. (2000): Remote sensing and image interpretation. – New York.

LUGO, A. E., COLON, J. F. u. F. N. SCATENA (2000): The Carribean. In: M. G. BARBOUR, W. D. BILLINGS (Hrsg.): North American Terrestrial Vegetation. – Cambridge (UK), S. 593–622.

MATHER, P. M. (1999): Computer Processing of remotely-sensed images. – New York.

MOURA, V. P. G., DVORAK, W. S. (2001): Provenance and family variation of Pinus caribaea var. hondurensis from Guatemala and Honduras, grown in Brazil, Colombia and Venezuela. – Brasilia.

MUELLER-DOMBOIS, D., ELLENBERG, H. (1974): Aims and methods of vegetation ecology. – New York, London, Sydney, Toronto.

MUMBY, P. J. (1999): Bleaching and hurricane disturbances to populations of coral recruits in Belize. – Marine Ecology Progress Series 190, S. 27–35.

MUMBY, P. J., EDWARDS, A. J., ARLAS-GONZALEZ, J. E., LINDEMAN, K. C., BLACKWELL, P. C., GALL, A., GORCZYNSKA, M. I., HARBORNE, A. R., PESCOD, C. L., RENKEN, H., WABNITZ, C. C. C. u. G. LLEWELLYN (2004): Mangroves enhance the biomass of coral reef fish communities in the Caribbean. – Nature 427, S. 533–536.

OGDEN, J. C. (1992): The impact of Hurricane Andrew on the Ecosystem of South Florida. – Conservation Biology 6/4, S. 488–492.

PHUA, M., FURUYA, N. u. S. TSUYUKI (2002): Detecting deforestation in the tropics using change vector analysis with pattern decomposition coefficients. – Remote Sensing 10(6), S. 989–1003.

PORCHER, M., MORANCY, R. u. J. MYTON (2001): Presentación de las fichas de sintesis de los transectos submarinos alrededor de las Islas de la Bahía. Islas de la Bahía. – o. O. (Informe tecnico No. AMC 04, Vol. 2 (PMAIB)).

RAPPAPORT, E. N., FERNANDEZ-PARTAGAS, J. (1995): The Deadliest Atlantic Tropical Cyclones, 1492–1994. – Miami (FL) (NOAA Technical Memorandum NWS NHC-47, National Hurricane Center).

RICHTER, M., ADLER, S. (2007): Unruheherd zwischen den Kontinenten – Naturgefahren und Risikoexposition in Mittelamerika. – Geographische Rundschau 59(1), S. 4–13.

SAENGER, P. (2002): Mangrove Ecology, Silviculture and Conservation. – Dordrecht, Boston, London.

SAENGER, P., HEGERL, E. u. J. DAVIE (1983): Global status of mangrove ecosystems. – The Environmentalist 3 (Suppl. 3): S. 1–88.

SALAZAR, R., JØKER, D. (2000): Seed Leaflet # 40. Pinus caribaea Morelet. – http://www.sl.kvl.dk/upload/pinus_caribaea_int.pdf [Zugriff am 15.11.2007].

SANDNER, V. (1999): Auswirkungen des Hurrikans Mitch auf Zentralamerika. – Geographische Rundschau 51(7-8), S. 418–423.

Schuhmacher, H. (^{4}1991): Korallenriffe. Ihre Verbreitung, Tierwelt und Ökologie. – München, Wien, Zürich (BLV).

TOMCZYK, T. (2004): 65.000 and growing. – Bay Island Voice 2(11) – http://www.bayislandsvoice.com/issue-v2-11.htm [Zugriff am 15.11.2007].

USGS (= U.S. Geological Survey) (1999) Digital Atlas of Central America. Prepared in Response to Hurricane Mitch. Prepared by the Center for Integration of Natural Disaster Information, CINDI. – Reston, Denver, Menlo Park.

VALADE, I., GRELOT, J. u. J. M. LAURENT (2002): Esquema Director de Manejo Ambiental de las Islas de la Bahía, Honduras. Islas de la Bahía. – o. O.

VANSELOW, K. A. (2005): Auswirkungen des Hurrikan Mitch auf die terrestrische Vegetation der Insel Guanaja, Honduras. Eine Studie zur Zerstörung und Regeneration der Kiefernwälder. – Erlangen [unveröffentlichte Diplomarbeit am Institut für Geographie der Friedrich-Alexander-Universität Erlangen-Nürnberg].

VANSELOW, K. A., KOLB, M. u. T. FICKERT (2007): Destruction and regeneration of terrestrial, littoral and marine ecosystems on the Island of Guanaja/Honduras seven years after Hurricane Mitch. – Erdkunde 61(4), S. 358–371.

VERON, J. E. N. (2000): Corals of the World – Keys to Genera and Species. – Townsville.

VILLEDA, E., YON, B., GALLNER, J.-C., CRUZ, G., TORRES, O., MEDINA, D., NELSON, C., ANDINO, R., MENDOZA, G. u. M. CABANILLAS (2000): Informe de evaluación ecológica rápida. Islas de la Bahía. – o. O. (Informe tecnico No. TER 01 (PMAIB)).

WEBSTER, P. J., HOLLAND, G. J., CURRY, J. A. u. H.-R. CHANG (2005): Changes in tropical cyclone number, duration, and intensity in a warming environment. – Science 309 (5742), S. 1844–1846.

Bitte beachten Sie auch die PowerPoint®-Präsentation
zum Artikel von *Thomas Fickert et al.* auf CD-ROM

Dr. THOMAS FICKERT
Lehrstuhl für Physische Geographie
der Universität Passau
Innstraße 40 • D–94032 Passau
thomas.fickert@uni-passau.de

Dipl.-Geogr. KIM ANDRÉ VANSELOW
Institut für Geographie der
Friedrich-Alexander-Universität
Erlangen-Nürnberg
Kochstraße 4/4 • D–91054 Erlangen
kvanselow@geographie.uni-erlangen.de

Dipl-Geogr. MELANIE KOLB
CONABIO (Comisión nacional para el
conocimiento y uso de la biodiversidad)
Av. Liga Periférico-Insurgentes Sur 4903,
Col. Parques del Pedregal
14010 Deleg. Tlalpan, México D.F., Mexico
mkolb@xolo.conabio.gob.mx

Peter Scharl

Implikationen hispanischer Migration in die USA
Tendenzen – Konsequenzen – Perspektiven

Mit 5 Abbildungen und 3 Tabellen

1 Didaktische Zielsetzung

Dieser Artikel thematisiert eines der bedeutendsten grenzüberschreitenden Phänomene: die internationale Migration, dargestellt an den Wanderungsbewegungen aus Mittelamerika in die USA und daraus resultierenden Konsequenzen sowohl für die Quellländer als auch für das Zielland. Nach einem Überblick über die historische Entwicklung, den aktuellen Stand und die Tendenzen dieses Migrationsstromes wird der Frage nach dem soziokulturellen Profil der Migranten und deren räumlichen Wanderungszielen nachgegangen. Dem folgt eine Vorstellung jener Ansätze, welche solche Migrationsbewegungen zu erklären versucht. Auf dem Konzept des Transnationalismus aufbauend werden die identitätskonstituierenden Elemente der mittelamerikanischen Einwanderer in den USA analysiert und deren politische Bedeutung sowie die migrationspolitischen Rahmenbedingungen in den Quell- und Zielstaaten diskutiert.

2 Tendenzen: Historische Entwicklung, Profil, Siedlungsschwerpunkte und Identität

2.1 Mittelamerikanische Migration in die USA zu Beginn des 21. Jahrhunderts

Bereits mehr als jeder zehnte Einwohner der USA kommt aus Mittelamerika. Dies resultiert in erster Linie aus dem massiven Zuzug vor allem mexikanischer Immigranten, welche knapp drei Viertel aller legal in die USA gekommenen mittelamerikanischen Einwanderer stellen (vgl. Tab. 1). Die hispanische Bevölkerung[1] in den USA wuchs zwischen 1990 und 2004 um 86%. Hat sich die Zahl der Mexikaner annähernd verdoppelt, nahm jene der Kubaner um ein Drittel zu (vgl. *U.S. Bureau of the Census* 1990 sowie *U.S. Census Bureau* 2004). Diese variierenden Zuwachsraten spiegeln sich auch im Anteil der einzelnen Nationalitäten innerhalb aller *Hispanics*[2] in den USA wider. Die Mexikaner sind mit Abstand die größte Gruppe, gefolgt von den „other Hispanics", welche im Rahmen der Volkszählung keine genaueren Angaben darüber machen

Tab. 1: *Herkunft legaler Immigranten in den USA 2004.*

Herkunft legaler Immigranten in den USA 2004	
Mexiko	70,8%
andere Hispanics	8,4%
Südamerika	6,1%
Kuba	3,9%
El Salvador	3,3%
Dominikanische Republik	2,9%
Guatemala	1,9%
Honduras	1,1%
Nicaragua	0,7%
Costa Rica	0,3%
Panamá	0,3%
übriges Zentralamerika	0,3%

Quelle: P. Scharl 2007 auf Basis von Daten des U.S. Census Bureau 2004.

wollten, welcher Untergruppe sie zuzuordnen sind (vgl. Tab. 1). Die Einwanderer aus Südamerika, also jenen Staaten des amerikanischen Kontinentes südlich Panamas, stellen lediglich 6,1% der Hispanics in den USA. Ihre Bedeutung ist hingegen in den lateinamerikanischen Immigrantengemeinden Europas ungleich größer als jene der Mexikaner, Dominikaner oder Kubaner.

Die Zuwanderung aus Mexiko liegt bei weitem über jener der asiatischen Immigranten, anderer Staaten Lateinamerikas sowie Europas oder Kanadas (vgl. PASSEL, SURO 2005). Über 40,2% der in der Volkszählung 2000 registrierten Hispanics sind im Ausland geboren. Dieser Wert setzt sich zusammen aus 29%, welche außerhalb der USA geboren sind und keine US-Staatsbürgerschaft besitzen sowie 11,2%, welche außerhalb der USA geboren, aber inzwischen eingebürgert sind. Doch auch diese Zahlen variieren auffallend stark nach Ursprungsland der Hispanics. Sind beispielsweise 59% aller Mexikaner in den USA geboren und 41% dieser Gruppe im Ausland zur Welt gekommen, so liegt die Zahl der in den USA geborenen Auswanderer zentralamerikanischen Ursprunges bei lediglich 24,2%. Haben dabei aber 55,9% aller außerhalb der USA geborenen und danach in die USA immigrierten Zentralamerikaner noch immer nicht die US-amerikanische Staatsbürgerschaft, so trifft dies auf nur 27,1% der kubanischen Immigranten zu.

Noch fast die Hälfte der Immigranten reist auf legalem Wege in die USA ein – verlässt dieses Land allerdings nach Ablauf der Gültigkeit des Visums nicht mehr oder missbraucht die *border crossing card*, welche zum wiederholten Grenzübertritt im Rahmen grenznaher Pendlerbewegungen ausgestellt wird, für den dauerhaften Aufenthalt in den USA und damit für den Übertritt in die Illegalität. Bereits mehr als 50%

---

1) Unter *Hispanic* werden im Folgenden Personen verstanden, welche sich dauerhaft in den USA aufhalten und ihren Ursprung in einem Staat Mittel- oder Südamerikas oder des karibischen Inselbogens haben (Ausnahme: Puerto Rico). Dabei kann es sich sowohl um in den USA geborene, als auch um im Ursprungsland geborene Personen handeln – im Zuge jener Aussagen, bei welchen diese Unterscheidung relevant ist, wird explizit auf den Ort der Geburt hingewiesen.

2) Die Begriffe *Hispanic* und *Latino* werden zumeist synonym verwendet, auch wenn es sich dabei um definitorisch voneinander geringfügig abweichende Gruppierungen handelt.

gelangen immerhin unter Umgehung der Einreisebehörden auf US-amerikanisches Territorium (vgl. Tab. 2) – und dennoch ist nicht jeder *Illegale* auch *illegal* auf US-amerikanisches Territorium gekommen.

Über die Hälfte aller *illegalen* Einwanderer in den USA stammt aus Mexiko, gefolgt von jenen aus den übrigen Staaten Lateinamerikas sowie asiatischen Einwanderern. 30 % aller im Ausland geborenen Einwanderer leben so heute ohne Dokument in den USA, 28 % sind so genannte *legal permanent residents*, haben also das Recht auf dauerhaften Aufenthalt. 31 % der Immigranten haben bereits den Status eines *naturalized citizens* erreicht, also die US-amerikanische Staatsbürgerschaft erhalten.

Doch zeigen sich starke Unterschiede je nach Ursprung der Einwanderer. Die Kubaner nehmen dabei den größten Anteil jener ein, welche den Status *naturalizado* besitzen, während die Zentralamerikaner den höchsten Anteil jener darstellen, welche *no naturalizado* sind (vgl. RAMÍREZ 2005).

2.2 Historische Entwicklung der mittelamerikanischen Migration in die USA

Initiiert durch eine Phase der Gewalt im Zuge der mexikanischen Revolution kam Anfang des 20. Jahrhunderts eine große Welle mexikanischer Einwanderer in die USA, und Ende der 1920er Jahre zog der aufstrebende Gemüse- und Obstanbau in Kalifornien erneut Immigranten aus Mexiko an. In dieser Phase entstanden die ersten mexikanischen Stadtteile in Los Angeles, San Antonio und El Paso. Nach der großen Depression in den frühen 1930er Jahren wiesen die USA mehr als 450.000 illegale Mexikaner aufgrund fehlender Beschäftigungsmöglichkeiten wieder aus. Wenige Jahre später, mit dem Ausbruch des Zweiten Weltkrieges, änderte sich dies schlagartig. Dank eines kriegsbedingten Arbeitskräftemangels konnten die Mexikaner zurückkehren, diesmal unterstützt von den USA im Rahmen der ins Leben gerufenen Gastarbeiter-Programme *Braceros*. Der Großteil mittelamerikanischer Emigranten verließ dann Mitte der 1970er bzw. in den frühen 1980er Jahren die Heimat. Ihre Wurzeln hat diese Migrationswelle in einer profunden sozio-ökonomischen Krise, inner- und zwischenstaatlichen Konflikten und damit teils einhergehenden gravierenden Menschenrechtsverletzungen, sodass in jener Zeit viele Einwohner Mittelamerikas, vor allem aus El Salvador, Nicaragua und Guatemala, beschlossen, ihre Heimat zu verlassen, in der Hoffnung nördlich des Río Grande eine friedlichere Gegenwart und aussichtsreichere Zukunft zu finden. Im Gegensatz zu den Flüchtlingen von der mittelamerikanischen Landmasse reichen die Migrationsbewegungen von der karibischen Inselwelt weiter in die Vergangenheit zurück (vgl. OROZCO 2003). Die Wanderungsbewegungen aus der Karibik gehen zwar auch zurück auf politische und ökonomische Notwendigkeiten, bauen aber stärker auf traditionell vorhandenen kulturellen und sprachlichen Netzwerken mit den USA auf. Die Wanderung aus Kuba in die USA erreichte ihren Höhepunkt nach der kubanischen Revolution von 1959 sowie in den frühen 1980er Jahren, als die kubanische Regierung die für eine Auswanderung erforderlichen Formalitäten vorübergehend erheblich vereinfachte (vgl. OROZCO 2003).

2.3 Profil der mittelamerikanischen Immigranten

Es fällt auf, dass die Gruppe der Hispanics politisch, soziokulturell und ethnisch deutlich heterogener ist als andere Bevölkerungsgruppen in den USA (vgl. SCHARL 2007). Alter, Bildungsgrad und Einkommenssituation hängen jeweils stark von der Herkunft der Einwanderer ab. Die US-amerikanische Mehrheitsbevölkerung ist mit durchschnittlich 35,4 Jahren erheblich älter als die im Schnitt nur 26 Jahre alten Hispanics in den USA. Beträgt das Durchschnittsalter bei den Immigranten aus Mexiko 24,4 Jahre, so liegt es bei den Kubanern bei 40,3 Jahren (vgl. RAMÍREZ 2005). Bei den Hispanics liegt überdies der Anteil der männlichen Bevölkerung über dem der weiblichen – anders als bei der Gesamtbevölkerung. Dies ist nicht nur darin begründet, dass auf dem US-amerikanischen Arbeitsmarkt vor allem die Nachfrage nach männlichen, hispanischen Arbeitskräften besonders hoch wäre, sondern auch darin, dass der Aufwand und die Gefahren des illegalen Grenzübertrittes oftmals den Frauen der Heimatgemeinden nicht zugemutet werden sollen. Doch waren im Jahr 2000 rund 81 % aller hispanischen Haushalte in den USA Familienhaushalte und nicht Single-Haushalte, so traf dies auf immerhin nur 68 % der Haushalte der Gesamtbevölkerung zu (vgl. RAMÍREZ 2005).

Im Jahre 2002 hatten 27 % aller Hispanics über 25 Jahren die Schule vor Besuch der 9. Klasse verlassen, in der Vergleichsgruppe der nicht-hispanisch Weißen *(non-hispanic whites)* waren dies gerade einmal 4 %. Doch auch hier gibt es, abhängig vom Ursprung, erhebliche Unterschiede: über 70 % der kubanischen Immigranten in den USA haben die Sekundarstufe besucht, was auf nur 50,6 % der mexikanischen Einwanderer in den USA zutrifft (vgl. RAMÍREZ, DE LA CRUZ 2003). Unter den nicht-hispanisch Weißen haben knapp 30 % einen Hochschul-Abschluss, was auf lediglich 11 % der Hispanics zutrifft. Dabei ist zu beachten, dass die Zahl der besuchten Jahrgangsstufen nur bedingt aussagekräftig ist. Denn die Qualität der Schulbildung und damit die Chancen auf eine angemessene Anstellung variieren erheblich mit dem Herkunftsland. Diese Bildungseffektivität ist in Staaten wie etwa El Salvador oder Haiti relativ gering, in Kuba hingegen überdurchschnittlich hoch. Doch ist für die Beschäftigung vieler Hispanics im Niedriglohnbereich (vgl. Abb. 1) nicht so sehr ein verhältnismäßig niedriges Bildungsniveau verantwortlich, sondern in erster Linie die Tatsache, dass oftmals die Illegalität ihres Aufenthaltes eine Anstellung in ihrem Ausbildungsniveau adäquaten Positionen verhindert.

Tab. 2: Formen des Grenzübertrittes sich illegal in den USA aufhaltender Immigranten.

	Formen des Grenzübertrittes sich illegal in den USA aufhaltender Immigranten	
Legale Einreise	Verlängerung des Aufenthalts über die Gültigkeit des Visums hinaus	4 bis 5,5 Mio.
	Mißbrauch der *border crossing card*	0,25 bis 0,5 Mio.
Illegale Einreise	Einreise unter Umgehung jeglicher Kontrolle	6 bis 7 Mio.
	Illegale Immigranten in den USA 2006 (geschätzt)	11,5 bis 12 Mio.

Quelle: PASSEL 2006, S. 1.

Implikationen hispanischer Migration in die USA

Abb. 1: Anteil der Hispanics an den Angestellten in ausgewählten Branchen.

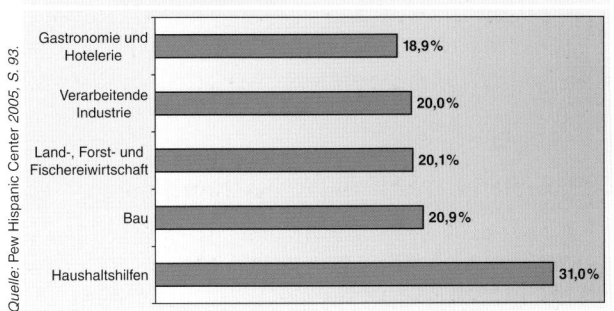

Branche	Anteil
Gastronomie und Hotelerie	18,9%
Verarbeitende Industrie	20,0%
Land-, Forst- und Fischereiwirtschaft	20,1%
Bau	20,9%
Haushaltshilfen	31,0%

Quelle: Pew Hispanic Center 2005, S. 93.

Von den knapp 12 Mio. *Illegalen* stehen 7.2 Mio. in einem festen Arbeitsverhältnis. Sie stellen damit 4,9% der US-amerikanischen Arbeiterpotenzials dar. Mit anderen Worten: jeder zwanzigste Arbeiter in den USA hält sich illegal im Land auf. Das höchste Durchschnittseinkommen unter den Hispanics erzielen dabei die Kubaner, gefolgt von den *sonstigen* Hispanics, Zentralamerikanern und schließlich den Mexikanern (vgl. RAMÍREZ 2005). Das durchschnittliche Nettohaushaltseinkommen erreichte 2002 bei den Hispanics einen Wert von knapp 8.000 US-$/Jahr, jenes der nicht-hispanisch Weißen das über zehnfache: 88.651 US-$. Bemerkenswert ist, dass dieser Wert bei den nicht-hispanisch Schwarzen *(non-hispanic blacks)* bei knapp 6.000 US-$ liegt, also deutlich niedriger als bei den Hispanics (vgl. *Pew Hispanic Center* 2005). Mehr als jeder Fünfte hispanische Einwanderer in den USA lebte im Jahr 2000, gemessen am Pro-Kopf-Einkommen, in Armut. Die kubanischen Immigranten waren davon am geringsten, die Einwanderer aus der Dominikanischen Republik am stärksten betroffen (vgl. RAMÍREZ 2005), was vor allem in dem höheren Bildungsniveau der kubanischen Emigranten begründet liegt.

2.4 Siedlungsschwerpunkte der Immigranten in den USA

Über drei Viertel der mittelamerikanischen Immigranten leben in den Bundesstaaten New York, Illinois, Arizona, Kalifornien, Texas und Florida (vgl. Abb. 2).

Dabei ist eine beeindruckende räumliche Konzentration festzustellen. In manchen Bundesstaaten setzen sich die Hispanics oftmals aus einer einzigen, stark dominierenden Gruppe zusammen. Beispielsweise sind 98,6% aller hispanischen Einwanderer in Arizona Mexikaner.

Diese ungleiche Verteilung ist die Konsequenz von Netzwerkeffekten, in Abhängigkeit der je nach Ursprung variierenden Bildungseffektivität und den damit zusammenhängenden Verdienstmöglichkeiten. Nicht zu vernachlässigen bleibt die räumliche Nähe der Herkunftsgebiete, gerade im Falle der Kubaner in Florida (vgl. SCHARL 2007). Letztendlich leben 50% aller Hispanics in den USA in nur zwei der 50 Bundesstaaten: 31,1% in Kalifornien, 18,9% in Texas. In insgesamt neun Bundesstaaten waren die Hispanics über ihrem nationalen Durchschnitt von 12,5% vertreten. Geht man von der Ebene der Bundesstaaten auf die untergeordnete Ebene der Bezirke, so fällt auf, dass alleine vier einzelne Bezirke der USA 21,9% aller Hispanics in den USA beherbergten (vgl. *U.S. Census Bureau* 2004).

Zwischen 1990 und 2000 ist die Zahl der Hispanics mit Abstand am stärksten in den so genannten *new growth states*, den neuen Wachstumsstaaten des Südens gewachsen: North Carolina, Arkansas, Georgia, Tennessee, Nevada, South Carolina und Alabama (vgl. Tab. 3). Dort stieg sie im Durchschnitt um 408%, in den traditionellen Immigrations-Staaten wie Kalifornien, New York, Illinois und New Jersey dagegen nur um 143%. Auf *Countie*-Ebene sind die Werte noch beeindruckender: um durchschnittlich 462% stieg die Zahl der Hispanics in den *new settlement counties*, also jenen *Counties*, welche in jüngster Zeit Hauptanziehungspunkt für die Immigranten sind (KOCHHAR et al. 2005). Einschränkend muss aber beachtet werden, dass auch unter den nicht-hispanisch Schwarzen *(non-hispanic blacks)* und nicht-hispanisch Weißen *(non-hispanic whites)* die Zuwachsrate im Süden über dem US-Durchschnitt liegt.

Über 50% der neuen Immigranten des Südens halten sich illegal in den USA auf. Dieser Trend erstreckt sich in den USA nirgends über eine so breite Basis von Gemeinden, von kleinsten Dörfern bis hinein in die Großstädte, und er ist nirgends derart intensiv wie im Süden.

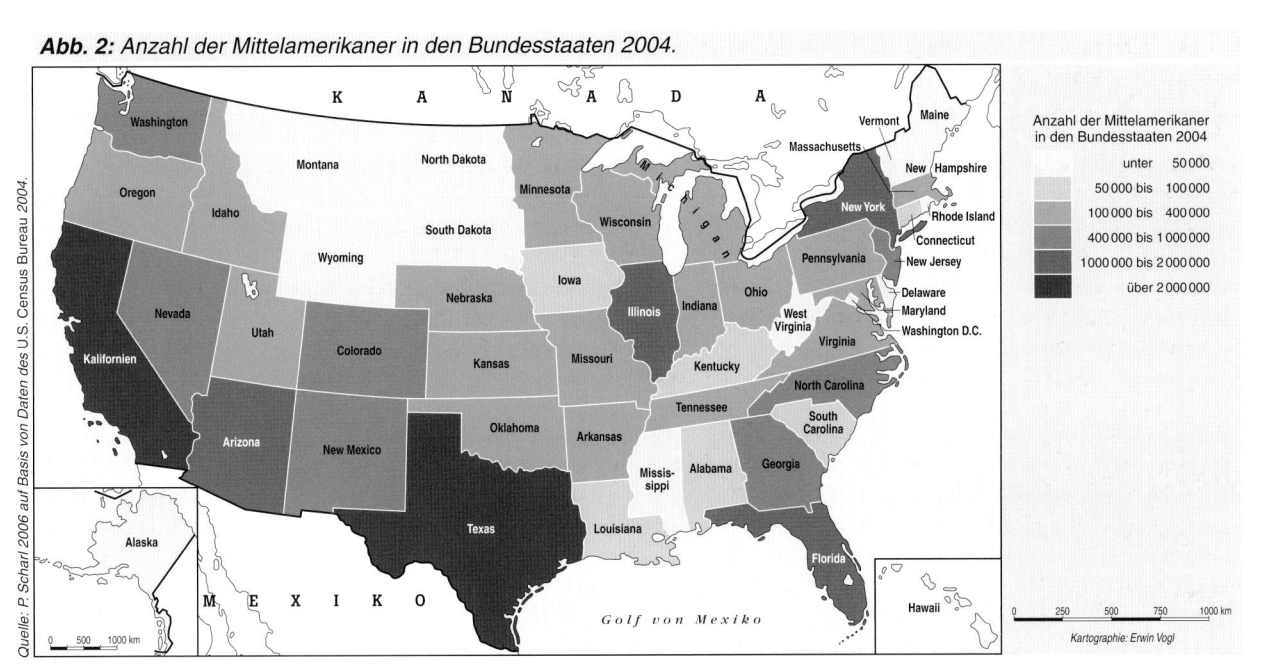

Abb. 2: Anzahl der Mittelamerikaner in den Bundesstaaten 2004.

Anzahl der Mittelamerikaner in den Bundesstaaten 2004
- unter 50 000
- 50 000 bis 100 000
- 100 000 bis 400 000
- 400 000 bis 1 000 000
- 1 000 000 bis 2 000 000
- über 2 000 000

Quelle: P. Scharl 2006 auf Basis von Daten des U.S. Census Bureau 2004.
Kartographie: Erwin Vogl

Tab. 3: *Veränderung der Anzahl hispanischer Einwohner in den neuen Wachstumsstaaten sowie in traditionellen Siedlungsschwerpunkten 1990 bis 2000.*

	Anzahl Hispanics 1990	Anzahl Hispanics 2000	Veränderung in %
Neue Wachstumsstaaten des Südens			**408**
North Carolina	76.726	378.963	494
Arkansas	19.876	86.866	437
Georgia	108.922	435.227	400
Tennessee	32.741	123.838	378
South Carolina	30.551	95.076	311
Alabama	24.629	75.830	308
Traditionelle Siedlungsschwerpunkte			**143**
Kalifornien	7.687.938	10.966.556	143
New York	2.214.026	2.867.583	130
Illinois	904.446	1.530.262	169
New Jersey	739.861	1.117.191	151

Quelle: KOCHHAR et al. 2005, S. 5.

Können die Immigranten in den *traditionellen* Gebieten hispanischer Einwanderung wie etwa Kalifornien oder auch New York bereits auf gut etablierte Strukturen zurückgreifen, so ist dies in vielen kleinen Gemeinden des Südens noch nicht der Fall. Die Auswirkungen auf die vom *Hispanic-Boom* betroffenen Gemeinden sind enorm. Einerseits profitiert man dort von der Fülle an hispanischen Arbeitssuchenden, welche zu niedrigsten Stundenlöhnen bereit sind, tätig zu werden, und welche nicht zuletzt durch ihren Konsum auch die Steuereinnahmen der Gemeinden erhöhen. Bildungs- sowie Gesundheitssystem kommen in jenen Regionen jedoch bereits gefährlich nahe an die Grenzen der Belastbarkeit. Verstärkt ins Gewicht fallen die hispanischen Haushalte vor allem wegen der im US-Durchschnitt hohen Kinderzahl und Haushaltsgröße (vgl. SCHARL 2007). Dies wiederum führt in solchen Ballungsgebieten hispanischer Einwanderung zu einer starken Polarisierung der Bevölkerung, die je nach politischer Orientierung sowie ökonomischem Profit, welcher für jeden einzelnen mit der Anwesenheit der Hispanics einhergeht, zwischen nationalistisch geprägten Ressentiments und engagiertem zivilgesellschaftlichem Einsatz für die Anliegen der Hispanics oszilliert.

2.5 Identitätskonstituierende Elemente mittelamerikanischer Immigranten

Der größte Teil der in den USA lebenden Hispanics identifiziert sich deutlich stärker über die jeweilige Nation der Herkunft bzw. über das Geburtsland der Eltern oder Großeltern, als über religiöse, kulturelle oder sprachliche Gemeinsamkeiten. Nur 23 % aller in den USA lebenden Hispanics gehen von einer allen hispanischen Immigranten gemeinsamen Kultur aus (SURO, ESCOBAR 2006).

Die Bedeutung der spanischen Sprache im Alltag der USA ist immens. Im Jahre 2000 sprachen 18 % aller Einwohner der USA zuhause eine Sprache, welche nicht Englisch war, also fast ein Fünftel der Gesamtbevölkerung. Der größte Teil dieser Gruppe spricht Spanisch (vgl. RAMÍREZ 2005). Am stärksten ist dies bei den Immigranten aus der Dominikanischen Republik sowie aus den Staaten der zentralamerikanischen Landbrücke der Fall; in jeweils über 90 % jener Einwanderergruppen wird kein Englisch gesprochen. Dominiert bei 72 % der Hispanics erster Generation die spanische Sprache, so ist es bei 78 % der Immigranten dritter oder darüber hinausgehender Generation das Englische (*Pew Hispanic Center* 2005). Betrachtet man überdies das Niveau, auf welchem die englische Sprache von den Immigranten beherrscht wird, so fällt auf, dass die Einwanderer aus Zentralamerika am schlechtesten Englisch sprachen, während die Puertoricaner und Mexikaner der englischen Sprachen am ehesten mächtig waren (vgl. RAMÍREZ 2005). Zwar sind 28 % der Hispanics in den USA nach eigenen Angaben zweisprachig, doch für die Mehrheit ist immer noch Spanisch die emotional wichtigere Sprache. Das Spanische hat in den Medien, der Werbung und im Alltag eine sehr hohe Bedeutung, entgegen aller Vorstellung von der auch sprachlichen *Assimilation* der Immigranten in den USA (vgl. HOFFMANN 2003). Eine zweisprachige Straßenverkehrsführung ist in vielen Gemeinden bereits ebenso Standard wie immer öfter auch das Beherrschen des Spanischen als Einstellungsvoraussetzung im öffentlichen Dienst. Dennoch ist die Bereitschaft zum Erlernen des Englischen deutlich ausgeprägter, als dies oftmals von – zumeist politisch rechts orientierten – Apologeten behauptet wird.

Jedes Jahr gedenken die USA vom 15. September bis 15. Oktober im Rahmen des *Mes de la Herencia Hispana* („Monat des hispanischen Erbes") des Einflusses der Hispanics. Der Zeitraum fällt zusammen mit den Unabhängigkeitsdaten diverser Staaten Lateinamerikas. 1968 wurde unter dem damaligen Präsidenten Lindon B. Johnson beschlossen, das lateinamerikanische Erbe zwischen dem 10. und 16. September zu feiern. 1974 wurde der Charakter der Feierlichkeiten unter Gerald Ford formalisiert und 1988 schließlich dehnte Ronald Reagan das Fest auf einen ganzen Monat aus.

Das Image einer Nation im Ausland, vor allem deren Fremdwahrnehmung durch „Andere", hängt in ganz entscheidendem Ausmaß von den Emigranten ab und der Art, wie sie ihr Land in der Fremde im alltäglichen Leben repräsentieren. So sind auch die jeweiligen Botschaften der Staaten Mittelamerikas in den USA darum bemüht, ihren Landsleuten bei der Organisation des Zusammenlebens und des gemeinsamen Feierns zur Seite zu stehen: "The ethnic communities so formed provide social support and cultural familiarity in a strange land that can be important for the successful acculturation of immigrants and their children" (ELLIS 2006, S. 54). Ziel ist nicht nur die Bewahrung der nationalen Identität des

Heimatlandes sondern auch deren Repräsentationen nach Außen. Das *Instituto Nicaragüense de Turismo* beispielsweise lanciert Kampagnen in den USA, in welchen auf die Termine nicaraguanischer Feiertage, Kirchentage und Staatstermine hingewiesen wird. Die mittelamerikanischen Immigranten ihrerseits gründen Vereine, welche dabei helfen, das Zusammenleben in den USA weiter zu institutionalisieren.

2.6 Exkurs: Vom Push-/Pull-Ansatz zum Konzept des Transnationalismus

Drei grundlegende Zugänge beschäftigen sich mit der Erklärung von (Arbeits-)Migration (vgl. SCHARL 2007). Auf der einen Seite sind dies die traditionellen Push-/Pull-Ansätze, auf der anderen Seite stehen historisch-kulturelle sowie transnationale Ansätze (vgl. Abb. 3).

Die Situation auf den jeweiligen Arbeitsmärkten sowie die Einkommensmöglichkeiten sind für die so genannten Push-/Pull-Ansätze die Hauptursache der Migration (vgl. u. a. BÄHR 1997). Push-Faktoren im Quellland sind demnach ein starkes Bevölkerungswachstum, mit geringem Einkommen einhergehender niedriger Lebensstandard bzw. Armut oder unertragbare Lebensbedingungen als Folge von Naturkatastrophen. Pull-Faktoren des Ziellandes sind etwa die Nachfrage nach Arbeitskräften, höheres Einkommen oder die Verfügbarkeit von Land. Ökonomische Disparitäten werden damit als ausreichende Begründung für die Erklärung von Migration gesehen (vgl. LEE 1966). Es läge also in der Logik dieser Ansätze, dass die am stärksten benachteiligten Bevölkerungsschichten am zahlreichsten emigrierten – eine empirisch nicht haltbare Annahme. Untersuchungen haben gezeigt, dass kein unmittelbarer Zusammenhang zwischen Armut und transnationaler Migration besteht, dass also reine Push-/Pull-Modelle zu deren Erklärung nicht ausreichen (vgl. GABBERT 2005). Diesen bleibt vorzuwerfen, dass sie Quell- und Zielland als voneinander unabhängige Systeme sehen.

Historisch-kulturelle Ansätze erkennen zwar auch einen grundlegenden, notwendigen Zusammenhang zwischen internationalen ökonomischen Disparitäten und Migration an, sehen dabei allerdings als Voraussetzung für den Beginn von Migrationsbewegungen bereits existierende Verbindungen einerseits im Sinne von wirtschaftlicher Kooperation, überlappenden Transport- und Kommunikationswegen, andererseits auch einer gemeinsamen Sprache (vgl. SASSEN 1992). Migration wird als Begleiterscheinung eines umfassenden – kapitalistischen – Weltsystems gesehen, in welchem den Migranten im Zielland die Funktion billiger Arbeitskräfte und im Quellland die eines Sicherheitsventils zum Abbau sozialer Spannungen zukommt. Doch läuft dieser Ansatz Gefahr, die nicht immer einer objektiven Logik folgenden Motive der Akteure zu vernachlässigen und die Migranten zu bloßen Opfern eines kapitalistischen Weltsystems zu reduzieren.

Seit den frühen 1990er Jahren tritt daher das Konzept des Transnationalismus in die Diskussion ein. Hier geht man davon aus, dass die internationale Migration zunehmend zu einer komplexen, dauerhaften und ausdifferenzierten Pendelbewegung geworden sei. Diese führe zu einer Verschmelzung der Realitäten der Akteure im Quell- und Zielland der Migration und schaffe einen transnationalen sozialen Raum (vgl. GABBERT 2005). Migration meine weniger eine Wanderung von A nach B, sondern einen fortschreitenden Prozess zur Konstruktion von Netzwerken (vgl. PRIES 1999). Dabei spielen nun persönliche Beziehungen und offene Informationskanäle eine entscheidende Rolle. Ob, wie und wohin ein Akteur auswandert ist somit das Resultat einer Fülle von Einsichten, welche ihr Fundament in eben jenen Netzwerken haben (vgl. zur Bedeutung von Explorationswanderungen auch STRUCK 1985). Nicht mehr nur Veränderungen im Quell- und/oder Zielgebiet wirken sich auf die Migration aus, sondern vielmehr auch sich aufbauende oder bereits bestehende Migrantennetzwerke. Migrationsbewegungen bedingen und verstärken sich somit gegenseitig (vgl. SCHARL 2007). Dabei dürfen solche Netzwerke nicht als homogen betrachtet werden – vielmehr sind sie umso bedeutender, je größer die verwandtschaftliche Nähe zum potenziellen Migranten ist. Einige Ansätze gehen davon aus, dass die Entscheidung auszuwan-

Abb. 3: *Ansätze zur Erklärung von Migrationsbewegungen.*

	Theoretische Ansätze zur Erklärung von Migration		
	Push-/Pull-Ansätze	**Historisch-Kulturelle Ansätze**	**Konzept des Transnationalismus**
Annahmen	Push-Faktoren im Quellland: starkes Bevölkerungswachstum, geringer Lebensstandard, niedriges Einkommen, Gewalt, Umweltkatastrophen u. ä.	grundlegender Zusammenhang zwischen ökonomischen Disparitäten und Migration wird anerkannt	Migration als komplexe, dauerhafte und ausdifferenzierte Pendelbewegung
	Pull-Faktoren im Zielland: Nachfrage nach Arbeitskräften, höheres Einkommen, Verfügbarkeit von Land u. ä.	Wanderungsbewegungen allerdings erst bei materiellen und kulturellen Verbindungen (wirtschaftliche Kooperation, sich überschneidende Transport- und Kommunikationswege, gemeinsame Sprache)	Vernetzung der Lebenswirklichkeit Ausgereister und in der Heimat gebliebener öffnet einen transnationalen Raum
Konsequenzen	ökonomische Disparitäten als weitgehend ausreichende Begründung zur Erklärung von Migration	Migration als Begleiterscheinung eines kapitalistischen Weltsystems; Migranten haben Funktion billiger Arbeitskräfte im Zielland und Funktion eines Sicherheitsventils zum Abbau sozialer Spannungen im Quellland	Migration als sich selbst verstärkender Prozess; Auswanderung auf der Basis von aus den Netzwerken gewonnenen Erkenntnissen

Quelle: P. Scharl 2007, in Anlehnung an BÄHR 1997; GABBERT 2005; SASSEN 1992; PRIES 1999.

dern zumeist auf familiärer Basis getroffen wird, wobei der Familie die Rolle der Vorfinanzierung zukommt. Sie leistet die Ausgaben für Transport und Schleuser und versucht etwaige Risiken zu antizipieren. Der erfolgreich emigrierte Familienangehörige verpflichtet sich seinerseits, dieses Darlehen an seine Familie im Quellland zurückzubezahlen und den in der Heimat Gebliebenen darüber hinaus regelmäßig beträchtliche Summen – im Sinne einer Dividende der Investition in den Ausgewanderten – zukommen zu lassen (vgl. NUHN 2007).

3 Konsequenzen mittelamerikanischer Migration in die USA

3.1 Die Entstehung eines *territorio virtual* in der Lebenswelt der Migranten

Internetseiten wie *http://www.ecuadormigrante.org* offerieren den Emigranten die Möglichkeit, mehr als virtuell mit ihren Heimatgemeinden in Kontakt zu bleiben. Die Tageszeitung *El Universo* aus Guayaquil (Ecuador) bietet ihren ins Ausland emigrierten Lesern die Möglichkeit, Beiträge auf der Internet-Seite jener Zeitung einzustellen, welche dann teils auch in der Printausgabe veröffentlicht werden. Aus der US-amerikanischen Medienlandschaft ist Doctora Isabel kaum mehr wegzudenken, eine Kuba-Amerikanerin, welche sich sowohl im Fernsehen als auch im Hörfunk den Familienproblemen der lateinamerikanischen Immigranten in den USA widmet. Darüber hinaus werden die Programme US-amerikanischer Rundfunkanstalten zunehmend an die Erwartungen der hispanischen Gemeinschaft angepasst und inhaltlich an Vorgaben der Sender in den Staaten Mittelamerikas ausgerichtet. Hispanics in den USA chatten mit ihren Freunden und Verwandten in den Heimatstaaten und hören online die Musik ihrer Herkunftsländer. Diese Grenzüberschreitung hispanischer Impulse und deren Durchdringen des US-amerikanischen Alltages schafft einen imaginären Raum, wie er in dieser Intensität neu ist. Die Bande zwischen Ausgereisten und Zuhausegebliebenen sind so deutlich stärker geworden und die in die USA emigrierten Hispanics erfahren zunehmend ein intensives Gefühl der Verbundenheit mit ihren Herkunftsstaaten. Doch dies ist nicht ausschließlich im Interesse der einzelnen Akteure, welche durch den intensiven Kontakt zu heimischen Freunden und Gepflogenheiten Sehnsüchte befriedigen können. Auch die Regierungen sowie die Unternehmen der Heimatstaaten sind an der Schaffung solch eines *territorio virtual* und damit der Erleichterung des Lebens in der Fremde stark interessiert. Vor allem die ökonomische Abhängigkeit von den Überweisungen der Emigrierten, den so genannten *remesas* (vgl. NUHN 2007), sowie die innenpolitische Abhängigkeit von einem Mindestmaß an familiärer Stabilität und damit gesellschaftlicher Zufriedenheit führt zu einer Unterstützung solcher grenzüberschreitender Kontaktpflege auch von offizieller Seite. Rein ökonomische Disparitäten sind also nicht die einzig bedeutenden Beweggründe für die Emigration, sondern werden unterstützt von Faktoren wie Prestige und sozialen Beziehungen (vgl. SCHARL 2007).

3.2 Politische Bedeutung der Migranten

Die Hispanics sind bereits aufgrund ihrer Anzahl eine inzwischen äußerst ernstzunehmende Kraft im politischen Gefüge der USA, sie übernehmen zunehmend politische Ämter und gewinnen als Wähler enorm an Bedeutung. Im Zuge der Präsidentschaftswahlen von 2004 stellten Hispanics bereits 6 % aller Wähler dar (vgl. BERG 2004). So kommt es wie in der Werbung um hispanische Konsumenten auch in der Werbung um Wählerstimmen darauf an, kulturelle Brücken zu den potenziellen Wählern aufzubauen. Lange Zeit galten die Hispanics in den USA als eher unbedeutende Wählergruppe, was zum einen daran lag, dass nur etwa 40 % der Hispanics in den USA wahlberechtigt sind und ein großer Teil nicht die US-Staatsbürgerschaft besitzt. Außerdem ist der Anteil der Kinder und Jugendlichen, die in den USA geboren und damit US-Staatsbürger, aber aufgrund ihres Alters noch nicht wahlberechtigt sind, überproportional hoch (vgl. HOFFMANN 2003). Die Bedeutung der Hispanics als Wähler erhöht sich dennoch, bedingt auch dadurch, dass sowohl die Zahl der wahlberechtigten Hispanics als auch die tatsächliche Zahl ihrer abgegebenen Stimmen seit den 1970er Jahren kontinuierlich ansteigt (vgl. BERG 2004). Die Hispanics in den USA sympathisieren ebenso wie die Afroamerikaner traditionell mit den Demokraten. Dies liegt vor allem an von den Demokraten verfochtenen Themen wie Bildungs- und Gesundheitspolitik, in welcher sie soziale Verantwortung des Staates auch für die Immigranten einfordern. Eine Ausnahme stellen die Kuba-Amerikaner dar, welche sich stark um das republikanische Lager gruppieren, bedingt vor allem durch die Radikalität, welche die Politik der Republikaner gegenüber Castros Kuba prägt und durchaus im Sinne der oppositionellen Exil-Kubaner ist. Einerseits sind die Hispanics in Fragen der Sozialpolitik und Integration von Minderheiten äußerst liberal orientiert, andererseits unterstützen sie bei Themen wie Abtreibung, gleichgeschlechtlichen Beziehungen u. ä. stark den konservativen Flügel der Republikaner. Außerdem sind die Hispanics deutlich weniger parteigebunden als beispielsweise die Afroamerikaner. Nicht zuletzt deshalb sind sie in den USA zunehmend als Wechselwähler zu betrachten. Dieser Tatsache kommt vor allem auch deswegen hohe Bedeutung zu, da sie vor allem in jenen Bundesstaaten einen hohen Bevölkerungsanteil einnehmen, welchen bei US-Wahlen ein überproportional hohes Gewicht zukommt (vgl. HOFFMANN 2003).

Die mediale Berichterstattung über die im ersten Quartal 2006 in den USA stattgefundenen Massenproteste hispanischer Einwanderer gegen eine Reform der US-Einwanderungsgesetze zeichnete in den US-amerikanischen und europäischen Medien das Bild mit *einer* Stimme protestierender Hispanics. Doch geht gerade einmal die Hälfte aller Hispanics davon aus, dass man von einem uniformen politischen Interesse unter den Hispanics sprechen könne (vgl. BERG 2004). Es handelt sich also auch in politische Hinsicht um eine durchaus heterogene Gruppe.

Fast jeder zehnte US-Soldat ist inzwischen ein Hispanic. In einzelnen Teilbereichen, wie beispielsweise der Marine-Infanterie, sind sie sogar deutlich stärker vertreten. Hispanische Soldaten haben bislang in fast allen Kriegen und bewaffneten Konflikten gekämpft, in welchen die Vereinigten Staaten von Amerika verwickelt gewesen sind. Dabei muss davon ausgegangen werden, dass der stärkste Antrieb für den Eintritt in die US-Streitkräfte nicht Patriotismus, sondern die Aussicht auf ein regelmäßiges Einkommen und die US-amerikanische Staatsbürgerschaft ist. Anwerber der amerikanischen Armee bemühen sich aktiv um Nachwuchs aus Reihen der Immigranten, ohne welche sie ihre Truppe bereits nicht mehr ausreichend zu besetzen im Stande wären. Sie gehen dabei auf der Suche nach neuen Streitkräften gezielt in die Ballungsgebiete hispanischer Zuwanderung. Das verlockendste Angebot ist dabei, neben der finanziellen Sicherheit, die in Aussicht gestellte Einbürgerung. Denn seit den Anschlägen vom 11. September 2001 können Ausländer in der US-Armee diese auf Anordnung des Präsidenten beantragen und bekommen sie in der Regel auch zugesprochen – für Zivilisten eine langjährige, nicht immer Erfolg versprechende Prozedur.

Die Regierungen der Ursprungsländer versuchen immer wieder, ihre ausgewanderten Staatsbürger zu instrumentalisieren und durch diese auf innen- sowie außenpolitische Entwicklungen in den USA, aber auch in den Quellstaaten der Migration, Einfluss zu nehmen. Den in den USA lebenden Hispanics kommt oftmals die Rolle des politischen Meinungsführers in ihren Heimatgemeinden Mittelamerikas zu, ihre politische Positionierung und Argumentation wird von den Zurückgebliebenen in der Regel höher bewertet als jene der nicht emigrierten Mitbürger (BAUBÖCK 2003). Hier setzen die Regierungen Mittelamerikas an, um über die in den USA ansässigen Hispanics Einfluss auf die heimische Wählerschaft zu nehmen.

3.3 Positive und negative Aspekte der mittelamerikanischen Migration in die USA

Begleitet von einer rapide wachsenden Kaufkraft nimmt die Bedeutung der in den USA lebenden Hispanics als Konsumenten erheblich zu. Es wird davon ausgegangen, dass deren Zahl ungleich schneller wächst als das Potenzial des US-amerikanischen Marktes, sich dieser Tatsache anzupassen. Überdies sind immer mehr hispanische Unternehmer zu verzeichnen, welche zum einen den Arbeitsmarkt in den USA entlasten und parallel dazu die Steuereinnahmen dort erhöhen. Überdies behalten die Geldinstitute beim Transfer der Rücküberweisungen *(remesas)* in die Staaten Mittelamerikas einen nicht geringen Anteil der Summe als Vermittlungsgebühr ein. Allerdings sind Integration und Unterstützung der neu Angekommenen ebenso wie etwaige Rückführungen und die Sicherung der Grenzen äußerst kostspielig. Und mögen die Befürchtungen manch radikaler Gruppen vor einer Inbesitznahme US-amerikanischen Territoriums durch mittelamerikanische Immigranten auch übertrieben sein, so steckt darin, gerade in den Ballungsgebieten hispanischer Zuwanderung, ein explosiver Keim gesellschaftlicher Spannungen, welchen die US-Regierung nicht ignorieren sollte.

In den Staaten Mittelamerikas entlastet die Auswanderung den heimischen Arbeitsmarkt, während gleichzeitig die *remesas* in den USA lebender Hispanics in vielen Staaten Mittelamerikas zu einer tragenden Säule der heimischen Volkswirtschaft geworden sind. Die Zahl dieser *remesas* ist in der Vergangenheit enorm angewachsen. Im Jahr 2000 beliefen sie sich im Falle Mexikos auf fast 7,6 Mrd. US-$, und hinsichtlich der anderen mittelamerikanischen Staaten auf immerhin 3,3 Mrd. US-$ (vgl. NUHN 2007). Migration wirkt sich aber auch positiv auf die Exporte aus: die Bedeutung der Hispanics in den USA als Konsumenten von Exportwaren ihrer Heimatländer wird zumeist unterschätzt. Solche so genannten *productos de nostalgía* wie etwa guatemaltekisches Bier, costaricanische Yuca-Wurzeln oder mexikanisches Maismehl erwirtschaften in den USA jährliche Einnahmen von über 250 Mio. US-$ (vgl. CRUZ et al. 2004). Überdies verfügen die Konsumenten über ein deutlich höheres Kaufkraftpotenzial als in ihren Heimatländern. Ein nachhaltig positiver Aspekt der Migration ist auch das sozio-kulturelle und politisch-gesellschaftliche Kapital, welches die Staaten Mittelamerikas nach einer Rückkehr emigrierter Landsleute aus diesen ziehen können. Wer mehrere Jahre Berufstätigkeit in den USA vorweisen kann hat bei einer Rückkehr in das Ursprungsland zumeist gute Chancen auf eine, im Vergleich zu den nicht Ausgereisten, lukrative Anstellung. Lateinamerikanische Unternehmen und Regierungen profitieren ihrerseits von den Erfahrungen dieser ehemaligen Auswanderer.

Erheblich Schwierigkeiten verursacht allerdings der Verlust von Arbeitskräften im Agrarsektor *(hand drain)*. Zehn Prozent der Erntearbeiter, welche El Salvador für die Erntesaison 2005/2006 benötigte, mussten aus den Nachbarstaaten geholt werden. Da in El Salvador der US-$ die eigentliche Währung *Colon* de facto verdrängt hat, werden Erntehelfer in US-$ ausbezahlt, was auf migrationswillige Arbeitssuchende aus den mittelamerikanischen Nachbarstaaten, vor allem aus Nicaragua, eine hohe Anziehungskraft ausübt. Die Emigration aus den Staaten Mittelamerikas in die USA führt somit wiederum zu einem Anstieg der Migrationsbewegungen zwischen den Staaten der Region. Als problematisch wird der *brain drain* beschrieben, also die Abwanderung hoch qualifizierter Fachkräfte in die USA und damit ein vermindertes Humankapital in den Quellländern. Ein Problem ist überdies, dass die *remesas* oftmals äußerst ineffizient in das Heimatland transferiert werden, überdies notwendige Strukturreformen verzögern können und zur Förderung unproduktiver Rentenstrukturen beitragen. Sie sind letztlich eine sehr unsichere und unproduktive Einkommensquelle, und in ihrer Höhe in entscheidendem Maße abhängig von den Gebühren, welche die Geldinstitute in den USA für den Transfer einbehalten. Diese variieren erheblich, je nach Zielland, und werden als politisches Instrument eingesetzt. So liegen beispielsweise die Kosten für eine Überweisung nach Kuba deutlich über jenen nach Mexiko oder El Salvador. Durch die massive Auswanderung der Bevölkerung sinkt des Weiteren das Potenzial substanziellen gesellschaftlichen Engagements in diesen Heimatstaaten. Neben einer zunehmenden finanziellen Abhängigkeit werden dadurch auch bestehende Strukturen fortgeschrieben (vgl. SCHARL 2007). In den Quellländern der Migration kann diese durch deren Kontrolle von den Regierungen als Politikum missbraucht werden. Die Immigranten selbst sind auf dem Weg der Wanderung durch Mittelamerika sowie Mexiko stark gefährdet. Zwischen Mai und Juni jeden Jahres, wenn in den US-Bundesstaaten Texas, New Mexico, Arizona und Kalifornien die Ernte beginnt und damit einhergehend die Zahl der illegalen Grenzübertritte ansteigt, kommen Hunderte Einwanderer bei den hohen Temperaturen in den Wüsten Arizonas ums Leben (vgl. BERNDT 2007). Überdies sind sie in den USA selbst nicht selten Opfer von Ausbeutung und Demütigung – die Illegalität ihres Aufenthaltes macht es ihnen unmöglich, sich dagegen in ausreichender Weise zur Wehr zu setzen. Durch die Auswanderung eines signifikanten Teiles der Bevölkerung werden darüber hinaus die Familienstrukturen im Quellland gefährdet und es droht der Verlust der kulturellen Identitäten bzw. deren Überlagerung durch eine aus den USA importierte Fremdkultur. Überdies werden die mittelamerikanischen Volkswirtschaften durch die Bezahlung im großen Rahmen operierender Schleuserbanden erheblich belastet.

3.4 Schleuserei – das Geschäft mit der Angst

Der Preis, welchen mittelamerikanische Emigranten auf dem Weg in die USA für die Dienste der Schleuser zu entrichten haben, liegt zwischen 1.500 und 7.000 US-$ (vgl. *National Intelligence Council* 2001), je nach „Verhandlungsgeschick" sowie Garantien, welche die Schleuser zu geben bereit sind. Oftmals unterschätzt werden die volkswirtschaftlichen Schäden durch die enormen Summen, welche pro Jahr durch emigrationswillige Bürger an Schleuserbanden fließen. Deren System ist weit verzweigt und effizient organisiert. An oberster Stelle der Kette steht der so genannte „Kojote" *(coyote)*, welcher als der Drahtzieher fungiert, an welchem die einzelnen Stränge zusammenlaufen. Unter ihm stehen die „Hühnerhändler" *(polleros)*, welche mit ihren „Küken" *(pollitos)* das letzte Stück zur Grenzlinie laufen. An erster Stelle dieser Kette stehen allerdings die „Anwerber" *(enganchadores)*. Diese sind an den Grenzorten sowie Bus- und Bahnhöfen stationiert, wo sie neu angekommene Migranten abfangen und in das System einschleusen. Zunehmend werden in dieser Kette auch Minderjährige tätig – diese gehen in der Regel straffrei aus. Viele Emigranten entscheiden sich aus Sicherheitsgründen für die teuer bezahlte Hilfe gut informierter Schleuser. Denn die beiden Routen, welche mittelamerikanische Emigranten auf dem Weg durch Mexiko nehmen, sind überwiegend deckungsgleich mit jenen, auf welchen Drogenkartelle kolumbianisches Kokain und Heroin auf dem Landweg in Richtung USA transportieren. Deren Weg führt ebenso wie jener der Migranten von Tapachula, einem mexikanischen Ort an der Grenze zu Guatemala, über Salinas Cruz in den Bundesstaat Oaxaca und von dort entlang der pazifischen Küste nach Norden an die US-Grenze von Arizona, oder über die mexikanische Ostküste nach Norden. Emigranten laufen hierbei nicht nur Gefahr, von den Drogenkartellen als anonyme Zwischentransporteure missbraucht zu werden, sondern sind auch durch eine dritte, neue Gruppe von Akteuren massiv gefährdet: *maras*, mittelamerikanische Jugendbanden, welche sich die rechtsfreien Räume in dem Dreieck von überforderten mexikanischen Behörden, Menschenschleusern und Drogenhändlern aneignen.

4 Perspektiven: Politische Rahmenbedingungen mittelamerikanischer Migrationsbewegungen in die USA

4.1 Die US-amerikanische Immigrationspolitik

Die aktuelle Migrationspolitik der USA hat ihre Wurzeln in einer graduellen Intensivierung unterschiedlicher Maßnahmen, welche 1954 mit der *Operation Wetback* ihren Anfang nahmen. Im Jahre 1986 fielen alle illegalen Immigranten, welche sich seit 1982 ununterbrochen in den USA aufhielten, unter eine Generalamnestie (vgl. GAMERITH 2004). Der nächste Meilenstein war der *Antrag 187* der kalifornischen Regierung im Jahre 1994, welcher vorsah, illegalen Einwanderern soziale Dienste nicht mehr zugänglich zu machen. Parallel dazu wurden auch auf Bundesebene zunehmend einwandererfeindliche Stimmen laut. Einen Höhepunkt erreichte diese Tendenz mit der *Operation Hold the Line* 1993 und dem *Illegal Immigration Reform and Immigration Responsibility Act (IIRIRA)* 1996. Im Rahmen dieser Programme wurden umfangreiche Gelder zur Sicherung der Grenze aufgewendet und die Zahl der Grenzschützer deutlich erhöht. Im gesamtgesellschaftlichen Diskurs wurde nun die Grenze zu Mexiko als Frontlinie konstruiert, über welche massive Bedrohungen auf das Territorium der USA eindringen (vgl. SCHARL 2007). Ironischer Weise sind es nicht selten ehemalige Immigranten aus Mittelamerika, welche nach einer gelungenen Einbürgerung in die USA für die Abteilung *U.S. Immigration and Customs Enforcement* des *Department of Homeland Security* als Grenzschützer tätig werden – ihre Zweisprachigkeit sowie Kenntnis der Materie aus erster Hand prädestiniert sie für solch eine Tätigkeit.

Mit den Anschlägen vom 11. September 2001 ging eine sukzessive Verschränkung der beiden Diskursstränge „militärische Sicherheit" und „soziale Sicherheit" einher (MITCHELL 2002). Die Akteure haben dabei die Möglichkeit, diskursiv Einfluss darauf zu nehmen, was in der US-amerikanischen Gesellschaft als *Gefährdung der Sicherheit* wahrgenommen wird. Der Migrations-Diskurs präsentiert sich dabei als ein Diskurs um staatliche Souveränität und Macht, unterminiert illegale Immigration doch eines der Grundprinzipien jener staatlichen Souveränität, nämlich die Kontrolle über ein räumlich abgegrenztes Territorium. Außerdem ist eine tief greifende Verschränkung der Diskurse „Terrorismus" und „Immigration" festzustellen. Im Internet werden auf Seiten wie z.B. http://www.immigrationcontrol.com/videos.htm Dokumentationsfilme angeboten, welche unter der Überschrift „National Security at Risk" die Bilder von den kollabierenden Türmen des World Trade Center mit Aufnahmen durch die Wüste Arizonas fliehender Hispanics sowie Mitschnitte hispanischer Protestkundgebungen in einen Zusammenhang stellen. Es wird dabei ein *Diskurs der Gefahr* konstruiert, welcher gezielt die Angst vor dem *Anderen* provoziert und vor der Gefährdung des *Eigenen* warnt. Raumbezogene Symbolisierungen kommen dabei ebenso zum Einsatz wie die konstruktivistische Verwendung von Maßstabsebenen. Es findet regelmäßig eine Verzerrung maßstäblicher Zuschreibungen statt und Konsequenzen der Einwanderung für die betroffenen *Counties* werden auf die USA als Gesamtheit projiziert und diskursiv instrumentalisiert (vgl. ELLIS 2006).

Sehr subtil, aber äußerst einflussreich zeigt sich der US-Politologe Samuel P. Huntington. Es seien durch den Kollaps des Ostblocks, Multikulturalismus und sich den zunehmend diversifizierende Lebensformen die Grundzüge der anglo-protestantischen Kernkultur bereits gefährdet gewesen, sodass die anhaltend starke Einwanderungswelle der Hispanics in die USA nun die noch verbleibenden zentralen Elemente amerikanischer Identität vollends in Frage stelle. Die Immigranten verfolgten in erster Linie die nationalen Interessen ihrer Ursprungsländer und würden von diesen massiv instrumentalisiert. Er spricht von staatsbürgerlicher Bigamie, welche doppelte Identitäten und damit auch doppelte Loyalitäten mit sich bringe. Die Wahl der Staatsbürgerschaft sei für jene Immigranten keine Frage der Identität, sondern lediglich des praktischen Nutzens (vgl. SCHARL 2004). Eine besondere Brisanz entstehe durch die geographische Nähe Mexikos zu den USA. Er warnt davor, „... that by 2080 the southwestern states of the United States and the northern states of Mexico will come together to form a new country" (HUNTINGTON 2004, S. 246). An der Südgrenze der USA patrouillieren bereits besorgte US-Bürger. Sie organisieren sich in Vereinen wie etwa *Protect Arizona Now*. Offiziell unbewaffnet, de facto jedoch in der Regel mit kleinkalibrigen Waffen ausgerüstet, versuchen sie *ihr* US-Territorium vor eindringenden Migranten zu schützen. Anfangs patrouillierten sie in unmittelbarer Nähe der Grenze, wo sie aber immer wieder durch das Treten auf Meldesensoren die offiziellen Grenzschützer alarmierten und daher gezwungen waren, sich ein Stück weiter ins Hinterland zurückzuziehen. Doch finden sich auf US-amerikanischer Seite durchaus auch zivilgesellschaftliche Gruppierungen, wie etwa die *Greenvalley Samaritans*, welche den „Illegalen" zur Seite stehen und diese bei ihrer Ankunft auf der US-Seite der Grenze mit Trinkwasser und Lebensmitteln versorgen. Dabei laufen sie allerdings Gefahr, von den Behörden der Unterstützung illegaler Einwanderung bezichtigt zu werden.

Radikale Tendenzen eines zivilgesellschaftlichen Engagements werden durch die subjektive Wahrnehmung erhöhter sicherheitspolitischer Bedrohungen von Außen verstärkt. Denn der Grad der Einheit oder der Teilung einer Nation und damit der Einfluss auf die nationale Identität hängt von der spürbaren Bedrohung durch die *Anderen* ab (vgl. STEIN 1980). Nimmt diese, inzwischen vor allem Terror-induzierte Bedrohung ab, so wird es für die Vertreter solch radikaler Thesen, wie Huntington sie formuliert, deutlich schwieriger als bislang, handlungswillige Anhänger zu finden. Eine anhaltende Verstrickung der USA in extraterritoriale Konflikte unterstützt somit nachhaltig die Gegner einer moderaten Immigrationspolitik und wirkt sich hinsichtlich der Absichten solch radikaler Meinungsführer auf das Themenfeld Migration in zweierlei Hinsicht positiv aus: "Wars have furthered assimilation of immigrants not only by reducing their numbers but also by giving them the opportunity and the impetus to demonstrate their loyalty to America" (HUNTINGTON 2004, S. 197).

Die Regierung unter George W. Bush hat zwar deutlich strengere Töne angeschlagen, greift aber bei weitem noch nicht so konsequent ein, wie es einige Republikaner von ihrer Regierung erwarten. So hat der US-Senat 2006 in die Wege geleitet, dass die Strafverfolgung von US-Bürgern und Wohlfahrtseinrichtungen, welche illegalen Migranten aktiv beistehen – und somit nach Ansicht der Behörden die illegale Einwanderung fördern – verschärft wird. Grundsätzlich ist es nicht neu, dass die Unterstützung von illegalen Immigranten ebenso wie die Förderung der illegalen Migration unter Strafe steht, doch wurde der Missbrauch dieser Vorschriften bislang so gut wie nicht geahndet. So wird beispielsweise bei weitem nicht jedes US-Unternehmen, welches illegale Hispanics beschäftigt, bestraft.

4.2 Die innenpolitische Migrationsdebatte in den USA und in den Staaten Mittelamerikas

In dem aktuellen US-amerikanischen Einwanderungsdiskurs sind die Kernpunkte der Auseinandersetzung in erster Linie Fragen um die Voraussetzungen für den Erhalt eines befristeten Visums, eine etwaige damit einhergehende Arbeitserlaubnis, die Legalisierung sich bereits illegal in den USA aufhaltender Migranten, die Übernahme der US-amerikanischen Staatsbürgerschaft sowie den Ausbau der Grenzen zu Mexiko (vgl. Abb. 4).

Mexiko schätzt sein Potenzial, die innenpolitische Migrationsdebatte in den USA entscheidend mitsteuern zu können, als überaus groß ein, ganz im Gegensatz zu den anderen Staaten Mittelamerikas. Dennoch ist die Migrationspolitik der USA weiterhin eine vor allem für das republikanische Lager in erster Linie innenpolitische Angelegenheit (vgl. ROSENBLUM 2002). Die Staaten Mittelamerikas betrachten dennoch nicht wie früher die Migrationspolitik als primär eine Frage der nationalen Souveränität der USA, sondern wollen in diese Debatte zunehmend intensiv eingebunden werden. Je nach Zahl der in den USA lebenden Migranten und der individuel-

Abb. 4: Kernpunkte der Auseinandersetzung in der Migrationsdebatte 2005/2006.

Kernpunkte der Auseinandersetzung in der Migrationsdebatte	
Republikaner	**Demokraten**
Sowohl noch nicht Eingereiste wie auch Illegale dürfen sich für ein neues, zeitlich befristetes Visum bewerben, welches einmal verlängert werden kann.	Jene, welche bereits mindestens sechs Jahre ohne Unterbrechung in den USA beschäftigt sind, bekommen das Recht auf permanenten Wohnsitz in den USA und dürfen Familienmitglieder, welche sich noch im Ausland aufhalten, nachholen.
Illegale, welchen ein Visum zugestanden wird, erhalten damit nicht automatisch das Recht auf festen Wohnsitz in den USA.	Um an diesem Programm teilnehmen zu können müssen die *Illegalen* eine Strafe in Höhe von US-$ 2.000.– bezahlen und werden auf Vorstrafen in diversen Bereichen geprüft.
Um sich für solch ein Visum zu bewerben, muss ein Arbeitgeber Patenschaft für den Antragsteller übernehmen. Darüber hinaus ist eine Strafe in Höhe von US-$ 1.500.– zu entrichten.	Die Begünstigten erhalten ein Visum zu befristetem Aufenthalt, welches eine Arbeitserlaubnis beinhaltet.
Die offenen Arbeitsstellen werden im Internet publiziert. Wenn sich innerhalb von 14 Tagen kein US-Bürger für die Stelle qualifiziert, wird sie für einen temporären Arbeiter, sprich: Immigranten, freigegeben.	Verliert der Arbeiter/Angestellte während der Zeit, in welcher die befristete Aufenthaltserlaubnis gültig ist, seinen Arbeitsplatz, bleiben ihm 60 Tage, um eine neue Anstellung zu finden.
Wenn der Immigrant während eines Zeitraumes von 45 Tagen arbeitslos wird und im Besitz jenes neuen Visums ist, muss er die USA verlassen und sich um eine neue Anstellung bewerben.	Immigranten, welchen der feste Wohnsitz in den USA zugestanden wurde, können fünf Jahre nach Erhalt des Visums die US-amerikanische Staatsbürgerschaft beantragen.

Quelle: P. Scharl 2007.

len Vergangenheit der bilateralen Beziehungen sind die Interessen durchaus unterschiedlich. Insbesondere für Mexiko ist die Migration noch vor dem Handel und der Drogenproblematik das bedeutendste außenpolitische Thema. Dabei ist man sich sowohl in den USA als auch in Mexiko dessen bewusst, dass gerade Handel und Migration eng miteinander verwoben sind.

Mitte der 1990er Jahren sorgte sich Mexiko in erster Linie um den Schutz der Menschenrechte seiner Emigranten sowie um sichere Fluchtwege durch das Land und über die Grenze in die USA. Andere Staaten wie etwa Honduras und El Salvador stellten im gleichen Zeitraum vor allem die Befürchtungen um die Rückführung bereits in den USA lebender Mitbürger in den Mittelpunkt der Debatte. Im Jahre 2001 waren die primären Befürchtungen Mittelamerikas hinsichtlich der Migrationsproblematik bereits deutlich anders gelagert. Die Situation für die Staaten Zentralamerikas (vor allem Nicaragua, El Salvador, Guatemala und Honduras) wurde deutlich entschärft, da ihnen eine Reihe von Zugeständnissen gemacht worden war. In Mexiko kam man darüber hinaus zunehmend zu der Überzeugung, dass bereits weitreichende Schritte zum Schutz mexikanischer Emigranten unternommen worden seien. In erster Linie war noch El Salvador um die Wahrung der Menschenrechte für seine Mitbürger besorgt, während beispielsweise Nicaragua dahingehend kaum mehr Befürchtungen äußerte. Dies liegt vor allem daran, dass Nicaraguaner nicht selten einen relativ hohen Wohlstand in den USA genießen und sich oftmals auch legal in den USA aufhalten. Dahingehend ist für Nicaragua ebenso wie für El Salvador die Einbürgerung und die Integration der illegal in die USA Eingereisten von höchster Priorität. Jeder Staat Mittelamerikas hebt einen exklusiven Anspruch auf bevorzugte Behandlung seiner Migranten hervor: Nicaragua argumentiert damit, aufgrund der Erfahrungen in den 1980er Jahren eine Sonderstellung einnehmen zu dürfen, während beispielsweise Honduras, El Salvador und Guatemala u. a. aufgrund ihrer Unterstützung der USA während des Kalten Krieges eine Sonderrolle für sich beanspruchen.

4.3 Migrationsinduzierte Kooperation zwischen den Staaten Mittelamerikas und den USA

In der Vergangenheit fiel die US-Migrationspolitik keinesfalls zum Wohlgefallen gerade auch Mexikos aus. Man hütete sich jedoch davor, die USA in diesem Punkt zu kritisieren, fürchtete man doch selbst wiederum harsche Kritik an Menschenrechtsverletzungen an den guatemaltekischen Immigranten im eigenen Land. Darüber hinaus war Migrationspolitik damals noch ausschließlich eine Frage der nationalen Souveränität und somit von Außen unantastbar. Aus einer hochrangig besetzten Arbeitsgruppe ging im Jahre 1997 schließlich die *Binational Study* hervor, welche die Grundlage für die zukünftige Zusammenarbeit im Bereich Migration darstellte. Vor allem wurden damit nun Routinen für die grenzüberschreitende Zusammenarbeit bei Rückführungen sowie die Kooperation zwischen den Grenzstädten festgelegt. Im Zuge des beginnenden Wahlkampfes sowohl in den USA als auch in Mexiko kam es nach 1998 zu einem gewissen Stillstand in der migrationsbezogenen Zusammenarbeit. Zusätzlich zum allmählichen Aufbau bilateraler Institutionen gab es eine Reihe weiterer Entwicklungen auf verschiedenen Ebenen. Mexiko gründete die so genannte *Grupo Beta*, welche von mexikanischer Seite aus zum Schutz der Menschenrechte der Migranten entlang der südlichen und nördlichen Grenzen des Landes eingesetzt werden sollte. Darüber hinaus suchten die Mitarbeiter der mexikanischen Konsulate in den USA verstärkten Kontakt zu ihren emigrierten Landsleuten, um sich stärker für deren Rechte und Sicherheit einsetzen zu können. Vor allem ab 1993, im Anschluss an die NAFTA-Verhandlungen, versuchte Mexiko deutlicheren Einfluss auf die US-amerikanische Gesetzgebung sowie Exekutive zu nehmen. Die mexikanische Regierung verstärkte bewusst die Präsenz Mexikos in der US-Gesellschaft und griff hierbei auch zu sehr zielgerichteten Werbemaßnahmen. Im Jahre 1990 wurde das *Program for Mexican Communities Abroad (PCME)* gegründet, dessen Ziel die Stärkung der mexikanischen Gemeinschaft im Ausland war, u. a. auch in deren Funktion als durchaus ernstzunehmende politische Kraft. Neben der Finanzierung von Gesundheits-, Kultur- sowie Sportprojekten und dem Aufbau wirtschaftlicher Netzwerke wurden auch Medienkampagnen zur Förderung des mexikanischen Images in den USA lanciert.

Mexiko schätzt die zukünftigen bilateralen Beziehungen zu den USA deutlich positiver ein als die übrigen Staaten Mittelamerikas (vgl. ROSENBLUM 2002). Dieser Optimismus entspringt vor allem der Tatsache, dass Mexiko vor den Anschlägen des 11. September 2001 unmittelbar davor stand, mit den USA ein umfangreiches, bilaterales Migrationsabkommen zu unterzeichnen. Kernthemen eines migrationsbezogenen Treffens zwischen George W. Bush und dem damaligen mexikanischen Präsidenten Vicente Fox im Jahre 2001 waren eine Amnestie für illegal in den USA lebende Mexikaner, ein schärferes Vorgehen mexikanischer Behörden gegen Schleuser und illegale Migranten, die Erhöhung der Quote legaler mexikanischer Gastarbeiter in den USA sowie eine Steigerung der US-Investitionen in jenen Regionen Mexikos, aus welchen der Großteil der Emigranten stammt (vgl. ROSENBLUM 2002). Doch die veränderte Lage nach den Terroranschlägen hat dieses Abkommen zum Stillstand gebracht. Momentan scheint einer weiteren Liberalisierung der Migration in die USA vor allem die Tatsache entgegenzustehen, dass die Anschläge in erster Linie durch nachlässige Einwanderungskontrollen in die USA ermöglicht wurden – obwohl keiner der an den Anschlägen beteiligten Terroristen über die Grenze zu Mexiko in die USA eingereist war.

Auch wenn die Verhandlungen aufgrund der unvorhergesehenen Ereignisse in den USA nicht abgeschlossen wurden, so war man dennoch bereits einen entscheidenden Punkt weitergekommen. Zum Zeitpunkt der Anschläge in den USA war nicht nur der Verhandlungsprozess so weit fortgeschritten wie nie zuvor, vielmehr hat Mexiko auch in der US-Einwanderungspolitik selbst eine bis dahin nie erreichte Bedeutung erlangen können. Die Ära der parallelen Regierungszeiten von Fox (2000–2006) und Bush (seit 2000) ist für die bilateralen Verhandlungen zwischen den beiden Staaten äußerst positiv zu bewerten. Kein Staatspräsident in der Geschichte Mexikos war gegenüber dem Thema Migration derart aufgeschlossen wie Vincente Fox, war er doch ehemaliger Gouverneur der Region Guanajuato, einem der wichtigsten Emigrationsgebiete Mexikos. In seinem Wahlkampf bekannte er sich dazu, für 120 Mio. Mexikaner zu kandidieren – 100 Mio. in Mexiko, 20 Mio. in den USA. Daraus wird ersichtlich, dass sich das Image der Emigrierten deutlich gewandelt hat. So werden sie heute nicht mehr als zweifelhafte Staatsbürger gesehen, denen jegliche Vaterlandsliebe abhanden gekommen ist und der persönliche Erfolg wichtiger sei, vielmehr definieren die Regierungen ihrer Heimatstaaten sie als aktiven Teil der Nation.

4.4 Staatliche Hilfestellung für emigrationswillige Staatsbürger

Migration ist für die meisten Staaten Mittelamerikas inzwischen nicht nur eines der wichtigsten außen-, sondern auch innenpolitischen Themen. Dies schlägt sich auf der institutionellen Ebene nieder, etwa durch eigens geschaffene Stabstellen. Das Außenministerium El Salvadors hat ein Vizeministerium für die Anliegen der im Ausland lebenden Staatsbürger gegründet *(Viceministerio de Relaciones Exteriores para los Salvadoreños en el Exterior)*. In Tapachula, an der guatemaltekisch-mexikanischen Grenze, welches für viele in die USA ziehende Salvadoreños zwangsläufig Durchgangsstation gen Norden ist, hat El Salvador im Juni 2004 innerhalb seines dortigen Konsulates eine Notunterkunft für Flüchtlinge aus El Salvador eingerichtet, um ihnen die Reise zu erleichtern. Sie haben dort die Möglichkeit, sich medizinisch versorgen zu lassen, für eine begrenzte Zeit zu nächtigen und sich hinsichtlich der nächsten Schritte auf ihrer Reise nach Norden beraten zu lassen. Dennoch würde man die Migration in die USA nicht aktiv fördern oder befürworten, man helfe lediglich jenen Staatsbürgern, welche ohnehin ausreisen würden (Ministro Consejero Jorge Roberto Suárez Vides [*Ministerio de Relaciones Exteriores*, República de El Salvador] am 24. Oktober 2005 in einem Gespräch mit dem Autor).

Eine ähnliche Stabstelle schuf das mexikanische Außenministerium mit seinem „Institut für im Ausland lebende Mexikaner" *(Instituto de los Mexicanos en el Exterior)*. Auf dessen Internet-Seite wird den Emigrierten detailliert erklärt, wie sie in den USA ein Bankkonto eröffnen, am effektivsten Geldsendungen in die Heimat organisieren oder ihre Liegenschaften in den Heimatgemeinden verwalten. Für potenzielle Emigranten, welche den Schritt noch nicht getan haben, bietet der „Leitfaden für den mexikanischen Auswanderer" *(Guía del Migrante Mexicano)* ausführliche Hilfestellung (vgl. Abb. 5).

Auf 35 Seiten, umfangreich illustriert, wird potenziellen Emigranten erläutert, wie sie am besten mit den bei einer Auswanderung drohenden Gefahren, vor allem im Grenzbereich zu den USA, umgehen sollten. Hinweise zum sicheren Durchschwimmen von Flüssen fehlen dabei ebenso wenig wie Anweisungen zur Reinigung von Trinkwasser, dem Umgang mit Schleusern sowie US-Grenzschützern im Falle eines Aufgreifens. All jenen, welche es in der Tat geschafft haben, unerkannt in US-amerikanisches Territorium einzudringen, wird nachdrücklich geraten, von Verkehrsdelikten, allzu lauten *fiestas* sowie häuslicher Gewalt Abstand zu nehmen, um nicht die Aufmerksamkeit der US-Behörden auf sich zu ziehen.

Es wird deutlich, in welcher dramatischen Situation sich die mittelamerikanischen Staaten befinden. Einerseits sind sie zur Sicherung ihrer Exporte auf das Wohlwollen der USA angewiesen und damit gezwungen, die Auswanderung in das Zielland des größten Teiles ihrer Ausfuhren zu unterbinden. Andererseits profitieren Sie in hohem Maße von ihren in den USA lebenden Staatsbürgern und deren *remesas* und haben daher ein starkes Interesse daran, diese bestehenden Strukturen fortzuschreiben.

4.5 Rückführung mittelamerikanischer Immigranten

Direkt beim illegalen Grenzübertritt festgenommene Einwanderer können zwischen zwei Verfahren wählen. Entweder sie lassen sich direkt zu grenznahen Sammelpunkten bringen und werden von dort wieder zurück auf die mexikanische Seite der Grenze gefahren. Oder sie nehmen die Möglichkeit wahr, ein Gerichtsverfahren zur Klärung ihres Status zu beantragen. Dies ist jedoch in der Regel sehr langfristig und damit verbunden, dass ihre illegale Wiedereinreise im Falle einer ersten Ablehnung durch die Gerichte als schweres Verbrechen gilt. Aus diesem Grunde wählen die meisten Festgenommen die sofortige Auslieferung nach Mexiko – um dann von neuem den illegalen Grenzübertritt zu versuchen. Manch erfolgreicher illegaler Einreise in die USA gehen bis zu 50 erfolglose Versuche voraus (vgl. BERNDT 2007). Allerdings steigt gerade auch die Zahl der Rückführungen solcher Hispanics, welche längere Zeit illegal in den USA gelebt hatten, stark an. Vor allem El Salvador sieht sich inzwischen mit dieser Problematik konfrontiert. Denn solche Rückkehrer sind zumeist in den USA durch über den illegalen Aufenthalt hinausgehende Straftaten auffällig geworden. Gemäß der Rechtsprechung in El Salvador reicht der Nachweis solcher Straftaten durch US-amerikanische Behörden allerdings nicht für eine weitere Inhaftierung im eigenen Land aus (Ministro Consejero Jorge Roberto Suárez Vides [*Ministerio de Relaciones Exteriores*, República de El Salvador] am 24. Oktober 2005 in einem Gespräch mit dem Autor). Für die USA ist es deutlich kostengünstiger, solche Kriminelle in ihr Ursprungsland auszufliegen, als sie selbst zu inhaftieren. Gerade Jugendliche, welche sich in den USA durch ihr Engagement in kriminellen Jugend-Banden *(maras)* jegliche Chance auf eine legale Zukunft verspielt haben, können somit nach ihrer erzwungenen Ausreise in das Ursprungsland dort auf bereits bestehende Strukturen zurückgreifen und übernehmen oftmals innerhalb dieser *maras* Führungsrollen. Die US-Behörden geben den zuständigen Stellen in San Salvador bereits vor Rücksendung der Straftäter ein möglichst genaues Profil dieser Personen, um diese entsprechend abzufangen und deren Wiedereingliederung begleiten zu können. Beide Staaten arbeiten daran, die Kommunikationsmechanismen in diesem Bereich weiter zu verfeinern. Diejenigen Personen, welche die USA zurück nach El Salvador deportieren, werden unmittelbar nach ihrer Landung am Internationalen Flughafen in San Salvador von Mitarbeitern des Programms „Willkommen zuhause" *(Bienvenido a casa)* in Empfang genommen. Unabhängig vom Grund ihrer Rückführung werden sie noch vor der Weiterfahrt an ihre Ziel- bzw. Heimatorte mit Mitarbeitern des Gesundheitsministerium zusammengebracht, welche medizinische Untersuchungen sowie Beratungsgespräche durchführen. Jeder aus den USA nach El Salvador zurückgeschickte Migrant muss überdies durch die örtlichen Polizeikräfte verhört und von Interpol erfasst werden.

4.6 Fazit

Eine für alle Seiten zufriedenstellende Lösung der Einwanderungsdebatte ist bislang nicht in Sicht. Einerseits ist es vermessen, nach jahrzehntelang oberflächlicher Gesetzgebung nun alle *Illegalen* zu kriminalisieren, andererseits ist es auch nicht einfach bzw. angebracht, ihnen über Nacht die gleichen

Abb. 5: Leitfaden für den mexikanischen Auswanderer (Guía del Migrante Mexicano).

Rechte zuzugestehen wie jenen, welche seit Jahren legal in den USA leben. Es muss eine Lösung gefunden werden, welche einerseits die Rechte der Immigranten sichert und ihnen eine gewisse Stabilität und Planungssicherheit verschafft, und dabei aber auch zur volkswirtschaftlichen und soziokulturellen Entwicklung der USA beisteuert und den Sicherheitsinteressen dieses Landes gerecht wird. Um dies zu erreichen, müssen sich die Verhandlungspartner zuallererst von radikalen Thesen verabschieden. So argumentieren diese immer wieder, dass etwa die Immigranten das Unglück per se der US-amerikanischen Gesellschaft sowie Volkswirtschaft und daher zu „verdammen" seien. Von deren Gegnern wiederum wird den Immigranten generell die Rolle als mit Abstand wichtigstem Motor der US-amerikanischen Wirtschaft zugesprochen. Doch selbstverständlich darf weder ignoriert werden, welche sozialen, politischen, aber auch volkswirtschaftlichen Kosten die Immigration für die USA mit sich bringt, noch ist zu vergessen, welchen substanziellen Beitrag die Immigranten an der Entwicklung ihres Gastlandes hatten und haben. Die in der Vergangenheit stark zunehmende Immigration aus Mittelamerika hat diese Region wieder verstärkt in das außenpolitische Bewusstsein der USA gerückt und ist neben dem Drogenhandel, dem tendenziellen Linksruck lateinamerikanischer Regierungen und dem Projekt einer gesamtamerikanischen Freihandelszone das bedeutendste Thema in der Zusammenarbeit mit den südlichen Nachbarn. Einer zunehmenden Öffnung der Grenzen für Waren und Dienstleistungen, welche nicht nur von den exportabhängigen Staaten Mittelamerikas, sondern auch von den USA selbst angestrebt wird, steht allerdings eine zunehmende Schließung der Grenze für die individuellen Akteure gegenüber. Doch verschärfte Grenzsicherungsmaßnahmen werden den Exodus im besten Falle vorübergehend verlangsamen, jedoch nicht aufhalten können, solange infolge auch auf absehbare Zeit fortbestehender Disparitäten zwischen den USA und den Staaten Mittelamerikas dort der Migrationsdruck unvermindert hoch bleibt.

Literatur

BÄHR, J. (1997): Bevölkerungsgeographie. – Stuttgart.

BAUBÖCK, R. (2003): Towards a Political Theory of Migrant Transnationalism. – International Migration Review 3, S. 700–723.

BERG, M. (2004): Können Minderheiten Wahlen entscheiden? Die Rolle der Afroamerikaner und Hispanics. – Internationale Politik 10, S. 29–38.

BERNDT, C. (2007): Frontera/Borderlands. – Geographische Rundschau 1, S. 20–27.

CRUZ, M., LÓPEZ CERDÁN, C. u. C. SCHATAN (2004): Pequeñas empresas, productos étnicos y de nostalgia: Oportunidades en el mercado internacional. Los casos de El Salvador y México. (CEPAL, Estudios y Perspectivas). – México, D.F.

ELLIS, M. (2006): Unsettling Immigrant Geographies: US Immigration and the Politics of Scale. – Tijdschrift voor Economische en Sociale Geografie 1, S. 49–58.

GABBERT, W. (2005): Transnationale Migration – Interpretationsansätze und das Beispiel der Wanderungsbewegungen zwischen Mexiko und den USA. – Lateinamerika Analysen 11, S. 3–31.

GAMERITH, W. (2004): Immigration und ethnische Diversität in den USA – Das 20. Jahrhundert in räumlicher Perspektive. – Petermanns Geographische Mitteilungen 1, S. 66–73.

GUZMÁN, B. (2000): The Hispanic Population. Census 2000 Brief. – Washington, D.C. (U.S. Census Bureau).

HOFFMANN, B. (2003): Die Lateinamerikanisierung der USA. – Brennpunkt Lateinamerika 12, S. 115–122.

HUNTINGTON, S. P. (2004): Who are we? The challenges to America's national identity. – New York u. a.

Inter-American Dialogue (2005): CAFTA-RD: ¿Cuáles serían las Consecuencias para la Inmigración? – Washington, D.C.

KOCHHAR, R., SURO, T. u. S. TAFOYA (2005): The New Latino South: The Context and Consequences of Rapid Population Growth. – Washington, D.C. (Pew Hispanic Center Report).

LEE, E. (1966): A Theory of Migration. – Demography 1, S. 47–57.

MITCHELL, C. (2002): The Significance of the September 11, 2001 Terrorist Attacks for United States-Bound Migration in the Western Hemisphere. – International Migration Review 1, S. 29–32.

National Intelligence Council (2001): Growing Global Migration and its Implications for the United States. – Washington, D.C.

NUHN, H. (2007): Remesas – Geldsendungen von US-Migranten nach Mittelamerika. – Geographische Rundschau 1, S. 36–43.

OROZCO, M. (2003): The impact of migration in the caribbean and central american region. – Ottawa.

PASSEL, J. (2006): The Size and Characteristics of the Unauthorized Migrant Population in the U.S. – Washington, D.C. (Pew Hispanic Center Report).

PASSEL, J., SURO, R. (2005): Rise, Peak, and Decline: Trens in U.S. Immigration 1992–2004. – Washington, D.C. (Pew Hispanic Center Report).

Pew Hispanic Center (2005): Hispanics. A People in Motion. – Washington, D.C.

PRIES, L. (1999): Mexikanische Arbeitswanderung in die USA: Gegenwärtige Struktur und neue Formen transnationaler Migration. – Geographische Rundschau 7/8, S. 382–387.

RAMÍREZ, R. (2005): Nosotros: Hispanos en los Estados Unidos. Informes especiales del Censo 2000. – Washington, D.C. (U.S. Census Bureau).

RAMÍREZ, R., DE LA CRUZ, G. (2003): The Hispanic Population in the United States: March 2002. – Washington, D.C. (U.S. Census Bureau).

ROSENBLUM, M. (2002): Moving beyond the policy of no policy: emigration from Mexico and Central America. – San Diego.

SASSEN, S. (1992): Why Migration? – North American Congress on Latin America (NACLA) 1, S. 14–19.

SCHARL, P. (2004): Huntington, Samuel P.: Who are we? The Challenges to America's National Identity. – Peripherie. Zeitschrift für Politik und Ökonomie in der Dritten Welt 96, S. 525–529.

SCHARL, P. (2007): ¡Vamos al norte! – Geographische Rundschau 1, S. 28–35.

Secretaría de Relaciones Exteriores de México (2006): Guía del Migrante Mexicano. – http://www.cfif.org/htdocs/legisl

ative_issues/federal_issues/hot_issues_in_congress/immigration/mexican-booklet.pdf [Zugriff am 20.11.2007].
STEIN, A. (1980): The Nation at war. – Baltimore.
STRUCK, E. (1985): Formen der ländlichen Abwanderung in der Türkei. – Erdkunde 1, S. 50–55.
SURO, R., ESCOBAR, G. (2006): 2006 National Survey of Latinos. The Immigration Debate. – Washington, D.C. (Pew Hispanis Center Report).
U.S. Bureau of the Census (1990): 1990 Census of Population and Housing. – Washington, D.C.
U.S. Census Bureau (2004): 2004 American Community Survey. – Washington, D.C.

Bitte beachten Sie auch die PowerPoint®-Präsentation
zum Artikel von *Peter Scharl* auf CD-ROM

Dipl.-Geogr. PETER SCHARL
Lehrstuhl für Anthropogeographie der Universität Passau
Innstraße 40 • D–94032 Passau
p.scharl@gmx.net

Andreas Schöps

Umschlossene Wohnkomplexe *(Gated Communities)* und der Amerikanische Traum

Mit 8 Abbildungen und einer Tabelle

1 Einführung und didaktische Zielsetzung

Städtische Räume sind seit ihrem frühesten Auftreten in der jüngeren bzw. endenden Steinzeit (ca. 9.000 v. Chr.) Zentren kultureller Entwicklung. Bereits die vorantiken Metropolen Klein- und Vorderasiens wie auch Mesopotamiens waren nicht nur Ballungen an Bevölkerung, sondern Orte der Innovationen, aus denen gesellschaftliche Entwicklungen bis in periphere Regionen wirkten.

Die hochverstädterten USA gelten heute als das wirtschaftlich und kulturell bedeutendste Land der Erde. Zahlreiche „typisch amerikanische" Entwicklungen wie Suburbanisierung oder *Shopping Malls* haben ihren Einzug auch in den europäischen Raum gehalten und prägen das Siedlungsbild nachhaltig. Dabei unterscheidet sich die Genese der modernen US-amerikanischen Stadt fundamental von der Genese der europäischen Stadt: Während in Europa vor allem bereits bestehende, vorindustrielle Strukturen in den Phasen der Industrialisierung und Urbanisierung erweitert bzw. umgebaut wurden, gab es in Nordamerika keine präindustrielle städtische Kultur und Zivilisation und damit keine „Altstädte" (vgl. GAEBE 2004, S. 217).

Die Entwicklung des „Stadtlands USA" (HOLZNER 1996) fand vielmehr zeitgleich mit den neuzeitlichen Migrationbewegungen auf dem nordamerikanischen Kontinent statt und ist dabei eng in der Mentalität der sich konstituierenden amerikanischen Bevölkerung begründet. Der Amerikanische Traum als kollektives Motiv begleitete und beeinflusste die Entstehung der US-amerikanischen Kulturlandschaft dabei durch alle historischen Epochen (vgl. u. a. ADAMS 1931; BORITT 1978; CULLEN 2004; KOCKS 2000 und TURNER 1893). *Gated Communities* als urbanes Massenphänomen, welches in allen gesellschaftlichen Schichten auftritt, stellen ebenso ein Produkt dieses Amerikanischen Traumes dar und sind damit das manifeste, konkrete Resultat einer spezifischen Mentalität der Raumkontrolle und -organisation.

Die Vereinigten Staaten von Amerika finden sich in den Lehrplänen des Unterrichtsfachs Geographie an allen bayerischen Schultypen wieder. Neben physischen Grundlagen und Phänomenen kommt darin gerade der Kulturlandschaft der USA ein besonderer didaktischer Stellenwert zu. „Traditionelle", zumeist wirtschafts- und bevölkerungsgeographische Gegenstände treten aktuell in zunehmendem Maße zugunsten siedlungsgeographischer Fragestellungen zurück. Urbane Räume werden dabei als Produkte einer gesamtgesellschaftlichen Entwicklung begriffen.

Ein tiefergehendes Verständnis der nordamerikanischen Stadtkultur erlaubt jedoch nicht nur Rückbezüge auf die eigene Lebenswelt der Schüler, sondern fordert und fördert dabei, gerade unter dem Aspekt interkulturellen Lernens, die kritische Auseinandersetzung mit dem alltäglichen Lebensraum. Raumverhaltenskompetenz, also die Fähigkeit, sich im Spannungsfeld der eigenen, sich verändernden Umwelt kritisch und engagiert auseinander zu setzen und verantwortungsbewusst zu handeln (vgl. KÖCK 1997) als übergeordnetes Ziel des Geographieunterrichts kann durch die differenzierte Konfrontation mit geographischen Prozessen in der amerikanischen Stadtlandschaft in vielfacher Hinsicht gefördert werden. Urbane Phänomene wie *Gated Communities* ermöglichen dabei nicht nur einen Einblick in die Strukturen der „modernen" US-amerikanischen Stadt, sondern eignen sich in besonderem Maße dazu, Konsequenzen geographischer Entwicklungen zu verstehen und daran zu lernen, wie Lebensbedingungen von Menschen sozial und ökologisch verantwortbar gestaltet werden können.

2 Raumerschließung und der Amerikanische Traum

Der Amerikanische Traum: „Vom Tellerwäscher zum Millionär"

Der Begriff *American Dream*, geht auf den amerikanischen Schriftsteller und Historiker James T. Adams zurück. Er benutzte ihn als Erster in seinem Buch *The Epic of America* (ADAMS 1931). Der Terminus umschreibt die Überzeugung, dass durch harte Arbeit, Mut und Entschlossenheit und unabhängig von Ausbildungsniveau und sozialer Klasse ein besseres Leben, speziell in Form finanzieller Sicherheit, erreicht werden kann. Amerikanische Werte wie Freiheit, Chancengleichheit und Erfolg sind damit wesentliche Elemente des Amerikanischen Traumes (vgl. CULLEN 2004).

Die Grundlagen des Amerikanischen Traumes finden sich in den Generationen der frühen europäischen Siedler, welche in Amerika einen Ort relativ besserer Lebenschancen sahen, sind also eng mit der Immigration in den nordamerikanischen Kontinent verbunden. Heute ist der Amerikanische Traum allgemein mit den Vorstellungen eines suburbanen Lebensstils, von Hauseigentum, einer funktionierenden Kernfamilie sowie finanzieller wie auch räumlicher Sicherheit konnotiert, umfasst also soziale ebenso wie ökonomische Vorstellungen und ist damit an eine spezifische Auffassung von Status gebunden.

„America, the Promised Land"

Die Vorstellungen des Amerikanischen Traumes wurden ursprünglich durch die englischen Pilgerväter nach Amerika gebracht. Diese hatten sich von der englischen Staatskirche aus religiösen und ideologischen Gründen getrennt und waren im Wunsch nach Freiheit über den Atlantik in die neuenglischen

Kolonien gesegelt. Die Alte Welt ist in dieser Vorstellung eine hoffnungslos korrupte Welt, in welcher moralische Erneuerung nicht mehr möglich ist (vgl. ADAMS et al. 1998, S. 726). Die Pilgerväter, wie auch die zeitnah emigrierenden Puritaner, vertraten die Auffassung, dass einem jeden Menschen die Möglichkeit offen stünde, durch harte Arbeit ein besseres und reicheres Leben zu erreichen. Diese durchaus sozialdarwinistische Vorstellung beinhaltete die Aussicht auf eine freie, egalitäre Ordnung, aber auch die Idee eines Schmelztiegels verschiedener Völker und damit die Möglichkeit einer neuen Form multiethnischen Zusammenlebens. Religiöse Bezüge wie die Auffassung eines gottgegebenen Erfolges stellen zudem ein grundlegendes Element des Amerikanischen Traums dar (vgl. ADAMS et al. 1998, S. 726 und CULLEN 2004, S. 5ff.).

Die ersten Auswanderer schufen eine Vorstellung des nordamerikanischen Kontinents, welche soziale und ökonomische wie auch geographische Elemente beinhaltete und sich bis heute erhalten hat. Raum, Gesellschaft und Amerikanischer Traum waren somit bereits früh eng miteinander verknüpft.

In ihrer Eigenwahrnehmung waren die Pilgerväter symbolische Nachkommen des biblischen Volks der Israeliten. Der Emigration aus Europa wurde als historische Analogie zum alttestamentarischen Auszug der Israeliten aus der ägyptischen Gefangenschaft ins gelobte Land dargestellt. Die Besiedlung des neuen Kontinents wurde somit zum Teil eines göttlichen Heilsplans, die Siedler wurden zum auserwählten Volk (vgl. ADAMS et al. 1998, S. 725ff.). Bereits in frühen Schilderungen (z.B. CUSHMAN 1622) wurde die für viele religiöse Gruppen wenig zufriedenstellende Situation in England einer euphorischen Schilderung der Neuenglandkolonien gegenübergestellt. Das nur spärlich von heidnischen Indianern besiedelte Land bot in diesen Darstellungen umfassende Grundlagen der Selbstverwirklichung, wie sie im Europa des 17. Jahrhunderts nicht existierten (vgl. CULLEN 2004, S. 17ff.). Die positive Konnotation der englischen Kolonien als „region given up to the dreams of fancy and the unrestrained experiments of innovators" (Tocqueville 1835, zitiert in CULLEN 2004, S. 21) breitete sich mit dem *Westward Movement*, dem „Marsch nach Westen", sukzessive über den gesamten nordamerikanischen Kontinent aus und erlangte damit nationale Bedeutung.

Der Raum selbst barg dabei von Anfang an die Erfahrung der Konfrontation mit einem Bereich jenseits zivilisatorischer Kontrolle, welcher sowohl als Bedrohung als auch als Bereich möglicher Befreiung von gesellschaftlichen Zwängen betrachtet wurde. Die *Frontier*, also die Grenze zwischen Kultur und Wildnis, stellt in dieser Auffassung den Ort des symbolischen Übertritts aus zivilisatorischer Ordnung in eine Welt moralischer Wildnis und Gesetzlosigkeit dar, in welcher das Individuum auf sich alleine gestellt ist, sich also bewähren kann und muss. Aus dieser Herausforderung des kulturlosen Raumes leiten sich amerikanische Werte wie Selbstbehauptung, Stärke und Überlegenheit ab (vgl. ADAMS et al. 1998, S. 728ff.).

Amerikanische Rechtsauffassung und der Amerikanische Raum

Mit der Überschreitung der *Frontier* als symbolische Grenze von Kultiviertem und zu Kultivierendem wurde der neu erschlossene Raum mit Regularien belegt, welche sich in grundlegenden Rechten und Pflichten der amerikanischen Bevölkerung ausdrückten. Der *Mayflower Compact* aus dem Jahr 1620 stellt dabei das früheste Dokument amerikanischer Selbstverwaltung dar und bezeugt den Willen der Siedler, das Gemeinwesen mit selbstgegebenen, gerechten und gleichen Gesetzen zu ordnen (vgl. CULLEN 2004, S. 22). Die Erschließung von Wildnis ging damit immer mit der Definition eines gemeingültigen legalen Rahmens wie auch der exekutiven Gewährleistung desselbigen einher. So stellen etwa die 1823 gegründeten Polizei- bzw. Grenzeinheiten der *Texas Rangers* eine eben solche, frühe Form von Exekutive dar, welche sicherstellen sollte, dass Siedlungsrechte amerikanischer Kolonisten durchsetzbar waren und Gefährdungen dieses rechtlichen Rahmens, etwa durch marodierende Indianer und Banden, aber auch durch Invasionsversuche Mexikos, egalisiert wurden (vgl. WEBB 1935).

Die in der Unabhängigkeitserklärung von 1776 artikulierten Grundrechte wie Leben, Freiheit und Streben nach Glückseligkeit finden sich in der Inwertsetzung des Raumes wieder: Die Naturlandschaft erfährt durch ihre Kultivierung eine Wertsteigerung, welche die Grundlage eines Lebens in Freiheit bildet. Das unabdingbare Recht eines jeden Amerikaners auf einen *Pursuit of Happiness* ist damit eng mit räumlicher Manipulation verbunden.

Die historische Auffassung des amerikanischen Territoriums als Raum, welcher in seiner Kultivierung mit Rechten belegt wird und damit „bereit" ist für das Erleben des Amerikanischen Traums, hat sich bis heute gehalten. Zusammen mit der Rhetorik der Unabhängigkeitserklärung dient sie heute vor allem Immobilienmaklern bei der Vermarktung von Häusern und Land (vgl. CULLEN 2004, S. 35ff.).

Landbesitz, Hauseigentum und das Streben nach Wohlstand

Der wirtschaftlichen Erschließung Nordamerikas gingen Phasen der Landnahme sowie der räumlichen Abgrenzung von Herrschafts- und Wirtschaftsbereichen unter den rivalisierenden europäischen Handelsmächten voraus. Dabei erwies sich das englische Konzept der zivilen Siedlungskolonie, im Gegensatz zur reinen Handelsstation und zum Militärstützpunkt der konkurrierenden Nationen Spanien und Frankreich, als langfristig überlegen. Infrastrukturelle Verbindungen durch Flussläufe und Küstenlinien ermöglichten Informationsaustausch, intrakolonialen Güterverkehr und raschere Koordination von Handlungen (vgl. ADAMS et al. 1998, S. 4ff.).

Während Nordamerika bis Ende des 18. Jahrhunderts nur spärlich besiedelt war und Dichtezentren vor allem in den Neuenglandkolonien aufwies, nahm die Anzahl der Immigranten nach dem amerikanischen Unabhängigkeitskrieg massiv zu und die *Frontier* verlagerte sich weiter westwärts, bis sie Ende des Jahrhunderts an den Pazifik stieß und als „geschlossen" erklärt wurde (vgl. u. a. TURNER 1893). Neben meist verarmten europäischen Emigranten trugen dabei vor allem asiatische Einwanderer zur zivilisatorischen Erschließung der USA bei. Die Kulturlandschaft der USA ist damit das Produkt verschiedener ethnischer und sozialer Gruppen, dabei jedoch von kollektiven Motiven des Amerikanischen Traums geprägt.

Seit dieser frühen Phase der Erschließung Nordamerikas wurde Land als Währung verwendet. Im Gegensatz zu gängigen zeitgenössischen Tauschgütern wie Tabak und *Wampums* (Perlen, welche von den Indianern als Währung verwendet wurden) war Land jedoch lokal gebunden, musste zur Wertsteigerung also in Wert gesetzt werden. Grundbesitz

Umschlossene Wohnkomplexe *(Gated Communities)* und der Amerikanische Traum 139

konnte Wohlstand produzieren, unmittelbar durch den Prozess der landwirtschaftlichen Nutzung oder des Förderns von Rohstoffen, aber auch mittelbar durch Wertzuwachs, etwa im Rahmen einer infrastrukturellen Erschließung. Darüber hinaus war Boden ein Mittel der Belohnung, welches gerade für europäische Siedler einen besonderen Charakter aufwies, da in den feudalen europäischen Staaten Landeigentum stets auch Macht bedeutete. Das im Überschuss vorhandene unbesiedelte Land bot dem ständig anwachsenden Zustrom an Immigranten die Möglichkeit der raschen Verbesserung der eigenen Lebenssituation.

Grundlage einer Inwertsetzung unerschlossenen Landes war jedoch zunächst die Kontrolle des Landes. Gefahr, sei sie politisch, militärisch, ökonomisch oder auch diffus, ging gerade von schwer erfassbaren Landschaften wie Wüsten, Wäldern, Sümpfen und Gebirgszügen aus. Der Wunsch nach räumlicher Kontrolle und Konkretisierung räumlicher Information und damit nach Macht über Raum, der auch heute noch immanent in der amerikanischen Gesellschaft verankert ist, hat seine Wurzeln in der Mentalität der frühen Kolonialzeit (vgl. CULLEN 2004, S. 59ff. sowie Abb. 1).

Mit der Unabhängigkeit 1776 wurde Land zu einem erklärten Instrument der Regierungspolitik. Auf Grundlage von durch von Thomas Jefferson initiierten Regierungsbeschlüssen (*Land Ordinance* 1785, *Northwest Ordinance* 1787) Ende des 18. Jahrhunderts wurde das Land erfasst und in ein Schachbrettmuster aus Townships von einer Quadratmeile Fläche (ca. 2,6 km²) unterteilt. Die Regierung war für die Verteilung neu annektierten Landes verantwortlich. Diese Unterteilung stellte die Grundlage von Stadt- und Straßenverläufen dar und ist auch heute noch im amerikanischen Siedlungsbild erkennbar (vgl. HEINEBERG 2001, S. 248ff.).

Für die Siedler stellten die Vereinigten Staaten von Amerika nicht nur einen Raum relativer Sicherheit vor Verfolgung und Unterdrückung dar, sondern boten aufgrund ihrer inhärenten Freiheit von Einschränkungen zahlreiche Möglichkeiten sozialen Aufstiegs. „Upward Mobility" war hierbei eng mit Grundbesitz verbunden: Nur wer die Möglichkeit zum Landerwerb besaß, konnte seinen Sozialstatus verbessern. Andererseits war fehlender Landbesitz mit eingeschränkten Rechten verbunden, sei es bei den *Indentured Servants*, welche sich von ihrer Schuld aus der Überfahrt durch oftmals mehrjährige Arbeitsleistungen freikaufen mussten, aber auch den Sklaven auf den Plantagen der Südstaaten, welchen Landbesitz bis zum Amerikanischen Bürgerkrieg hin nahezu unmöglich war. Land bedeutete damit immer auch Zugang zu Möglichkeiten, die eigene Situation zu verbessern, kurz, den Amerikanischen Traum zu verwirklichen (vgl. CULLEN 2004, S. 59ff.).

Seit den 1830er Jahren wurde das Land im nordamerikanischen Westen zum Investitionsobjekt. Spekulanten erwarben große Flächen, in der Hoffnung, diese möglichst profitabel weiterverkaufen zu können. In der Folge wurden mehrere Landverteilungsgesetze verabschiedet, wobei der *Homestead Act* von 1862 die größte Bedeutung für die Raumerschließung hatte. Jedem Siedler wurde gegen eine geringe Gebühr eine Fläche von 150 acres (ca. 60 Hektar) zugesprochen, sobald er dieses Areal für fünf Jahre bewirtschaftet hatte (vgl. ADAMS et al. 1998, S. 46ff.). Auf Seiten der ameri-

Abb. 1: *The Western Farmers Home. Durch Kultivierung von Wildnis wurde die Kontrolle von Raum möglich. Urbarmachung und Bebauung gingen dabei mit kartographischer und juristischer Erfassung und Eigentumszuschreibungen einher (Unbekannter Künstler 1871).*

Quelle: Currier & Ives 1871.

kanischen Regierung hatte man die politische und ökonomische Bedeutung der Besiedlung des Landes erkannt (CULLEN 2004, S. 140). Territoriale Erweiterungen des amerikanischen Staatsgebiets wie der Kauf Louisianas (1803), Alaskas (1867) und die Integration Texas (1845) waren Konsequenzen einer expansorisch-integrativen politischen Agenda. Dabei erstaunt es wenig, dass sich in den Biographien bedeutender amerikanischer Politiker des 18. und 19. Jahrhunderts oftmals sozialer Aufstieg aufgrund gelungener Bodenspekulationen erkennen lässt. George Washington, Andrew Jackson und Stephen Douglas schufen Vermögen und politischen Einfluss durch Gewinne aus dem Verkauf von Land in der Zeit nach der Unabhängigkeit von Großbritannien (vgl. CULLEN 2004, S. 58ff.).

Waren es zu Beginn der flächenhaften Erschließung Nordamerikas noch Landflächen, welche hohe Gewinne ohne körperliche Arbeit versprachen, so erlangten Immobilien als Spekulationsobjekte mit der verstärkt einsetzenden Urbanisierung Nordamerikas und der Ausbreitung hochverdichteter urbaner Flächen sukzessive an Bedeutung. Dies ist auch damit zu erklären, dass gerade europäische Immigranten Hauseigentum als zentrales Element der Selbstverwirklichung ansahen und eine breite Nachfrage generierten. CULLEN (2004, S. 148) gibt an, dass 55% der deutschen Immigranten in den USA im Jahr 1900 Hauseigentümer waren, eine außerordentlich hohe Ziffer im Vergleich zur Situation im wilhelminischen Deutschland. Immobilienunternehmer wie „the very definition of the American success story" (*NBC* 2006) Donald Trump, Erbauer des Trump Towers in Manhattan und „meistgeliebter Milliardär der USA 2004" (*NBC* 2006) konnten den Amerikanischen Traum des sozialen Aufstiegs aufgrund erfolgreicher Immobilienspekulationen erleben. Während Immobilien damit also einerseits Mittel zum Erreichen des amerikanischen Traumes sind, können sie zugleich auch als Medium des Ausdrucks eines sozialen Status als Produkt gesellschaftlichen Aufstiegs betrachtet werden. So sorgte der georgische Immigrant und Selfmade-Milliardär Tamir Sapir 2006 für Schlagzeilen als er, zur Verwirklichung und als Ausdruck seines gelebten Amerikanischen Traumes, das teuerste Haus in der Geschichte Manhattans in exklusivster Lage kaufte und damit seine herausragende gesellschaftliche Stellung unterstrich. Den Nutzen seines neu erworbenen *Duke Semans Mansion* sieht Sapir dabei zum einen als Wohnobjekt und Galerie seiner Elfenbeinkollektion, aber eben auch als Investitionsobjekt, welches mit Gewinn weiterverkauft werden kann (vgl. CHUNG 2006; NICHOLS 2006).

Grund- und Hauseigentum als repräsentative Symbole einer bestimmten sozialen Stellung sind damit eng mit einer kollektiven Vorstellung des Amerikanischen Traums verbunden. Die amerikanische Mentalität hat diesem somit eine geographische Komponente zugeordnet, welche eine Verortung im Raum beinhaltet.

Suburbia und die Verörtlichung des Amerikanischen Traumes

Stadtentwicklung und Verstädterung haben in den USA vor allem seit Anfang des 20. Jahrhunderts mit dem Beginn flächenextensiver Suburbanisierungsprozesse ein enormes Ausmaß und eine erhebliche Komplexität erfahren (vgl. HEINEBERG 2001, S. 253). Seit 1920 lebten mehr Amerikaner in Städten als im ländlichen Raum (CULLEN 2004, S. 144), die USA weisen heute einen Verstädterungsgrad von ca. 80% auf (vgl. GAEBE 2004, S. 20).

Dabei war die Stadt in Amerika, spätestens seit der amerikanischen Romantik des 19. Jahrhunderts, weitestgehend negativ belegt und wurde mit tiefem Misstrauen betrachtet. Sie galt als Ort der Entfremdung, der moralischen Gefährdung und des Selbstverlustes. Die Natur in ihrer Schönheit wurde als Ort der Selbstfindung wahrgenommen, nur durch Landbesitz galt der Amerikaner als selbstständiger und weitestgehend autarker Bürger (vgl. ADAMS et al. 1998, S. 730f.).

Mit dem Ende des zweiten Weltkrieges, der einsetzenden Massenmotorisierung und einer allgemeinen Steigerung des Wohlstands setzte in den USA der Prozess der Suburbanisierung, also der Dekonzentration urbaner Räume durch Stadtrandwanderung und damit Zunahme des Umlandanteils, in großem Umfang ein. Aufgrund des enormen Ausmaßes gerade in Staaten mit hohen Wanderungsgewinnen und Bevölkerungszuwächsen spricht man in diesem Rahmen vom *Suburban Sprawl* (vgl. DUANY et al. 2000, S. 3ff. sowie Abb. 2 und 3).

Amerikanische Suburbs stellen zonierte randstädtische Gebiete dar, welche überwiegend als Wohngebiete geringer Bebauungsdichte genutzt werden. Charakteristisch für den nordamerikanischen Raum sind weiterhin Verkehrsberuhigung durch Kurven und Sackgassen, geringe Bedeutung des ÖPNV sowie relativ niedrige Flächenanteile öffentlichen Raumes.

Durch das urbane Wachstum kam und kommt es noch immer zu Annektierungsprozessen, in denen städtisches Umland administrativ und legal in den Stadtkorpus integriert wird (vgl. CULLEN 2004, S. 145ff. sowie GAEBE 2004, S. 62ff.). Städtisches Wachstum in periphere Räume hinein besitzt dabei den Charakter der Kultivierung von Wildnis in einer lokal genau definierbaren Dimension (vgl. GERHARD, WARNKE 2004). Die „suburban" *Frontier* des 20. und 21. Jahrhunderts beinhaltet damit den zentralen Aspekt der Raumkontrolle und kulturellen Integration der „klassischen" *Frontier* des 19. Jahrhunderts.

Voraussetzung des anhaltenden Wachstums von Siedlungs- und Verkehrsflächen so genannter „elastischer Städte" (RUSK 1995, S. 10) sind offene Räume sowie eine beständige Nachfrage in der Bevölkerung, wie sie in den USA vor allem in den Sunbelt-Staaten (und dabei besonders in Florida, Texas und Kalifornien) vorzufinden sind. Die anhaltende Suburbanisierung gewährt zudem Wertzuwächse bei Immobilien, wie sie in den krisengeplagten amerikanischen Kernstädten kaum anzutreffen sind. Der *Suburban Sprawl* bietet damit vor allem der amerikanischen Mittelschicht die Möglichkeit der Bodenspekulation. CULLEN (2004, S. 160) sieht darin einen Bezug zur amerikanischen Tradition des „gambling of the Frontier days" und erkennt Opportunismus und Investitionsbereitschaft für seit mehr als 300 Jahren in der amerikanischen Mentalität verwurzelt.

Suburbia galt lange Zeit als idealer Standort, um zentrale Aspekte des Amerikanischen Traumes verwirklichen zu können: Hauseigentum, Konformität und sozioökonomische Homogenität, geringe Kriminalitätsraten, Privatsphäre und qualitativ hochwertige Bildungseinrichtungen versprachen eine ideale Umgebung als Grundlage eines *pursuit of happiness* (CULLEN 2004, S. 145). Das Leben im suburbanen Raum ist dabei stets an ökonomische Anforderungen gekoppelt: Die Finanzierung von Grund- und Hauskauf, den Ausgaben für Unterhalt und Grundsteuern sowie von Mobilität sind essentielle Voraussetzungen des Wohnens in Suburbia. Sozialseg-

Abb. 2: *Markham Suburbs. Ultrahomogene suburbane Räume stellen ein Resultat der gesellschaftlichen und wirtschaftlichen Entwicklung im Nordamerika der Nachkriegsjahre dar.*

Quelle: Ian Duke 2005 (Veröffentlichung mit freundlicher Genehmigung des Autors).

regation wird zudem über Bauvorschriften (z.B. Einfamilienhaus als Bauvorgabe), hohe Besteuerung von Grundstücken und Häusern (so genannte property taxes) sowie durch den Verbot des Baus subventionierter Sozialwohnungen (sozialer Mietwohnungsbau) forciert. Damit werden bestimmte Gruppen, insbesondere untere Einkommensgruppen, oftmals von vorneherein als Käufer ausgeschaltet (vgl. HEINEBERG 2001, S. 254). Ein Dasein in klassenbasierter Gleichheit war somit vor allem seit den Nachkriegsjahren für die wachsende Mittelschicht möglich geworden. Andererseits wurde Gleichheit zunehmend gruppenspezifischer gefasst und seines gesamtgesellschaftlichen Bezuges beraubt – neben ethnischer Differenzierung wurde so auch eine sozioökonomische Fragmentierung urbaner Räume immanent.

Das Streben nach einem Leben und Erleben des Amerikanischen Traumes lässt sich im Wachstum des suburbanen Raumes wiederfinden. Der „dream of a land in which life should be better and richer and fuller for every man" (ADAMS 1931, Epilog) fand sich für viele Amerikaner an der unbelasteten *Frontier* der randstädtischen Gebiete und wurde damit wieder territorial fassbar.

3 Neue Raumstrukturen und neue Traumstrukturen? *Gated Communities* als „moderne" Form der Raumerschließung im 21. Jahrhundert

Mit dem Ende des 20. Jahrhunderts wurde Suburbia von innerstädtischen Problemen eingeholt. Steigende Kriminalität, Verlust der ethnischen und sozioökonomischen Homogenität durch verstärkten Zuzug von Minderheiten sowie zunehmende ökologische Probleme, nicht zuletzt aufgrund des großen Pendlerverkehrs, resultierten in einem Imageverlust des suburbanen Raumes. Veränderte Nachfragesituationen, gepaart mit ökonomischen Krisen, führen oftmals zu einem Preisverfall von Immobilien und damit zu einer Abwertung von Wohngebieten (vgl. THOMPSON 2005; HAWKSLEY 2005; HEINEBERG 2001, S. 248ff.). Andererseits erzeugt hohe Mobilität einzelner Bevölkerungsgruppen suburbane Räume, welche sich in ihrer demographischen und sozioökonomischen Zusammensetzung beständig verändern. In der Konsequenz finden sich somit separate Kerne unterer, mittlerer wie auch höherer Einkommensschichten in den städtischen Randlagen.

Aufgrund der Veränderungen der letzten Jahrzehnte konnotiert Suburbia damit für breite Bevölkerungsschichten nicht mehr Sicherheit, Schönheit und Status, sondern wird zunehmend negativ belegt. Die mediale Inszenierung von suburbanen Räumen, welche von Verfall gezeichnet sind, unter Vandalismus und Kriminalität leiden und hohen Leerstandraten an Häusern haben, fördert diese kollektive Wahrnehmung. Damit wird der suburbane Raum als „Ort der Verwirklichung des Amerikanischen Traumes" differenzierter und kritischer betrachtet und erfasst. Einkommensstärkere Gruppen suchen Orte, welche eine größtmögliche Sicherheit vor den negativen Entwicklungen Suburbias bieten, zugleich jedoch die positiven Aspekte der geographischen Lage eröffnen (vgl. LANDMAN 2000, S. 4). CULLEN (2004, S. 156) sieht darin eine Parallele zur Konfrontation mit der *Frontier* des 19. Jahrhunderts: "Exurbs suburbanize, suburbs urbanize, and restless settlers flee to frontiers …". Die Nachfrage, so scheint es, generiert neue Orte des Amerikanischen Traumes.

MARCUSE (1997, S. 311f.) beschreibt drei Entwicklungstendenzen in modernen amerikanischen Städten: (1) Soziale

Abb. 3: *Entwicklung des* Suburban Sprawl.

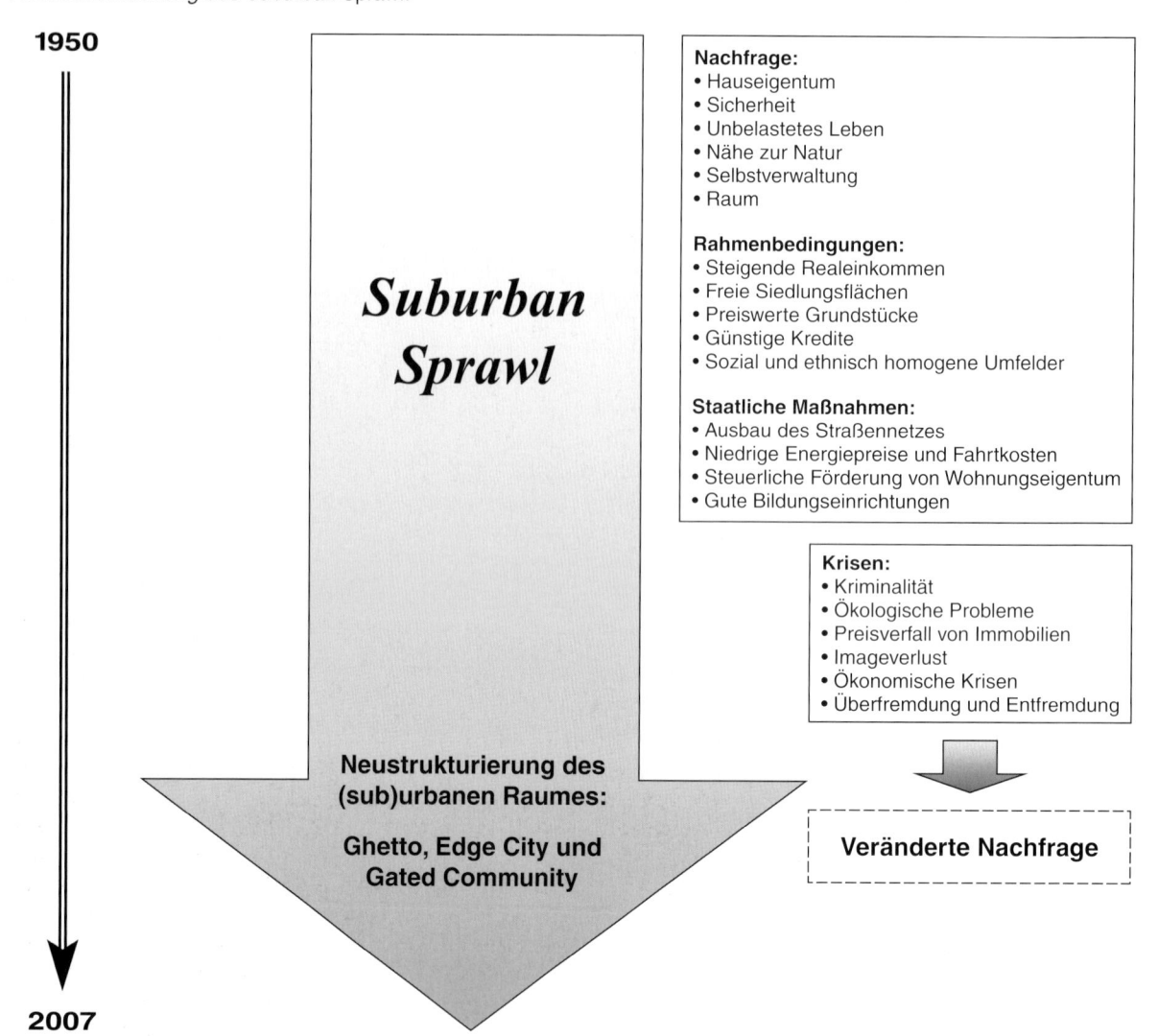

1950

Suburban Sprawl

Nachfrage:
• Hauseigentum
• Sicherheit
• Unbelastetes Leben
• Nähe zur Natur
• Selbstverwaltung
• Raum

Rahmenbedingungen:
• Steigende Realeinkommen
• Freie Siedlungsflächen
• Preiswerte Grundstücke
• Günstige Kredite
• Sozial und ethnisch homogene Umfelder

Staatliche Maßnahmen:
• Ausbau des Straßennetzes
• Niedrige Energiepreise und Fahrtkosten
• Steuerliche Förderung von Wohnungseigentum
• Gute Bildungseinrichtungen

Krisen:
• Kriminalität
• Ökologische Probleme
• Preisverfall von Immobilien
• Imageverlust
• Ökonomische Krisen
• Überfremdung und Entfremdung

Neustrukturierung des (sub)urbanen Raumes:

Ghetto, Edge City und Gated Community

Veränderte Nachfrage

2007

Quelle: A. Schöps 2007.

und räumliche Ausgrenzungen in so genannten *Ghettos of Exclusion*, (2) *Edge Cities* als neue Standorte am Rande städtischer Räume, welche fast alle Funktionen einer gewachsenen Stadt aufweisen sowie (3) *Fortified Enclaves*, also sozial und räumlich geschlossene Wohngebiete, welche auf dem Immobilienmarkt gängig als *Gated Communities* bezeichnet werden.

"Gated communities – a new version of the American dream" (Marketingslogan) stellen dabei diejenige Entwicklung dar, welche Wünsche nach eben solchen Orten des Amerikanischen Traumes auffasst, räumlich konkretisiert und damit marktwirtschaftlich instrumentalisiert. Der Amerikanische Traum im Herzen Suburbias wird wieder fassbar und erreichbar, jedoch mit fundamental anderen Rahmenbedingungen.

3.1 Definition der *Gated Communities*

Gated Communities stellen für die Öffentlichkeit geschlossene, privat betriebene Wohnsiedlungen dar, welche in den USA seit den 1980er Jahren zu einem Massenphänomen geworden sind (vgl. FRANTZ 2001, S. 12ff.). Als „hot button" (BLAKELY, SNYDER 1999, VII) in der nordamerikanischen Stadtlandschaft haben sie einen massiven Einfluss auf den phy-

sischen Stadtraum und damit direkte Auswirkungen auf Aktions- und Sozialräume innerhalb des urbanen Raums. Sie sind somit von gesamtgesellschaftlicher Relevanz. Mehr als 40 % der neugebauten Häuser im Westen, Süden und in den südöstlichen Teilen der USA in geplanten Siedlungen (so genannte *Planned Developments*) sind *Gated Communities* (vgl. BLAKELY, SYNDER 1999, VII). Seit Anfang der 1990er Jahre stehen sie gleichfalls im Mittelpunkt geographischer Stadtforschung (vgl. u. a. BLAKELY, SYNDER 1997; DAVIES 1990 sowie MCKENZIE 1994 bzw. FRANTZ 2001; GLASZE 2001 und SCHÖPS 2007).

Strukturelle Komponenten

Gated Communities erscheinen aufgrund einer ganzen Reihe von defensiven baulichen und landschaftsgestaltenden Maßnahmen als hermetisch abgesicherte, von der Außenwelt abgekapselte Wohneinheiten (vgl. FRANTZ 2001. S. 14 sowie Abb. 4). Jeder *Gated Community* ist eine zumeist repräsentativ gestaltete, durch Wachdienste bzw. elektronische Einrichtungen (Keypad, Videokameras u. ä.) gesicherte Toreinfahrt eigen. Dieser schließt sich eine mehr oder weniger geschlossene Ummauerung bzw. Umzäunung an, welche oftmals durch Sichtschutz (Bepflanzung, Blenden o. ä.) ergänzt ist. Vereinzelt werden natürliche Gegebenheiten wie Fluss-

Abb. 4: *Die* Gated Community *Southgate in Weslaco, Texas (USA).*

Gated Community **Southgate – Symbolischer Raum von Naturästhetik, Unikalität und Sicherheit**

Landschaftsarchitektonische Ästhetik

Individuell gestaltete Toreinfahrt mit besonderer Betonung des Eigennamens

Ostentatives Ensemble von Sicherheitseinrichtungen (Wachhaus mit Security Guards, Gittertor und Ummauerung)

Symbolischer Raum von Unikalität und Sicherheit

Image eines „Place of Perfect Living"

Quelle: A. Schöps 2007. Aufnahme: A. Schöps 04/2004.

läufe, Erdwälle, künstliche Seen oder Küstenverläufe als Abgrenzungen verwendet (vgl. u. a. LOW 2003, S. 12).

Je nach Nutzung und Marktanpassung variiert die Bebauung des Siedlungstypus von Einfamilienhäusern bis hin zu Mehrfamilienhäusern *(Townhouses)* und transportierbaren Häusern *(Mobile Homes).* Bewachte Hochhäuser, so genannte *Condominiums*, werden nicht zu *Gated Communities* gezählt, sondern stellen einen eigenen Subtypus umschlossener Wohnkomplexe dar (vgl. GLASZE 2003, S. 30).

Charakteristischerweise besitzen *Gated Communities* eine ansprechende Landschafts- und Gartenarchitektur, welche in den amerikanischen Sunbelt-Staaten hauptsächlich Palmengärten, Blumenbeete und Rasenanlagen einschließt. Zudem treten Einrichtungen der Freizeitinfrastruktur in unterschiedlichem Umfang auf. Neben Klubhäusern, Fitnesscentern, Bowlingbahnen und Swimmingpools gehören hierzu gerade in größeren Wohnkomplexen auch Golfplätze. Weiter besitzen diese umschlossenen Wohnkomplexe eigene infrastrukturelle Einrichtungen der Ver- und Entsorgung (Gas, Wasser, Abwasser, Strom) sowie des Verkehrs (vgl. Abb. 5).

Organisatorische Komponenten

Im Stadtland USA, welches durch eine flächenhafte Besiedlung charakterisiert ist, stellen *Gated Communities* räumlich klar abgegrenzte Entitäten dar, die ihrem individuellen Charakter durch einen Eigennamen Ausdruck verleihen. Namen wie Costa del Sol, Puesta del Sol, La Hacienda, Royal Village, The Estates oder Villas of South Padre stimulieren die Vermarktung, suggerieren Unikalität, symbolisieren Emotionalität und steigern so den Marktwert der *Gated Communities* im Gegensatz zu den konturlosen Siedlungen des *Suburban Sprawl*. Mehr noch, die Eigennamen werden gezielt ausgesucht, um die Wohnsiedlung vom urbanen Raum zu dissoziieren, einen unbelasteten, ländlichen Charakter anzudeuten und damit den pastoralen Traum von einer Harmonie von Kultur und Natur wiederzugeben (vgl. BLAKELY, SYNDER 1999, S. 14).

Aufgrund der staatlichen Vorgaben für die Verwaltung und Instandhaltung privat betriebener Wohnanlagen, die aus mehreren Wohneinheiten bestehen, besitzt jede *Gated Community* eine *Home Owners Association (HOA)*, also eine nichtkommerzielle Vereinigung der Hauseigentümer (siehe Abb. 6). Dieser Zusammenschluss stellt eine Art „Privatregierung" der Gemeinschaft dar, welche sich nur den Interessen der Bewohner der Privatsiedlung, nicht aber gegenüber der umliegenden städtischen Kommune verpflichtet fühlt (vgl. FRANTZ 2001, S. 12ff.). Hauptaufgabe dieser Hauseigentümervereinigungen ist die Erhebung eines Jahresbudgets, um die Verwaltung, den Betrieb und die Instandhaltung der gemeinschaftlichen Bereiche der privatisierten Wohnkomplexe zu finanzieren. Die jährlich erhobenen Eigentümerbeiträge, die so genannten *Fees* rangieren, je nach Preisklasse der *Gated Community*, zwischen wenigen hundert bis hin zu mehreren Tausend US-$. Alle Hauseigentümer sind gezwungenermaßen und automatisch auch Mitglieder der *HOA*. Amerikaner, welche Häuser in verschiedenen *Gated Communities* besitzen, sind damit auch Mitglieder in mehreren *HOA*s.

Neben Verwaltungsaufgaben, der Erstellung eines Verhaltenskodex (bis hin zu detaillierten Parkvorschriften, vgl. hierzu FRANTZ 2001, S. 15) kümmert sich die Hauseigentümerverwaltung um die Tilgung laufender Kosten im Bereich des Personals, der Ver- und Entsorgung sowie der Instandhaltung (vgl. u. a. auch BLAKELY, SYNDER 1999, S. 20ff.). *HOA*s können damit als „new local pseudo-governments" (BLAKELY, SYNDER 1999, S. 24) gesehen werden, da sie ähnliche Dienstleistungs- und Kontrollfunktionen erfüllen und eine ausgeprägte Obrigkeitsfunktion vergleichbar lokalen Regierungen besitzen (vgl. KENNEDY 1995 sowie GLASZE 2001, S. 15). Sie sind somit ein zu den öffentlichen Kommunen alternatives Modell territorialer Organisation. Damit werden lokale Selbstverwaltungen als alternative Formen demokratischer Mitbestimmung interpretierbar, die von zahlreichen Autoren (vgl. Nelson 1989, zitiert in MCKENZIE 1994, S. 176) als echte, da demokratischere, Alternative zu öffentlichen Gemeinden angesehen werden und nicht selten als „... the most representative and responsive form of democracy found ... today" (Werbeslogan einer *Common Interest Association* in den USA) hochstilisiert werden. Da sie eine Kostenentlastung für Ge-

Abb. 5: *Puesta del Sol. Die Hausgröße ist jeweils identisch (ca. 250 m² Wohnfläche). Die Preise variieren lagebedingt. So liegen die Häuser mit „relaxing colf course view" (Werbung) preislich bis zu 40% über dem Durchschnitt, Häuser in Randlagen dagegen bis zu 20% darunter. Durchschnittlicher Preis für diese* Gated Community: *249.500 US-$ für Haus und Parzelle.*

- Ummauerung mit Sichtschutz
- ① Gate mit Sicherheitsdienst
- ② Swimmingpool
- ③ Clubhaus mit Fitnesscenter

Parzelle mit Wohnhaus
- Preisniveau 80– 90%
- Preisniveau 90–110%
- Preisniveau 110–140%

Kartographie: Erwin Vogl

Quelle: A. Schöps 2004.

meinden darstellen, sind sie kommunalpolitisch weitestgehend akzeptiert (vgl. u. a. BLAKELY, SYNDER 1999, S. 20ff.).

*HOA*s werden durch Eigentümersatzungen definiert. Diese müssen vom Projektentwickler der *Gated Community* erstellt werden, in der Regel bevor die ersten Häuser verkauft werden. Die Satzungen sind jeweils lokal gebunden, d. h. sie sind nur innerhalb des Wohnkomplexes gültig (vgl. FRANTZ 2001, S. 15) und beinhalteten Bau- wie auch Verhaltensvorschriften.

Erstere definieren u. a. das Aussehen der Häuser und des assoziierten Grundstücks bis hin zu einer genauen Auflistung von auf Privatgrundstücken erlaubten Pflanzenarten und Dachschindeln. Verhaltensvorschriften geben einen lokal gebundenen Rahmen an, durch welchen das gemeinschaftliche Miteinander definiert wird. Die „kleineren Einschränkungen des Amerikanischen Traumes" (vgl. ZINGANEL 2003) werden als notwendig erachtet, weil damit die Wohnqualität der Siedlung wie auch der Wert der dortigen Immobilien bestmöglich erhalten werden kann (vgl. FRANTZ 2001, S. 15). Anders als Gesetzesvorgaben sind sie stellenweise wesentlich detaillierter und haben einen zum Teil deutlichen und direkten Einfluss auf die Privatsphäre der Bewohner. So wird in einzelnen *55+ Gated Communities* (Siedlungen, welche speziell für ältere Bevölkerungsgruppen ausgelegt sind) in Südtexas genau geregelt, wie lange Personen bestimmter Altersgruppen pro Jahr zu Besuch auf dem Gelände verweilen dürfen. *Retirement Communities* im Rio Grande Valley (Texas, USA) beispielsweise haben in ihrem Verhaltenskatalog festgesetzt, dass Kinder höchstens zwei Wochen im Jahr als Besucher innerhalb der Wohnanlage verbleiben dürfen (z. B. *Trails End 55+ Gated Retirement Community*, Weslaco, Texas). Ausnahmeregelungen, etwa bei Pflegefällen, bedürfen der dezidierten Zustimmung der *HOA*. Bei Nichteinhalten der Regularien drohen empfindliche Strafen bis hin zum Zwangsverkauf von Haus und Grundstück und der damit verbundenen Kündigung des Wohnrechts in der *Gated Community*.

Abb. 6: *Kennzeichen von* Gated Communities *im Überblick.*

Kennzeichen von *Gated Communities*

Strukturell

- Repräsentative, zugangsgesicherte Toreinfahrt
- Ummauerung/Umzäunung
- Einfamilien- und/oder Mehrfamilienhausbebauung
- Infrastruktureinrichtungen der Ver- und Entsorgung, des Verkehrs und der Freizeit
- Landschaftsarchitektur

Organisatorisch

- Individualisierung durch Eigennamen
- Privatisierter Raum
- Hauseigentümerverwaltung *(HOA)*
- Verhaltensauflagen
- Bauauflagen
- Eigene Steuern
- Gemeinschaftliches und individuelles Eigentum
- Gemeinschaftlich genutzte und getragene Dienstleistungen

Sozial

- Sozioökonomische Homogenität
- Individualistische Handlungen bei kommunaler Organisation
- Kumulationen ähnlicher Lebensstile
- „Gemeinschaft" durch
  a) direkte, pseudodemokratische Mitwirkungsmöglichkeiten und Verantwortung in der *HOA*
  b) gemeinsame räumliche Bezüge des Wohnens und der Freizeit

Quelle: A. Schöps 2006.

Immer wieder sorgen Beispiele von rigiden Rechtsauffassungen innerhalb privatisierter Wohnkomplexe für Schlagzeilen, so etwa im November 2001, als ein ehemaliger US Marine durch das öffentliche Zuschaustellen der amerikanischen Flagge gegen die Verhaltensvorschriften innerhalb einer *Gated Community* in Indian Creek, Florida verstieß und durch die *HOA* bestraft wurde (vgl. WALLACE 2001). Die Reaktion der Hauseigentümerverwaltung erlangte nationale Beachtung, da viele Amerikaner darin eine Missachtung des ersten Verfassungszusatzes, welcher das Grundrecht auf freie Meinungsäußerung zusichert, sahen. Dennoch sind Einschränkungen besonders dieser freien Meinungsäußerung vielfach in den Verhaltensvorschriften der *Gated Communities* enthalten. Die Erläuterung des ersten Verfassungszusatzes aus dem Verfahren State of Texas vs. Johnson, „... government may not prohibit the expression of an idea simply because society finds the idea offensive or disagreeable" (TEXAS v. JOHNSON, Supreme Court of the United States, 491 U.S. 397, June 21, 1989, decided) bezieht sich damit nur auf die staatliche Regierung, nicht auf die „private democracies" der *Gated Communities*.

Soziale Komponenten

Gated Communities werden oftmals als so genannte *Lifestyle Communities* vermarktet, d. h. es wird ein bestimmter Lebensstil angeboten, welcher innerhalb des Wohnkomplexes erfüllt werden kann. *Golf Communities, Retirement Communities* wie auch *Security Zone Communities* entsprechen dem Konzept der Projektentwickler (Developer) einer zielgruppenorientierten Auslegung umschlossener Wohnkomplexe. Über Hauspreise, Bauauflagen und Eigentumssteuern werden gewisse Käufergruppen von vorneherein ausgeschlossen. Somit entstehen Wohnkomplexe, welche nach ihrem Abverkauf eine weitgehend homogene soziale und ökonomische Struktur aufweisen. So setzen sich die *55+ Retirement Settlements* nahezu ausschließlich aus Menschen im selben Lebensabschnitt und mit einem ähnlichen bzw. gleichen sozioökonomischen und ethnischen Hintergrund und einer vergleichbaren Auffassung eines erwünschenswerten Lebensstils zusammen (vgl. auch FRANTZ 2001, S. 14). Ähnliches gilt für *Golf Communities*, in welchen vor allem wohlhabende und leidenschaftliche Golfer ihrer Passion nachgehen oder so genannte *Prestige Communities* (BLAKELY, SYNDER 1999, S. 74ff.), in denen sich Oberschichtbevölkerung in einer exklusiven Wohnumgebung zusammenschließt.

Dabei ist es neben der überwiegend weißen Oberschicht in zunehmendem Maße auch die gemischtethnische Mittelschicht, welche das Kundensegment der *Gated Communities* auf dem US-amerikanischen Immobilienmarkt bildet. Territorialität, Gemeinschaft und Sicherheit werden, gestaffelt nach Preis, Schutz und Komfort, zielgruppenspezifisch bis zum Prestigeobjekt als Ware offeriert (vgl. HENNING 1999 und WEHRHEIM 1999). Die „Inseln der Gleichheit und Glückseligkeit" (vgl. LÖSCHE 1989, S. 46ff.) sind voneinander damit klar unterscheidbar, da sie einen eindeutigen, individuellen Charakter aufweisen.

Das Territorium einer jeden *Gated Community* ist durch das Nebeneinander von kollektivem und individuellem Eigentum definiert. Während Häuser und die assoziierten Grundstücke über Kauf erworben werden können, verbleiben Einrichtungen wie Klubhäuser, Fitnesscenter, Swimmingpools wie auch die gesamte Infrastruktur in gemeinschaftlichem Besitz der *Home Owners Association*. Ebenso werden Aufwendungen für die Instandhaltung dieses Gemeinschaftsbesitzes durch alle Bewohner getragen. Die somit bestehende Verantwortung eines jeden Mitglieds der *Gated Communitiy* soll Gemeinschaft generieren und eine Wertschätzung kollektiven Eigentums, wie sie in den offenen Stadtgebieten unüblich scheint, hervorrufen.

3.2 Der Amerikanische Traum und der Boom der *Gated Communities*

Eingezäunte, räumlich segregierte Wohngebiete treten in den USA bereits seit Beginn des 20. Jahrhunderts besonders in Gebieten hoher ethnischer Durchmischung (Beispiel Tuxedo Park, New York, 1885, vgl. BLAKELY, SYNDER 1999, S. 3ff.) auf. Einzelne Vorläufer wie etwa Llewellyn Park im Bundesstaat

New Jersey oder Seagate in New York gehen in ihrer Entstehung bis in die Mitte des 19. Jahrhunderts zurück (vgl. Frantz 1987, S. 141ff., zitiert in FRANTZ 2001, S. 12 sowie ROSEN 2003). Eine erste Boomphase durchlebten *Gated Communities* im Zeitraum von 1960 bis 1980, als in den Sunbelt-Staaten im Süden der USA *Retirement Settlements* für die teils nur saisonale Nutzung durch ältere, aktive Bevölkerung („migration of the young-old", vgl. BÄHR 1997, S. 118ff.) verstärkt Zuspruch fanden. In den 1980er Jahren ermöglichten zunehmende Finanzkraft in der Bevölkerung, veränderte Wohnansprüche, erhöhte Mobilität und ein boomender privater Wohnungsmarkt einen starken Zuwachs an *Gated Communities*. Während sich Immobilienspekulationen zunächst vor allem auf Freizeitaspekte (Golfplätze, Lage u.ä.) konzentrierten, nahmen Mitte der Achtziger Jahre ummauerte Wohnsiedlungen gerade in Gebieten hoher ethnischer Inhomogenität zu. Diese Entwicklung hat sich bis nach der Jahrtausendwende deutlich fortgesetzt und verstärkt. *Gated Communities* sind in der Tat in den USA zu einem Massentrend geworden, der nicht mehr nur Oberschicht- und Rentnersiedlungen umfasst, sondern heute alle sozialen Schichten und Altersklassen mit einbezieht (vgl. BLAKELY, SYNDER 1997 sowie KROHE 1996). Auch in innerstädtischen Lagen (Beispiel Los Angeles, vgl. MILES 1992 sowie JAFFE 1992) treten räumlich segregierte Wohnkomplexe der Unterschicht *(Security Zone Communities)* mittlerweile weitverbreitet auf.

Schätzungsweise acht bis neun Millionen Amerikaner lebten Ende der Neunziger Jahre in ca. 20.000 US-amerikanischen *Gated Communities* (vgl. BLAKELY, SYNDER 1999, S. 6ff.), neuere Erhebungen lassen auf mehr als 30 Mio. Amerikaner schließen, welche mittlerweile in zugangsbeschränkten Wohnkomplexen leben (LANG et al. 2005).

PERTMAN (1994) stellt höchste Dichten an *Gated Communities* in Kalifornien fest, weitere Sunbelt-Staaten wie Florida, Arizona, Texas folgen dicht dahinter und weisen starke Wachstumsraten auf. Während die Entstehung zunächst vor allem die Großstädte des Sunbelts erfasste, haben sie gerade in den letzten Jahren auch eine verstärkte Verbreitung in Klein- und Mittelstädten sowie in ländlich geprägten Regionen der USA erfahren. Der Trend zum Wohnen in räumlich segregierten Wohnkomplexen ist nach wie vor ungebrochen (vgl. Tab. 1).

Der Boom der *Gated Communities* besonders in den städtischen Randlagen steht in engem Zusammenhang mit der Hoffnung auf die Existenz von Orten im amerikanischen Raum, in welchen der Amerikanische Traum erfüllbar wird. Die Vorstellung dieser Orte beinhaltet dabei unterschiedliche Aspekte:

Sicherheitsbedürfnis und diffuse Angst
Für die USA wird seit geraumer Zeit ein Prozess der gesellschaftlichen und städtischen Polarisierung beschrieben, in dem sich eine immer größer werdende Schere zwischen Arm und Reich abzeichnet. Dieser Prozess gipfelt auf der einen Seite in dauerhafter, räumlich konzentrierter und extremer Armut und wird mit dem Terminus der „Urban Underclass" (MORRIS 1994) umschrieben. Gerade in Verbindung mit dieser vermeintlich neuen Klasse wird immer wieder auf Gewaltkriminalität, Drogenhandel und Jugendgangs hingewiesen und so eine „gefährliche Klasse" generiert, die „Gefahr" für die Menschen in den Städten bedeutet (vgl. u.a. MORRIS 1994 und WEHRHEIM 1999). Mit der zunehmenden Darstellung des Themas Kriminalität in den Medien wird subjektive Angst vor und Ablehnung gegenüber allen Personen, die mit dem Armuts-Kriminalitäts-Komplex in Verbindung gebracht werden, produziert bzw. verstärkt und räumlich projiziert. Öffentlich zugängliche Räume werden somit zu vermeintlichen Gefahrenbereichen für immer mehr Menschen. Auf der anderen Seite wächst die Gruppe der Wohlhabenden, und wachsendes Einkommen sowie Vermögen schlagen sich in Tendenzen zu einem Zweit- oder Ferienhaus, bevorzugten exklusiven Adressen oder einem bequemen und vor allem sicheren Altersruhesitz nieder. Privat betriebene Wohnanlagen mit starken Zugangsrestriktionen kommen somit dem gesteigertem Bedürfnis der Bevölkerung entgegen, in einem vermeintlich kontrollierbaren sozialen Umfeld das Grundrecht des *pursuit of happiness* ungehindert auszuleben. Freiheit von Angst als einer der in den 1940er Jahren von Franklin Roosevelt im Kontext der nationalsozialistischen Bedrohung postulierten „Four Freedoms" eines jeden Amerikaners (Freedom of speech, of religion, from want, from fear) scheint also ein wesentlicher Aspekt des Zuspruchs von *Gated Communities* zu sein.

Konsequenz eines Staatsversagens
Ist die öffentliche Hand nicht bzw. nicht mehr in der Lage, flächendeckende und egalitäre Daseinsvorsorge auf einem bestimmten Niveau zu gewährleisten, so wird dies von einigen Autoren als „Staatsversagen" interpretiert (GMÜNDER et al. 2000, S. 194). Die angenommene fehlende staatliche Kompetenz wiederum findet sich in einer gescheiterten Stadtentwicklung wieder, was auch bedeutet, dass private Wohnkomplexe eine Alternative für zahlungskräftige Gruppen der Gesellschaft bieten (vgl. JUDD 1995, S. 157). Geschlossene Wohnkomplexe sind also in der Konsequenz das Produkt einer liberalen, von Interessen der Privatwirtschaft dominierten Stadtplanung und -entwicklung (vgl. GLASZE 2003, S. 38).

Wunsch nach Gemeinschaft
„Community" und damit Gemeinschaft im Sinne eines hohen Grades sozialer Interaktion, Integration und Identifikation mit dem Wertekanon eines Kollektivs stellen seit jeher zentrale Elemente der amerikanischen Gesellschaft dar, welche ihren Ursprung in den Puritanersiedlungen in Neuengland, den Mormonensiedlungen in Utah und den Quäkergemeinschaften Pennsylvanias haben und sich zuletzt in den Hippie-Kommunen der 1960er und 1970er Jahren wiederfinden (vgl. CULLEN 2004, S. 34).

Das Gefühl von Geborgenheit und regionaler Verwurzelung in den oftmals als unübersichtlich wahrgenommenen suburbanen Landschaften wird ganz gezielt bei der Vermarktung umschlossener Wohnkomplexe verwendet (vgl. u.a. BLAKELY, SYNDER 1999, S. 18ff.; GLASZE 2001, S. 44). Eigennamen wie La Hacienda, Alamo oder Royal Village schaffen zudem historische Bezüge zu den Gemeinschaften der *Frontier*generationen und benutzen sie in verklärter Form als Marketinginstrument.

Tab. 1: Bevölkerung zugangsbeschränkter Wohnkomplexe in den USA.

Jahr	1995	1997	1998	2001
Bevölkerung in Mio.	4	8	16	25,5

Quelle: BLAKELY, SYNDER 1999; FRANTZ 1999; LANG et al. 2005. Die Angaben beruhen zum Teil auf Schätzungen.

Sozioökonomische Marktanpassung: „Für jeden Geldbeutel das Passende"

Der hochflexible amerikanische Immobilienmarkt hat auf die veränderten Ansprüche in der nachfragenden Bevölkerung reagiert und mit dem Typus der *Gated Community* eine fassbare, genau definierbare räumliche Organisationsform geschaffen, welche damit leicht vermarktbar ist. Um eine möglichst breite Käuferschicht anzusprechen, gleichzeitig aber auch den Ansprüchen der Käufer an möglichst homogene, distinktive Umgebungen nachzukommen, finden sich auf dem amerikanischen Wohnungsmarkt verschiedene Kategorien von *Gated Communities*. Je nach Zielgruppe weisen diese dabei unterschiedliche funktionale Ausstattung und Preisniveaus auf und werden damit unterschiedlich symbolisch wirksam (vgl. Abb. 7 und 8).

Aus wirtschaftsliberaler Perspektive nimmt die Zahl der *Gated Communities* in den USA somit zu, weil sie als fragmentierte privatwirtschaftliche Form territorialer Organisation die Wahlmöglichkeiten zur Befriedigung individueller Bedürfnisse erhöhen und damit effizient sind. Präferenzen wie persönliche Sicherheit, ein qualitativ hochwertiges Versorgungsniveau mit lokalen öffentlichen Gütern, Dienstleistungen sowie Grün- und Sportanlagen und prestigeträchtige Wohnorte mit relativ homogenen Nachbarschaften führen zu einer „Selbstregulation" sozialer Gruppen verschiedenster Schichten (vgl. hierzu u.a. GLASZE 2001, S. 36ff.; O'NEILL 1986; PROCK, STADEL 2000).

Gated Communities als Klubökonomien

Gruppen, welche exklusiv spezifische Güter auf der Grundlage von Eigentums- bzw. Mitgliedsvereinbarungen konsumieren, werden von verschiedenen Autoren (z.B. BUCHANAN 1965; CORNES, SANDLER 1993) als „Clubs" bezeichnet. FOLDVARY (1994) und GLASZE (2001) sehen eine Übertragbarkeit die-

Abb. 7: *Luxusversion einer* Gated Community *im Lower Rio Grande Valley, Südtexas (USA).*

Der Amerikanische Traum „deluxe": The Estates, McAllen (Texas)

- „Lifestyle and Prestige Community"
- Ummauerung mit Sichtschutz
- Landschaftsarchitektur
- Exklusive Lage
- Eigentümerverwaltung
- Hochwertige Freizeiteinrichtungen

Abb. 8: Gated Community *im Lower Rio Grande Valley, Südtexas. Einfache bauliche Ausstattung und geringer Umfang an Dienstleistungen sind charakteristisch für zunehmend populäre, relative preisgünstige* Gated Communities.

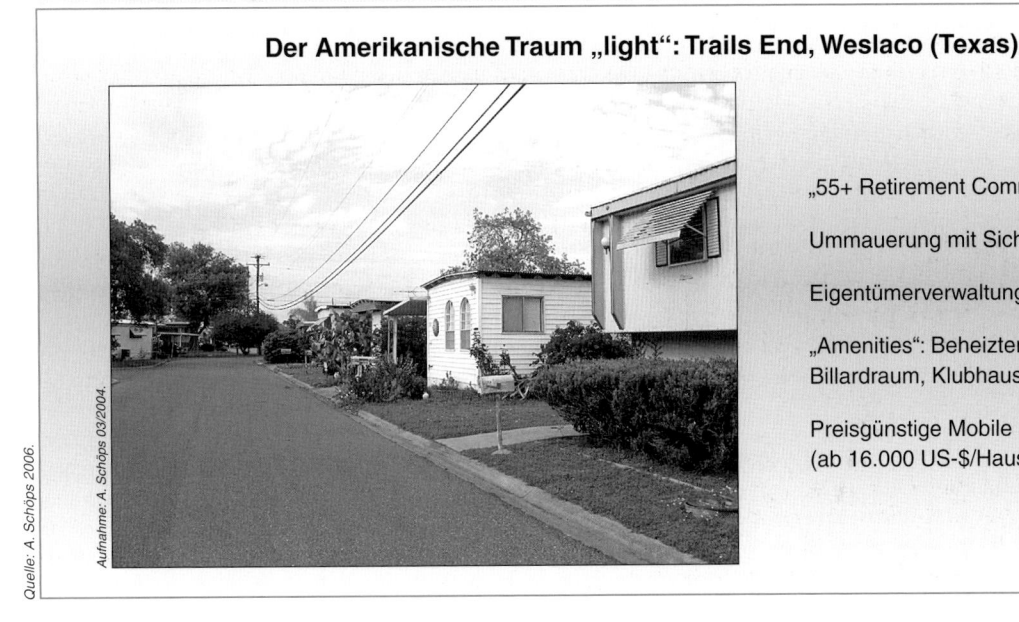

Der Amerikanische Traum „light": Trails End, Weslaco (Texas)

- „55+ Retirement Community"
- Ummauerung mit Sichtschutz
- Eigentümerverwaltung
- „Amenities": Beheizter Swimmingpool, Billardraum, Klubhaus, Bibliothek
- Preisgünstige Mobile Homes (ab 16.000 US-$/Haus)

ser Konzeption auf geschlossene Wohnkomplexe. In dieser Auffassung, welche Ansätze der neoklassischen Wirtschaftstheorie mit Ansätzen der Neuen Institutionenökonomik kombiniert, stellen *Gated Communities* damit Klubökonomien dar. Sie geben lokal begrenzte Alternativen zu einer öffentlich-kommunalen Versorgung mit kollektiven Gütern wie Dienstleistungen, materiellen Gütern und Einrichtungen und bilden dadurch ein quasi-evolutionäres Stadium städtischer Institutionen (vgl. u. a. FOLDVARY 1994; WEBSTER 2002). In *Gated Communities* treten lokale öffentliche Güter „exklusiv" auf, d. h. durch strukturelle und soziale Exklusion werden unberechtigte Nutzer, so genannte „Trittbrettfahrer", von der Nutzung ausgeschlossen (vgl. FOLDVARY 1994, S. 152ff.). Diese Form der räumlichen Organisation von Wohnen ist damit nicht nur für die Nutzer bzw. Bewohner profitabel, sondern eben gerade für Investoren, die durch den Ausschluss von Trittbrettfahrern das Problem der unberechtigten (Ab)nutzung lokaler Güter weitgehend reduzieren und damit Risiken eines Wertverfalls minimieren können (vgl. auch WATTS, WEISS 1989, S. 95).

Gated Communities stellen also unter dem Aspekt ihrer Betrachtung als Klubökonomien hocheffiziente, wirtschaftlich nachhaltige Komplexe dar, die für alle Beteiligten eine größtmögliche Befriedigung erbringen – kurz: Orte, an welchen die Verwirklichung gerade kapitalistischer Aspekte des Amerikanischen Traumes mit hoher Wahrscheinlichkeit möglich scheint.

Territoriale Selbstverwaltung und Selbstbestimmung
"May it be to the world what I believe it will be to some parts sooner, others later, but finally to all, the signal for arousing men to burst the chains under which monkish ignorance and superstition has persuaded them to bind themselves, and to achieve the blessings and security of self-government."
(Thomas Jefferson über die *Declaration of Independence*, zitiert in CULLEN 2004, S. 46)

Seit der amerikanischen Unabhängigkeitserklärung besitzt die Möglichkeit der territorialen Selbstverwaltung einen zentralen Stellenwert in der amerikanischen Gesellschaft. Die direkte Kontrolle des räumlichen Umfelds gewährt das Gefühl von Sicherheit, da jederzeit auf Prozesse im räumlichen Umfeld Einfluss genommen werden kann. Investitionen in Immobilien erhalten somit zusätzliche Absicherung, da sie dem Investor die Möglichkeit eröffnen, Wohnumgebung und damit auch Preisentwicklung zu beeinflussen. Wertzuwächse werden von Hauskäufern eine große Bedeutung beigemessen, auch wenn empirisch nicht pauschalisiert werden kann, dass *Gated Communities* per se höhere Rendite erbringen als offene Siedlungsgebiete (vgl. u. a. auch BLAKELY, SYNDER 1999, S. 17ff.).

In einer weitgehend marktgesteuerten Stadtentwicklung nimmt auch ein individualistisches Demokratieverständnis zu – persönliche Freiheitsrechte und Selbstbestimmung haben damit einen höheren Rang als gesellschaftliche Solidarität (vgl. HOLZNER 2000; PRIEBS 2000).

Andererseits bieten kleine Gemeinschaften, wie sie eben auch *Gated Communities* darstellen, den rechtlichen Rahmen wie auch die Überschaubarkeit, um eine beständige politische Kontrolle von Raum zu suggerieren. Basisdemokratie, so genannte „Grassroots Democracy", im Sinne der politischen Betätigung einer möglichst breiten Masse in lokalen Dimensionen, erscheint in *Gated Communities* nicht nur leicht möglich, sondern zudem für alle Teilhabenden aussichtsreich.

Gated Communities stellen somit ein Modell dar, in welchem egoistische Einflussnahme im Rahmen einer demokratischen Institution unmittelbar möglich ist, mehr noch, konkrete und lebenssituationsbezogene Veränderungen ermöglicht. Während der Staat als politischer Akteur an Bedeutung verliert und kaum Möglichkeiten raumwirksamer Einflussnahme besitzt, erlangt das Individuum durch die Teilhabe an der Institution der *HOA* Zugang zu territorialer Selbstverwaltung, wie sie Mitgliedern einer offenen Stadtlandschaft nicht möglich ist. Die Neukonstitution gesellschaftlicher Strukturen innerhalb privatisierter Stadtlandschaften bietet dadurch auch jene Freiheiten räumlicher Kontrolle, wie sie in den neuenglischen Siedlerkolonien des 17. Jahrhunderts bestanden: weitestgehend Unabhängigkeit von staatlicher Einflussnahme auf räumliche Prozesse, direkte Beteiligung bei raumwirksamen Entscheidungen und damit neben Raumnutzung und -kontrolle auch die Option räumlicher Definition. Macht über Raum wird somit zum distinktiven Charakteristikum der *Gated Communities* im suburbanen Raum der USA.

4 Privatisierte amerikanische Räume als private amerikanische Träume?

Gated Communities, so scheint es, bieten einer breiten Masse den räumlich konkreten Zugang zum Amerikanischen Traum. Dem Streben nach Wohlstand, Homogenität und Macht wird durch das maßgeschneiderte, marktorientierte Produkt privatisierter Wohnkomplexe entsprochen. Zudem eröffnen sie innerhalb des städtischen Raumes neue Dimensionen exklusiven Lebens und damit eine neue Ausdrucksmöglichkeit für sozialen Status. Sie ermöglichen einer zunehmend als pluralistisch und heterogen wahrgenommenen Gesellschaft ein „eureka" des *American Dream* inmitten fragmentierter, anonymer und entindividualisierter Stadtlandschaften. Die Postmoderne, so deutet die Entwicklung an, hat Orte erschaffen, in welchen sich kulturelle Bedürfnisse neu definieren und kollektive Motive räumlich interpretiert werden. Als neues Element in der amerikanischen Stadtentwicklung sind *Gated Communities* damit weit mehr als nur Plätze des Lebens und Erlebens des Amerikanischen Traumes. Sie stellen vielmehr auch Produkte der mit dem Traum assoziierten kollektiven und individuellen Vorstellungen dar und sind durch diese positiv konnotiert.

Projektionen deuten an, dass geschlossene Wohnkomplexe in den USA weiterhin massiv zunehmen. Hierarchische Gesellschaftsstrukturen werden damit durch die Dimensionen des „Drinnen" und „Draußen" ergänzt, hyperfragmentierte Stadtlandschaften, welche soziale Interaktion und Integration als Basis einer Kultur der Differenz und produktiven Auseinandersetzung mit dem Fremden korrumpieren, breiten sich gerade in Gebieten hoher Bevölkerungsdynamik aus. Dadurch werden zahlreiche Fragen nach dem gesamtgesellschaftlichen Einfluss dieser neuen Organisation des „Zusammen-Lebens" aufgeworfen: Sind *Gated Communities* per se Ausdruck eines neuen Sozialdarwinismus, in welchem die sozial Schwachen exkludiert werden, indem sich politische, ökonomische und soziale Eliten in zugangsbeschränkten Räumen aufhalten und sich dabei ihrer demokratischen, gesamtgesellschaftlichen Vernetzung entziehen? Sind umzäunte Wohnkomplexe die konkret gewordenen Symbole eines rein kapitalistischen, entsolidarisierten Gesellschaftsverständnisses und perpetuieren sie damit soziale Ungleichheit nicht nur, sondern verstärken sie diese zudem nicht auch durch ihre rasche Ausbreitung? Zugangsbeschränkte Wohngebiete, so ist zu befürchten, bieten alle Voraussetzungen, traditionelle Formen städtischen Miteinanders zu unterminieren und dabei zu einer urbanen Kultur der Entsolidarisierung beizutragen, in der die pseudo-demokratischen *Home Owner Associations* ehemals integrative Stadtpolitiken ersetzen.

Der sich durch die Verbreitung von *Gated Communities* konstituierende Dualismus aus Exklusion und Exklusivität wirft hiermit auch die Frage nach einer Verörtlichung des Amerikanischen Traumes im 21. Jahrhundert neu auf: Ist der Eingang einer *Gated Community* zukünftig auch der symbolische Ort des Übertritts in ein Territorium, welches die räumliche Komponente des *American Dream* darstellt, und ist die Idee des „I've made it" damit immer auch mit einem Leben in einer privatisierten, entsolidarisierten Umgebung verbunden?

Literatur

ADAMS, J. (1931): The Epic of America. – Boston.

ADAMS, W., LÖSCHE, P. (Hrsg.) (³1998): Länderbericht USA. Geschichte, Politik, Geographie, Wirtschaft, Gesellschaft, Kultur. – Frankfurt/Main.

BÄHR, J. (³1997): Bevölkerungsgeographie. – Stuttgart.

BLAKELY, E., SNYDER, M. (1997): Places to Hide. – American Demographics 19(5), S. 22–25.

BLAKELY, E., SNYDER, M. (²1999): Fortress America. Gated Communities in the United States. – Cambridge.

BLAKELY, E., SNYDER, M. (2004): "Gated Communities". – http://www.gatedcomsa.co.za/conference/presentations/Keynotes/blakely_e.pdf [Zugriff am 27.02.2008].

BORITT, G. (1978): Lincoln and the Economics of the American Dream. – Memphis.

BUCHANAN, J. (1965): An Economic Theory of Clubs. – Economica 32(125), S. 1–14.

CHUNG, J. (2006): The Ultimate American Dream: From Cabbie to Fifth Avenue Millionaire. – *The Gothamist* vom 10. Januar 2006 (http://www.gothamist.com/2006/01/10/cabbie.php [Zugriff am 16.11.2007]).

CORNES, R., SANDLER, T. (1993): The Theory of Externalities, Public Goods, and Club Goods. – Cambridge.

CULLEN, J. (2004): The American Dream. A Short History of an Idea That Shaped a Nation. – New York.

CUSHMAN, R. (1622): Reasons and Considerations Touching the Lawfulness of Removing out of England into the Parts of America. – Plymouth.

DAVIS, M. (1990): City of Quartz: Excavating the Future in Los Angeles. – New York.

DUANY, A., PLATER-ZYBERK, E. u. J. SPECK (2000): Suburban Nation. The Rise of Sprawl and the Decline of the American Dream. – New York.

ESLER, G. (2005): American Dream Eludes the Poorest. – *BBC News* vom 21. September 2005 (http://news.bbc.co.uk/2/hi/programmes/newsnight/4265454.stm [Zugriff am 16.11.2007]).

FOLDVARY, F. (1994): Public Goods and Private Communities: the Market Provision of Services. – London.

FRANTZ, K. (2001): Gated Communities in Metro-Phoenix (Arizona). Neuer Trend in der US-amerikanischen Stadtlandschaft. – Geographische Rundschau 53(1), S. 12–19.

GAEBE, W. (2004): Urbane Räume. – Stuttgart.

GERHARD, U., WARNKE, I. (2004): Zwischen Wiesengrund und Rolling Fields. Zur Repräsentation von Natur in Stadttexturen Nordamerikas. In: W. GAMERITH, P. MESSERLI, P. MEUSBURGER u. H. WANNER (Hrsg.): Alpenwelt – Gebirgswelten, Inseln, Brücken, Grenzen. – Bern, Heidelberg, S. 475–484 (Tagungsbericht und wissenschaftliche Abhandlungen zum 54. Deutschen Geographentag).

GLASZE, G. (2001): Privatisierung öffentlicher Räume? Einkaufszentren, Business Improvement Districts und geschlossene Wohnkomplexe. – Berichte zur deutschen Landeskunde 75(2/3), S. 160–177.

GLASZE, G. (2003): Die fragmentierte Stadt. Ursachen und Folgen bewachter Wohnkomplexe im Libanon. – Opladen.

GMÜNDER, M., GRILLON, N. u. K. BUCHER (2000): Gated Communities: Ein Vergleich privatisierter Wohnsiedlungen in Kalifornien. – Geographica Helvetica 55(3), S. 193–203.

HAWKSLEY, H. (2005): Stark Reality of the American Dream. – *BBC Radio Channel* vom 18. August 2005 (http://news.bbc.co.uk/1/hi/programmes/from_our_own_correspondent/4159974.stm [Zugriff am 16.11.2007]).

HEINEBERG, H. (²2001): Stadtgeographie. – Paderborn.

HENNING, E. (1999): Knowing your Place – die Kunst des Sortierens. – http://www.oeko-net.de/kommune/kommune07-01/zzhennig.htm [Zugriff am 16.11.2007].

HOLZNER, L. (1996): Stadtland USA: Die Kulturlandschaft des American Way of Life. – Gotha (Petermanns Geographische Mitteilungen, Ergänzungsheft 291).

HOLZNER, L. (2000): Kommunitäre und ‚demokratisierte' Kulturlandschaft: zur Frage der sogenannten ‚Amerikanismen' in deutschen Städten. – Erdkunde 54(2), S. 121–134.

JAFFE, I. (1992): Gated Communities Controversy in Los Angeles. All Things Considered. – *National Public Radio* vom 11.08.1992.

JUDD, D. (1995): The Rise of the New Walled Cities. In: H. LIGGETT, D. PERRY (Hrsg.): Spatial Practices. Critical Explorations in Social/Spatial Theory. – Thousand Oaks, London, New Dehli, S. 144–166.

KAY, J. (2000): Suburban Nation: The Rise of Sprawl and the Decline of the American Dream. – New York.

KENNEDY, D. (1995): Residential Associations as State Actors: Regulating the Impact of Gated Communities on Nonmembers. – The Yale Law Journal 105(3), S. 761–793.

KOCKS, D. (2000): Dream a little: Land and Social Justice in Modern America. – Berkeley.

KÖCK, H. (1997): Raumverhaltenskompetenz in der Kritik und die Frage nach möglichen Leitzielalternativen. In: F. FRANK, V. KAMINSKE u. G. OBERMAIER (Hrsg.): Die Geographiedidaktik ist tot, es lebe die Geographiedidaktik. Festschrift zur Emeritierung von Josef Birkenhauer. – München, S. 17–39 (Münchner Studien zur Didaktik der Geographie, 8).

KROHE, J. (1996): Bunker Metropolis: Private Government can Deliver good Service-For a Price. – Chicago Enterprise 8(2), S. 8.

LANDMAN, K. (2000): Gated Communities: An International Review. – Pretoria (Council for Scientific and Industrial Research).

LÖSCHE, P. (1989): Amerika in Perspektive. Politik und Gesellschaft der Vereinigten Staaten. – Darmstadt.

LOW, S. (2003): Behind the Gates. Life, Security and the Pursuit of Happiness in Fortress America. – New York, London.

MARCUSE, P. (1997): The Ghetto of Exclusion and the Fortified Enclave. New Patterns in the United States. – American Behavioral Scientist 41(3), S. 311–326.

MCKENZIE, E. (1994): Privatopia. – New Haven, London.

MILES, C. (1992): Low Income Project Get Security. – *Los Angeles Times* vom 15.03.1992, B. 1.

MORRIS, L. (1994): Dangerous Classes; The Underclass and social Citizenship. – London, New York.

NBC (2006): Donald Trump. – http://www.nbc.com/The_Apprentice_4/about/donaldtrump/ [Zugriff am 19.11.2007].

NICHOLS, A. (2006): Cabbie Buys a Duke-dom. – *Daily News* vom 10. Januar 2006 (http://www.nydailynews.com/news/local/story/381850p-324252c.html [Zugriff am 19.11.2007]).

O'NEIL, M. (1986): Condominos exclusivos: un estudo de caso. – Revista Brasileira de Geografica 48(1), S. 63–81.

PERTMAN, A. (1994): Home safe Home: Closed Communities Grow. – *Boston Globe* vom 14.03.1994.

PRIEBS, A. (2000): Raumplanung – Instrument der Obrigkeitsstaatlichkeit oder Instrument einer demokratischen Kulturlandschaft? Anmerkungen zum Beitrag von Lutz Holzner. – Erdkunde 54(2), S. 135–147.

PROCK, D., STADEL, C. (2000): „Gated Communities". Postmoderne Wohnparadiese in freiwilliger Segregation? Das Beispiel von Kelowna (British Columbia), Kanada. In: F. PALENCSAR (Hrsg.): Festschrift zum 60. Geburtstag von o. Univ.-Prof. Dr. Martin Seger. – Klagenfurt, S. 191–204 (Klagenfurter Geographische Schriften, 18).

ROSEN, A. (2003): Sea Gated Remembered. New York City's First Gated Community. – New York.

RUSK, D. (²1995): Cities without Suburbs. – Washington, D.C.

SANCHEZ, T., LANG, R. u. D. DHAVALE (2005): Security versus Status? A First Look at the Census's Gated Community Data. – Journal of Planning Education and Research 24(3), S. 281–291.

SCHÖPS, A. (2007): Urbanization through Gating? Urbanes Wachstum als Diffusion segregierter Wohnkomplexe am Beispiel des Lower Rio Grande Valley, Texas (USA). In: E. ROTHFUSS, W. GAMERITH (Hrsg.): Stadtwelten in den Americas. – Passau, S. 119–128 (Passauer Schriften zur Geographie, 23).

SIEBEL, W. (1997): Die Stadt und die Zuwanderer. In: H. HÄUSSERMANN, I. OSWALD (Hrsg.): Zuwanderung und Stadtentwicklung. – Opladen, Wiesbaden, S. 30–41 (Leviathan Sonderheft, 17).

STARR, K. (1973): Americans and the California Dream. – New York.

THOMPSON, B. (2005): No Help Wanted. Author Exposes How the American Dream Turned Into a Middle-Class Nightmare. – *Washington Post* vom 07. September 2005 (http://www.washingtonpost.com/wp-dyn/content/article/2005/09/06/AR2005090601923_pf.html [Zugriff am 16.11.2007].

TURNER, F. (1893): The Significance of the Frontier in American History. In: J. FARAGHER (Hrsg.) (1999): Rereading Frederick Jackson Turner: The Significance of the Frontier in American History and Other Essays. – Yale.

WALLACE, M. (2001): Owner Agreed to Accept the Rules. – *Sun Sentinel* vom 05.11.2001.

WATTS, J., WEISS, M. (1989): Community Builders and Community Associations: The Role of Real Estate Developers in Private Residential Governance. In: *Advisory Commission of intergovernmental relations* (Hrsg.): Residential Community Associations: Private Governments in the Intergovernmental System? – Washington, D.C., S. 95–104 (A-112).

WEBB, W. (1935): The Texas Ranger. – Boston [Nachdruck: Austin 1982].

WEBSTER, C. (2002): Property Rights and the Public Realm: Gates, Green-belts and Gemeinschaft. – Environment and Planning B 29(3), S. 397–412 (Special Issue on the GlobalSpread of Gated Communities).

WEHRHEIM, J. (1999): Gated Communities – Sicherheit und Separation in den USA. – RaumPlanung 87, S. 248–253.

ZINGANEL, M. (2003): New Urbanism zwischen Agoraphobie und künstlichem Paradies. Auf dem Weg zur Gated Community. – dérive. Zeitschrift für Stadtforschung 12, S. 27–32.

Bitte beachten Sie auch die PowerPoint®-Präsentation und das PDF-Dokument zum Artikel von *Andreas Schöps* auf CD-ROM

StR z. A. ANDREAS SCHÖPS, M.A.
Ludwig-Thoma-Straße 2 • D–82496 Oberau
aschoeps@hotmail.com

Werner Gamerith

American Wests – American Constructions
Kulturgeographische Facetten eines fortwährenden Mythos

Mit 5 Abbildungen (davon eine Farbkarte), einer Tabelle und 15 Bildern

1 Didaktische Zielsetzung und Einführung

Amerika ist Traumland. Von allen US-amerikanischen Regionen verkörpert der Westen den Traum vom besseren Leben, vom Streben nach Glück und von der Freiheit am intensivsten. Doch *der* Westen existiert nicht – je nach Definition und inhaltlicher Betrachtung kann man von verschiedenen „Wests" sprechen. So gibt es einen Westen, den man als „Ranch Lands" verstehen könnte, in denen die soziale und landwirtschaftliche Einheit der „Ranch" mit ihrer Viehwirtschaft im Mittelpunkt steht. Ein anderer Westen wird durch die Territorien des Bundes gebildet („Federal Lands"). In wieder anderer Perspektive könnte man vom Westen als „Desert Lands" sprechen und die Region auf die menschenleeren Wüsten und Halbwüsten beziehen. Schließlich trägt der Westen für viele auch die Bedeutung eines Paradieses („Garden Lands") in sich.

Wie aber entstanden diese verschiedenen „Wests"? Wer hat unsere Vorstellung – und die der Amerikaner – über die „Western Lands" geformt? Hier sollte man zwischen historischen Konstruktionen räumlicher Images und aktuellen Prägungen unterscheiden. Vor allem im 19. Jahrhundert haben sich bestimmte Bilder über den „Westen" (der USA) herausgeschält, die mit Freiheit, Individualismus, Männlichkeit, aber auch mit Gewalt, Konflikt und Krieg in Verbindung gebracht wurden. Literatur und bildende Kunst waren an entscheidender Stelle an der Produktion der neuen Bilder, Image und Mythen beteiligt. Über die Medien des 20. Jahrhunderts, allen voran den Film, wurden die Repräsentationen des Westens einem breiten Publikum vermittelt. „Ghost towns" und „dude ranches" (Touristenranches) transportieren noch heute eine ganz bestimmte (nostalgische und idealisierte) Form des Westens. In ihnen repräsentiert sich weniger der „wahre" (oder auch der historische) Westen als vielmehr die Ideen und Vorstellungen, welche die Menschen heute in den Westen von damals projizieren. Auf diese Weise bietet dieser Artikel einen Überblick über verschiedene Fiktionen des Westens, über räumliche Stereotype, deren Konstruktion und Produktion.

Den vielfältigen Mythen, die den Westen der USA kennzeichnen, werden am Ende dieses Beitrags durch zwei eher gegenwartsbezogene, noch nicht durchweg akzeptierte Metaphern ergänzt: „Dead West" und „Hispanic West" – der Westen als Laboratorium für das Militär bzw. als Mülldeponie der gesamten USA und der Westen als neues (altes) hispanisches Kulturland. Dies sind wahrscheinlich die Westen des 21. Jahrhunderts.

An der Schule kann der Artikel als Grundlage dafür dienen, den „American Dream" kritisch zu hinterfragen und die verschiedenen Assoziationen des amerikanischen Westens zu ordnen und zu bewerten. Schüler können so in die Lage versetzt werden, sich einen neuen Zugang zum „Mythos" USA zu erarbeiten. Darüber hinaus werden im Artikel implizit Anleitungen gegeben, wie die Medienbilder über den Westen der USA heute angemessen gelesen und verstanden werden können – aus einer kritischen Distanz und offen für Unerwartetes.

Kann in der Entwicklung der europäischen Zeitläufe dem Westen mehr als die Bedeutung einer „Himmelsrichtung" zugesprochen werden? Ist es vertretbar, von besonderen Assoziationen und Konnotationen auszugehen, die sich um den „Westen" ranken und dem Wort und seinen Inhalten im europäischen Kontext eine ganz spezifische Qualität verleihen? An dieser Stelle kann kein umfassender, geschweige denn vollständiger Katalog möglicher Belege und Hinweise für die besondere semantische Aufladung des „Westens" im Europa der Neuzeit und der Moderne referiert werden. Mit Blick auf die europäische Expansion nach Übersee, die von der atlantischen Seite Europas ausgehenden „Entdeckungen", die zunächst in Westeuropa erfolgte Merkantilisierung und spätere Industrialisierung, das ebenso westeuropäisch geprägte Projekt der Aufklärung sowie die durchweg „okzidentalen", also „abendländisch"-westlichen Ersterfahrungen der Loslösung von feudalen Strukturen und der Hinwendung zu demokratisch verfassten Institutionen wird aber bereits einigermaßen deutlich, dass dem „Westen" eine metaphorische Kraft anhaftete, und zwar schon lange, bevor mit dem Kalten Krieg und der ideologischen Teilung Europas und der Wende von 1989/90 der Westen zum Gewinner dieser epochalen Auseinandersetzungen stilisiert wurde.

Dieser Artikel aber thematisiert den europäischen Westen nur mittelbar und indirekt; er widmet sich einem anderen „Westen", dem der Neuen Welt, und hier wiederum dem Westen der USA. Wenn an dieser Stelle der Kunstgriff erlaubt ist, von der „Neuen" Welt (und im besonderen von den USA) als europäischer Erfindung zu sprechen (und damit eine viele Jahrtausende währende Entwicklung indigener Kulturen ausgeblendet wird), so kann impliziert werden, dass die semantischen Grundierungen, mit denen der „Westen" in Europa konturiert wurde, auch auf die neue Projektionsfläche jenseits des Atlantiks aufgebracht wurden: Demokratie, Toleranz, Freiheit und Fortschritt – diese „westlichen" Attribute reklamierte bald ebenso Amerika für sich, zunächst als genuin europäische Siedlerkolonien, später als neues, „emanzipiertes" Gemeinwesen in dezidierter Antithese zu Europa. Mit der territorialen Extrapolation der USA, vollzogen im Wesentlichen im 19. Jahrhundert, verband sich schließlich eine weitere symbolische Anreicherung des „Westens" – das Amerika jenseits des Mississippi, dessen Inbesitznahme durch „Zivilisation" und „Technik" zur wirksamsten Erfolgsmetapher des politischen und gesellschaftlichen Projekts der USA gerann. Aus ihrem „Westen" konnten die Vereinigten Staaten seither unzählige Anregungen zur Unterfütterung der nationalen Identität Amerikas und zur Stabilisierung des staatlichen Systems beziehen. Es ist nicht zufällig, dass der größten Krise der US-amerikanischen „Einheit", nämlich dem Bürgerkrieg, die Hochkonjunktur der Erschließung des Westens unmittelbar folgte, ein Prozess, der von vielen Zeitgenossen gleichermaßen als Herausforderung und als Beleg für die tatsächliche „Union" der US-Staaten interpretiert worden war. Kurzum: Die jedenfalls aus angloamerikanischer Sicht erfolgreiche Integration des Westens konnte als Indiz für die Leistungsfähigkeit der gesamten amerikanischen Idee gewertet werden – der „Westen" transformierte zum Kult- und Kristallisationsobjekt, zum Mythos der „authentischen" Vereinigten Staaten von Amerika.

Was aber ist überhaupt der „Westen" der USA? Wie lässt sich dieser Begriff fassen? Und welche Akteure, welche Kräfte, welche Interessen waren an der Entstehung dieses Konzepts beteiligt? Welche Botschaften und Ziele, welche Erzählungen und Intentionen standen hinter den Prozessen, die eine Produktion von Klischeebildern über den US-amerikanischen Westen erlaubten? Dauern diese Produktionsprozesse bis heute an? Auf welchen Ebenen, mit welchen Attributen und unter welchen Prioritäten wird der Westen der USA bis in die Gegenwart repräsentiert? Und schließlich: Wie sehen die konkreten Problemfelder einer wie auch immer gedachten Einheit „Westen der USA" aus? Wie wird dieser Teil der USA heute erfahren, sowohl von seinen Bewohnern als auch von seinen Besuchern, und was macht seine besondere Faszinationskraft bis heute aus? Solcherlei Fragenkataloge stehen im Mittelpunkt des vorliegenden Artikels, der sich im Wesentlichen entlang von vier Hauptkapiteln mit plausiblen Definitionen, Konstruktionen bzw. Produktionen, Repräsentationen und alltäglichen Erfahrungswelten des „Westens der USA" beschäftigt.

2 Defining the Wests – Versuche einer Annäherung

Bereits im Titel des Artikels klingt es an, und die Überschriften der Hauptkapitel sollen es weiter verdeutlichen: *Der* US-amerikanische Westen existiert nicht. Es handelt sich um ein Konstrukt, das zu unterschiedlichen Epochen von verschiedenen Einzelpersonen oder ganzen Gruppen mit ebenso unterschiedlicher Zielsetzung thematisiert, postuliert und damit produziert wurde, um dann über eine ganze Bandbreite von Medien weiter vermittelt und in der amerikanischen Wahrnehmung und Selbstreflexion verankert zu werden. Somit erscheint es angemessener, im Plural von verschiedenen Westen zu sprechen und dabei die jeweilige Intention ihrer Proponenten vor Augen zu haben. Verschiedene Westen meint allerdings nicht, dass diese Konzeptionen und Ideen unverbunden nebeneinander stehen müssen und es dabei nicht zu Überschneidungen kommen kann – im Gegenteil: Es ist mit einiger Plausibilität davon auszugehen, dass die unterschiedlichen Vorstellungen des US-amerikanischen Westens durchaus in bestimmten Regionen zur Deckung zu bringen sind, die dann womöglich als „the true West" firmieren können (vgl. die Schauplätze der Westernromane Zane Greys in Abb. 1 im Farbteil, S. VII). Doch auch ein „wahrer Westen" muss immer unter Vorbehalt stehen: Er bleibt ein Ort, der mit symbolischen und mythischen Inhalten aufgeladen ist; er repräsentiert eine Idee, die sich zunächst über räumliche Parameter und Kennzeichen der physisch-materiellen Welt (Lage im Westen des Kontinents im mathematisch-astronomischen Sinne; Hochgebirgs- und Beckenlagen; Aridität; Vegetation) definiert und sich dann mit kulturellen, politischen und historischen Kennzeichen verknüpft. So gelangt man zur Empfehlung zurück, besser von *den* Westen, also im Plural, zu sprechen, um diesen „mental geographies" besser Rechnung tragen zu können. Ein zentraler Entwurf dieser Westen-Konzeptionen, der, gestützt durch eine nationale Historiographie, eine eminent wichtige Funktion für das US-amerikanische Selbstverständnis besitzt, greift dabei auf europäische Vorbilder zurück. "The American West is an idea that became a place. ... This idea developed from distinctly European origins into an American nationalistic conception" (MILNER 1994a, S. 3).

Einen amerikanischen „Westen" zu definieren, wird dadurch erschwert, dass nicht nur unterschiedliche Interessen an der Konstitution der vielfältigen Versionen von „Westen" beteiligt sind, sondern auch die Einschätzungen darüber, welche Gebiete aus welchen Gründen zum Westen rechnen oder nicht, je nach zeitlich-historischem Kontext divergieren. Für die Siedler der britischen Kolonien an der Atlantikküste lag der Westen unmittelbar hinter den Appalachen, also bereits in Ohio oder in Kentucky. Für Lewis und Clark, Leiter einer der ausgedehntesten transkontinentalen Expeditionen, nachdem sich 1803 das Territorium der USA durch den „Louisiana Purchase" verdoppelt hatte (vgl. GERSTE 2003), begann der Westen möglicherweise erst am Oberlauf des Missouri, in den Great Plains. Oder, aus regionaler Perspektive formuliert: "... the West of the nation's political map once included Tennessee but not California and then at a later time included California but not Tennessee" (MILNER 1994a, S. 1f.). Die räumliche und zeitliche Veränderbarkeit des „Westens" entwertet somit alle Bemühungen, den „Westen der USA" auf eine singuläre und verbindliche Größe zu projizieren. Eine technisch-bürokratische Abgrenzung des Westens, indem ihm einfach bestimmte US-Bundesstaaten zugewiesen werden, erscheint vor diesem Hintergrund wenig angemessen und kaum geeignet, die semantische Vielfalt des „Westens der USA" auszuloten. Für den hier verfolgten Ansatz bilden somit beispielsweise die verschiedenen, von der Zensusbehörde bereitgestellten Abgrenzungskriterien des „U.S. West" keine tragfähige Alternative.

2.1 Ranch Lands

Die Ranch konstituiert den US-amerikanischen Westen. Wer eine Gliederung der USA nach dem nicht unbedingt innovativen, aber dennoch praktikablen Kriterium „Landnutzung" vornimmt, wird auf die Kategorie der Ranch, der Viehfarm, nicht verzichten können. Der Betrieb der extensiven Viehwirtschaft findet sich fast ausschließlich im semiariden oder vollariden Westen. Auf teilweise beträchtlichen Flächen, die viele Quadratkilometer umfassen können, werden die Tiere – vorwiegend Rinder – zur Weide gelassen. Ziel dieser Wirtschaftsform ist die Produktion von Fleisch primär für den Binnenmarkt der USA, zu geringeren Teilen aber auch für den Export. In aller Regel pachtet der Rancher die größten Anteile dieser Weideflächen von staatlichen Stellen (vgl. Kap. 2.2). Entgegen der landläufigen Vorstellung operieren die großen Ranch-Betriebe des amerikanischen Westens also nicht auf privaten Flächen, sondern auf Pachtland, über das die öffentliche Hand verfügt. Rancher stehen somit in einem Abhängigkeitsverhältnis zu den Bundesbehörden, das auf merkwürdige Weise mit dem Individualismus kontrastiert, der im Westen der USA so hochgehalten, ja geradezu mythisiert wird. Möglicherweise sind es gerade diese Interdependenzen, welche die Skepsis der Bevölkerung des Westens gegenüber Washington und den Institutionen des Bundes beständig nähren. Nur das Ranchgebäude selbst steht in den meisten Fällen auf Privatland des jeweiligen Ranchers. STARRS (2003, S. 60) sieht das Ranchland überall im US-amerikanischen Westen dominant, zumindest überall dort, wo der Westen nicht bereits urbanisiert ist. Keineswegs verläuft diese Nutzungsform dabei stets konfliktfrei oder den natürlichen Bedingungen angepasst – permanente Auseinandersetzungen um Wasserrechte und die Nutzung von Land, das unter indianischen Gruppen einen besonderen religiösen Stellenwert genießt, dokumentieren diese Problematik (vgl. RICHMOND, BARON 1989; STARRS 1995), die in vielen Fällen durch ökologische oder soziale Streitfragen erschwert wird (vgl. ABRUZZI 1995).

2.2 Federal Lands

Wie schon angedeutet, differieren der Osten und der Westen der USA ganz markant in den Anteilen des Landes, das unter Bundesverwaltung steht *(federal domain)*. Rocky Mountains und einzelne Bereiche der Great Plains bilden hier eine recht deutliche Zäsur: Westlich einer gedachten Linie, die vom östlichen Montana bis ins südöstliche New Mexico verläuft (vgl. Abb. 1 im Farbteil, S. VII), sind die verschiedenen Ministerien unterstellten Bundesbehörden die wichtigsten Eigentümer des Landes, östlich davon steht der weitaus überwiegende Teil des Territoriums im Privateigentum. In manchen Staaten dieser östlichen Hälfte (Iowa, Indiana) sowie in Teilen Neuenglands (Massachusetts, Connecticut, Rhode Island) ist die öffentliche Hand mit gar keinen Flächen der Federal Lands vertreten. Auch im flächengrößten US-Bundesstaat, Texas, geht der Einfluss der Bundesbehörden als Landbesitzer gegen Null, vom Big Bend National Park im texanischen Südwesten und einigen wenigen, durch den Bund verwalteten Arealen im Osten des Staates abgesehen. Man könnte den US-amerikanischen Westen somit ohne weiteres als denjenigen Teil der USA ansprechen, der durch den territorialen Einfluss verschiedener Bundesbehörden geprägt ist, in vielen Gebieten sogar extrem dominiert wird.

Diese Vorherrschaft des Bundes gründet nicht zuletzt auf historischen Prozessen der Landerschließung durch europäische, später amerikanische Kolonisten. Auch wenn die britische Kolonialregierung ein Überschreiten der Appalachen durch die Siedler Richtung Westen zu unterbinden versuchte (*Proclamation Act* von 1763), kam es noch vor der Unabhängigkeit zu einem Vorrücken der europäischen Siedlungsgrenze in das Innere des Kontinents. Die diesbezüglichen Bemühungen der Krone waren von Anfang an zum Scheitern verurteilt, und die befürchteten Auseinandersetzungen zwischen den Kolonisten und den Indigenen ließen nicht lange auf sich warten.

Bereits in der ersten Phase der Unabhängigkeit ging die noch junge US-amerikanische Regierung zielstrebig daran, das Territorium in Richtung Westen zu erweitern. Der Zeitraum von 1789 bis 1867 war nach WRIGHT (2003) die entscheidende Epoche in der territorialen Formation der USA. Die Erweiterung erfolgte durch Landabtretungen *(cessions)* einzelner Bundesstaaten an die Bundesbehörden, durch Landkäufe des Bundes, durch legalisierte Vereinbarungen mit den Nachbarstaaten Großbritannien und Mexiko, aber auch durch völkerrechtlich nicht abgesicherte Annexionen und durch Verträge mit Indianern, die nach außen als verbindlich dargestellt, intern aber sehr oft missachtet wurden. So schlossen die Amerikaner insgesamt etwa 800 Verträge mit verschiedenen Indianerstämmen; davon waren jedoch rund 430 niemals vom Kongress ratifiziert worden, und Kolonisten brachen nicht selten einzelne Bestandteile der übrigen 370 Verträge (WRIGHT 2003, S. 88). Die politische Einverleibung des Territoriums folgte einer für die Belange der Indigenen wenig aufgeschlossenen Staatsräson, die sich mit Arroganz paarte: "Jeffersonian fraternal twins of expansive optimism and exclusive arrogance" (WRIGHT 2003, S. 87).

Stück um Stück wurde somit dem politischen Territorium der USA vom späten 18. Jahrhundert bis in die Mitte des 19. Jahrhunderts hinzugefügt (WRIGHT 2003, S. 91), wobei die größten und bedeutendsten Zugewinne 1803 („Louisiana Purchase") und 1867 (Alaska) erfolgten (vgl. GERSTE 2003; MEINIG 1993; WEXLER 1995). Die militärisch-politische Sicherung der erworbenen oder annektierten Territorien und ihre Integration in die politische Union der Vereinigten Staaten riefen nach einer starken Präsenz der Armee und anderer Bundeseinrichtungen. Nicht zuletzt diesem Umstand ist die bis heute unverändert hohe Beteiligung des Bundes in den westlichen Bundesstaaten geschuldet. Man darf in diesem Zusammenhang nicht vergessen, dass das amerikanische Militär des 19. Jahrhunderts mit der Ausnahme des Bürgerkriegs und der militärischen Besetzung des Südens in der Zeit der *Reconstruction* überwiegend im Westen stationiert war und dort zur Sicherung von Handelsposten ebenso wie zur Verfolgung indianischer Gruppen eingesetzt wurde (vgl. MILNER 1994b, S. 183).

Dass die amerikanische (weiße) Pionierbevölkerung des Westens unter diesen Bedingungen schnell in die Abhängigkeit von Bundesbehörden und staatlichen Einrichtungen geriet, überrascht nicht weiter. Dies galt jedoch nicht nur für militärische Fragen der Sicherheit, sondern auch für zivile Bereiche: In vielen Gemeinden des Westens bildeten staatliche Agenturen den wichtigsten Arbeitgeber. Die Gewährung von Pachtverträgen und Besitztiteln auf Land lag ebenfalls in den Händen der öffentlichen Stellen. Auch die Investitionstätigkeit, besonders zu Krisenzeiten, etwa durch die Errichtung technischer Infrastruktur oder durch die soziale und ökonomische Stabilisierung mittels Hilfsprogrammen zur Zeit der Depression der 1930er Jahre, blieb eine Domäne des Staates, wodurch Washingtons dauerhafter Einfluss in den westlichen Regionen garantiert blieb. Lediglich der Eisenbahnbau wurde privat organisiert und entzog sich damit der Kontrolle der Bundesbehörden, die sich nur bei der Erteilung der Konzessionen Mitspracherechte sichern konnten.

Am intensivsten war der Westen wohl in der Zwischenkriegszeit und in den Jahren um den Zweiten Weltkrieg, bis etwa 1960, zu einem Federal Land mutiert. Umfangreiche wirtschaftliche Beziehungen verknüpften die Weststaaten mit den Bundesbehörden an der Ostküste. Schätzungen gehen davon aus, dass das Einkommen der kalifornischen Bevölkerung 1930 zu fünf Prozent aus Quellen der Bundesregierung stammte. Nach einem Jahrzehnt zentralstaatlicher Hilfsprogramme war dieser Wert 1940 auf zehn Prozent angestiegen, um nach weiteren fünf Jahren Krieg, 1945, bei insgesamt 45 Prozent zu kulminieren (ABBOTT 1994, S. 482).

Eine Reihe von gesetzlichen Maßnahmen hatte seit Beginn des 20. Jahrhunderts verschiedenen Bundesbehörden enormen Einfluss in den Bundesstaaten und Territorien des US-amerikanischen Westens verschafft. Die Bestimmungen dienten vor allem dem Naturschutz und regelten verschiedene Formen der Landnutzung. 1902 wurde die Bundeseinrichtung des *Reclamation Service* aus der Taufe gehoben. Sie basierte auf dem *Newlands Reclamation Act* und zeichnete als Untereinheit des Innenministeriums *(Department of the Interior)* für die Durchführung von Bewässerungs- und Staudammprojekten im Westen verantwortlich (ABBOTT 1994, S. 471). Damit hatte eine von Washington aus gesteuerte Institution Zugriff auf den Lebensnerv der gesamten Region und stieg somit zu einem Akteur auf, der in nahezu allen elementaren Fragen des US-amerikanischen Westens ein gewichtiges Wort mitzureden hatte – selbst wenn sich die Größe der unter der Jurisdiktion des *Reclamation Service* stehenden Flächen in überschaubarem Rahmen hielt, jedenfalls im Vergleich zum *U.S. Forest Service*. Dieser war 1905 etabliert worden, unter dem Naturschutzbelangen gegenüber äußerst aufgeschlossenen Präsidenten Theodore Roosevelt, den übrigens eine besondere persönliche Affinität mit dem US-amerikanischen Westen verband (vgl. Kap. 4.2). "Theodore Roosevelt entered office in 1901 with 41 million acres in reserves and left in 1909 with 151 million in the rechristened national forests" (ABBOTT 1994, S. 473). Weitere wichtige Behörden für den US-amerikanischen Westen bildeten der *Grazing Service*, als Teil des Innenministeriums für die Vergabe von Weiderechten verantwortlich und somit für die Ranch-Kultur und die Landwirtschaft des amerikanischen Westens von zentraler Bedeutung, und der *Soil Conservation Service*, der 1935 aus dem *Soil Erosion Service* hervorgegangen war. Der *Grazing Service* formte unmittelbar nach Ende des Zweiten Weltkriegs, 1946, einen wichtigen Zweig des damals neu gegründeten *Bureau of Land Management (BLM)*, das seinerseits bis heute zu den wichtigsten Landverwaltungsorganisationen in den USA zählt. Etwa die dreifache Fläche Deutschlands steht unter dem Schirm des *BLM*.

Einen der höchsten Anteile des öffentlichen Landes an der Gesamtfläche der US-Bundesstaaten erreicht Alaska. Bereits in der Kriegszeit, 1944, unterstanden 99 Prozent seines Territoriums verschiedenen Bundesbehörden, einschließlich des Militärs. Nevada gilt gemeinhin als *der* US-Staat innerhalb der zusammenhängenden USA *("48 contiguous states")* mit der stärksten Dominanz der Bundesverwaltung. Schon 1944 standen hier 87 Prozent der Fläche unter der Kontrolle des Bundes (ABBOTT 1994, S. 481), bis in die Gegenwart hat sich dieser Wert sogar noch geringfügig auf 88 Prozent erhöht (vgl. Tab. 1).

2.3 Desert Lands oder The Left Over Place

Dass der US-amerikanische Westen eine lebensfeindliche Wüste bildet, mag in einzelnen Gebieten, vor allem des Südwestens, zutreffen. Dass manche der Siedler, die zuerst den Mississippi in Richtung Westen überschritten und der großen weiten Ebenen, der *Great Plains*, gewahr wurden, ihre Erfahrung zunehmender Aridität in den Mythos einer *Great American Desert* einspeisten, avancierte zu ehernen Grün-

Tab. 1: Territoriale Besitzstruktur in ausgewählten Staaten des Westens.

	Bund	Bundesstaat	Indianer	Privat
Arizona	44	13	26	17
Montana	32	6	3	59
Nevada	88	0,2	2	9,8
New Mexico	34	12	10	44
Utah	67	7	4	22

Quelle: WRIGHT 2003, S. 95.

dungsnarrativen der USA – und stilisierte gleichzeitig den Westen zu *der* Region, mit der sich das Selbstverständnis der Vereinigten Staaten aufs engste verknüpft. Der Westen der USA lässt sich also nicht nur als Ranch Land oder als Federal Land, sondern auch als Desert Land begreifen, das sich mit aller Faszination, allen Tücken und allen Gefahren der Wüste verbindet. Wie schon als Federal Land par excellence wird Nevada in dieser Diktion als *der* Wüstenstaat gehandelt, als leergebliebener Fleck, gleichsam eingeklemmt zwischen den Gebirgen der Sierra Nevada und der Rocky Mountains. WRIGHT (2003, S. 98) sieht in Nevada einen „leftover place" und ein „empty quarter", also einen Raum, der von der historischen Mission der USA, nämlich der Besiedlung des Westens, scheinbar vergessen wurde und nun wie eine Ikone für den menschenleeren Westen steht, für das „letzte Abenteuer auf dem Kontinent". Bei einer solchen symbolischen Aufladung stört es auch nicht weiter, dass die wenigen Städte Nevadas, zumindest Las Vegas, seit mehreren Jahrzehnten das explosivste Wachstum aller US-amerikanischen Metropolen aufweisen. Reno und Las Vegas, die 90 Prozent der Bevölkerung Nevadas auf sich vereinen, bilden so gesehen nur Ausnahmen von einer kolportierten Regel, die besagt, dass das Innere Nevadas aus öder und leerer Wüste besteht.

Dem Faszinosum der leeren Wüste, die allerdings so unbevölkert gar nicht ist, wie die Lebenspraxis mehrerer Indianerstämme in den heutigen US-Staaten Nevada und Utah zeigt, konnten sich schon die Pioniere der Westkolonisation seit dem frühen 19. Jahrhundert nur schwer entziehen. "To William Clark and Meriwether Lewis, to Zebulon Pike, to Stephen Long, to John C. Fremont, the West was the exotic place of their adventuring and self-testing" (LIMERICK 1999, S. 18). Das Wüstenbild, das sich in den Köpfen dieser Reisenden der ersten Stunde festsetzte, entsprang einer neuen Art des Sehens, einer „amerikanischen Vision" (HYDE 1990), die durch Maler, Schriftsteller, Photographen und zuletzt durch Werbetexter und Werbegraphiker der Eisenbahnlinien Schritt für Schritt einem großen Publikum an der Ostküste offenbart wurde. Das Faible für „Desert Land" signalisierte hier übrigens eine in kulturwissenschaftlicher und historisch-geographischer Hinsicht interessante und aufschlussreiche Parallele zu den Reisenden, die damals von Europa nach Süden und nach Südosten, in den „Orient", aufgebrochen waren. Auch sie ließen sich von der Wüste verzaubern, brachten phantastische Berichte aus dem „Morgenland" mit und schwärmten in oft geradezu weltentrückter Manie von den Märchen aus Tausendundeiner Nacht. "Nevada and Utah, for instance, were variously compared to Arabia, Turkestan, the Takla Makan, Timbuktu, Australia, and so on, but in reality, Victorian minds were travelling through an essentially extraterrestrial terrain, far outside their cultural experience" (DAVIS 1999, S. 348). Eine Kulturgeschichte des Orientalismus in Amerika ist bis heute noch nicht geschrieben worden; Mike Davis ist aber bereits provozierend nahe an dieses Thema heran gelangt.

Mit der Wahrnehmung des Westens als Desert Land verknüpft sich der Topos des „leeren Landes". Zahlreiche europäische Entdecker und Reisende, die den amerikanischen Westen und Südwesten erkundeten, zeigten sich von der extrem niedrigen Besiedlungsdichte des Territoriums beeindruckt. Dabei wurde das „empty land" sehr ambivalent bewertet: Einigen erschien der Westen als völlig ungeeignet für eine menschliche Kolonisationstätigkeit; sie sahen die Reste indianischer Kulturen, die verfallenen Pueblos, als warnendes Indiz für die Lebensfeindlichkeit der natürlichen Umwelt in diesen Regionen. Andere wiederum erhofften sich von den dünn besiedelten Weiten des Westens Chancen für ihr persönliches Weiterkommen. Wo immer Edelmetalle und andere Bodenschätze vermutet wurden: Es dauerte nicht lange, bis sich an diesen Orten lebendige Pioniergesellschaften entwickelten, auch in ehedem verlassenen und leeren Regionen. Das Bild des „Empty Land", das entweder gemieden werden sollte oder nur auf seine weißen Kolonisten wartete, vermittelte interessanterweise auch die amerikanische Kartographie des 19. Jahrhunderts. Manche Wissenschaftler interpretierten die leeren Weiten auf den Karten des amerikanischen Westens als Botschaft des 19. Jahrhunderts, dass sich Amerika diese Flächen anzueignen und dabei keinerlei Rücksicht auf irgendwelche bereits bestehende Kulturen oder Besitz- und Nutzungsansprüche zu nehmen gedachte. Aufschlussreich erscheint zudem, dass die europäische Kartographie die Neue Welt noch im 16. und 17. Jahrhundert als Lebensraum zahlreicher indigener Gruppen darstellte. Hier war keine Rede von einem „leeren" Kontinent, von einem „horror vacui" oder von einem „desert land" (vgl. Bild 1). "By the nineteenth century western North America was represented conventionally on maps as largely empty and unknown. But earlier maps, those of the sixteenth and seventeenth centuries, for example, had portrayed a densely occupied continent teeming with people" (WHITE 1994, S. 17).

Ein kurzer Exkurs ist an dieser Stelle vorzunehmen: Einen mächtigen Mythos, der sich bis heute untrennbar mit dem US-amerikanischen Westen assoziiert, schuf die vom Historiker Frederick Jackson Turner initiierte *frontier*-Debatte. Die *frontier*, verstanden als Kontakt- und Transformationszone zwischen den europäisch-amerikanischen Siedlern und einer „unberührten" Natur (deren indianische Prägung hier jedoch weitgehend ignoriert wird), zählt nach Turner zu den konstituierenden Merkmalen der US-amerikanischen Gesellschaft und ihres Selbstverständnisses. Diese Zone definierte sich über den Faktor der Bevölkerungsdichte, rekurrierte also zumindest indirekt ebenfalls auf der Wahrnehmung des US-amerikanischen Westens als „empty land" respektive „desert land". Sobald ein Grenzwert von mehr als zwei Bewohnern je Quadratmeile überschritten war, rechnete die Zensusbehörde zufolge dieses Gebiet nicht mehr zur *frontier*. 1890 war die *frontier* für geschlossen erklärt worden, nachdem die Bevölkerungsdichte diesen Wert überstiegen hatte.

Mit der *frontier*-These erhielt der Westen der USA ein zusätzliches Distinktionskriterium, das ihn vom amerikanischen Osten abhob. Eine enorme semantische Bandbreite sollte diesen Unterschied in der Folge betonen und stabilisieren: Der Westen erhielt die Attribute heilsam, innovativ, herausfordernd und unverfälscht; der Osten blieb dekadent, altmodisch und verharrend (vgl. z. B. EGNER 2003, S. 113). Das Turner'sche Konzept schrieb dem Westen zwei weitere Eigenschaften zu, in denen die Region bis heute einen Führungsanspruch für die gesamten Vereinigten Staaten reklamiert: Der Westen ist „freies", also „leeres" Land, das den Pionier erwartet, und er bildet die Wiege des amerikanischen Fortschritts, der sich in einem „Stufenmodell der Zivilisation" von der Wildnis bis zur Stadt widerspiegelt. „Nachdem zunächst also durch den Einfluß der amerikanischen Wildnis das geistig-kulturelle »Gepäck« der Siedler weitgehend zerstört worden war, konnte ein zweiter, nun kreativer evolutionärer Prozeß beginnen, in dem sich die Siedler den spezifischen Umweltbedingungen anpaßten. Nur unter den »primitive conditions« des freien Lands war ein unbelasteter Neubeginn, soziale Evolution von den einfachsten Anfängen an, möglich" (WAECHTER 1996, 103). Bei Turner klingt dies so: "The wilderness masters the colonist. It finds him a European in dress, industries, tools, modes of travel, and thought. It strips off the garments of civilization and arrays him in the hunting shirt and the moccasin. It puts him in the log cabin of the Cherokee and Iroquois and runs an Indian palisade around him. Before long he has gone to planting Indian corn and plowing with a sharp stick; he shouts the war cry and takes the scalp in orthodox Indian fashion" (Turner, zit. nach WAECHTER 1996, S.103f.). Kurz: Ohne den Westen und seine *frontier* wäre Amerika nicht

Bild 1: *Carte de la Louisiane et du Cours du Mississippi (1718) und Karte aus „History of the United States, or Republic of America" (1828).*

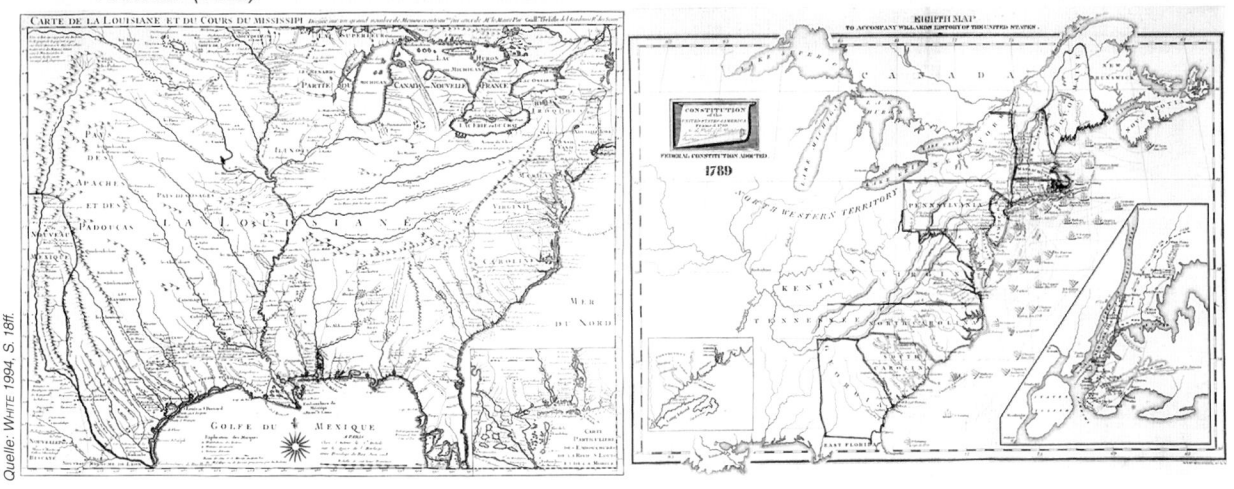

Quelle: WHITE 1994, S. 18ff.

Amerika. Und ohne die *frontier*, so eines der Hauptargumente Turners, wäre die demokratische Entwicklung Amerikas ganz anders verlaufen. „Soziale Evolution in der Neuen Welt bedeutete zugleich Amerikanisierung. ... Die an jeden Pionier gestellte Anforderung, die Wildnis in ein bewohnbares Land zu verwandeln, wirkte egalisierend" (WAECHTER 1996, S. 105, S. 109). Die zentralen Kritikpunkte, mit denen die *frontier*-Konzeption vor allem durch eine „New Western History" seit den 1970er und 1980er Jahren (vgl. PETERSON 1994, S. 767ff.; LIMERICK 1994, S. 73ff.) konfrontiert wurde, können an dieser Stelle nicht ausführlich gewürdigt werden, auch weil dies zu sehr vom eigentlichen Thema – dem Versuch der Definition des Westens – ablenken würde. Jedenfalls wird die *frontier* nunmehr nicht als ausschließliche Angelegenheit der Anglo-Amerikaner gedeutet, sondern als ein multikulturelles Phänomen aufgefasst, an dem auch Spanier bzw. Mexikaner, Indianer und Asiaten beteiligt waren. Auch mit der Gleichsetzung der Pioniere als „Siedler" wurde man vorsichtig; ihre Interpretation als „Eroberer" zog man zumindest in Erwägung.

2.4 Garden Lands

Die *frontier*-Metaphorik ist kein abgeschlossener Diskurs der Vergangenheit, sondern strahlt bis in die Gegenwart aus. Amerikanische Politiker führen das Wort der *frontier* immer wieder in ihrem Munde, um auf die besondere „Mission" des amerikanischen Volkes hinzuweisen. So unterschiedliche Repräsentanten der Bundespolitik wie Ronald Reagan oder John F. Kennedy waren gegenüber dem *frontier*-Mythos gleichermaßen aufgeschlossen. Im Juli 1960 empfahl sich John F. Kennedy in Los Angeles als Präsidentschaftskandidat der Demokratischen Partei mit den Worten: "But I believe the times demand invention, innovation, imagination, decision. I am asking you to be new pioneers on that New Frontier" (zit. nach LIMERICK 1994, S. 81). Amerika gilt in dieser Rhetorik unverändert als „land of opportunities", das seinen Bewohnern Erfindungsgeist, Erneuerungsfähigkeit, Vorstellungskraft und Entscheidungsfreude abverlangt, wenn man Kennedys Argumentation folgen will. Vor allem der Westen ist das Land, das nur bestellt zu werden braucht, von „neuen Pionieren an einer neuen *frontier*".

Von der Einschätzung des US-amerikanischen Westens als *frontier* ist es nur ein kurzer Schritt zum Bild Amerikas als „the garden of the world" (WAECHTER 1996, S. 309). Von religiösen Utopien genährt und mit einer christlichen Symbolik versehen, boten die Vereinigten Staaten vielen Bewohnern die Hoffnung auf eine freie Entfaltung ihrer Lebensmöglichkeiten, dem in der Unabhängigkeitserklärung formulierten „pursuit of happiness" folgend. Politiker der ersten Stunde wie Thomas Jefferson artikulierten Visionen, die Amerika als ländliches Idyll, bisweilen sogar als Paradies und Garten Eden, verklärten. „Seit den Zeiten der frühen Republik hatte man die Neue Welt als einen riesigen landwirtschaftlichen Garten beschrieben, der es einer großen Anzahl von Menschen erlaubte, freien Landbesitz zu erwerben" (WAECHTER 1996, S. 309). Obwohl der Westen der USA, insbesondere die intramontanen Becken zwischen den Rocky Mountains und dem Küstengebirge, aufgrund seiner physischen Natur wenig Anlass zur Hoffnung gab, dass er sich jemals in einen paradiesischen Zustand verwandeln lassen könnte, ließen sich manche Siedlergruppen dadurch nicht entmutigen. Das vielleicht eindrucksvollste Beispiel dafür, wie sich die Fata Morgana des Westens in ein konkretes Eden umgestalten ließ, lieferte der Treck der Mormonen, einer Gruppe von protestantischen Sonderlingen, die den Eingebungen eines Joseph Smith gefolgt war und unter ihrem späteren Anführer Brigham Young nach einer länger dauernden Flucht vor Verfolgung 1847 ihr „Zion", die Wüste am Salzsee (Great Salt Lake) im heutigen US-Staat Utah, erreicht hatte (vgl. Abb. 1 im Farbteil, S. VII). Dort gelang den Mormonen ein nicht geringes Siedlungswunder, als sie die unwirtliche Umgebung am Rande der Wasatch Range in einen blühenden Garten umzuwandeln wussten – und damit dem US-amerikanischen Westen ein völlig anderes Bild als das des „desert land" aufdrückten. "... the Mormons have played an active and powerful role in the mythologizing of the American West, particularly in portraying the valley, mountain, and desert regions of Utah as a newfound Eden" (MURRAY 2001, S. 148). Analogien zum Land der Bibel, zum paradiesischen Ursprung der Dinge, bemühten dabei selbst so profane Institutionen wie die Eisenbahngesellschaften, die mit dieser elysischen Vorstellung des US-Westens zusätzliche Siedler zu gewinnen hofften. "The Rio Grande Western Railroad even went so far as to produce a bird's-eye map of Mormon Utah, which drew direct parallels between its geography and that of the Holy Land. In this striking if rather distorted piece of cartography, Utah's Jordan River flowed toward the Great Salt Lake to water the Mormon Zion in much the same way that Palestine's Jordan River flowed toward the Dead Sea to water the Land of Canaan" (CRONON 1994, S. 613 und vgl. Bild 2).

Von den Ranch Lands über die Federal Lands und die Desert Lands zu den Garden Lands: Die Attribute, mit denen man sich dem US-amerikanischen Westen annähern und eine vorsichtige Definition ins Auge fassen kann, gestalten sich mannigfaltig. Was diese Verschiedenartigkeit allerdings eint, ist der klassische Bezug auf die Landschaften des Westens und ihre Symbolik, durch die Amerika und die gesamte Welt den Westen gleichsam „wiedererkennt". So kann der Westen

Bild 2: *Kartenvergleich Salt Lake Valley (Utah) und Palästina, ca. 1899.*

Quelle: CRONON 1994, S. 614.

verstanden werden als „primary symbolic landscape through which the nation defines itself and the face by which it is most readily recognized throughout the rest of the world" (DORST 1999, S. 102). Um diese Symbolik zu generieren, werden bestimmte Konstruktionsmechanismen in Gang gesetzt, die einen ganz eigenen „westlichen Blick" voraussetzen und nach sich ziehen (DORST 1999) und die im folgenden Hauptkapitel exemplarisch behandelt werden. Doch diese „Produktionen" müssen, um verstanden, gelesen und gesehen werden zu können, einer spezifischen Dramaturgie und Technik der Repräsentation folgen, auf die das übernächste Kapitel etwas ausführlicher eingehen wird.

3 Producing the Wests – Der „westliche Blick" damals

Die Inkorporation eines so großen Gebiets wie des amerikanischen Westens in das bestehende System der Vereinigten Staaten erforderte einen gesellschaftlichen und wirtschaftlichen Kraftakt, dem man sich auch auf einer interpretativ-symbolischen Ebene annähern kann. Damit ist gemeint, dass sich Amerika mit dem „neuen" Westen vertraut machen und Wege und Methoden finden musste, sich die Weiten jenseits des Mississippi nicht nur ökonomisch und infrastrukturell, sondern auch emotional und visuell anzueignen. Es ist sicherlich nicht völlig abwegig, hier von einem neuen „Sehen" und „Gesehen werden" zu sprechen. Die neue „amerikanische Vision" (HYDE 1990), der veränderte Blick nach Westen (DORST 1999) erscheint insofern auch kulturgeographisch relevant, weil er untrennbar mit dem Konzept der Landschaft verbunden ist. Die sich vor den Augen der Entdecker, Abenteurer, Forscher und Reisenden aus dem Osten aufbauenden Kulissen und Szenerien der Landschaft waren es, die dem Westen seine anscheinend unverwechselbare Einzigartigkeit verliehen und das Publikum allenthalben in Ehrfurcht und Staunen versetzten. Wohl war der Blick für das Neue, das Grandiose, aber auch das Sublime bereits durch die frühe Kontaktnahme mit spektakulären Landschaften des Ostens ermöglicht worden, wobei hier vor allem das Tal des Hudson River und die Niagarafälle zu nennen sind, doch die Weiten des Westens, seine Wüsten und Canyons, seine Felsformationen und sich auftürmenden Gebirge, all diese Landschaftselemente evozierten neue Begegnungen und neue Techniken der Aneignung.

Welche Vorsicht beim Konsum der im – oder besser: über den – Westen produzierten Bilder walten muss, wird durch den Umstand illustriert, dass es sehr oft „Dilettanten" waren, die für die Entstehung und den Transfer der Bilder sorgten. Oft genug hatten diejenigen, die authentisch über den Westen zu berichten vorgaben, ihr Wissen nur aus sekundärer Quelle bezogen oder sich selbst von anderen Berichten inspirieren lassen. "… many of our ideas about the West originated in the minds of people who were just passing through, people who saw only a little and who still wrote as if they knew the whole" (LIMERICK 1999, S. 19). „Out there", irgendwo „da draußen", sollte es faszinierende Orte des Westens geben; um sich größeres Gehör zu verschaffen, wurden die Berichte und Schilderungen nicht selten dramatisiert und der Westen mit einer Aura des Merkwürdigen, Neuen, Unvorhersehbaren und Wilden ausgekleidet (vgl. LIMERICK 1999, S. 19).

BIEGER (2007) hebt eine weitere Facette in diesem Prozess der visuellen Aneignung hervor: Die Landschaft des amerikanischen Westens ist einfach präsent, ruht gleichsam in sich selbst, lässt sich mit einem Blick erfassen – und entzieht sich doch einer konkreten, der Ordnung verpflichteten Beschreibung oder Wiedergabe. "… this being 'there' without really being 'seen' and 'recognized' especially qualifies this landscape as something 'hidden in plain sight'" (BIEGER 2007, S. 128). So bedurfte es einer Systematisierung, sich dieser Landschaft angemessen anzunähern und die visuellen Begegnungen in allgemein verständliche Codes zu transferieren. Die US-amerikanische bildende Kunst, vor allem die Malerei, war dazu nicht vor der zweiten Hälfte des 19. Jahrhunderts in der Lage (vgl. Kap. 3.1). Es fällt auf, dass sich dieser Transferprozess, von der Landschaft zum Bild und zum (kognitiven) Image, in gar nicht so seltenen Fällen *nicht* an Ort und Stelle, also im Westen, zutrug, sondern im Kontext der Ostküste, und zwar in den Ateliers der Maler, den Studios der Photographen oder überhaupt in der Imagination des Künstlers. Zwei Beispiele dieser Form der Visualisierung des Westens stehen für diese „allochthone" Produktion des US-amerikanischen Westens (vgl. Bild 3 und 4).

Charles Schreyvogel (1861–1912) zählt zu den weniger bekannten amerikanischen Künstlern, die sich in der Visualisierung des Westens engagierten. Von deutschen Einwanderern abstammend, gelang es ihm Zeit seines Lebens kaum, den ärmlichen Verhältnissen in New York City und Hoboken, New Jersey, zu entfliehen. Nur in seinen letzten Lebensjahren stieg er zu einer national bekannten Künstlerfigur auf. Lange Zeit mittellos, verbrachte Schreyvogel den größten Teil seines Lebens an der Ostküste. Dessen ungeachtet beschäftigte er sich in seinem Werk vorwiegend mit dem amerikanischen Westen, den er in zwei Reisen persönlich kennengelernt hatte. Zu seinen zentralen Motiven zählen die militärische Unterjochung des Westens, Szenen des Kampfes und der Auseinandersetzung sowie Studien von Pferd und Reiter im „Wilden Westen". Über die „Authentizität" zahlreicher seiner Werke legt Bild 3 ein bemerkenswertes Zeugnis ab. Es zeigt geradezu paradigmatisch, unter welchen Umständen viele der Images des US-amerikanischen Westens produziert wurden.

Auch das bekannte photographische Portrait von Sitting Bull, dem Häuptling der Sioux-Indianer, und „Buffalo Bill" Cody aus dem Jahre 1885 (Bild 4) stammt nicht aus dem amerikanischen Westen, sondern aus der künstlichen Sterilität eines Photostudios in Montreal, Kanada. Der Medizinmann Sitting

Bild 3: *Charles Schreyvogel bei der Arbeit auf dem Dach seines Hauses, Hoboken (New Jersey), 1903.*

Quelle: MILNER et al. 1994, S. 670.

Bild 4: *Sitting Bull und Buffalo Bill Cody. Werbephoto während der Kanada-Tour der Show „Buffalo Bill's Wild West" aus dem Jahre 1885.*

Quelle: http://www.legendsofamerica.com/photos-oldwest/Sitting%20Bull%20and%20Buffalo%20Bill%201885.%20David%20Francis%20Barry-500.jpg

Bull gehörte seit diesem Jahr zu Buffalo Bills Schauspielertruppe (vgl. Kap. 4.4) und war dem amerikanischen Publikum bereits ein Begriff durch seine Beteiligung an der militärischen Konfrontation am Litte Bighorn (Montana), die 1876 mit einer Niederlage eines US-Kavallerieregiments geendet hatte (DORST 1999, S. 29). Das Bild suggeriert Versöhnung zwischen Indianern und Weißen, zu einem Zeitpunkt, zu dem dieser Friede bestenfalls als brüchig bezeichnet werden konnte. Eine sorgfältige Bildkomposition mit einigen ästhetischen und symbolischen Details (der statische Indianer mit einem schwer zu deutenden Blick, der womöglich nichts Gutes verheißt, und der eher dynamisch auftretende Buffalo Bill) vermag den Betrachter sehr leicht über die harsche Realität des US-amerikanischen Westens zu täuschen, und deshalb verdient das Bild Beachtung als „an icon of Western visuality" (DORST 1999, S. 29). Wie in der Aufnahme von Schreyvogels künstlerischem Schaffen über den Dächern New Yorks (bzw. des Vororts Hoboken) drückt sich auch im photographischen Portrait der beiden Western-Helden die bisweilen extreme Künstlichkeit in der Produktion westlicher Images aus, in denen die Wirklichkeit des Lebens an der *frontier* beinahe bis zur Parodie verzerrt wird.

3.1 Die künstlerische Betrachtung des Westens

Keine der großen (wissenschaftlichen) Expeditionen, die sich seit Beginn des 19. Jahrhunderts dem Westen des amerikanischen Kontinents widmeten, verzichtete auf die „Konservierung" der Eindrücke und Ergebnisse, für die Maler, Schriftsteller, Sekretäre und später auch Photographen verantwortlich zeichneten. DAVIS (1999, S. 348) betont die Schwierigkeiten, vor denen insbesondere die Schreiber standen, als sie die unvermutete Größe der Naturszenerien im amerikanischen Westen erstmals erblickten und diesen ein schriftliches oder literarisches Zeugnis setzen sollten. Die Maler mussten ebenfalls erst eine angemessene Bildersprache entwickeln, die in manchen Fällen den Weg der Moderne bereitete. Timothy O'Sullivan, der die Forschungsreise John Wesley Powells begleitete, konzentrierte sich in seinen Darstellungen auf eine „naked, essential form in a way that presaged modernism. ... Similarly Clarence Dutton ... created a new landscape language – also largely architectural, but sometimes phantasmagorical – to describe an unprecedented dialectics of rock, color and light" (DAVIS 1999, S. 348). Es waren neue Wege, die zur Ästhetisierung, vielleicht sogar zur Erotisierung der Naturschauspiele in der Malerei beschritten werden mussten.

Welche Fiktionen des Westens auf der Malerei fußen konnten, zeigt das Beispiel des wie Schreyvogel deutschstämmigen Künstlers Albert Bierstadt, der sich besonders als Landschaftsmaler hervortat und sich in seinen teilweise groß dimensionierten Gemälden häufig mit den Rocky Mountains und mit der Sierra Nevada auseinandersetzte. Viele seiner Darstellungen allerdings sind, dem romantischen Umfeld seiner Zeit entsprechend, von magisch-mystischen Elementen durchwoben. Der Betrachter der Bilder Bierstadts konnte, wenn er wollte, vieles aus den Gemälden herauslesen – nur nicht einen realistischen Eindruck der Landschaften des Westens. So besehen, gehörte auch Bierstadt zu denjenigen, die den Westen „erfanden" und ihm ein spezifisches Gesicht verliehen. "His romantic renderings of the West did not portray a realistic but rather a surreal image of the West ... his sites seem fictitious even though they are named after actual place. In this way Albert Bierstadt helped to invent the West as a dramatic setting rather than an actual geographical one" (MESSNER 2002, S. 176f.).

Kulturgeographisch aufschlussreich erscheint zudem der Hinweis, dass in vielen Werken die Wahl der Perspektive und des Standorts (und damit des Blicks, der dem Betrachter des Bildes eingeräumt wird) mit dem Anspruch korreliert, den das weiße Amerika spätestens seit dem frühen 19. Jahrhundert mit dem Westen verband: Suprematie und Machtausübung, gleichermaßen über Mensch und Natur, über Indianer und ihre Umwelt. Es ist der Blick von oben, der einen (malerischen, aber auch zweckbezogenen) Überblick gewährt. Dieser „magisterial gaze" (vgl. BIEGER 2007, S. 123) steht als Ausdruck der Annexion des gesamten Kontinents. Nur wer oben steht, macht sich die Umgebung untertan, und genau diese Botschaft schwingt in zahlreichen Bildern des Westens mit, die eine erhöhte Position beziehen.

Ein anderes Instrument, die Natur des US-amerikanischen Westens suggestiv ins Bild zu setzen, beherrschte der Photograph Andrew Joseph Russell, der von der Eisenbahngesellschaft *Union Pacific Railroad* eigens damit beauftragt war, die Bauarbeiten an diesem ersten transkontinentalen Schienenstrang photographisch festzuhalten (vgl. DANLY 1988). Auf vielen der zu diesem Anlass entstandenen Photographien wird der Mensch bewusst als Statist vor der gewaltigen Natur platziert – wohl um die Dimensionen der Landschaftselemente des Westens ins Unermessliche zu steigern, aber wohl auch, um vor diesem Hintergrund die technischen Herausforderungen und die Meisterleistungen der am Eisenbahnbau beteiligten Ingenieure in einem noch imposanteren

Licht erscheinen zu lassen. Vor den Kulissen der Felswelten des Westens erscheint der von Russell positionierte Mensch noch kleiner, als er ohnehin schon ist; er mutiert nachgerade zum Zwerg in den Weiten des amerikanischen Kontinents (vgl. Bild 5).

3.2 Der maskuline Westen

Im nächsten Hauptteil, subsumiert unter „Repräsentationen des Westens" wird etwas ausführlicher zu sprechen sein über das bis ins Groteske missbrauchte Klischee des Cowboys, ohne das der Westen der USA nicht gedacht werden kann (vgl. Kap. 4.3). Doch ist klar, dass die Legenden und Verklärungen des Cowboys aus dem Westen eine bis in die Knochen maskuline Welt, einschließlich der damit assoziierten Images, geformt haben. Schon nach wenigen Blicken geben die Landschaften des US-amerikanischen Westens (und die Erzählungen, die sich um sie ranken) ungezählte Hinweise auf die Dominanz des Mannes. MURPHY (1999, S. 133) nennt die Geschichte des US-Westens denn auch folgerichtig eine „History of Hisland". Schon die Landschaft selbst galt und gilt als „Feind, der bekämpft werden muss" (EGNER 2005a, S. 138), und ihre Historiographie schreibt ihr Krieg, Kampf und Gewalt ein. Der Westen reflektiert eine „Geschichte der Eroberung" (EGNER 2005b, S. 60), die zum größten Teil von Männern über Männer erzählt, registriert und aufgezeichnet wurde: "... the majority of academic and popular histories of the North American West portrayed an overwhelmingly masculine world – a world in which Anglo-American men blazed trails, fought Indians, trapped beaver, herded cattle, plowed fields, drank, gambled, and whored" (MURPHY 1999, S. 133). Frauen hatten somit einen nur geringen Spielraum, auf die Bilder, die über den Westen produziert wurden, Einfluss zu nehmen. In den Erzählungen waren Frauen, außer in den einschlägigen Rollen, nicht vorgesehen.

3.3 Der Westen – ein besseres Europa

Obwohl formell unabhängig, blieben die USA bis weit in das 19. Jahrhundert von europäischen Trends, Moden und Präferenzen beeinflusst. Unverändert zeigten sich die ehemaligen kolonialen Bindungen mit der Alten Welt, und auch wenn in den USA der Ruf nach einer völligen Emanzipation von Europa immer lauter wurde, gepaart mit Bestrebungen, Gefühle und Emotionen für die eigene Nation zu festigen, richtete zumindest die Oberschicht ihren Blick immer noch über den Atlantik. Der amerikanische Westen erschien jedoch vielen als ein Medium, hier Abhilfe zu schaffen und sich vom europäischen Ballast Stück um Stück zu distanzieren. Es waren vor allem Touristen und am Tourismusgeschäft beteiligte Branchen, wie Eisenbahngesellschaften, Buchverlage oder Hotelbetriebe, die den Westen unter dieser neuen Perspektive wahrzunehmen begannen und mit dieser neuartigen „Produktion" des Westens den traditionellen US-amerikanischen „inferiority complex" (LIMERICK 1999, S. 20) gegenüber Europa substituierten. Es sollte ein neues, besseres Amerika sein, das sich hier dem Auge des Touristen darbot.

Zunächst tendierten Angehörige der begüterten Schichten dazu, ihren Status ostentativ durch zelebrierte Aufenthalte in eleganten Domizilen an der Ostküste oder durch Reisen nach Europa – hier vor allem nach Großbritannien, Italien und Frankreich – zu pflegen. Selbst einige Jahre nach Eröffnung der ersten transkontinentalen Eisenbahnlinie gestaltete sich das Reisen in den US-amerikanischen Westen nicht nur als zeitaufwändige, sondern vor allem auch als sehr kostspielige Angelegenheit. Ein Eisenbahnticket von Küste zu Küste (und retour) konnte leicht mit mehreren hundert Dollar zu Buche schlagen, und damit war lediglich für die nackte Fahrt gesorgt. Ein 1873 erschienener Reiseführer schätzte den Preis für eine Reise nach Kalifornien und zurück, verbunden mit einigen Zwischenstopps an besonders sehenswerten Punkten, auf mindestens 1.200 US-$ (HYDE 1990, S. 108), ein Betrag, der für die meisten US-Amerikaner der damaligen Zeit, in der ein Lehrer an einer Schule etwa 200 US-$ (pro Jahr!) verdiente (ROTHMAN 1998, S. 38), unerschwinglich war – ebenso außer Reichweite wie eine Reise nach Europa.

Doch gerade diese Exklusivität verlieh dem Westen einen Status, der ihn als Destination für diejenigen Wohlhabenden, die auch etwas Abenteuerlust mitbrachten, interessant machte. Wer für eine Fahrt in den Westen so viel bezahlen musste wie für eine Reise nach Europa, verband mit dieser Fahrt auch lohnende Eindrücke, die den Bildern aus der Alten Welt zumindest ebenbürtig sein sollten. Die Touristen der ersten Stunde "wanted to see the same kinds of natural and cultural wonders that enriched the Old World and that their own country lacked. For years, the Far West had been held out as the region that would fill the cultural gap with scenery that could be compared to the most famous sights in Europe. Certainly, a place that cost as much as Europe to visit should pack an equivalent cultural wallop" (HYDE 1990, S. 108). Ge-

Bild 5: *Skull Rock und Dale Creek Bridge, aus „The Great West Illustrated" von Andrew Joseph Russell.*

nau hierin lag die Chance – und die Problematik – des Westens, sich als „besseres Europa" vermarkten zu können – und diesem Anspruch dann gerecht zu werden.

Frühe touristische Initiativen in den US-amerikanischen Westen nahmen mit großer Verlässlichkeit Anleihen aus Europa. Der konkrete Vergleich mit der Alten Welt sollte dazu dienen, die Größe Amerikas ins rechte Licht zu setzen und patriotische Stimmungen zu unterstützen. In den Augen rechtschaffener Amerikaner verblassten europäische Kulturschätze vor den Naturschauspielen des Westens schnell. Aber auch diese Szenerien wurden vor dem Hintergrund europäischer Vorbilder bewertet. Die größte Fülle an Sehenswürdigkeiten schien dabei Kalifornien zu besitzen. "The Sierra [Nevada] became objects of American pride. One tourist explained that 'patriotic ardour' induced him 'to conclude that [the Sierra Nevada] is an American Switzerland'. ... The almost frenzied European comparisons reached a crescendo in California, which, every tourist knew from the immense publicity, was Europe newly incarnated" (HYDE 1990, S. 137). Kalifornien, diese neue (und implizit bessere) „Inkarnation Europas", erinnerte die Reisenden von allen europäischen Zielen am meisten an Italien. "The tourists adored the scenery that greeted them as they came out of the mountains [Sierra Nevada] and entered the great Central Valley of California. They found ... the 'Italy of America' that the guidebooks had described" (HYDE 1990, S. 137).

Und trotz allem: Es bedurfte vehementer Anstrengungen, den US-amerikanischen Westen als vollwertiges Reiseziel gegenüber den europäischen Konkurrenzdestinationen durchzusetzen. Weder in den 1860er noch in den 1870er Jahren hatte das amerikanische Publikum den Westen als touristische Attraktion internalisiert, wie auch Schuyler Colfax, Vizepräsident der USA (1869–73) unter Ulysses S. Grant, 1868 säuerlich feststellte: "If our people, who now go to Europe for pleasure, travel and observation, knew a tithe of the enjoyment we experienced in our travels under our own flag, far more of them would turn their faces toward the setting sun; after exploring the Switzerland of America, the Rocky Mountains, with their remarkable Parks and Passes, go onward to that realm which fronts the Pacific, whose history is so romantic, and whose destiny is so sure ..." (zit. nach DANLY 1988, S. 107). Das unbestimmte Gefühl, dem historischen und kulturellen Rang Europas unterlegen zu sein, verschwand nicht so einfach aus der öffentlichen Wahrnehmung. "Tourists certainly appreciated the dramatic scenery of the Fat West, but they did not hesitate to point out its grave deficiencies in comparison to Europe. Once again, when Americans measured their landscape directly against the Old World, it came up short. ... Western scenery had moments of great sublimity, but it could not claim the historical patina of Europe" (HYDE 1990, S. 144f.). So sehr sich Eisenbahnmagnaten, Reiseschriftsteller und viele Spekulanten auch um eine Emulation Europas im Westen der USA bemühten und nicht müde wurden, die Vorzüge Amerikas zu preisen – die noch immer nicht besonders zahlreichen Touristen kritisierten im Gegenteil die übertriebenen und ungenauen Angaben in den Reiseführern oder äußerten sich gelangweilt, vor allem über die Monotonie des *Great Basin* (vgl. HYDE 1990, S. 146). So kam die Tourismusindustrie den Wünschen und Beschwerden der Gäste noch mit einem weiteren Stück Europa entgegen, indem sie europäische Lebensart in den amerikanischen Westen verpflanzte: Viktorianische Gepflogenheiten und Annehmlichkeiten hielten in den Salonwagen der Eisenbahngesellschaften Einzug, neoklassizistische Architektur prägte Kuranlagen und Spielcasinos (etwa Colorado Springs) und prächtige Hotelanlagen (wie das 1880 in Monterey an der Pazifikküste eröffnete Hotel *Del Monte*) offerierten allen erdenklichen Luxus. HYDE (1990) verbindet diese weitere Europäisierung der touristischen Infrastruktur im US-amerikanischen Westen mit dem Begriff der „European Citadels", deren Blütezeit etwa um die Jahrhundertwende anzusetzen ist. Erst dann nahm die Bereitschaft der Kunden (und demzufolge auch der Tourismusdienstleister) zu, eigenständige Kennzeichen des „Westens" für den Tourismus zu instrumentalisieren und im Gegenzug stärker auf die europäischen Analogien zu verzichten (vgl. LIMERICK 1999, S. 21). Die Kommerzialisierung von Cowboy und *frontier* hatte eben erst begonnen.

3.4 Verfolgung und Freiheit im Westen

Wo in den Weiten des Westens das Recht des Stärkeren galt, konnte der Mythos des Individualismus kultiviert werden. Für den einen bedeutete dies Freiheit, für den anderen Verfolgung. Dass der US-amerikanische Westen als Verkörperung der Freiheit stilisiert werden konnte, mutet angesichts der eingeschränkten staatlichen Rechtssouveränität, der Lynch- und Selbstjustiz vieler Bewohner des Westens kurios an. Die Produktion eines „Sehnsuchtsraums", der als Keimzelle individueller Freiheit verklärt wurde, wie dies beim US-amerikanischen Westen spätestens seit dem frühen 20. Jahrhundert fassbar wurde, bediente sich mit dem Cowboy einer zentralen Figur, die sich stets auf der Seite des Guten befand (vgl. Kap. 4.3). Im Cowboy verdichtete sich das Idealbild des ungebundenen Einzelgängers, der nur sich selbst verantwortlich war und dem die Dimensionen des Westens buchstäblich offenstanden.

Allerdings stellten diese Attribute von Unabhängigkeit und Selbstbestimmung, von Freiheit und Zwanglosigkeit, die dem US-Westen bald angeheftet wurden, wiederum nur eine Konstruktion, eine „kognitive Inszenierung" dar, denn Verfolgung, Gewalt und „vigilantism" (Selbstjustiz) waren mindestens ebenso sehr Teil des Alltagslebens in den Pioniergesellschaften des Westens. Zwar ist das Ausmaß der lokalen Gewalt und Kriminalität, mit dem sich die Bevölkerung des Westens arrangieren musste, strittig – auch der Kult und die Verherrlichung der Gewalt waren sich selbst verstärkende Mythen, die der *frontier* entwuchsen (vgl. WAECHTER 1996, S. 337ff.; BROWN 1994; SLOTKIN 1973, 1986, 1992). Und wenn manche Autoren heute betonen, dass sich die Alltagskriminalität in den Goldgräbersiedlungen des späten 19. Jahrhunderts in überschaubarem Rahmen bewegte (ausgenommen, wohlgemerkt, Mord und Totschlag), dabei aber ebenso festhalten, dass das Spekulantennest Bodie in Kalifornien um 1880 eine ähnlich hohe Rate von Raubüberfällen registrierte wie die damalige Metropole Boston (nämlich 84 bzw. 86 Fälle je 100.000 Einwohner; vgl. MCGRATH 1989, S. 123, S. 126), dann belegt dies die unverändert unsichere Einschätzung, inwieweit sich im US-amerikanischen Westen vor mehr als einem Jahrhundert von einer Kultur der Gesetzlosigkeit sprechen ließ. Fraglich ist dann auch, ob das aktuelle Gewaltpotenzial darauf zurückgeführt werden kann, dass die Bürger im Westen der USA schon im 19. Jahrhundert „one of the most heavily armed populations in the world" (BROWN 1994, S. 394) gewesen sein sollen.

Unstrittig ist hingegen, dass Verfolgung und Gewalt *eine* Bevölkerungsgruppe des US-amerikanischen Westens unerbittlich und ohne Nuancen heimsuchten: Das Schicksal der Indianer wird heute nicht mehr in Frage gestellt, und die blutgetränkte Vergangenheit kommt – auch in ihrer Verbindung mit der räumlichen Metaphorik des „Wilden Westens" – zusehends an die Oberfläche. Zu einer Zeit jedoch, als der US-amerikanische Westen „konzipiert" wurde und sich in der Wahrnehmung seiner Bewohner, der übrigen Amerikaner und auch vieler Europäer festzusetzen begann, galt der Indianer unisono als unterlegen, rückständig und dem Untergang geweiht – wenn nicht gar als „böse Kreatur", deren Auslöschung der weiße Mann als ehrenwerte Pflicht in einer gleichsam göttlichen Mission übertragen bekommen hatte. Die Legitimierung für Verfolgung und Tötung der Ureinwohner fand weite Resonanz, bis in ein scheinbar aufgeklärtes Deutschland: „Die Rothhaut kann nicht gegen das an, was ihr angeboren ist" und so bleibt „die Thatsache ... stehen, daß auf die eine oder andere Weise das Indianervolk, da es sich nicht zur Setzhaftigkeit bequemen kann, der eindringlichen Ackerbaubevölkerung weichen, und, wo es nicht mehr weichen kann, untergehen muß" (*Leipziger Illustrirte Zeitung*, 1867, Nr. 1270, zit. nach PENNY 2006, S. 148). Euphemistische Erklärungen wie der Kommentar Präsident Jacksons (1829) zur forcierten Umsiedlung der Indianer über den Mississippi hinweg in ferne Territorien des Westens untermauern den subjektiven Charakter der Indianerfrage und lassen erahnen, wie die faktischen Macht- und Ohnmachtverhältnisse der damaligen Zeit umgedeutet und reinterpretiert wurden: "[This] just and humane policy ... recommended them [the Indians] to quit their possessions on this side of the Mississippi, and go to a country to the west where there is every probability that they will always be free from the mercenary influence of White men, and undisturbed by the local authority of the states" (zit. nach MILNER 1994b, S. 162).

Heute konstatieren kritische Autoren eine Umdeutung dieser konnotativen Ebene des US-amerikanischen Westens. Aus Verfolgern und Eroberern wurden Opfer gemacht, unterstützt nicht zuletzt durch die bildende Kunst, die im 19. Jahrhundert ein dankbares Motiv darin gefunden hatte, indianische Grausamkeiten – meist an weißen Frauen – zu thematisieren. "Paintings of the capture and murder of white women, a venerable tradition in American art, served as visual arguments for retaliation. Massacre scenes – not battles but furious slaughters by monsters in paint and feathers – were a nineteenth-century staple. Illustrations of both subjects filled popular histories of the Indian wars and even school readers" (DIPPIE 1994, S. 691). Beachtenswert ist, dass der US-Westen in dieser Praxis der „white victimization" (WHITE 1994, S. 27) nach allen Regeln des politischen Opportunismus zu einem Horizont von Niederlagen (The Alamo, Little Bighorn) umgedeutet wurde: Lange Zeit schrieb die offizielle Lesart der Narration des Westens vor, dass nicht die Dezimierung der Indianer im Vordergrund stehen dürfe, sondern das Leiden und die Entbehrungen der weißen Siedler. Der Heroisierung des Westens mit seinen unbestechlichen Helden kam diese Sichtweise nur entgegen – so wie der künstlerisch-visuelle Ausdruck, der die Erzählungen begleitete und stützte: Eine der rührseligsten und wohl auch naivsten allegorischen Darstellungen dieses heldenhaften Westens fertigte der Maler John Gast an (vgl. Bild 6). Auch in der Populärkultur fand der Mythos der als Fortschritt kaschierten Tilgung der Indigenen

Bild 6: Gemälde „American Progress" – Allegorische Darstellung von John Gast, 1872.

Quelle: http://www.sbg.ac.at/ges/people/wagnleitner/usa2/slide/gast.jpg

weite Verbreitung, wie die volkstümliche Darstellung eines Festzugs in Lincoln, Nebraska, aus dem Jahre 1915 nahelegt (vgl. Bild 7). Aus wahrscheinlich illoyalen Indianern werden hier verlässliche Amerikaner produziert, so könnte diese suggestive Darstellung interpretiert werden.

4 Representing the Wests – Der „westliche Blick" heute

Das vorangegangene Hauptkapitel widmete sich dem „westlichen Blick", unter dem sich der US-amerikanische Westen in den entscheidenden Jahren der kulturell-politischen Transformation, also vor allem in der zweiten Hälfte des 19. Jahrhunderts, konstituierte. Es wurde nach den assoziativen Bedingungen gefragt, unter denen der Westen in die übrige Nation inkorporiert wurde. Im Zentrum der Überlegungen standen Prozesse der meist zeitgenössischen Produktion verschiedener raumrelevanter Mythen und die Methoden, um zu solchen Konstruktionen zu gelangen. Wir haben dabei vor allem die Malerei und die Photographie als Instrumente dieser Stereotypisierung kennengelernt; daneben ließ sich eine „Maskulinisierung" der damaligen Gesellschaft des Westens konstatieren. Anhand der ersten transkontinentalen Reisen und der beginnenden Vermarktung des US-Westens in der Tourismusbranche konnten die Identifikationsprozesse beleuchtet werden, mit denen der Westen der USA zu einem „besseren

Bild 7: Festumzug in Lincoln, 1915.

Quelle: PETERSON 1994, S. 742.

Europa" stilisiert werden sollte. Schließlich erörterte dieses Hauptkapitel das Klischee von Freiheit und Individualismus, mit dem man den US-amerikanischen Westen vereinheitlichen wollte. Doch die faktischen Diskurse hatten vielmehr Gewalt und Verfolgung zum Angelpunkt, selbst wenn die ex post-Interpretation der Historiographie Diskriminierung und Vernichtung in Fortschritt und Heroismus umdeutete.

Dieses Kapitel will nun den US-amerikanischen Westen nicht aus einer historisch-geographischen oder damals zeitgenössischen Perspektive heraus analysieren, also von der Vergangenheit in die Gegenwart blicken, sondern umgekehrt vom Heute und Jetzt in die Vorzeit sehen. Es geht um die aktuellen Repräsentationen des Westens. In welchen Nuancen, unter welchen Dispositionen und mit welchen Botschaften wird der Westen heute dargestellt? Alle folgenden Beispiele eint, dass sie in mehr oder weniger direktem Zusammenhang mit dem modernen Tourismus im US-amerikanischen Westen stehen. Zunächst werden Geisterstädte *(ghost towns)* betrachtet, gefolgt von touristisch genutzten Ranches *(dude ranches)*. Dann werden die Repräsentationen des Westens im Western-Film und in den Cowboy-Legenden – schlaglichtartig und im Überblick – zusammengefasst, bevor ein abschließender Exkurs dem bezeichnenden Umstand nachgehen wird, dass viele der modernen Abbilder und Erzählungen des US-Westens bereits vor mehr als einhundert Jahren in Europa in Form der berühmt-berüchtigten „Wild West Shows" rezipiert werden konnten, sodass klar wird, dass wir es eigentlich wiederum mit sehr alten Repräsentationen dieser konkreten amerikanischen Region zu tun haben, die sich im 20. Jahrhundert nur anderer Techniken bedienen, ohne nennenswert an Anziehungskraft für ein breites Publikum verloren zu haben.

4.1 Ghost Towns – Virtualisierung historischer Alltagswelten

Goldgräbersiedlungen, gewissermaßen über Nacht entstanden, gehören zu den unentbehrlichen Requisiten der Erzählungen und Dramaturgien des Westens der USA. Um ihre Zahl ranken sich Legenden, und obwohl keine vier Generationen zwischen der Boomphase dieser Niederlassungen und der Jetztzeit liegen, ist ihre Existenz und ihr Niedergang oft von Gerüchten, Mythen und Halbwahrheiten eingerahmt. Dazu hat nicht zuletzt das Tempo beigetragen, mit dem viele solcher Siedlungen im Geschehen des Westens auftauchten, aber auch wieder in die Bedeutungslosigkeit versinken konnten. So verzeichnete Virginia City (Nevada) schon kurze Zeit nach der Siedlungsgründung mehr als 10.000 Einwohner, war also auf eine beachtliche städtische Größe herangewachsen. Mehr als 150 Unternehmen, darunter ein Theater, mehrere Anwaltskanzleien, acht Hotels, 38 Geschäfte, neun Restaurants und 25 Saloons hauchten der lokalen Wirtschaft zumindest für kurze Zeit pulsierendes Leben ein, bevor die Boomtown rasch in Vergessenheit geriet (WEXLER 1995, S. 127).

Von vielen ehemals vibrierenden Siedlungen des Westens finden sich heute nur mehr dürftige Spuren. „Intakte" Geisterstädte sind zwar ein Widerspruch in sich selbst und auch nur punktuell erhalten, tragen aber ganz erheblich zu den Bildern bei, die sich die Nachwelt vom „alten Westen" *(Old West)* bewahrt und die ihrerseits auch das Denken und Reflektieren über den US-amerikanischen Westen der Gegenwart mitbestimmen. Eine der in dieser Hinsicht am besten untersuchten *ghost towns* liegt im toten Winkel Kaliforniens, jenseits der Sierra Nevada, im semiariden Bereich an der Grenze zu Nevada, und gilt bereits seit den 1920er Jahren als touristische Attraktion. 1964 kam Bodie in den Rang eines *State Historic Park*, und eine kontinuierliche Politik eines „arrested decay" (vgl. DELYSER 1999, 2003), eines kontrollierten Verfalls, der die Ruinen der Bergbausiedlung virtualisiert, konnte seither Bilder eines klassischen, mythischen, stereotypen amerikanischen Westens bewahren (vgl. Bild 8).

DELYSERS (1999, 2003) Studien zeigen sehr überzeugend, welche Prozesse und Mechanismen von der Nachwelt eingesetzt wurden, um Bodie so zu erhalten, wie es als Teil des amerikanischen Westens mit allen seinen Konnotationen und Schattierungen antizipiert worden war. Das historische Bodie findet in seiner skelettartigen *ghost town* keine angemessene Repräsentanz, nicht nur, weil das alte, pulsierende Bodie etwa zwanzig mal so groß war wie die heutige Geisterstadt, sondern auch, weil die erhaltenen Gebäude die Vielfalt und Struktur der historischen Bausubstanz Bodies keineswegs korrekt reflektieren. Wozu sie jedoch sehr wohl in der Lage sind, ist die Bedienung von Klischees und das Evozieren von gedanklichen Versatzstücken, die in dieser und jener Form Bestandteile eines Mosaiks „Westen der USA" bilden können. Wie DELYSER (2003, S. 276) festhält, ist dabei eine enge Brücke zum Genre des Western-Films (vgl. Kap. 4.3) gegeben: "Ramshackle buildings scattered in a sagebrush-strewn valley remind [many Americans] of film and television Westerns – of John Wayne and Clint Eastwood movies, of *Gunsmoke* and *Bonanza* ..."

Dass *ghost towns* den US-Westen repräsentieren, wie Bodie seine Besucher glauben machen will, ist eine Erfindung der Moderne, in deren Verlauf es zu einer Neubewertung der Inhalte des US-amerikanischen Westens gekommen war. Wie DELYSER (2003) sehr plausibel argumentiert, existierte die Bezeichnung „ghost town" vor den 1920er Jahren nicht. Wohl gab es das Phänomen, doch es erzielte kaum Aufmerksamkeit, weil man bis dahin verlassene Siedlungen eher als wirtschaftlichen Misserfolg wahrnahm und darüber nicht allzu viel Worte verlieren, geschweige denn dies zu einem Leitmotiv des Westens machen oder gar ein Freilichtmuseum darauf aufbauen wollte. Doch die 1920er und 1930er Jahre brachten – vielleicht unter dem Eindruck der visuellen Revolution des (Western-)Films und beschleunigt durch die Krisenzeit der Depression – einen veränderten Interpretationsrahmen, der nun in den Geisterstädten eine authentische Wurzel des

Bild 8: *Bodie, Kalifornien.*

US-amerikanischen Westens repräsentiert sah und sie zu den Hinterlassenschaften einer heroischen Zeit mythisierte. Diese Transformation in der Erwartungshaltung ging so weit, dass Wildheit, Gesetzlosigkeit und Anrüchigkeit zur Norm für den Westen erkoren wurden, an der es die scheinbare Authenzizität (oder eben auch Virtualität) von Repräsentationen des Westens zu messen galt. Von den ehemaligen Siedlungen wird also dieses Erscheinungsbild regelrecht *erwartet* (DeLyser 2003, S. 280). *Ghost towns* vom Zuschnitt Bodies fungieren also als Projektionsflächen für die Charakteristika, die das Publikum der Gegenwart dem Westen der USA und seiner Geschichte zuschreibt. Ihre Mutation „from detritus to heritage" (DeLyser 2003, S. 285) macht sie zu einer zentralen Repräsentationsebene für den amerikanischen Westen.

Übrigens erhoffen die Besucher von einer Geisterstadt zumindest die Relikte eines Saloons. *Drinking and gambling* sollen archetypische Betätigungen im Westen gewesen sein, und dieses in vielen Filmen und auch Romanen verewigte Klischee darf auch in einer Repräsentation durch *ghost towns* nicht zu kurz kommen. Tatsächlich rangierte der Saloon vor der Prohibitionszeit unter den wichtigsten quasi-öffentlichen Gebäuden jeder Stadt im Westen der USA, der zudem eine höhere Saloon-Dichte besaß als der Rest der Nation, in der sich insgesamt im Durchschnitt jeweils etwa 300 Amerikaner einen Saloon teilen mussten. Bodie beherbergte überdies ganze 65 Saloons, aber längere Zeit keine Kirche (DeLyser 2003, S. 283). Seit der Stigmatisierung des Alkohols verlor auch die Bezeichnung „Saloon" an Attraktivität, und mancherorts wurde nicht nur der Alkohol, sondern sogar der Begriff „Saloon" verboten – was einer Romantisierung der Einrichtung nur Vorschub leistete. Eine vergleichbare semantische Wende vollzog sich beim Spielen, dem heute unverändert der „Ruch" des Westens anhaftet, obwohl es mittlerweile in nahezu allen US-Bundesstaaten legalisiert ist. Der Weg vom Glücksspiel zum „risk taking and adventure" (Raento 2003, S. 225) ist kurz, die Assoziationen zum Westen ebenfalls.

4.2 Dude Ranching – dem Westen in der Freizeit authentisch begegnen

Bereits in der definitorischen Annäherung an den US-amerikanischen Westen war auf die Bedeutung der Ranches für das Selbstverständnis der Bewohner des Westens und für die Fremdwahrnehmung hingewiesen worden (vgl. Kap. 2.1). Der „wirkliche" Westen ist dort zu finden, wo die Zahl der Bewohner gering wird und sich die Präsenz des Menschen auf wenige Standorte reduziert. "Ranching's realm is really ... definable as being where most people are absent" (Starrs 2003, S. 64). Als Außenposten der menschlichen Besiedlung, umgeben von der Weitläufigkeit der Naturkulissen, ist die Ranch ohne Zweifel zu einem festen Bestandteil des Mythos „Westen" aufgestiegen. Ein Briefkasten oder ein Zauntor, oft noch meilenweit vom Ranchgebäude entfernt, fungiert als „signal statement of ranch identity" (Starrs 2003, S. 76). Ranch-Romantik erfreut sich anhaltender Beliebtheit, und der Tätigkeit eines Ranchers bringen viele US-Amerikaner, die mittlerweile in ganz anderen beruflichen Sphären zuhause sind, gehörigen Respekt und ungeteilte Hochachtung entgegen. Eine Begeisterung für das Leben auf der Ranch ließ sich schon im späten 19. Jahrhundert erkennen; heutzutage kaufen sich wohlhabende und illustre Persönlichkeiten in die traditionellen Strukturen des Westens ein und betreiben die Viehwirtschaft meist aus Passion und als Hobby. Clint Eastwood, Harrison Ford, David Letterman, Ted Turner, Jane Fonda – sie alle tauchen für eine gewisse Zeit in den Alltag des Ranchlebens ein, auch um möglicherweise ihre Affinität mit dem Stil des US-amerikanischen Westens zur Schau zu stellen – nicht immer zur Freude der alteingesessenen Rancher. "... nonranchers have voted with fat wallets through the last 150 years ..., buying up ranches of their own" (Starrs 2003, S. 66).

Ein „dude" ist in Amerika – wohlwollend betrachtet – ein Städter, geringschätzig ausgedrückt aber auch ein „Geck" oder ein „feiner Pinkel". Aus diesem Personenkreis rekrutiert sich das Potenzial für *dude ranching*. Städter verbringen also ihren Urlaub – meist zwei Wochen oder mehr – auf Ranches; die Besonderheit dieser Form des Tourismus liegt darin, dass die *dudes* in aller Regel bei den auf der Ranch anfallenden Tätigkeiten anpacken und sich in den Ranchalltag einschleusen (lassen).

In den Territorien westlich des Mississippi, etwa im *North Dakota Territory*, wurde *dude ranching* schon in den 1880er Jahren betrieben. Mehrere hundert Ranches empfingen bereits Besuch von Gästen aus der Stadt bzw. aus den östlichen USA. "At the peak of popularity, over 250 dude ranches sprawled from Arizona to Montana" (Butler 1994, S. 787). 14 Tage Aufenthalt waren unbedingt angeraten, um ausreichend mit dem anspruchslosen Alltag des Westens vertraut zu werden. Dieses Erlebnis war zunächst nur einer schmalen Schicht von Besuchern vorbehalten, die diese Art von Erfahrung durchaus zur Selbststilisierung und zur Hervorhebung ihres sozialen Status benutzte. "As the word of dude ranching spread, the new fee structure created opportunities for ranches, and by the mid-1880s, ranches that catered to visitors proliferated. ... Throughout the 1890s dude ranching remained a small industry that mirrored Theodore Roosevelt's experience and catered to a self-selection segment of an exclusive audience" (Rothman 1998, S. 128).

Einem der „myth maker" des US-amerikanischen Westens, dem späteren Präsidenten Theodore Roosevelt, war die neue Mode des *dude ranching* zu verdanken. Seine Biographie durchzog eine Reihe von Widersprüchen, die ihn zu einer der bemerkenswertesten Gestalten der Öffentlichkeit in den USA an der Wende vom 19. zum 20. Jahrhundert machten (vgl. Murray 2001, S. 86f.). Immer wieder kränkelnd, vermittelte Roosevelt dennoch nach außen ein Bild eiserner Disziplin und körperlicher Unverwüstlichkeit. Sein Ruf als „Weltpolizist" mit einer strengen außenpolitischen Doktrin ließ sich mit den Würden des Friedensnobelpreises in Einklang bringen. "He was fluent in four languages, wrote dozens of books, and could comfortably discourse with kings and popes, and yet he was perfectly at ease with living the hardscrabble life of a cowboy on his Dakota ranch. He killed hundreds of animals as a sport hunter in the Far West, and yet he created the national wildlife refuge system, the national monument system, and the forest service ..." (Murray 2001, S. 87). Von zwei unmittelbar aufeinanderfolgenden Schicksalsschlägen veranlasst, zog es Roosevelt 1883 auf eine Ranch in den Dakotas, um dort drei Jahre lang die Luft des Westens zu atmen und der Lebensweise der Pioniere und Siedler zu begegnen. 1889 erschien der erste Teil seines mehrbändigen Werks „The Winning of the West". Roosevelt war zutiefst davon überzeugt, dass die Umwelt des Westens einen ganz eigenen Menschentyp hervorgebracht hatte und dass diese Prägekraft auch für die neueren Siedler des 19. Jahrhunderts galt. Er ging fest davon aus, dass „die Lebensbedingungen der Wildnis ... charakterbildend" (WAECHTER 1996, S. 98) auf die einzelne Person wirkten und lag mit diesem Verständnis nicht weit von den Ideen, mit denen Frederick Jackson Turner und seine *frontier*-These nur wenige Jahre später auf breites Interesse und große Zustimmung stoßen sollte. So betrachtet, kann der „Hobby-Rancher" Theodore Roosevelt als einer der geistigen Väter der *frontier* und des US-amerikanischen Westens verstanden werden. Auch das *dude ranching* hatte durch Roosevelts Dakota-Jahre mächtigen Aufschwung erhalten.

Bis heute vermarkten sich Touristenranches als authentische Orte des US-amerikanischen Westens: "Over the last hundred years dude ranches have done much to preserve and foster the spirit of self-reliance, personal freedom, love of wild nature and commitment to family which have been so important in making America the great place it is today" (http://www.bitterrootranch.com/history.htm – Zugriff am 20. März 2008). Hier verschmelzen alle zentralen Stereotype des US-Westens an einem einzigen Ort. Ähnlich wie bei den *ghost towns*, wo der Besucher mit einer sehr dezidierten Erwartungshaltung eintrifft, diese bestätigt bekommt und sich dadurch seine Assoziationen mit dem US-amerikanischen Westen verfestigen, rechnen auch die *dudes*, bei ihrem Aufenthalt auf der Ranch den Insignien des Westens zu begegnen und ihn somit authentisch konsumieren zu können. In der Tat werden diese Ansprüche und Bedürfnisse gedeckt, und die *dude ranch* verwandelt sich somit in ein mustergültiges Abbild, eine Repräsentation des Westens der USA, wie er genau genommen nur in mentalen Konstruktionen und kognitiven Codes existiert. *Dude ranches* passen sich an die Wünsche und Erwartungen ihrer Gäste an, und diese Adaption erzeugt bei den Besuchern das Gefühl, dass der Westen tatsächlich so ist, wie sie ihn sich vorstellten.

4.3 Cowboys und der Western-Film – Repräsentation des Westens in der Welt

Vor einem letzten Exkurs sind wir bei der wohl entscheidenden Kategorie angelangt, die den Westen der USA nicht nur für die Amerikaner, sondern weit darüber hinaus für ein Publikum in aller Welt repräsentiert. Die Genese des Western-Films lässt sich bis ins frühe 20. Jahrhundert zurückverfolgen; 1903 spielte Gilbert M. „Broncho Billy" Anderson in Edwin S. Porters Streifen „The Great Train Robbery" (REUTTER 2002, S. 187). Der klassische Western folgt einem dreiteiligen Schema (vgl. HAUSLADEN 2003, S. 297), das sich als Choreographie durch einen Großteil der Filme des Genres zieht: Der Held des Films ist ein Cowboy. Die *frontier* und ihre Erfahrungswelt bilden den Handlungsrahmen des Films. Die Filmlandschaft und das Setting bemühen Anleihen aus dem „Westen", ohne dass tatsächlich jeder Western-Film im Westen der USA gedreht wurde – die Bandbreite der „locations" reicht vom „wirklichen" Westen über Kanada und Mexiko bis nach Brasilien oder Europa (Balkan, Südspanien). Auch Cawelti (zit. nach ALLMENDINGER 1999, S. 37ff.) gelangt zu einem vergleichbaren, dreiteiligen Resultat einer Inhaltsanalyse typischer Western-Filme: Die Handlung trägt sich an oder in der Nähe der *frontier* zu. Gesetzestreue Bürger fechten einen Konflikt mit Gesetzesbrechern aus, in dem der Held, der Cowboy, vermitteln kann. Die Natur fungiert meist nur als Staffage im Hintergrund, Reminiszenzen des Westens kann die Filmcrew notfalls auch anderswo einfangen.

Dass der Cowboy der „guten Seite" zugerechnet wird (wiewohl natürlich auch Cowboys in die Schurkenrolle schlüpfen können), darf nicht als Automatismus oder Selbstverständlichkeit aufgefasst werden. LOGAN (1992) betont, dass die positiven Züge des Cowboys im amerikanischen Westen erst „erfunden" werden mussten. Noch in den 1880er Jahren kursierten äußerst despektierliche Meinungen über die *mountain men*, die später als „Cowboys" in heroische Rollen schlüpften. "In 1881, President Arthur asked Congress to empower the Army to take action against the 'armed desperadoes known as 'Cowboys' running wildly throughout Arizona territory'" (LOGAN 1992, S. 79). Der zweifelhafte Charakter des Cowboys erhielt durch entsprechende Darstellungen in Groschenromanen zusätzliche Nahrung. Es bedurfte einer völlig neuen Sichtweise, dieses dubiose und anrüchige Bild umzukehren, und LOGAN (1992) schreibt dieses Verdienst dem Maler Frederic Remington zu. "... Remington wanted to re-establish the idea of the cowboy as an icon of masculinity. He yanked the cowboy out of the saloon, boudoir or bawdy house ... and flung him, alone, out onto the vast plains. His cowboy was designed as an anomic creature needing nothing but his horse. ... Remington strengthened the cowboy's association with the horse, an animal he clearly favored over the cow" (LOGAN 1992, S. 79; vgl. Bild 9). Logans Argument, dass der heldenhafte Cowboy als Produktion der Malerei – und zwar in der Hauptsache eines einzelnen Künstlers – gelten kann, worauf dann der Film zurückgreift, mag gewagt erscheinen, findet aber im ebenso üppigen wie monochromen Oeuvre

Bild 9: *Frederic Remington: The Cow Puncher, 1901.*

Remingtons und seiner weiten Verbreitung nicht nur als Gemälde, sondern auch als Illustrationen in damals so populären Zeitschriften wie *Harper's New Weekly Magazine* (vgl. LOGAN 1992, S. 85) plausible Anhaltspunkte. So wurde der Cowboy zum „best-known occupational type that America has given the world" (Dobie, zit. nach STARRS 2003, S. 65).

Seine „Goldene Ära" erlebte der Western-Film in den 1930er Jahren, nach Einführung des Tonfilms. Regisseure wie John Ford, mit insgesamt 54 Western-Filmen (MURRAY 2001, S. 51), und Schauspieler wie John Wayne, der in rund 150 Filmen auftrat, prägten eine ganze Generation von Kinobesuchern und, später, ein weit über die USA hinausgehendes Fernsehpublikum. In diesen Jahren vor dem Zweiten Weltkrieg stieg der Western zu einem Genre von nationaler Größe und Gravität auf. Besonders vor dem Hintergrund eines zunehmenden Nationalismus in Deutschland und in Japan erschien die Western-Manie als verzweifelter Versuch Amerikas, seine patriotischen Mythen nicht zu vergessen und für den nahenden Krieg zu instrumentalisieren (vgl. HAUSLADEN 2003, S. 299). Auch die Kriegs- und Nachkriegsjahre gehörten dem Western. 1959 rechneten sieben der zehn wichtigsten, national ausgestrahlten Fernsehserien zum Western-Milieu (BUTLER 1994, S. 791). In den 1960er und 1970er Jahren ging es mit dem Western unerwartet bergab; mit der Ausnahme der parodistischen Italo-Western („spaghetti-Western") und einiger weniger so genannter „bicentennnial Westerns" (1976) verschwand das Genre in den frühen 1970er Jahren fast völlig (REUTTER 2002, S. 196). Die sinkende Popularität des Westerns reflektierte nicht zuletzt den sinkenden Stern der USA, die seit dem Vietnamkrieg und den internen ethnischen Auseinandersetzungen einen Vertrauensverlust in ihre weltweite Führungsrolle in Kauf nehmen mussten.

Der klassische Western-Plot bindet das Geschehen an der US-amerikanischen *frontier* ein und inszeniert Allegorien nationaler Größe. Als „... assemblage of features including Western landscapes, shoot-outs, cowboy hats, saloons, gambling, horses, train hopping, rustic architecture, and pastiche folk music" (REUTTER 2002, S. 188) kondensiert der Western den Traum und den Mythos der USA in eine konsumierbare Form, stets mit nostalgisch-verklärtem oder zelebrierendem Blick auf den durch die *frontier* geprägten „Alten Westen" *(Old West)*. Der Handlungsrahmen gehorcht dabei meist einer bestimmten politischen Ideologie, welche die Einheit der Nation beschwört und den Treck nach Westen als moralisches Gebot auf den (unmoralischen, weil die nationale Trennung und Teilung anstrebenden) Bürgerkrieg auf ihre Fahnen schreibt. "... the Western mythically narrates the *completion* of America" (REUTTER 2002, S. 189).

Doch der Western zeigt den Westen nicht ausschließlich als Ort des moralisch Gebotenen, unschuldig und makellos, sondern auch als Plattform des Bösen, Verräterischen und Illoyalen. Stets wird eine Gut-Böse-Dichotomie bemüht, die weder mit geschlechtsspezifischen noch mit ethnischen Stereotypen sparsam umgeht. Die wenigsten Drehbücher lassen Zweifel an der Dominanz des Mannes, und wo sich der patriarchalische Blick umkehrt, ist meist subtile Ironie am Werk, welche die Fokussierung auf den Mann eigentlich nur bestätigt. Auch in ethnisch-kultureller Hinsicht entwirft der klassische Western ein simplifizierendes Bild von der faktischen Vielschichtigkeit des US-amerikanischen Westens. Fast gesetzmäßig unterliegen Mexikaner und Indianer, aber auch Mormonen, einer unvorteilhaften Darstellung, die sie unmittelbar mit dem Bösen und den Bösewichten in Verbindung bringt (vgl. HAUSLADEN 2003, S. 300).

Viele der Räume, welche die Kamera des Western-Films auffängt, haben paradoxerweise wenig oder gar nichts mit dem US-amerikanischen Westen zu tun. Dass Kanada oder Mexiko ebenso wie Spanien oder Jugoslawien als Drehorte für Western dienten, wurde bereits erwähnt. Auch innerhalb der USA überrascht, dass manche „settings", die dem Mythos des Westens durchaus entsprächen, von der Filmindustrie ignoriert werden, während es andere „Spielräume" zu prominenter Präsenz gebracht haben. Insgesamt hält sich die Zahl der Drehorte in erstaunlich kleinem Umfang. Die beiden Dakotas, die dem berühmtesten *dude rancher* Theodore Roosevelt der Inbegriff des Westens waren, aber auch Colorado, Texas und Oklahoma spielen für die Western-Produktion kaum eine Rolle (vgl. Abb. 2). Kein geringerer als John Ford entdeckte Anfang der 1940er Jahre das Monument Valley im nördlichen Arizona als geeigneten Drehort für Western-Filme, auch wenn die einzigartige Kulisse fernab jeglicher leistungsfähiger Infrastruktur gelegen war. Zahlreiche „shootings" sicherten Monument Valley einen der vordersten Ränge in der Western-Branche, und spätestens seit 1954 der „Marlboro Man" durch das Monument Valley galoppierte und die Werbeindustrie den Standort für sich reklamierte (begünstigt durch die bis heute niedrigen Gebühren, die Bundesbehörden von kommerziellen Filmproduzenten verlangten – MURRAY 2001, S. 157), gilt es als das Land „where the flavor is" (MESSNER 2002, S. 178). Ein gutes Dutzend der nach HAUSLADEN (2003) einhundert wichtigsten Western-Filme wurde – zumindest in Teilen – hier gedreht, weitere 15

Abb. 2: *Drehorte von einhundert „wichtigen und repräsentativen Western-Filmen".*

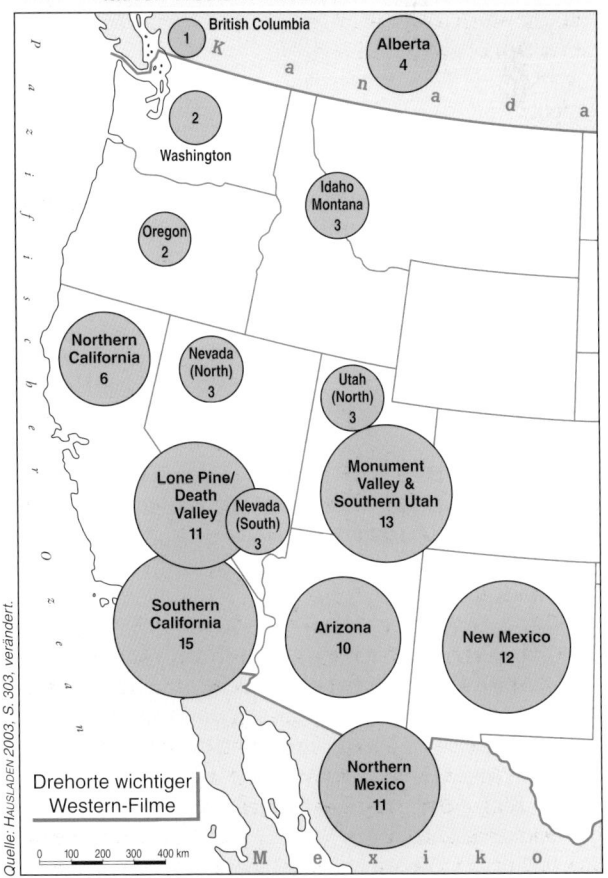

Filme entstanden in Lone Pine und im Death Valley im östlichen Kalifornien (HAUSLADEN 2003, S. 307, S. 310).

"... why so few places and even fewer kinds of places were selected for filming Westerns lies in the fact that the West is more psychological than geographical" (HAUSLADEN 2003, S. 302). Die Wiederholung der gleichen Kulissen von Film zu Film sichert einen hohen „Wiedererkennungswert" und brennt diesen Blick des Westens tief bei den amerikanischen und ausländischen Zusehern ein. Im Western gerinnt der Westen somit zu einigen wenigen markanten Schablonen, die mit vergleichsweise geringem Aufwand produziert und vervielfältigt werden können und dabei die Repräsentation des Westens auf eine eingängige Formel reduzieren. Die breite Resonanz eines millionenfachen Publikums macht die Western-Filme zu einem Medium der *Repräsentation* des US-Westens, auch wenn unstrittig ist, dass die Filme auch Bilder *produzieren*. So betrachtet, hätte diese Thematik auch als Bestandteil des zweiten Hauptkapitels abgewickelt werden können. Ein Exkurs über den aus heutiger Sicht oft abwegigen, in jedem Fall aber bemerkenswerten Transfer von Bildern aus dem US-amerikanischen Westen nach Europa wird dieses Hauptkapitel zur Repräsentation des Westens abschließen.

4.4 Amerika in Europa – Ein früher Transfer von Bildern des Westens

In Europa reicht die Begeisterung für Amerika weit in das 19. Jahrhundert zurück. Bereits damals kristallisierte sich die Wahrnehmung des Westens als konstitutiv für die populäre Einstellung gegenüber ganz Amerika heraus. KORT (2006, S. 45) erkennt schon für die 1820er Jahre eine „Welle der Begeisterung für die nordamerikanischen Indianer", die hauptsächlich auf Coopers „Lederstrumpf"-Erzählungen fußt. Der Indianer wurde dabei als *pars pro toto* für die gesamten USA gehandelt. Bildersammlungen wie Thomas McKenneys aus verschiedenen Quellen zusammengetragene „Indian Gallery" ebneten den Weg zu einer Popularisierung dieser neuen und ungewöhnlichen Ansichten. Ausstellungen dieser Art, zunächst in den Metropolen an der Ostküste der Vereinigten Staaten, rasch aber auch in Europa, zementierten das Bild des Indianers: ein „edler Wilder" in den Weiten des Kontinents, der erst dann zum Schuft verkommen sollte, nachdem er sich den Intentionen des Weißen entgegen gestellt und sich geweigert hatte, seiner eigenen Auslöschung zuzustimmen. Thomas McKenney, seit 1824 Leiter des *Bureau of Indian Affairs* und als solcher Beamter bezeichnenderweise im „War Department", hatte seine „Indian Gallery" auch mit Gemälden von Charles Bird King ausstaffiert, der aber – ebenso bezeichnenderweise – den amerikanischen Westen nie mit eigenen Augen gesehen hatte. Für seine Indianerbilder „hatten ihm entweder Abgesandte der Indianer im Atelier Modell gesessen" (KORT 2006, S. 51), oder seine Bilder beruhten auf Vorlagen anderer Maler.

Der Widerpart des Indianers, der Cowboy, existierte als spanischer *vaquero* zwar bereits seit dem 16. Jahrhundert, doch seine Popularität in den USA begann nicht vor Ende des Bürgerkriegs, schnellte dann jedoch durch den Erfolg von Groschenromanen rapide in die Höhe. Nach lediglich vier Jahren Marktpräsenz hatte beispielsweise der Verleger *House of Beadle and Adams* fünf Millionen Exemplare seiner kleinen Bücher verkauft (LYON 1994, S. 712) – der Löwenanteil davon war dem Westen gewidmet. Mehr als 120 „Buffalo Bill"-Romane, davon alleine neun in einem einzigen Jahr (1892) veröffentlicht (LYON 1994, S. 712), festigten den Mythos.

Auf eben diesen William F. („Buffalo Bill") Cody (vgl. Bild 10) geht die Show „Buffalo Bill's Wild West" zurück, die Ende des 19. Jahrhunderts auch außerhalb der USA, vorwiegend in europäischen Städten, zu Gast war. „Buffalo Bill" wurde als der berühmteste Amerikaner seiner Zeit gehandelt, und seine Truppe umfasste mehr als 200 Cowboys und Indianer (AMES 2006, S. 217). Kulturhistoriker betrachten das Spektakel heute als Vorläufer des Western-Films. Nicht nur wegen der brüsken Stereotype, mit denen Indianer wie Cowboys regelrecht vorgeführt wurden, sondern auch aufgrund der enormen Resonanz unter dem Publikum (vgl. Bild 11) besitzt diese Analogie einige Berechtigung. Die Show war eine „bunte Mischung aus einem »typisch-amerikanischen« Umzug ..., historischen Inszenierungen ..., militärischen und sportlichen Darbietungen ... sowie melodramatischen Episoden aus dem Leben im Wilden Westen. In ganz Europa folgte diese dreistündige Schau demselben Grundmuster: der Pony Express, der Angriff auf den Siedlertreck, eine Virginia-Quadrille hoch zu Ross, »Zeitvertreib von Cowboys« (Reit- und Lassokünste), der Angriff auf die Postkutsche nach Deadwood, Indianertänze und die Büffeljagd" (AMES 2006, S. 217). Sehr treffend diagnostiziert AMES (2006, S. 222) in dieser Darbietung die „Vivifikation eines fiktionalen Universums", womit gemeint ist, dass die Aufführungen Figuren Leben einhauchten, die in Wirklichkeit nie so existierten – vergleichbar mit Baudrillards „Simulacrum", was wiederum zeigt, wie sehr sich die damaligen Präsentationen bereits der Postmoderne annäherten und sich nur graduell, aber nicht grundsätzlich von heutigen Unterhaltungsshows, Themenwelten und Vergnügungsparks unterschieden.

Das europäische Faible für Indianer (und Cowboys) jedoch reichte weiter, als die Veranstaltung von „Wild West

Bild 10: *W. F. Cody.*

Quelle: AMES 2006, S. 220.

Bild 11: *Arena von „Buffalo Bill's Wild West", Darmstadt, 1891.*

Quelle: KORT, HOLLEIN 2006, S. 44.

Shows" vermuten ließe. Bis zum Höhepunkt der Indianerverehrung – im deutschsprachigen Raum zwischen 1890 und 1910 – war es völlig normal geworden, dass „echte" Indianer in ganzen Gruppen in öffentlichen Veranstaltungen präsentiert wurden (vgl. Bild 12). Nicht selten bildeten zoologische Gärten (!) die Plattform solcher Belustigungen, wie etwa der Tierpark von Dresden, in dem 1879 eine zehnköpfige Gruppe nordamerikanischer Indianer erstmals in Deutschland auftrat (KORT 2006, S. 53). Bereits um 1870 hatte der Hamburger Tierhändler Carl Hagenbeck mit „Völkerschauen" begonnen, mit der fixen geschäftlichen Erwartungshaltung, „dass exotische Menschen die Massen nicht weniger anlockten als seltsame Tiere" (KORT 2006, S. 54; vgl. auch KUENHEIM 2007). Den erfolgreichsten Coup landete Hagenbeck mit der „Oglala-Sioux-Völkerschau": 42 Indianer und zehn Cowboys aus South Dakota traten fünf Monate lang in Hagenbecks neuem Tierpark in Stellingen bei Hamburg auf und unterhielten während dieser Zeit mehr als 1,1 Millionen Besucher (AMES 2006, S. 225).

Der Erfolg solcher Darbietungen pauste sich bis in die Wissenschaft durch. Mit eigenen Lexikoneinträgen wurden die Spektakel anerkannt. *Meyers Konversations-Lexikon* von 1893 (zit. nach AMES 2006, S. 213) nannte die „Buffalo Bill's Wild West"-Show den neuesten Trend in „anthropologischen Ausstellungen" und sprach von „Vorführungen von Repräsentanten fremder Völker zur Befriedigung der Schaulust und zur Verbreitung anthropologischer Kenntnisse". Die Wissenschaft konnte sich für diese Repräsentationen offensichtlich ebenfalls begeistern und ließ jegliche kritische Distanz vermissen.

Lassen wir an dieser Stelle den berühmten Pathologen (und langjährigen Präsidenten der Berliner Gesellschaft für Anthropologie) Rudolf Virchow zu Wort kommen: „Die von dem Herrn Jacobsen [Hagenbecks Impresario, Anm. W. G.] nach Europa gebrachten Bella-Coola-Indianer aus Britisch-Columbia sind von allen bis jetzt bei uns vorgeführten amerikanischen Wilden ganz verschieden. Durch die Deformation ihrer Köpfe, die besondere Bildung ihrer Gesichter, ihre ganz eigenartige Sprache, ihre hochentwickelte Kunstfertigkeit heben sie sich aus dem Gewirr der amerikanischen Naturvölker sofort bei der ersten Bekanntschaft hervor. Sie bieten somit der Betrachtung jedes denkenden Menschen eines der interessantesten Objecte" (zit. nach AMES 2006, S. 216). Aus der heutigen ex post-Perspektive mag eine so argumentierende Wissenschaft verblüffen und die Verwunderung über solch wissenschaftliche Verirrungen groß sein – doch Wissenschaft ist als soziales System ebenso zeitgebunden wie die Politik oder die Kunst, was eine auf dem heutigen Wissens- und Kenntnisstand basierende Kritik nicht völlig unberücksichtigt lassen sollte.

Die Wissenschaft unterstützte auf diese Weise ein Interesse, das bereits in der breiten Bevölkerung verankert war. Die Begegnung mit dem Indianer – vermittelt durch die Wild West-Darbietungen des „Buffalo Bill" – wurde vom Reiz des Exotischen übertüncht. So krude die Inhalte der Shows auch sein mochten – ihre Wirkung auf ein großes Publikum war nachhaltig, nicht zuletzt auch deshalb, weil diese Repräsentationen durch die zeitgenössische Literatur gestützt wurden. Der Name Karl May darf in diesem Zusammenhang kei-

Bild 12: Handzettel „Sioux-Indianer-Truppe" in Wien, 1886 und Plakat „Gastspiel der Nordamerikanischen Indianer-Kapelle" in Hamburg, 1910.

Quelle: KORT, HOLLEIN 2006, S. 208 und 211.

nesfalls fehlen (vgl. KREIS 2006). Wiederum vermag wohl ein Zeitgenosse die Wahrnehmung des Westens (und der Indianer) in Europa am eindrucksvollsten abzubilden. Ein Berliner Reporter konstatierte (zit. nach AMES 2006, S. 213): „Die schwarze Hautfarbe ist zu etwas Alltäglichem, Gewöhnlichem geworden und deshalb können irgendwelche noch so exotische, noch so dicklippige, noch so heidenmäßig uncultiviertes Futter verzehrende Neger-Rassen bei uns als Schaustücke kaum noch auf hervorragendes Interesse rechnen. ... Etwas anderes ist es noch mit den Indianer-Rassen und allem, was mit dem Prairieleben Nordamerikas zu thun hat. Obwohl die heutzutage beliebten Schnelldampfer den Begriff »Nord-Amerika« bereits in die Interessensphäre der simpelsten Gewohnheitstouristen gerückt haben, obwohl also amerikanische Dinge uns gar nicht so »entfernt«, so exotisch, so fremdartig vorkommen, so übt doch das Indianerwesen und alles, was drum und dranhängt, eine ganz mächtige, unsagbare Anziehungskraft auf uns aus. Heute noch stehen wir, wie einst als Kinder, unter dem magischen Banne der Cooper'schen *Lederstrumpf-Erzählungen*, und Häuptlings- oder Squaw-Namen wie »der flinke Hirsch«, »die weiße Taube« und dergl. haben für uns einen von echter Urwaldpoesie verklärten Klang."

5 Experiencing the Wests – Leben im Westen

Die Produktion der Attribute des Westens begann mit der gesellschaftlichen und politischen Inkorporation des Gebiets westlich des Mississippi in die USA im 19. Jahrhundert. Ungeachtet der faktischen Entwicklung des US-amerikanischen Westens zum wirtschaftlichen Schwungrad für die gesamten USA verdichteten sich diese Kennzeichen zu Klischees, die in ihrer Nostalgie und Historizität die Gegenwart nur mehr eingeschränkt und verzerrend abbilden können. Der Westen der USA kann eben nicht mehr hinreichend und adäquat durch Rancher, Indianer, Saloons oder Geisterstädte repräsentiert werden. Dennoch ist gerade die Tourimusindustrie bemüht, diese Bilder des Westens aufrecht zu erhalten. Lokale *Chambers of Commerce* und *Tourist Offices* pflegen diesen oft geradezu naiven Blick auf den Westen mit einer Hingabe, die den Besuchern manchmal ein ungläubiges Kopfschütteln abringt. Auf der Startseite der offiziellen Homepage der Stadt Cheyenne, Wyoming, prangt eine ganze Reihe von Bildern eines verklärten Westens, die den Mythos vergangener Tage beschwören und Cheyenne als Inkarnation dieses Mythos inszenieren (vgl. Bild 13). Gleich auf der obersten Navigationsleiste thront ein rei-

Bild 13: *Homepage-Titelzeile der Stadt Cheyenne (Wyoming) mit verschiedenen Ikonen des „Westens".*

tender Cowboy, der vor dem Hintergrund der tiefstehenden Sonne in schwarzen Umrissen erscheint. Eine in adrettem Weiß gekleidete junge Frau mit Cowboyhut bildet in Nahaufnahme den Gegenpol zum einsamen, in stimmungsvolles Sonnenlicht getauchten Reiter. Eine Dampflokomotive, offensichtlich aus den Pionierjahren des Eisenbahnzeitalters, bildet ein weiteres Sujet der Homepage, dem sich die Skulptur eines sich aufbäumenden Pferdes, ganz der Kunst Frederic Remingtons verpflichtet, anschließt. Am rechten Ende der Navigationsleiste findet sich schließlich ein Bild des *Cheyenne Depot* der ehemaligen *Union Pacific Railroad*, eines der wenigen historischen Gebäude der Stadt (1886/87), durch die noch der Geist der Pioniertage weht. Mit dem Slogan „Live the Legend" stellt sich Cheyenne ganz in den Dienst der Wiederbelebung des „Old West" (zu weiteren touristischen Projekten dieser Art in Wyoming vgl. DORST 1999; zur „Historiographie" der Nationalparks und der einseitigen Repräsentation des Westens in den inhaltlich-didaktischen Nationalparkkonzepten vgl. DILSAVER 2003).

Ob die vielerorts im Westen praktizierte Manipulation von Geschichte aus kommerziellen Gründen gutzuheißen ist, soll an dieser Stelle nicht weiter diskutiert werden. Neben dem ethischen Problem, das solche Konstruktionen evoziert, spielt auch die Frage nach der Alltagstauglichkeit dieses selektiven Umgangs mit der Vergangenheit eine Rolle. Wie lassen sich die Jahre und Jahrzehnte der Erschließung des Westens, die räumliche Semantik der *frontier* des 19. Jahrhunderts, in eine geeignete Repräsentation für das 21. Jahrhundert überführen? Reicht eine „Purifizierung" nach den rationalen und „hygienischen" Standards der Gegenwart aus? "The 'real' history vanished under 'a more sophisticated, sanitized version' portrayed in the marketing and public events ..." (RAENTO 2003, S. 241). Ohne Zweifel, die Reproduktion des Westens, vor allem für touristische Belange, steht in einem Dilemma zwischen Bewahrung und der „commodification of the past" (RAENTO 2003, S. 241).

Der Tourismus stellt nur eine von mehreren Facetten dar, die den Alltag und die Gegenwart der Bewohner des US-amerikanischen Westens prägen und dabei auf räumlich-konnotative Produktionen der Vergangenheit zurückgreifen. Wie in diesem abschließenden Kapitel gezeigt werden soll, existieren darüberhinaus viele weitere Alltagswelten, zusätzliche „Wests", die aber in touristischer Hinsicht nicht immer besonders relevant erscheinen und in den üblichen Repräsentationen des Westens gerne verschwiegen und nicht weiter beachtet werden. Dazu zählen der „Surreal West", der „Dry West", der „Dead West" und der „Hispanic West". Der surreale und der trockene Westen werden hier nur kurz angeschnitten, dem „Dead West" und dem „Hispanic West" werden zwei kurze Subkapitel gewidmet.

Immer wieder assoziiert man mit dem US-amerikanischen Westen wertloses, wüstenhaftes Land (vgl. Kap. 2.3). Von einer solchen Vorstellung ist es nur ein kurzer Schritt zum „Surreal West", der für einige „Sonderlinge" oder „Freaks" schon längst zur Realität und zur konkreten Lebenswelt des Westens geworden ist. Ein spätestens seit den frühen 1970er Jahren fassbarer Trend zur Esoterik überzog einige Bereiche des US-amerikanischen Westens und transformierte diese in merkwürdige Kultregionen. Zu nennen sind hier beispielsweise Nordkalifornien in der Umgebung des Vulkans Mount Shasta, eine Region, die sich mittlerweile offensiv als Mekka von Aussteigern, Okkultisten, New Age-Anhängern und anderen Querdenkern vermarktet (vgl. HUNTSINGER, FERNÁNDEZ-GIMÉNEZ 2000). Auch Teile Nevadas – besonders die „leere" Mitte des Staates, die nur wenige Dauerbewohner kennt – reklamieren ein ähnliches Image für sich: als Ort geheimer Waffentests des Militärs, in die auch „Außerirdische" verwickelt sein sollen, als Terrain für obskure Kontakte mit UFOs und extraterrestrischen Kreaturen, als Beobachtungsplatz für unheimliche Begegnungen mit kosmischen Mächten (vgl. Bild 14). Daran knüpfen sich „... elaborate stories of captured alien spacecraft being furtively tested at the government's secure aircraft zone – Area 51 – near Las Vegas, Nevada" (MURRAY 2001, S. 166). Während dieser „Surreal West" zumindest für eine kleine touristische Fraktion von Kauzen und Eigenbrötlern Anziehungskraft besitzt, wird die Realität des „Dry West" von Fremden wie Einheimischen gleichermaßen häufig verdrängt. Auf die enormen, geradezu existentiellen Herausforderungen dieser Facette des US-amerikanischen Westens (vgl. dazu, als Indiz dafür, dass der „Dry West" mittlerweile ein breites Publikum zu beschäftigen beginnt, KUNZIG 2008) kann hier aus verständlichen Platzgründen nicht näher eingegangen werden.

Bild 14: *Extraterrestrial Highway, Nevada.*

5.1 Dead West

Die Phrase stammt von keinem geringeren als Mike DAVIS (1999), ein ebenso pointiert wie kritisch argumentierender Beobachter der Situation des US-amerikanischen Westens. Mit diesem Etikett soll ein großes Spektrum von Assoziationen abgedeckt werden, die den Westen der USA als „worthless land" (Runte, zit. nach MILNER 1994b, S. 162) identifizieren und ihm, daraus ableitend, eine Reihe von Funktionen zuschreiben, die unter der Metaphorik von Krieg, Waffen, Militär, Müll, Krankheit und Tod stehen. "The same logic that relegated eastern Indians to 'worthless' western lands would later be used to justify the creation of such diverse entities as national parks, nuclear bomb sites, toxic waste dumps, and numerous Indian reservations" (MILNER 1994b, S. 162).

Als „Federal Land" stehen beträchtliche Areale des Westens nicht unter ziviler Verwaltung, sondern gehören dem Militär, das an Dutzenden Standorten präsent ist (vgl. Abb. 3). Allein in Nevada kontrolliert das Militär eine Fläche von ungefähr 16.000 km² und 70 Prozent des Luftraums (DAVIS 1999 S. 342; vgl. Abb. 4). Zentrale Bestandteile des militärisch-technischen Komplexes der USA waren zur Zeit des Kalten Krieges in den Westen verlagert oder dort erst gegründet worden. Eine Schätzung ging davon aus, dass im Jahr 1957 215.000 Personen alleine aus Gründen der Beschäftigung beim Militär in das Gebiet von San Diego, Kalifornien, zogen (ABBOTT 1994, S. 489). Sowohl Grundlagenforschung als auch Entwicklung und Tests von (Atom-)Waffen bildete fast ausschließlich eine Domäne des US-amerikanischen Westens (Los Alamos, New Mexico; Hanford, Washington). Seit 1953 kam es an der Nevada Test Site bei Las Vegas innerhalb von vier Jahrzehnten zu 928 ober- und unterirdischen Atomwaffenversuchen; 120 davon wurden oberirdisch realisiert, was mit einer dauerhaften radioaktiven Verstrahlung weiter benachbarter Gebiete, bis nach St. George, Utah, erkauft wurde (WRIGHT 2003, S. 99). Die Bevölkerung im Gefahrenbereich dieser Tests ist erhöhter Radioaktivität ausgesetzt, "exposed to the fallout equivalent of perhaps fifty Hiroshimas" (DAVIS 1999, S. 350). So einfach lautet das „Abc" des „Dead West": "A is for Atom, B is for the Bomb, C is for Cancer, and D is for Death" (zit. nach DAVIS 1999, S. 353f.). Der Westen verkam zur „national sacrifice zone" des Verteidigungsministeriums, zu einer „plutonium periphery" (DAVIS 1999, S. 347).

Zu dieser Apokalypse passt sehr gut, dass als Standort für das nationale Atommüllendlager unter mehreren „Bewerbern" Yucca Mountain in Nevada ausgewählt wurde und – begleitet und verzögert von permanenten juristischen Auseinandersetzungen – derzeit für seine endgültige Bestimmung vorbereitet wird. Dass Yucca Mountain gleichzeitig von indianischen Gruppen als heiliger Ort verehrt wird, hat der Bundesregierung und dem *Department of Energy*, das für den reibungslosen Betrieb des Endlagers Sorge tragen soll, bislang keinerlei Konzessionen abringen können. Dass die größte Deponie für (zivilen und militärischen) Atommüll quasi in Sichtweite der am schnellsten wachsenden Stadt der USA, Las Vegas, eingerichtet werden soll, fügt dem „Dead West" eine weitere groteske Note hinzu – so wie der durch den Koreakrieg initiierte Uranboom in der „Four Corner"-Region, wo Arizona, Utah, Colorado und New Mexico aufeinanderstoßen, der unter privaten und kommerziellen Prospektoren

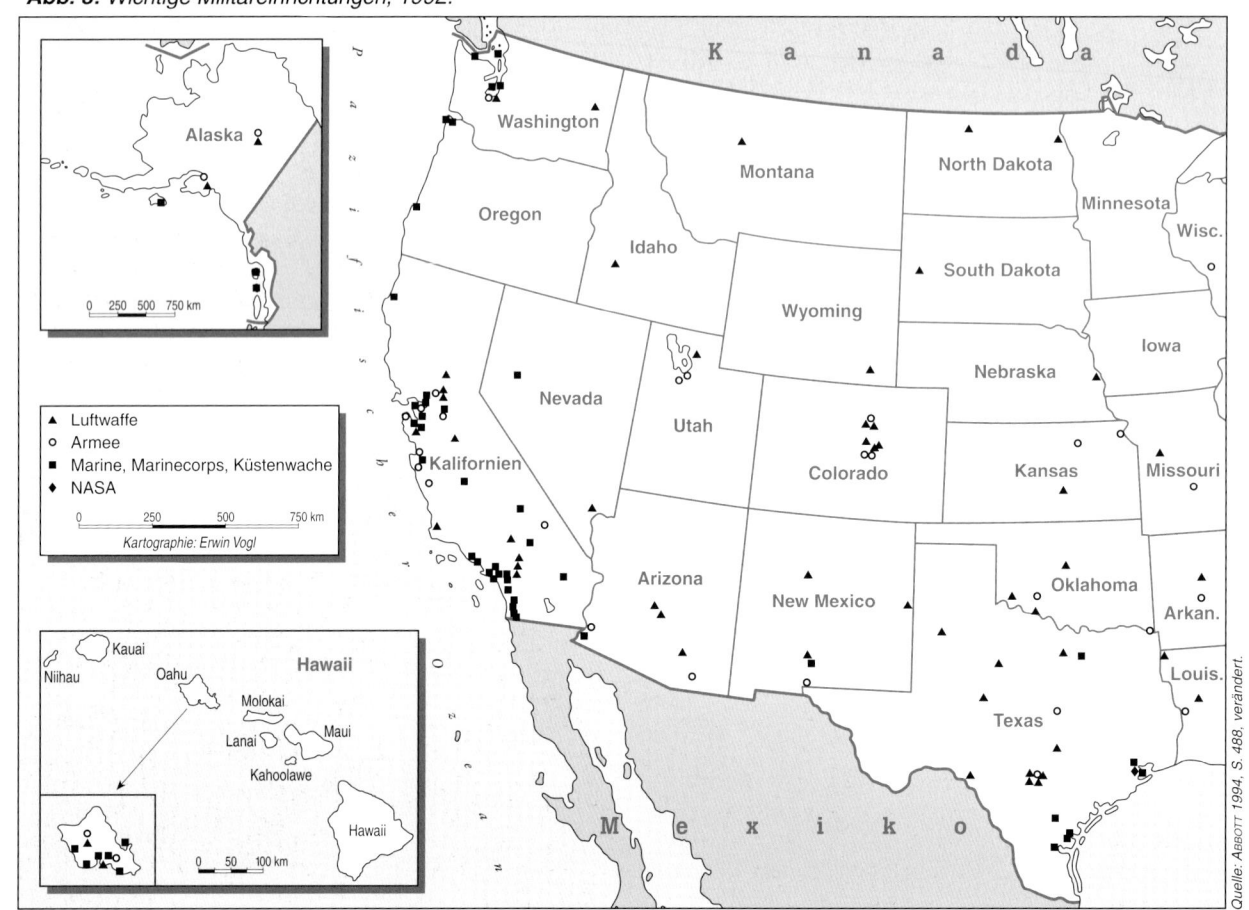

Abb. 3: *Wichtige Militäreinrichtungen, 1992.*

Quelle: ABBOTT 1994, S. 488, verändert.

Abb. 4: „Pentagon Nevada".

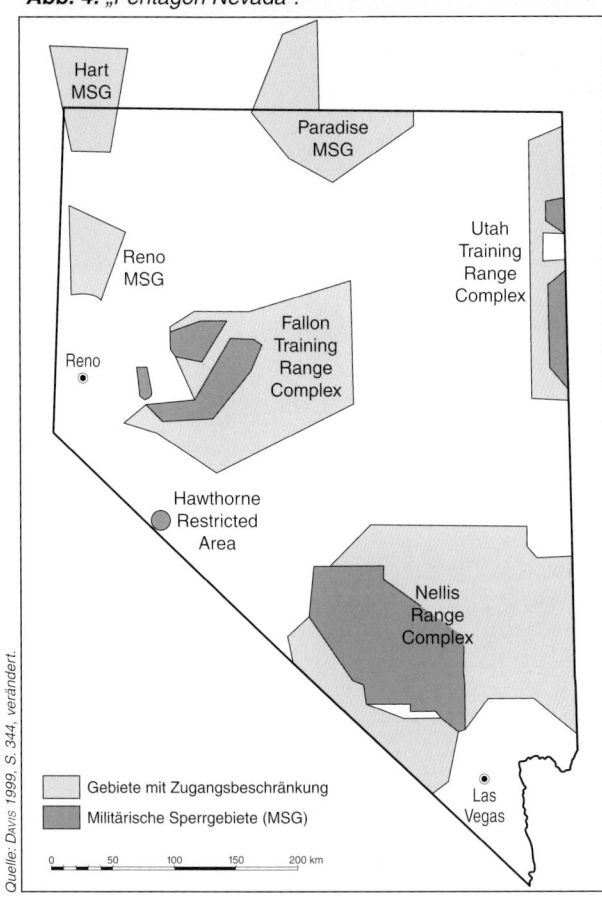

[Karte Nevada mit folgenden Gebieten: Hart MSG, Paradise MSG, Reno MSG, Reno, Utah Training Range Complex, Fallon Training Range Complex, Hawthorne Restricted Area, Nellis Range Complex, Las Vegas. Legende: Gebiete mit Zugangsbeschränkung, Militärische Sperrgebiete (MSG). Maßstab 0–200 km.]

Quelle: DAVIS 1999, S. 344, verändert.

eine regelrechte Manie entfachte: "... 'land of the weekend prospector'. Eager amateurs sent fifty-five cents to the Government Printing Office for a how-to pamphlet on uranium mining, stocked up on Geiger counters and USGS maps in Grand Junction, Colorado, and Moab, Utah, and joined Atomic Energy Commission and Geological Survey scientists in the search for bright-yellow carnotite ore" (ABBOTT 1994, S. 489; zu den Risiken der Uranbergleute und der Bewohner vgl. CRONON 1994, S. 625).

Vielleicht noch widerwärtiger und weniger geläufig als der militärische Missbrauch des Westens ist seine Verunstaltung durch Sondermülldeponien. DAVIS (1999, S. 341) sieht in den zahlreichen Deponien für Tierkadaver, etwa in Nevada, eine „'Boschlike' landscape". Aus dieser Nutzung und der militärischen Verseuchung resultiert ein hohes Gefährdungspotenzial für Mensch und Tier, mit unwägbaren Folgen für zukünftige Generationen. "... it is commonplace for local livestock to die mysteriously, or give birth to monstrouts offspring" (DAVIS 1999, S. 341). Die künstlerischen Anklagen des Photographen Richard Misrach, der die grausigen Reste der Tierkadaver in der Landschaft in schonungslose photographische Dokumentationen verwandelt, stehen beispiellos in der Visualisierung des Westens. "Indeed Misrach may have produced the single most disturbing image of the American West since ethnologist James Mooney countered Frederic Remington's popular paintings of heroic cavalry charges with stark photographs of the frozen corpses of Indian women and children slaughtered by the Seventh Cavalry's Hotchkiss guns at Wounded Knee in 1890" (DAVIS 1999, S. 341). Noch ist der Westen nicht tot, aber „Dead West" wirft bedrohliche Schatten auf das Bild des blühenden, boomenden Westens.

5.2 Hispanic West

Der Westen der USA, seit dem Zweiten Weltkrieg „playground, the American dreamscape" (ROTHMAN 1998, S. 24), besitzt mannigfaltige kulturelle Wurzeln, die im Zuge der Mythisierung und touristischen Kommerzialisierung der Region sehr stark auf eine einzige kulturelle Tradition, die des weißen Amerika, komprimiert wurden. Hispanische, mexikanische oder indianische Elemente nehmen in vielen Repräsentationen des Westens nur marginale Positionen ein. Die Antagonismen zwischen den Kulturen speisen sich aus einer ebenso langen Tradition. Stereotype über die „Sollbruchstelle" zwischen dem katholischen Spanien und dem protestantischen England übertrugen sich fast automatisch auf die koloniale Bühne in der Neuen Welt. Mit der politischen Übernahme ehemals spanischer bzw. mexikanischer Territorien durch die USA im 19. Jahrhundert geriet das hispanische kulturelle Erbe in Rechtfertigungsnöte gegenüber dem weißen Amerika; eine ehemals reiche Kulturlandschaft drohte zu zerfallen (vgl. Bild 15). An der Ostküste oder in Europa kolportierte Versionen des amerikanischen Westens würdigten das Spanische nur weit unter seinem faktischen Stellenwert im Alltagsleben der Bevölkerung.

Seit dem frühen 20. Jahrhundert kam es hier allerdings zu einer Umkehr, indem der hispanischen Kultur (wenn auch nicht immer den Trägern dieser Kultur) ein zusehends größerer Stellenwert beigemessen wurde. Die Erkenntnis, dass sich hispanische Kulturetiketten einem wohlhabenden Anglo-Publikum gut verkaufen ließen, kam mit der Neubewertung des hispanisch geprägten Westens und vor allem mit dem märchenhaften ökonomischen Aufschwung in Kalifornien. Dieses neue Füllhorn der Nation symbolisierte einen ewigen Sommer, der die Massen aus den übrigen USA anzog. Bildlichen Ausdruck fand diese Begeisterung für das hispanische Erbe im Architekturstil des kalifornischen „mission revival", der sich bis nach New Mexico verbreitete und zu einem ästhetisch-visuellen Code des gesamten US-amerikanischen Südwestens wurde. "Entrepreneurs rebuilt decaying missions and constructed train stations in 'Spanish style' to give the visitor a distinct California esthetic immediately upon arrival" (HAVERLUK 2003, S. 174). Ganze Städte und Stadtarchitekturen mussten sich der neuen hispanischen Vorliebe beugen, wie etwa Santa Fe, das 1912 jede Architektur verbot, die nicht im Pueblo-Stil gehalten war (vgl. ROTHMAN 1998). "... in the late

Bild 15: *Verfallene Mission, San Juan Capistrano, Photographie 1880/81.*

Quelle: WEBER 1994, S. 74.

nineteenth century a rosier view emerged. In the 1880s ... Anglo Americans could afford to indulge in nostalgia about the Hispanic traditions they had nearly obliterated. A sanitized and quaint rendition of the Hispanic past provided a pleasant sense of place for rootless newcomers and added an aura of exoticism and romance that lured tourists and their dollars. Artifacts from the Hispanic past came to be treasured, architecture and building materials (including the once-dispised adobe) emulated, and crumbling missions restored" (WEBER 1994, S. 74).

Jedoch erfasste die Wertschätzung hispanischer Kultur nur die materielle Oberfläche des Westens. Die sozialen Kontakte zwischen den verschiedenen Ethnizitäten, das strenge hierarchische Verhältnis zwischen Anglos und Hispanos, in der Schule und am Arbeitsmarkt, blieb unverändert bestehen, ja erfuhr durch die verstärkte Immigration aus Mexiko und eine immer vehementer auftretende „English only"-Bewegung zusätzlichen Rückhalt. Die „Hispanisierung" des Westens beschränkte sich also auf die kulturelle Hülle, von welcher der Tourismus enorm profitierte (vgl. SZASZ, SZASZ 1994, S. 380), ohne dass der Westen deshalb in der Wahrnehmung der breiten Öffentlichkeit als „Hispanic West" verankert werden musste. Lokale hispanische Veranstaltungen summieren sich zwar zu einer eindrucksvollen Demonstration eines „Hispanic West" (vgl. Abb. 5), doch welche Aspekte dieser kulturellen Ausdrucksformen primär dem touristischen Interesse verpflichtet sind und damit nicht für eine authentische Anerkennung der hispanischen Überlieferung stehen, lässt sich daraus nicht ablesen, sondern nur vermuten: Der „Hispanic West" ist ein Kind der Werbe- und Tourismusindustrie. Mit den alltagsweltlichen Konsequenzen dieser neuen (und alten) Kategorie des Westens muss sich Amerika erst anfreunden.

Literatur

ABBOTT, C. (1994): The Federal Presence. In: C. A. MILNER II, C. A. O'CONNOR u. M. A. SANDWEISS (Hrsg.): The Oxford History of the American West. – New York, Oxford, S. 468–499.

ABRUZZI, W. S. (1995): The Social and Ecological Consequences of Early Cattle Ranching in the Little Colorado River Basin. – Human Ecology 23(1), S. 75–98.

ALLMENDINGER, B. (1999): Toga! Toga! In: V. J. MATSUMOTO, B. ALLMENDINGER (Hrsg.): Over the Edge. Remapping the American West. – Berkeley, Los Angeles, London, S. 32–49.

AMES, E. (2006): Cooper-Welten. Zur Rezeption der Indianer-Truppen in Deutschland, 1885–1910. In: P. KORT, M. HOLLEIN (Hrsg.): I Like America. Fiktionen des Wilden Westens. – München, Berlin, London, New York, S. 213–229.

BERGMAN, E. F. (1995): Human Geography. Cultures, Connections, and Landscapes. – Englewood Cliffs.

BIEGER, L. (2007): Transatlantic Landscapes and Living Images: 'Marlboro Country' Revisited. – Amerikastudien/American Studies 52(1), S. 121–139.

BLAKE, K. S. (1995): Zane Grey and Images of the American West. – The Geographical Review 85, S. 202–216.

BROWN, R. M. (1994). Violence. In: C. A. MILNER II, C. A. O'CONNOR u. M. A. SANDWEISS (Hrsg.): The Oxford History of the American West. – New York, Oxford, S. 392–425.

BUTLER, A. (1994): Selling the Popular Myth. In: C. A. MILNER II, C. A. O'CONNOR u. M. A. SANDWEISS (Hrsg.): The Oxford History of the American West. – New York, Oxford, S. 770–801.

CRONON, W. (1994): Landscapes of Abundance and Scarcity. In: C. A. MILNER II, C. A. O'CONNOR u. M. A. SANDWEISS (Hrsg.): The Oxford History of the American West. – New York, Oxford, S. 602–637.

DANLY, S. (1988): Andrew Joseph Russell's The Great West Illustrated. In: S. DANLY, L. MARX (Hrsg.): The Railroad in American Art. Representations of Technological Change. – Cambridge (MA), S. 93–112.

DAVIS, M. (1999): Dead West. Ecocide in Marlboro Country. In: V. J. MATSUMOTO, B. ALLMENDINGER (Hrsg.): Over the Edge. Remapping the American West. – Berkeley, Los Angeles, London, S. 339–369.

DELYSER, D. (1999): Authenticity on the Ground: Engaging the Past in a California Ghost Town. – Annals of the

Abb. 5: Cinco de Mayo-Festivals in den USA, 1999.

Association of American Geographers 89(4), S. 602–632.

DeLyser, D. (2003): "Good, by God, We're Going to Bodie!" Ghost Towns and the American West. In: G. J. Hausladen (Hrsg.): Western Places, American Myths. How We Think About the West. – Reno, S. 273–295 (Wilbur S. Shepperson Series in History and Humanities).

Dilsaver, L. M. (2003): National Significance. Representation of the West in the National Park System. In: G. J. Hausladen (Hrsg.): Western Places, American Myths. How We Think About the West. – Reno, S. 111–132 (Wilbur S. Shepperson Series in History and Humanities).

Dippie, B. W. (1994): The Visual West. In: C. A. Milner II, C. A. O'Connor u. M. A. Sandweiss (Hrsg.): The Oxford History of the American West. – New York, Oxford, S. 674–705.

Dorst, J. D. (1999): Looking West. – Philadelphia (Contemporary Ethnography).

Egner, H. (2003): Whose West Wins? Entwicklungen im Südwesten der USA. In: H. Egner (Hrsg.): Tourismus – Lösung oder Fluch? Die Frage nach der nachhaltigen Entwicklung peripherer Regionen. – Mainz, S. 107–116 (Mainzer Kontaktstudium Geographie, 9).

Egner, H. (2005a): Making deserts. Die Canyon Country-Landschaften der USA in historischen und aktuellen Konstruktionen. – Geographica Helvetica 60(2), S. 136–144.

Egner, H. (2005b): Mythos ‚West'. Die Canyon Country (USA) als ‚Freizeitpark'. In: M. Flitner, J. Lossau (Hrsg.): Themenorte. – Münster, S. 59–72.

Gerste, R. D. (2003): Die Verdoppelung der USA. Mit dem Kauf der spanisch-französischen Kolonie Louisiana vor 200 Jahren begann der Aufstieg der Vereinigten Staaten zur Großmacht. – Die ZEIT, Nr. 18 vom 24.04.2003, S. 82.

Hausladen, G. J. (2003): Where the Cowboy Rides Away. Mythic Places for Western Film. In: G. J. Hausladen (Hrsg.): Western Places, American Myths. How We Think About the West. – Reno, S. 296–318 (Wilbur S. Shepperson Series in History and Humanities).

Haverluk, T. W. (2003): Mex-America. From Margin to Mainstream. In: G. J. Hausladen (Hrsg.): Western Places, American Myths. How We Think About the West. – Reno, S. 166–183 (Wilbur S. Shepperson Series in History and Humanities).

Huntsinger, L., Fernández-Giménez, M. (2000): Spiritual Pilgrims at Mount Shasta, California. – The Geographical Review 90(4), S. 536–558.

Hyde, A. F. (1990): An American Vision. Far Western Landscape and National Culture, 1820–1920. – New York, London (The American Social Experience Series, 17).

Jackson, R. H. (2003): Mormon Wests: The Creation and Evolution of an American Region. In: G. J. Hausladen (Hrsg.): Western Places, American Myths. How We Think About the West. – Reno, S. 135–165 (Wilbur S. Shepperson Series in History and Humanities).

Kort, P. (2006): „Die unbewältigte Vergangenheit des Mordes an den Indianern". In: P. Kort, M. Hollein (Hrsg.): I Like America. Fiktionen des Wilden Westens. – München, Berlin, London, New York, S. 45–67.

Kort, P., Hollein, M. (Hrsg.) (2006): I Like America. Fiktionen des Wilden Westens. – München, Berlin, London, New York.

Kreis, K. M. (2006): Deutsch-Wildwest. Die Erfindung des definitiven Indianers durch Karl May. In: P. Kort, M. Hollein (Hrsg.): I Like America. Fiktionen des Wilden Westens. – München, Berlin, London, New York, S. 249–273.

Kuenheim, H. von (2007): Ihr Auftritt, Frau Walross! Wie der Hamburger Tierhändler Carl Hagenbeck das Schaugewerbe revolutionierte und dabei vor 100 Jahren den modernen Zoo erfand. – Die ZEIT, Nr. 18 vom 26.04.2007, S. 98.

Kunzig, R. (2008): Drying of the West. The American West was won by water management. What happens when there is no water left to manage? – National Geographic, February 2008, S. 98–113.

Limerick, P. N. (1994): The Adventures of the Frontier in the Twentieth Century. In: J. R. Grossman (Hrsg.): The Frontier in American Culture. An Exhibition at the Newberry Library, August 26, 1994–January 7, 1995. – Berkeley, Los Angeles, London, S. 66–102.

Limerick, P. N. (1999): Seeing and Being Seen. Tourism in the American West. In: V. J. Matsumoto, B. Allmendinger (Hrsg.): Over the Edge. Remapping the American West. – Berkeley, Los Angeles, London, S. 15–31.

Logan, L. (1992): The geographical imagination of Frederic Remington: the invention of the cowboy West. – Journal of Historical Geography 18(1), S. 75–90.

Lyon, T. J. (1994): The Literary West. In: C. A. Milner II, C. A. O'Connor u. M. A. Sandweiss (Hrsg.): The Oxford History of the American West. – New York, Oxford, S. 706–741.

McGrath, R. D. (1989): Violence and Lawlessness on the Western Frontier. In: T. R. Gurr (Hrsg.): Violence in America. Volume 1: The History of Crime. – Newbury Park, London, New Delhi, S. 122–145 (Violence, Cooperation, Peace).

Meinig, D. W. (1993): The Shaping of America. A Geographical Perspective on 500 Years of History. Volume 2: Continental America, 1800–1867. – New Haven, London.

Messner, M. (2002): The Foundation of a Myth: Visualizing the American West. In: M. Heusser, G. Grabher (Hrsg.): American Foundational Myths. – Tübingen, S. 175–185 (SPELL. Swiss Papers in English Language and Literature, 14).

Milner, C. A. II (1994a): Introduction. In: C. A. Milner II, C. A. O'Connor u. M. A. Sandweiss (Hrsg.): The Oxford History of the American West. – New York, Oxford, S. 1–7.

Milner, C. A. II (1994b): National Initiatives. In: C. A. Milner II, C. A. O'Connor u. M. A. Sandweiss (Hrsg.): The Oxford History of the American West. – New York, Oxford, S. 154–193.

Milner, C. A. II, O'Connor, C. A. u. M. A. Sandweiss (Hrsg.) (1994): The Oxford History of the American West. – New York, Oxford.

Murphy, M. (1999): Making Men in the West. The Coming of Age of Miles Cavanaugh and Martin Frank Dunham. In: V. J. Matsumoto, B. Allmendinger (Hrsg.): Over the Edge. Remapping the American West. – Berkeley, Los Angeles, London, S. 133–147.

Murray, J. A. (2001): Mythmakers of the West. Shaping America's Imagination. – Flagstaff.

Penny, H. G. (2006): Illustriertes Amerika. Der Wilde Westen in deutschen Zeitschriften 1825–1890. In: P. Kort, M. Hollein (Hrsg.): I Like America. Fiktionen des Wilden

Westens. – München, Berlin, London, New York, S. 141–157.

PETERSON, C. S. (1994): Speaking for the Past. In: C. A. MILNER II, C. A. O'CONNOR u. M. A. SANDWEISS (Hrsg.): The Oxford History of the American West. – New York, Oxford, S. 742–769.

RAENTO, P. (2003): The Return of the One-Armed Bandit. Gambling and the West. In: G. J. HAUSLADEN (Hrsg.): Western Places, American Myths. How We Think About the West. – Reno, S. 225–252 (Wilbur S. Shepperson Series in History and Humanities).

REUTTER, C. (2002): The Fate of the American Western Film. In: M. HEUSSER, G. GRABHER (Hrsg.): American Foundational Myths. – Tübingen, S. 187–199 (SPELL. Swiss Papers in English Language and Literature, 14).

RICHMOND Jr., A., BARON, W. R. (1989): Precipitation, Range Carrying Capacity and Navajo Livestock Raising, 1870–1975. – Agricultural History 63(2), S. 217–230.

ROTHMAN, H. K. (1998): Devil's Bargains. Tourism in the Twentieth-Century American West. – Lawrence (KS) (Development of Western Resources).

SLOTKIN, R. (1973): Regeneration through Violence. The Mythology of the American Frontier, 1600–1860. – Middletown (CT).

SLOTKIN, R. (1986): The Fatal Environment. The Myth of the Frontier in the Age of Industrialization, 1800–1890. – Middletown (CT).

SLOTKIN, R. (1992): Gunfighter Nation. The Myth of the Frontier in Twentieth-Century America. – New York.

SZASZ, F. M., SZASZ, M. C. (1994): Religion and Spirituality. In: C. A. MILNER II, C. A. O'CONNOR u. M. A. SANDWEISS (Hrsg.): The Oxford History of the American West. – New York, Oxford, S. 358–391.

STARRS, P. F. (1995): Conflict and Change on the Landscapes of the Arid American West. In: E. N. CASTLE (Hrsg.): The Changing American Countryside. Rural People and Places. – Lawrence (KS), S. 271–285 (Rural America).

STARRS, P. F. (2003): An Inescapable Range, or the Ranch as Everywhere. In: G. J. HAUSLADEN (Hrsg.): Western Places, American Myths. How We Think About the West. – Reno, S. 57–84 (Wilbur S. Shepperson Series in History and Humanities).

WAECHTER, M. (1996): Die Erfindung des amerikanischen Westens. Die Geschichte der Frontier-Debatte. – Freiburg/Breisgau (Rombach Wissenschaft – Reihe Historiae, 9).

WEBER, D. J. (1994): The Spanish-Mexican Rim. In: C. A. MILNER II, C. A. O'CONNOR u. M. A. SANDWEISS (Hrsg.): The Oxford History of the American West. – New York, Oxford, S. 44–77.

WEXLER, A. (1995): Atlas of Westward Expansion. – New York.

WHITE, R. (1994): Frederick Jackson Turner and Buffalo Bill. In: J. R. GROSSMAN (Hrsg.): The Frontier in American Culture. An Exhibition at the Newberry Library, August 26, 1994 – January 7, 1995. – Berkeley, Los Angeles, London, S. 7–65.

WRIGHT, J. B. (2003): Land Tenure. The Spatial Musculature of the American West. In: G. J. HAUSLADEN (Hrsg.): Western Places, American Myths. How We Think About the West. – Reno, S. 85–110 (Wilbur S. Shepperson Series in History and Humanities).

Ulrike Gerhard

Symbol, Cluster, Knoten, Milieu – Dimensionen einer politischen Global City Washington, D.C.

Mit 7 Abbildungen und 3 Tabellen

1 Didaktische Zielsetzung und Einführung

Aspekte der Stadtentwicklung sind für SchülerInnen von unmittelbarem Interesse, da sie sich in ihrem direkten Wohnumfeld abspielen und somit für sie auch nachvollziehbar sind. Durch die Globalisierung rücken die Städte der Welt enger zusammen, da sich Prozesse zum Teil sehr ähneln. Dennoch dominieren bei der Analyse von Städten die Ausführungen über globale Vorreiter wie New York, London und Tokio, während andere Orte aus dem Blickfeld geraten. Zudem überwiegen meist wirtschaftliche Perspektiven, die häufig sehr quantitativ-beschreibend vorgehen.

Dieser Artikel hat zum Ziel, den SchülerInnen eine aus den Medien bekannte Stadt näher zu bringen und diese nicht nur von außen zu betrachten, sondern ihre inneren Strukturen zu erkennen und zu verstehen. Indem Entwicklungsmuster aufgedeckt werden und die Bevölkerung durch eine qualitative Vorgehensweise selber zu Wort kommt, können die verschiedenen Dimensionen dieses städtischen Raumes erfahrbar gemacht werden. Dabei greifen wirtschaftliche, soziale und politische Aspekte ineinander, die das Thema auch für einen fächerübergreifenden Unterricht interessant machen.

2 Washington – Weltstadt und Bundesdorf

"Washington is my home town. It dies at sundown; it is too hot in the summer, too damp in the winter, too dry on Sundays and more interested in politics than it is in sex, but I like it. ... It is ideally suited for the middle-aged family couple, being perhaps the last great city in which middle income can afford a house, a tomato patch and a canopy of dogwoods within fifteen minutes of the office."
(BAKER 1967, S. 195f.)

Dieses Zitat des Journalisten Russell Baker ist 40 Jahre alt, dennoch entspricht es auch heute noch häufig dem Image, das der Stadt Washington als beschaulichem Bundesdorf (BOWLING 2002; BOWLING, GERHARD 2005) anhaftet, das neben Kapitol, Bundesbehörden und Botschaften nicht viel zu bieten hat – mit Ausnahme von Kriminalität vielleicht. Denn viele Jahre lang führte die Stadt nicht nur die Zahl der Meldungen in der Presse, wenn es um politische Entscheidungen der Bundesregierung ging, sondern auch wenn Gewalt- und Mordakte pro Einwohnerzahl in den US-Städten verglichen wurden. Somit ist Washington zwar die Hauptstadt der mächtigsten Nation der Welt und demnach in aller Munde, wenn es aber um wirtschaftliche Aktivitäten, Urbanität oder Weltstadtbedeutung geht, rücken andere Städte ins Rampenlicht.

Diese Vernachlässigung gilt auch für die stadtgeographische Literatur der letzten Jahrzehnte. Während sich Untersuchungen zu New York, Los Angeles und Chicago gegenseitig den Rang ablaufen, erregen Artikel zu Washington mit dem Titel *Washington, from Tidewater Town to Global Metropolis* (ABBOTT 1999) oder *Washington, Une Ville Mondiale?* von BOQUET (2001) nur wenig Aufsehen. Lediglich KNOX (1991) hat einen architektonisch-stadtgeographischen Streifzug durch Washington unternommen und dabei bemerkenswerte Entwicklungen dieser „rastlosen" Metropole aufgedeckt, ansonsten bleiben die Arbeiten jedoch eher allgemeiner Natur, wie z. B. der Aufsatz von HOLZNER in der *Geographischen Rundschau* aus dem Jahr 1992. Die Global City-Forscher insbesondere der *Loughborough Global and World Research Group (GaWC)* platzieren Washington auf gleicher Ebene wie Prag, Boston oder Melbourne (vgl. BEAVERSTOCK et al. 1999, S. 456) und bestätigen somit das Bild einer beschaulichen Großstadt mit nur gemäßigter Weltstadtdynamik.

Dieses Defizit steht im krassen Gegensatz zur tatsächlichen Entwicklung der Stadt. Sie ist nicht nur die fünftwichtigste Anlaufstelle für internationale Einwanderung in die USA, umgebende Landkreise insbesondere im Nordwesten des Großraums zählen schon seit Jahren zu den bevölkerungsmäßig am stärksten wachsenden Regionen des Landes. Hatte bereits GARREAU (1991) zahlreiche *Edge Cities* im Großraum gezählt, spricht LANG (2003) nun von so genannten *Edgeless Cities*, die den Metropolitanraum mit einem endlosen Meer an Einfamilienhaussiedlungen und Gewerbeparks überziehen. Nach dem Silicon Valley zählt der Großraum Washington zu den wichtigsten Hightech-Korridoren des Landes und nicht zuletzt seit Beginn des Irakkrieges boomt der Rüstungssektor in der Region. Diese Entwicklungen sind eng verzahnt mit der politischen Bedeutung der Stadt. So hat auch der Weltstadtforscher Peter Taylor die Messlatte für Global Cities erweitert und die Aktivitäten der *NGOs (Non-Governmental Organization)* in seine Berechnungen miteinbezogen und damit der Stadt eine größere Bedeutung attestiert, als es die Global City-Forscher gemeinhin annehmen (vgl. TAYLOR 1997, 2004). Die urbane Landschaft Washingtons ist demnach Ausdruck einer speziellen Bevölkerungsstruktur mit einem hohen Anteil an Personen aus der Gruppe der kreativen und politischen Berufsmilieus, dem rapiden Anstieg einzelner Wirtschaftssektoren und der globalen politischen Bedeutung der Stadt. Wie im Folgenden untersucht wird, besteht ein enger kausaler Zusammenhang zwischen Weltstadtfunktionen und politischen Akteuren. Durch die Vielfalt der politischen Gruppen, die sich hier auf engem Raum treffen, werden Meinungen gebildet und Diskussionen angeregt und die Unterschiede vertieft. Gleichzeitig prägen die Aktivitäten des politischen Sektors die Stadt, führen zur Ausdifferenzierung verschiedener Stadtteile, zum Wachstum bestimmter Viertel und zur Aufwertung und Verdrängung von Bevölkerungsgruppen. Die Stadt als „diskursiver Raum" (DELANTY 2000) besitzt eine Eigendynamik, die sich in Washington auf spezielle Art und Weise ausbildet.

Wie dieser Zusammenhang aussieht, ist Gegenstand der vorliegenden Untersuchung. Dabei wird zuerst auf die besondere Wachstumsdynamik der Stadt aus dem Blickwinkel einer erweiterten Weltstadtforschung eingegangen, um anschließend die Besonderheiten des politischen Sektors der Stadt in vier verschiedenen Dimensionen zu diskutieren. Die Stadt bildet aufgrund ihrer Agglomerationsvorteile, ihres Angebots an wissenschaftlichen Einrichtungen und qualifizierten Arbeitnehmern sowie der Anwesenheit internationaler Organisationen und Entscheidungszentralen ein *Cluster* für politische Institutionen. Gleichzeitig fungiert sie als *Knoten* in einem transnationalen Netzwerk politischer Akteure. Das urbane *Milieu* schafft den Kontext für kollektive Lernprozesse, die Aneignung und Verbreitung von Wissen sowie den Nährboden für politische Protestbewegungen. Schließlich ist sie auch *Symbol* für politische Bedeutung und Macht, die sich in den Organisationen widerspiegeln. Die Global City Washington, D.C., ist somit ein Mikrostandort transnationaler politischer Akteure, die hier ganz bestimmte Handlungsstrategien entwickeln, welche nicht losgelöst von dem speziellen urbanen Kontext der Stadt gesehen werden können.

3 Washington aus der Perspektive der erweiterten Weltstadtforschung

3.1 Rastlose Metropole: Wirtschaft und Beschäftigung

Laut einer Umfrage des Wirtschaftsmagazins *Inc.* aus dem Jahre 1990 zählt Washington nach Las Vegas zu einer der unternehmerischsten Metropolitanregionen der USA (gemessen an Unternehmensgründungen, Schaffung von Arbeitsplätzen und jungen Unternehmen mit hohen Wachstumsraten, vgl. CASE 1990). Eine Unternehmensberatung platzierte Washington auf Rang 4 unter 60 Weltstädten als wünschenswertem Standort für Unternehmensgründungen. Zwar sind in der *Primary Metropolitan Statistical Area Washington* (*PMSA*, entspricht dem Großraum Washington) verhältnismäßig wenig Beschäftigte im produzierenden Gewerbe tätig (nur 4% der Beschäftigten des privaten Sektors gegenüber 13% landesweit, *Fannie Mae Foundation/Urban Institute* 2002, S. 7), dafür liegt der Anteil der Beschäftigten im Dienstleistungssektor mit 52% des Privatsektors deutlich über dem Landesdurchschnitt von 37%, in D.C. beträgt er sogar 71% (*Fannie Mae Foundation/Urban Institute* 2003, S. 9). Insgesamt bilden die privaten Dienstleistungen mit rund 40% aller Beschäftigten den wichtigsten Erwerbssektor, gefolgt von Regierungsbehörden (21,9%) und Handel (17,7%). Alle anderen Sektoren (Bauwesen, Industrie, Transport und der FIRE-Sektor) machen jeweils zwischen 3 und 6% aus (*Fannie Mae Foundation/Urban Institute* 2003, Table B1).

Zwischen 1980 und 2000 ist die Zahl der Beschäftigten auf insgesamt 2,8 Mio. gestiegen, was einem Anstieg um 90% entspricht. Bei einem vergleichenden Ranking der 351 Metropolen in den USA rangiert Washington mit jährlich wachsenden Beschäftigtenzahlen um 95.000 auf Platz 10 (N.N. 1993). Allerdings wurden in der gleichen Zeitspanne im Regierungssektor rund 60.000 Arbeitsplätze abgebaut. Damit hat der Anteil der Beschäftigten im öffentlichen Dienst deutlich abgenommen und ist mit rund 20% in eine zum Landesdurchschnitt vergleichbare Größe gerückt. Der Grund hierfür liegt in der bereits von der Regierung Reagan begonnenen Auslagerung von Dienstleistungen in den Privatsektor, womit auch eine Verschiebung von einfachen Dienstleistungen zu höherwertigen Tätigkeiten verbunden war.

Somit gibt es heute in Washington eine besondere Beschäftigungssituation, die zwar eng mit der Stadt als Sitz der Bundesregierung verknüpft ist, sich aber nicht mehr allein in einem hohen Anteil Beschäftigter im öffentlichen Dienst ausdrückt. Zur Berufsgruppe der so genannten vier „As" (*accounting, analysts, associations, attorneys*) zählen pro Kopf der Bevölkerung doppelt so viele Angehörige wie in jeder anderen Stadt der USA (HOLZNER 1992, S. 353). Allein die Zahl der Rechtsanwälte betrug 2002 rund 68.000, was einem Anstieg von 23% seit 1990 entspricht (DOWNS 2002). Der Anteil der Beschäftigten im FIRE-Sektor liegt bei 5,4% (Landesdurchschnitt 2002: 6,2%; *U.S. Department of Labor* 2004). Dabei sind insbesondere die Wachstumsraten bedeutsam: Zwischen 1994 und 1998 wuchs die Zahl der Beschäftigten im FIRE-Sektor um 2,4%, bei den privaten Dienstleistungen insgesamt sogar um 4,1%, in den restlichen USA dagegen nur um 1,3% resp. 2,8% (*U.S. Department of Labor* 2004).

Wirft man noch einen etwas differenzierteren Blick auf die Entwicklung innerhalb der einzelnen Berufsgruppen, wird das Bild einer sich im starken Aufwind befindlichen Global City weiter unterstrichen (vgl. Tab. 1). So hat der Beschäftigungsbereich Computer und Mathematik zwischen 1999 und 2001 im Großraum Washington um 19,9% zugelegt, während er in den USA nur um 7,9% anstieg (*Fannie Mae Foundation/ Urban Institute* 2003, Table B3). Vergleicht man diese Werte mit dem Silicon Valley um San Jose oder der Route 128 um Boston, zeigt sich, dass die Wachstumsdynamik in Washington durchaus vergleichbar, wenn nicht sogar größer ist als in den „klassischen" Standorten der Hightechindustrie. Eine ähnliche Dynamik gilt für die Bereiche Bildung, Weiterbildung und Bibliothekswesen, Gemeindearbeit und soziale Dienste, den Bausektor sowie die Lebensmittelzubereitung. Jedoch ist auch auf die diesem Wachstum innewohnende Polarisierungstendenz auf dem Arbeitsmarkt hinzuweisen: Zum einen besitzen die Bereiche mit den höchsten Stundenlöhnen (über 30 US-$ pro Stunde) große Wachstumsraten (z.B. Rechtswesen, Computer und Datenverarbeitung), gleichzeitig ist der Sektor Lebensmittelzubereitung der am drittstärksten prosperierende Bereich, er weist jedoch die niedrigsten Stundenlöhne aller Sektoren auf (8,78 US-$ pro Stunde) (*Fannie Mae Foundation/Urban Institute* 2003, Table B3). Eine solche Polarisierung gehört zu den typischen Merkmalen von Global Cities; sie wird hier an den Zahlen für Washington, D.C., noch einmal eindrücklich unterstrichen.

Von besonderer Bedeutung für Washington ist die Beschäftigtenentwicklung im Bereich des politischen Sektors sowie des Bildungssektors. Seit dem Zweiten Weltkrieg wuchsen diese Segmente aufgrund des Zuzugs zahlreicher politischer und wirtschaftlicher Institutionen kontinuierlich an. Neben den heute insgesamt 165 Botschaften aus aller Welt siedelten sich die bedeutendsten multilateralen Institutionen an, wobei insbesondere der Internationale Währungsfond, die Weltbank sowie die Internationale Entwicklungsbank zu nennen sind. Sie wurden begleitet von zahlreichen universitären und außeruniversitären Forschungseinrichtungen, den so ge-

Tab. 1: Entwicklung der Beschäftigtenzahlen zwischen 1999 und 2001 in ausgewählten Beschäftigungskategorien in der PMSA Washington und den USA (in %).

Beschäftigungskategorien	PMSA Washington	USA
Rechtswesen	7,8	5,9
Architektur und Ingenieurswesen	2,8	–0,7
Computer und Mathematik	19,9	7,9
Kunst, Design, Unterhaltung, Sport	7,5	–2,8
Erziehung, Weiterbildung, Bibliothek	13,4	4,3
Gemeinde- und soziale Dienste	11,9	8,5
Bauwesen	11,2	5,1
Produktion	–8,1	–10,7
Gesundheitswesen (Dienstleistungen)	9,1	5,1
Persönliche Dienste	–1,0	9,6
Lebensmittelzubereitung	14,3	2,4
Gesamt	1,5	0,2

Quelle: Fannie Mae Foundation/Urban Institute 2003, Table B3

nannten Think Tanks oder Denkfabriken, die seit Ende der 1960er Jahre einen Boom erlebten (RICCI 1993). Allein im Erziehungswesen zählt die Stadt heute 70.000 Beschäftigte, ein Wert, der landesweit nur von Boston übertroffen wird (DOWNS 2002). Stiftungen und nationale Berufs- und Handelsvertretungen markieren ebenfalls den Standort Washington, wobei letztere allein ein Heer von 7.500 Vereinigungen ausmachen, die zu einem Drittel in einem 20-Meilen-Radius um das Kapitol herum angesiedelt sind (DOWNS 2002). Stark gestiegen ist seit den 1970er Jahren auch die Zahl der Nichtregierungs- oder Nonprofit-Organisationen, die in den verschiedensten Politikbereichen aktiv wurden. HENIG (1995) zählt rund 6.300 solcher Organisationen allein in D.C., die das politische und soziale Leben der Stadt mitgestalten und auch ein wichtiges Beschäftigungssegment darstellen. Die Regierungsbehörden schließlich bilden mit rund 380.000 Angestellten im Jahr 2002 nach wie vor den wichtigsten Einzelsektor, dieser wird jedoch ergänzt durch die Bandbreite vielfältiger politischer Interessensvertretungen.

Neben der Dynamik der Beschäftigtensektoren ist auch die Arbeitslosenrate ein wichtiger Indikator für wirtschaftliche Prosperität. Sie liegt im Großraum Washington bei 2,8% (April 2004) und ist damit deutlich niedriger als in anderen US-Städten (New York: 6,7%, San Jose: 6,2%) (*U.S. Department of Labor* 2004).

3.2 Edgeless City: Bevölkerung und Immigration

Zwischen 1970 und 1990 ist die Bevölkerung im Großraum *(PMSA)* Washington um 35,5% angestiegen, von 1990 bis 2000 um weitere 16% (*Brookings Institution Center on Urban and Metropolitan Policy* 1999; *U.S. Census Bureau* 2003, S. 31). Die Einwohnerzahl betrug im Jahr 2000 rund 4,9 Mio. Einwohner. Neueste Fortschreibungen des Census belegen zudem, dass die Stadt inzwischen die 5-Millionengrenze überschritten und Detroit hinsichtlich seiner Einwohnerzahl überholt hat. Washington ist somit die siebtgrößte Metropole der USA und weist deutlich höhere Wachstumsraten auf als die „fordistischen" Metropolen des Landes wie Chicago, Detroit oder auch New York. Allerdings bezieht sich dieses Wachstum nur auf den Großraum Washington und hier insbesondere auf den nordwestlichen äußeren Vorortring, während der innere Vorortring sowie der Südosten des Großraums deutlich geringere Wachstumsdynamiken aufweisen (vgl. Abb. 1). Die Kernstadt D.C. hat sogar an Bevölkerung verloren, was nicht zuletzt zu dem Bild einer schrumpfenden Metropole Washington beigetragen hat.

Bedingt wird der allgemeine Bevölkerungsanstieg vor allem durch internationale Zuwanderung. Washington ist eines der wichtigsten Ziele für legale Einwanderung in die USA, nur New York, Los Angeles, Chicago und Miami besitzen eine höhere Anziehungskraft. Im Gegensatz zu den klassischen Einwanderungsmetropolen besitzt die Bundeshauptstadt jedoch keine historische Bedeutung als multikulturelles Zentrum für einwandernde Bevölkerungsgruppen. Erst seit Mitte der 1970er Jahre wandelte sich die Stadt von einer nahezu ausschließlich durch zwei ethnische Gruppen *(race)* geprägten Stadt *(Black or African American, White,* nur 4% der Bevölkerung 1960 waren im Ausland geboren, ABBOTT 1999, S. 151) in eine multikulturelle Metropole mit vielfältigen sozio-kulturellen Strukturen (MANNING 1998). Heute leben rund 130 verschiedene Ethnien im Großraum; die Stadt vereint einen Anteil von knapp 4% aller jährlichen Zuzüge in die USA auf sich.

Auffällig ist ein sehr heterogenes Bild hinsichtlich der Herkunft der Einwanderer, da im Gegenteil zu anderen wichtigen Immigrantenstädten wie Miami oder Los Angeles keine einzelnen Länder als Herkunftsgebiete dominieren. Die Einwanderer kommen aus über 100 verschiedenen Nationen und bilden ein buntes kulturelles Mosaik. Zahlenmäßig die größte Gruppe stellen die El Salvadorianer, sie machen jedoch als Einzelgruppe nur 10,5% aller Immigranten zwischen 1990 bis 1998 aus, gefolgt von Vietnamesen (7,4%), Indern (5,5%) und Chinesen (4,6%) (SINGER, FRIEDMAN 2001, S. 3). Nach Regionen bilden Einwanderer aus Asien die größte Gruppe (42%), gefolgt von Lateinamerika/Karibik (31,5%) und Afrika (16,2%). Die übrigen 10,3% kommen aus Europa, Ozeanien und Kanada (FRIEDMAN et al. 2001, S. 18).

Die Bevölkerungsstruktur im Großraum Washington hat sich somit stark gewandelt. Der Anteil der so genannten „Minderheiten" – damit sind alle Bevölkerungsgruppen außer

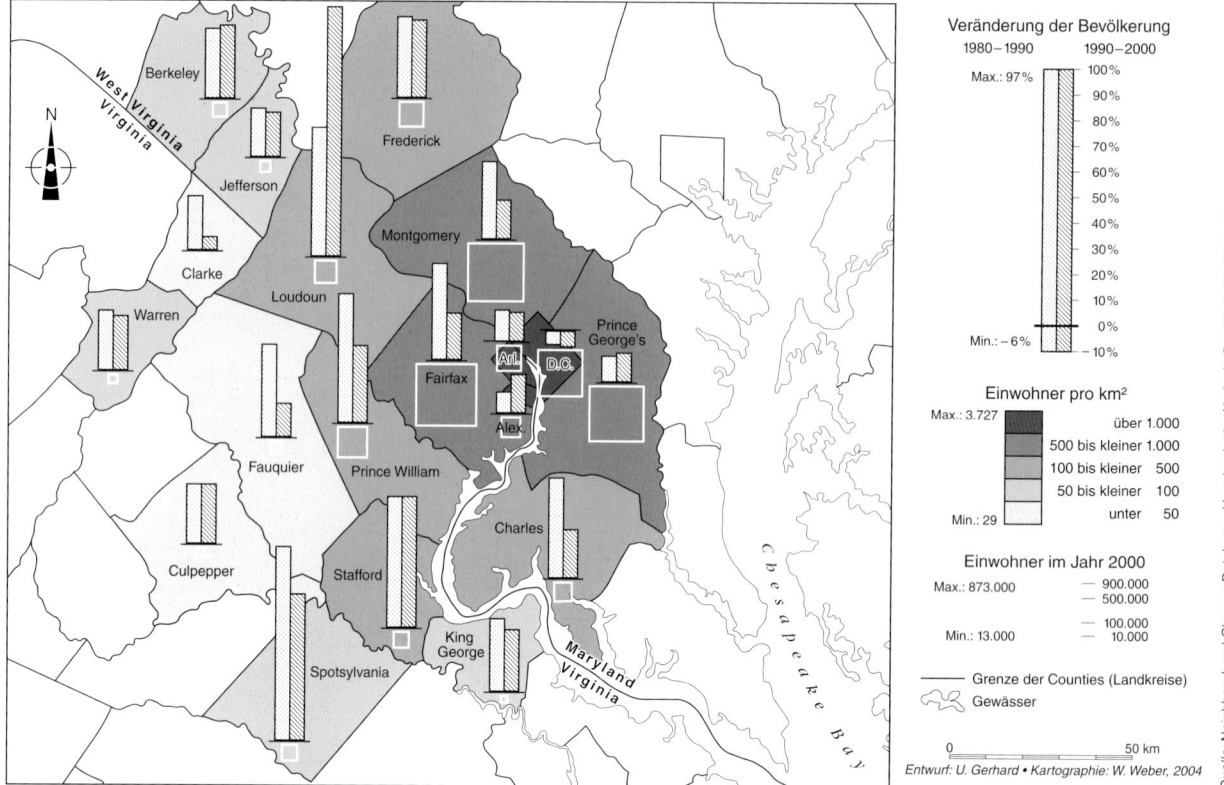

Abb. 1: Bevölkerungswachstum und -dichte (nach Landkreisen) im Großraum Washington, D.C.

nicht-hispanischen Weißen gemeint – bezogen auf die Gesamtbevölkerung ist von rund einem Drittel 1980 auf 43% im Jahr 2000 angestiegen (*Fannie Mae Foundation/Urban Institute* 2002, S. 9). Damit liegt er deutlich über dem Landesdurchschnitt von aktuell 30%. Der Anteil der Schwarzen liegt bei 27% (doppelt so hoch wie im Durchschnitt), in D.C. selbst sind es 60,5% (*U.S. Census Bureau* 2000). Die drittgrößte ethnische Gruppe bilden die *Hispanics* mit 8,8% der Bevölkerung, dicht gefolgt von Asiaten, die 7,5% der Bevölkerung stellen (gegenüber 4,3% im Landesdurchschnitt, vgl. *Fannie Mae Foundation/Urban Institute* 2002, S. 9). Da der Anteil der Schwarzen in der Gesamtregion in den letzten Jahren relativ konstant geblieben ist, hat die Zahl anderer ethnischer Gruppen stark zugenommen. Ein interessanter Vergleich von MYERS (2002) zwischen Los Angeles, Chicago, New York und Washington zeigt, dass die Bundeshauptstadt hinsichtlich der ethnischen Vielfalt gegenüber den anderen Metropolen deutlich aufzuholen scheint. So liegt die Wachstumsrate für die Latino-Bevölkerung in Washington zwischen 1980 und 1990 bei 119,6%, während sie in den anderen Städten nur 69,8% (Los Angeles), 27,8% (New York) und 34% (Chicago) beträgt. Die Zunahme der asiatischen Bevölkerung um 124% zwischen 1998 und 2000 liegt ebenfalls leicht über den Werten der drei Vergleichsstädte (MYERS 2002, S. 30).

Insgesamt beträgt der Anteil der im Ausland geborenen Bevölkerung in Washington 12,9% (2000) (*U.S. Census Bureau* 2003). Damit liegt die Stadt zwar weit hinter anderen Großräumen wie Miami (40,2%), Los Angeles (30,9%) und New York (24,4%), dennoch nimmt sie im Ranking der 25 größten Metropolen Platz 11 ein und liegt deutlich vor einigen anderen Metropolen (z.B. Detroit 7,0%, Philadelphia 7%).

Bei der Verteilung der Einwanderer zeigt sich eine interessante Abkehr von traditionellen Mustern in den US-amerikanischen Städten: Rund 87% der Einwanderer ziehen direkt in das Umland und meiden somit die Kernstadt (*U.S. Immigration and Naturalization Service* 2001). Allein nach Fairfax County und Montgomery County, zwei Landkreisen mit den höchsten Durchschnittseinkommen des Landes, zogen 56% aller Einwanderer der 1990er Jahre (siehe Abb. 2). Somit wird das klassische Modell, nach dem Einwanderer sich vornehmlich in sozial benachteiligten Innenstadtvierteln niederlassen, in Washington nicht bestätigt. Gleichzeitig wird dennoch eine ethnische Stratifizierung deutlich: Prince George's County, das drittwichtigste Ziel von Einwanderern in Washington, zieht vor allem Afrikaner an, die bereits eine deutliche Bevölkerungsmehrheit in diesem Landkreis besitzen (FRIEDMAN et al. 2001, S. 17; *Fannie Mae Foundation/Urban Institute* 2002, S. 10). Der District of Columbia schließlich vereinigt noch 12,8% der Einwanderer auf sich, hier vornehmlich in dem bunt gemischten Stadtteil Adams-Morgan mit ethnischen Enklaven von El Salvadorianern und Vietnamesen (FRIEDMAN et al. 2001, S. 31).

Berücksichtigt man neben dem Anstieg nicht-weißer Bevölkerungsgruppen im Umland sowie der Abwanderung von Schwarzen aus der Kernstadt D.C. in den inneren Vortring im Südosten noch den Trend der Rückkehr weißer, meist besserverdienender Single-Haushalte in die im Aufwertungsprozess befindlichen innenstadtnahen Wohnviertel, muss das Bild des klassischen *white flight*, also der „Flucht" der Weißen aus den Innenstadtgebieten, wie sie jahrelang typisch für US-amerikanische Metropolen gewesen ist, in Washington widerlegt werden. Die Prozesse sind sehr viel heterogener, als sie noch in den klassischen Einwanderungsstädten waren.

Ein wichtiger Indikator der sozio-ökonomischen Bevölkerungsstruktur ist schließlich das Einkommen. Das durchschnittliche Haushaltseinkommen (Medianwert) ist in der Region zwischen 1980 und 1998 von 23.800 auf 57.200 US-$

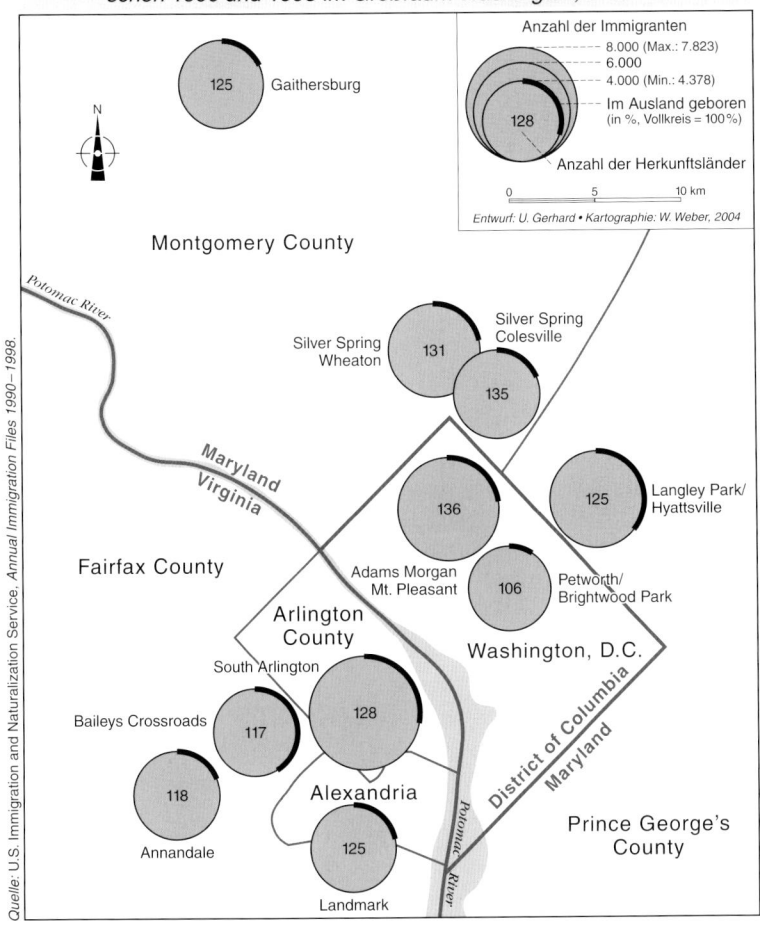

Abb. 2: *Die zehn Postleitzahlenbezirke mit den meisten Einwanderern zwischen 1990 und 1998 im Großraum Washington, D.C.*

Quelle: U.S. Immigration and Naturalization Service, Annual Immigration Files 1990–1998.
Entwurf: U. Gerhard • Kartographie: W. Weber, 2004

angestiegen (*Brookings Institution Center on Urban and Metropolitan Policy* 1999, S. 8). Es liegt damit deutlich über dem nationalen Durchschnitt von 37.005 US-$ (*U.S. Census Bureau* 2000). Das bereits erwähnte Ranking im *Places Rated Almanc* von 1993 vermittelt ein ähnliches Bild: Gemessen an einem Haushaltseinkommen, das nicht nur aus Lohnzahlungen und Erwerbstätigkeit besteht, sondern auch Dividenden, Zinserträge, Mieteinnahmen und Regierungsgelder mit einrechnet, erreicht Washington mit 87.200 US-$ einen der Spitzenplätze (Rang 9) der Nation (N.N. 1993). Dies geht jedoch einher mit hohen Lebenshaltungskosten: Washington gehört zu den 5% teuersten Metropolen der USA (N.N. 1993, S. 27). Die durchschnittlichen Hauspreise betragen mit 212.428 US-$ (2002) in D.C. zwar nur die Hälfte des Wertes von San Francisco-Stadt, sie liegen jedoch landesweit auf Platz 13 aller Städte (*U.S. Census Bureau* 2000).

3.3 Die Schattenseiten der Globalisierung: Polarisierung und Fragmentierung

Dennoch ist das Bild der Wachstumsregion Washington trügerisch. Es erfasst bei weitem nicht die gesamte Metropole, sondern ist sowohl räumlich als auch sozial stark differenziert. Obwohl diese Disparitäten bereits historisch in einem sumpfigen Marschland im Osten und einem höher gelegenen wohlhabenderen Westen angelegt sind, sind sie ein typisches Kennzeichen bzw. eine Begleiterscheinung von Globalisierungsprozessen, die sich im Zuge der Dynamik des Großraums zunehmend verstärkt und das Bild einer polarisierten Stadt sowohl auf der Ebene des Großraums als auch auf der Mikroebene der Nachbarschaften prägt.

Auf die ungleiche Bevölkerungsentwicklung im Großraum wurde bereits im vorigen Textabschnitt hingewiesen. Wie Abbildung 1 aufzeigt, wachsen insbesondere die mittleren Vorortringe im Nordwesten des Großraums, während der innere Vorortring und vor allem der Südosten kaum Zunahmen zu verzeichnen haben. Noch markanter wird das enge Nebeneinander von Prosperität und Niedergang auf Nachbarschaftsebene, denn bei weitem nicht alle Viertel in der Kernstadt schrumpfen. Während ein Großteil der Stadtviertel im Nordwestsektor der Stadt wächst, nimmt die Bevölkerung im Osten und Südosten ab; einige Viertel verloren hier zwischen 1990 und 2000 mehr als 10%. Im äußersten Südosten beläuft sich der Rückgang in der letzten Dekade auf 28% (*Fannie Mae Foundation/Urban Institute* 2003).

Damit einher geht ein deutliches Gefälle in der Einkommensstruktur. So schwankt das durchschnittliche Familieneinkommen auf Nachbarschaftsebene zwischen über 200.000 US-$ im renommierten Stadtteil Georgetown, während südlich des Anacostia Rivers nur noch Durchschnittswerte von 24.000 US-$ erreicht werden. Dort ist die sozio-ökonomische Lage – nur wenige Kilometer vom Weißen Haus entfernt – prekär: Die Armutsrate ist extrem hoch, fast die Hälfte der Bevölkerung ist davon betroffen, der Anteil der Bevölkerung unter 18 Jahre ist doppelt so hoch wie im Durchschnitt von D.C. und die Zahl der alleinerziehenden Haushalte liegt durchweg bei über 20%, im Extremfall sogar bei 45% (*Fannie Mae Foundation/Urban Institute* 2003). Auch die Verteilung der College-Abgänger unterstreicht dieses Bild (Abb. 3). In einigen Stadtvierteln im Südosten verfügen nur 10% der Bevölkerung über einen College-Abschluss, während der Durchschnitt von D.C. bei 39% liegt.

Schließlich ist eine zunehmende Teilung der Region hinsichtlich des Beschäftigungsangebots zu beobachten. Allein zwischen 1990 und 1998 ist der Anteil der Beschäftigten des Districts of Columbia an der Gesamtregion von einem Drittel auf ein Viertel gesunken (*Brookings Institution Center on Urban and Metropolitan Policy* 1999, S. 24). Die Hälfte aller Jobs in der Region liegt heute außerhalb des Capital Beltways, also dem Autobahnring, der D.C. großräumig umgibt. Zudem ist der Anstieg der Beschäftigtenzahl im Westen des Großraums deutlich größer als im Osten. Dieses traurige Bild der Spaltung der Metropolitanregion in einen reichen Nordwesten und einen armen Südosten geht letztendlich einher mit einer ethnischen Differenzierung (vgl. Abb. 4). So ist der Nordosten von Weißen dominiert, während der Anteil der Schwarzen gen Südosten zunimmt.

Insgesamt ist von einem allgemeinen Wachstum der Metropole Washington mithin kaum zu sprechen. Vielmehr bedingt der enorme Boom auf der einen Seite eine zunehmende Verelendung auf der anderen. Die Kehrseite der Globalisierung äußert sich zum Teil auf engstem Raum, oder wie

Abb. 3: *Anteile von College-Abgängern an der Bevölkerung über 26 Jahre in D.C. auf Nachbarschaftsebene.*

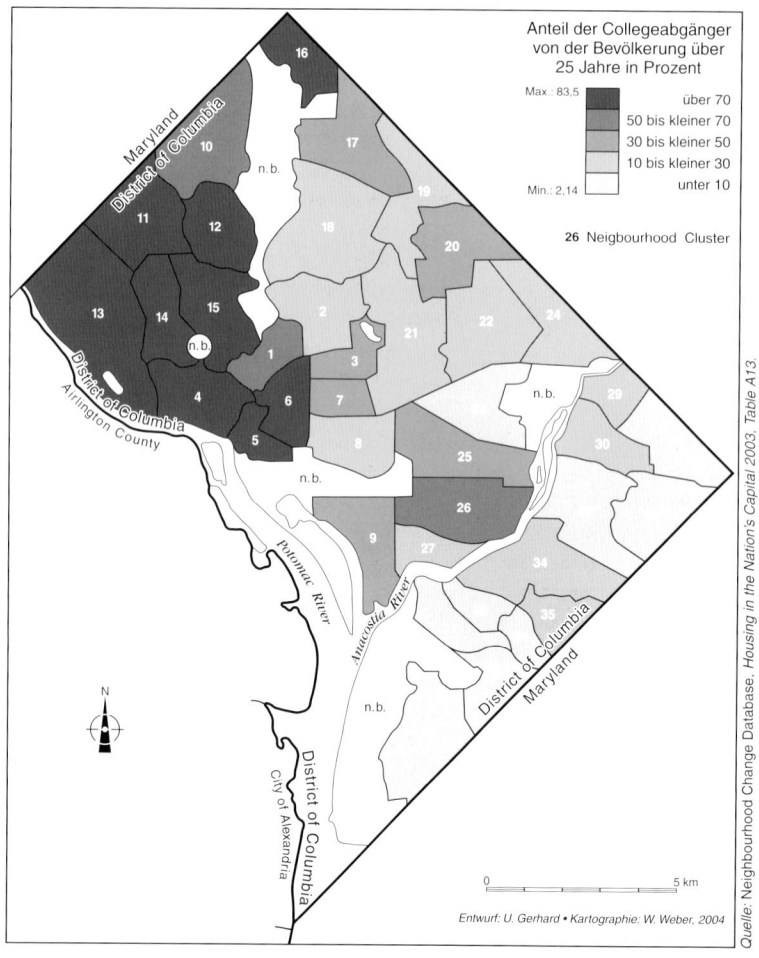

MOLLENKOPF, CASTELLS (1991) es ausdrücken, der Weg vom Himmel zur Hölle ist manchmal nur wenige Häuserblocks weit. Daran ändern auch die vielfältigen Aktivitäten der politischen Gemeinde Washingtons nichts, die sich mit weltweiter Verarmung und Ungerechtigkeit auseinandersetzt und dabei das besondere politische Flair der Stadt nutzt, die lokalen Unterschiede aber kaum beseitigt. Die politischen Akteure bedingen nicht zuletzt den Bedeutungsanstieg der Weltstadt und bilden hier besondere Handlungsstrategien aus, die im Mittelpunkt des nachfolgenden Kapitels stehen.

4 Global Cities als Mikrostandorte transnationaler politischer Akteure

4.1 Von wirtschaftlichen zu politischen Faktoren der Global City

Die Ausführungen bisher haben gezeigt, dass Washington durchaus mit den Wachstumsdynamiken der Global Cities mithalten kann. Dennoch weicht das urbane Milieu der Stadt deutlich von dem anderer Weltstädte ab, da der Boom eng mit dem Anstieg des politischen Sektors verbunden ist. Dieser hat zum einen zur Expansion und Umwandlung der Stadt beigetragen, zum anderen nährt er sich von diesem, da das besondere Dickicht zur Ausbildung politischer Aktivitäten geführt hat, die

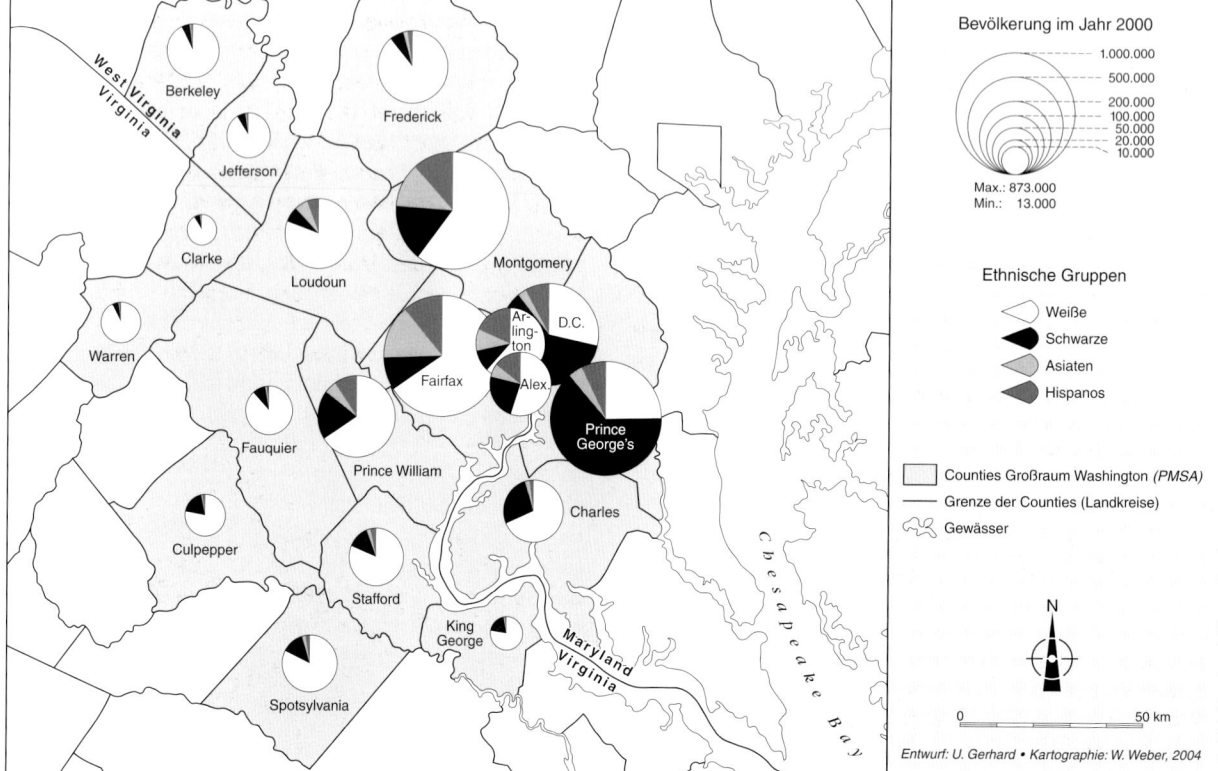

Abb. 4: *Ethnische Zusammensetzung der Bevölkerung im Großraum Washington, D.C.*

ganz spezifische Handlungsweisen bedingen. Dabei nutzen die politischen Akteure das spezielle Weltstadtmilieu auf ähnliche Art und Weise, wie es die Global City-Forschung für wirtschaftliche Akteure festgestellt hat. So schreibt der Wirtschaftsgeograph SCOTT (2001, S. 4) in seiner Einleitung zu dem Buch *Global City-Regions*, dass bestimmte Sektoren wie der Hightech- oder Dienstleistungsbereich „have a special locational affinity for global city regions because they thrive on the productivity and innovation enhancing effects of a dense, multifaceted urban milieu. Especially for activities where enormous uncertainty prevails … firms must be organized so as to vary the mix of skills and resources".

Ersetzt man in diesem Zitat den Ausdruck „firms" durch „NGOs", erhalten die Sätze einen vergleichbaren Sinn und können für die Arbeit der politischen Akteure angewendet werden. Auch sie haben eine besondere räumliche Affinität zu Global City-Regionen da sie auf die Produktivität und Innovation hervorbringenden Effekte einer dichten, facettenreichen urbanen Umgebung angewiesen sind. Damit sind im Kontext politischer Akteure die vielen Forschungseinrichtungen, Denkfabriken und Stiftungen gemeint, die engagierte Experten hervorbringen, die sich für zivilgesellschaftliche Angelegenheiten einsetzen. Ein dichtes urbanes Milieu meint politische Diskussionen, öffentliche Veranstaltungen, Protestaktionen und publikumswirksame Aktivitäten. Erst dadurch kommt eine politische Öffentlichkeit zustande, die wiederum produktiv für die politische Arbeit ist. Hier werden Ideen geschmiedet und Handlungsstrategien entwickelt, die dann im Zuge globaler Vernetzung um die gesamte Welt getragen und teilweise auch umgesetzt werden. Im Grunde kann die These gewagt werden, dass für bürgerschaftliches Engagement und politische Tätigkeiten das dichte urbane Milieu noch viel wichtiger ist als für wirtschaftliche Akteure, von denen SCOTT (2001) gesprochen hat. Scott betont zudem die hohe Flexibilität und Unsicherheit, die bei der Weiterleitung von Informationen vorherrscht und stark von zwischenmenschlichen Beziehungen und Kontakten abhängt. Was hier für Unternehmen im globalen Zeitalter herausgestellt wird, ist im Grunde anerkannt für die Bedeutung von Netzwerken politischer Akteure. Nur ist es bislang noch nicht in der Stadtgeographie auf politische Akteure angewendet worden. Welche Netzwerke bestehen in Washington? Wie und wo werden Informationen ausgetauscht?

Politische Akteure nutzen das spezielle institutionelle Dickicht der Stadt für ihre Aktivitäten, deren Erfolg auf solche Netzwerke angewiesen ist. Damit betreiben politische Organisationen eine Ausbildung von Knotenpunkten, in denen wesentliche Beiträge zu (welt-)politischen Entscheidungsprozessen geleistet werden. Dies bedeutet, sie forcieren die Entstehung von globalen Entscheidungszentralen. Ohne ein solches Milieu würden weder vergleichbare transnationale Netzwerke entstehen, noch wäre die öffentliche Aufmerksamkeit derart präsent – und somit wäre auch ihre Entscheidungskompetenz deutlich beeinträchtigt. Durch die Verzahnung von politischen (z. B. NGOs) mit wirtschaftlichen Entscheidungsträgern (insbesondere Weltbank, Internationaler Währungsfond) ist es erst zu einem derartigen Bedeutungsanstieg der Zivilgesellschaft gekommen. Diese entsteht in dem politischen Milieu der Global City und ist wiederum Nährboden für weitere, nicht zuletzt wirtschaftliche Entwicklungen. Insofern besitzen Global Cities immer auch eine politische Macht, um wirklich Kommandozentralen der Weltwirtschaft zu sein. Eine globale Stadt ohne politische Bedeutung ist eher eine Megastadt oder eine globalisierte Stadt, die zwar enorme Wachstumsprozesse aufweist, ansonsten aber keine Schaltzentrale der Weltwirtschaft ist. Der Bedeutungsanstieg der Zivilgesellschaft hat somit nicht unwesentlich dazu beigetragen, dass Global Cities sich nicht mehr nur infolge wirtschaftlicher Macht entwickeln, sondern dass dazu auch kulturelle und politische Bedeutungsfunktionen zählen, die erst das besondere globale Flair einer Weltstadt ausmachen. Eine wichtige Aufgabe der Forschung besteht nun darin, neben den wirtschaftlichen Aktivitäten die Kommunikationsströme, die Netzwerke und Alltagspraktiken der politischen Akteure aufzudecken, um die Bedeutung, das Ausmaß und die Funktionsweise der politischen Global City Washington zu erkennen.

4.2 Abgrenzung von Zivilgesellschaft und *NGO*

Bei der Diskussion einer politischen Weltgesellschaft stehen meist die *NGO*s bzw. die zivilgesellschaftlichen Akteure im Mittelpunkt. Dies ist zum Teil berechtigt, da *NGO*s im Zuge der Globalisierung einen enormen Bedeutungszuwachs erfahren haben und einen steigenden Einfluss auf die politischen Entscheidungsprozesse ausüben. Allerdings gibt es noch weitere politische Akteursebenen, die im internationalen Politikgeschehen von Bedeutung sind. Dazu zählen auf der Seite der so genannten *high politics* die Regierungseinrichtungen und Botschaften, die Internationalen Regierungsorganisationen (*IGO*s = *Intergovernmental Organization*) sowie Stiftungen und Denkfabriken. Sie alle tragen zum internationalen Politikgeschehen bei. Auf der Ebene der *low politics* bilden die Nicht-Regierungsorganisationen (*NGO*s) die bedeutsamste Gruppe. Ihre Zahl hat insbesondere in den letzten Jahrzehnten extrem zugenommen, wodurch sie in der Öffentlichkeit einen enormen Bedeutungszuwachs erfahren haben. Allerdings ist ihre Bandbreite groß, wodurch sich Abgrenzungs- und auch Zuordnungsprobleme ergeben. So werden sie einmal als zivilgesellschaftliche Akteure, mal als Dritter Sektor oder als nicht-staatlicher Sektor beschrieben und unterschiedlich abgegrenzt (vgl. Abb. 5). Zählte man 1960 noch 2.000 *NGO*s weltweit, werden heute von der *Union of International Associations* rund 40.000 Organisationen genannt (*Union of International Associations* 2003). Hierbei liegen relative enge Kriterien für die Abgrenzung (z. B. Büros in verschiedenen Ländern) zugrunde. Anderen Schätzungen zufolge gibt es in den USA heutzutage bereits 2 Mio. *NGO*s, von denen ¾ nach 1968 gegründet worden sind (JOHNSTON

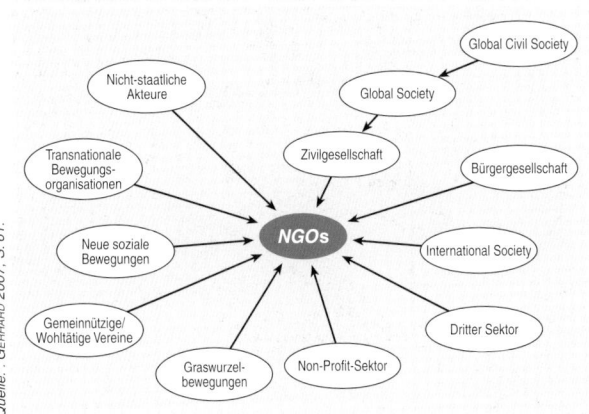

Abb. 5: *Bedeutungs- und Begriffsvielfalt der NGOs.*

Quelle: GERHARD 2007, S. 61.

et al. 2002, S. 16). Zudem hält das weltweite Wachstum weiterhin an: allein in Kenia – nicht zuletzt bedingt durch den Sitz der *UN* in Nairobi – kommen jedes Jahr weitere 250 Organisationen hinzu (JOHNSTON et al. 2002, S. 16). Die Wirtschaftskraft dieser Organisationen beläuft sich laut Berechnungen von SALAMON, ANHEIER (1999) in 22 untersuchten Ländern auf ein Gesamtvolumen von 1,1 Mio. US-$, was einem durchschnittlichen Anteil am BIP von 4,6 % entspricht (SALAMON, ANHEIER 1999, S. 8). Dort sind rund 19 Mio. Menschen beschäftigt: in den USA sind dies 7,8 % aller Beschäftigten gegenüber einem Anteil von 4,5 % in Deutschland (SALAMON, ANHEIER 1999, S. 17).

Ein bedeutsamer Teil dieser Organisationen ist auch in Washington ansässig. Wie nutzen sie das spezielle urbane Milieu für ihre Arbeit? Wie prägen sie durch ihre Kontaktströme und Aktivitäten die Stadt? Die Untersuchung dieser Aktivitätsströme in Washington, D.C. ist Gegenstand des folgenden Kapitels.

5 Dimensionen einer politischen Global City Washington, D.C.

Die bloße Übertragung räumlicher Synergieeffekte von Unternehmen an den Knotenpunkten auf die Ebene politischer Akteure reicht nicht aus, die Bedeutung von globalen Städten als Lokalisationspunkte der globalen Zivilgesellschaft zu erklären. Vielmehr stellt sich die Frage, wieso gerade diese Räume ein besonderes Milieu schaffen, das den Netzwerkcharakter politischer Aktivitäten verstärkt und Kristallisationspunkte schafft. Hierbei helfen die Überlegungen von CAMAGNI (2001) weiter, der zwei logische Dimensionen anbietet, um Global City-Regionen in ihrer Gesamtheit zu verstehen (siehe Abb. 6). Er unterscheidet eine räumliche und eine kognitive Logik, nach der jeweils zwei Ansätze zur Beschreibung von Städten existieren: der territoriale Ansatz und der Netzwerk-Ansatz (räumlich) sowie der symbolische und der funktionale Ansatz (kognitiv). Demnach kann die Stadt in vier Dimensionen analysiert werden: als *symbolischer Raum*, in dem sich politische Organisationen verschiedenster Coleur angesiedelt haben, als *Cluster* von Aktivitäten, als *Knoten* eines weltumspannenden Netzwerks und als *Milieu*, in dem sich Wissen und Handlungsmuster ausbreiten können. Wendet man dieses Schema auf die Global Cities als Standorte transnationaler Bewegungsorganisationen an, treffen alle vier Bedeutungsdimensionen zu.

5.1 Symbol – Struktur des politischen Sektors

Wie schon bei den Abgrenzungsschwierigkeiten der Zivilgesellschaft angedeutet, ist der politische Sektor auch in Washington nur annähernd zu erfassen. Einer großen Bandbreite von ca. 8.000 Non-Profit-Unternehmen stehen 150 Stiftungen, 140 Denkfabriken, 40 Internationale Regierungsorganisation, 155 Regierungsbehörden und 165 Botschaften zur Seite (DOWNS 2002; TWOMBLY 2004; GERHARD 2007). Allerdings sind diese Zahlen nur Schätzungen, die keinen Anspruch auf Vollständigkeit erheben können. Dies liegt nicht zuletzt an der hohen Fluktuation von Organisationen insbesondere im Non-Profit-Bereich begründet, die sich je nach politischen Tagesgeschehen formieren. Zudem engagieren sich zahlreiche Organisationen auf lokaler Nachbarschaftsebene, ohne stärker an die Öffentlichkeit zu treten. Sie sind daher kein typisches Merkmal von Global Cities, sondern sind

Abb. 6: Dimensionen von Global Cities nach CAMAGNI.

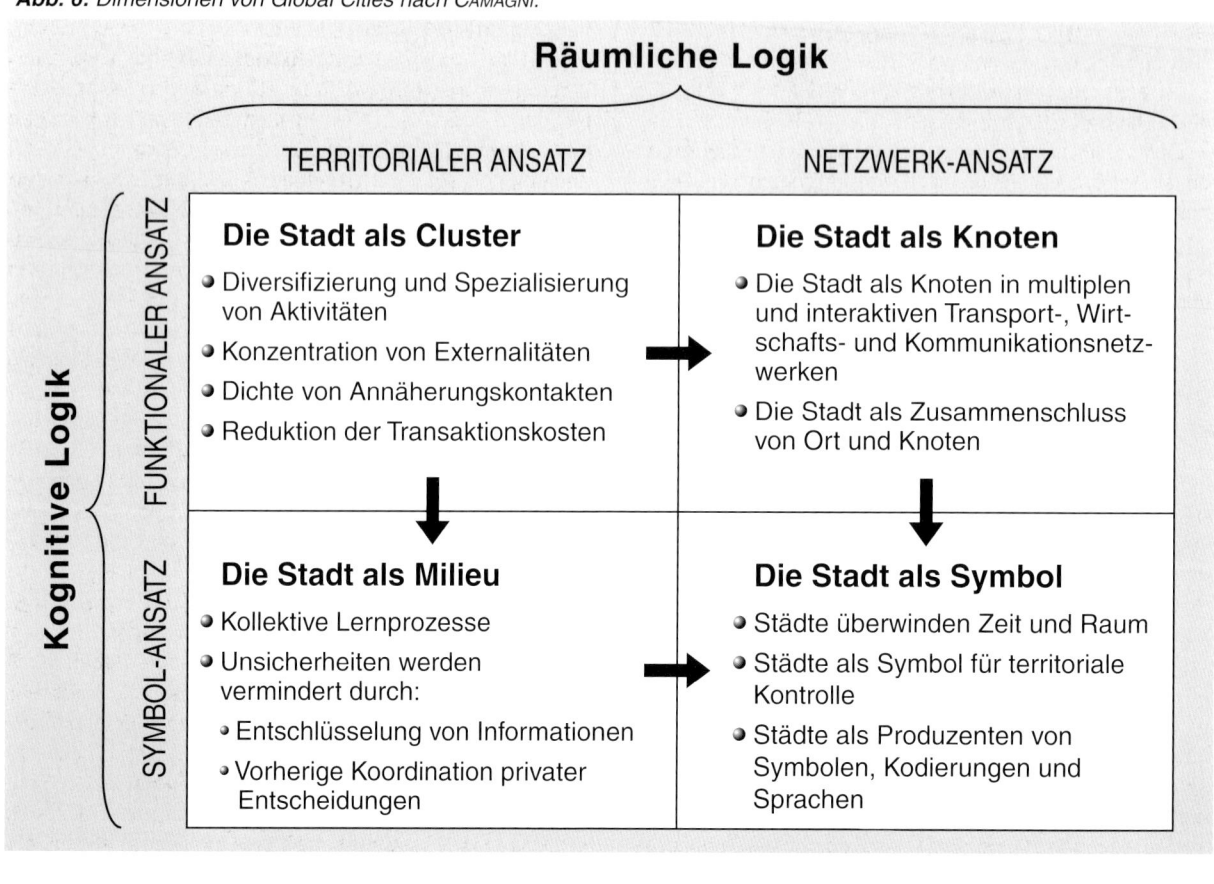

	Räumliche Logik	
	TERRITORIALER ANSATZ	**NETZWERK-ANSATZ**
FUNKTIONALER ANSATZ	**Die Stadt als Cluster** • Diversifizierung und Spezialisierung von Aktivitäten • Konzentration von Externalitäten • Dichte von Annäherungskontakten • Reduktion der Transaktionskosten	**Die Stadt als Knoten** • Die Stadt als Knoten in multiplen und interaktiven Transport-, Wirtschafts- und Kommunikationsnetzwerken • Die Stadt als Zusammenschluss von Ort und Knoten

SYMBOL-ANSATZ	**Die Stadt als Milieu**
	• Kollektive Lernprozesse
	• Unsicherheiten werden vermindert durch:
	  ◦ Entschlüsselung von Informationen
	  ◦ Vorherige Koordination privater Entscheidungen
		Die Stadt als Symbol
		• Städte überwinden Zeit und Raum
		• Städte als Symbol für territoriale Kontrolle
		• Städte als Produzenten von Symbolen, Kodierungen und Sprachen

(Kognitive Logik)

Quelle: CAMAGNI 2001, S. 103, stark verändert.

in jeder amerikanischen Großstadt anzutreffen, um die sozialen Probleme der Bevölkerung, die durch das soziale Netz durchrutschen, abzufangen. Von Bedeutung für die Untersuchung sind daher nur jene Einrichtungen, die im Bereich Internationale Entwicklung tätig sind, also auch jenseits des Raums Washington agieren, diesen aber als lokales Cluster nutzen. Dazu zählen Organisationen zu Themen wie Menschenrechte, Armut, Konfliktmanagement, Umwelt und Globalisierung aus dem Bereich der *high* und *low politics*, die sich auf vielfältige Art und Weise am politischen Diskurs beteiligen und somit die politische Öffentlichkeit Washingtons prägen. Demnach handelt es sich um insgesamt 860 erfasste Organisationen, die sich aus 350 *NGO*s, 110 Stiftungen, 63 Denkfabriken, 55 Forschungseinrichtungen, 63 *IGO*s, 41 Regierungsbehörden und 163 Botschaften zusammensetzen (GERHARD 2007). Sie bilden die empirische Grundlage der vorliegenden Untersuchung in Washington.

Trotz dieser deutlichen Einschränkung ist die Heterogenität der Institutionen groß. Ihre Zahl an Mitarbeitern schwankt zwischen 1 und 10.600, wobei insbesondere die *IGO*s viele Beschäftigte zählen. Eine dementsprechende Bandbreite gilt auch für das Finanzvolumen der Organisationen, das im Mittel aller Organisationen bei 47,7 Mio. US-$ liegt, aber je nach Gruppierung zwischen 20.000 und 2,7 Mrd. US-$ schwankt. Betrachtet man die Gruppe der *NGO*s gegenüber den anderen Organisationen, ist zwar bemerkenswert, dass auch einige *NGO*s Spitzenwerte einnehmen, ansonsten sind sie jedoch stärker im unteren Segment vertreten (knapp die Hälfte aller *NGO*s verfügen über ein Jahresbudget von einer Million US-$ und weniger). Auffällig ist der Zeitrahmen der Entstehung der meisten *NGO*s – hier spiegelt sich der zunehmende Bedeutungsanstieg Washingtons als politischer Weltstadt während der letzten Jahrzehnte sowie die Ausbreitung der Zivilgesellschaft sehr deutlich wider. Nur wenige Institutionen waren bereits 1970 in Washington ansässig, als die Stadt noch den Charakter eines Bundesdorfes besaß. Erst mit der Internationalisierung der Stadt siedelten sich auch international agierende Organisationen an. In den 1970er Jahren nahm die Zahl deutlich zu und gipfelte schließlich in den 1980er Jahren, als ein Drittel der Organisationen ihr Büro in Washington eröffnete. Insgesamt haben rund 80 % der befragten Organisationen ihren Standort zwischen 1970 und 2000 in Washington eröffnet. Die symbolische Bedeutung der Hauptstadt der Politik hat sich somit in den letzten Jahrzehnten ausgebildet und das besondere institutionelle Dickicht der Stadt geprägt.

5.2 Cluster – Institutionelles Dickicht politischer Akteure

Die hohe Dichte politischer Akteure in der Stadt bietet Synergieeffekte besonderer Art, die in der Wirtschaftsgeographie allgemein als Agglomerationsvorteile bezeichnet werden und dort auch aktuell, z. B. unter dem Stichwort der *neomarshallian nodes* (AMIN, THRIFT 1992) diskutiert werden. CAMAGNI (2001) spricht von der Stadt als einem Cluster, das sich durch Merkmale wie die Konzentration von Externalitäten, die Diversifizierung und Spezialisierung von Aktivitäten, die Dichte von Annäherungskontakten und die Reduktion von Transaktionskosten auszeichnet. Wie sehen diese Konzentrationserscheinungen, die sich bei den politischen Akteuren als besondere Kontakt- und Austauschbeziehungen manifestieren, in Washington aus? Nutzen die zivilgesellschaftlichen Akteure ebenso wie Wirtschaftsunternehmen lokale Zusammenschlüsse, gemeinsame Informationskanäle und spezielle Logistiksysteme? Global Cities eignen sich nach ISIN (2000) in besonderem Maße als zivilgesellschaftliche Aktionsräume, in denen sich im Zuge der Entwicklung von Bürgerrechten und Öffentlichkeit bürgerschaftliches Engagement entfalten kann und besondere „Agglomerationsvorteile öffentlicher Diskurse" entstehen. NOLLER (1999, S. 122) hat Global Cities als eine „neue Logik der Konzentration" bezeichnet, sie stellen Orte der Diskussion bzw. des Austauschs dar, wie es HABERMAS (1990) bereits allgemein für den öffentlichen Raum konstatiert hat. Dies gilt insbesondere für die Stadt Washington, die sich neben der ihr als Hauptstadt innewohnenden Symbolfunktion zu einem Zentrum der öffentlichen Diskussion und somit zu einem Cluster bzw. Konzentrationspunkt der Zivilgesellschaft entwickelt hat. Die Stadt bildet einen diskursiven Raum (DELANTY 2000, S. 80), der erst durch das dichte Aufeinandertreffen verschiedener politischer Organisationen ausgebildet wird. Wissen und Demokratie werden hier erzeugt bzw. verstärkt, die Stadt als *difference machine* (ISIN 2002) trägt zur Generierung von Wissen und zur Diversifizierung und Spezialisierung politischer Aktivitäten und Standpunkte bei. Durch die Konzentration des sozialen Kapitals und die Dichte der Kontakte kommt es zu einem politischen Nährboden, auf dem Wissen produziert und neue politischen Handlungsstrategien entwickelt werden.

Von den 860 erfassten Adressen politischer Organisationen liegen 90 % in der Kernstadt D.C., vereinzelt lassen sich Schwerpunkte im angrenzenden Arlington County und Montgomery County, im geringeren Maße auch in Alexandria und Fairfax County ausmachen. Der gesamte Südosten weist dagegen kaum politische Organisationen dieser Art auf. Dieses räumliche Muster entspricht zum einen der bereits beschriebenen markanten Teilung der Region in zwei ungleiche Hälften, zum anderen steht sie in starkem Gegensatz zur Suburbanisierung von Bevölkerung und Wirtschaft. Das Stadtzentrum besitzt somit höchste Zentralität, die Nähe zu den politischen Entscheidungsträgern, der tägliche Kontakt mit anderen politischen Organisationen und auch die räumliche Präsenz in den politischen Zirkeln Washingtons erscheinen als wichtige Voraussetzung für politischen Aktivismus, um auf der weltpolitischen Bühne und letztendlich auch in den Medien präsent zu sein.

Die räumliche Konzentration der politischen Organisationen innerhalb des Großraums Washington wird noch anschaulicher, wenn man den Kartenausschnitt weiter in den Nordwestsektor der Stadt zoomt. In den fünf zentralen Postleitzahlenbezirken dieses Sektors liegen allein 60 % aller in D.C. erfassten Adressen. Dies sind die Bereiche, die sich zwischen Federal Mall (mit Weißem Haus) und Dupont Circle und dem nördlich angrenzenden Gebiet erstrecken. An wenigen Straßenblöcken zwischen 15. und 19. Straße entlang der I, K, L und M Street konzentriert sich ein Großteil der politischen Organisationen. Sie liegen in engster Nachbarschaft zueinander, zum Teil sind gesamte, mehrgeschossige Gebäude mit Büroräumen verschiedener Organisationen belegt. Auffällig ist zudem eine gewisse Segmentierung nach unterschiedlichen Politikbereichen. Während die Botschaften hauptsächlich entlang der großen Ausfallstraßen New Hampshire Avenue und Massachusetts Avenue aufgereiht sind (auch als *embassy row* bezeichnet), stellt die Connecticut Avenue die zentrale Achse für *NGOs* und Stiftungen dar. Die internationalen Finanzinstitutionen liegen etwas südlicher entlang Pennsylvania Avenue und K Street und somit relativ dicht an den zentralen Einrichtungen wie IWF und Weltbank sowie den Bundesbehörden im Bereich der Constitution Avenue und Federal Mall. Die K Street hat sich aufgrund dieser Nähe zu den Finanzinstitutionen zum Zentrum für Beratungs- und Lobbyingunternehmen entwickelt, was auch mit dem Begriff des *K Street syndrome* oder der *revolving door* Eingang in den Washingtoner Sprachgebrauch gefunden hat (weitere Einzelheiten vgl. GERHARD 2003).

Wie bedeutsam die Nähe zu anderen politischen Organisationen ist, belegen die Argumente der befragten Institutionen. Mehr als Dreiviertel aller Institutionen gaben an, dass die Anwesenheit in Washington sehr wichtig sei. Zwar betonen die meisten ihre Unabhängigkeit von Sponsoren, insbesondere von der Regierung, dennoch ist es hilfreich, wenn die Projektanträge die „Straße heruntergetragen" werden können, wie eine Mitarbeiterin bildhaft ausdrückt:

"We're pretty independent in our programs but it helps to be here. For one thing in direct funding you have to submit proposals. Well, we walk them down the street. Someone from Chicago would have to do it two days earlier ..." (DW4)

Die Nähe zum politischen Geschehen vermittelt den jeweiligen Personen das Gefühl, am richtigen Ort zu sein und dies auch konkret in ihre politische Arbeit umsetzen zu können. Trotz Telefon, Internet und globaler Vernetzung wird dem konkreten Raum eine besondere Bedeutung zugemessen, mit der man sich auch gegenüber anderen Orten profilieren kann:

"Well, Washington is really the heart of the foreign policy community. ... And we're just as the hub, really. This is where the resources are. ... Think-tanks, foundations, Congress ... this is where all of it is. Close to the action." (PB1)

Diese räumliche Präsenz im Politikgeschehen bestärkt das Gefühl, Informationen besonders schnell und authentisch mitzubekommen, ohne erst auf die Berichterstattung in den öffentlichen Medien angewiesen zu sein:

"... the advantage is we're here in Washington and we know everything that's going on when it's going on." (JK5)

Das Gefühl, vor Ort an der rechten Stelle zu sein, bringt zudem ein Überlegenheitsgefühl hervor, das stark an räumliche Arroganz heranreicht. Andere Akteure, die weiter weg sind, leben in den Augen der Washingtoner *NGOs* mehr oder weniger „hinter dem Mond":

"... whereas if you're in Chicago or somewhere [you hear] on the news what happened to cows or pigs, I don't know. Whereas our local news is what's happening on the Hill." (DW6)

Hier wird eine auffällige Verzerrung der Maßstabsebenen deutlich: Die lokalen Neuigkeiten, die in der *Washington Post* abgedruckt werden, beinhalten das, was am *Capitol Hill*, also dem Sitz des US Kongress' und des Senats passiert. Nationale Entscheidungen werden damit lokal. Da die nationalen Entscheidungen zudem häufig die globale Politik beeinflussen oder mit berücksichtigen, spielt sich das Globale im lokalen Kontext Washingtons ab. Washington wird zum Mikrostandort der Weltpolitik, in der die transnationalen politischen Organisationen wesentliche Akteure sind. Eine solche Wahrnehmung verzerrt die Skalen, mit denen Global Cities sonst gemessen werden. Chicago, in allgemeinen Rankings meist weit vor Washington als bedeutender Standort genannt, erscheint hier in den Augen eines politischen Akteurs als Dorf, in dem sich die lokalen Neuigkeiten lediglich um „Kühe und Schweine" drehen würden. Wenn dieses Zitat auch besonders harsch ist, spiegelt es eindrucksvoll das persönliche Empfinden der Akteure wider, die von HEINS (2002) sehr treffend als „Weltenbürger und Lokalpatrioten" bezeichnet werden. In der öffentlichen Wahrnehmung meist als „Heilsarmee" glorifiziert, handelt es sich im Einzelnen um eine Vielzahl an Akteuren, die ihr persönliches Umfeld zur Bühne der Weltpolitik machen und sich dafür lokal engagieren. Das gemeinsame Gefühl, am Ort des Geschehens zu sein, in dem sich die politischen Diskussionen ausbreiten und entwickeln können, spielt als Standortfaktor eine entscheidende Rolle.

Somit hat die Globalisierung zwar die Schnelligkeit und Reichweite politischer Akteure, die Themen und die öffentliche Diskussion verändert, aber nicht zu einer Enträumlichung der politischen Diskussion geführt (SOYEZ 2001). Die transnationalen Netzwerke sind genauso lokal verankert wie sie weltweit vernetzt sind (SOYEZ 2000). Regelmäßige Treffen der Mitarbeiter politischer Institutionen, die nahezu unüberschaubare Zahl politischer Veranstaltungen und der tägliche Austausch mit anderen Institutionen stehen im Zentrum der politischen Aktivitäten, die sich vom politischen „Innovationsmilieu" (CASTELLS 1996) Washingtons nähren. Die Funktion Washingtons geht demnach über die rein symbolische Bedeutung als politischer Hauptstadt weit hinaus. Washington ist ein Cluster politischer Aktivitäten, in dem sich die Netzwerkaktivitäten des *transnational advocacy network*, das zum augenscheinlichen Boom der globalen Zivilgesellschaft beigetragen hat, ausbilden können.

Gleichzeitig ist eine räumliche Überschaubarkeit wichtig. Je globaler die Reichweite der politischen Organisationen ist, umso wichtiger erscheint der städtische Kontext, der den Arbeitsalltag der Organisationen bildet. Hier werden die Ströme in Gang gesetzt und am Leben gehalten. Die hohe Dichte verschiedener Organisationen, das Aufeinandertreffen von „Fremden" in der „Differenzierungsmaschine" Stadt wirkt wie ein Motor, der politische Aktivitäten in Gang hält. Dies kann auf unterschiedlichste Art und Weise geschehen. Meist sind es regelmäßige Treffen wie Vortragsreihen, Diskussionsforen oder *Breakfast Series*, die von einzelnen Personen initiiert und zu stadtbekannten, etablierten Gesprächsrunden werden. Dass hierfür Washington wiederum einen geeigneten Raum bietet, verdeutlicht das folgende Zitat:

"That's what nice about the city is that we have outreach in most cases within walking distance." (PB2)

Ein Beispiel für eine Gesprächsrunde, die sich auf Initiative einer einzelnen Person und ihrer persönlichen Kontakte zu einem fest etablierten Südafrika-Forum etabliert hat, das acht Jahre lang als wichtige politische Bühne für Südafrika-Politik fungiert hat, schildert die Mitarbeiterin einer weiteren Organisation.

"... I couldn't raise funds for it. But then people heard I was interested in it and one or two called me and said, could you organise a meeting 'cos so-and-so is coming to town. So I did it and I decided to reach out and so USIS – that information service – and other organisations that I knew were active in South Africa. I just said, when you know that someone's coming let me know and I will put on a breakfast. Well, it ended up over the eight years providing a platform for every single shade of opinion, every interest in South

Africa from the far right to the far left. Black, white, collared, Indian, I also had US policy makers so it was where people met for the debate on South Africa." (PB7)

Grundsätzlich kann jedoch beobachtet werden, dass viel Zeit und Engagement in die immer erneute Sicherung der finanziellen Basis investiert wird (16 % aller Treffen mit politischen Organisationen dienen dem Ziel der Mitteleinwerbung) und dass gerade bei den Organisationen in Washington öffentliche Gelder neben privaten oder Stiftungsmitteln eine wichtige Rolle spielen. Auch dafür ist das institutionelle Dickicht Washingtons unerlässlich, um rechtzeitig über bestehende Finanzquellen informiert zu werden, die relevanten Leute auf den entsprechenden Veranstaltungen zu treffen und dann weitere Netzwerke zu spinnen. Dies ist auch bei vielen Gesprächen mit *NGO*-Vertretern heraus zu hören. Allerdings sind die Gelder nicht für alle zugänglich. Das Dickicht der Sponsoren ist insbesondere für kleine Organisationen auch ein Dschungel, da sie weder Ressourcen noch Manpower besitzen, um die aufwendigen Antragsverfahren zu überstehen. Dies gilt insbesondere für Anträge bei den großen Institutionen, wie dem Entwicklungsminsterium *USAID*:

"USAID is going to give you money if you have money. To write a proposal for USAID – you're kidding me. I cannot write a proposal. ... To write a proposal I need staff, I need a lot of money. ... USAID will tell you, you cannot write a proposal. ... No, I cannot. Because the bigger foundations, they have pre-selected, they want those organisations which they fund. In order to penetrate to be considered as a candidate for a proposal I don't know what to think ... I am telling you, fundraising is hell." (JR2)

Eine unmittelbare Ausprägung finden die verfügbaren Finanzmittel in den Gehältern der Mitarbeiter. Gerade bei den großen, professionalisierten *NGO*s zählen die Verhandlungen um die Bezahlung zum Geschäft. Die Annahme, dass es sich bei Non-Profit-Unternehmen also nur um ideelle Werte und gar nicht um Geld drehen würde, ist folglich falsch. Auch hier wird sowohl in Bezug auf die Gehaltsauszahlungen der Mitarbeiter wie auch bei Budgetverteilungen mit harter Konkurrenz verhandelt, die vergleichbar mit profitorientierten Unternehmen ist. Gerade das macht die Bedeutung Washingtons als politischem Cluster aus: eine hohe Dichte an Experten und Organisationen, die zwar zum großen Teil miteinander kooperieren, aber auch einen fruchtbaren Nährboden an Konkurrenz bilden, der – ähnlich wie im Profit-Sektor – das „Geschäft" belebt und zur Ausbildung politischer Aktivitäten beiträgt.

5.3 Knoten – Globale Reichweite politischer Akteure

Verlässt man die lokale Washingtoner Ebene und fragt nach den weltweiten Verbindungen zu anderen politischen Akteuren bzw. deren Standorten, ergibt sich ebenfalls ein interessantes Bild. Zum einen kommen hier die regionalen Ungleichgewichte, wie sie auch bei der Weltstadtforschung beobachtet werden können, zum Ausdruck, zum anderem zeigen sich neue Standorte der Weltpolitik, die Ähnlichkeiten aber auch deutliche Unterschiede zu den Hierarchien der Global City-Forscher aufzeigen und somit eine neue Verteilung bedeutsamer Städte nach *NGO*-Verbindungen zur Diskussion stellen. Hier beweist sich die Funktion Washingtons als ein Knoten im Netzwerk politischer Ströme. Im Sinne von CASTELLS' „Raum der Ströme" (1996) und CAMAGNIS Logik von Städten (2001) bildet die Global City eine lokale Ausprägung globaler Netzwerkströme.

Ein Hinweis auf die Ausbreitung der Netzwerke politischer Organisationen bietet die Karte zu den wichtigsten fünf Städten außerhalb der USA, in denen Kontakt- oder Ansprechpartner der befragten Akteure in Washington sitzen (vgl. Abb. 7). Hier treten deutliche Lokalisationspunkte der politischen Gemeinde zum Vorschein. Eine wichtige Region ist Mitteleuropa, wo die höchste Konzentration an bedeutsamen Städten liegt. Weitere Regionen sind Südostasien aber auch Ostafrika, in denen eine gewisse Häufung auftritt. Südamerika erscheint dagegen vollkommen unterrepräsentiert. Unter den einzeln genannten Städten ragt London heraus, das allein 28-mal genannt wird und somit als führendes Zentrum politischer Organisationen aus dem Blickwinkel der Washingtoner *NGO*s erscheint. Mit Abstand folgen Genf und Brüssel, wobei der Sitz von *UNO* und *EU* eine tragende Rolle zu spielen scheint. Allerdings gilt dies offensichtlich nicht für alle Städte mit ansässigen internationalen Regierungsorganisationen. So wird z. B. Wien nur zweimal genannt. Wichtig erscheinen auch Paris sowie Tokio, Berlin, Neu-Delhi, Moskau und Nairobi. Insgesamt dominieren Städte aus den hochentwickelten Ländern, was Rückschlüsse auf die Machtkonstellationen zwischen nördlichen und südlichen *NGO*s zulässt, auf die hier nur verwiesen werden kann. Eine interessante Ausnahme ist allerdings Nairobi, das sich nicht nur vom afrikanischen Kontinent insgesamt abhebt, sondern auch in seiner Bedeutung als politischer Standort innerhalb der Entwicklungsländer eine herausragende Rolle einnimmt.

Vergleicht man diese Abbildung mit dem Global City-Netzwerk der Weltstadtforscher, fallen zwar gewisse Parallelen, aber vor allem auch markante Unterschiede auf. So nimmt London eine führende Position sowohl in der Weltstadtforschung als auch hinsichtlich seiner Bedeutung als politischer Standort ein, damit hören jedoch die Gemeinsamkeiten der beiden Karten bereits auf. Paris und Tokio, von der Weltstadtforschung mit maximalem Rangwert belegt, rutschen nach politischem Maßstab auf Rang 4 und 5 ab. Brüssel und Genf „trumpfen" dagegen in ihrer politischen Bedeutung auf, während ihnen die Weltstadtforschung nur mittlere Rangplätze zuschreibt. Berlin gewinnt ebenfalls an Wichtigkeit, wenn es um politische Netzwerkaktivitäten geht. In der Global City-Forschung zum Teil als „Weltstadt der Putzkolonnen" (KRÄTKE, BORST 2000) belächelt, gewinnt es als Ort politischer Austauschmöglichkeiten einen höheren Stellenwert. Dies liegt nicht zuletzt in der Funktion als Bundeshauptstadt mit ansässigen Regierungsbehörden begründet.

Ein bereits erwähnter Newcomer ist Nairobi: in der Weltstadtforschung mit keinem einzigen Rangplatz belegt, hier aber als Zentrum politischer Organisationen weit vor Städten wie Madrid, Prag oder Zürich. Hier spielt die Anwesenheit internationaler Organisationen eine Rolle, wodurch sich die Stadt zu einer Art entwicklungspolitischem Treffpunkt in Afrika entwickelt hat. Ein solcher Bedeutungsüberschuss gilt auch für Neu-Delhi, das eine ähnliche Funktion in Südasien einnimmt. Andere wirtschaftlich bedeutsame Städte erscheinen dagegen vollkommen nachrangig: dazu zählen z. B. Mailand, Singapur und Sidney. Überproportional vertreten sind dagegen die Hauptstädte, die mit ihren Regierungseinrichtungen an sich bereits ein Ort politischer Aktivitäten sind. Bemerkenswert ist insgesamt die große globale Reichweite der

Abb. 7: Bedeutsame Städte außerhalb der USA als Standorte politischer Akteure nach Einschätzung der befragten Organisationen.

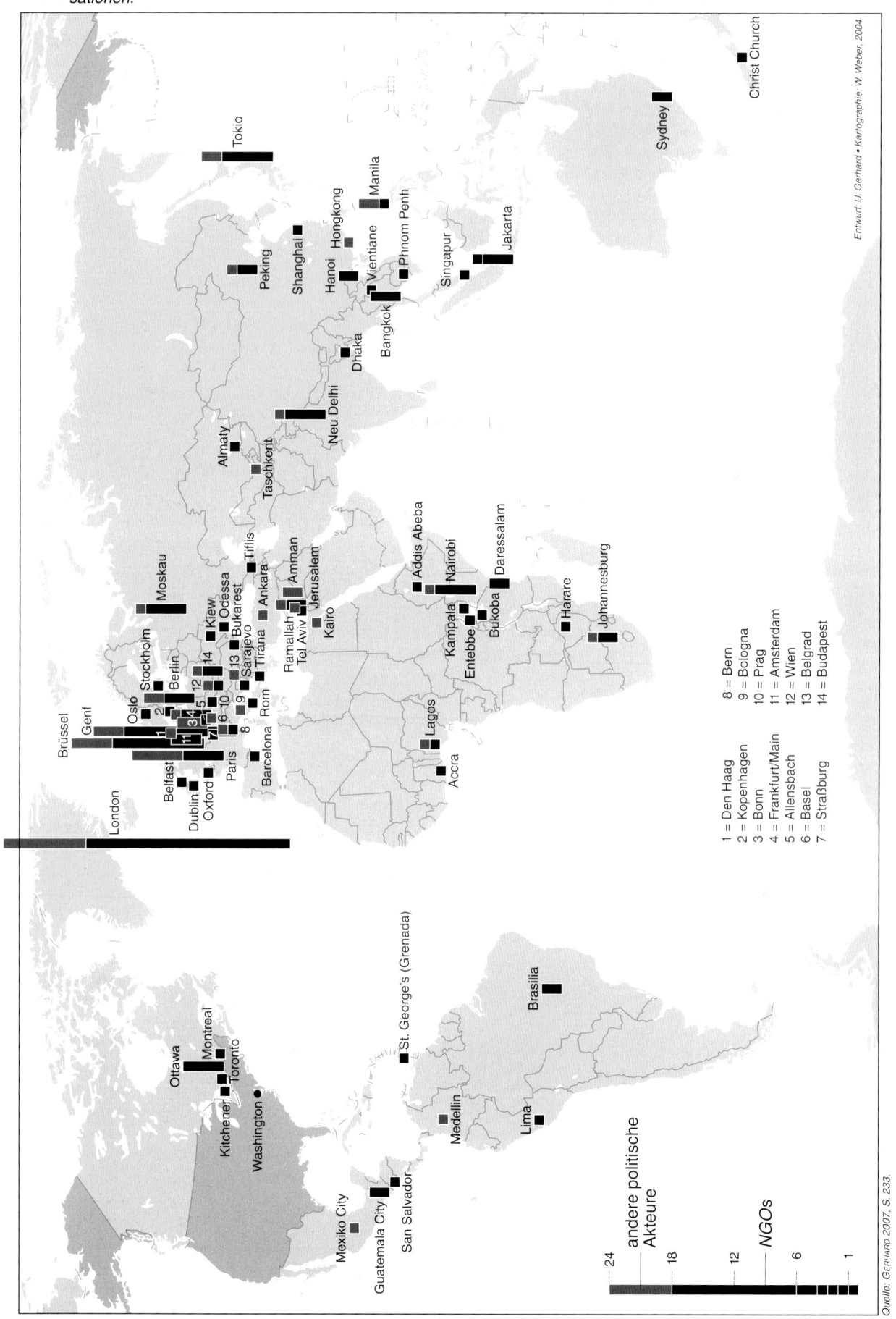

Quelle: GERHARD 2007, S. 233.

Organisationen aus Washington. Dies gilt für NGOs ebenso wie für internationale Finanzinstitutionen.

Nun hat auch der Weltstadtforscher Peter Taylor die Bedeutung von Städten nach einer so genannten NGO-connectivity bemessen, indem er die Verbindungen von NGOs mit Gruppierungen in anderen Städten ausgewertet hat (TAYLOR 2004). Im Unterschied zu der Untersuchung in Washington nimmt er eine Außenperspektive vor, indem er nicht die NGOs selbst befragt, sondern ihre Kontakte per Internetrecherche prüft. Der Vergleich der beiden Untersuchungen deckt interessante Gemeinsamkeiten auf (vgl. Tab. 2). So treten bei Taylor Schwerpunkte in Europa mit den Städten London, Brüssel, Genf, Kopenhagen, Moskau und Rom sowie in Südostasien mit Neu-Delhi, Bangkok, Jakarta, Manila und Tokio hervor. Genau diese Städte tauchen auch auf der Karte der Washingtoner NGOs auf. Zudem hebt Taylor die Gewichtung von Ostafrika hervor mit Städten wie Nairobi, Daressalam, Harare und Adis Abeba, die auf den „klassischen" Weltstadtkarten nicht erscheinen. Auch dies ist nahezu identisch auf der Washingtoner Karte abzulesen. Und schließlich konstatiert Taylor eine breite Streuung von wichtigen Städten über den gesamten Globus. Wenn also Globalisierung als weltweites Operieren und als globale Reichweite zu deuten ist, dann handelt es sich bei den NGOs um „globalizer per se" (TAYLOR 2004, S. 96). Dennoch kommt auch Taylor bei der Beurteilung der Aktivitätsfelder der Washingtoner NGOs zu der Schlussfolgerung, dass die Netzwerkverbindungen sehr vertikal ausgerichtet sind und demzufolge das Netzwerk wie schon in der Global City-Forschung hierarchisch ausgerichtet ist.

Es zeigt sich somit, dass die Netzwerkströme der verschiedenen Akteure sehr komplex sind. Zwar sind die Strukturen der Zivilgesellschaft etwas weniger hierarchisch, dennoch herrschen auch hier bestimmte Machtverteilungen vor, sodass die Zivilgesellschaft nur als bedingt global bezeichnet werden kann. Washington bildet einen wichtigen Knoten im Netzwerk der Städte bzw. Akteure und ist somit nicht nur ein neutraler Raum, in dem die Aktivitäten lediglich gebündelt werden, sondern ein politischer Raum, in dem die Diskurse durch die Anwesenheit verschiedener Akteure erst entstehen. Die von dort ausgehenden Kommunikationsströme verkörpern bestimmte Machtkonstellationen, die durch den speziellen Washingtoner Kontext gebildet werden.

5.4 Milieu – Die Mitarbeiter im Non-Profit-Sektor

Die Mitarbeiter der Non-Profit-Unternehmen sind die Akteure, die sich hinter dem abstrakten Begriff der NGO verbergen. Sie bestimmen die Politik und Aktionsradien der Organisation und tragen durch ihre tägliche Arbeit zur Ausbildung und Formation der Zivilgesellschaft bei. Ihre Arbeitsweisen und die besprochenen Netzwerke bilden das besondere urbane Milieu, in dem sich zivilgesellschaftliche Konzepte und Maßnahmen überhaupt erst entwickeln können. Im „Mikrokosmos des Alltags" (SASSEN 2202, S. 217; Übersetzung: U. Gerhard) mit seinen täglichen Erfahrungen und Abläufen, formen sie die globale Zivilgesellschaft, obwohl ihr Alltag nicht im Rampenlicht der vermeintlichen Bühne der Weltpolitik steht. Die Struktur der Mitarbeiter und ihr persönlicher Hintergrund geben somit Aufschluss darüber, was und wer diese zivilgesellschaftlichen Akteure eigentlich sind und wie ihre Meinungen im politischen Dickicht Washingtons gebildet werden.

Betrachtet man die Altersstruktur der Mitarbeiter, fällt ein deutlicher Schwerpunkt bei den jüngeren Jahrgängen auf. Insgesamt sind 26% aller Beschäftigten zwischen 18 und 30 Jahre. Nur noch 19% sind älter als 50 Jahre. Auffällig ist der hohe Frauenanteil: So sind im Mittel aller Organisationen 60% der Mitarbeiter Frauen. Das gilt insbesondere für die NGOs (63% Frauen), während bei IGOs, Think Tanks und Stiftungen der Schnitt etwas niedriger ist (53%). Der Non-Profit-Gedanke zieht also bestimmte Personenkreise an, was sich in einer besonderen Mitarbeiterstruktur niederschlägt. So haben sich die Non-Profits einem Ziel verschrieben, das sie auch schon in ihrem alltäglichen Leben verfolgen. Meist schon als Studenten im Praktikum in das politische Umfeld eingeweiht, bleiben viele dort beschäftigt, da sie das besondere Arbeitsklima schätzen. Dies zeigt sich in spezifischen Berufsbiographien, die diesen Sektor prägen. So ist die relativ lange Zeitspanne, die sie für eine jeweilige Organisation arbeiten, auffällig. Die durchschnittliche Mitarbeit in der augenblicklichen Organisation beträgt 8,2 Jahre, mehr als ein Viertel aller Beschäftigten arbeitet schon länger als 10 Jahre dort. Damit wird eine hohe Zufriedenheit mit der Arbeit und dem Arbeitsumfeld angedeutet, die für den politischen Sektor entscheidend sein kann. Zudem wird eine Kontinuität der Arbeit gewährt, die auf die Qualität der Leistungen hinweist. Dies bedeutet jedoch nicht, dass keine vertikale und horizontale Mobilität besteht. Viele Mitarbeiter wechseln zwischen den verschiedenen politischen Organisationen, ein ausgeprägter Praktikantenmarkt gewährt Flexibilität und den Idealismus der Gruppe, der manchmal über die Jahre angesichts der alltäglichen Erfahrungen abhanden gekommen ist:

"So they [the interns] bring that cutting edge idealism to those of us who've being doing it. ... Our dose of reality is pretty high and the college students have a high dose of idealism so it's good – it excites us. It brings a dynamism in and so I think it's important for the psychology of the

Tab. 2: Vergleich der Rankings von Städten nach NGO-Netzwerk-Konnektivität (TAYLOR) und bei der Befragung in Washington.

Rang	NGO-Netzwerk-Konnektivität	Wichtigste Städte aus Sicht der befragten NGOs in Washington
1	Nairobi	London
2	Brüssel	Genf
3	Bangkok	Brüssel
4	London	Tokio
5	Neu-Delhi	
6	Manila	Paris/Nairobi/Neu-Delhi/Moskau
7	(Washington, D.C.)	
8	Harare	
9	Genf	
10	Moskau	
11	(New York)	Ottawa/Berlin/Frankfurt/Jakarta/Bangkok/Amsterdam
12	Mexiko City	
13	Jakarta	
14	Accra	

Quelle: TAYLOR 2004, S. 99; GERHARD 2007, S. 239 für Washington, D.C.

organisation to get a new perspective every now and then." (DW8)

Dabei handelt es sich durchaus um einen konkurrierenden Arbeitsmarkt, in dem engagierte Mitarbeiter abgeworben werden. Auffällig ist jedoch, dass die meisten dem Non-Profit-Sektor treu bleiben. So sind Karrierewege zwar wichtig, doch nicht um den Preis der Aufgabe von Vorstellungen sinnvoller sozialer Arbeit.

"I'm more concerned that I work for an organisation that's doing something I agree with than to be moving up a ladder." (DW10)

Dabei unterscheiden sich die Karrieremuster und Ausbildungswege sehr deutlich voneinander. Auffällig ist trotz der relativ jungen Altersstruktur ein abwechslungsreicher beruflicher Hintergrund mit hohen Bildungsabschlüssen und vielfältiger internationaler Erfahrung. Da es keinen eindeutigen Ausbildungsweg für die Mitarbeit in einer politischen Organisation gibt, sind die Wege vielfältig und meist sehr beachtlich mit mehreren Abschlüssen und hoher Flexibilität. Die Bedeutung des Auslands spielt bei vielen eine Rolle, auch wenn dies nicht immer in der alltäglichen Arbeit umgesetzt werden kann, wie das folgende Zitat verdeutlicht.

"This is one of life's ironies. I wanted to come to Washington and get an international job because I wanted to travel. Of course by the time I got to Washington and had a job where I [could] travel I was married with children and didn't want to travel any more. But I first worked for the African Institute which was one of the predecessors of the Solidarity Fund. I did evaluation and I had to go to Africa to evaluate our programs there. Which I enjoyed a lot at that point." (DW7)

Eine weiteres Zitat spiegelt den vielfältigen beruflichen Hintergrund und akademischen Erfahrungsschatz in unterschiedlichen Organisationen sehr eindrücklich wider:

"I have a Bachelor's degree in political science, I spent a year in Africa, I worked for another organisation very much like the IPC in New York City ... and then I went back to graduate school and have a Master's in public policy from the School of Government and came to Washington as a presidential management intern. I worked for a year at the US Department of Agriculture and then came to the National Centre for Food and Agriculture Policy which was part of Resources for the Future at that time ..." (AT3)

Von diesen abwechslungsreichen Berufsbibliographien gibt es zahlreiche in Washington. Sie bilden das besondere Milieu der Stadt mit ihren internationalen Erfahrungen, dem politischen Klima und den alltäglichen Themen in der Stadt. Die Akteure nutzen das institutionelle Dickicht des politischen Sektors auf ihre Weise und tragen zur Internationalisierung und Politisierung Washingtons kontinuierlich bei.

6 Global Cities als Mikrostandorte politischer Akteure

Wie die Analysen des politischen Sektors in Washington zeigen, ist der städtische Kontext, in dem sich zivilgesellschaftliche Aktivitäten entwickeln, ein bedeutsamer Faktor für die Ausbildung von Kommunikation und Kontakten. Die Stadt ist nicht nur ein neutraler Raum, in dem sich bestimmte Beziehungsmuster abspielen, sondern ihr spezielles Milieu, die besondere Struktur des politischen Clusters und ihr symbolischer Wert formen die Art der Handlungsmuster. Dieses Ergebnis widerspricht der Herangehensweise der „klassischen" Weltstadtforscher wie Sassen, Friedmann und auch Taylor, die Städte vornehmlich aus einer extrinsischen und rein indikator-zentrierten Perspektive heraus analysieren, in denen sich bestimmte Abläufe wie in einem neutralen Raum abspielen, anstatt das Eigenleben der Stadt selbst zu untersuchen. Dieses Innenleben wirkt entscheidend auf die Ausbildung von Weltstadtbedeutung ein. Städte werden nicht nur durch äußere Kräfte wie z. B. die sozio-ökonomischen Bedingungen von Kapitalismus oder Globalisierung geformt, wie es Vertreter der kritischen Schule der neuen politischen Ökonomie von Städten wie Harvey und Castells in den Vordergrund stellen, sondern die Stadt selbst in ihrer Funktion als Symbol, als Cluster, als Knoten und als Milieu greift aktiv in den Prozess der Ausbildung von Weltstadtfunktionen und transnationaler Zivilgesellschaft ein.

Diese Schlussfolgerung dokumentiert auf empirische Art und Weise die sehr kritische Auseinandersetzung von SMITH (2003) mit der aktuellen Weltstadtforschung. Er bezeichnet Städte als Agenten bzw. als *actant cities*, da sie zu einem wesentlichen Akteur werden und Beziehungen verändern können (SMITH 2003). Er beruft sich dabei auf eine poststrukturalistische Perspektive, nach der nicht nur die Netzwerke, in die die Städte eingebunden seien, Macht besitzen, sondern die Städte selbst sich zu agierenden Kräften dieser Netzwerke entwickeln. "The city is not a fixed background against which things occur, or an environment in which things occur, but has a power to affect ..." (SMITH 2003, S. 2). Er vertritt somit ein akteurszentriertes Verständnis von Städten, die nicht mehr nur Plattform bestimmter Prozesse sind, sondern formende Entitäten.

Auf den konkreten Kontext von Washington übertragen bedeutet das, dass die urbane Dichte der Stadt als Nährboden für politischen Aktivismus fungiert und der politische Aktivismus zugleich als Motor für Weltstadtbedeutung wirkt. Die Stadt bildet ein Kontinuum, in dem Ströme und Intensitäten ausschließlich durch die Kräfte zusammengehalten werden, die sie bilden; in diesem Falle also die politischen Akteure. Sie nehmen Einfluss auf die Stadt und auf ihre räumliche Entwicklung, sie besitzen Beziehungsgeflechte und üben Macht aus, gleichzeitig werden sie aber von dem speziellen Kontext des politischen Raums Washington geprägt.

Wenn Städte nicht nur Räume oder Prozesse, sondern auch Agenten von Beziehungen und Geflechten sind, stellt sich die Frage, inwiefern die besondere Struktur der Stadt Washington in der Arbeit und den Aktionsmustern politischer Organisationen abzulesen ist. Die Analysen haben gezeigt, dass sich dies in bestimmten Handlungsstrategien der politischen Akteure widerspiegelt, die durch das typische, eigene Milieu der Stadt produziert werden. Es geht also darum, Alleinstellungsmerkmale von Washington nachzuzeichnen, die das spezifische Verhalten der Akteure bedingen. Vor allem aus den Interviewzitaten, aber auch aus den Antworten im Fragebogen sowie den persönlichen Beobachtungen lässt sich erkennen, dass die Akteure, obwohl sie global, transnational und professionell agieren, trotzdem genauso real und profan handeln und denken, wie es der spezifische Kontext Washingtons zulässt. Hier lassen sich insbesondere Handlungsstrategien herauslesen, die um das Alleinstellungsmerkmal Machtnähe und Zentralität kreisen.

Viele *NGO*-Mitarbeiter heben die Stellung Washingtons als politischem Standort hervor. Fast alle betonen, dass die

Anwesenheit in Washington für ihre Organisation wichtig oder sogar sehr wichtig sei. Dies mag beim ersten Betrachten auf der Hand liegen, da es sich um die Hauptstadt der Weltmacht USA handelt, auf der anderen Seite war die Nähe zum US-Kapitol und dem Weißen Haus, also zu den Regierungseinrichtungen nicht der einzige und schon gar nicht der wichtigste Grund. Vielmehr zeigte sich die Nähe zu anderen NGOs, zu den Medien und zu anderen politischen Einrichtungen als bedeutsam, die – wie der Vergleich zu Deutschland zeigt – nicht unbedingt in der Hauptstadt angesiedelt sind. Die Zentralität des Standorts setzt sich aus verschiedenen Merkmalen wie Machtnähe, politischer Zentralität, räumlicher Überschaubarkeit, Öffentlichkeit, Ideenschmiede und beruflicher Vielfalt zusammen, die alle in besonderem Maße an dem Standort Washington ausgebildet werden. Die Nachrichten vom *Capitol Hill* werden zu lokalen Neuigkeiten, Anträge können zu Fuß die Straße „heruntergetragen" werden, die politischen Informationen liegen quasi „in der Luft", die an einem anderen Standort (z. B. Chicago) so nicht „eingeatmet" werden kann. Die hohe Dichte an politischen Organisationen fungiert als Nährboden, als „Ideenschmiede" für politische Strategien, die mit anderen politisch Interessierten ausgetauscht und professionell weiterentwickelt werden können. Aus den Interviewzitaten lassen sich somit spezifische Alleinstellungsmerkmale Washingtons ableiten, die bestimmte Handlungsstrategien bedingen und in Tabelle 3 nochmals zusammengefasst sind.

Tab. 3: Ableitung von Handlungsstrategien der politischen Akteure im lokalen Kontext Washingtons.

Handlungsstrategien	Interviewzitate der befragten politischen Akteure
Räumliche Überschaubarkeit	"That's what nice about the city is that we have outreach in most cases within walking distance."
	"… they just went down to Congress to do what we call a hilldrop."
	"… you can walk to these meetings and come back."
	"… but you can still get down to Capitol Hill in ten minutes."
Machtnähe	"… we aim at the US government …"
	"… our main goal here is to try and influence US foreign policy."
	"We also meet with members of Congress and talk to them directly."
	"… we walk them [the proposals] down the street. Someone from Chicago would have to do it two days earlier."
	"… could you organize a meeting 'cos so-and-so is coming to town …"
Politische Zentralität	"And we're just as the hub, really."
	"… we know everything that's going on when it's going on."
	"… whereas if you're in Chicago or somewhere [you hear] on the news what happened to cows or pigs …"
	"Whereas our local news is what's happening on the Hill."
	"… they're certainly not confined just to Arizona …"
	"This is where all of it is. Close to the action."
Kooperation	"… our model is cooperation."
	"No, don't protest. We don't organize and mobilize that kind of stuff. I just do grassroots mobilization."
Ideenschmiede, Agenda-Setting	"We're the idea industry …"
	"… it's more about changing how people think about an idea …"
	"… and it became known as the place to learn about South Africa."
Öffentlichkeit	"We do try to maintain a fairly active speaking program."
Beruflicher/internationaler Hintergrund	"They have tremendous educational backgrounds on our staff. We have people with law degrees, doctors, people who have a lot of government experience, NGO experience, advocacy, journalism."
	"I have a Bachelor's degree in political science, I spent a year in Africa, I worked for another organization …"
	"… and came to Washington as a presidential management intern."
	"… and was married to a non-American and got this international interest and ended up working for this."
	"This is one of life's ironies. I wanted to come to Washington and get an international job …"
	"I've worked for a lot of non-profits and I worked for an organization that works on the Middle East and …!"

Quelle: U. Gerhard 2007.

Grundsätzlich zeigt sich ein enger und vielgestaltiger Zusammenhang zwischen dem lokalen Kontext und der global agierenden Zivilgesellschaft. Es ergibt sich ein lokal-globaler Nexus, der in Städten generiert wird und ganz spezifische Konditionen für die Ausbildung der Zivilgesellschaft bietet. Insofern ist dieses Ergebnis auch nur ein Zwischenergebnis: Es hat die spezifischen Entwicklungsbedingungen der politischen Weltstadt Washington, D.C., und den besonderen Kontext für politische Akteure aufgezeigt, gleichzeitig lässt sich diese Vorgehensweise auf andere Städte übertragen, um zu prüfen, wie die spezifischen Handlungsmuster dort ausgeprägt sind. Lassen sich in anderen städtischen Räumen andere Strategien ableiten? Welche Agglomerationsvorteile zeichnen andere Standorte der Weltpolitik aus? Insofern versteht sich diese Untersuchung als ein Beitrag zur Weltstadtforschung, bei der qualitative Merkmale der quantitativen Messung von Weltstadtfunktionen hinzugefügt wurden, um das vornehmlich ökonomisch geprägte Konzept der Global Cities zu erweitern und die wissenschaftliche Diskussion um die Globalisierung der Zivilgesellschaft durch eine räumliche und handlungsorientierte, d. h. stadtgeographische Komponente zu bereichern. Weitere Analysen zu anderen Städten können mit Spannung erwartet werden.

Literatur

Abbott, C. (1999): Political Terrain Washington, D.C. From Tidewater Town to Global Metropolis. – Chapel Hill, London.

Amin, A., Thrift, N. (1992): Neo-Marshallian Nodes in Global Networks. – International Journal of Urban and Regional Research 16(4), S. 571–587.

Baker, R. (1967): It's Middletown-on-the-Potomac. In: B. Adler (Hrsg.): Washington: A Reader. – New York, S. 195–204.

Beaverstock, J.V., Taylor, P.J. u. R.G. Smith (1999): A Roster of World Cities. – Cities 16(6), S. 445–458.

Boquet, Y. (2001): Washington, Une Ville Mondiale? – Hommes et Terres du Nord 3, S. 179–188.

Bowling, K.R. (2002): From "Federal Town" to "National Capital". Ulysses S. Grant and the Reconstuction of Washington, D.C. – Washington History 14(1), S. 8–25.

Bowling, K.R., Gerhard, U. (2005): Siting Federal Capitals: The American and German Debates. In: A.W. Daum, C. Mauch (Hrsg.): Berlin – Washington, 1800–2000: Capital Cities, Cultural Representations, and National Identities. – Cambridge, New York, S. 31–49.

Brookings Institution Center on Urban and Metropolitan Policy (1999): A Region Divided. The State of Growth in Greater Washington, D.C. – Washington, D.C.

Camagni, R. (2001): The Economic Role and Spatial Contradictions of Global City-Regions: The Functional, Cognitive and Evolutionary Context. In: A. J. Scott (Hrsg.): Global City-Regions. Trends, Theory, Policy. – New York, S. 96–118.

Case, J. (1990): The Most Entrepreneurial Cities in America. – Inc. 12(3), S. 41–48.

Castells, M. (1996): The Rise of the Network Society. – Oxford.

Delanty, G. (2000): The Resurgence of the City in Europe? The Spaces of European Citizenship. In: E.F. Isin (Hrsg.): Democracy, Citizenship and the Global City. – London, New York, S. 79–92.

Downs, B. (Hrsg.) (2002): Washington 2002. A Comprehensive Directory of the Area's Major Institutions and the People Who run Them. – Washington, D.C.

Fannie Mae Foundation/Urban Institute (2002): Housing in the Nations Capital 2002. – Washington, D.C.

Fannie Mae Foundation/Urban Institute (2003): Housing in the Nations Capital 2003. – Washington, D.C.

Friedman, S., Cheung, I., Price, M. u. A. Singer (2001): Washington's Newcomers: Mapping a new City of Immigration. – Washington, D.C.

Garreau, J. (1991): Edge City. Life on the New Frontier. – New York.

Gerhard, U. (2003): Washington, D.C. – Weltstadt oder globales Dorf? Eine stadtgeographische Untersuchung des politischen Sektors. – Geographische Rundschau 55(1), S. 56–63.

Gerhard, U. (2007): Global City Washington, D.C. Eine politische Stadtgeographie. – Bielefeld.

Habermas, J. (1990): Strukturwandel der Öffentlichkeit. – Frankfurt/Main [1. Aufl. 1962].

Heins, V. (2002): Weltbürger und Lokalpatrioten. Eine Einführung in das Thema Nichtregierungsorganisationen. – Opladen.

Henig, J.R. (1995): The Nonprofit Sector: The Heart of Greater Washington. Assessing the Impact of the District's Fiscal Crisis. – Washington, D.C.

Holzner, L. (1992): Washington, D.C. Hauptstadt einer Weltmacht und Spiegel der Nation. – Geographische Rundschau 44(6), S. 352–358.

Isin, E.F. (Hrsg.) (2000): Democracy, Citizenship and the Global City. – London, New York.

Isin, E.F. (2002): Being Political. Genealogies of Citizenship. – Minneapolis.

Johnston, R.J., Taylor, P.J. u. M.J. Watts (2002): Geography/Globalization. In: R.J. Johnston, P.J. Taylor, u. M.J. Watts (Hrsg.): Geographies of Global Change. – Malden, S. 1–17.

Knox, P.L. (1991): The Restless Urban Landscape: Economic and Sociocultural Change and the Transformation of Washington, D.C. – Annals of the Association of American Geographers 81(2), S. 181–205.

Krätke, S., Borst, R. (2000): Berlin. Metropole zwischen Boom und Krise. – Hemsbach.

Lang, R.E. (2003): Edgeless Cities. Exploring the Elusive Metropolis. – Washington, D.C.

Manning, R.D. (1998): Multicultural Washington D.C.: The Changing Social and Economic Landscape of a Postindustrial Metropolis. – Ethnic and Racial Studies 21(2), S. 328–355.

Mollenkopf, J.H., Castells, M. (1991): Introduction. In: J.H. Mollenkopf, M. Castells (Hrsg.): Dual City. Restructuring New York. – New York, S. 1–22.

Myers, D. (2002): Demographic Dynamism in Los Angeles, Chicago, New York, and Washington, D.C. In: M.J. Dear (Hrsg.): From Chicago to L.A. Making Sense of Urban Theory. – Thousand Oaks, S. 21–53.

N.N. (1993): Place Rated Almanac. – Foster City.

Noller, P. (1999): Globalisierung, Stadträume und Lebensstile. Kulturelle und lokale Repräsentationen des globalen Raums. – Opladen.

RICCI, D. (1993): The Transformation of American Politics: The New Washington and the Rise of Think Tanks. – New Haven.

SALAMON, L.M., ANHEIER, H.K. (1999): Der Dritte Sektor. – Gütersloh.

SASSEN, S. (2002): Global Cities and Diasporic Networks: Microsites in Global Civil Society. In: M. GLASIUS, M. KALDOR u. H. ANHEIER (Hrsg.): Global Civil Society 2002. – Oxford, S. 217–238.

SCOTT, A.J. (2001): Introduction. In: A.J. SCOTT (Hrsg.): Global City-Regions. Trends, Theory, Policy. – New York, S. 1–8.

SINGER, A., FRIEDMAN, S. (2001): The World in a Zip Code: Greater Washington, D.C. as a New Region of Immigration. – Washington, D.C. (The Brookings Institution Survey Series April 2001).

SMITH, R.G. (2003): Actant Cities. – Loughborough (GaWC Research Bulletin, 117).

SOYEZ, D. (2000): Lokal verankert – weltweit vernetzt: Transnationale Bewegungen in einer entgrenzten Welt. In: H. BLOTEVOGEL, J. OSSENBRÜGGE u. G. WOOD (Hrsg.): Wissenschaftliche Abhandlungen und Tagungsbericht des 52. Deutscher Geographentag Hamburg 1999. – Hamburg, S. 29–46.

SOYEZ, D. (2001): Enträumlicht aber situiert. Zur Politischen Geographie transnationaler Bewegungen. In: P. REUBER, G. WOLKERSDORFER (Hrsg.): Politische Geographie. Handlungsorientierte Ansätze und Critical Geopolitics. – Heidelberg, S. 117–146.

TAYLOR, P.J. (1997): Hierarchical Tendencies Amongst World Cities: A Global Research Proposal. – Cities 14(6), S. 323–332.

TAYLOR, P.J. (2004): The New Geography of Global Civil Society: NGOs in the World City Network. – Loughborough (GaWC Research Bulletin, 144).

TWOMBLY, E.C. (2004): Nonprofit Resources for Children and Youth in the Washington, D.C., Region. Center on Nonprofits and Philanthropy. The Urban Institute. – Washington, D.C.

Union of International Associations (Hrsg.) (2003): Yearbook of International Organization. Guide to Global and Civil Society Networks 2002/2003. Statistics, Visualizations and Patterns. – München.

U.S. Census Bureau (2000): Census 2000. – http://www.census.gov [Zugriff am 16.11.2007].

U.S. Census Bureau (2003): Statistical Abstract of the United States 2003. – Washington, D.C.

U.S. Department of Labor, Bureau of Labor Statistics (2004): Metropolitan Area at a Glance. – http://www.bls.gov [Zugriff am 16.11.2007].

U.S. Department of Transportation, Bureau of Transportation Statistics (2003): National Transportation Statistics 2003. – http://www.bts.gov [Zugriff am 16.11.2007].

U.S. Immigration and Naturalization Service (2001): Annual Immigrant Files, 1990–1998. In: A. SINGER, S. FRIEDMAN, I. CHEUNG u. M. PRICE: The World in a Zip Code: Greater Washington, D.C. as a New Region of Immigration. – Washington, D.C.

PD Dr. ULRIKE GERHARD
Institut für Geographie der Julius-Maximilians-Universität Würzburg
Am Hubland • D–97074 Würzburg
ulrike.gerhard@mail.uni-wuerzburg.de

Friederike Grüninger

Ursachen, Muster und Wert der Biodiversität – Beispiele aus den Americas

Mit 10 Abbildungen (davon eine Farbkarte), einer Tabelle und 4 Bildern

1 Einführung und didaktische Zielsetzung

Das Schlagwort „Biodiversität" ist in aller Munde. Am 16. März 2007 einigten sich die Umweltminister der G8-Staaten und der fünf einflussreichsten Schwellenländer China, Indien, Brasilien, Mexiko und Südafrika in Potsdam auf eine gemeinsame „Initiative zur biologischen Vielfalt" (*Süddeutsche Zeitung* vom 17./18. März 2007). Der Zusammenhang zwischen dem Umgang mit den natürlichen Ressourcen und den direkten und indirekten Folgen für den Naturhaushalt und den wirtschaftenden Menschen wird also auch auf politischer Ebene verstärkt diskutiert und als Bedrohung unseres momentanen Lebensstandards empfunden. In Anlehnung an die viel zitierten Statusberichte des *Intergovernmental Panel on Climate Change (IPCC)* sollen Studien zum Artensterben und dessen ökonomischen Folgen (wie sie etwa Nicholas Stern in seinem „Review on the Economics of Climate Change" für den Klimawandel im Herbst 2006 vorgelegt hat) erstellt und als politische Entscheidungshilfen dienen. Wer diese Studien erstellen und finanzieren soll, ist momentan noch unklar.

Gerade vor dem aktuellen politischen Hintergrund ist zu erwarten, dass auch außerhalb des Geographie- und Biologieunterrichts das Thema der Biodiversität in der Schule verstärkt aufgegriffen und diskutiert wird. Der vorliegende Artikel bietet wissenschaftliche Grundlageninformationen zum Themenkomplex der Biodiversität an, die für das Vermitteln und Verstehen dieses äußerst komplexen Themas unerlässlich sind. Neben einem kurzen forschungsgeschichtlichen Abriss werden verschiedene Vielfaltsmaße vorgestellt und mit Hilfe von anschaulichen (und etwa im Schulgarten direkt überprüfbaren) Beispielen erläutert. Verbreitungsmuster und -ursachen von Arten werden im Text vorgestellt und durch Karten, Grafiken und Zahlen ergänzt, die direkt in geplante Unterrichtseinheiten integriert werden können. Ein abschließendes Kapitel gibt einen Einblick in den ökologischen und ökonomischen Wert der Biodiversität. Das erwünschte Lernziel liegt bei diesem komplexen Stoff in der Förderung vernetzten Denkens, auch wenn – oder gerade auch weil – der vorliegende Artikel das Thema nur in Grundzügen erläutern kann.

2 Biodiversität – über die Karriere eines Neologismus

Das Interesse der Menschheit an ihrer Umwelt und deren Reichtum bestand zu allen Zeiten. Während der wichtigste Antriebsfaktor hierbei ursprünglich dem Überleben geschuldet war, trat später ebenso das wissenschaftliche Interesse in den Vordergrund. Bedeutende Naturforscher wie *Charles Darwin* oder *Alexander von Humboldt* weckten mit ihren Forschungsergebnissen und -berichten weltweites Interesse, und viele Ihrer Ideen bilden noch heute den Grundstock für moderne Forschungszweige und -theorien.

Der heute gebräuchliche Begriff der Biodiversität wurzelt im amerikanischen Ausdruck „biological diversity" für biologische Vielfalt. W.G. Rosen, ein amerikanischer Zoologe, prägte als griffigen Tagungstitel 1986 den Neologismus „BioDiversity", der in kürzester Zeit aus Bequemlichkeit seine Hybridschreibweise verlor und vor allem durch E.O. Wilson und sein 1988 veröffentlichtes Werk „Biodiversity" Karriere machte (vgl. WILSON 1988). Seit dieser Zeit stieg die Verwendung der (amerikanischen) Biodiversitätsbegriffe in wissenschaftlichen Publikationen kontinuierlich an (vgl. Abb. 1), und in der populären amerikanischen Internet-Suchmaschine *Google* liegen momentan für den Begriff „biological diversity" 36.900.000 geschätzte Treffer, für „Biodiversity" 26.100.000 geschätzte Treffer und für sein deutsches Pendant immerhin 3.540.000 Treffer vor (Zugriff am 18. März 2007).

Internationalen Anklang fand das Biodiversitätskonzept im Jahr 1992 durch die *Konvention zur Biologischen Vielfalt* (*Convention on Biological Diversity*, kurz *CBD*), die im Rahmen der *United Nations Conference on Environment and Development (UNCED)* in Rio de Janeiro verabschiedet wurde. Als Ziel festgeschrieben wurde neben dem Erhalt der Biodiversität auch die nachhaltige Nutzung der Ressourcen sowie der gerechte Vorteilsausgleich aus dieser Nutzung (CBD 2001–2005). Die Vereinten Nationen definieren in diesem Dokument die biologische Vielfalt folgendermaßen:

> "'Biological diversity' means the variability among living organisms from all sources including, inter alia, terrestrial, marine and other aquatic ecosystems and the ecological complexes of which they are part; this includes diversity within species, between species and of ecosystems."
> (*CBD* 2001–2005, Article 2)

Diese Definition der „biologischen Vielfalt" beinhaltet also die Variabilität unter lebenden Organismen jeglicher Herkunft, darunter u.a. Land-, Meeres- und sonstige aquatische Ökosysteme und die ökologischen Komplexe, zu denen sie gehören. Vielfalt wird weiterhin verstanden als die Vielfalt innerhalb und zwischen Arten sowie Ökosystemen (siehe *BfN* 2006). Diese Sichtweise stellt insofern eine Neuerung dar, als in den Biowissenschaften der biologische Vielfaltsbegriff bis in die 1980er Jahre meist nur mit der reinen Artenzahl pro Fläche gleichgesetzt wurde (vgl. BEIERKUHNLEIN 1999).

3 Lässt sich Diversität messen?

Bis Mitte des letzten Jahrhunderts wurden verschiedene Indizes zur quantitativen Erfassung der Diversität entwickelt, die

Abb. 1: Erwähnung der Begriffe „Biodiversity" oder „biological diversity" in wissenschaftlichen Publikationen von 1985 bis 2005, die im Web of Science© verzeichnet sind.

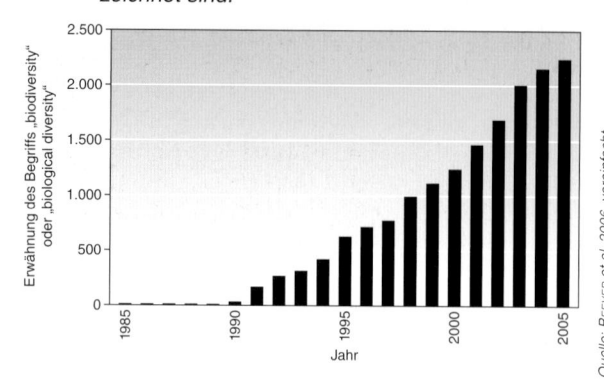

Quelle: Beever et al. 2006, vereinfacht.

sich, wie bereits erwähnt, vornehmlich auf die Artenzahl pro Fläche bezogen; die Angabe der Flächengröße ist dabei wichtig zur Standardisierung unterschiedlicher Flächengrößen, da bei unterschiedlich großen Untersuchungsräumen per se unterschiedliche Grundgesamtheiten an Individuen und damit auch an Arten Platz finden können. Die fundamentalste und zugleich einfachste Formel zur Bestimmung des Artenreichtums wurde von MACARTHUR (1965) definiert und ist auch heute noch grundlegend:

$$\text{Artenreichtum} = \text{Artenzahl} \div \text{Fläche}$$

Doch selbst diese einfache Maßzahl kann schwierig zu erstellen sein, da zum einen verschiede Definitionen des Artbegriffs vorliegen (siehe Infobox 1) und eine große Zahl an Organismen (wie beispielsweise Bakterien) gar nicht über einen Artbegriff fassbar oder schlicht nicht bekannt ist.

Durch die sinnvolle Erweiterung des Diversitätsbegriffes wurden dann auch die Messmethoden erweitert und angepasst, um noch andere quantitative Parameter in die Berechnungen einbeziehen zu können (siehe z. B. WILSON 1988; BEIERKUHNLEIN 1999; BARBOUR et al. 1999; HUSTON 1994). Hier sind beispielsweise Endemitenreichtum (siehe Infobox 2), Reichtum an morphologischen Ausprägungen, Fortpflanzungs- und Schutzmechanismen etc. zur Anpassung an den jeweiligen Standort (so genannte „funktionale Typen"), Reichtum und Ausstattung der Vegetationsschichten, Biomasse und sonstige Produktivität eines Bestandes zu nennen. Weitere und weitaus umfangreichere Formeln vor allem in Bezug auf Dominanzverhältnisse, brachten u. a. SHANNON, WEAVER (1949 mit dem „Shannon-Weaver-Index") und PIELOU (1966) die „Evenness" ein (vgl. auch HAEUPLER 1982). Die Evenness drückt aus, ob der untersuchte Ökosystemausschnitt von bestimmten Arten (also entweder von ihrer Anzahl (Abundanz)) oder ihrer Bodenüberdeckung (in % der Gesamtfläche) dominiert wird, oder ob die vorhandenen Arten „gut durchmischt" und damit eher gleich verteilt sind. Der Vorteil dieses Index liegt darin, dass hier nun Flächen ohne Größenangabe oder von unterschiedlicher Größe ohne vorhergehende Standardisierung miteinander verglichen werden können. Die Evenness-Werte bewegen sich zwischen Null und Eins, gegen Null gehende Werte beschreiben starke Dominanzverhältnisse, Werte gegen Eins eine starke Gleichverteilung. Zu beachten ist aber, dass mit steigender Zahl der Arten, die die Grundgesamtheit bilden, die Evenness ansteigt, auch wenn die meisten dieser Arten etwa durch ihre geringe Wuchshöhe kaum ins Gewicht fallen.

Mit seiner Unterscheidung zwischen Alpha-, Beta- und Gamma-Diversität bündelte der amerikanische Ökologe R.H.

Infobox 1 **Biologische Artbildung und biologischer Artbegriff**

Die Artbildung oder Speziation gilt schon seit DARWIN (1859) als Kern der Evolution und ihrer Erforschung und steuert zusammen mit dem Aussterben von Arten die biologische Vielfalt. Die Art bildet die grundlegende Einheit in der biologischen Systematik.

Die **Biospezies-Definition** beschreibt eine Art nach WEHNER, GEHRING (1990) als „Populationen, deren Angehörige untereinander faktisch oder potentiell kreuzbar und von den Angehörigen anderer Populationen reproduktiv isoliert sind. Arten werden damit als potentielle Fortpflanzungsgemeinschaften definiert" (WEHNER, GEHRING 1990, S. 576). Die Nachkommen innerhalb einer Art müssen dabei unter natürlichen Bedingungen hinsichtlich ihres Lebensraumes gezeugt und fertil sein. Esel und Pferd sind deshalb trotz ihrer Kreuzbarkeit eigene Arten, da die jeweilige Nachkommenschaft (Maultier und Maulesel) zumeist steril ist. Tiger (natürliches Habitat: tropischer Regenwald, gemäßigter Laubwald oder borealer Nadelwald) und Löwen (natürliches Habitat: Savanne, Trockenwälder, Halbwüsten) sind ebenso miteinander kreuzbar und zeugen in diesem Fall auch fertile Nachkommen, so genannte „Tigons" oder „Liger". Da sich ihr natürlicher Lebensraum jedoch eigentlich nicht überschneidet könnten sie in freier Wildbahn keine Nachkommen miteinander zeugen, gelten also als eigene Arten. Der biologische Artbegriff ist dabei weder auf fossile Arten anzuwenden, noch kann er für Arten mit asexuellen Fortpflanzungsstrategien gelten und lässt sich nur selten tatsächlich zur Abgrenzung von Arten heranziehen. Probleme ergeben sich z. B. bei stark in Evolution befindlichen Sippen-Komplexen, die noch keine wirksamen Kreuzungsbarrieren entwickelt haben (etwa bestimmte Rosenarten), oder aber bei Sippen deren Samenanlagen sich ohne sexuelle Befruchtung zu keimfähigen Samen entwickeln (Agamospermie, z. B. bei verschiedenen Gattungen von Süßgräsern, Rosengewächsen und Korbblütlern).

Im Sinne der **Morphospezies-Definition** sind Arten eher als Aggregate zu verstehen und werden durch Zusammenfassen von Untereinheiten mit taxonomisch im Wesentlichen übereinstimmenden Merkmalen definiert, die sich mit diesem Merkmalsbündel von anderen Spezies unterscheiden (vgl. WEHNER, GEHRING 1990).

Ursachen, Muster und Wert der Biodiversität

> **Infobox 2** **Arealkunde (Chorologie) und Florenreiche der Erde**
>
> Die Arealkunde umfasst das Teilgebiet der Biogeographie, das sich mit den Gesetzmäßigkeiten der Formen und Ursachen von räumlichen Verbreitungsmustern der Arten beschäftigt. Da Pflanzen aufgrund ihrer eingeschränkten Mobilität besonders klare Raumzuordnungen ermöglichen, stellt die Arealkunde vor allem in der Pflanzengeographie eine traditionsreiche Teildisziplin dar. Areale werden nach Größe, Gestalt und ihren geographischen Lagebeziehungen eingeteilt (vgl. SCHULZE et al. 2002):
>
> **Kosmopoliten** besitzen ausgedehnte Areale, die über Kontinente oder makroklimatische Grenzen hinweg reichen können. Solche Arten sind meist konkurrenzstark und verfügen über effektive Ausbreitungsmechanismen. Im Gegensatz zu Ubiquisten sind sie aber trotz allem an bestimmte Standortbedingungen (z. B. hinsichtlich Wasserbedarf oder Beleuchtungsverhältnissen) gebunden. Ein gutes Beispiel eines Kosmopoliten ist der stickstoffliebende Löwenzahn *(Taraxacum officinale)*. **Endemiten** sind Arten mit eng umgrenztem Verbreitungsgebiet. Von Reliktendemiten wie z. B. dem Mammutbaum *(Sequoiadendron giganteum)* wird gesprochen, wenn ein ehemals weiter ausgedehntes Areal durch Umwelteinflüsse oder Konkurrenzdruck schrumpft. Bei Neoendemiten handelt es sich um junge, noch in der Ausbreitung begriffene Arten, die ihr potenzielles Areal noch nicht besiedeln konnten oder aufgrund von bestimmten Umwelthindernissen (Insellage) auf ein kleines Areal beschränkt bleiben.
>
> Von **geschlossenen Arealen** spricht man bei einem klar abgegrenzten Besiedlungsraum, **disjunkte Areale** bestehen aus mehreren Teilarealen, die mit natürlichen Ausbreitungsmechanismen heute nicht mehr vernetzbar sind. Meist entstanden solche Areale durch tektonische Ereignisse (wie Plattenverschiebung) oder klimatische Veränderungen aus einem ehemals zusammenhängenden Areal.
>
> Bei verwandten Taxa, die ähnliche Habitate aber nicht dasselbe Areal besiedeln, wird von **geographischer Vikarianz** gesprochen. Bestes Beispiel aus dem amerikanischen Raum ist hierfür die Verbreitung der Buche *(Fagus)* auf der Nordhemisphäre und der Südbuche (Scheinbuche, *Nothofagus*) auf der Südhemisphäre. Die Gattungen besitzen einen gemeinsamen Genpool und belegen ähnliche Habitate, sind aber erdgeschichtlich schon seit der Oberkreide voneinander getrennt (WILMANNS 1989). Bei **ökologischer Vikarianz** ersetzen sich Arten derselben Gattung auf unterschiedlichen Standorten.
>
> Areale mit ähnlicher Form, Größe und geographischer Lage werden zu Arealtypen bzw. Geoelementen (in Mitteleuropa von Nord nach Süd (vereinfacht nach WALTER 1986) arktisch, boreal, mitteleuropäisch und mediterran) zusammengeführt. Sie bilden damit den Grundstock für die Florenreiche (siehe untenstehende Abbildung) auf der höchsten Stufe der hierarchischen Gliederung der Erde nach floristischen Verwandschaftsbeziehungen (SCHULZE et al. 2002).

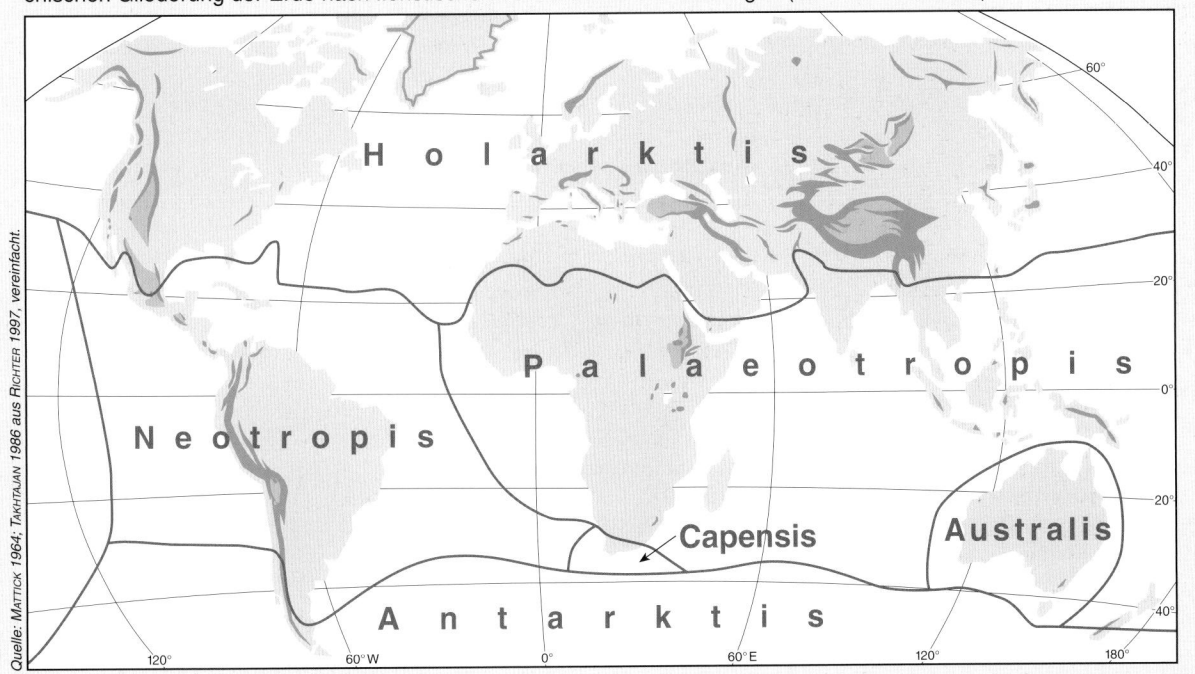

WHITTAKER in einem übergreifenden Konzept erstmals die verschiedenen Diversitätsbegriffe und berücksichtigte hierbei sowohl ihre Skalenabhängigkeit, als auch ihren Bezug zu den jeweils bestimmenden Umweltgradienten (vgl. z. B. WHITTAKER 1962, 1972, 1977). Die Alpha-Diversität bezeichnet dabei genau wie die Gamma-Diversität eine diskrete Zahl (also z. B. die Artenzahl) pro Fläche im Sinne MACARTHURS (s. o.), mit dem Unterschied, dass sich die Gamma-Diversität einer größeren räumlichen Einheit aus der Alpha-Diversität ihrer einzelnen Teilräume ergibt. Die beiden Maße stehen damit auf unterschiedlichen Skalenniveaus, die Alpha-Diversität ist der Gamma-Diversität untergeordnet. WHITTAKER bezeichnet diese Diversitätsmaße als *within habitat diversity* (d. h. Vielfalt innerhalb einer Raumeinheit). Die Beta-Diversität ist hingegen als Vergleichsmaß zu verstehen, mit dem über verschiedene Indizes Ähnlichkeiten oder Unterschiede (also Ähnlichkeits- oder Distanzmaße) z. B. zwischen der Artenausstattung zweier Flächen berechnet werden können. Die Größe der Flächen spielt dabei keine Rolle, die Beta-Diversität ist also nicht skalenabhängig wie die beiden vorangestellten Maße. Nach WHITTAKER beschreibt die Beta-Diversität damit die *between habitat diversity* (also Vielfalt im Vergleich zweier Raumeinheiten). Die Beta-Diversität kann neben diesen räumlichen aber auch zu zeitlichen Vergleichen herangezogen werden, um etwa Veränderungen in der Artenzusammensetzung eines Raumes zwischen zwei Zeitschnitten zu dokumentieren. In diesem Fall wird die Beta-Diversität auch gerne als „species-turnover", also als „Artenumsatz" bezeichnet. Ein Beispiel in Infobox 3 soll das Diversitäts-Konzept nach WHITTAKER veranschaulichen.

Festzuhalten bleibt, dass viele Dimensionen, die die biotische Vielfalt beschreiben, nicht einfach über quantitative Indizes erfassbar sind. Dies betrifft z.B. die Vielfalt innerhalb bestimmter Gensequenzen von Organismen, die Aufgabe und Leistung einzelner Arten innerhalb eines Ökosystems, Interaktionsmechanismen zwischen Pflanzen und Tieren, sowie Wert und Ausmaß verschiedener weiterer dynamischer Prozesse in Raum und Zeit.

4 Diversitätsmuster und ihre Ursachen

Biodiversität ist generell an allen Plätzen der Erde in verschiedenem Ausmaß gegeben, auch wenn die Dokumentation aufgrund der unvollständigen und heterogenen Datengrundlage schwierig ist und bestimmte Komponenten der Biodiversität – wie bereits beschrieben – kaum zu quantifizieren sind. Die Entstehung und das Verbreitungsmuster der Organismen wird von unterschiedlichen Faktorenkomplexen wie Speziation (Artneubildung), Extinktion (Aussterben), Nischendifferenzierung durch Interaktion von Arten, durch Störungen sowie durch die abiotischen Umweltbedingungen (die so genannte Geodiversität) gesteuert (siehe nachfolgende Unterkapitel), die auf verschiedenen Maßstabsebenen und Zeitspannen in unterschiedlicher Weise zusammenwirken. Dies bedeutet, dass die Biodiversität sich nicht sinnvoll ohne den Bezug zu **räumlichen** und **zeitlichen Maßstäben** erfassen lässt (SCHULZE et al. 2002).

Die Abhängigkeit der Diversität vom gewählten **räumlichen Betrachtungsmaßstab** soll in zwei Beispielen in Bezug auf die Pflanzenvielfalt erläutert werden:

• So kann beispielsweise die Gamma-Diversität (vgl. Kap. 3) eines Raumes hoch sein, die Alpha-Diversitäten seiner Teilräume jedoch relativ gering. Die hohe Diversität des Gesamtraumes muss sich somit aus hohen Beta-Diversitäten zwischen den einzelnen Teilräumen ergeben, es muss sich also um ein heterogenes Landschaftsmosaik handeln. Gute Beispiele für solche Muster lassen sich etwa in der Pflanzenvielfalt gemäßigter bis subtropischer Hochgebirgsregionen finden, bei denen die einzelnen Vegetationshöhenstufen nicht außerordentlich divers ausgestattet sind, der Artenumsatz zwischen den einzelnen Stufen durch die starke Nischendifferenzierung jedoch so groß ist, dass sich der untersuchte Gebirgszug insgesamt als sehr divers präsentiert (vgl. Kap. 4.2.2, GRÜNINGER 2005; GRÜNINGER, FICKERT 2003).

• Die tropischen Tieflandsregenwälder Amazoniens weisen generell eine hohe Gamma-Diversität auf, zählen sie doch zu den artenreichsten Biomen der Erde. Ihre lokalen Alpha-Diversitäten sind ebenfalls extrem hoch; ANHUF, WINKLER (1999) beschreiben allein ca. 100 verschiedene Baumarten auf 1,5 ha Tieflandsregenwald im Bereich des Orinoco, Venezuela. Die Beta-Diversität zwischen den lokalen Räumen wird aber in orographisch reich gegliederten Gebieten wie etwa entlang der tropischen Anden-Ostabdachung weit übertroffen (PITMAN et al. 2002). Hier finden sich da-

---

Infobox 3 **Das Diversitätskonzept nach WHITTAKER**

Zur Verdeutlichung der verschiedenen Diversitätsbegriffe ist rechts der Garten einer Baumschule mit zwei bepflanzten Beeten dargestellt.

Die Alpha-Diversität (= Artenzahl/Fläche) für Beet 1 beträgt drei, da drei verschiedene Arten in diesem Beet vorkommen (Johannisbeere, Akelei und Steinbrech); die Alpha-Diversität für Beet 2 beträgt fünf, da hier fünf verschiedene Arten vorkommen (Nelke, Johannisbeere, Farn, Akelei und Geranie). Die Anzahl der Individuen ist bei der Berechnung der reinen Artenvielfalt nicht von Bedeutung!

Die Gamma-Diversität für den ganzen Garten der Baumschule (bestehend aus den beiden Beeten) beträgt sechs, da sechs verschiedene Arten in dem Garten zu finden sind (Johannisbeere, Akelei, Steinbrech, Nelke, Farn und Geranie). Wichtig ist wiederrum nur die Artenvielfalt!

Die Beta-Diversität kann beispielsweise mit Hilfe des Jaccard-Index folgendermaßen berechnet werden:

$$SI_J = \frac{a}{a+b+c}$$

a = gemeinsam vorkommende Arten in Beet 1 und 2
b = Arten, die nur in Beet 1 vorkommen
c = Arten, die nur in Beet 2 vorkommen

Die Beta-Diversität liegt damit bei 0,33 (= 33%), d.h. dass zwei der Arten in Beet 1 und 2 gleich sind (Johannisbeere und Akelei), während eine Art nur in Beet 1 vorkommt (Steinbrech) und drei Arten nur in Beet 2 vorkommen (Nelke, Farn und Geranie).

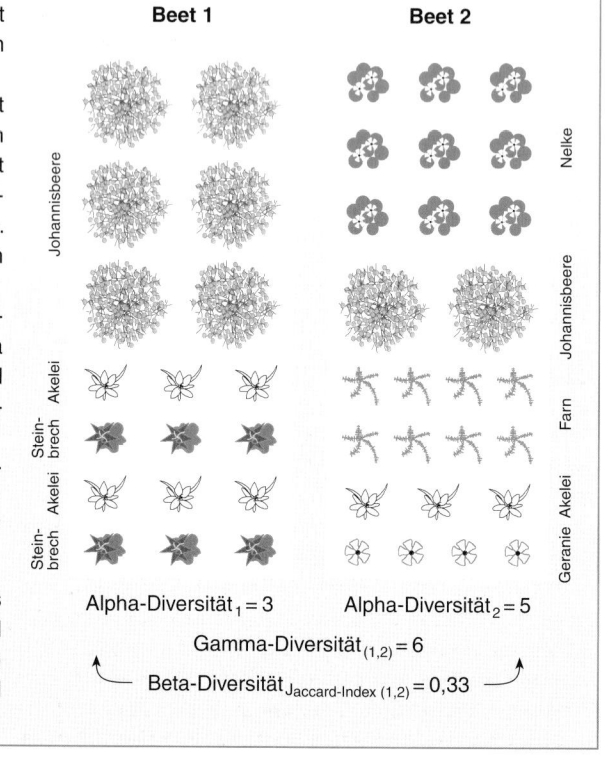

Alpha-Diversität$_1$ = 3   Alpha-Diversität$_2$ = 5

Gamma-Diversität$_{(1,2)}$ = 6

Beta-Diversität$_{Jaccard-Index\,(1,2)}$ = 0,33

mit dann auch die höchsten Artenzahlen. SCHULZE et al. (2002) nennen einen Wert von 1.200 verschiedenen Arten auf einem Quadratkilometer Primärwald an der equadorianischen Anden-Ostabdachung (vgl. Kap. 4.3.1, BARTHLOTT et al. 2000).

Die Abhängigkeit der Diversität vom gewählten **zeitlichen Betrachtungsmaßstab** ist eine weitere wichtige Komponente, auf die im Folgenden kurz beispielhaft näher eingegangen werden soll. Die Vegetationszusammensetzung eines bestimmten Raumes ändert sich im Lauf von Sukzessionen, die durch dynamische Umweltprozesse wie etwa Störungen (z. B. Waldbrände, Kahlschläge, Bergstürze, Insektenkalamitäten etc.) ausgelöst werden können. Natürlich unterliegt die Dimension „Zeit" auch verschiedenen Betrachtungsmaßstäben. Während sich z. B. auf einer Brache über relativ kurze Zeitspannen hinweg verschiedene Vegetationsgesellschaften innerhalb einer Sukzessionsfolge ablösen, ändert sich die Vegetation etwa bei langfristigen Klimaänderungen (Kalt- zu Warmzeiten) allmählich über sehr lange („phylogenetische") Zeitspannen hinweg (SCHULZE et al. 2002).

Allgemeine Erklärungsansätze für Vielfaltsmuster werden mit Hilfe von theoretischen Modellen gesucht, wobei im Bereich der Biodiversitätsforschung – wie in den meisten naturwissenschaftlichen Fachgebieten – Gleichgewichtstheorien von besonderer Bedeutung sind. So postuliert die ***stability-time hypothesis*** nach SANDERS (1969), dass in stabiler Umwelt ohne Anfälligkeit für katastrophale Ereignisse (wie z. B. großflächige Vereisung, Vulkanausbrüche etc.) über geologisch lange Zeiträume und große Regionen stabile und hochdiverse Populationen entstehen. Diese Theorie lässt sich beispielsweise gut mit der hohen Artenvielfalt in weiten Teilen der Tropen in Einklang bringen (vgl. RICHARDS 1969). Es gibt jedoch weit reichende Schwächen und zahlreiche Beispiele für relativ artenarme, aber stabile Systeme (wie z. B. die küstennahen Redwood-Bestände in Nordamerika, vgl. hierzu WHITTAKER 1966) bzw. artenreiche und extrem instabile bzw. gestörte Systeme (wie z. B. mediterrane Feuerökosysteme oder Bereiche der nordamerikanischen Sonora-Wüste, vgl. hierzu WHITTAKER, NIERING 1965). Die Hypothese ist aber trotz ihrer Schwäche durch die fehlende Einbeziehung ökologischer Interaktionen und das damit einhergehende Artensterben hilfreich im Hinblick auf die Erklärung der Artenzunahme durch Speziation über lange evolutive Zeiträume (vgl. Kap. 4.1).

Ein als ***Rapoport's Rule*** bezeichneter Erklärungsansatz von STEVENS (1989) sieht die engeren latitudinalen Verbreitungsräume von Arten in den Tropen durch ihre geringere klimatische Toleranz im Vergleich zu außertropischen Arten als maßgeblich für die hohe Diversität in den tropischen Bereichen an, d. h., dass die Diversität terrestrischer Pflanzen und Wirbeltiere also meist zu den Polen hin abnimmt. STEVENS argumentiert, dass bei gleichen Ausbreitungsstrategien und -distanzen mehr „Ausrutscher" (so genannte *accidentals*) in den Tropen auftreten, also Arten, die außerhalb ihrer präferierten Habitate gelangen, dort trotzdem siedeln, und damit die Artenzahl dieser Standorte quasi „künstlich" erhöhen und den Konkurrenzausschluss unterdrücken. Die Theorie wird trotz ihres Charmes sehr kritisch diskutiert, da eine Vielzahl von Organismen nicht in dieses Schema passt, der Unterschied in den Habitatgrößen zwischen tropischen und außertropischen Arten nur für bestimmte Organismen stimmt und auch die Ausbreitungsmechanismen der Arten nicht vergleichbar sind.

Ein weiteres bekanntes Konzept ist die **Gleichgewichtstheorie der Inselbiogeographie** nach MACARTHUR, WILSON (1967). Die Theorie besagt vereinfacht, dass auf Inseln („echten" Inseln und Habitat-Inseln wie z. B. isolierten Berggipfeln oder Waldinseln) ein Gleichgewicht zwischen dem Aussterben und der Neuansiedlung von Arten besteht, die tatsächliche Artenzahl durch den zeitlichen Versatz dieser beiden Faktoren jedoch zwischen Jahren oder Jahrzehnten fluktuiert. Die Neuansiedlung ist dabei proportional zur Inselgröße und der Entfernung der Diasporenquelle (Diasporen = Samen, Früchte o. ä.) zu sehen. HUSTON (1994) sieht diese Gleichgewichtstheorie auf großen zeitlichen und räumlichen Skalen als hilfreiches, aber in weiten Teilen unzulängliches Denkmodell an, da z. B. Artinteraktionen wie Konkurrenz unberücksichtigt bleiben. Ähnliches gilt seiner Meinung nach auch für andere Gleichgewichtszustände, die etwa durch Konkurrenz auf kleineren Maßstabsebenen entstehen.

Das vorangestellte Beispiel zeigt bereits, dass Systeme zwar über lange Zeiträume oder große Regionen als im Gleichgewicht befindlich wahrgenommen werden können, in Wirklichkeit jedoch aufgrund dynamischer Prozesse um dieses Gleichgewichtszentrum fluktuieren. Derartige **dynamischen Fließgleichgewichte** entstehen z. B. als Folge abiotischer und biotischer Störungen oder regenerativer Prozesse und werden besonders auf lokaler Ebene bzw. über kurze Zeiträume deutlich, beeinträchtigen die Vielfalt jedoch durchaus weit darüber hinaus (siehe Kap. 4.3 und 4.4).

4.1 Speziation und Extinktion

Das Verhältnis zwischen Speziation (siehe Infobox 1) und Extinktion (also dem Aussterben von Arten) ist über lange evolutive Zeiträume und große Gebiete entscheidend für die Artenausstattung eines jeden Raumes, auch wenn – wie bereits beschrieben – seine Biodiversität ebenso eine Funktion aus Parametern der Art- bzw. Art-Umwelt-Interaktionen darstellt (vgl. nachfolgende Kapitel, ROSENZWEIG 1995 und RICKLEFS 2004). Die Rate der Artneubildung und die des Artensterbens sind je nach Artengruppe verschieden und können regionalen sowie temporalen Schwankungen unterliegen. Während Artneubildung (also die vielfältige Abänderungen und Neuentwicklungen von Organismen-Bauplänen) eine viel längere Zeit als die Immigration von Arten in Anspruch nimmt, kann das Aussterben von Arten z. B. nach großflächigen Störungen („Verheerungen") abrupt geschehen, oder – wie etwa im Fall von langfristigen Klimaänderungen – ebenso lange Zeiträume wie die Speziation in Anspruch nehmen. In den Raum übertragen ist Immigration von Arten (im Sinne von Zuzug aus benachbarten Regionen) damit eher auf lokaler Ebene für die Biodiversität zuträglich, während Speziation den Artenzuwachs auf regionaler oder ökozonaler Ebene steuert. Extinktion führt auf den verschiedenen Maßstabsebenen zu einer Verringerung der Artenvielfalt (vgl. HUSTON 1994 und Abb. 2). Als ein gutes Beispiel für die Erhöhung der Artenvielfalt durch Immigration und Speziation können die Klamath Mountains des nördlichen Kalifornien bzw. des südlichen Oregon (USA) gesehen werden, die einen durch hohe Geodiversität geprägten Knotenpunkt zwischen den küstennahen Gebirgsketten sowie der Sierra Nevada (im Süden) und der Cascade Range (im Norden) bilden. Hier findet sich die weltweit höchste Koniferendiversität temperater Waldgesellschaften mit 17 verschiedenen Koniferenarten auf

Abb. 2: *Raumzeitliche Veränderung des relativen Einflusses von Immigration, Speziation und Extinktion auf die Artenvielfalt.*

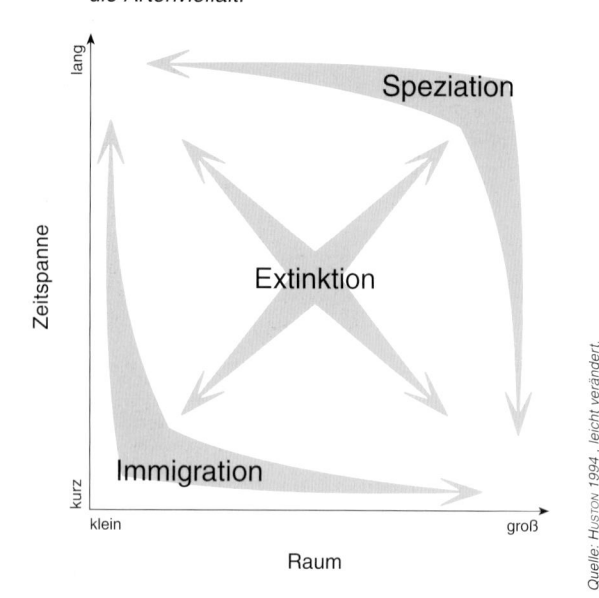

1 Meile² (≈2,6 km²). Die Klamath Range entging einer ausgedehnten Vereisung und konnte so als Refugialraum dienen. Etliche heute vorkommende Koniferenarten können als Relikte der eiszeitlich großräumigeren Verbreitung gesehen werden, daneben sind aber auch sieben endemische Arten anzutreffen (vgl. VANCE-BORLAND et al. 1995 und *WWF* 2001).

Als Beispiel für Speziation und Extinktion über große raumzeitliche Skalen sollen im folgenden Abschnitt einige Aspekte der Paläo-Biodiversität vorgestellt werden. Ein gutes Beispiel liefert hierbei die durch Fossilbelege in weiten Teilen nachvollziehbare Entwicklung der Vielfalt mariner Tierfamilien seit dem Erdaltertum (Paläozoikum) bis heute, die von GROOMBRIDGE, JENKINS (2002) zusammengestellt wurde und in Abbildung 3 dargestellt ist. Eine erste Phase kontinuierlicher Zunahme an Familien wird ca. 440 Mio. Jahren v.h.

von einem ersten Massensterben unterbrochen, bei dem ca. 25% der marinen Invertebraten-Familien verschwinden. Als mögliche Ursachen gelten klimatische Veränderungen, Meeresspiegelschwankungen und Sauerstoffmangel. Die Diversität schwankt dann – unterbrochen von einem weiteren Massensterben 365 Mio. Jahren v.h. durch mutmaßlich gleiche Ursachen – auf einem relativ hohen Niveau bis an das Ende des Perm 250 Mio. Jahren v.h., an dem das stärkste Massensterben (200 Familien) verzeichnet werden kann. Als Ursachen hierfür gelten nun Vulkanismus und Erderwärmung, die neben den marinen Tierfamilien auch die Pflanzenvielfalt, die terrestrischen Wirbeltiere und Insekten drastisch reduzierten. Seit dieses dramatischen Einbruches steigt die Zahl mariner Tierfamilien (mit zwei Einschnitten am Ende der Trias (205 Mio. Jahren v.h.) und am Ende der Kreidezeit (66 Mio. Jahren v.h.)) kontinuierlich bis zu ihrem heutigen Wert an.

4.2 Geodiversität und Umweltgradienten

Die Biodiversität eines Raumes steht in direktem Zusammenhang mit den dort vorherrschenden abiotischen Umweltparametern, die seine Standortvielfalt steuern und einen direkten Einfluss auf seine ökologische Nischenvielfalt haben (die Beispiele und Erklärungen im folgenden Abschnitt beziehen sich speziell auf die Pflanzenvielfalt). Je vielfältiger die Bedingungen sind, umso mehr Nischen können von bestimmten Organismen gefunden und besetzt werden, die genau auf diese Verhältnisse abgestimmt sind; eine weitere Möglichkeit besteht in evolutiver Weiterentwicklung, um sich an die speziellen Bedingungen zu adaptieren und so dem Konkurrenzdruck an anderen Standorten zu entgehen. In der Evolutionsbiologie wird der Vorgang einer solchen speziellen Nischenanpassung durch Aufspaltung einer Stammart in verschiedene neue Arten als **adaptive Radiation** bezeichnet und vor allem für nichtspezialisierte Stammarten in Gebieten mit geographisch separierten Lebensräumen und unbesetzten Nischen beschrieben (wie etwa Inseln). Dieser Vorgang ist z.B. sehr gut auf den stark isolierten Hawaiianischen Inseln zu beobachten, die dadurch einen sehr hohen Grad an endemi-

Abb. 3: *Entwicklung der Vielfalt mariner Tierfamilien von 600 Mio. Jahren v.h. bis heute und Zeitpunkte (mit Pfeilen gekennzeichnet) der fünf großen Massensterben* (big five).

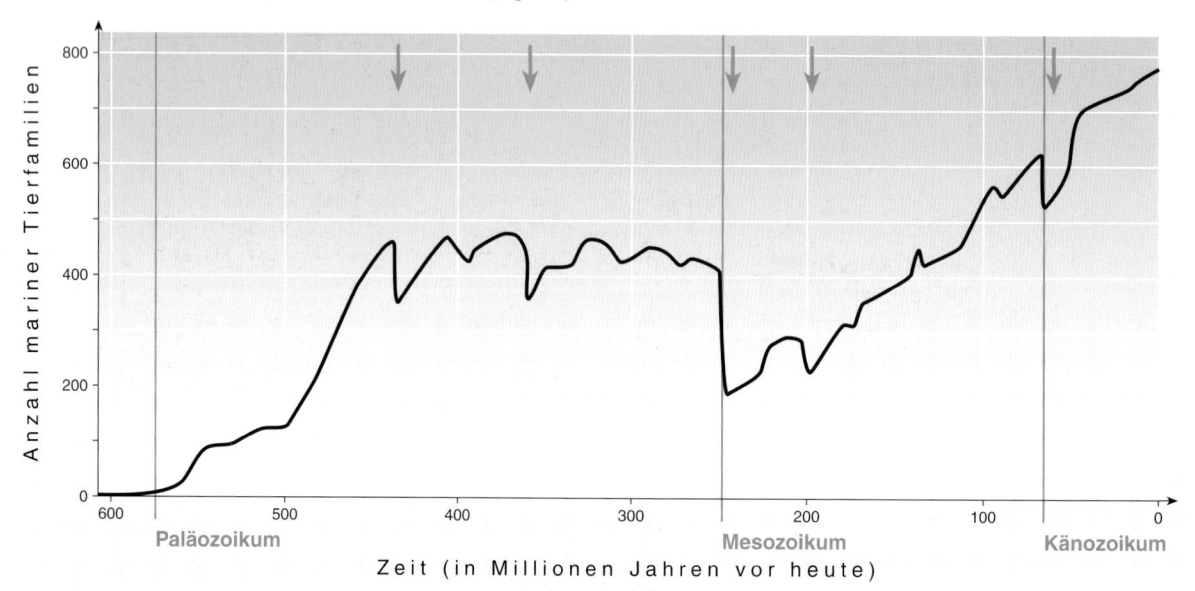

schen Arten zu verzeichnen haben, gleichzeitig aber auch durch die Invasion von Fremdarten mit größerer ökologischer Toleranz hochgradig gefährdet sind (vgl. LOOPE 2000).

Umweltgradienten können auf unterschiedlichen Maßstabsebenen aufgespannt sein und generell nach ihrem Typ in „Ressourcen"-Gradienten, „direkte" (oder „regulierende") Gradienten und „indirekte" (oder „komplexe") Gradienten unterteilt werden (vgl. PAUSAS, AUSTIN 2001; HUSTON 1994). Unter den **Ressourcen-Gradienten** werden dabei diejenigen Umweltvariablen verstanden, die direkt von den Organismen konsumiert werden können (im Fall von Pflanzen also z.B. Licht, Wasser oder Nährstoffe): Pflanzenwachstum ist hier bei hoher Ressourcen-Verfügbarkeit generell am größten; **direkte (regulierende) Gradienten** werden durch Variablen aufgespannt, die die das Pflanzenwachstum regulieren aber nicht konsumiert werden können und folglich auch nicht zur Neige gehen (z.B. Lufttemperatur, pH-Wert des Bodens): optimales Pflanzenwachstum ist hier im Zentrum des Gradienten mit Abnahme zu beiden Extremen zu erwarten; **indirekte (komplexe) Gradienten** haben keinen direkten Einfluss auf das Pflanzenwachstum (z.B. Höhe oder Topographie), sind aber mit verschiedenen Ressourcen- und/oder direkten Gradienten korreliert (Höhe z.B. mit der Lufttemperatur, dem Niederschlag und dem Nährstoffangebot, Topographie z.B. mit dem Wasserangebot und dem Strahlungsgenuss).

Die tatsächliche Verteilung von Arten entlang dieser Gradienten hängt jedoch noch von einem weiteren wichtigen Faktor ab, nämlich dem der Konkurrenz (vgl. auch Kap. 4.3). Ohne Konkurrenz kann eine Art entlang der Gradienten ihre „fundamentale" Nische (HUTCHINSON 1957) besetzten, in der ihr die optimalen Lebensbedingungen geboten werden, sie also in Versorgungshinsicht ihr **physiologisches Optimum** erreicht. In der Natur stehen die Pflanzen aber nicht isoliert, sondern sind in einem Ökosystem mit anderen Pflanzen eingebunden, mit denen sie konkurrieren. Unter **Konkurrenz** können die Pflanzen maximal ein **ökologisches Optimum** erreichen, also eine „ökologische" oder „realisierbare" Nische besetzen, innerhalb derer sie die vorgefundenen Bedingungen tolerieren können. Je nach Konkurrenzdruck und vor allem auch je nach Art des Gradienten kann diese Nische von verschiedener Größe und Form sein, fast deckungsgleich mit dem physiologischen Optimum oder sehr weit davon entfernt. Bei Konkurrenz zwischen Arten gilt jedoch zu beachten, dass diese sich nicht automatisch aus einem Nebeneinander zweier Arten ergibt, sondern nur dann auftritt, wenn beide Arten dieselbe begrenzte Ressource (z.B. Licht, Wasser, Nährstoffe) nutzen möchten oder dieselbe Rolle innerhalb einer Artengemeinschaft spielen, also derselben funktionellen Pflanzengruppe *(plant functional type)* angehören.

In den folgenden Unterkapiteln wird beispielhaft die Verteilung der Pflanzenvielfalt entlang zweier komplexer Gradienten auf unterschiedlichen Maßstabsebenen vorgestellt.

4.2.1 Überregionale Gradienten

MUTKE (2002) stellt in Abbildung 4 drei Latitudinalgradienten auf Grundlage der Artenvielfalt pro 10.000 km² für verschiedene Erdteile vor, die anschaulich die Situation der jeweiligen Bereiche darstellen. Im Folgenden wird aus thematischen Gründen nur der Latitudinalgradient der Americas behandelt, der deutlich die Lage der einzelnen Diversitätszentren der Americas (vgl. Kap. 5) nachzeichnet. Darüber hinaus lässt sich auch die hohe Geodiversität auf gleicher geographischer Breitenlage über weite Teile des Gradienten ableiten. Durch die größtenteils longitudinal verlaufenden Kordillerenstränge entstehen auf gleicher Breitenlage je nach großklimatischem Einfluss, der Höhenlage und der Jahreszeit zum Teil erhebliche klimatische Unterschiede zwischen den Luv und Lee-Seiten, was sich natürlich direkt auf verschiedene Ressourcen und direkte Umweltvariablen auswirkt und eine hohe Geodiversität erzeugt. Der komplexe geologische Aufbau weiter Teile Zentral- und Südamerikas bereichert diese Geodiversität ebenfalls, da das Ausgangsgestein, die klimatischen

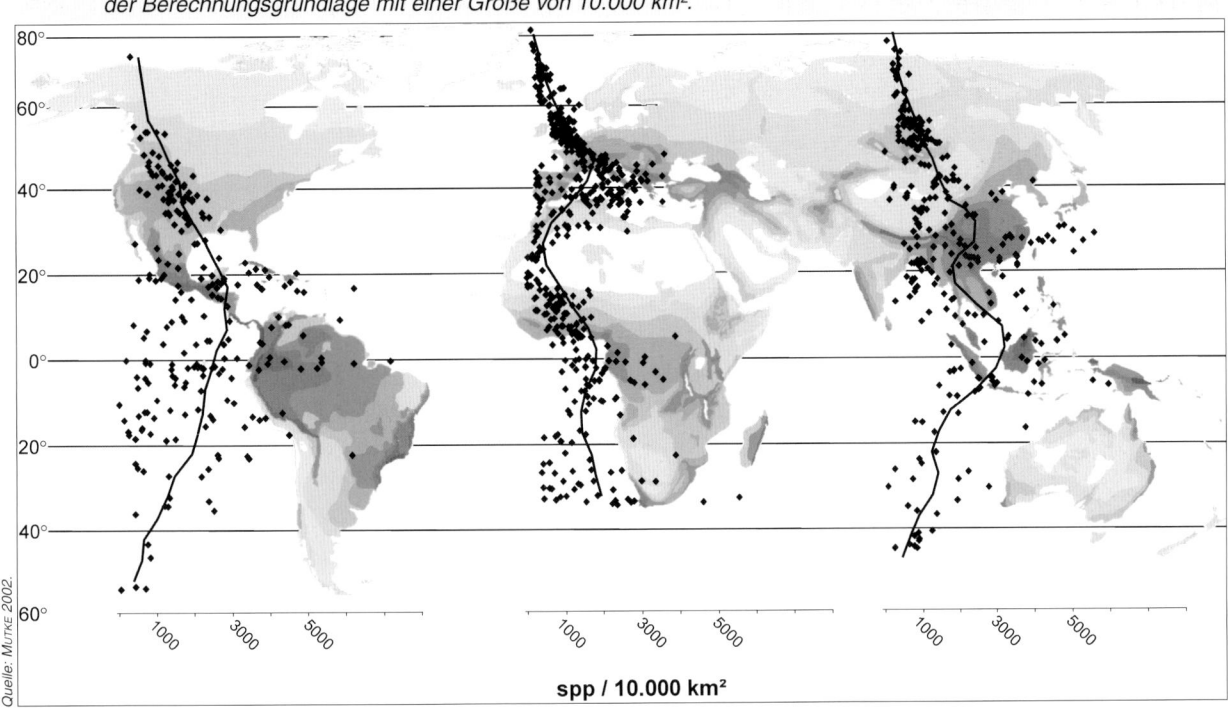

Abb. 4: *Latitudinale Gradienten der Gefäßpflanzenvielfalt nach MUTKE (2002). Jeder Punkt repräsentiert eine Datenzelle in der Berechnungsgrundlage mit einer Größe von 10.000 km².*

Verhältnisse und die Entwicklungszeit unterschiedliche Bodentypen in verschiedenen Entwicklungsstadien entwickeln.

4.2.2 Regionale Gradienten

Als Beispiel für einen komplexen regionalen Gradienten soll in diesem Unterkapitel exemplarisch die Verteilung der Pflanzenvielfalt in den White Mountains, Kalifornien, vorgestellt werden, nun also entlang eines Höhengradienten (vgl. GRÜNINGER 2005; GRÜNINGER, FICKERT 2003). Die White Mountains liegen im Westteil des Great Basin und sind hier durch ihre unmittelbare Lage im Regenschatten der Sierra Nevada von starker Kontinentalität und Trockenheit gekennzeichnet (siehe Bild 1). Das Owens Valley grenzt den Gebirgszug im Westen von der nahe gelegenen Sierra Nevada ab, der Talgrund liegt im Bereich um Bishop auf 1.230 m ü. d. M. Die Jahresniederschläge sind mit weniger als 150 mm so gering, dass natürlicher Baumwuchs in den Beckenlagen nicht möglich ist, wodurch eine untere, hygrisch bedingte Waldgrenze bei ca. 2.000 m ü. d. M. ausgebildet ist. Mit zunehmender Höhe steigt der Niederschlag kontinuierlich an, erreicht jedoch aufgrund der erwähnten scharfen Lee-Lage auch in der Gipfelregion des 4.342 m hohen White Moutain Peaks wohl weniger als 600 mm/a. Die Jahresmitteltemperatur beträgt in Bishop 13,4 °C und sinkt in den Gipfellagen auf ca. −3 °C ab, oberhalb der bei etwa 3.600 m

Bild 1: *Blick auf die Westabdachung der White Mountains und das vorgelagerte Owens Valley (Kalifornien, USA).*

ü. d. M. gelegenen, thermisch bedingten oberen Waldgrenze sind die Temperaturen damit zu gering für Baumwuchs (Klimadaten nach POWELL, KLIEFORTH (1991) und dem *WRCC*). Die White Mountains stellen mit 1.026 beschriebenen Gefäßpflanzen (MOOREFIELD et al. 1988) ein sehr artenreiches Gebirge innerhalb des Great Basin dar, das aufgrund seiner (durch die umgebenden Becken) isolierten Lage auch einen – für diesen Raum – relativ hohen Endemitenanteil von knapp 10 % besitzt.

Abbildung 5 zeigt die Artenzahl der Gefäßpflanzen (in %) und Lebensformverteilung entlang des Höhengradienten der White Mountains in 100 m-Höhenschritten, sowie die Ähnlichkeit in der Flora zwischen diesen einzelnen Höhenschnitten in Prozent, ausgedrückt durch den Jaccard-Index (Beta-

Abb. 5: *Artenzahl der Gefäßpflanzen (in %) und Lebensformen entlang des Höhengradienten der White Mountains (Kalifornien) pro 100 m-Höhendifferenz und Ähnlichkeit in der Flora zwischen den einzelnen Höhenschnitten (Beta-Diversität).*

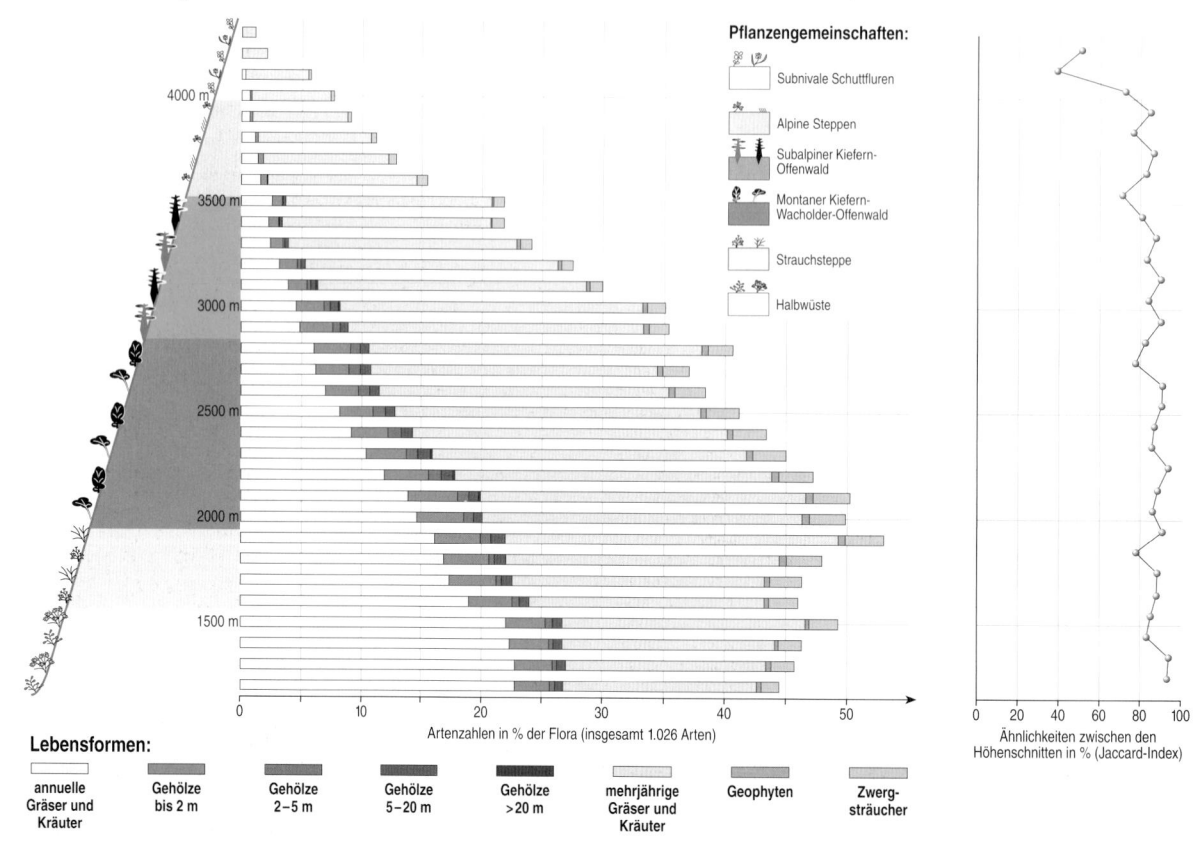

Diversität). Die höchste Diversität entlang dieses altitudinalen Gradienten ist in Höhenlagen zwischen 1.500 und 2.000 m ü.d.M. zu finden, in denen sich durch günstige klimatische Voraussetzung und unter Ausnutzung der hohen Standortvielfalt als Produkt der komplexen Petrographie und Topographie viele Arten in den Halbwüsten, Steppen und Kiefernwäldern ansiedeln und teilweise auch in ihren jeweiligen Ökotonbereichen verschneiden; dies führt dort zu nochmals erhöhtem Artenreichtum und spiegelt sich auch in der geringeren Ähnlichkeit der angrenzenden Schichten wider. In den Fußstufen des Gebirges findet sich eine hohe Zahl an annuellen Gräsern und Kräutern, die die ungünstige Jahreszeit als Samen überdauern und ihren Lebenszyklus innerhalb weniger Wochen im Frühjahr abschließen. Mit zunehmender Höhe nimmt ihre Zahl ab, die der mehrjährigen Gräser und Kräuter dafür zu. Die Gesamtartenzahl sinkt ebenfalls mit zunehmender Höhe aufgrund der erhöhten thermischen Ungunst, die die Vegetationszeit verkürzt und die Nischenvielfalt verringert.

4.2.3 Lokale Gradienten

In Abbildung 6 sind Vielfaltsmuster der Vegetation im Bereich des Upper Kings Creek Meadow (2.200 m ü.d.M.) dargestellt (siehe Bild 2). Das Untersuchungsgebiet liegt auf ca. 2.200 m im Lassen Volcanic Nationalpark im nördlichen Kalifornien (USA), der topographisch vor allem von kaltzeitlicher Vergletscherung und Vulkanismus und seinem noch immer aktiven Vulkanismus geprägt ist und dessen Vegetation sowohl Elemente der südlich gelegenen Sierra Nevada als auch der nördlich angrenzenden Cascade Range enthält.

Die Studie in Abbildung 6 erfolgt entlang eines 1 m breiten Streifentransekts über den Feuchtwiesenbereich in den Niederungen des Kings Creek, einem Böschungssaum und den daran anschließenden unteren und oberen Hangbereichen (Abb. 6a). Der hohe Grundwasserspiegel im Feuchtwiesenbereich erlaubt keinen Koniferenwuchs, jedoch eine nahezu geschlossene, von Seggen dominierte Feuchtwiesenvegetation, die relativ artenarm ist aber die höchsten Deckungswerte entlang des Transektes aufweist (Abb. 6b und 6c). Die Hangbereiche sind durch offene Koniferenbestände charakterisiert, wobei *Pinus contorta* noch feuchteren unteren Hangbereiche dominiert, im oberen Hangbereich mit *Abies magnifica* und *Tsuga mertensiana* durchmischt steht. Der größte Artenreichtum mit 21 Arten entlang des Transekts findet sich im Böschungsbereich (Abb. 6b und 6c), also dem Übergang zwischen Feuchtwiese und Hang. Wie auch im vorhergehenden Kapitel beschrieben, sind gerade solche Ökotone als Verzahnungsgebiete zwischen verschiedenen Vegetationsgemeinschaften äußerst wichtige Komponenten für die lokale Artenvielfalt.

4.3 Artinteraktionen

Interaktionen zwischen den in einer Gemeinschaft lebenden Arten können ihre Gesamtzahl in entscheidender Weise beeinflussen. **Symbiose** und andere mutualistische Beziehungen, **Konkurrenz** und die daran gebundene Nischendifferenzierung lassen in einem durch bestimmte abiotische Umweltvorgaben definierten Großraum über lange Zeitspannen hinweg stabil regulierte Lebensgemeinschaften entstehen (siehe hierzu auch Kap. 4.2). Ein Artenverlust innerhalb dieser sehr stabilen großräumigen Systeme durch endgültige Änderung der Umweltbedingungen oder Artbeziehungen ist wiederum erst über sehr lange Zeitspannen zu erwarten (RICKLEFS 2004).

Auf kleineren Maßstabsebenen können Artinteraktionen jedoch auch kurzfristig episodische oder periodische Ansiedlungs- und Verdrängungsprozesse herbeiführen, und so die aktuelle Artenvielfalt eines Standortes steuern. Die **symbiotischen** Beziehungen können beispielsweise die Standortbedingungen für Organismen aufwerten, was etwa beim Zusammenleben von Pflanzenarten mit stickstoffbindenden Knöllchenbakterien passiert (siehe Bild 3). Symbiose kann aber auch der Fortpflanzung dienlich sein, wie bei der „Bestäubungssymbiose", bei der Tiere z.B. durch Nahrung zu einer Blüte gelockt werden, dann Pollen am besuchenden Tier haften bleiben und von diesem weiter getragen werden. Bestimmte Blütenformen lassen dabei auf spezielle Pflanzen-

Bild 2: *Blick auf den Kings Creek Meadow, Lassen Volcanic National Park, Kalifornien (USA).*

Bild 3: *Knöllchenbakterien an* Alnus viridis *auf der Obermoräne des Carbon Glacier, Mount Rainier (Washington, USA).*

Abb. 6: Diversitätsmuster entlang eines lokalen Feuchte-Gradienten im Bereich des Upper Kings Creek Meadow (2.200 m ü.d.M.), Lassen Volcanic Nationalpark, Kalifornien (USA). **a)** Schematisches Transekt und Beta-Diversitäten; **b)** Lebensformenspektren der vier charakteristischen Habitate (ohne Berücksichtigung gering deckender Lebensformen); **c)** Artenliste mit Lebensformzugehörigkeit.

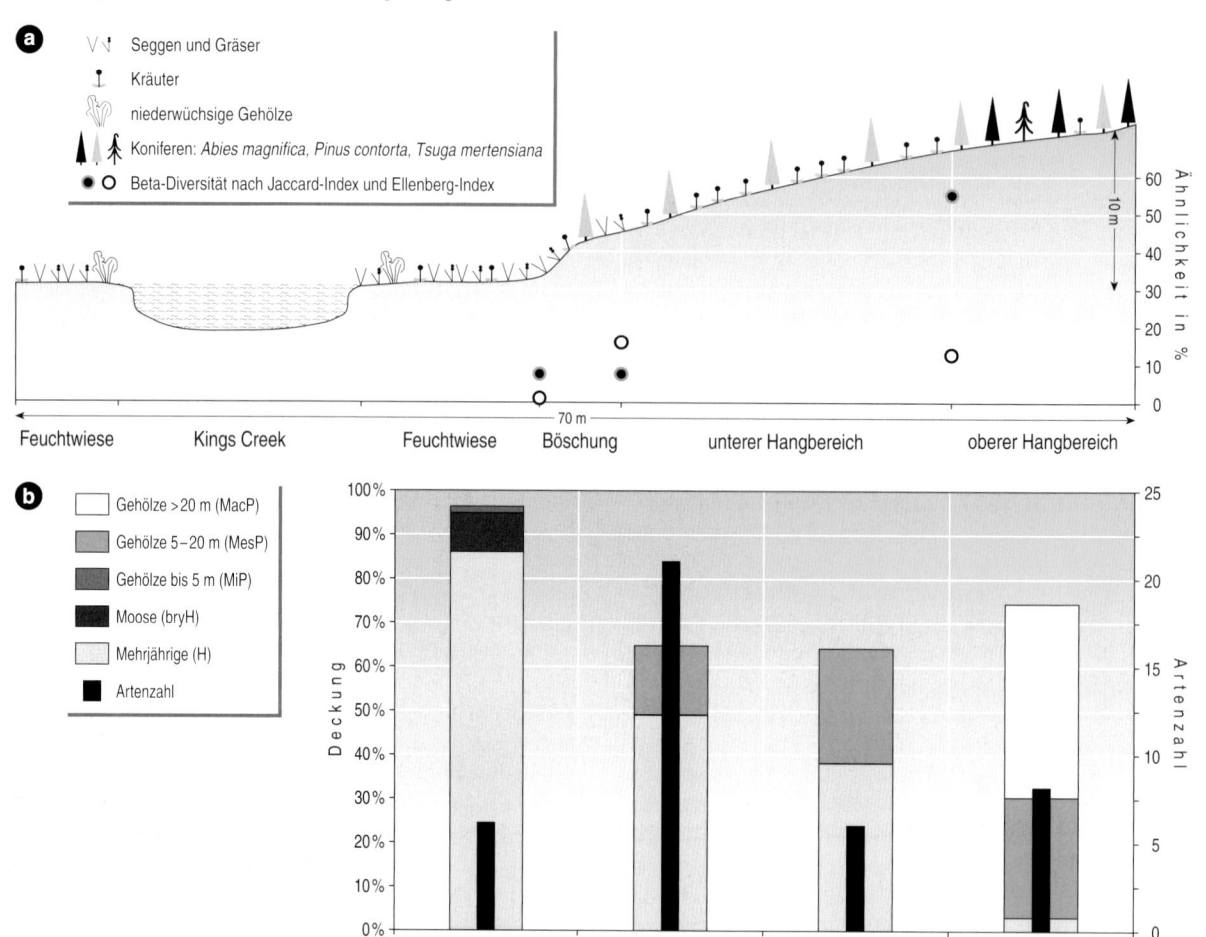

a)
- ∨∨ Seggen und Gräser
- ⊥ Kräuter
- niederwüchsige Gehölze
- ▲ ↟ Koniferen: *Abies magnifica, Pinus contorta, Tsuga mertensiana*
- ● ○ Beta-Diversität nach Jaccard-Index und Ellenberg-Index

Ähnlichkeit in %

Feuchtwiese — Kings Creek — Feuchtwiese — Böschung — unterer Hangbereich — oberer Hangbereich (70 m)

b)
- ☐ Gehölze >20 m (MacP)
- ▨ Gehölze 5–20 m (MesP)
- ▨ Gehölze bis 5 m (MiP)
- ■ Moose (bryH)
- ☐ Mehrjährige (H)
- ■ Artenzahl

Deckung / Artenzahl

c)

Arten	LF	Feuchtwiese	Böschung	unterer Hangbereich	oberer Hangbereich
Moose	bryH	10			
Carex subfusca	H	15			
Carex vesicaria var. *vesicaria*	H	80			
Salix boothii	MiP	1,5			
Epilobium orogenense	H	0,1	0,3		
Dodecatheon alpinum	H	0,2	2		
Juncus mertensianus	H		2,5		
Penstemon rydbergii	H		2,5		
Luzula subcongesta	H		2,5		
Aster alpigenus var. *andersonii*	H		2		
Leymus cinereus	H		7		
Mimulus primuloides ssp. *primuloides*	H		6		
Senecio aronicoides	H		17		
Caltha leptosepala var. *biflora*	H		1		
Carex spec.	H		1		
Lupinus lepidus var. *lobbii*	H		1		
Hypericum anagalloides	T		0,2		
Sibbaldia procumbens	H		0,2		
Deschampsia caespitosa	H		0,5		
Trifolium longipes var. *nevadense*	H		0,5		
Perideridia parishii ssp. *latifolia*	H		0,4		
Trisetum spicatum	H		0,7		
Pinus contorta ssp. *murrayana*	MesP		15	35	18
Lupinus obtusilobus	H		2	50	
Abies magnifica	MakP				45
Tsuga mertensiana	MesP		0,5		10
Pedicularis semibarbata	H				0,4
Polygonum davisiae	H			1	0,2
Calyptridium umbellatum	H			0,2	0,1
Achnatherum occidentale	H			0,2	1,5
Eriogonum marifolium	Ch			0,8	

Quelle: F. Grüninger 2007.

Tier-Kombinationen schließen: Kolibris gelten als bekannte und fast über die gesamte Länge der Americas verbreitete Nektarvögel, die Schmetterlingsblüten bzw. röhrige Blütenformen bevorzugen (siehe Bild 4). In pantropischen Lebensgemeinschaften spielen Fledermäuse eine entscheidende Rolle als Pollinatoren, die in erster Linie durch Duftstoffe zu Becher-, Bürsten- oder Pinselblumen gelockt werden.

4.4 Dynamische Prozesse

Dynamische Prozesse in Ökosystemen, wie sie z.B. durch Störungen hervorgerufen werden, gehören zu den wesentlichen Steuerprozessen der Biodiversität. Sie beeinflussen die strukturelle Heterogenität, ökologische Prozesse, funktionelle Wechselwirkungen und damit verschiedene Eigenschaften der Diversität auf räumlicher und zeitlicher Ebene. Störungen bilden dabei eine Grundlage für gerichtete dynamische Prozesse wie Sukzessionen oder für Regenerationsprozesse, die auch als zyklische Prozesse angesprochen werden können.

Eine Störung ist nach PICKETT, WHITE (1985, S. 7) definiert als „... any relative discrete event in time that disrupts ecosystems, community or population structure and changes resources, substrate availability, or the physical environment", also jedes relativ zeitlich-diskrete Ereignis, welches die momentanen Strukturen von Ökosystemen, Organisationsgemeinschaften oder Populationen zerreißt und Ressourcen, Substratverfügbarkeit oder die physikalische Umwelt ändert. Störungen haben je nach ihrer Art und ihrem Ausmaß verschiedene raumzeitliche Wirkungsspektren und lassen sich in Abhängigkeit der Betrachtungsweise z.B. in folgende Kategorien unterteilen:

- **natürliche** vs. **anthropogene Störungen:** Natürliche Störungen finden ohne Einwirken des Menschen statt (z.B. Blitzschlag, Überschwemmung), während bei anthropogenen Störungen die Tätigkeit der Menschen der direkte Auslöser der Störung ist (z.B. Brandrodung, Beweidung, Mahd).
- **abiotische** vs. **biotische Störungen:** Abiotische Störungen entstehen durch Veränderungen der nichtbelebten Umwelt (z.B. Bergsturz, Tornado), biotische Störungen werden durch Organismen verursacht (z.B. Insektenkalamitäten, Viehtritt).
- **endogene** vs. **inhärente** vs. **exogene Störungen:** Endogene Störungen entstehen aus der Lebensgemeinschaft heraus in der sie passieren und führen dort zu Stress, an den sich die Lebensgemeinschaft anpassen muss (z.B. Wildverbiss). Inhärente Störungen (nach RICHTER 1997) sind solche wiederkehrenden Störungsereignisse, an die das System angepasst ist und ohne die es in seiner Form nicht bestehen kann (z.B. Feuer in Feuerökosystemen). Exogene Störungen sind hingegen dem System nicht direkt zugehörig und wirken von außen auf dieses ein (z.B. Lawinenabgänge, Orkane).

Eine Theorie, die im Zusammenhang mit Diversität und der Vegetationsdynamik nach Störungen oftmals genannt wird, ist die *intermediate disturbance hypothesis*. Sie besagt, dass sich bei zu starken oder zu häufigen Störungen verschiedene Arten nicht mehr erholen können und damit der untersuchten Fläche verloren gehen; bei zu geringen Störungsintensitäten oder -frequenzen wird der Konkurrenzdruck durch dominante Arten dagegen so groß, dass weniger konkurrenzstarke Arten von der Fläche verdrängt werden. Höchste Artenzahlen sind dieser Theorie zufolge also bei mittleren Störungseinflüssen zu erwarten (vgl. HUSTON 1994).

Sukzession als **gerichteter Prozess** bildet den Überbegriff für die Art und Weise, wie eine Fläche nach einem Störungsereignis wieder besiedelt wird. Schematisch dargestellt folgt beispielsweise in einem gestörten Wald einem Initialstadium mit verschiedenen Pionierarten ein Übergangsstadium, in dem schon wieder erste Baumarten der späteren Terminalphase vertreten sind. Die Stabilität der Lebensgemeinschaft nimmt dabei stetig zu, d.h., dass diese immer resistenter gegenüber Außeneinwirkungen wird. Die Diversität kann je nach Waldtyp im Sukzessionsverlauf sehr starken Schwankungen unterliegen und deshalb nicht schematisch beschrieben werden. In den Waldgesellschaften der gemäßigten Breiten übertrifft die Artenvielfalt der Pionierstadien jedoch meist die der Terminalgesellschaften.

Als **zyklischer Prozess** kann z.B. die Verjüngung eines Waldbestandes angesehen werden, in dem ein so genannter Mosaikzyklus entsteht: Einzelne Bäume oder Baumgruppen (also ein „Mosaikstein") sterben durch Altersschwäche ab und schlagen Lücken („gaps") in den Wald, die dann durch wieder aufwachsende (Pionier-)Arten geschlossen werden. Dieses Muster zeigt sich in einem gesunden und altersklassenmäßig gut strukturierten Wald über längere Zeitspannen hinweg immer an verschiedenen Stellen, sodass ein dynamisches Wald-Mosaik verschiedener Altersklassen mit zwischengeschalteten Lücken und Jungwuchsflächen entsteht. Die Länge der Zyklen kann je nach Waldtyp verschieden sein und beträgt in der borealen Zone Nordamerikas beispielsweise einige Jahrhunderte, in den Mammutbaum-Wäldern Kaliforniens aber auch mehrere tausend Jahre (vgl. SCHULZE et al. 2002).

5 Globale Muster der Biodiversität

SCHULZE et al. (2002) nehmen eine geschätzte Gesamtzahl aller Organismen von 10 Mio. als realistische Größenordnung an. GROOMBRIDGE, JENKINS (2002) schätzen die Ge-

Bild 4: Jacobinia spicigera *an der Südspitze von Baja California (Mexiko) mit der für Kolibris attraktiven Röhrenblütenform.*

samtartenzahl auf 14 Mio., andere Schätzungen übersteigen diese Zahl jedoch zum Teil erheblich. Die genannten Zahlen und nachfolgenden Schätzwerte entstehen oftmals durch Hochrechnung bestimmter Artengruppen, die etwa eine ökologische Schlüsselrolle einnehmen *(key stone species)*, ein eng umgrenztes Areal besitzen (siehe Infobox 2) oder denen durch die Größe ihres Verbreitungsareals eine gewisse Schutzfunktion zugeschrieben wird *(umbrella species)*, aber auch mithilfe von Arten, die einen bestimmten Beliebtheitsgrad besitzen *(flagship species*, vgl. SCHULZE et al. 2002). Schon alleine daraus wird deutlich, wie heterogen und widersprüchlich sich die Methodik und das Wissen in dieser Hinsicht präsentiert.

In Abbildung 7 sind Schätzwerte auf der Datengrundlage des *Millennium Ecosystem Assessment* (2005) zu Gesamtzahlen sowie der Anzahl benannter Eukaryoten (also Lebewesen mit Zellkern) angegeben. Während beispielsweise die Blütenpflanzen zum großen Teil bekannt sind, sind nur 5 % der geschätzten Gesamtzahl an Mikroorganismen dokumentiert. Wirbeltiere sind generell besser beschrieben als Wirbellose, obwohl auch bei den Insekten bereits eine Million Arten benannt sind (vgl. auch SCHULZE et al. 2002). Neben der absoluten Artenzahl ist natürlich die räumliche Verteilung der Arten von großer Bedeutung, und auch hier sind große Wissenslücken zu beklagen. Der tropische Regenwald, der nur 6 % der terrestrischen Erdoberfläche einnimmt, aber geschätzte 50 % aller Arten beheimatet, ist noch immer vergleichsweise lückenhaft untersucht. Die besten Daten liegen für die temperaten Regionen vor, also für Gebiete, die verstärkt in menschlicher Nutzung und Überprägung befindlich sind.

5.1 Globale Muster der Pflanzenvielfalt

Wie bereits erwähnt ist nur ein vergleichsweise geringer Teil der Grundgesamtheit aller Arten erforscht, sodass für vergleichende Beschreibungen von globalen Diversitätsmustern gerne einzelne, besser erforschte Artengruppen wie z.B. die Pflanzen herangezogen werden. Die höchsten Pflanzenartenzahlen und die höchsten Artendichten finden sich nach RAVEN (1976) in den Neotropen (90.000 Arten auf 400.000.000 ha) und der durch starke Isolation geprägten Indo-malayisischen Inselwelt der Paläotropen (35.000 Arten auf 250.000.000 ha). Auf die Artendichte pro km² umgerechnet ergibt sich für die Neotropen damit ein Wert von 0,025 Arten/km² und für die Indo-malayische Inselwelt ein Wert von 0,014 Arten/km²; die temperaten USA haben im Vergleich dazu einen Wert von 0,0027 Arten/km², die Britischen Inseln 0,0048 Arten/km² (vgl. auch HUSTON 1994).

In Abbildung 8 (Farbteil S. VIII) ist die globale Verteilung der Pflanzenvielfalt auf Grundlage einer großen Fülle lokaler Vegetationsdaten dargestellt (vgl. BARTHLOTT et al. 2000; BARTHLOTT et al. 2005; KIER et al. 2005). Die gezeigten Diversitätszonen (DZ) werden auf Grundlage der Arten von Gefäßpflanzen pro 10 000 km² errechnet, unter 100 Arten liegt die geringste Diversität in der DZ 1, Bereiche mit über 5.000 Arten pro Rasterquadrat werden in die höchste DZ 10 kategorisiert. In den Americas geben die Autoren die Bereiche höchster Diversität von Nord nach Süd wie folgt an (Charakterisierung der Räume stark gekürzt, für Volltext siehe BARTHLOTT et al. 2005):

• Das *Mesoamerikanische Diversitätszentrum*:
  Mexikanisches Hochland (DZ 8, 362.000 km²) und **Sierra Madre del Sur** (DZ 8–9, 375.000 km²): komplexe geologische und topographische Gliederung mit fruchtbaren vulkanischen Böden; starke klimatische Differenzierung mit Einbrüchen außertropischer nördlicher Luftmassen im Norden („Nortes"), ausgeprägte Trockenzeiten entlang der Pazifikabdachung und ausgeglichener Niederschlagsgang auf der Karibikabdachung durch die Passate; Artwanderung und Durchmischung holarktischer und neotropischer Florenelemente entlang der Kordilleren durch kontinentale Verbindung seit 2–3 Mio. Jahren v.h. möglich, dadurch erhöhte Diversifizierung.

• Das *Costa Rica-Chocó Diversitätszentrum*:
  Zentralkordilleren in *Costa Rica* und **Panama** (DZ 9–10, 106.000 km²): tropische Tieflands- und Bergregenwaldregionen im Bereich des Isthmus von Panama. **Chocó** (DZ 8–10, 118.000 km²): geologisch diversifizierte Pazifikabdachung der Anden zwischen Panama und Ecuador mit Bergregenwäldern bis 2.000 m; hohe Niederschlagswerte im Bereich der ITC (bis über 8.000 mm/a), hohe Jahresmitteltemperaturen; besonders hohe Alpha-Diversitäten (442 Gefäßpflanzen auf 0,1 ha nach GALEANO et al. 1998), extrem großer Endemitenreichtum.

• Das *Anden-Amazonien Diversitätszentrum*:
  Ostanden (DZ 8–10, 646.000 km²): topographisch und geologisch stark gegliederter Bereich entlang der Ostanden von Kolumbien bis Nordbolivien; hohe Niederschlagssummen mit meist ausgeglichenem Jahresgang, hoher Endemitenreichtum vor allem in den Gebirgsregionen oberhalb 2.500 m ü.d.M.; besonders hoher Epiphytenreichtum (Anteil an der ecuadorianischen Flora von 30 % und an endemischen Arten Ecuadors von 35 % nach JØRGENSEN, LÉON-

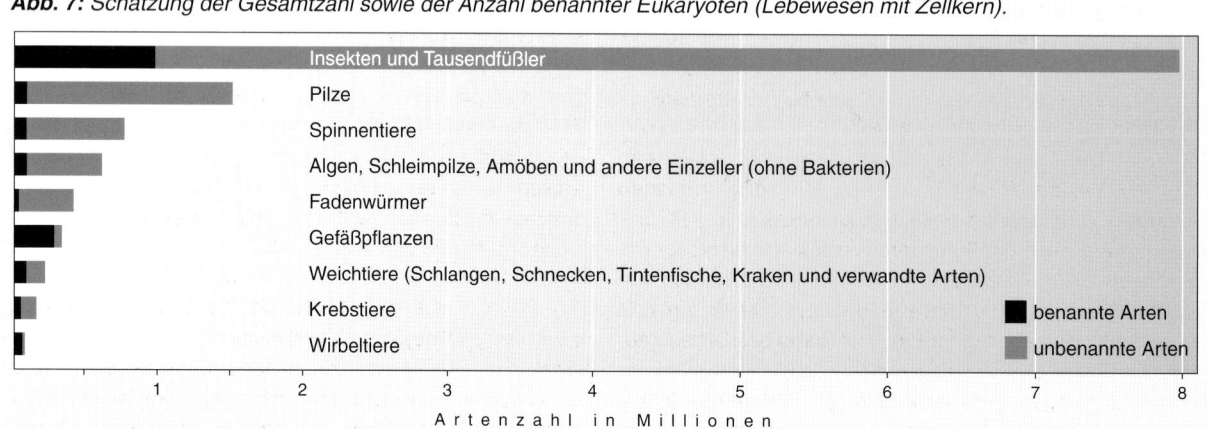

Abb. 7: *Schätzung der Gesamtzahl sowie der Anzahl benannter Eukaryoten (Lebewesen mit Zellkern).*

Gruppe	Artenzahl in Millionen
Insekten und Tausendfüßler	~8
Pilze	~1,5
Spinnentiere	~1
Algen, Schleimpilze, Amöben und andere Einzeller (ohne Bakterien)	~0,6
Fadenwürmer	~0,5
Gefäßpflanzen	~0,3
Weichtiere (Schlangen, Schnecken, Tintenfische, Kraken und verwandte Arten)	~0,2
Krebstiere	~0,15
Wirbeltiere	~0,05

■ benannte Arten
■ unbenannte Arten

Quelle: Millennium Ecosystem Assessment 2005.

YÁNEZ 1999; KÜPER et al. 2004). **Westamazonien** (DZ 8–9, 2.166.000 km²): hohe Niederschlagssummen mit meist ausgeglichenem Jahresgang, vergleichsweise fruchtbare Böden; hohe Alpha-Diversität und hoher Epiphytenreichtum, beinhaltet außerdem das große arten- und endemitenreiche kaltzeitliche Napa Waldrefugium.

- Das **Guayana** *Diversitätszentrum:*
(DZ 8, 379.000 km²) ist auf dem präkambrischen Guayana-Schild gelegen und von Tepuis (Tafelbergen) bis ca. 3.000 m ü. d. M. gekennzeichnet; Niederschlag liegt in Bereichen von 2.000–4.000 mm; in den unteren Lagen herrscht ein Mosaik von Tieflandsregenwäldern und Savannen vor, Hangbereiche sind je nach Neigung von Bergregenwald bestanden, isolierte Plateaus sind bewachsen mit Strauch- bzw. Krautgesellschaften mit extrem hohem Endemitenanteil.

- Das **Ostbrasilianische** *Diversitätszentrum:*
(DZ 8–10, 754.000 km²) erstreckt sich entlang der Atlantikküste Brasiliens von Salvador de Bahia bis Porto Alegre; hoher Grad an klimatischer Differenzierung mit semiaridem Klima im Norden (<500 mm Niederschlag), Steigungsregen an der Ostabdachung der Sierra de Mantiqueira (bis 2.767 m ü. d. M. mit dem artenreichen und heute stark fragmentierten „Mata Atlântica") und einem durch den warmen Brasilstrom begünstigten semihumiden Subtropenbereich und den dort vorherrschenden artenreichen subtropischen Regenwäldern.

- Das **Karibische** *Diversitätszentrum:*
(DZ 8, 103.000 km²) ist durch hohe topographische und geologische Diversifizierung und vor allem durch den Isolationsgrad der Flora der verschiedenen Inseln geprägt; Passate bewirken ausgeprägte klimatische Luv-Lee-Effekte, die sich in der Vegetationsdifferenzierung widerspiegeln; Kuba hat mit 50% seiner Flora den höchsten Endemitenreichtum aller karibischen Inseln (BORHIDI 1991).

5.2 Die „Hotspots" der Biodiversität

MEYERS (1988, 1990) benutzte einen durch das Maß der Gefährdung erweiterten Ansatz, um hoch diverse Regionen und deren Schutzwürdigkeit miteinander zu verbinden. Als Indikator benutzte er wiederum die am besten untersuchte Organismengruppe, die Gefäßpflanzen, und definierte 1988 die ersten zehn so genannten ***biodiversity hotspots*** („Mannigfaltigkeitszentren", damals noch *threatened hotspots* genannt) in tropischen Regenwaldgebieten, die geschätzte 13% der gesamten Pflanzenvielfalt auf nur 0,2% der Landfläche beinhalten sollten. Intensivierte Forschung ergab eine Erweiterung auf 18 Gebiete im Jahr 1990 mit einem Fünftel der Pflanzenvielfalt auf 0,5% der globalen Landmasse. Als strikte Kriterien wurden von MEYERS und *Conservation International* (die MEYERS Ansatz 1989 übernahm) folgendes festgelegt: Es dürfen nicht weniger als 1.500 endemische Gefäßpflanzenarten vorkommen (entsprechend 0,5% der geschätzten weltweiten Zahl) und das Gebiet muss mindestens 70% seiner ursprünglichen Größe verloren haben (*Conservation International* 2007). Diese zweite Forderung wurde in den Ansatz integriert, da eine massive Habitatverkleinerung und -fragmentierung neben einer Einschränkung des Lebensraumes vor allem auch zu genetischer Isolation und damit zu einer Verarmung an genetischer Fitness führt, die die Individuen stärker anfällig für Krankheiten macht und ihre Anpassungsfähigkeit bei sich ändernden Umweltbedingungen reduziert.

MITTERMEIER et al. (1999) weisen weltweit 25 solcher *biodiversity hotspots* aus, deren Lage in Abbildung 9 dargestellt ist. Tabelle 1 gibt weiterhin eine kurze Charakterisierung der Gebiete nach ihrer ursprünglichen und verbliebenen Ausdehnung, ihrem Schutzgebietsanteil, ihrer Gesamtartenzahl und der Anzahl an Endemiten in Bezug auf Gefäßpflanzen wieder. Die ausgewiesenen Gebiete beinhalten nach *Conservation International* (2007) 44% aller Pflanzenarten und 35% der terrestrischen Wirbeltiere auf einem Areal, das zusammen genommen einstmals 11,8% der Landoberfläche in Anspruch nahm, heute aber um fast 80% auf 1,4% der Landoberfläche zusammengeschrumpft ist. Auf der *biodiversity hotspots*-Homepage von *Conservation International* sind detaillierte Beschreibungen der 25 Gebiete und ihrer erneuten Erweiterungen (auf mittlerweile 34 Hotspots) in exzellenter Ausarbeitung zugänglich.

6 Der Wert der Biodiversität und die Folgen ihrer Zerstörung für den Menschen

Während die Erforschung der Biodiversität in verschiedenen Teilregionen der Erde in den letzten Jahrhunderten mit der großen Inventarisierungsleistung das Fundament des heutigen – bei weitem nicht vollständigen – Wissens um ökosystemare Ausstattung und Zusammenhänge bildet, tritt seit den 1980er Jahren des letzten Jahrhunderts das Wissen um den Verlust und der sich daraus entwickelnde Schutzgedanke verstärkt in den Vordergrund. Der *WWF* berichtet, dass täglich bis zu 130 Arten aussterben (*WWF* 2007). Nach Angaben der *IUCN* Roten Liste von 2006 sind 16.000 Arten bekannt, die vom Aussterben bedroht sind, darunter z. B. ein Viertel aller Säugetiere, 12% aller Vögel, 20–30% aller Reptilien, Amphibien und Fische und ein Viertel aller Koniferen (*IUCN* 2006).

COX, MOORE (2000) unterscheiden prinzipiell zwischen der Notwendigkeit zur bzw. dem Wunsch nach Erhaltung der biotischen Vielfalt, die aus verschiedenen Motivationen heraus entstehen. Als **notwendig** sehen wir die für unser Leben nützlichen Dinge an, was aus unserer Sicht die auf der Erde lebenden Organismen ja in bestimmter Weise betrifft; eine große Zahl an Organismen kreieren erst über ihre direkte oder indirekte Einwirkung funktionierende Ökosysteme und damit unser naturräumliches Lebensumfeld, ohne das die Gesellschaft zumindest in ihrer jetzigen Form nicht überdauern kann (vgl. auch EHRLICH 1988); ein Teil von Ihnen sichert direkt die Nahrungsversorgung oder stellt die Ausgangsstoffe im Bereich von beispielsweise Industrie und Medizin, und oftmals sind dies gerade die weniger „spektakulären" Organismen. EHRLICH (1988, S. 21) beschreibt dies sehr treffend: "Many of the less cuddly, less spectacular organisms that Homo sapiens is wiping out are more important to the human future than are most of the publicized endangered species. People need plants and insects more than they need leopards and whales (which is not to denigrate the value of the latter two)."

Die biotische Vielfalt wirkt sich damit direkt auf die verschiedenen Ökosystem-Dienstleistungen hinsichtlich der Bereitstellung von Ressourcen, kulturellen Werten sowie durch Unterstützung und Regulation verschiedener Funktionen aus (siehe Abb. 10), da Ökosysteme in ständigem Stoffaustausch

Abb. 9: Weltweite Verteilung der biodiversity hotspots nach MITTERMEIER et al. (1999). Die Zahlen verweisen auf eine kurze Charakterisierung der einzelnen Hotspots in Tabelle 1.

Quelle: MITTERMEIER et al. 1999.

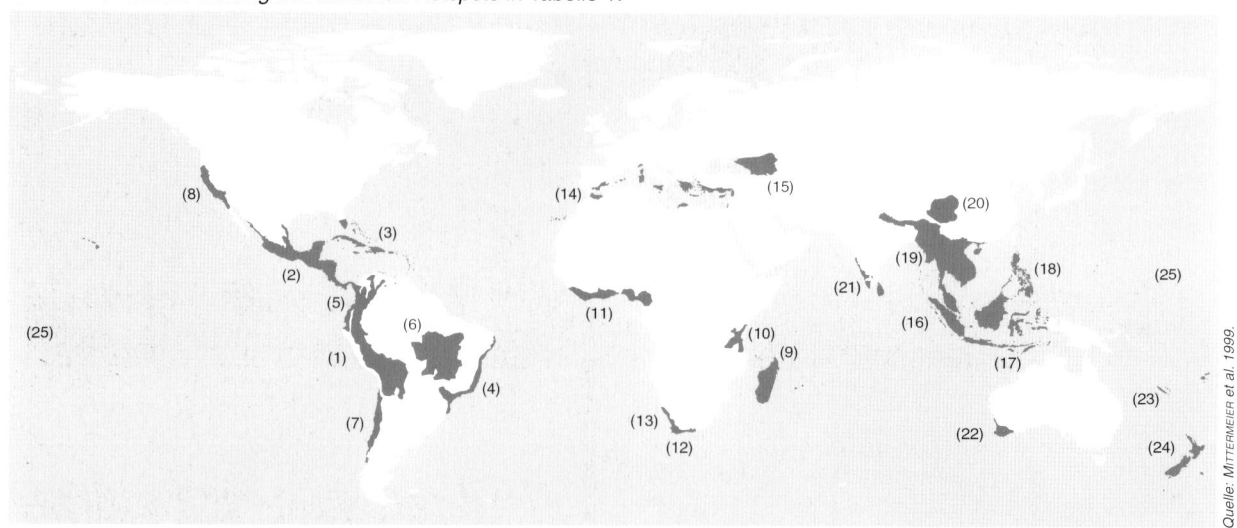

Tab. 1: Kurzcharakterisierung der 25 Hotspots der Biodiversität nach MITTERMEIER et al. (1999).

Hotspots	Einstige Ausdehnung der natürlichen Vegetation (km²)	Verbleibender Rest der natürlichen Vegetation (km²) in % der ursprünglichen Fläche	Schutzgebiete (km²) in % des Hotspot-Gebietes	Pflanzenarten	Endemische Pflanzenarten (% der global geschätzten 300.000 Arten)
(1) Tropische Anden	1.258.000	314.500 (25,0)	79.687 (25,3)	45.000	20.000 (6,7)
(2) Mittelamerika	1.155.000	231.000 (20,0)	138.437 (59,9)	24.000	5.000 (1,7)
(3) Karibischer Raum	263.500	29.840 (11,3)	29.840 (100,0)	12.000	7.000 (2,3)
(4) Atlantische Wälder Brasiliens	1.227.600	91.930 (7,5)	33.084 (35,9)	20.000	8.000 (2,7)
(5) Chocó – Westliches Ecuador	260.600	63.000 (24,2)	16.471 (26,1)	9.000	2.250 (0,8)
(6) Cerrado Brasiliens	1.783.200	356.630 (20,0)	22.000 (6,2)	10.000	4.400 (1,5)
(7) Mittelchile	300.000	90.000 (30,0)	9.167 (10,2)	3.429	1.605 (0,5)
(8) Kalifornische Florenprovinz	324.000	80.000 (24,7)	31.443 (39,3)	4.426	2.125 (0,7)
(9) Madagaskar	594.150	59.038 (9,9)	11.548 (19,9)	12.000	9.704 (3,2)
(10) Küstennahe Wälder Kenias und Tansanias	30.000	2.000 (6,7)	2.000 (100,0)	4.000	1.500 (0,5)
(11) Wälder Westafrikas	1.265.000	126.500 (10,0)	20.324 (16,1)	9.000	2.250 (0,8)
(12) Kapprovinz	74.000	18.000 (24,3)	14.060 (78,1)	8.200	5.682 (1,9)
(13) Sukkulenten-Karoo	112.000	30.000 (26,8)	2.352 (7,8)	4.849	1.940 (0,6)
(14) Mittelmeerraum inkl. Kanaren	2.362.000	110.000 (4,7)	42.123 (38,3)	25.000	13.000 (4,3)
(15) Kaukasus	500.000	50.000 (10,0)	14.050 (28,1)	6.300	1.600 (0,5)
(16) Sundainseln	1.600.000	125.000 (7,8)	90.000 (72,0)	25.000	15.000 (5,0)
(17) Wallacea	347.000	52.020 (15,0)	20.415 (39,2)	10.000	1.500 (0,5)
(18) Philippinen	300.800	9.023 (3,0)	3.910 (43,3)	7.620	5.832 (1,9)
(19) Indo-burmesisches Grenzgebiet	2.060.000	100.000 (4,9)	100.000 (100,0)	13.500	7.000 (2,3)
(20) Südliches Zentralchina	800.000	64.000 (8,0)	16.562 (25,9)	12.000	3.500 (1,2)
(21) West Ghats und Sri Lanka	182.500	12.450 (6,8)	12.450 (100,0)	4.780	2.180 (0,7)
(22) Südwestaustralien	309.850	33.336 (10,8)	33.336 (100,0)	5.469	4.331 (1,4)
(23) Neu Kaledonien	18.600	5.200 (28,0)	5.267 (10,1)	3.332	2.551 (0,9)
(24) Neuseeland	270.500	59.400 (22,0)	52.068 (87,7)	2.300	1.865 (0,6)
(25) Poly- und Mikronesien	46.000	10.024 (21,8)	4.913 (49,0)	6.557	3.334 (1,1)
Summe	17.444.300	2.122.891 (12,2)	800.767 (37,7)		133.149 (44,0)

Quelle: SCHULZE et al. (2002), S. 672; MEYERS et al. 2000.

Abb. 10: Zusammenhang zwischen Biodiversität, Ökosystem-Funktionen und Ökosystem-Dienstleistungen.

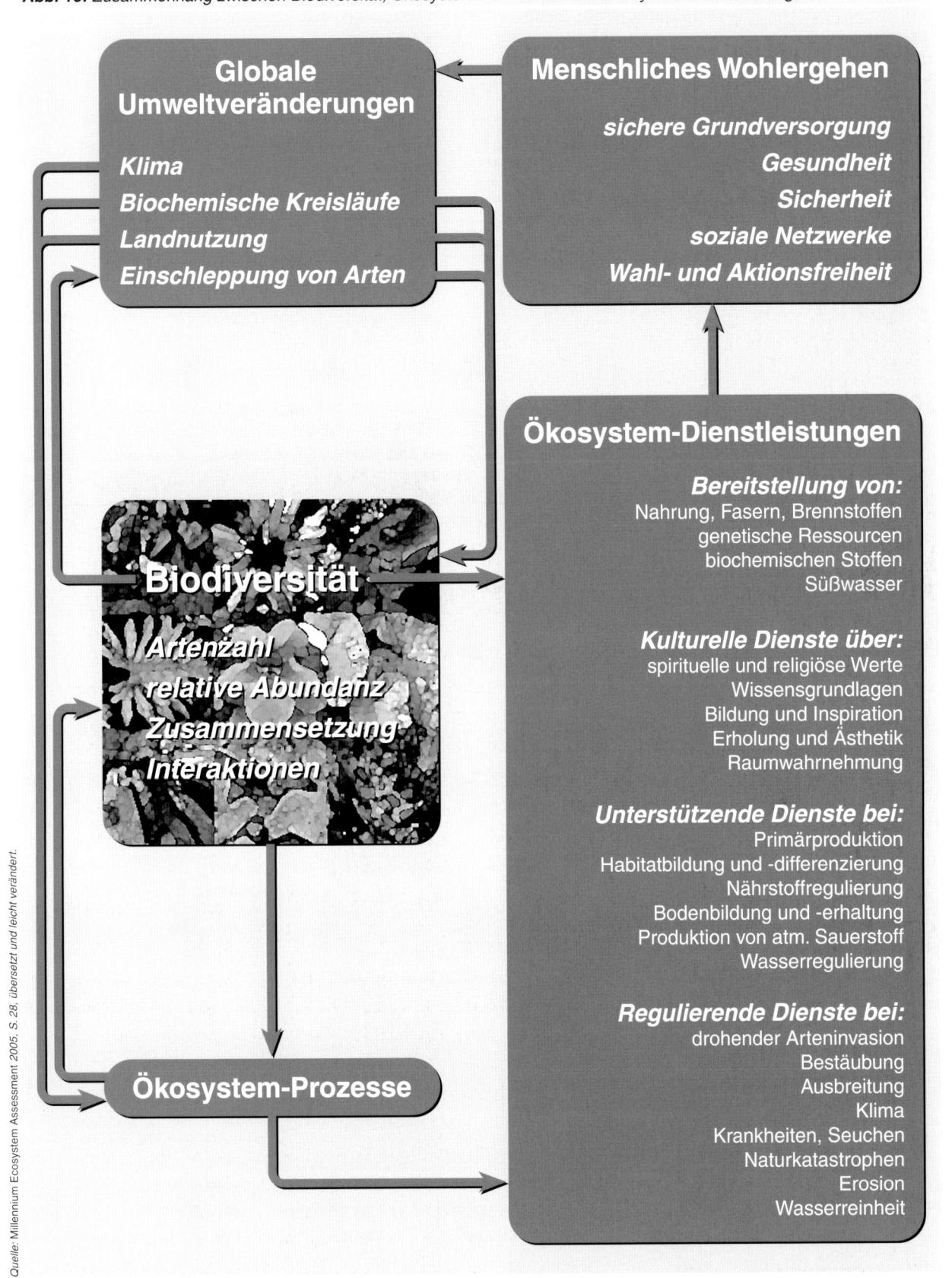

Globale Umweltveränderungen
- Klima
- Biochemische Kreisläufe
- Landnutzung
- Einschleppung von Arten

Menschliches Wohlergehen
- sichere Grundversorgung
- Gesundheit
- Sicherheit
- soziale Netzwerke
- Wahl- und Aktionsfreiheit

Biodiversität
- Artenzahl
- relative Abundanz
- Zusammensetzung
- Interaktionen

Ökosystem-Dienstleistungen

Bereitstellung von:
Nahrung, Fasern, Brennstoffen
genetische Ressourcen
biochemischen Stoffen
Süßwasser

Kulturelle Dienste über:
spirituelle und religiöse Werte
Wissensgrundlagen
Bildung und Inspiration
Erholung und Ästhetik
Raumwahrnehmung

Unterstützende Dienste bei:
Primärproduktion
Habitatbildung und -differenzierung
Nährstoffregulierung
Bodenbildung und -erhaltung
Produktion von atm. Sauerstoff
Wasserregulierung

Regulierende Dienste bei:
drohender Arteninvasion
Bestäubung
Ausbreitung
Klima
Krankheiten, Seuchen
Naturkatastrophen
Erosion
Wasserreinheit

Ökosystem-Prozesse

Quelle: Millennium Ecosystem Assessment 2005, S. 28, übersetzt und leicht verändert.

mit ihrer Umgebung stehen und keine abgeschlossenen Systeme darstellen. Die von den Ökosystemen bereitgestellten Dienstleistungen sind essentiell für das menschliche Wohlergehen, auch wenn sich bis heute nur wenige Studien mit dieser Vernetzung beschäftigen. Artenreiche Systeme produzieren nach neueren Erkenntnissen beispielsweise mehr Biomasse, und können damit auch mehr Nahrungsmittel oder Brennstoff zur Verfügung stellen (siehe Abb. 10 *bereitstellende und unterstützende Ökosystem-Dienstleistungen*). Damit geht bei gesteigerter Biomassenproduktion auch eine temporäre Bindung von klimaaktivem atmosphärischem CO_2 einher, sodass diversere Pflanzengemeinschaften ebenso als effektivere temporäre CO_2-Senken verstanden werden können (siehe Abb. 10 *regulierende Ökosystem-Dienstleistungen*). Hohe Pflanzenvielfalt schafft ein ausgedehntes und differenziertes Wurzelwerk und trägt so zur Bodenbildung und Durchlüftung bei, dient durch seine stabilisierende Eigenschaft aber auch als Erosionsschutz (siehe Abb. 10 *regulierende und unterstützende Ökosystem-Dienstleistungen*). Natürlich kann nicht pauschal gesagt werden, dass ein diverseres System beispielsweise auch weniger anfällig gegen bestimmte Störungen ist, hinsichtlich ihrer Produktivität weisen diverse Systeme aber generell weniger starke Schwankungen auf als artenarme Systeme, und sind auch besser gegen Schädlingsbefall, invasive Arten u. ä. geschützt, was vor allem in der Landwirtschaft eine maßgebliche Rolle spielt, da auf diese Weise etwa Pestizide und Herbizide eingespart und Ernteausfälle minimiert werden können (siehe Abb. 10 *bereitstellende und regulierende Ökosystem-Dienstleistungen*).

Biodiversität gibt also Versorgungssicherheit und schafft außerdem Optionen durch noch unausgeschöpfte Ressourcen (*Millennium Ecosystem Assessment* 2005). Wenn bestimmte Organismen oder Arten momentan als nicht nützlich angesehen werden kann dies auch bedeuten, dass schlicht ihr Wert noch nicht erkannt wurde.

Wenn innerhalb eines Ökosystems eine Dienstleistung verstärkt in Anspruch genommen wird, verlieren die anderen Dienstleistungen meist an Qualität. Die Adressaten hinsichtlich Nutzen bzw. Verlust der jeweiligen Leistung sind aber meist nicht identisch, oder erfahren beide Auswirkungen zumindest nicht in gleichem Ausmaß. Nach dem *Millennium Ecosystem Assessment* (2005) sind vor allem arme Bevölkerungsteile in ländlichen Gegenden von Entwicklungsländern direkter von der biotischen Vielfalt ihres Lebensraumes und bestimmten Ökosystemfunktionen abhängig und damit auch stärker durch deren Qualitätsverlust betroffen. Eine höhere Biodiversität bietet biologischen Rückhalt und auch Alternativen z. B. bei Ernteausfällen an, die ärmere Bevölkerungsschichten aus Kapitalmangel ja nicht mit Zukauf oder einer Verlagerung der Anbauregionen kompensieren können.

Zu beachten sind in dieser Hinsicht aber auch weitere Aspekte, die das *Millennium Ecosystem Assessment* (2005) anführt: Durch die Nutzung sind im Lauf der Zeit große Teile verschiedener natürlicher Ökosysteme in anthropogen geprägte Ökosysteme überführt und direkt (etwa durch Abholzung) oder indirekt (etwa durch Habitatfragmentierung) in ihrer Biodiversität beschnitten worden. Die Urbarmachung, die Verbreitung leistungsfähiger Feldfrüchte, Nutztierrassen aber auch die Vereinheitlichung verschiedener naturraumbezogener Wirtschaftsweisen (wie Agrikultur, Fischerei und Forstwirtschaft) über ihr Ursprungsgebiet hinaus führt dabei zu einer geringeren Beta-Diversität auf lokaler Ebene und damit zu einer Homogenisierung der globalen biotischen Vielfalt.

Als **wünschenswert** kann ein zweiter, ästhetischer, aber in seiner Weiterführung auch ethisch orientierter Aspekt gelten. Die Vielfalt der biotischen Ausstattung kann aufgrund ihrer Schönheit geschätzt und aus dieser Motivation heraus auch als schützenswert angesehen werden. Wenn man diese rein ästhetisch-anthropozentrische Sichtweise verlässt tritt die ethische Komponente in den Vordergrund: Alle Organismen haben ein Anrecht – eventuell sogar die gleiche Berechtigung wie der Mensch darauf – zu existieren, egal ob sie als schön oder nützlich angesehen werden; durch unser massives Eingreifen in den Naturhaushalt sind wir damit verpflichtet den Artenverlust weitmöglich einzuschränken oder zumindest zu bremsen (Cox, Moore 2000).

Literatur

Anhuf, D. (2005): Schutz und Natur tropischer Feuchtwälder – Widerspruch oder notwendige Ergänzung? Erfahrungen aus Westafrika und Brasilien. In: K.-H. Erdmann, C. Schell (Hrsg.): Zukunftsfaktor Natur – Blickpunkt Naturnutzung. – Bonn, Bad Godesberg, S. 277–297.

Anhuf, D., Winkler, H. (1999): Geographical and Ecological settings of the Surumoni-Crane-Project (Upper Orinoco, Estado Amazonas, Venezuela). – Anzeiger Mathematisch-naturwissenschaftliche Klasse Abt. I, 135, S. 3–23 (Österreichische Akademie der Wissenschaften 2000).

Barbour, M.G., Burk, J.H. u. W.D. Pitts (1999): Terrestrial plant Ecology. – Menlo Park (CA).

Barthlott, W., Lauer, W. u. A. Placke (1996): Global distribution of species diversity in vascular plants: towards a world map of phytodiversity. – Erdkunde 50(4), S. 317–327.

Barthlott, W., Mutke, J., Braun, G. u. G. Kier (2000): Die ungleiche globale Verteilung pflanzlicher Artenvielfalt – Ursachen und Konsequenzen. – Berichte der Reinhold Tüxen Gesellschaft 12, S. 67–84.

Barthlott, W., Mutke, J., Rafiqpoor, D., Kier, G. u. H. Kreft (2005): Global centers of Vascular Plant Diversity. – Nova Acta Leopoldina NF 92(342), S. 61–83.

Beever, E.A., Swihart, R.K. u. B.T. Bestelmeyer (2006): Linking the concept of scale to studies of biological diversity: evolving approaches and tools. – Diversity and Distributions 12, S. 229–235.

Beierkuhnlein, C. (1999): Räumliche Muster der Biodiversität in nordbayerischen Landschaften. – Bayreuth [Unveröffentlichte Habilitationsschrift für das Fach Biogeographie an der Universität Bayreuth].

BfN (2006): Informationsplattform Clearing-House Mechanismus (CHM) Deutschland – Übereinkommen über die biologische Vielfalt (CBD). – http://www.biodiv-chm.de/ [Zugriff am 16.11.2007].

Borhidi, A. (1991): Phytogeography and vegetation ecology of Cuba. – Budapest.

CBD (2001–2005): Convention on Biological Diversity. – Secretariat of the Convention on Biological Diversity, United Nations Environment Programme. – http://www.biodiv.org/default.shtml [Zugriff am 16.11.2007].

Conservation International (2007): http://www.conservation.org/xp/CIWEB/ [Zugriff am 16.11. 2007].

Cox, C.B., Moore, P.D. (2000): Biogeography: an ecological and evolutionary approach. – London.

Darwin, C. (1859): On the origin of species. – London.

Ehrlich, P.R. (1988): The Loss of Diversity: Causes and Consequences. In: E. O. Wilson (Hrsg.): Biodiversity. – Washington, D.C., S. 21–27.

Galeano, G., Suárez, S. u. H. Balslev (1998): Vascular plant species count in a wet forest in the Chocó area on the

Pacific slope of Columbia. – Biology and Conservation 7, S. 1563–1575.
GROOMBRIDGE, B., JENKINS, M.D. (2002): World Atlas of Biodiversity. – Berkeley, Los Angeles, London.
GRÜNINGER, F. (2005): Scale dependent aspects of plant diversity in semiarid high mountain regions. An exemplary top-down approach for the Great Basin (USA). – Passau (Passauer Schriften zur Geographie, 21).
GRÜNINGER, F., FICKERT, T. (2003): Revealing diversity patterns of vascular plants and their causes in semiarid high mountain regions – a top down approach for Great Basin mountain ranges, USA. – Erdkunde 57(3), S. 199–215.
HAEUPLER, H. (1982): Evenness als Ausdruck der Vielfalt in der Vegetation. – Vaduz (Dissertationes Botanicae, 65).
HUSTON, M.A. (1994): Biological diversity. – Cambridge (UK).
HUTCHINSON, G.E. (1957): Concluding remarks. – Cold Spring Harbor Symposium on Quantitative Biology 22, S. 145–159.
IUCN (2006): Release of the 2006 IUCN Red List of Threatened Species. – http://www.iucn.org/en/news/archive/2006/05/02_pr_red_list_en.htm [Zugriff am 16.11.2007].
JØRGENSEN, P.M., LÉON-YÁNEZ, S. (1999): Catalogue of the vascular plants of Ecuador. – St. Louis.
KIER, G., MUTKE, J., DINERSTEIN, E., RICKETTS, T.H., KÜPER, W., KREFT, H. u. W. BARTHLOTT (2005): Global patterns of plant diversity and floristic knowledge. – Journal of Biogeography 32, S. 1107–1116.
KÜPER, W., KREFT, H., NIEDER, J., KÖSTER, N. u. W. BARTHLOTT (2004): Large scale diversity patterns of vascular epiphytes in Neotropical montane rain forests. – Journal of Biogeography 31, S. 1477–1487.
LOOPE, L.L. (2000): Vegetation of the Hawaiian Islands. In: M.G. BARBOUR, W.D. BILLINGS (Hrsg.): North American Terrestrial Vegetation. – Cambridge (UK), S. 661–688.
MACARTHUR, R.H. (1965): Patterns of species diversity. – Biological Review 40, S. 510–533.
MACARTHUR, R.H., WILSON, E.O. (1967): The theory of island biogeography. – Princeton.
MATTICK, F. (1964): Übersicht über die Florenreiche und Florengebiete der Erde. In: H. MELCHIOR (Hrsg.): A. Englers Syllabus der Pflanzenfamilien II. – Berlin-Nikolassee, S. 626–630.
MEYERS, N. (1988): Threatened Biotas: Hotspots in Tropical Forests. – The Environmentalist 8(3), S. 1–20.
MEYERS, N. (1990): The biodiversity challenge: Expandede hotspots analysis. – The Environmentalist 10(4), S. 243–256.
MEYERS, N., MITTERMEIER, R.A., MITTERMEIER, C.G., DA FONSECA, G.A.B. u. J. KENT (2000): Biodiversity hotspots for Conservation priorities. – Nature 403, S. 853–858.
Millennium Ecosystem Assessment (2005): Ecosystems and Human Well-being: Biodiversity Synthesis. – Washington, D.C. (World Resources Institute).
MITTERMEIER, R.A., MYERS, N. u. C. GOETTSCH-MITTERMEIER (1999): Hotspots. Earth's biologically richest and most endangered terrestrial ecosystems. – Mexico D.F. (CEMEX Conservation International).
MOREFIELD, J.D., TAYLOR, D.W. u. M. DEDECKER (1988): Vascular flora of the White Mountains of California and Nevada: An updated, synonymized working checklist. In: C.A. HALL Jr., V. DOYLE-JONES (Hrsg.): Plant biology of eastern California. Natural history of the White-Inyo Range. Symposium Vol. 2. – Los Angeles, S. 310–364.
MUTKE, J. (2002): Räumliche Muster Biologischer Vielfalt – die Gefäßpflanzenflora Amerikas im globalen Kontext. – Bonn [unveröffentlichte Dissertation an der Universität Bonn].
PAUSAS, J.G., AUSTIN, M.P. (2001): Patterns of plant species richness in relation to different environments: An appraisal. – Journal of Vegetation Science 12, S. 153–166.
PICKETT, S.T., WHITE, P.S. (Hrsg.) (1985): The ecology of natural disturbances and patch dynamics. – Orlando.
PIELOU, E. (1966): Shannon's formula as a measure of specific diversity: its use and misuse. – American Naturalist 100 (914), S. 463–465.
PITMANN, N.C.A., TERBORGH, J.W., SILMAN, M.R., NUNEZ, P., NEILL, D.A., CERON, C.E., PALACIOS, W.A. u. M. AULESTIA (2002): A comparison of tree species diversity in two upper Amazonian forests. – Ecology 83(11), S. 3210–3224.
POWELL, D.R., KLIEFORTH, H.E. (1991): Weather and climate. In: C.A. HALL Jr. (Hrsg.): Natural history of the White-Inyo Range, eastern California. – Berkeley, Los Angeles, Oxford, S. 3–26.
RAVEN, P.H. (1976): Ethics and attitudes. In: J.B. SIMMONS, R.I. BEYER, P.E. BRANDHAM, G.L. LUCAS u. V.T.H. PARRY (Hrsg.): Conversation of Threatened Plants. – New York, S. 155–179.
RICHARDS, P.W. (1969): Speciation in the tropical rainforest and the concept of the niche. – Biological Journal of the Linnean Society 1, S. 149–153.
RICHTER, M. (1997): Allgemeine Pflanzengeographie. – Stuttgart.
RICKLEFS, R.E. (2004): A comprehensive framework for global patterns in biodiversity. – Ecology Letters 7, S. 1–15.
ROSENZWEIG, M.L. (1995): Species diversity in space and time. – Cambridge (UK).
SANDERS, H.L. (1969): Benthic marine diversity and the stability-time hypothesis. – Brookhaven Symposium on Biology 22, S. 17–81.
SCHULZE, E.-D., BECK, E. u. K. MÜLLER-HOHENSTEIN (2002): Pflanzenökologie. – Heidelberg, Berlin.
SHANNON, C.E., WEAVER, W. (1949): The mathematical theory of communication. – Urbana (IL).
STEIN, B.A., KUTNER, L.S. u. J.S. ADAMS (2000): Precious Heritage: The Structure of Biodiversity in the United States. – New York.
STEVENS, G.C. (1989): The latitudinal gradient in geographical range: how so many species coexist in the tropics. – American Naturalist 133(2), S. 240–256.
Süddeutsche Zeitung (17./18.03.2007): Artenschutz-Initiative: Industriestaaten sollen die biologische Vielfalt retten. – München [Autor: Michael Bauchmüller].
SZARZYNSKI, J. (2000): Bestandsklima und Energiehaushalt eines amazonischen Tieflandregenwaldes. – Mannheim (Mannheimer Geographische Arbeiten, 53).
TAKHTAJAN, A. (1986): Floristic regions of the world. – Berkeley.
VANCE-BORLAND, K., NOSS, R., STRITTHOLT, J., FROST, P., CARROLL, C. u. R. NAWA (1995). A biodiversity conservation plan for the Klamath/Siskiyou region: A progress report on a case study for bioregional conservation. – Wild Earth 5(4), S. 2–59.

WEHNER, R., GEHRING, W. (²²1990): Zoologie. – Stuttgart, New York.

WHITTAKER, R.H. (1962): Classification of natural communities. – Botanical Review 28(1), S. 1–239.

WHITTAKER, R.H. (1966): Forest dimensions and production in the Great Smoky Mountains. – Ecology 47(1), S. 103–121.

WHITTAKER, R.H. (1972): Evolution and measurement of species diversity. – Taxon 21(2/3), S. 213–251.

WHITTAKER, R.H. (1977): Evolution of species diversity in land plant communities. In: M.K. HECHT, W.C. STEERE u. B. WALLACE (Hrsg.): Evolutionary Biology 10. – New York, S. 1–67.

WHITTAKER, R.H., NIERING, W.A. (1965): Vegetation of the Santa Catalina Mountains, Arizona. (II) A gradient analysis of the south slope. – Ecology 46(4), S. 429–452.

WILMANNS, O. (1989): Die Buchen und ihre Lebensräume. – Berichte der Reinhold Tüxen Gesellschaft 1, S. 49–72.

WILSON, E. O. (Hrsg.) (1988): Biodiversity. – Washington, D.C.

WRCC (= *Western Regional Climate Center*) (o. J.): http://www.wrcc.dri.edu/ [Zugriff am 16.11.2007].

WWF (2001): Klamath-Siskiyou forests (NA0516). – http://www.worldwildlife.org/wildworld/profiles/terrestrial/na/na0516_full.html [Zugriff am 16.11.2007].

WWF (2007): http://www.wwf.de/unsere-themen/artenschutz/ [Zugriff am 16.11.2007].

Bitte beachten Sie auch die PowerPoint®-Präsentation
zum Artikel von *Friederike Grüninger* auf CD-ROM

Dr. FRIEDERIKE GRÜNINGER
Lehrstuhl für Physische Geographie der Universität Passau
Innstraße 40 • D–94032 Passau
friederike.grueninger@uni-passau.de

PASSAUER SCHRIFTEN ZUR GEOGRAPHIE
Herausgegeben von E. Struck, D. Anhuf, W. Gamerith und K. Rother
Schriftleitung: Erwin Vogl

Heft 1
Ernst STRUCK
Landflucht in der Türkei.
Die Auswirkungen im Herkunftsgebiet – dargestellt an einem Beispiel aus dem Übergangsraum von Inner- zu Ostanatolien (Provinz Sivas).
1984. 136 Seiten, DIN A4 broschiert, 30 Abbildungen, 16 Tabellen und 10 Bilder. Summary, Sonuç.
(vergriffen)

Heft 2
Johann-Bernhard HAVERSATH
Die Agrarlandschaft im römischen Deutschland der Kaiserzeit (1.–4. Jh. n. Chr.).
1984. 114 Seiten, DIN A4 broschiert, 19 Karten und 5 Abbildungen. Summary.
(vergriffen)

Heft 3
Johann-Bernhard HAVERSATH und Ernst STRUCK
Passau und das Land der Abtei in historischen Karten und Plänen.
1986. 18 und 146 Seiten, DIN A4 broschiert, 30 Tafeln und eine Karte.
(vergriffen)

Heft 4
Herbert POPP (Hrsg.)
Geographische Exkursionen im östlichen Bayern.
1987. 188 Seiten, DIN A4 broschiert, 103 Abbildungen.
(vergriffen)

Heft 5
Thomas PRICKING
Die Geschäftsstraßen von Foggia (Süditalien).
1988. 72 Seiten, DIN A4 broschiert, 28 Abbildungen (davon 19 Farbkarten), 23 Tabellen und 8 Bilder. Summary, Riassunto.
€ 15,–. ISBN 978-3-922016-79-3

Heft 6
Ulrike HAUS
Zur Entwicklung lokaler Identität nach der Gemeindegebietsreform in Bayern.
Fallstudien aus Oberfranken.
1989. 118 Seiten, DIN A4 broschiert, 79 Abbildungen (davon 10 Farbtafeln), 58 Tabellen und 11 Bilder. Summary.
(vergriffen)

Heft 7
Klaus ROTHER (Hrsg.)
Europäische Ethnien im ländlichen Raum der Neuen Welt.
Kolloquium des „Arbeitskreises Bevölkerungsgeographie" in Passau am 12./13. November 1988.
1989. 134 Seiten, DIN A4 broschiert, 56 Abbildungen, 22 Tabellen und 10 Bilder. Summaries.
€ 15,–. ISBN 978-3-922016-90-8

Heft 8
Andreas KAGERMEIER
Versorgungsorientierung und Einkaufsattraktivität.
Empirische Untersuchungen zum Konsumentenverhalten im Umland von Passau.
1991. 121 Seiten, DIN A4 broschiert, 20 Abbildungen und 81 Tabellen. Summary.
(vergriffen)

Heft 9
Roland HUBERT
Die Aischgründer Karpfenteichwirtschaft im Wandel.
Eine wirtschafts- und sozialgeographische Untersuchung.
1991. 76 Seiten, DIN A4 broschiert, 19 Abbildungen (davon 4 Farbbeilagen), 19 Tabellen und 11 Bilder. Summary.
€ 17,–. ISBN 978-3-922016-98-4

Heft 10
Herbert POPP (Hrsg.)
Geographische Forschungen in der saharischen Oase Figuig.
Beiträge zur Physischen Geographie und zur Wirtschafts- und Sozialgeographie einer traditionellen Bewässerungsinsel im Südosten Marokkos.
1991. 186 Seiten, DIN A4 broschiert, 73 Abbildungen (davon 18 Farbbeilagen), 14 Tabellen und 27 Bilder.
(vergriffen)

Heft 11
Ernst STRUCK
Mittelpunktssiedlungen in Brasilien.
Entwicklung und Struktur in drei Siedlungsräumen Espirito Santos.
1992. 174 Seiten, DIN A4 broschiert, 55 Abbildungen (davon 6 Farbkarten), 37 Tabellen und 20 Bilder. Summary, Resumo.
€ 26,–. ISBN 978-3-86036-003-3

Heft 12
Armin RATUSNY
Mittelalterlicher Landesausbau im Mühlviertel/Oberösterreich.
Formen, Verlauf und Träger der Besiedlung vom 12. bis zum 15. Jahrhundert.
1994. 147 Seiten, DIN A4 broschiert, 61 Abbildungen, 4 Tabellen und 32 Bilder. Summary.
(vergriffen)

Heft 13
Herbert POPP und Klaus ROTHER (Hrsg.)
Die Bewässerungsgebiete im Mittelmeerraum.
Tagung des „Arbeitskreises Mittelmeerländer-Forschung" in Passau am 30. April und 01. Mai 1992.
1993. 195 Seiten, DIN A4 broschiert, 76 Abbildungen (davon 6 Farbkarten), 38 Tabellen und 26 Bilder. Summaries.
€ 35,–. ISBN 978-3-86036-011-8

Heft 14
Johann-Bernhard HAVERSATH
Die Entwicklung der ländlichen Siedlungen im südlichen Bayerischen Wald.
1994. 228 Seiten, DIN A4 broschiert, 77 Abbildungen, 30 Tabellen und 19 Bilder. Summary, Český sourhn.
€ 35,–. ISBN 978-3-86036-017-0

Heft 15
Toni BREUER (Hrsg.)
Geographische Forschung im Mittelmeerraum und in der Neuen Welt.
Klaus Rother zum 65. Geburtstag.
1997. 156 Seiten, DIN A4 broschiert, 76 Abbildungen und 13 Tabellen. Summaries.
€ 15,– *(Sonderpreis)*. ISBN 978-3-00-001347-8

Heft 16
Armin RATUSNY
Entwaldung und Aufforstung in Neuseeland.
Räumliche Entwicklung und Steuerungsfaktoren.
2000. 192 + VIII Seiten, DIN A4 broschiert, 53 Abbildungen (davon 8 Farbkarten), 35 Tabellen und 28 Bilder. Summary.
€ 25,–. ISBN 978-3-00-006565-1

Heft 17
Kerstin MEYER
Entwicklung und Struktur der Städte in Castilla y León (Spanien).
2001. 229 + XVI Seiten, DIN A4 broschiert, 49 Abbildungen (davon 12 Farbkarten), 14 Tabellen und 21 Bilder. Resumen, Summary.
€ 28,70. ISBN 978-3-9807866-0-7

Heft 18
Klaus DEHNE
Deutsche Einwanderer im ländlichen Süd-Indiana (USA).
Eine historisch-geographische Analyse.
2003. 108 Seiten, DIN A4 broschiert, 41 Abbildungen, 21 Tabellen und 3 Bilder. Summary.
€ 19,90. ISBN 978-3-9807866-1-4

Heft 19
Heinz SANDER
Relief- und Regolithgenese im nordöstlichen Kaokoland (Namibia).
2004. 111 Seiten, DIN A4 broschiert, 23 Abbildungen, 17 Tabellen und 43 Bilder. Summary.
€ 23,50. ISBN 978-3-9807866-2-1

Heft 20
Eberhard ROTHFUSS
Ethnotourismus – Wahrnehmungen und Handlungsstrategien der pastoralnomadischen Himba (Namibia).
Ein hermeneutischer, handlungstheoretischer und methodischer Beitrag aus sozialgeographischer Perspektive.
2004. 191 Seiten, DIN A4 broschiert, 27 Abbildungen, 8 Tabellen und 11 Bilder. Summary.
€ 26,50. ISBN 978-3-9807866-3-8

Heft 21
Friederike GRÜNINGER
Scale dependent aspects of plant diversity in semiarid high mountain regions.
An exemplary top-down approach for the Great Basin (USA).
2005. 143 Seiten, DIN A4 broschiert, 86 Abbildungen, 33 Tabellen und 31 Bilder. Zusammenfassung.
€ 25,–. ISBN 978-3-9807866-4-5

Heft 22
Thomas FICKERT
Phytogeographische Studien als Mittel zur Klimaableitung in Hochgebirgen.
Eine Fallstudie im Südwesten der USA.
2006. 172 + XVI Seiten, DIN A4 broschiert, 81 Abbildungen (davon 11 Farbkarten), 19 Tabellen und 45 Bilder. Summary, Resumen. XXVII Anhänge auf CD-ROM.
€ 29,–. ISBN 978-3-9807866-5-2

Heft 23
Eberhard ROTHFUSS und Werner GAMERITH (Hrsg.)
Stadtwelten in den *Americas*.
2007. 167 + II Seiten, DIN A4 broschiert, 23 Abbildungen (davon eine Farbkarte), 13 Tabellen und 34 Bilder.
€ 28,–. ISBN 978-3-9807866-6-9

Heft 24
Jörg SCHEFFER
Den Kulturen Raum geben.
Das Konzept selektiver Kulturräume am Beispiel des deutsch-tschechisch-österreichischen Dreiländerecks.
2007. 141 Seiten, DIN A4 broschiert, 25 Abbildungen und 6 Tabellen. Summary.
€ 25,–. ISBN 978-3-9811623-1-8

Heft 25 *(im Druck)*
Stephanie NAU
Lokale Akteure in der Kubanischen Transformation: Reaktionen auf den internationalen Tourismus als Faktor der Öffnung.
Ein sozialgeographischer Beitrag zur aktuellen Kuba-Forschung aus emischer Perspektive.
2008. ca. 150 + VIII Seiten, DIN A4 broschiert, 29 Abbildungen (davon 12 Farbkarten), 5 Tabellen und 81 Bilder (davon 18 Farbphotos). Summary, Resumen.
ISBN 978-3-9811623-2-5

PASSAUER KONTAKTSTUDIUM ERDKUNDE

Band 1
Herbert Popp (Hrsg.)
Probleme peripherer Regionen.
1987. 157 Seiten, DIN A4 broschiert, 76 Abbildungen, 37 Tabellen, 34 Fotos und 7 Materialien.
(vergriffen)

Band 2
Johann-Bernhard Haversath und Klaus Rother (Hrsg.)
Innovationsprozesse in der Landwirtschaft.
1989. 151 Seiten, DIN A4 broschiert, 42 Abbildungen, 24 Tabellen, 43 Bilder und Materialien.
(vergriffen)

Band 3
Ernst Struck (Hrsg.)
Aktuelle Strukturen und Entwicklungen im Mittelmeerraum.
1993. 110 Seiten, DIN A4 broschiert, 48 Abbildungen, 16 Tabellen, 29 Bilder und Materialien.
(vergriffen)

Band 4
Klaus Rother (Hrsg.)
Mitteldeutschland – gestern und heute.
1995. 104 Seiten, DIN A4 broschiert, 55 Abbildungen, 22 Tabellen, 20 Bilder und Materialien.
€ 19,–. ISBN 978-3-86036-024-8

Band 5
Gerd Bauriegel (Hrsg.)
Der Raum Niederbayern im Wandel.
1997. 102 Seiten, DIN A4 broschiert, 39 Abbildungen, 36 Tabellen und 12 Bilder.
(vergriffen)

Band 6
Armin Ratusny (Hrsg.)
Flußlandschaften an Inn und Donau.
2002. 104 Seiten, DIN A4 broschiert, 43 Abbildungen (davon 2 Farbkarten), 5 Tabellen und 27 Bilder.
(vergriffen)
nur noch als PDF-Ausgabe auf CD-ROM für € 9,90

Band 7
Ernst Struck (Hrsg.)
Ökologische und sozioökonomische Probleme in Lateinamerika.
2003. 152 Seiten, DIN A4 broschiert, 83 Abbildungen, 9 Tabellen und 13 Bilder. Unterrichtsmaterialien (PowerPoint®-Präsentationen, PDF-Dokumente u. v. m.) auf CD-ROM.
€ 15,90. ISBN 978-3-9807866-8-3

Band 8
Jörg Scheffer (Hrsg.)
Europa und die Erweiterung der EU.
2006. 132 Seiten, DIN A4 broschiert, 57 Abbildungen, 9 Tabellen und 9 Bilder. Unterrichtsmaterialien (Geoaktiv-Lernprogramm EUROPA, PDF-Dokumente u. v. m.) auf CD-ROM.
€ 21,90. ISBN 978-3-9807866-7-6

Band 9
Eberhard Rothfuss (Hrsg.)
Entwicklungskontraste in den *Americas*.
2008. 210 + VIII Seiten, DIN A4 broschiert, 87 Abbildungen (davon 12 Farbkarten), 27 Tabellen und 57 Bilder. Unterrichtsmaterialien (*Geoaktiv*-Lernprogramm SÜDAMERIKA, PowerPoint®-Präsentationen, PDF-Dokumente u. v. m.) auf CD-ROM.
€ 25,20. ISBN 978-3-9811623-0-1

Selbstverlag Fach GEOGRAPHIE der Universität Passau
Innstraße 40 • D–94032 Passau
Tel.: +49 851 509 27 35 • Fax: +49 851 509 27 32
erwin.vogl@uni-passau.de • *http://www.phil.uni-passau.de/geo/SPublikationen.html*

PASSAUER MITTELMEERSTUDIEN
Herausgegeben vom Arbeitskreis zur Erforschung der Mittelmeerländer
– keine Fortführung der Reihe –

Heft 1
Klaus DIRSCHERL (Hrsg.)
Die italienische Stadt als Paradigma der Urbanität.
1989. 164 Seiten, 16 × 24 cm broschiert, 7 Abbildungen und eine Tabelle.
€ 13,–. ISBN 978-3-922016-86-1

Heft 2
Klaus ROTHER (Hrsg.)
Minderheiten im Mittelmeerraum.
1989. 168 Seiten, 16 × 24 cm broschiert, 19 Abbildungen, 3 Tabellen und 12 Bilder.
(vergriffen)

Heft 3
Hermann H. WETZEL (Hrsg.)
Reisen in den Mittelmeerraum.
1991. 282 Seiten, 16 × 24 cm broschiert, 11 Abbildungen und 24 Bilder.
€ 18,–. ISBN 978-3-86036-001-9

Heft 4
Hans-Jürgen LÜSEBRINK (Hrsg.)
Nationalismus im Mittelmeerraum.
1994. 166 Seiten, 16 × 24 cm broschiert.
(vergriffen)

Heft 5
Herbert POPP (Hrsg.)
Das Bild der Mittelmeerländer in der Reiseführer-Literatur.
1994. 154 Seiten, 16 × 24 cm broschiert, 12 Abbildungen, 2 Tabellen und 28 Bilder (davon 14 in Farbe). Summaries, Résumés.
(vergriffen)

Heft 6
Machiel KIEL und Friedrich SAUERWEIN
Ost-Lokris in türkischer und neugriechischer Zeit (1460–1981).
1994. 130 Seiten, 16 × 24 cm broschiert, 20 Abbildungen, 2 Tabellen und 27 Anlagen (davon 18 im Anhang). Summary.
(vergriffen)

Selbstverlag Fach GEOGRAPHIE der Universität Passau
Innstraße 40 • D–94032 Passau
Tel.: +49 851 509 27 35 • Fax: +49 851 509 27 32
erwin.vogl@uni-passau.de • *http://www.phil.uni-passau.de/geo/SPublikationen.html*

Hinweise zur CD-ROM

Die beiliegende CD-ROM enthält das *GEOaktiv* – Lernprogramm **Südamerika** • Arbeitsblätter zur Ergebnissicherung (pdf) • Tests zur Lernzielkontrolle (doc) sowie PowerPoint®-Präsentationen und PDF-Dokumente ausgewählter Artikel zum 9. PASSAUER KONTAKTSTUDIUM ERDKUNDE. Zur ppt- bzw. pdf-Ansicht benötigen Sie lediglich den *Microsoft® Office PowerPoint® Viewer 2003* (auf CD-ROM enthalten) bzw. den *Adobe® Reader®* (die aktuelle Version 8.1.2 kann von der CD-ROM installiert werden).

Die gesamten Inhalte und Abbildungen auf dieser CD-ROM sind urheberrechtlich geschützt. Jegliche kommerzielle Verwertung der auf dieser CD-ROM gespeicherten Daten, die nicht ausdrücklich vom Urheberrechtsgesetz zugelassen ist, bedarf der vorherigen schriftlichen Genehmigung des Verlages. Dies betrifft insbesondere das Kopieren der Speicherdaten auf elektromagnetische, optoelektronische oder sonstige Datenträger.

Trotz aller Sorgfalt, die bei der Produktherstellung waltete, weisen Verlag und Herausgeber darauf hin, dass für den Einsatz der CD-ROM keine Gewährleistung übernommen wird. Verlag und Herausgeber haften nicht für Hard- oder Softwareschäden, die durch unsachgemäßen Gebrauch aufgetreten sind. Dies beinhaltet auch den Verlust von Daten. Für die Richtigkeit der auf dieser CD-ROM enthaltenen Daten kann keine Haftung übernommen werden.

Selbstverlag Fach GEOGRAPHIE der Universität Passau
Innstraße 40 • D–94032 Passau
Tel.: +49 85 15 09 27 35
Fax: +49 85 15 09 27 32
E-Mail: erwin.vogl@uni-passau.de